Geistheiler Sananda

Durch die Dunkelheit zurück ins Licht!

Die unglaubliche Wahrheit über Indigo-Menschen

Band III

Geistheiler Sananda

Durch die Dunkelheit zurück ins Licht!

Die unglaubliche Wahrheit über
Indigo-Menschen
Band III

Impressum

2. Auflage Januar 2021

Indigo Spirit Verlag
Eine Marke der
Indigo Spirit GmbH
Müligässli 1
CH-8598 Bottighofen

ISBN 978-3-952503-52-2

Inhaltsverzeichnis

VORWORT

Ich grüße dich, meine liebe Leserin, mein lieber Leser! Dieses Buch ist nur für fortgeschrittene spirituelle und erwachte Menschen! Und auch nur für alle Leser, die meine ersten beiden Bände der Reihe »Die unglaubliche Wahrheit über Indigo-Menschen» gelesen haben! Alle anderen werden es nicht verstehen können, was ich hier schreibe! Diejenigen, die vom Bewusstsein her noch nicht so weit sind, werden sowieso nur den Kopf schütteln und das Buch dann nach ein bis zwei Stunden weglegen! Spätestens!
Lange hat es nun gedauert, bis ich den Band III wirklich schreiben konnte! Angefangen hatte ich oft, aber dann gleich wieder alles weggelegt! Die Angriffe und Blockaden sind und waren derart umfangreich – werde in diesem Buch zwangsläufig näher darauf eingehen, dass ich einfach keinen Kopf hatte für das Buch! Jeden Tag ist was anderes! Sicher, kannst du nun sagen, so geht es mir auch! Mag ja sein, aber ich behaupte mal, bei mir ist es um einiges krasser als bei dir! Eigentlich wollte ich es im Herbst 2018 fertig haben. Nun ist es Sommer 2019, und ich fange jetzt grade mal an mit Schreiben! Du wirst alles live im Buch miterleben dürfen, wie lange ich dazu brauche! Wir haben heute den 03.06.2019!
Wer mich kennt, weiß, dass ich immer aus dem Herzen heraus schreibe und auch spreche! Es liegt mir fern, mir den Kopf zu zerbrechen, was ich euch denn mitteilen könnte und sollte! Da ich auch ein Medium und Kanal Gottes bin, werde ich intuitiv geführt und durch Inspirationen »von oben» geleitet und gelenkt! Es kommt während dem Schreiben so von oben in mich hinein, dann direkt in mein Herz und aus meinem Herzen direkt in meine Finger, und diese schreiben es dann nieder! Ich überlege da nicht lange und ich muss auch keine anderen Bücher oder andere Menschen als Hilfsmittel hernehmen! Alles, was ich von mir gebe, bin ich selbst, zu 100 %, und es kommt aus mir selbst, zu 100 %! So gesehen bin ich gesegnet von Gott. Es ist eine Gabe, so Bücher schreiben zu dürfen und zu können! Und wenn ich mal im Flow bin, so nennt man das ja, dann sprudelt alles aus mir raus! Ich wundere mich oft über mich selbst, woher ich denn das alles weiß, was ich weiß! Es ist in mir drin, oder ich habe den Zugang zu diesem Wissen! Es strömt von oben in mich hinein, direkt in mein Herz. Wir alle haben alles Wissen der Erde in uns bzw. hätten den Zugang dazu. Oder noch besser ausgedrückt: Wir alle bekommen diesen Zugang eines Tages, wenn wir so weit sind vom

Bewusstsein her! Ich bin es offenbar! Darum schreibe ich dieses Buch, auch wenn mein Ego sich sehr dagegen gewehrt hat, weil es anstrengend ist und zeitraubend! Aber ich muss es der Welt verkünden, was ich auf dem Herzen habe! Aber auch Jesus ist ein Mensch mit Ego gewesen, der sich das Kreuz auch lieber erspart hätte!

Sobald ich bemerke, dass ich länger überlegen muss bei einer Sache, höre ich auf zu schreiben. Denn dann kommt meine Person, mein Ego, zum Vorschein, die ihren Senf dazugeben möchte! Natürlich kann ich das nicht grundsätzlich ausschließen für das ganze Buch! Eigentlich hat meine Person ja auch das Recht, mal etwas dazu zu sagen! Die Grenzen zwischen meiner Person und meinem wahren ICH verschwimmen auch immer mehr, sodass der Unterschied nicht wirklich allzu groß ist! Du verstehst nicht, was ich damit meine, mit »meiner Person»? Du wirst es erahnen können oder später in meinem Buch erfahren! Denke, dass ich derzeit schon einen großen Teil meines wahren ICHs lebe hier als Mensch! Ohne Ego könnte jedoch kein Mensch auch nur einen Tag hier auf der Erde überleben!
Ich bin nicht schizophren, das gleich vorneweg! 97 % der Menschen leben jedoch nur mit und durch ihre Person, also durch ihr Ego, als Menschen, zu 100 %! Sie ahnen nicht mal etwas von ihrem wahren ICH! Auch das wird sich ändern, wenn du mein Buch gelesen hast! Du wirst dich dann mit anderen Augen sehen!
Die Themen, die ich mit dir teilen will in meinem neuen Buch, sind sehr vielfältig und umfangreich! Es macht auch keinen Sinn, wenn du dieses Buch zuerst liest und erst danach meinen Band I und II! Du wirst die Zusammenhänge nicht im Ansatz verstehen können und gar falsche Schlüsse ziehen! Solltest du meine ersten beiden Bücher noch nicht gelesen haben, dann leg dieses Buch JETZT wieder weg und kauf dir zuerst meine anderen beiden Bücher! Was sind schon 70 Euro gegen das ewige Leben? Ja, ich mache gerne Witze! Zum Glück habe ich meinen Humor nie wirklich verloren! Auch bin ich kein Egoist, nur weil ich oft die »Ich»-Form verwende! Da ich das Buch hier, wie alle meine Bücher, aus der »Ich»-Form heraus schreibe, fällt es mir schwer, das Wort Ich zu umschreiben. Denk dir also nichts dabei!

Den zweiten Band schrieb ich im März/April/Mai 2017! Also vor über zwei Jahren!
Wer die ersten ca. 80 Seiten genauer liest von Band II, wird feststellen, dass ich damals offenbar sehr wütend war. Es war genau die Zeit, als ich von so-

genannten Alternativsendern im Internet, dortmals von einem ganz speziellen Querdenker, massiv angegriffen und verleumdet wurde! Es ist nie gut, in einer Wut ein Buch zu beginnen! Aber es war auch damals der Antrieb dazu! Heute würde ich das aber nicht mehr so direkt weitergeben in ein Buch! Ich filtere das besser! Aber es hat ja auch was, so ein Buch dann zu lesen, wenn der Sananda mal die Nase voll hat und sich wehrt! Es ist ja auch nicht leicht, wenn man ständig und überall angegriffen und verleumdet wird!

Es hat sich seitdem nichts geändert! Die Angriffe und Attacken gegen meine Familie und mich – jeder Angriff gegen mich ist ja auch einer gegen meine Familie – haben nach wie vor Bestand! Im Gegenteil, es wird immer schlimmer! Aber im Gegensatz zu vor zwei Jahren kann ich heute besser damit umgehen!
Denn auch mein Bewusstsein verändert sich stetig! Wer mein erstes Buch gelesen hat, der wird eine kontinuierliche Veränderung bei mir feststellen! Im ersten Buch war ich noch sehr vorsichtig, fast ein wenig schüchtern. Ich traute mich noch nicht so ganz, einige Dinge direkt beim Namen anzusprechen bzw. umschrieb dann diese Sachen ein wenig. Also, ich meine, ich habe schon ganz schön unglaubliche Dinge geschrieben. Aber ich hatte nach meinem heutigen Empfinden immer noch ein wenig die Handbremse angezogen. Im zweiten Buch werde ich schon kecker und traue mich mehr! Nenne manche Dinge noch direkter beim Namen! Du wirst in meinem dritten Buch feststellen, dass ich nun noch direkter sein werde und gar kein Blatt mehr vor den Mund nehme! Vielleicht empfinde ja auch nur ich das so! Weil ich selbst ja merke, dass ich mich verändert habe, mich weiterentwickelt habe! Natürlich bin ich selbstbewusster geworden. Klar! Beim ersten Buch musste ich alles selbst und alleine vorfinanzieren, da es keiner für mich verlegen wollte. Ich musste sogar einen eigenen Verlag gründen und mit rund 50 000 Euro in Vorleistung gehen, ohne überhaupt zu wissen, was daraus wird! Mittlerweile muss ich zwar immer noch in Vorleistung gehen und alles selbst finanzieren und verlegen, aber ich weiß heute, dass es da draußen Leser gibt, die meine Bücher kaufen werden! Und nicht wenige! Denn es gibt nicht so viele Autoren auf der Welt, die über die Dinge schreiben, die ich von mir gebe und die dann auch noch eigene Erfahrungen und eigene Erkenntnisse haben! Und dann auch noch Hellseher und Heiler sind! Ja, da kommt schon einiges zusammen!
Ich würde sagen, ich bin viel sicherer, ruhiger, weiser geworden! Dies liegt zum einen natürlich an meinen unfassbaren weltweiten Erfolgen als Hei-

ler – 125 000 Behandelte in fünf Jahren ist ja auch was – und zum anderen an meinem eigenen höheren Bewusstsein. Mittlerweile habe ich die höchste Indigo-Seele als Venusier! Im ersten Buch war ich noch Indigo-Santiner. Die erste Stufe der Indigos. So kam ich auch auf die Welt! Sicher sehe ich die Welt heute auch mit anderen Augen als vor fünf Jahren noch! Apropos fünf Jahre! Im August 2019 sind es dann fünf Jahre Geistheiler Sananda! Dies alleine ist ein Wunder bei all den Angriffen und Verleumdungen gegen mich! Zum Thema Verleumdungen werde ich auch noch einiges schreiben!
Ich werde auch in diesem Buch ungeschminkt die Wahrheit sagen. Es ist egal, was die anderen von mir sagen, wie sie mich angreifen, verleumden, attackieren, mich klein machen wollen, mich als Lügner und Betrüger hinstellen wollen! Ich werde, so lange ich lebe, die Wahrheit sagen und ehrlich über alles berichten, was ich sehe und weiß! Auch wenn es dem einen oder anderen wehtut oder eben nicht passt! Die Wahrheit ist schwer zu ertragen! Noch schwerer ist es, nach ihr zu leben und sie auszusprechen! Und zu ihr zu stehen!
Sicher wird der geübte Leser meiner Bücher feststellen, dass ich mich schon auch verändert habe in den letzten Jahren! Ich sehe viele Dinge heute anders, aus einem anderen Blickwinkel. Auch muss ich ehrlich gesagt wieder ein wenig die Leiter herunterklettern, um dieses Buch zu schreiben! Ich muss wieder eintauchen in schon Erlebtes und schon Verarbeitetes, damit ich unter anderem dir, meinem lieben Leser, alles weitergeben kann, was ich erleben musste! Ich persönlich bin mittlerweile schon viel weiter in meiner Entwicklung und tue mich schwer, wieder so tief in die Materie einzutauchen. Ich mache es aber aus Liebe, um anderen Menschen durch meine Erfahrungen und Erkenntnisse helfen zu können auf ihrem Weg nach Hause zu Gott!

Zurück zu meinem neuen Buch! Ich werde dich nun mitnehmen auf eine spannende Zeitreise! Es kann also schon passieren, dass ich öfters die Zeiten wechsle im Buch. Von der Vergangenheit in die Zukunft und zurück zur Gegenwart! Beginnen werde ich da, wo ich beim zweiten Buch aufgehört habe! Also mit einer Reise in die Vergangenheit!
Ach ja, noch was! Mit Sicherheit sehe ich manche Dinge heute aus einem anderen Blickwinkel! Das bedeutet nicht, dass ich früher etwas falsch gesehen hätte! Nein! Ich gehe heute nur anders damit um, weil ich es von einer noch höheren Warte aus sehe!
Mein Bestreben ist es, dir, lieber Leserin und liebem Leser, alles so einfach und verständlich wie möglich rüberzubringen! Es gibt so viele Bücher,

die so schwer zu lesen sind! Sehr komplizierte Ausdrucksweise, rhetorische Zungenbrecher, sehr verdrehte und verwinkelte Aussagen, um sich ja nicht die Zunge zu verbrennen. Kennst du das? Ich versuche, alles so klar und einfach wie eben nur möglich auf den Punkt zu bringen! Das ist meine Stärke. Denn es kommt alles von innen raus bei mir! Es ist keine wissenschaftliche Doktorarbeit, es ist aus der Praxis, aus meinem Leben heraus. Für dich, damit du es verstehst! Was ich auch noch sagen wollte, ist, dass mein Wissen, zu dem ich mittlerweile Zugang habe, so immens umfangreich ist, dass es mir schon schwerfällt, hier »nur» ein paar hundert Seiten Buch zu schreiben! Ich werde versuchen, das Wichtigste auf den Punkt zu bringen! Mein Ziel ist es, dich so einfach wie nur möglich zu informieren! Einiges kennst du schon von mir, einiges noch nicht. Aber selbst das, was du meinst zu kennen, wirst du nach diesem Buch sicher mit anderen Augen sehen! So wie auch ich viele Dinge mittlerweile aus einem ganz anderen Blickwinkel sehe! Ich bin vom umherstreifenden Tiger zu einem Adler der Lüfte mutiert. Ich sehe fast alles von einer anderen Warte, aus der des Beobachters von oben! Manchmal schaffen sie es aber, auch mich wieder mal auf den Boden zu holen. Aber auch da kann es ja mal ganz nett sein ab und zu!

Aber weißt du was? Lese es doch einfach! In diesem Sinne wünsche ich dir viel Spaß, ein schönes weiteres Erwachen, tolle Erkenntnisse, Glück, Liebe und eine immerwährende Gesundheit! Vielleicht sehen wir uns ja auch einmal bei einem Sananda-Treffen!
Ach ja, und noch was! Alles, was ich in diesem Buch von mir gebe, ist meine persönliche Meinung und meine persönliche Sicht der Dinge! Ich behaupte nie, zu keiner Zeit, dass es die absolute Wahrheit ist! Niemand, der in einem menschlichen Körper steckt, kann von sich behaupten, die absolute Wahrheit zu kennen! Wir alle kennen immer nur einen kleinen Ausschnitt davon! Der eine mehr, der andere weniger. Wiederum andere, leider die meisten, kennen nur Lügen, halten diese für die Wahrheit! Es gibt aber nur eine Wahrheit, eine einzige! Was ich versuche, ist, dir, meiner lieben Leserin, und dir, meinem lieben Leser, den Teil der Wahrheit, den ich kenne, zu vermitteln. Mit dem Ziel, dich vollends zu erwecken und dich durch diese schwierigen kommenden Zeiten zu lotsen! Du musst mir sowieso nichts glauben! Gehe hin und überprüfe es! Forsche nach! Finde die Wahrheit, und du wirst dich selbst finden!

DEIN SANANDA, ALIAS OLIVER MICHAEL BRECHT!

KAPITEL 1

Tagebuch eines Indigos – 2017

Sicher kennst du schon einige Erlebnisse von mir aus der Vergangenheit, aus meinen ersten beiden Büchern oder aus meinen Interviews und Videos, die du auf meiner Webseite ja jederzeit anschauen kannst! Ich werde hier in diesem Kapitel das meiste nur anreißen, also nicht tief in Erklärungen gehen. Später im Buch werde ich die richtigen Analysen dazu erstellen, damit du das große Bild sehen kannst!
Mein zweites Buch endete am 15.05.2017 mit Erzählungen aus meinem Leben! Da ich ja Tagebuch führe, muss ich nun nicht immer meditativ in die Akasha eintauchen, sondern lese nur ab aus meinem Tagebuch. Ich hoffe, ich kann meine Schrift lesen! Also reise ich mit dir nun für eine Weile in die Vergangenheit zurück! Natürlich kann ich nicht jedes Ereignis erwähnen, es sind zu viele! Ich suche mir einfach die wichtigen raus!

Warum erzähle ich dir das alles eigentlich? Nun, zum einen ist es höchst interessant, was mir so tagtäglich passiert, zum anderen will ich dir damit helfen, deine eigene Welt besser verstehen und erkennen zu können! Ganz sicher schreibe ich das alles nicht, um mich in den Mittelpunkt zu stellen, um mich wichtig zu machen oder gar um zu jammern! Ich bin der Letzte, der jammert! Mehr, als ich ertragen kann, ist nicht zu ertragen! Natürlich muss auch meine Familie viel ertragen, zwangsläufig!
Wenn ich ehrlich bin, hat es mich sehr viel Überwindung gekostet, dieses dritte Buch zu beginnen!
Es ist körperlich und mental Höchstarbeit für mich, ein Buch zu schreiben, und die Angriffe gegen meine Familie und mich sind immer besonders stark, wenn ich an einem Buch schreibe! Ich bin ja hellsichtig und hellfühlend, hochsensitiv und viele Dinge mehr! Insofern kann es oft sein, dass etwas während dem Schreiben hier plötzlich auftaucht und mich stört oder meine Hilfe braucht! So wie gerade eben, als ein verstorbener Plejadier an meinem Schreibtisch auftauchte und ich ihn ins Licht begleitete. Gerade eben kamen noch ein Grauer und ein Mantis hinzu! Die Grauen sind die Handlanger der Reptos. Die Mantisse ebenfalls! Sie wollten mich gerade ein wenig ärgern, aber zum Glück habe ich ja das Lichtschwert. Und ich habe außerdem meine Brüder und Schwestern der galaktischen Föderation des Lichts um Hilfe gebeten, während ich dieses Buch hier schreibe! Sonst

komme ich ja nicht weiter, wenn die mich dauernd stören! Der Plejadier, ein älterer Mann, muss so um 70 gestorben sein, hatte keine Ahnung, warum er bei mir landete! Er meinte nur, er habe mein Licht gesehen, und es sei immer so dunkel um ihn herum! Es ist ja so, dass die Menschen, die zu Lebzeiten nicht erwacht sind und nicht geläutert sind, auch im Tode dann keinen Glauben und keine Orientierung haben. Sie wandern als Geister, mit oder ohne Seele, als das, was wir »verstorbene Seelen» nennen, in der Astralwelt herum. Meist bewegen sie sich in vollkommener Dunkelheit. Sie glaubten ja an nichts nach dem Tod, also sehen sie auch nichts nach dem Tod! Dazu aber später mehr!

Zurück zu meinem Tagebuch! Die erste Eintragung nach meinem letzten Buch, sehe ich hier, war der 16.05.2017! Ich habe hier geschrieben, dass das Elementalwesen des Mieters unter mir, den ich Thommy nannte, also den Mieter meine ich, dass dieses Elementalwesen dauernd zu mir ins Schlafzimmer kommt, von unten durch die Decke, und auf mir herumhüpft, um mich am Schlaf zu hindern! Es sah aus wie ein Gespenst aus dem Film »Die Geistervilla», wenn ich den Namen richtig im Kopf habe! Wie ein Bettlaken mit körperlicher Form! Es gibt verschiedene Stadien von Entwicklungen von Elementalwesen! Wir erschaffen sie selbst, durch unsere Gedanken! Ich werde nun in diesem Band III keine Wesenheiten mehr ausführlich erklären und erläutern! Setze voraus, dass jeder Leser das nun weiß, weil er meine beiden Vorgängerbücher ja gelesen hat!
Thommy war in meinem zweiten Buch mit Petra zusammen, ein Synonym für Reptos! Die Thommys und Petras dieser Welt! Nachdem ich einige Beschwerden hauptsächlich von Petras erhielt, habe ich mir vorgenommen, keine menschlichen Namen mehr zu verwenden! Und ich entschuldige mich hiermit bei allen Thommys und Petras dieser Welt, wenn sie sich diskriminiert fühlten! Sorry!
Mit einer meiner Verfügungen, 50 sind es ja derzeit, habe ich dieses Elementalwesen aufgelöst bzw. ins Licht geschickt! Wir schicken ja eigentlich alles ins Licht, egal, was man für einen Spruch anwendet. Denn Energien können nicht zerstört werden im eigentlichen Sinne! Sie können nur transformiert werden, von negativen Energien in positive Energien. Ich überlasse es der Göttlichkeit, was danach mit den ganzen Wesen geschieht! Ob diese dann neutralisiert werden oder nur umgewandelt oder gar wirklich aufgelöst werden, weil sie zu bösartig sind! Dazu später mehr!

Mein nächster Tagebucheintrag ist vom 17.05.2019: Ich komme morgens gegen 11.00 Uhr in mein Schlafzimmer und sehe gerade noch, wie zwei kleine, graue, fast durchsichtige Hände und Arme ein Paar meiner Schuhe, welche schön geordnet vor meinem Bett von mir aufgestellt wurden, verschieben, also beiseiteschieben! Und zwar nicht ruckartig und auffallend, sondern nur um ca. fünf Zentimeter nach vorne geschoben, und zwar nur einen der Schuhe! Ich hatte mich oft gewundert, dass einer der Schuhe immer wieder nach vorne oder hinten abstand. Nicht, dass das wichtig für mich ist, nein! Aber wenn ich ins Bett gehe, sehe ich die Schuhe ja immer, und man macht sich zwar keine Gedanken darüber, aber man prägt sich unbewusst die Lage der Schuhe ein. Jetzt kenne ich den Grund für die Verschiebungen! Ich habe also doch keine Wahrnehmungsstörung! Ich hatte schon angefangen, zu überlegen. Auf die Idee, dass meine lieben »Freunde» im Spiel waren, kam ich nicht wirklich.
Nun gut, ich sah diese Arme, und gleichzeitig sah ich unsere weiße Katze, die ohne Namen, unter meinem Bett liegen und angespannt in Richtung der Arme schauen und fauchen! Sie sah sie also auch! Schwups, da waren sie wieder weg, die Arme! Und die Katze rannte fauchend auf die Schuhe los und fuchtelte mit ihren Krallen umher, als wolle sie jemandem oder etwas eine wischen! Dann rannte die Katze an mir vorbei, und alles war auf einmal ruhig. Als wäre nie etwas vorgefallen.
Als ich so dastand in meinem Schlafzimmer, entdeckte ich auf meiner Augenhöhe plötzlich rechts an der Wand kleine schwarze undefinierbare Flecken und Punkte! Später sollte ich erfahren, dass dies die Eintrittsstellen der Schwarzmagier sind, der Astralen, die sich aus der anderen Dimension in unserer hier manifestierten! Man bekommt diese Flecken nicht mehr weg! An diesen Stellen, wo diese Gesellen eintreten, knackst es dann auch immer in diesem Moment. Also, ich höre es jedenfalls dann immer knacksen. Vielleicht hörst du es ja auch ab und zu knacksen in deiner Wohnung?

06.06.2019, an dieser Stelle mache ich kurz einen Zeitsprung in meine Gegenwart! Ich habe heute einen Brief der Eigentümerversammlung erhalten. So wie alle Eigentümer, und zwar von meinen kleinen Ferienhäuschen in Deutschland, die ich letztes Jahr gekauft habe. Ich hatte es doch tatsächlich gewagt, mich bei der zuständigen Stadtverwaltung zu beklagen über Lärm und andere Auffälligkeiten, auch über die brutalen Silvesterböllereien im Winter zuvor. Und die Stadt hat meine Beschwerde, also mein Mail, einfach so an diese Verwaltung weitergeleitet, über die ich mich ja beschwert

hatte! Und diese nahm das zum Anlass, mir ein böses Mail zu schreiben! Ich sei ein Lügner und würde sie verleumden. Und ich würde nicht in diese Gemeinschaft passen und solle meine Sachen packen, meine Häuschen verkaufen und wieder verschwinden! Nun, kann mich nicht erinnern, schon einmal so menschenverachtend von einer gewählten Eigentümervertretung, die noch dazu von meinem Geld finanziert wird, so angegangen worden zu sein! Meine ganze Familie und ich waren wochenlang traumatisiert! Später hatte ich dann einen Anwalt aufgesucht in der Sache. Hier wurde von Seiten der Stadt unrechtmäßig ein Mail von mir an sie, an die Verursacher zur Bearbeitung weitergeleitet! Ist das nicht pervers? Das wäre so, als würdest du bei der Polizei eine Anzeige machen gegen deinen Nachbarn wegen Körperverletzung, und diese würde dann deine Anzeige an diesen Nachbarn weiterleiten. Der Nachbar würde dann dich anschreiben und dich einen Lügner und Betrüger nennen und dich auffordern, wegzuziehen. Die Polizei würde auf Nachfrage von deinem Anwalt dann sagen, sie habe das Mail zur weiteren Bearbeitung an den Nachbarn gesendet und für sie sei der Fall somit abgehakt! So in etwa ist es in dieser Sache hier bei mir!
Es gibt rund 100 Eigentümer in diesem Feriendorf. Und alle haben nun einen Brief erhalten, in welchem ich genannt werde als Querulant und Störenfried, der das »Geschäftsmodell» (Vermietungen der Häuser an ausländische Bauarbeiter) hier vernichten wolle und überall Lügen verbreiten würde! Ich hatte mich bei der Stadt erkundigt, ob das erlaubt sei, dass anstelle von Feriengästen fast nur noch ausländische Bauarbeiter im Feriendorf unterbracht seien und angemerkt, dass dies doch eigentlich dem Bebauungsplan entgegenstehen würde! Antworten habe ich noch keine. Nur kennt mich nun jeder Eigentümer als Störenfried!

Es passierten auch einige seltsame Dinge nachts an meinem Häuschen und auch am Häuschen von Anette! Ich möchte hier aber nicht weiter darauf eingehen, weil es ein laufendes Verfahren ist! Ich nenne es mal so: Es ist eine Mischung aus Kindergarten und Mafia, was in diesem Dorf da passiert! Dieser unterentwickelte gierige Verwalter hat ja auch recht: Ich passe nicht zu ihnen! Aber offenbar passe ich gar nirgends hin! Natürlich ist es überall so, wo wir wohnen! Man will uns nirgends haben! Überall werden wir vertrieben! Diese seelenlosen Teufel mögen unsere Erscheinungen nicht! Sie ertragen unser Licht nicht! Nur so schnell ging es noch nirgends! Diese Verwaltung ist bösartig und skrupellos! Es geht wie immer nur ums Geld. Und wenn die ihr Geld in Gefahr sehen, die Reptos, dann werden die gemeingefährlich und schrecken vor nichts zurück! Sie versuchen dann, den Ruf derer zu zerstören, die ihnen im Weg sind, so wie sie mich nun in den Dreck ziehen überall. Das sind einige Straftaten, die mein Anwalt da nun aufzuarbeiten hat! Ich muss meine Arbeit machen und brauche meine hohen Schwingungen dazu! Und diese will die Dunkelheit durch solche Angriffe herabsetzen!

Ja, und eben heute kam dieses Schreiben, wo diese Verwaltung an alle Eigentümer gerichtet über mich übel herzieht, als hätte ich jemanden getötet. Alles, was ich gemacht hatte, war, mich bei der Stadt erkundigen zu wollen über die rechtlichen Gegebenheiten und Vorfälle in diesem mafiageführten Feriendorf! Offenbar gibt es auch persönliche Verstrickungen zwischen der Stadt und der Verwaltung des Feriendorfes! Natürlich kann ich nahezu alles herausfinden, das weißt du ja! Nur kann ich nicht alles hier in diesem Buch schreiben, weil auch meine Feinde dieses Buch lesen könnten!
Auf jeden Fall werde ich halt wieder mal verleumdet und diffamiert! Wie immer eben! Scheint echt mein Schicksal zu sein! Irgendwie meint jeder, er dürfe mich beleidigen, diffamieren, verleumden und beschimpfen! Die Dunklen meinen das ja eh immer! Für die Reptos sind wir Beseelten ja eh der letzte Dreck! Denen geht es nur um Geld, Macht, Dominanz ausüben und darum, deren Territorien auszubauen und zu verteidigen! Repto eben!

Ich werde das Haus aber behalten! Lasse mich nicht mehr vertreiben! Habe mich entschieden, dort zu bleiben und ab und zu dort Ferien zu verbringen! Sollen sie vor Wut kochen! Mir egal! Ich bleibe! Punkt!

Aber machen wir weiter! Wir waren bei den Grauen, die mir einen Schabernack machten im Schlafzimmer! Warum machen die das? Das fragte ich mich! Anette war total erschüttert, als ich ihr das erzählte. Ich persönlich musste lachen! Andere würden wohl schreiend in die nächste Psychiatrie rennen und sich freiwillig einweisen lassen! Mir macht das irgendwie nichts mehr aus! Ich schreibe es dann halt in mein Tagebuch und arbeite weiter, als wäre nichts passiert! Anette ist dann erstmal ein paar Tage, ja, ich nenne es mal traumatisiert. Ich kann einiges einstecken, das muss ich eingestehen!
Ich habe schon zu viel gesehen, als dass mich noch etwas erschrecken könnte.

Ich habe dann die Dimensionstor-Verfügung kreiert und alle Dimensionstore geschlossen. Es waren dann noch einige Vorfälle, bis ich dann endlich die Verfügung auch wirklich erstellt hatte! Später ist dann aber nie mehr so etwas in der Art passiert! Vielleicht sollte das passieren, damit ich diese Verfügung kreiere, um anderen zukünftig helfen zu können? Oder sie ärgern mich einfach nur, um mich aus dem Gleichgewicht zu bringen! Und ich bin dann halt gesegnet, und mir fallen dann eben Lösungen ein! Diese Variante scheint logischer, und das wurde mir dann auch später von den Lichtwesen so bestätigt. Denn warum sollte die Dunkelheit mir helfen wollen, sie selbst zu besiegen? Ganz so dumm sind sie nun auch wieder nicht!

Der nächste Vorfall mit Grauen war am 31.05.2017 auf meiner Terrasse: Ich liege abends auf dem Sofa und schaue nach draußen, wo Bruno, mein Schäferhund, liegt. Da glaubte ich meinen Augen nicht zu trauen! Der Tennisball von Bruno wurde irgendwie aufgehoben und gegen ein Terrassenfenster geworfen! Ich sah es und wollte es nicht glauben! Leider sah ich aber kein Wesen, es war noch zu hell, oder es wollte sich mir nicht zeigen oder warum auch immer. Ich sah eben keines! Bruno stand auf und schaute total verunsichert in die Richtung, wo der Tennisball zuvor lag! Dann schaute er mich an, als wollte er sagen: »Hey, was war das denn?»
Später erfuhr ich durch meine Lichtgeschwister, die ich ja immer fragen kann, dass es ein Grauer war! Die Grauen können sich auch bei mir unsichtbar machen! Ich sehe auch nicht immer alles! Da würde ich lügen! Grundsätzlich sehe ich mehr, je dunkler es wird! Mittlerweile hat sich das ein wenig verändert, ich sehe nun auch tagsüber mehr! Die Grauen und ihre Führer, die Reptos und Dracos, haben magische Kräfte, von denen wir Menschen nicht die geringste Vorstellung haben! Sie können Gegenstände auch mit ihren Gedanken steuern, wohin sie wollen! Sie können auch die Zeit anhalten. Dazu später mehr!

Am 24.05.2017 bekam ich Besuch von den Lichtwesen! Ich kann sie immer noch nicht sehen. Wie ich in meinem ersten Buch schon geschrieben hatte! Ich spüre sie aber fast schon körperlich! Und ich kann mit ihnen telepathisch kommunizieren! Ich kann sie förmlich greifen mit meinen Händen! Sie kommen nicht mehr so oft! Dieses Mal brachten sie mir neue Informationen, die ich so erstmal einfach aufnahm, ohne zu wissen, um was es genau geht! Sie sagten, ich sei in einer meiner früheren Inkarnationen Merlin gewesen! Und ich sei ein Drachenmeister! Nun, damit konnte ich

gar nichts anfangen! Drachenmeister! Ok, werde ich mich später damit abgeben, dachte ich mir! Merlin? Ja, den kennt ja jeder! Das soll ich gewesen sein? Das glaubt mir ja keiner, dachte ich sofort! Ich habe es auch nie jemandem erzählt, was sollte es mir bringen? Die heutige Menschheit ist noch nicht soweit, das verstehen zu können!
Ich beschäftigte mich dann später ausgiebig mit dem Thema Merlin und landete logischerweise bei Lancelot und König Arthur, bei Avalon usw.! Ich fand dann zufälligerweise heraus, dass David Icke nicht weit weg wohnt von Avalon, was mich sehr verwunderte, aber auch wieder nicht!
Ich beschloss, mir ein Wohnmobil zu mieten und mit Bruno und Familie nach Avalon zu fahren. Ich erkundigte mich nach Hotels dort und schaute schon nach der Route.

Da bekam ich am 26.05.2017 Besuch von einem hohen Lichtwesen. Diese Energie kannte ich nur allzu gut! Es war ich selbst aus der Zukunft! Asthar Sheran, oder nenne mich, wie du möchtest, mein lieber Leser!
Mein zukünftiges Ich teilte mir ohne Umschweife mit, ich solle nicht nach Avalon fahren! Und ging wieder! Ja, ich habe offenbar auch in der Zukunft wenig Zeit! Hm, was war das jetzt, dachte ich? Ok, dann lassen wir es eben! Ich habe nie gefragt, warum nicht! Es ist einfach so, dass so viel bei mir an einem einzigen Tag passiert, dass ich einfach keine Zeit und auch keine Lust dann habe, immer nachzufragen bei meinen Lichtwesen oder meinem höheren Selbst! Ich musste einfach lernen, Prioritäten zu setzen, was wirklich wichtig ist für mich! Die Zeit reicht sonst einfach nicht aus!
Ebenso ist es bei vielen Fragen über die Menschheit und die Erde! Ich kann immer nur punktuell fragen, wenn es wirklich wichtig ist und mich direkt betrifft! Sonst würde ich 50 Jahre damit verbringen, jeden Tag 100 Fragen zu stellen! Es gibt so viele Fragen! Unglaublich!
Dann wurde mir noch mitgeteilt, dass ich in einer anderen Dimension Zeus wäre! Ja! Der Zeus! Es wird immer interessanter! Du glaubst das nicht? Kann ich verstehen! Ich kann es dir auch nicht beweisen! Passt irgendwie zu mir, sagte Anette! Zeus soll ja auch dann und wann mit dem Donnerblitz herumschleudern, wenn ihm was nicht passt! Zeus ist übrigens ein guter Gott, keiner der Bösen, so wie es manche falsch darstellen! Überhaupt wird vieles verdreht von vielen sogenannten Aufklärern!

06.06.2017: Freimaurerritualtag! Es gibt so viele Ritualtage der Freimaurer und ihrer astralen Freunde, den Reptos. Eigentlich sind diese ja gar nicht as-

tral. Sie leben in einer anderen Dimension, können aber zeitweise in unsere eintreten! An Ritualtagen machen die Freimaurer Schwarze Messen und locken die Dämonen und Reptos aus der Unterwelt an! Und geben diesen Aufträge! An Ritualtagen werden weltweit, wie es der Name schon sagt, Rituale abgehalten. Dabei geht es immer nur um Macht, Macht über andere zu erhalten! Es geht nicht einmal direkt immer um Geld! Den Freimaurern geht es um die reine Macht über andere! Und ihr Netzwerk ist gigantisch! Du würdest es nicht glauben, wer alles aus deinem Umfeld, aus Vereinen und Arbeitskollegen in irgendwelchen Freimaurerlogen ist! In den unteren Logen geht es nur um Beziehungen! Sie tarnen sich gerne durch soziale Tätigkeiten und Engagements! Rotary Club, Lions Club usw.! Man liest immer so viel Gutes von denen! Das ist alles Fassade. Natürlich wissen die normalen Mitglieder dort nicht Bescheid, was oben abgeht. Was die tatsächlichen Motive ihrer Clubs, der Oberen dort sind! Die unteren Mitglieder sind oft Ärzte, Architekten, Handwerker usw.! Sie schieben sich gegenseitig Kunden und Aufträge zu! Und vergeben Bauvorhaben usw.! Alles wird gemauschelt, alles! Darum kommen Indigos und positive Sternensaaten selten nach oben! Sie haben keine Beziehungen und werden dann irgendwann ausgebremst!
Aber zurück zum Ritualtag! Ich habe mir das notiert, was an dem Tag so passierte bei mir!

Am 06.06.2017! Morgens um 09.00 Uhr wurde ich schon unweit meiner Wohnung geblitzt. Sie versteckten sich in einer Garage eines Privathauses! Nicht erkennbar von außen! Und direkt vor mir fuhr Isabell, meine Tochter. Wir waren beide mit unseren Hunden Gassi gewesen im Wald. In unserer Siedlung können wir ja nicht laufen, da gibt es sofort Probleme, sobald wir nur einen Schritt vors Haus gehen. Darum fahren wir seit Jahren dreimal am Tag mit unseren Autos in den Wald. Wir wurden beide an dem Tag hintereinanderfahrend geblitzt, obwohl wir vorher und auch nachher nie mehr zufällig diese Strecke gleichzeitig gefahren sind. Nur an diesem Tag!
Dann, als ich zuhause war und mein Mailfach öffnete, waren zwei Mails von Klienten drin, die mich beleidigten und bedrohten, weil sie offenbar das Abschlussmail noch nicht erhalten hätten! Einer drohte mir mit »Anzeige», es sei nun schon ein Jahr her, dass er darauf warten würde! Lustig, gell? Heute kann ich darüber lachen! Das Problem ist nur: Wenn ich solche Mails bekomme, kommen gleichzeitig die ganzen Besetzungen dieser Menschen mit und ich nehme diese dann auf! Ich werde dann in dieser Sekunde ag-

gressiv und wütend, es fährt mir dann richtig rein in den Körper. Manche Wesen springen mir auch sichtlich ins Gesicht! Ich zucke dann nach hinten und platze in der Sekunde dann fast vor Wut! Wenn ich mich dann nicht unmittelbar danach ablöse, kann es sein, dass ich dann erstmal sofort aggressiv zurückmaile! Früher ist mir das öfters passiert! Heute habe ich das meist im Griff. Ich sage meist, weil ich ja auch nicht immer hochkonzentriert bin, bin ja auch ein Mensch. Aber es kommt ganz selten vor, dass ich überhaupt antworte auf Mails! Auf jeden Fall gibt es auch schwarzmagische Energien, die man nicht direkt sehen kann, die sich aber dann durch solche Mails in mir und an mir einnisten und sich erstmal unbemerkt, in der Aura meist, verkriechen! Und wenn man dann nicht alle Ablösungen macht, meist aus Zeitmangel, und auch, weil diese Energien die Gedanken versuchen zu manipulieren, dann trägt man das den ganzen Tag mit sich rum!

Auf jeden Fall ging es dann weiter an dem Tag! Ich ging in einen Discounter und wurde von einer Kopftuch tragenden Frau mit einem bösen Blick regelrecht verfolgt in diesem Laden! Es fehlte nicht viel und sie wäre mir ins Gesicht gesprungen! Auf ihren Schultern saßen ca. vier bis fünf Dämonen, recht kleine, mit giftigen grünen Augen, und fauchten mich an!

Dann war ich wieder zuhause und öffnete wieder ein Mail, da stand plötzlich der Archont dieser Person neben mir am Schreibtisch, der das Mail verfasst hatte. Er beschimpfte mich in der Mail als Satan und Teufel, und er wolle sein Geld zurück, er sei nun nach sechs Wochen immer noch nicht gesund und würde mich anzeigen, sollte ich das nicht zurückzahlen! Sein Archont hat ganze Arbeit geleistet! Ich habe das dann meinem Anwalt gegeben, der sich darum kümmerte. Der liebe Klient hat es dann später eingesehen, als mein Anwalt mit ihm die AGB durchging, dass er im Unrecht war. Geistig gesehen kann ich solchen niedrig schwingenden Menschen gar nicht helfen! Und Reptos kann ich sowieso nicht helfen! Aber auf jeden Fall war das dann schon die dritte Bedrohung per Mail an einem Tag!

Menschen, die so unbewusst sind, so aggressiv, so rücksichtlos, wie sollen die Heilung erfahren können? Ja, dürfen? Meinen die, Gott ließe sich erpressen und bedrohen? »Wehe, ich werde nicht bis dann und dann geheilt, dann, ja dann...!» Was soll das? Zum Glück habe ich meine AGB, die mittlerweile zu einem unverzichtbaren Schutz für mich und auch meine Familie geworden sind! Und zum Glück gibt es Anwälte! Rechtlich gesehen hätte ich solche Erpresser und Bedroher anzeigen können! Die hätten vor einem Richter ernste Probleme bekommen! Wegen Nötigung, Bedrohung, Beleidigung usw.! Aber ich musste es bis heute zum Glück noch nie so weit kommen lassen! Der Archont ließ sich natürlich nicht ins Licht schicken, da wollen die nicht hin! Da hilft dann nur das Lichtschwert oder zurückschicken zum früheren Wirt, also zurück zum Absender! Selbst wenn ich den Archonten verbanne, kehrt er doch wieder zurück zu seinem Wirt, weil es dessen Schicksal ist, damit so lange zu leben, bis er sich geläutert hat! Ich muss diese Wesen aber verjagen, sonst würden sie mich belästigen und attackieren! Archonten sind nichts anderes als höhere Reptos, eine Art Chefkategorie! Einen sah ich mal neben mir stehen. Er war ca. zwei Meter hoch, war grüngrau beschuppt, hatte eine Art Helm auf und so komische Schulterklappen, die über die Schultern hinausragten. Er sah mich einfach nur an, ohne Reaktion. Ich erkannte nichts an ihm, ich meine, keine Emotionen oder Gefühle. Er stand da wie eine Statue. Ich habe ihm dann in Gedanken gesagt, er solle einfach dahin zurück, wo er herkam, und weg war er! In einem Bruchteil einer Sekunde!

Am Abend stritten Anette und ich dann noch; ich hatte ganz vergessen, mich abzulösen, ich hatte noch Voodoo-Energien vom Supermarkt an mir! Diese Wesen und Energien wollen uns schaden, nichts anderes! Sie leben von der Wutenergie in uns! Darum muss man sich mehrmals am Tag ablösen!

Und an solchen Ritualtagen sowie an Vollmonden, da ist es halt besonders schlimm, weil die Reptos an diesen Tagen die Dimensionstore in die Unterwelt öffnen! An diesem 06.06. habe ich auch ca. 20-mal ein Martinshorn gehört in der Nähe meiner Wohnung!

Diese Archonten, das wollte ich noch hinzufügen, müssen nicht immer selbst mitkommen oder zu dir kommen! Wenn man es mit einem Seelenlosen oder Repto zu tun hat im Leben, dann verbindet man sich ja direkt mit dessen Energie und hat somit sofort die Verbindung zu dessen Besetzungen, die dann dadurch direkt unsere Emotionen und Gefühle manipulieren können, vor allem auch unsere Gedanken! Es ist also schon wichtig, zu prüfen, mit wem lasse ich mich ein oder an wen oder was denke ich gerade! Schon alleine, wenn ich an einen Repto denke, verbinde ich mich mit seiner Energie und seinen Besetzungen!

10.06.2017: Da ich immer mehr Beschwerden von Klienten bekam, die sich von Schamanen abgezockt fühlten und schwere Besetzungen nach Schamanenbesuchen davontrugen, entschied ich mich, einmal einen zu testen! Aus reiner Neugierde – ich wollte selbst mal sehen, wie die denn so arbeiten, damit ich da mitreden kann! Ich googelte also im Internet. Natürlich werde ich diesen Schamanen, der mir dann ins Auge gefallen ist, jetzt nicht durch den Dreck ziehen! Ich fand einen in der Schweiz, der aber kein Schweizer war! Er warb unter anderem damit, Reisen nach Peru zu machen, und er hatte keine festen Preise, verließ sich also auf Spenden. Er hat da so schöne Sätze in reinstem Deutsch auf seiner Seite, dass man sofort Vertrauen zu ihm finden musste! Nun, diese nach außen noble Geste mit dem Bezahlen wollte ich einmal näher hinterfragen. Ich wurde nun zum Investigativreporter!

Hier an dieser Stelle muss ich kurz einen Zeitsprung machen ins Jahr 2019. Wir haben heute den 10.06.2019. Heute Morgen lief ich, wie seit einigen Monaten immer morgens, im Park am See. Seit einigen Wochen kann ich feststellen, dass die Anzahl der Jogger, Hunde-Gassi-Geher und sonstigen Menschen enorm zugelegt hat! Waren es vor Monaten noch maximal ein bis drei Leute, die mir begegneten, sind es heute im Schnitt 15 bis 20! Es gibt einige Ausweichmöglichkeiten an Wegen, ich weiß also nie, wo und wann ich wieder aus dem Park rauskomme. Grund ist eben, dass mir die Leute immer frontal in den Weg hineinlaufen, also immer direkt auf mich und meinen Hund zulaufen, als gäbe es uns nicht! Und um Zusammenstöße und Kämpfe zu vermeiden, weiche ich dann aus, oft auch querbeet über die Wiesen! Du kannst jetzt natürlich sagen, ich solle mich doch nicht vertreiben lassen! Ja, aber die machen keinen Bogen, die laufen eben schnurstracks auf uns zu. Und ich kann ja nicht jeden Morgen eine Rauferei oder eine Schlägerei haben! Heute lief einer mit drei Hunden plötzlich hinter uns und kam immer näher! Mein König Aslan zog nach hinten und diese drei Hunde nach vorne! Es waren drei große Hunde, und das war mir zu gefährlich, also haute ich querbeet über die Wiese ab! Der Hundeführer verzog keine Miene! Er schaute wie ein Roboter geradeaus und merkte nicht mal, in welche Situation er mich gebracht hat! Total fremdgesteuert! Muss ich an dieser Stelle noch erwähnen, dass er übelst besetzt war? Zwei Reptos standen hinter ihm, astrale, oder besser gesagt schwebten hinter ihm her und steckten ihre Hände in seinen Rücken. Also in seinen verlängerten Rücken, den energetischen, auch Aura genannt! Diese Marionetten der Reptos und der Grauen würden mich noch überlaufen, auf mich draufstehen, über mich hinwegtrampeln! Was soll ich dazu noch sagen? Man kann nur noch flüchten! Nur so viel: Ich werde zukünftig wieder in den Wald fahren, auch wenn es weiter weg ist und ich dann mehr Zeit benötige! Dort kommen zwar Drohnen, Motorsägen heulen, geschossen wird immer in der Nähe, und auch andere Hunde kommen, aber nicht so viele eben! Ich kann noch besser ausweichen!

Aber nun weiter in Sachen Schamane! Ich werde ein wenig abkürzen, weil das Buch sonst 1000 Seiten dick wird! Ich mailte dem Schamanen, und er meinte, er sei bald in meiner Nähe, er habe eine Hausreinigung und würde danach zu mir kommen. Ok, dachte ich, dann komm mal!
Ich empfing ihn auf der Straße. Er war sehr klein und hatte einen Mantel an. Er war zugekifft bis unters Dach und stierte mich an wie ein Kalb seine Mutter, wenn es keine Milch bekam. Oder wenn es das erste Mal einen Menschen sieht, ist wohl der bessere Vergleich! Woran ich das sehe mit dem Zugekifftsein? An den Augen und an der Aura! Er hatte jedoch nur eine graue Aura, er war ein seelenloser Mantis! Ich lud ihn ein in meine Wohnung, im Fahrstuhl stierte er mich die ganze Zeit an! Dann saß er in unserer Wohnung und stierte abwechselnd mich und Anette an. Ich bereute den Entschluss, ihn angemailt zu haben! Er war ständig umsetzt von niederen, fast dunklen, schwarzen Geistern, die mich anfauchten! Ich konnte mich nicht mit ihm unterhalten. Zum einen verstand er mich nicht, und er redete sehr undeutlich und unverständlich, zum anderen musste ich ständig Ablösungen machen!
Nach nur 15 Minuten entschied ich mich, ihn zu verabschieden. Wir verblieben aber so, dass ich ihn einmal besuchen kommen würde in seiner Praxis!
Ich fuhr dann die Woche drauf zwei Stunden zu ihm hin. Er hatte zwei Kellerräume als Praxis. Ohne Beleuchtung, mit Vorhängen. Dann erwartete er mich grußlos an einer Art Schreibtisch im Dunkeln, es war nur eine Kerze an. An den Wänden und überall schwebten lauter dunkle Geister und astrale Schwarzmagier, offenbar seine Freunde und Gehilfen. Er hatte einen Totenkopf auf dem Tisch stehen. Er bot mir ein Gesöff zum Trinken an, was ich ablehnte. Dann erläuterte er mir, dass ich ein großer Krieger sei und ich würde von den dunklen Mächten bekämpft werden, und diese würden mich töten und zerstören, wenn er nichts unternehmen würde. Und er würde mit Schwarzer Magie arbeiten, weil man Böses nur mit Bösem bekämpfen könne!
Da ich da natürlich anderer Ansicht war, kamen wir zu keiner Einigung. Natürlich sagte ich ihm das nicht, weil ich erkannte, dass es sinnlos gewesen wäre, mit ihm überhaupt über irgendetwas zu diskutieren! Er bot mir dann an, mich nach Südamerika mitzunehmen auf einen Ayahuasca-Trip, eine

Woche lang. Er würde mit seiner Freundin sowieso bald gehen, da könne ich mit. Dort würde man dann meine Feinde bekämpfen und zerstören für alle Zeiten, ansonsten würden die mich umbringen! Ich fragte dann, was das kosten würde. Er meinte dann furztrocken: 35 000 Franken, also rund 30 000 Euro! Da sei dann aber alles dabei! Ich erkannte, dass es ein großer Fehler war, mich auf das Experiment Schamane eingelassen zu haben, zumindest dachte ich so in dem Moment, zeigte aber keine Reaktion und sagte ihm, dass ich mir das günstige Angebot durch den Kopf gehen ließe!
Dieser Schamane war ein seelenloser Schwarzmagier, und ich bin sicher, dass er schon vielen Menschen üble Besetzungen mit nach Hause gab! Es muss nicht mal absichtlich gewesen sein, wobei ich das mittlerweile annehme! Ich verschwand aus seinem dunklen Keller, er verabschiedete sich nicht mal von mir. Offenbar war er schon in den Gegenmodus gegangen! Das ist das, was viele Menschen ohne Seele nach einer Weile tun! Gegen mich gehen!

Ich ging raus ins Licht und fuhr schnell davon! Ich habe dann zwei Tage gebraucht, um die ganzen negativen Energien, Voodoo-Energien und Schwarzmagier wegzubekommen von meiner Aura! Ich überwies ihm dann freiwillig 800 Franken, damit er sich nicht ausgenommen fühlte und sagte ihm per Mail, dass ich sein günstiges Angebot leider nicht annehmen könne! 35 000 Franken! Da blieb mir tagelang die Spucke weg! So eine Dreistigkeit! Da er seelenlos war und offensichtlich nicht hellsichtig ist, konnte er nicht sehen, dass er mit mir sowas nicht hätte machen können!
Das zum Thema »einer nimmt nur Spenden«! Oft machen solche Heiler und Schamanen, die keine festen Preise haben, ihre Kunden von ihnen abhängig, besetzen diese mit ihren dunklen Freunden und kassieren dann immense Summen, weil die Kunden ja durch die Besetzungen Angst bekommen und manipulierbar werden und dann alles zahlen, nur um das Zeugs wieder loszuwerden! So arbeiten viele dunkle Heiler und dunkle Schamanen!
Nun, sicher gibt es auch gute und ehrliche Schamanen! Aber das ist wie Lottospielen, so einen zu erwischen!
Ich persönlich halte leider nicht viel von Schamanen, da sie mir zu sehr mit der niederen Geisterwelt arbeiten und verbunden sind! Ein wahrer Heiler braucht keine Gehilfen in diesen Ebenen! Und sie reden nie von Gott! Sie reden immer nur von Naturgeistern. Sie machen astrale Seelensuchreisen mit den Kunden, und diese holen sich dann in der niederen Astralwelt alle möglichen Besetzungen und sind dann irgendwann abhängig von den Scha-

manen! Wer einen guten gefunden hat, der ihm keine Besetzungen mitgab und ihn, also dich, geheilt hat, Glückwunsch! Aber das sind die absoluten Ausnahmen!
Gerade jetzt, wo ich das alles schreibe, bekomme ich Besuch vom Repto dieses Schamanen, der gespürt hat, dass ich an seinen Schützling denke! Muss den nun mal kurz entsorgen! Die Geistführer der seelenlosen Mantisse sind ja die Reptos! Ich sehe ihn nur schwach, da er in Form seines Hologrammes erscheint und dieses bei Tageslicht ganz dünn ist, fast durchsichtig. Aber seine Energie ist ekelhaft!
Schon krass: Als ich nun gerade nach dem Schreiben dieses Textes in mein Mailpostfach schaute, lag da eine Werbung, Absender unbekannt, mit einer Einladung zu einem Ayahuasca-Treffen irgendwo in der Schweiz. Wo dann wieder so ein Mantis kommt, der den Leuten einen Haufen Besetzungen gibt! Unfassbar, wie die geistige Welt arbeitet! Das war eine Info an mich: »Wir wissen immer, was du gerade tust und denkst!»
Ayahuasca kommt für mich nicht in Frage! Ist dunkel! Auch habe ich einige Klienten, die nach mir zu einem Schamanen gingen, dieses Gesöff tranken und dann hoch besetzt wurden! Und dann wieder bei mir angekrochen kamen. Warum macht ihr sowas denn? Ein wahrer Heiler braucht keinerlei Hilfsmittel! Ich mache alles mit Gott! Und meinen eigenen Fähigkeiten natürlich! Somit hake ich diesen Tagebucheintrag Schamane ab!

Am 11.06.2017 gehe ich morgens wie immer mit meinem Hund Bruno auf eine große Wiese, oberhalb Kreuzlingen am Berg! Ich gehe davon aus, dass jeder weiß, wer Bruno ist! Jeder hat ja meine beiden ersten Bücher gelesen! Bruno ist ja nun tot und lebt in Aslan weiter!
Ich laufe mit Bruno um 09.30 Uhr auf der Wiese, da höre ich plötzlich ein metallisches Knacken direkt über meinem Kopf! Es war kein entferntes Geräusch irgendwoher, von einer Fabrik oder so! Es knackste unüberhörbar direkt über mir, und zwar sehr metallisch! Ich konnte jedoch nichts sehen. Doch! Da sah ich einen Rand von etwas. Es war durchsichtig. Ich konnte keine Form erkennen, aber es war irgendwas mit einer Form. Da bekam ich plötzlich Angstgefühle. Ich bekam Gedanken, dass ich nicht mehr nach Hause kommen würde, man mich mitnehmen würde wohin. Ich bekam eine Art Panik und rannte zum Auto und fuhr nach Hause! Später habe ich dann von meinen Lichtwesen erfahren, dass es ein Raumschiff der Grauen war! Die können ja alles unsichtbar machen, mit was die so herumfliegen! Die sind oft über uns, nur sieht man sie nicht! Ähnlich wie in dem Film »Sie le-

ben». Und diese Angstgefühle, ja, die gaben die mir irgendwie! Was die von mir wollten? Die haben mich gescannt! Und meine Schwingungen gemessen! Die Angstgefühle waren übrigens dann gleich wieder weg im Auto! Am selben Tag hörte ich dann insgesamt 20-mal ein Martinshorn!

21.06.2017, Ritualtag! Isabell hatte einen Unfall, fährt über einen Poller, der das halbe Auto unten verwüstet! Schwarzmagische Attacken! Verursachung von Panikgefühlen, Fluchtgedanken! Sie hatte zehn Dämonen um sich und an sich, habe ich gesehen, als sie heimkam! Sie flüchtete mit dem defekten Auto nach Hause! Am gleichen Tag werden mir wieder Schuhe verstellt im Schlafzimmer! Die Grauen waren schon wieder da! Sag mal! Ich hatte vergessen, die Dimensionstore zu schließen! Das muss man jeden Tag von Neuem machen! Das wusste ich nicht. Hatte ich nicht danach gefragt! Ständig huschen Graue durch unsere Wohnung, verstellen Gegenstände, verrücken Stühle, legen Zeitschriften weg, klopfen mir auf die Schulter von hinten usw.! Harte Prüfungen, die die mir geben!
Drohnen so groß wie Flugzeuge fliegen über unserem Haus. Mache Fotos! Nichts drauf zu sehen! Schwarze Hubschrauber (die Grauen) über unserem Dach!

Dann eine Eintragung über den Film »Odd Thomas»! Ich schaue ihn an und traue meinen Augen nicht! Da erlebt einer im Film mein Leben! Sieht auch diese Wesen, die aus dem Nichts kommen und in unser aller Leben eingreifen! Unbedingt anschauen! Es gibt sogar eine Szene im Film, wo diese Repto-Dämonen, oder was genau die im Film darstellen, einem Autofahrer unsichtbar ins Lenkrad greifen, damit dieser jemanden umfährt! Genauso passiert das auch im wirklichen Leben! Es würde ohne diese Wesen gar keine Unfälle geben! Der Film ist sehr real! Woher kennt der Drehbuchautor diese Wesen? Da ist Freimaurerwissen eingearbeitet!

Wieder rund 20-mal Martinshörner, und immer wieder Hupen! Da hupt einer andauernd, nicht am Stück, immer wieder so ein kurzes Hupen! Meist, wenn einer von uns gerade zur Terrassentüre raustritt! Da muss ein Freimaurer in unserer unmittelbaren Nähe abgestellt sein. Am schlimmsten ist es immer am Wochenende! Offenbar arbeitet er unter der Woche!

26.06.2017. Ich wache nachts auf, sehe direkt in zwei große weiße Augen mit schwarzem Rand! Sie starren mich an! Ich bekomme das Gefühl, von

»innen geduscht» zu werden. Ekliges Gefühl! Ich sage dreimal in Gedanken: »Weiche von mir Satan!» Dann verschwanden die Augen und das eklige Gefühl!
Am nächsten Morgen kommen die Lichtwesen! Sie sagen mir, ich habe nun den vierten Grad von sieben möglichen einer »Einweihung»! Kann in dem Moment noch nichts damit anfangen! Kann es mir nur denken! Sie sagen mir ja auch nicht alles auf den Kopf zu! Ich muss die richtigen Fragen stellen! Und diese tun sich auf, wenn ich die richtigen Erkenntnisse gewinnen kann aus Vorfällen!

Nachtrag vom 13.06.2019. Habe nachgefragt bei der Geistigen Welt! Ich habe nun den siebten Grad der »Einweihung»! Was genau das bedeutet, weiß ich immer noch nicht! Vielleicht erfahre ich es ja noch im Laufe des Schreibens!

Ich muss nun mein Tagebuch ein wenig ausfiltern! Es wird sonst zu viel! Ich könnte schon alleine mit meinem Tagebuch hier drei bis vier Bücher schreiben, was uns so passiert! Jeden Tag!

26.06.2017. Ich bekomme eine Drohung per Mail, wenn ich nicht 500 Euro zurückzahle an einen Klienten, werde er mich im Internet in allen Kommentaren unter allen meinen Videos schlecht machen! Er sei selbst ein Heiler und sehr hochschwingend, und er wisse ganz genau, dass ich keine Ahnung vom Heilen hätte! Ja, was sagst du dazu? Ich habe ihm viel Glück gewünscht beim Schreiben! Ich lasse mich nicht erpressen. Heute würde ich das gar einem Anwalt geben! Das ist nur ein Beispiel von Mails, die ich ab und an bekomme! Hintergrund ist meist ein ganz profaner: Es gibt eine Art Heiler-Reisende! Menschen, die von einem Heiler zu nächsten laufen, und wenn sie nach zwei Monaten oder so keine Besserung spüren, aber auch wenn sie eine spüren, bedrohen sie den Heiler und erpressen ihn mit Negativpresse, um so das Geld für die Behandlung zurückzubekommen! Das nennt man dann Betrug und Nötigung! Da kann auch mal ein bis zwei Jahre Gefängnis bei rauskommen, wenn man mal an den falschen Heiler gerät!

Nachts habe ich einen Traum: Man solle keine Organtransplantationen machen lassen! Wenn man stirbt und ein anderer hat dann Organe von einem, kann die Seele nicht gehen, der Geist nicht gehen! Denn die Informationen sind in allem, in allen Teilen enthalten. Und wenn ein anderer ein Teil von dir hat, dann fehlt dieser Teil zum Gehen. Die Seele wird dann erdgebunden! Ja, schon interessant solche Träume, oder?

27.06.2017. Früh morgens sehe ich zwei astrale Menschen! Müssen aus dem Mittelalter sein! Eine Frau mit einem Rüschenkleid und ein Mann mit einer Art Barockhose, mit so Rüschen! Sie laufen quer durch mein Schlafzimmer und beachten mich nicht, sehen mich nicht! Enttäuscht mich ein wenig, dass die mich nicht beachten! Lach! Ja, hatten es wohl eilig!

28.06.2017. Nachts, Uhrzeit unbekannt. Eine astrale Katze liegt neben mir im Bett. Sie schnurrt und scheint mich anzuschauen! Sie kommt mir bekannt vor! Da fällt es mir ein! Rudi! Ich hatte mal vor 35 Jahren eine Katze, die bei einem Umzug verlorenging! Ich habe sie damals wochenlang gesucht. Sie war Tage vor dem Umzug einfach nicht mehr aufgetaucht, sie war Freigänger! Sicher war sie da bereits tot! Und nun ist sie hier? Das ist ja ein Ding! Mir kommen die Tränen jetzt wieder und ich beobachte sie eine Weile, dann sende ich sie ins Licht! Sie alle finden einen, egal wann! Nichts geht verloren, was liebt! Ist das nicht schön?

02.07.2017. Mir fällt auf, dass es immer genau dann regnet, wenn ich mit dem Hund rausgehe! Wenn ich wieder zuhause bin, hört es auf! Apropos: Bin gerade mit Aslan raus, 10.06.2019, und es war nichts draußen! Als ich dann aber draußen war, kam ein Wolkenbruch. Nun, da ich wieder daheim bin, ist es wieder ruhig draußen! Ist das nicht ein schöner Zufall?

12.07.2017. Ein astrales Tier läuft die ganze Nacht auf mir im Bett rum! Kann nicht schlafen. Bin zu müde, um eine Ablösung zu machen, schlafe immer wieder während dem Denken ein!

Zwischen 11.00 Uhr und 11.30 Uhr fliegt ein Propellerflugzeug, wie aus dem ersten Weltkrieg, ununterbrochen mit einem brutalen Lärm über unserem Haus ständig hin und her!

Eine Klientin will ihr Geld zurück nach vier Wochen, weil sie noch nicht geheilt sei. Wenn ich das nicht tun würde, würde sie zum Schweizer Fernsehen gehen, zum Verbrauchermagazin »Kassensturz« und mich schlecht machen! Wieder so eine Erpresserin und Betrügerin! Ich wünschte ihr viel

Glück und schrieb ihr, dass das eine gute Werbung für mich sei, sie solle das gerne tun! Habe nie mehr was von ihr gehört! Vielleicht kannst du nun erahnen, warum ich so umfangreiche AGB habe? Die sind mittlerweile perfekt! Es gibt keine Angriffe mehr in der Richtung, vielleicht noch ein bis zwei im Jahr, die nicht lesen können! Es gibt leider einige unbewusste Klienten, die einfach nach dem Motto gehen: Ich versuch es mal, und wenn sich nach zwei Monaten nix tut, erpresse ich das Geld zurück und geh damit dann zum Nächsten usw.! Das ist eigentlich eine Straftat! Meine AGB sind von einem Schweizer Anwalt mitverfasst, geprüft und für gesetzlich in Ordnung befunden worden! Es ist ein Vertrag, und niemand wird gezwungen, ihn mit mir zu machen! Aber wenn ihn jemand eingeht, dann gilt der eben auch! Davon abgesehen gibt es auch ohne AGB keine Heilungsgarantie! Was soll das? Sowas Unbewusstes! Für mich ist das bösartig, so ein Verhalten. Kein Wunder können diese Menschen nicht geheilt werden! Und sie werden das eines Tages alles büßen müssen, was sie mir angetan haben! Nicht weil ich das will! Weil es ein göttliches Gesetz ist!

16.07.2017. Neue Mieter ziehen unter uns ein, an einem Sonntag! Scheinen aus dem Ostblock zu stammen, rauchen alle, blockieren den Lift und das Treppenhaus und parken vor meinem Auto in der Tiefgarage, sodass ich nicht wegfahren kann! Es kommt zu ersten Diskussionen! Das sind nun die dritten Mieter unter mir innerhalb von zwei Jahren, wo ich zu dem Zeitpunkt dort war!
Sehen nach Ärger aus, diese neuen Mieter! Sie rauchen alle, sind schlecht angezogen und passen nicht in diese teure Wohnung hier unter mir! Fahren einen alten lauten PKW. Da stimmt was nicht! Alle seelenlos dazu, habe ich gesehen, einer davon ein Repto! Das gibt Probleme!

18.07.2017. Anette fährt Isabell nach Hause, war im Krankenhaus, sie konnte nicht mehr laufen wegen einer OP einer Zyste. Anette fährt in die Tiefgarage ein, in welcher mehrere Blöcke ihre Autos parken! Isabell wohnt zwei Blöcke vor uns. Anette hält vor deren Zugang an, um Isabell aussteigen zu lassen. Da kommt von hinten ein Auto und hupt wie ein Schwein. Sie hätten rechts vorbeifahren können, taten es aber nicht. Sie hupen wie ein Schwein, hören nicht mehr auf damit. Anette fährt dann weiter, parkt 50 Meter weiter vorne. In dem Auto, das mittlerweile auch eingeparkt hatte, saßen zwei ältere Menschen, ein Paar, beide grob geschätzt um die 75. Diese stiegen dann aus, schimpften wie ein Rohrspatz in Anettes Richtung, zeigten den berühmten Mittelfinger mehrfach und fuchtelten mit den Armen wie wild! Spuckten auf den Boden und schrien laut etwas vor sich hin! Unfassbar! Diese Aggressionen, diese Rücksichtslosigkeit, dieser Hass! Zwei Tage später blockierten genau diese beiden mich beim Rausfahren, liefen breit und nebeneinander mit ihren Fahrrädern langsam vor mir her. Als ich dann endlich vorbeikam, schüttelte ich mit dem Kopf, weil ich es nicht fassen wollte. Da zeigten beide wieder den berühmten Mittelfinger zu mir hin und schrien mit hochroten Köpfen irgendwas in meine Richtung! Ich fuhr dann einfach zu, bevor die mich noch umbringen, dachte ich! Beide waren Reptos, und beide zusätzlich mit mehreren Dämonen und auch Eigenelementalwesen besetzt! Man muss da auf die Zähne beißen, sonst sitzt man ja jeden Tag auf der Polizeiwache! Unfassbar, wie die Dunkelheit diese Puppen auf uns hetzt! Und unfassbar, dass so alte Leute so brutal aggressiv sind! Seitdem gehe ich denen aus dem Weg! Die sind gemeingefährlich!

18.07.2017. Ich fahre ins Karate-Training. An einer roten Ampel halte ich. Da kommt ein alter Mann auf dem Gehweg, bleibt neben meinem Auto stehen und schüttelt den Kopf. Schaut mich verächtlich an und schüttelt die ganze Zeit den Kopf! Ich kannte ihn nicht. Er mich sicher auch nicht! Vielleicht gefiel ihm mein SUV nicht? Er hatte ca. fünf Dämonen auf den Schultern und eine graue Aura. Aber hat er keinen eigenen Kopf mehr, um zu denken? Merken die Leute nicht mehr, wie sie sich verhalten? Ich kann da nur noch ebenfalls den Kopf schütteln und weiterfahren!

20.07.2017. Eine Verstorbene ist bei mir im Büro! Morgens! Ich kenne sie! Ich laufe zu Anette in die Küche und frage sie, ob die Sowieso aus ihrer Verwandtschaft in ihrem Heimatort denn gestorben sei! Anette meinte, ja, woher ich das wisse. Ihre Mutter habe doch grade erst angerufen bei ihr und ihr das am Telefon erzählt! Ich konnte das also noch gar nicht wissen! Nun, ich sagte zu Anette, dass die Sowieso nun hier neben ihr stünde, in der Küche! Dann mussten wir alle beide weinen, weil die Sowieso eine ganz liebe Person war! Die Verstorbene weinte auch, zumindest verzog sie ihr Gesicht so, als würde sie weinen. Tote sprechen ja nicht mit den Lebenden! Wer behauptet, er könne mit Toten sprechen, der lügt! Sie zeigen mir wie ein Pantomime quasi ihre Gefühle, ihre Gesichter verzerren sich dann. Und sie geben mir ihre Gefühle in meine Aura, sodass ich fühle, was sie fühlen. Manche geben mir auch Bilder, zeigen mir Bilder. Sowieso stand heulend und schluchzend neben mir. Wir hatten zu Lebzeiten nicht viel Kontakt. Ich frage mich oft, warum die alle immer zu mir kommen, wenn sie sterben! So wie Niki Lauda neulich. Als der im Mai 2019 starb, an dem Tag war er bei mir im Büro am Schreibtisch. Er hatte als Geist keinerlei Narben mehr! Ja, es wird schon seinen Grund haben, warum die zu mir kommen! Die Verwandte von Anette wollte wieder mal bis zu ihrer Beerdigung abwarten, wie so viele das wollen, und dann ins Licht gehen. Sie kam aber nie wieder zu mir! Warum wollen die alle ihre eigenen Beerdigungen abwarten? Niki Lauda auch. Und warum kam der zu mir? Ich kannte ihn ja nicht mal! Vermutlich, weil er Santiner war. Vielleicht bin ich eine Anlaufstelle für positive Sternensaaten? Mag wohl so sein!

20.07.2017. Gleiche Kreuzung, gleiche Ampel wie beim alten Mann paar Tage zuvor, der kopfschüttelnd neben meinem Auto stehenblieb! Heute kommt ein junger Mann, früher hätte ich Thommy zu ihm gesagt, fährt mit dem Fahrrad bei Rot in entgegengesetzter Richtung über die Kreuzung und spuckt direkt neben mich auf die Straße hin! So ein Zufall aber auch! Diese Kreuzung scheint kein guter Ort zu sein! Blöd nur, dass mir ähnliche Dinge mittlerweile tagtäglich passieren, an vielen Orten! Muss wohl ein astrales Ärgerprogramm der Reptos gegen mich sein! Die steuern die Menschen ohne Seelen nach Belieben!

25.07.2017. Mein neues Buch »Schockierende Enthüllungen», also mein Band II, ist auf Platz 2 der spezifischen Bestsellerliste bei Amazon! Und auf Platz 356 von allen Büchern bei Amazon weltweit! Ist das nicht schön! Ich werde seit fünf Tagen intensiv bestrahlt, habe Dauerkopfschmerzen!

26.07.2017. Film »EX-Machina» angeschaut! Es geht um künstliche Intelligenz und künstliches, simuliertes Bewusstsein! Das, was die Repto-Menschen sind!

29.07.2017. Lastwagen parkt mich zu und lädt vor dem Postamt aus. Ich fordere ihn auf, mich durchzulassen. Er beschimpft mich, ich sei ein »A ...» und ein »Scheiß ... Fahrer» und solle gefälligst warten. Ich will aussteigen, aber Anette hält mich zurück. Passanten laufen vorbei und schauen mich mit hasserfüllten Blicken an! Ich drehe die Scheibe hoch und beiße auf die Zähne und warte. Ist ja nicht das erste Mal und war auch nicht das letzte Mal, dass mir so was in der Art passierte!

30.07.2017. Auf einmal einen Haufen Fliegen in unserer Wohnung! Das war noch nie! Seit der neue Repto-Mieter unter uns wohnt, sind die da! Der Teufel bringt ja immer Fliegen mit! Auch habe ich ständig Fremdelementalwesen von dem da unter mir in der Wohnung! Sie ärgern mich meist nachts beim Versuch, zu schlafen!

01.08.2017. Sehe zufällig, dass der angebliche Aufklärer-Internet-Sender »Querdenken-TV», wo ich ja Anfang 2016 ein Interview gab, die Überschrift geändert hat! Aus »Indigomenschen und Reptiloiden» wurde nur noch »Indigomenschen»! Aufmerksame Leser wissen ja, dass ich im zweiten Band zu Beginn über diesen Herrn und seinen Sender bereits schrieb. Es ist offensichtlich, dass dieser Mensch ein Problem mit mir und der Wahrheit hat! Mittlerweile hat er ja das ganze Video gelöscht! Mehr dazu später!

02.08.2017. Ich kann die Umrisse einer »Lichtstadt» über Konstanz erkennen!

03.08.2017. Wir gehen in den Biergarten in Kreuzlingen am See. Nach fünf Minuten setzt sich ein alter Mann, ein Repto, auf die Steinsimsen direkt neben unserem Tisch und glotzt mich direkt aus drei Metern Entfernung an! Mir geht der Puls hoch und ich meine, durchzudrehen! Ich schaue ihn darauf auch böse an und mache ein paar spitze Bemerkungen in seine Richtung. Einige seelenlose Menschen an den Nebentischen schauen mich nun auch böse an! Ich fasse es nicht! Der stalkt mich und bedrängt mich, oder besser gesagt uns, und die Leute drumherum schauen mich dafür böse an! Wir lassen das Essen stehen und bezahlen und gehen! Hunger vergangen!

07.08.20107. Interviewtermine in einem Schweizer Hotel am Bodensee mit Wulfing von Rohr und neuem Kameramann! Wir werden ca. sieben- bis achtmal vom Personal gestört durch Klopfen an die Türe, ob wir noch was brauchen würden, ob alles in Ordnung sei! Danach geht beim Kameramann ca. zehnmal die Batterie nicht mehr! Er muss alle fünf Minuten die Batterien wechseln! Zum Glück hat er so viele mit bei! Wir brauchen drei Stunden für 30 Minuten Interviewaufnahme! Ein Interview musste ich total löschen lassen, weil es durch die vielen Störungen ganz übel anzuschauen war und Wulfing sowie ich sehr genervt waren darauf! Also eines war umsonst gemacht! Habe dem Kameramann dann Anweisungen gegeben, bessere Batterien immer mitzubringen. Habe ihm das erklärt mit mir und den schwachen Energien bzw. den elektrischen Störungen in meiner Anwesenheit. Hat er aber nicht verstanden!

09.08.2017. Mein anderes Ich aus der Zukunft ist wieder da! Hat wie immer nicht viel Zeit. Macht irgendwas an meinem Körper. Es fühlt sich an, als würde ich abgescannt und repariert!

21.08.2017. Ein astraler Hund kommt zu mir, will, dass ich ihn ins Licht sende!

23.08.2017. Fahre durch eine Schweizer Stadt. Ein entgegenkommender schwarzer VW Golf wendet direkt vor mir, bremst mich dabei aus und fährt dann mit quietschenden Reifen vor mir weiter her. Ist also jetzt vor mir direkt. Was war das denn?

24.08.2017. Um 23.30 Uhr prallen Steine an unsere Terrassenfenster. Wir wohnen im vierten Stock!

25.08.2017. Ich muss zum Anwalt. Der neue Repto-Mieter unter uns, aus dem Ostblock, bohrt und hämmert seit sechs Wochen! Meist zwischen 12.00 Uhr und 13.00 Uhr und zwischen 19.00 Uhr und 21.00 Uhr!
Er bekommt ein Schreiben von meinem Anwalt, ebenso die Verwaltung. Der Repto-Mieter schwärzt mich daraufhin an, mein Hund (Bruno) sei gefährlich, habe ihn mehrmals scharf angebellt! Ich muss mich rechtfertigen bei der Verwaltung, gehe seitdem nur noch mit Maulkorb raus, bzw. Bruno! Die Verwaltung schreibt mir dann später noch, ich solle Rücksicht nehmen. Lärm gebe es halt mal, und wenn es mir nicht passe, könne ich ja ausziehen!

26.08.2017. 22.15 Uhr, wieder ein Stein ans Fenster bei uns geworfen!
Später kommt ein Archont zu uns in die Wohnung. Bongo, unsere Katze, faucht wie wild! Ich sehe nur Schatten vorbeihuschen. Offenbar kann er sich tarnen. Meine normalen Ablösungen greifen nicht! Muss eine neue Verfügung kreieren. Dann ist er weg! Ekliges Wesen. Meine, ich hätte Draco-Flügel gesehen an ihm!

28.08.2017. Sind im Eduki-Supermarkt in Deutschland. Werde von einer hässlichen Frau wüst angerempelt. Direkt danach läuft ein Schwarzer mit einem roten Rucksack hinter ihr an mir vorbei. Beobachte ihn. Er kauft nichts und geht leer an der Kasse vorbei! Bemerke dann brutale Voodoo-Energien an mir! Muss mehrfach Ablösungen machen!

30.08.2017. Fernsehen geht auf einmal aus und nicht mehr an! Die Lichter auf der Terrasse bei mir flackern, als ich vorbeilaufe. Die Lichter im Flur in unserer Wohnung auch. Gehe nachts raus mit Bruno, Straßenlaternen gehen aus und wieder an. Welche, die Monate lang aus waren, gingen auf einmal an! Habe es mit dem Handy dokumentiert und auf meiner Webseite unter »Aktuelles Neu« eingestellt!
Nachts kommt mein ICH aus der Zukunft und verpasst mir irgendeine Art von Schutzanzug feinstofflicher Art. Spüre es mit den Händen! Es ist wie ein Anzug aus Spinnweben! Es sei zu meinem Schutz, da die astralen Mächte grade so scharf auf mich seien!

01.09.2017. Ein Draco kommt am Abend, sehr groß. Kann ihn nicht ganz sehen, nur sehr verschwommen! Die Katzen rennen fauchend weg! Bekomme Wut und Aggression. Warum plagen die mich so? Mache Ablösung, dann ist er weg!

06.09.2017. Sehe in unserem Wohnzimmer plötzlich schwarzen Staub, astral, von unten durch die Decke kommen. Es formte sich daraus die Blume des Lebens. In der Mitte erkannte ich unseren früheren Hamster Bernhard! Was hatte das denn zu bedeuten? Ich löste alles auf mit meinen Gedanken. War verwirrt!

11.09.2017. Man beachte das Datum! Ein bekannter spiritueller Schweizer Autor, den ich sehr schätzte und für den ich sogar jahrelang Werbung machte bei meinen Klienten, mailte mich an, ich solle aufhören, mich als Bruno Gröning Reinkarnation auszugeben, und es sei besser, das zu löschen auf meiner Webseite! Er ist im Bruno Gröning Freundeskreis Schweiz! Warum so aggressiv? Da stimmte was nicht! Ich schaute nach! Er ist abgefallen! Mehr sage ich dazu nicht hier! Werbung mache ich auch keine mehr für ihn! Bin enttäuscht und traurig! Man kann sich ja echt bald auf niemanden mehr verlassen! Sie fallen alle der Reihe nach ab!
Am gleichen Tag fällt mir in der Küche eine schwere Schüssel auf den Zeh, gebrochen! In der Nacht bekam ich noch ein Mail ohne Absender, das hatte ich noch nie! Einfach kein Absender zu erkennen! Inhalt war, ich solle aufpassen, was ich sage, ich dürfe nicht alles erzählen, sonst könnte es sein,

dass mir etwas zustoßen würde. Man würde mich beobachten! Hm, machte mir irgendwie keine Angst. Offenbar wollten mir die Freimaurer eine Warnung zukommen lassen? Und das alles am 11.09.!

12.09.2017. Werde an der Grenze von deutschen Zöllnern angehalten und genauestens kontrolliert. Während der Kontrolle läuft ein Schwarzer mit Rucksack einfach so von der Schweiz nach Deutschland! Ich sage das den Zöllnern, die schauen nicht mal hin, machen bei mir weiter! Ich werde ungehalten, beinahe eskaliert die Situation. Bekomme grade noch die Kurve. Nachts im Bett erscheint mir schon wieder die Blume des Lebens, samt unserem früheren Hamster Bernhard! Was hatte das nur zu bedeuten?

15.09.2017. Bruno und ich müssen zum Tierarzt. Bruno hat Aufstehprobleme. Und Verdauungsprobleme! Tierarzt kann nichts finden. Empfiehlt mal wieder Royales Schanin! Wie immer die Lösung aller Probleme!
Problem ist nur, Bruno bekommt darauf noch mehr Durchfall!

18.09.2017. Mein Vertrieb für meine Bücher, der Welt im Wandel Verlag, braucht eine neue Palette Bücher von mir, die ich in einem Lager deponiert habe! Der Gabelstapler des Lagers ist jedoch defekt. Bücher können nicht geliefert werden! Eine Woche dauert die Reparatur!

20.09.2017. Wir sitzen beim Mittagessen! Anette wird plötzlich von hinten geschubst von einem Draco! Mir fällt vor Schreck das Essen auf die Beine, alles voller Soße! Ich mache Ablösungen. Esse dann weiter an meinem Salat. Beiße plötzlich auf einen Zahnstocher im Mund, der im Salat war. Hätte ich den geschluckt, hätte ich sterben können! Der war zuvor nicht im Salat, da bin ich mir sicher! Anette ist ganz genau in solchen Dingen! Das war zum einen eine Ablenkung durch den Schubser, ein anderer Repto hat dabei den Zahnstocher im Salat deponiert! Und zum anderen war das ein Mordanschlag!

21.09.2017. Neumond. Über zehn astrale Schwarzmagier in meinem Schlafzimmer. Ärgern mich! Am Mittag waren schon Archonten in meinem Büro. Sie schickten mir einen besetzten Klienten, der mir ein böses Mail schriebe. Dessen Archont war dann bei mir, wollte mich aggressiv machen, damit ich auf den Streit eingehe! Musste das Mail löschen! Sie stellen mir Fallen, damit ich mit vielen Streit und Ärger bekomme! Selbstdisziplin ist angesagt!

24.09.2017. Wir sind drei Tage in Tirol in einem gemieteten Ferienhaus. Kein anderes Haus weit und breit! Drei Tage lang Motorsägenlärm im Wald daneben! Ständig hören wir ein Martinshorn! Die Zufahrt zum Haus wird öfters blockiert von einem Landwirt, der seine Anhänger mitten auf der Zufahrtsstraße parkt!

05.10.2017. Bestrahlungen werden immer intensiver. Vermehrt Kopfschmerzen, Hautjucken, blaue Flecken am Körper!

08.10.2017. Auto von Isabell und mir in Tiefgarage zerkratzt, Windschutzscheibe inklusive. Scheibenwischer abgebrochen. Setze per Handzettel an den Türen zur Tiefgarage Belohnung aus zur Ergreifung des Täters! Bekomme dann eine Woche später Abmahnung der Hausverwaltung! Ich dürfe das nicht tun. Einige Hausbewohner würden sich bedroht fühlen! Ok, ich habe den Schaden, setze Belohnung aus und andere fühlen sich dann bedroht? Ohne Worte!

19.10.2017. Fahre ins Karate-Training. In Konstanz nach der Grenze nehme ich wegen einem Stau eine Umleitung in Kauf. Fahre in schmale Straße, wo rechts auf meiner Seite eine ca. 500 Meter lange Autoparkschlange ist! Fahre an denen vorbei. Als ich ca. in der Mitte bin, kommt eine Autofahrerin entgegen und muss zwangsläufig warten, obwohl sie Vorrang hat. Aber ich kann mich ja nicht in Luft auflösen und fahre weiter. Sie fuchtelt wie wild mit den Armen. Neben ihr steht plötzlich wie aus dem Nichts ein Fahrradfahrer. Männlich, blond, ca. 35 Jahre. Blaue Jacke, roter Rucksack, rotes Fahrrad. Sonnenbrille auf! Es war ca. 18.30 Uhr und fast dunkel! Ich hatte die Fensterscheibe auf, da ich der wütenden Frau sagen wollte, sie solle doch Rücksicht nehmen. Der Fahrradfahrer sagte dann sofort, ich Dreckschweizer solle verschwinden, ich hätte zu warten gehabt. Ich spürte, wie mir der Puls hochging. Der Fahrradfahrer stieg vom Fahrrad ab und ich traute meinen Augen nicht – er warf das Fahrrad gegen die Motorhaube meines SUV! Ich stieg aus und lief auf den Sonnenbrillentyp zu, da haute er auch schon zweimal mit seinem Fuß gegen meinen linken Oberschenkel! Er wollte offenbar mit mir kämpfen! Ich stand ihm gegenüber in Kampfstellung. Es bildeten sich schon Zuschauergruppen, und hinter mir hupte es ohne Unterlass! Auf einmal hatte ich einen Blackout. Ich kann mich nicht mehr erinnern, was geschah. Ich kam wieder zu mir auf dem Boden liegend, im Schwitzkasten dieses Typen! Ich brauchte so ca. fünf Sekunden, um klar

zu werden. Dann lupfte ich diesen Typen trotz Schwitzkasten beim Aufstehen einfach mit hoch, im Stile eines Ringers, und brachte seinen Körper in meine Gewalt. Und zwar so, dass ich ihn mit beiden Armen quasi hochhielt und ihn hätte nach unten werfen können auf den Boden oder gar auf mein Knie! Es hätte ihm wohl sein Kreuz gebrochen. Er sagte irgendwas wie, ich solle es jetzt doch gut sein lassen. Ich ließ ab, trotz enormer Wut, und ließ ihn los, setzte ihn auf dem Boden ab! Er lief ruhig zu seinem Fahrrad, um dann urplötzlich ganz schnell wegzuradeln! Drei Frauen standen am Gehweg und fragten mich, ob sie die Polizei rufen sollen. Ich sagte nein, da rief der Typ, ich hätte ihn einfach grundlos angegriffen und ihn geschlagen und fuhr davon! So eine Frechheit! Ich setzte mich ins Auto und verfolgte ihn. Ich hätte gerne eine Anzeige gemacht gegen ihn. Aber er konnte mir entwischen auf einem Radweg.
Erst da sah ich die Kratzer auf der Motorhaube, zwei blutende Knie von mir, eine zerkratzte Uhr sowie einen zerkratzen Ring. Ich fuhr dann ins Karate-Training, obwohl ich nicht richtig laufen konnte. Was da genau passiert ist, zwischen dem vor dem Typ stehen und dem am Boden liegen, konnte ich mir in dem Moment nicht erklären! Ich habe dann später erfahren, dass die Geistige Welt eingegriffen und mich für zehn Sekunden außer Gefecht gesetzt hat. Um mich zu schützen! Nach 32 Jahren Kampftraining, wenn auch mit langen Pausen dazwischen, hätte ich ihn wohl vermöbelt, und dann hätte ich ein großes Problem gehabt, da es im Straßenverkehr war und es einen Haufen Zeugen gab! Und ich hätte mir wohl ein neues Karma aufgeladen! Die Tatsache, wie ich diesen Mann ohne mit der Wimper zu zucken und trotz seines Schwitzkastens hochhob, obwohl ich am Boden lag und mich kaum seines Griffes erwehren konnte, gab mir im Nachhinein zu denken! Offenbar habe ich dermaßen Kraft, dass ich aus einer eigentlich unmöglichen Lage einfach so aufstehen konnte. Der Typ konnte es nicht fassen, ich spürte in dem Moment seine Angst und Hilflosigkeit, seine gespielte Sicherheit von zu Beginn war auf einmal gewichen, als ich mich aus seinem Kampfgriff mit purer Kraft befreite und ihn mit beiden Armen hochhob! Ich hätte ihn nun auf den Boden werfen können oder auf mein Knie! Das wäre für ihn nicht gut gewesen. Natürlich hätte ich das nicht gemacht, sonst hätte ich es ja getan. Ich ließ sofort ab, als ich gewahr wurde, dass das eine Falle ist für mich und setzte ihn sanft auf den Boden, sodass er weggehen konnte! Außerdem bin ich kein Schläger und will keine Rache. Die Situation war ja in dem Moment für mich nicht mehr gefährlich. Was zuvor passierte, ist vorbei! Ich war zwar ohne Schuld, und es wäre

sicher Notwehr gewesen, aber ich hätte vielleicht damit leben müssen, dass ich jemanden schwer verletzt hätte! Glück im Unglück! Ich bin froh, dass ich so klar denken konnte, trotz dem Blackout zuvor! Danke nochmals an alle Lichtwesen, die mir geholfen haben! Die Moral von der Geschichte? Immer Kamera an, habe ich jetzt, und nie das Fenster aufmachen! Und nie aussteigen, wenn man provoziert wird! Das sind alles Fallen!
Sie locken einen in Fallen. Das war ein Bezahlter! Ein normaler Mensch macht sowas nicht! Die Dunklen sind uns ja immer voraus, wissen ja immer, wohin wir wann gehen! Und können so vieles vorbereiten! Immer wachsam sein! Die Narben auf den Knien werden wohl bleiben! Als Warnung!

20.10.2017. In der darauffolgenden Nacht konnte ich keine Minute schlafen! Es kamen ständig Schwarzmagier in mein Schlafzimmer und ärgerten mich! Auch so komische Kapuzenmänner liefen ständig um mein Bett herum und durch die Wände! Habe seitdem so schwarze Punkte an den Wänden! Der Fahrradtyp muss mir Voodoo-Energien gegeben haben durch die massiven Berührungen!

21.11.2017. Nachts. An meinem Bett wird gerüttelt! Eine Frau mit langem Zopf und schwarzem Rock fliegt an mir vorbei zum Fenster raus!

23.10.2017. Ich bekomme eine Steuerprüfung in der Schweiz! Mein Steuerberater ist überrascht, dass dies so früh passieren würde. Normal sei nach zehn Jahren mal! Sie finden aber nichts!

02.11.2017. Muss mit Anette kurz nach Deutschland, ihr Auto beim Autohändler abholen gehen und bezahlen. Wir fahren mit meinem Auto in den Hinterhof des Autohauses. Es war ein Privatgrundstück, und doch waren überall Halteverbotsschilder angebracht. Es gab mehrere Parkplätze, die alle besetzt waren. Ein Behindertenstellplatz war leer, da fuhr ich rein. Gegenüber stand ein Polizeiauto im absoluten Halteverbot. Der Fahrer schien auf jemanden zu warten. Ich stieg aus, da kam mir ein Repto-Polizist entgegen mit Bauch und Glatze. Er herrschte mich an: »Sie stehen auf einem Behindertenparkplatz!« Ich beachtete ihn nicht, weil er mir auf dem Privatgelände nichts zu sagen hat, nichts! Außerdem parkte er selbst im Halteverbot! Ich ging rein an die Theke, um zu bezahlen, da lief er mir hinterher: »Gots no? (Geht's noch!) Sie können mich nicht einfach so stehenlassen!« schrie er mich an, ganz laut! Das ganze Autohaus schaute mit einem Mal gebannt zu uns! Ich drehte mich um und sagte, dass er hier wohl nicht zuständig sei und fragte die Dame an der Bezahltheke, ob ich da kurz stehenbleiben dürfe. Diese nickte nur ängstlich mit dem Kopf. Der Polizist lief wutentbrannt weg und schrieb meine Nummer auf! Dann fuhren sie weg aus dem Halteverbot! Unglaublich, wie dieser deutsche Polizist sich aufführte! Übrigens: Anette hat einen Schwerbehindertenausweis!

03.11.2017. Werde von einer Kopftuchfrau in der Bäckerei weggedrängt und beschimpft! Sie sei vor mir dran, was aber nicht stimmte! Ich sage ein paar nette Sachen, werde aber nicht beleidigend. Nachher wurde ich vom offensichtlich muslimischen Verkäufer total unfreundlich bedient! War seitdem nie mehr dort!
In der Nacht wird dauernd an mir rumgezupft im Bett, bin zu müde, um mich drum zu kümmern!

05.11.2017. Zwei Kapuzenmänner wieder bei mir im Schlafzimmer! Sind seit Halloween unterwegs. An Halloween werden immer viele Dimensionstore geöffnet. Mehr als bei allen Vollmonden im Jahr zusammen!

18.11.2017. Bin im Feriendorf, im Haus von Anette. Ein Traktor fährt den ganzen Tag laut am Waldrand herum! Beim Nachschauen stelle ich fest, dass die das ganze Unterholz aus dem Wald entfernen und auftürmen zu riesigen Scheiterhäufen! Ist das nicht interessant? Später werde ich feststellen, dass die bis Weihnachten jeden Tag Lärm machen!

19.11.2017. 09.00 Uhr. Anette und ich sitzen beim Frühstück, da poltert es auf dem Dach! Als würde jemand dort landen! Bongo, unsere Katze, und die weiße Katze rennen unters Sofa. Ich bin perplex und denke erst, da läuft jemand rum. Dann Ruhe. Auf einmal bekomme ich telepathischen Kontakt. Ein Mann und eine Frau kommen ins Wohnzimmer, unsichtbar, aber spürbar. So spürbar, wie schon lange nicht mehr! Richtig zum Greifen diese Energie! Es sind Anette und ich, Asthar Sheran, aus der Zukunft! Sie sagten, ein Raumschiff der Grauen habe versucht, sie beim Landen auf dem Dach zu hindern, mit was auch immer die landeten. Ich war so aufgeregt, konnte gar nichts fragen, mir fiel nichts ein! Ich genoss einfach die Energie und war beschäftigt, mir vorzustellen, wie ich denn aussehen würde! Vielleicht sehe ich mich aus der Zukunft ja eines Tages! Sie gingen dann beide wieder recht schnell. Offenbar habe ich in der Zukunft auch wenig

Zeit! Oder die können halt immer nicht so lange bleiben. Ich will gar nicht wissen, warum. Ich bin dann immer so aufgeregt, wenn die kommen, dass mir keine Fragen einfallen! Möchte auch nicht alles ausnutzen. Die, wir, werden schon wissen, was zu tun ist! Und was wichtig ist!

20.11.2017. Ich bin wieder hier! Asthar Sheran, ich aus der Zukunft. Die Energie ist wie damals im ersten Buch, als ich glaubte, neben einem Fön zu sitzen! Unglaublich schön und beruhigend! Ich habe auf einmal kalte Füße! Er macht irgendwas an meinem Astralkörper! Geht leider nach 15 Minuten wieder!
Irgendwie schon Gewohnheit, dachte ich mir!

22.11.2017. Bekomme ein Mail von einer Frau aus Luzern. Sie habe eine Kugel von Bruno Gröning. Ich sage zu, dass ich die Kosten fürs Labor bezahle, um einen DNA-Test zu machen! Später wird sich herausstellen, dass keine genetisch verwertbaren Proben in der Stanniolkugel enthalten waren!

25.11.2017. Wache früh morgens auf in der Dämmerung. Traue meinen Augen nicht. Mit offenen Augen sehe ich sechs Geistwesen um mein Bett versammelt schweben. Alle sechs schauen direkt zu mir! Ein Wesen ist goldfarben. Die anderen sind eher fast durchsichtig! Sie scheinen friedlich zu sein! Beobachten mich, als wäre es eine Versammlung mit einem Gespräch mit mir!
Sie bilden einen Halbkreis um das Fußende meines Bettes! Ich fühle mich wohl. Keine Angst oder so. Dann sind sie auch schon weg! Habe nie gefragt, wer oder was das war. Bei uns passiert so viel, ich vergesse dann einfach auch oft, nachzufragen.

27.11.2017. Bin alleine im Ediku-Supermarkt. Ein Polizist kommt hinter mir rein. Ich verfolge ihn. Er läuft einmal quer durch den Laden und geht ohne einmal anzuhalten einfach wieder an der Kasse vorbei nach draußen! Was war das nun? Stalking nun auch im Supermarkt? Sicher nur ein Zufall! Wie immer!

03.12.2017. Vollmond! Wache auf einmal mitten in der Nacht auf. Sehe, wie sich ein Repto neben meinem Bett mit jemand anderem unterhält. Als wäre ich nicht da! Der Repto ist klein, sieht aus wie ein Ninja-Turtle! Aber mit ganz bösen Augen! Hat auch solche Schulterklappen! Schlafe wieder ein! Am nächsten Morgen kann ich meinen linken Arm kaum bewegen. Da wurde etwas gemacht! Mir wird dann später mitgeteilt von meinen Lichtwesen, dass ich entführt worden sei und ein Implantat bekommen hätte! Und dass ich vor meiner Inkarnation mein Einverständnis dazu gegeben hätte! Hm, kann das wirklich sein? Kann ich mir mit meinem menschlichen Verstand kaum vorstellen! Vielleicht war ich betrunken in der anderen Welt, als ich da zustimmte! Auf jeden Fall entfernte ich alle Implantate wieder!

04.12.2017. Ich kündige beim Karate-Verein! Habe mich dazu entschlossen, nicht mehr kämpfen zu wollen, ob nun real oder zur Übung! Die Angriffe dort von einigen Menschen wurden mir zu viel! In letzter Zeit habe ich vermerkt Angriffe von mir bisher wohlgesonnenen Kollegen festgestellt. Ständig kleine Sticheleien. Einige machten es sogar ganz offen! Möchte aus Rücksicht nicht näher drauf eingehen! Hauptgrund war aber, dass ich keine Lust mehr hatte! Es wurde mir einfach zu blöd, immer einen Kampf zu simulieren. Mir fehlte schlichtweg die Aggressivität. Sie ging nach und nach verloren! Es wurde von Jahr zu Jahr weniger an (unnötigem) Kampfgeist. Ich hatte Mühe, in die Kämpfe zu gehen, hatte immer die Handbremse angezogen, weil ich niemanden verletzen wollte! Mir taten die anderen auch immer mehr leid, dass sie sich so ereiferten am Kampf! Jeder strengte sich bei mir besonders an! Auch wenn sie doch immer meist Angst vor meiner Präsenz hatten! Ich bin sicher nicht der begnadete Techniker, aber ich bin ein Naturtalent, was Präsenz und Ausstrahlung sowie natürlichen Kampfgeist betrifft! Sobald im Kampf einer vor mir stand, fingen sie an, nervös zu werden, zeigten Angst! Wichen schon aus, wenn ich mich nur leicht bewegte! Ich hatte dann immer gleich Mitleid mit den armen Angsthasen. Wollte das nicht als Vorteil für mich ausnutzen, deren Angst! Irgendwie war ich so eine Art Vorbild und Führer für einige. Andere dagegen wollten es mir mal so richtig zeigen. Es war so oder so immer anstrengender für mich, ins Training zu gehen. Ich hatte auch schon lange keinen Spaß mehr daran! Für mich war es irgendwie auf einmal Zeit- und Energieverschwendung! Vielleicht war auch einfach meine eigene Heilung von Aggressivität abgeschlossen! Ich hörte ein paar Monate vor der nächstmöglichen Dan-Prüfung auf! Es war mir einfach nicht mehr wichtig! Habe es bis heute nie vermisst! Ich bin dankbar, dass ich meine innere Wut und meine versteckten Aggressionen, die ich sicher irgendwann noch hatte, geheilt und aufgelöst hatte! Es war also nicht sinnlos gewesen. Aber ich hatte keinen Ehrgeiz mehr, und mir gingen einige Leute auf den Keks! Auch dieses ständige Simulieren von Situationen, wie man den anderen am besten Schachmatt setzt! Die Zeit bei mir war um dafür! Es fehlte mir bisher nicht einen Tag! Einige wenige waren ja ganz ok, aber die meisten hatten dieses Verbissene an sich, stärker und besser sein zu wollen als andere! Auch schaue ich heute Kung-Fu-Filme kaum mehr an. Ich finde es mittlerweile dumm, dieses Repto-Gehabe! Alles Repto-Theater, dieses Kampftheater! Wer ist der stärkste, der beste Kämpfer? Wer macht alle platt? Wer kann den Spagat am besten? Wer hat den höheren Gürtel? Wer ist am längsten dabei? Wer hat die meisten Dan-Prüfungen? Kampf ist immer Repto! Aber manchmal ist es auch gut, weil man seine Aggressionen kontrollieren lernen kann, vielleicht gar auflösen, wie bei mir! Und außerdem musste ich dort mein Licht einbringen in diese Finsternis! Also alles gut! Wünsche jedem weiterhin viel Spaß beim ständigen Kämpfen, ich brauche es nicht mehr! Angefangen habe ich im Alter von 17 Jahren. Effektiv waren es aber nur 16 Jahre Training am Stück. Mein Leben war zu hart, um mehr zu machen! Ich wäre sicher ein erfolgreicher Sportler geworden aufgrund meines Kämpferherzes! Aber das sollte nicht sein! Mein normales Leben forderte meine ganze Aufmerksamkeit! Aber nun ist gut! Ende mit Kampf! Und es gibt ja auch noch Psychokinese!

05.12.2017. Fünf schwarze Hubschrauber über unserem Haus, ca. 15.50 Uhr, 200 Meter weg nur!

06.12.2017. Google sperrt alle meine Anzeigen! Heiler ist nicht erlaubt! Aber es gibt doch viele andere Heiler, die auch Anzeigen laufen haben? Warum werden die nicht blockiert?

KAPITEL 2

Tagebuch eines Indigos – 2018

Wie schon erwähnt, ich filtere schon sehr! Schreibe echt nur sporadisch über Erlebnisse, da es sonst zu viel wäre! Es sind nur Auszüge, was uns täglich passiert! Viele Dinge wiederholen sich, andere Vorfälle sind oft ähnlicher Natur! Darum berichte ich nur auszugsweise! Wenn ich alles schreiben würde ..., aber das sagte ich ja bereits! Warum ich das überhaupt schreibe? Na hör mal! Weil das ja einmalig ist, wenn ein Zeitzeuge wie ich über Dinge schreibt, die andere nicht sehen können! Findest du meine Erzählungen nicht auch spannend und aufregend? Also, das wird wohl einmalig sein in der Neuzeit, dass ein Hellseher über seine Erlebnisse so berichtet wie ich!

23.12.2017-06.01.2018. Urlaub im Schwarzwald im gemieteten Ferienhaus.
Muss mit Bruno mehrmals zum Tierarzt. Durchfall und Blut im Urin. Tierarzt taugt nichts! Gibt was gegen Durchfall, sonst nichts! Ständig Feuerwehr, Polizei und Rotes Kreuz um uns herum! Autofahrer parkt am Straßenrand und sein Auto macht sich selbständig, rollt um Haaresbreite auf mein Auto drauf!

10.01.2018. Alle Sachen, die wir immer kaufen im Ediku, sind vergriffen, wie so oft. Muss in drei Läden fahren, um einiges zu ergattern. Alles bekomme ich nicht zusammen! Alles, was uns gut tut und schmeckt, uns nicht krank macht, ist eben nicht mehr in den Regalen!
Abends esse ich einen Haferkeks und bekomme einen Erstickungsanfall. Dachte, das war‘s jetzt! Anette und Isabell und die Katzen sind total verängstigt und geschockt! Ich habe ja einen engen Halsschlund von meiner vorherigen Inkarnation!

22.01.2018. Frontalangriffe! Unzählige Reptos und Dracos, auch Tierseelen, in meinem Schlafzimmer! Unfassbar, muss flüchten! Dauerablösungen, kein Schlaf möglich!

23.01.2018. 08.45 Uhr. Eine Flugscheibe, ein Ufo, kommt aus dem Wasser hervor, aus dem Bodensee. Sehe ja vom Küchenfenster bis nach Meersburg rüber. Das Ufo schimmert silbern, sehr groß, ca. 25 Meter Durchmesser, schätze ich. Es wirbelt viel Wasser auf, hebt ab und ist weg! Hab nur ich das gesehen? Es kommt nichts in den Nachrichten die Tage drauf, man sieht nichts im Internet! Das müssen doch andere auch gesehen haben, war ja direkt vor Meersburg! Später erfuhr ich, dass es Agarther waren!

23.01.2018. Ca. 15.30 Uhr, fahre mit Bruno in einem Teilort von Kreuzlingen durch eine Unterführung. In der Unterführung ist eine Rechtskurve. Spüre, wie mein Auto nach rechts zieht, kann kaum dagegenhalten. Fahre mit beiden rechten Felgen gegen den dortigen Bordstein! Immenser Schaden. Brauche Felgenreparatur! Ärgere mich, fahre nach Hause. Treffe Isabell in der Tiefgarage und erzähle ihr das. Oberhammer: Ihr ist gestern an derselben Stelle dasselbe passiert! Auch abgedriftet nach rechts, Felge kaputt! Was für ein Zufall! Fahre nochmals hin Tage später! Sehe ein negatives Energiefeld dort. Viele Unfälle haben dort negative Energien lagern lassen, diese wiederum wurden so stark und groß, dass sie nun auf andere Energiefelder einwirken, sprich Unfälle verursachen! Löse diese Felder auf, dauert aber volle zehn Minuten, bis sie weg sind!

23.01.2018. In der Nacht zu meinem Geburtstag, massive Albträume mit Verfolgungen. Werde von King Kong im Urwald verfolgt! Morgens wache ich auf und zappe im Fernsehen. Das erste, was ich sehe, ist ein Film Namens King Kong, und das erste, was ich sehe, ist der Gorilla auf dem Hochhausturm! Woher wusste mein Traum, dass ich das machen würde? Was ist das für eine Synchronizität?

01.02.2018. Morgens gehe ich ausnahmsweise mal wieder mit Bruno vor meiner Haustüre laufen, was ich selten mache, da immer was passiert. Bruno wird von einem Pitbull angegriffen. Bruno schlägt ihn in die Flucht, der Pitbull rennt quietschend davon! War aber ein Feigling-Pitbull. Bin erleichtert, dachte schon, das war‘s nun! Die Hundeführerin des Pitbulls entschuldigt sich, ich sage ihr, dass ich mir dafür nichts kaufen könne. Wäre der Hund böser gewesen, wäre meiner nun vielleicht tot! Sie solle doch einfach ihren Hund immer an der Leine halten, was denn daran so schwer sei! Bruno hat sich sehr aufgeregt! Später bemerke ich, dass er Magenprobleme hat. Er isst nichts an dem Tag, wie so oft in letzter Zeit!

02.02.2018. Vollmondnacht! High Life in meinem Schlafzimmer! Schwarzmagiere laufen herum, sogar fliegende Rochen sehe ich! Und eine Kuh! Ist ja voll krass! Irgendwie schon fast lustig! Blöd ist nur, dass ich so wenig Schlaf bekomme und immer müder aussehe jeden Tag! Ich bitte die Geistige Welt um Abhilfe!

03.02.2018. Zwischen dem 22.01.2018 und dem 15.02.2018 mache ich mehrere Fahrten in den Schwarzwald, Raum Falkau, Feldberg, Todtnau und Umgebung. Weiß, dass dort irgendwo ein Eingang in die Innere Erde ist! Ich war bis auf 500 Meter dran, bin mir da ganz sicher! Habe da so meine Möglichkeiten, das herauszufinden! Bereite mich auf den Ein- und Abstieg vor. Eingang ist hinter einem 15 Meter hohen Felsen, unweit des Feldbergs, vielleicht fünf Kilometer weg, Gemarkung Falkau Richtung Bernau! Bekomme dann aber eine Mitteilung von den Lichtwesen, dass es nicht meine Aufgabe sei, da runterzugehen und dass es gefährlich werden würde. Ich solle abbrechen. Ich breche ab!

10.02.2018. Seit geraumer Zeit stinkt es in meiner Wohnung ganz übel nach gekochtem Fleisch übelster Sorte irgendwie! Ich muss mich mehrmals übergeben! Der Repto-Mieter unter mir hat gekocht, auf dem Balkon, im Winter! Schätze mal Lammfleisch oder Hammel! Ekelhaft. Muss die Wohnung verlassen!

11.02.2018. Zwei stinkende Archonten und ein Grauer plötzlich in meinem Büro neben mir! Löse sie ab! Was soll das dauernd, denke ich!
Bekomme später von den Lichtwesen folgende Mitteilungen: Alle Repto-Geistführer von Mantissen werden ausgetauscht durch Archonten! Bedeutet: Alle Menschen, die Orion-Mantissen sind, werden nun von Archonten besetzt und geführt! Und auch alle Repto-Menschen! Das heißt, die Menschen werden nun noch brutaler, noch rücksichtloser und noch leichter zu führen sein!

21.02.2018. Bruno ist tot! Mehr an anderer Stelle!

22.02.2018. 05.45 Uhr. Bruno kommt als Geistwesen in seiner Hundeform zu mir ans Bett, küsst mich ins Gesicht und geht! Muss weinen wie ein Schlosshund. Auch jetzt, wo ich das hier schreibe! Es gibt nichts Schlimmeres, als ein Tier oder einen Menschen zu verlieren, den man liebt!
Mehr zu Bruno und dann Aslan später!

27.02.2018. Isabell kracht nachts zusammen. Notaufnahme Krankenhaus Kreuzlingen. Muss an den Schlauch die ganze Nacht! Ist nach zwei Wochen wieder gesund. Überlastung des Körpers!

06.03.2018. Bekomme morgens plötzlich die Eingebung, sehr massive Gedanken, in den Kreuzlinger Qualipet zu fahren, eine Art Fressnapf. Es gibt dort Hundesachen usw. und auch Hamster! Bekomme die starken Gedanken, dass ich sofort dahin soll und einen Zwerghamster kaufen soll! Ich fahre hin, habe keine Ahnung. Frage, ob sie zufällig Zwerghamster da haben! Es waren noch drei da. Ich ließ sie mir zeigen. Drei kamen aus der Behausung, einer rannte sofort auf mich zu und schien sich zu freuen! Es war eine Sie! Ich erkannte die Energie! Es war Bernhard! Bernhard ist wieder da! Darum die astralen Erscheinungen in den Monaten zuvor! Wir nannten Bernhard jetzt Bianca! Bianca ist nun ein dschungarischer Zwerghamster und lebt seitdem wieder glücklich bei uns! Ich danke Gott für dieses Geschenk! Muss wieder weinen, während ich das hier schreibe!

13.03.2018. Im Ediku-Supermarkt arbeiten rund 50 (!) Asylanten als Lageristen. Es gibt kaum ein Durchkommen mit dem Einkaufswagen! Unfassbar!
Ein Paket mit einem neuen iPad, welches ich bestellt hatte, 800 Franken billig, geht verloren. Die Büroverwaltung hatte es angenommen, danach verliert sich die Spur! Ich drohe mit Anzeige und Polizei. Tage später ist es plötzlich wieder da. Verhältnis zur Verwaltung ist aber dann gestört!

19.03.2018. Kreuzlingen macht eine Feuerwehrübung mit rund zehn Autos und rund 30 Mann in meiner Tiefgarage! Stundenlang blockiert und alles voller Nebel! Tagelang später noch Rauchgestank! Ist das nicht krass? Eine Feuerwehrübung in meiner Tiefgarage?

26.03.2018. Mordanschlag auf Anette. Wir gehen mal wieder Essen in Konstanz in eine Nobel-Pizzeria. Sie isst Salat. Es steckt ein Zahnstocher drin! Sie hat ihn im Mund, kann ihn gerade noch herausfischen, bevor er im Hals stecken bleibt! Unfassbar. Bei mir was das ja auch, Wochen zuvor. Siehe Eintrag weiter oben! Seitdem gehen wir nur noch ganz selten überhaupt essen!

21.03.2018. Bruno kommt als Aslan. Lange Reise aus Bulgarien hinter sich, der tapfere kleine Aslan. Ganz alleine 24 Stunden im Auto gefahren. Er ist erkältet und sieht schwach aus. Später stellt man fest, dass er Parasiten hat, Giardien!
Er niest andauernd!

27.03.2018. Aslan ist schon nach zwei Wochen stubenrein. Schläft schon sieben Stunden durch bei mir am Bett in meinem Schlafzimmer! Ging zuvor alle vier Stunden rund um die Uhr mit ihm nach draußen! Jetzt schläft er schon die ganze Nacht durch! Er ist ein ganz tapferer, lieber Kerl!

06.04.2018. Der Repto-Mieter unter mir stinkt immer den Aufzug voll! Total ekliger Gestank immer! Nach Moder und Tod! Er verfolgt mich in der Stadt. Taucht plötzlich im selben Supermarkt auf, steht in Konstanz plötzlich hinter mir an der Ampel. Kommt und geht immer gleichzeitig mit mir in die Tiefgarage! Er wird bezahlt! Ist ein Berufsstalker!
Am selben Tag wieder mal ein Kratzer an meinem Auto! Aus dem Kühlschrank wird Pesto geklaut, von einem Grauen!
Nachmittags gehe ich in einen Discounter in Kreuzlingen. Drei alte Personen, zwei Frauen und ein Mann, alle um die 70, stehen zusammen und beobachten mich. Lachen alle drei verächtlich und schauen mir nach! Was für Dämonen!

07.04.2018. Fahre auf der Autobahn von Kreuzlingen nach Zürich. Vor Frauenfeld steht rechts ein Polizeiauto und wartet. Als ich vorbei bin, schert es hinter mir ein und fährt ca. 20 Kilometer hinter mir her! Dann biegt es vor Zürich ab. Etwa zeitgleich steht rechts auf dem Standstreifen wieder ein Polizeiauto und wartet. Als ich vorbei bin, schert nun auch das wieder hinter mir ein und fährt ca. zehn Kilometer hinter mir her. Dann bin ich in Zürich und weg ist es! Was war das? Fliegende Überwachung? Sicher nur ein Zufall, oder nicht?

18.04.2018. Laufe auf einem Feldweg in der Nähe eines Dorfes oberhalb von Kreuzlingen mit Aslan. Ein Motorroller rast mit brutaler Geschwindigkeit her, fährt uns beide fast um! Laufe ihm nach. Er fährt ins Feuerwehrhaus. Es gibt Alarm! Alle rücken an, ich parke direkt daneben. Alle stürmen in die Halle. Ich warte, will sehen, was die machen. Nach fünf Minuten fahren alle wieder weg! Als wäre nichts gewesen! Wieder totale Ruhe. Wieder mal ein Fehlalarm? So was aber auch!

19.04.2018. Stehe an meinem Postfach in der Post. Daneben ist ein Geldautomat. Bemerke plötzlich, wie sich die Tasten von alleine bewegen, als würden sie gedrückt werden! Niemand weit und breit zu sehen! Ich erkenne auch nichts!

22.04.20018. Laufe am Seeufer in Kreuzlingen. Eine Drohne, so groß wie ein Jumbojet, fliegt über unseren Köpfen hinweg! Schätze mal in 500 Metern Höhe! Ich erschrecke, habe Angst, dass der in der Stadt abstürzt! Ist laut ohne Ende. Eine Gruppe von ca. acht Spaziergängern kommt mir zeitgleich entgegen. Sie zeigen keinerlei Reaktion! Ich bleibe stehen, bin fassungslos! Sind die nun alle blind? Und taub? Oder was ist hier los? Ich laufe weiter, mit offenem Mund.
Was ist mit den Menschen los?

25.04.2018. Aslan reißt sich am Waldrand aus dem Halsband in dem Moment, wo ein ca. 70-jähriger Repto in rotem Shirt auf einem Rennrad vorbeiradelt. Aslan rennt ihm freudig hinterher. Ich auch und schreie immer zu dem Repto, er solle doch bitte kurz anhalten, mein Hund sei ein junger und würde nichts tun. Er winkte ab mit der linken Hand und fuhr schneller weiter. Nach ca. 500 Metern blieb Aslan dann erschöpft stehen. Ich denke mir, wenn jetzt ein Auto von dahinten kommt, ist es rum mit ihm! Ich renne meinerseits dann weg, in die entgegengesetzte Richtung, und da kam er auch schon! Offenbar ist seine Angst, mich zu verlieren, größer als seine Neugier!

26.04.2018. Gehe um 23.45 Uhr nochmals raus vors Haus auf die Wiese mit Aslan. Kommt plötzlich ein großer Retriever aus dem Dunkeln auf Aslan losgerannt, ohne Leine. Ein Mann ca. 200 Meter weg. Der zu dem Zeitpunkt größere Hund will Aslan attackieren. Ich werfe mich dazwischen und verjage den anderen Hund mit Geschrei und fuchtele wild mit den Armen. Er geht weg. Der Mann kommt und sagt, was ich da mit seinem Hund machen würde. Ich sage, er habe diesen gefälligst an der Leine zu führen und dass er meinen angegriffen habe. Er meint, sein Hund sei ein Retriever und die würden nie jemanden angreifen! Ich sage, hat er aber! Ich forderte ihn auf, nun weiterzulaufen, woraufhin er auf mich losging und mich schlagen wollte! Er traf mich ein wenig an der Schulter. Ich hatte Schlappen an und musste Aslan mit der Leine halten. Danach rannte der Mann weg, ich hinterher. Wollte das so nicht stehen lassen! Ich schrie ihm nach, dass dies ein

Nachspiel habe! Dann riefen plötzlich andere Bewohner der Blöcke nach unten, ich solle ruhig sein! Das ist der Hammer! Ich werde angegriffen und dann noch angepöbelt! Anstatt sie gefragt hätten, ob alles in Ordnung sei und ob es ein Problem gäbe! Unfassbar! Wenn man da Hilfe brauchen würde, wäre man schön aufgeschmissen!

27.04.2018. Vier Drohnen fliegen über mir, formieren ein Kreuz!

28.04.2018. Kleines Sananda-Treffen in Überlingen

03.05.2018. Alle Speicherkarten, die in meinen Home-Überwachungskameras waren, sind weg! Also keine mehr in den Kameras drin! Bei Anette im Zimmer fehlt ein persönlicher Gegenstand vom Schreibtisch und ein Bild ist weg!

04.05.2018. Bekomme den Input, dass der Fahrstuhl – ich wohne im vierten OG, ganz oben – ein Dimensionstor sei! Bekomme den Input, dass Indigos die Gedanken aller anderen beseelten Menschen programmieren können! Nachahmungseffekt! Darum will man mich immer unten halten in der Schwingung, damit ich schlechte Laune habe und diese weitergebe an alle!

08.05.2018. Isabell wird blöd angemacht am See, als sie mit ihrem Mini-Hund in einem Buggy im Park läuft. Der Hund solle gefälligst laufen, das sei Tierquälerei! Dabei war er krank!

09.05.2018. 20.00 Uhr. Laute Detonation irgendwo in der Nähe! Ständig hupt einer, nur einmal lang. Alle zwei Stunden!

10.05.2018. Wache auf, höre noch Worte: »Du bist nie allein!»

12.05.2018. Isabell bekommt ein Schreiben von ihrer früheren deutschen Volksbank, sie müsse eine Erklärung abgeben über ihre Steuer hier in der Schweiz, ob sie auch die Gewinne ihrer Anteile, die sie an der Volksbank hält, versteuern würde! Man würde sie der EU-Steuerfahndung melden, wenn sie sich nicht innerhalb einer Woche melden würde! Wir fahren entrüstet dorthin. Es stellt sich heraus, dass bei der damaligen Kontokündigung versäumt wurde, diese obligatorischen Volksbankanteile auch zu kündigen. Dadurch hatte sie nun sage und schreibe 3,00 Euro, also drei Euro jährliche

Gewinnausschüttungen! Diese müssten unbedingt versteuert werden, meinte die Repto-Filialleiterin dort. Wir kündigten diese unermesslich renditestarke Anlage augenblicklich und versprachen, die 3,00 Euro in der Schweiz zu versteuern!

13.05.2018. Komme mit Aslan nach Hause. Vor dem Eingang höre ich von oben ein Zischen und Lachen. Die obersten Nachbarn vom Haus gegenüber lehnten oben an ihrem Geländer und lachten zu mir runter, machten dabei so Geräusche, wie wenn man jemanden veräppelt! Ich reagiere nicht!

15.05.2018. Bekomme ein Mail von einer Klientin. Ich solle sofort dafür sorgen, dass ihre Tochter ab sofort nur noch auf sie hören würde! Wenn ich das nicht tun würde, würde sie mich im Internet schlecht machen! Ich lösche das Mail!

18.05.2018. 22.30 Uhr, laufe mit Aslan meine nächtliche Runde. Eine ganz kleine Drohne, die mit der Fernsteuerung, verfolgt mich in einer Höhe von ca. 50 Metern, während ich laufe, ca. 25 Minuten, wieder bis nach Hause zurück! Habe leider keine Waffe, um sie abzuschießen!

01.06.2018. Eine Perle, ein Schmuck, der an einem Bäumchen hing bei uns in der Küche, ist beim Heimkommen in der Waschtrommel gelegen!

03.06.2018. Mein erst zwei Jahre alter SUV macht brutale Geräusche beim Fahren, alle drehen sich um auf der Straße. Muss ihn wieder abstellen in der Garage.

04.06.2018. Polizei fährt jede Nacht an mir vorbei, wenn ich mit Aslan laufe. Seit einigen Wochen täglich. Sicher ein Zufall!

13.06.2018. Habe mich entschieden, ein anderes Auto zu kaufen, da mein SUV ja vor Wochen so Geräusche machte. Will meinen in Zahlung geben! Verträge schon gemacht. Vereinbart war, dass ich mit meinem nach Zürich fahre, den dann dort hinstelle und mit dem neuen wieder nach Hause fahre. Am Abend vor der Übergabe fahre ich nochmals durch die Stadt. Unfassbar laute mechanische Geräusche! Habe das Gefühl, er implodiert gleich! Hörte sich an wie Getriebe- oder Achsschaden! Ich sage die Inzahlungnahme ab! Hätte zwar vielleicht noch nach Zürich fahren können irgendwie und ihn einfach dort abstellen oder ihn mit einer Spedition abholen und dorthin bringen lassen können, mit einer Ausrede. Sicher hätten das andere getan, nach dem Motto, die werden das erst später mal feststellen und dann nichts mehr beweisen können. Aber ich wollte niemanden betrügen oder anderen schaden. Das hätte ich irgendwann zurückbekommen! Mein Gewissen war dagegen! Ich rief dort an, sie sollen mir das neue Auto bitte bringen und ich würde es eben voll zahlen, ohne Inzahlungnahme, hätte es mir überlegt, und ich würde mein SUV behalten wollen. So hatte ich nun aus Rücksicht und wegen meiner Skrupel zwei Autos am Hals. Aber ich fühlte mich trotzdem wohl, rein irgendwie! Ich ließ dann meinen »defekten» zweijährigen SUV abholen vom zuständigen anderen Autohaus und reparieren, damit ich ihn dann später verkaufen könnte im Internet. Nach drei Tagen riefen die vom Autohaus jedoch an und meinten, sie hätten nun alles untersucht und seien 150 Kilometer Probe gefahren, das Auto sei tipptopp! Was? Jetzt verstehe ich gar nichts mehr! Gut, ich holte es wieder ab! Da haben mir die Grauen wohl einen Streich gespielt und mir damit sehr geschadet! Die können sowas simulieren! Die können Geräusche und Schäden temporär irgendwie darstellen. Die können offensichtlich sehr viel! Unfassbar. Habe nun ein großes Problem finanziell! So einen SUV, wie ich da hatte, kann man frei im Internet eigentlich gar nicht verkaufen! Später werde ich ihn für ein anderes Auto in Zahlung geben müssen. Die haben mich richtig Geld gekostet, die Grauen! Das war offensichtlich eine brutale Schädigung meiner Finanzen! Ich wollte eigentlich keine teuren Autos mehr besitzen! Vielleicht auch, weil ich es mir nicht wert war oder ich Angst hatte vor dem Neid der anderen. Die zwangen mich quasi dazu, ansonsten wäre ich auf dem SUV sitzengeblieben, und er hätte Monat für Monat an Wert verloren! Mittlerweile bin ich froh, dass ich zwei Autos habe. Bei meinem Leben schon fast das Minimum!

14.06.2018. Im Garten des Hauses gegenüber werden alle schönen alten Bäume abgesägt! Er sieht jetzt direkt zu uns auf die Terrasse!

15.06.2018. Fahre mit Aslan in den Wald. Schwarzer Hubschrauber verfolgt mich vom Haus, ca. zehn Kilometer bis in den Wald! Mache Verfügung, dann geht er!

16.06.2018. Kleine ferngesteuerte Drohne schwebt direkt vor meinem Balkon! Werfe mit Gegenständen danach und hole den Wasserschlauch, haut dann ab!

17.06.2018. Ein Frauchen aus der Gegend mit ihrem Hundchen übertölpelt mich, mit ihr und ihrem Hundchen an den See zu laufen. Ich gehe mit, obwohl mein Magen sich querstellt beim Anblick des Frauchens. Wegen der Besetzungen und der Aura. Am See toben die Hunde bzw. der andere Hund, Aslan hat irgendwie gar keine Lust, und Aslan fällt dann fast in einen ca. zehn Zentimeter langen rostigen Nagel, der dort verkehrt, mit der Spitze nach oben, in einem Brett liegt. Ich kann ihn grade noch abfangen. Sage zu der Frau aus der Nachbarschaft, ich wolle nun gehen, es sei mir zu gefährlich hier. Sie lacht nur. Wir gehen. Das war ein Mordanschlag auf Aslan! Nicht von dem Frauchen, klar! Von der Dunkelheit, den Reptos, mit Hilfe von Besetzungen an dem anderen Hund!

18.06.2018. Bekomme Streit mit dem Frauchen dieses Hundes aus der Nachbarschaft. Will ihr erklären, dass Aslan verletzt sei am Bein und ich ihn nicht mit ihrem Hund spielen lassen könne. Sie meint, ob ich das zu bestimmen hätte, und ich hätte wohl was dagegen und nicht Aslan! Mit mir stimme ja was nicht! Und außerdem gäbe es viele Heiler wie mich, die auch hellsehend seien, sie kenne viele! Wow! Was für ein Angriff! Sie wusste ja, wer ich bin, war ja mit ihr auch schon am See. Ich verabschiede mich recht unfreundlich und gehe, winke ihren Besetzungen noch zu. Seit dem Tag gehe ich dieser lieben Person mit Erfolg aus dem Weg! Sie bringt mir Pech. Vermutlich war sie sauer auf mich, da ich Tage zuvor ihre Bitte abgelehnt hatte, ihren Enkel doch kostenlos zu behandeln! Er hat ADHS und ist offensichtlich besetzt, konnte ich mal feststellen beim Vorbeilaufen. Ich versuchte, ihr zu erklären, dass auch meine Arbeit Geld kostet und ob sie umsonst arbeiten würde. Sie verstand das aber nicht!

19.06.2018. Zwei Reptos und ein Grauer im Wohnzimmer. Stinken wie faule Eier! Furchtbar!

21.06.2018. Das Auto von Isabell macht die gleichen brutal lauten Geräusche wie meines neulich! Sie traut sich nicht mehr, damit zu fahren. Hört sich fürchterlich an! Wir rufen das Autohaus an, lassen es abschleppen. Die Werkstatt schaut drei bis vier Tage danach, trauen sich gar nicht, bei uns anzurufen, weil – dreimal darfst du raten! Ja, weil sie nichts gefunden haben! Wir holen das Auto wieder, ist alles bestens. Keinerlei Geräusche mehr! Sowas aber auch!

09.07.2018. Ein gewisser T. Bruckner besucht mich aus Wien zu einem Interview. Er schreibt ein Buch über Phänomene, Wunder und außergewöhnliche Menschen! Er befragt mich zwei Stunden! Bis heute nichts mehr gehört von seinem Buch!

10.07.2018. Bin das erste Mal mit Aslan im Feriendorf, besuche kurz Anette, die dort ja eine Vogelfütterungsstation betreibt auf dem eigenen Gelände ihres kleinen Ferienhäuschens!
Spaziere mit Aslan umher, da zieht er wie verrückt zum Haus von Anette, obwohl er dort noch nie war! Der Bruno in ihm erinnerte sich! Ich muss weinen!

11.07.2018. Mieten ein Boot, sind auf dem See. Werden vom Zoll mit einem Boot verfolgt, kreuzen uns ca. achtmal! Dann kommt ein gelbes Boot, wie beim ADAC, mit einem defekten Boot an der Leine. Danach kommt die Polizei! Das alles in rund einer Stunde auf dem Bodensee!

12.07.2018. Sitzen um 16.30 Uhr im Biergarten am See. Sechs Polizisten laufen auf uns zu. Setzen sich dann aber hinter uns an den nächsten Tisch und trinken was! Sicher ein Zufall.

13.07.2018. Werde beim Überqueren einer Straße zu Fuß fast von einem Auto überfahren. Fahrer hat keine Aura. Keine Emotion. Reagiert nicht. Fährt normal weiter, als wäre nichts gewesen.

15.07.2018. Alle unsere Autos haben hunderte kleine Löcher in der Windschutzscheibe! Mikroskopisch klein, man sieht sie nur, wenn man gegen die tief stehende Sonne fährt! Als habe jemand mit einem Nagelgurt draufgeschlagen. Oder Säure draufgeleert! Fahre zu Carbeton, die sagen, sowas kennen sie nicht. Fahre zu den beiden Waschanlagen, wo wir ab und zu hingehen. Die können sich das natürlich nicht erklären! Brauchen alle auf jeden Fall eine neue Windschutzscheibe! Laut der Geistigen Auskunft, die ich erhalte, handelte es sich um Astralsäure, die durch Graue versprüht wurde. Aber das kann man ja keinem sagen! Darum sagte ich gar nichts mehr. Nur einfach tauschen, bitte!

18.07.2018. Meine Seite »Aktuelles Neu« ist gelöscht worden durch ein Mail einer Klientin, die mir einen Virus mitgeschickt hat durch Smileys! Dauerte zwölf Stunden, das wiederherzustellen!

20.07.2018. Grenzkontrolle am frühen Morgen durch deutsche Zöllner. Derselbe wie letztes Mal. Ich frage ihn, was er immer von mir wolle. Darf dann weiterfahren! Will zu Carbeton, weil ich eine neue Windschutzscheibe bestellt habe und einen Termin habe. Dort sagt man mir, diese sei leider nicht wie erwartet geliefert worden!
Mittags in der Tiefgarage, der Repto-Mieter unter mir beschimpft Isabell mit ausländischen Worten. Ich wende mich an die Verwaltung. Diese meint dann später, Herr … habe nichts gesagt.

21.07.2018. Ein Naturgeist besucht mich im Wald, gibt mir Informationen über die Bestimmung des Menschen!
Nachmittags laufe ich an einer Wiese vorbei. Zwei Kühe sind schwer besetzt, löse sie ab!

22.07.2018. Ich laufe im Seepark mit Aslan. Wir treffen einen jungen Mann mit einem Husky, der Aslan kennt. Mache Aslan von Leine los. Die beiden spielen. Auf einmal wird der Husky besetzt von einem Repto. Er rennt auf einmal los, 500 Meter über die Wiesen weg, zur nahen Hauptstraße mit Bahnübergang! Ich hinterher, der Huskymann hinter mir her. Der Husky wird voll auf die Straße zugesteuert. Rennt in den Verkehr hinein! Aslan ist auf mein Zurufen stehengeblieben, ich leine ihn an! Der Husky hat Glück, zwei Autos bremsen! Das war ein Mordanschlag auf Aslan, mit Hilfe eines anderen Hundes! Seitdem lasse ich Aslan nie mehr von der Leine, egal, was die anderen sagen!

23.07.2018. Die neuen Mieter neben uns oben sägen und hämmern auf der Terrasse. Um 21.00 Uhr!

24.07.2018. Mehrere Blockaden im Wald, auf der Fahrt dahin und zurück. Unfassbar! Aus dem Nichts mehrere Frauen mit Hund, Traktoren von vorne und von hinten. Baustelle auf Feldweg! Drohnen über mir. Schüsse fallen in der Nähe! Komme fix und fertig nach Hause! Habe gemerkt, dass an Tagen, wo ich Kopfschmerzen habe, ich vermehrt negative Energien anziehe!

27.07.2018. Der Repto-Mieter unter uns grillt wieder ekliges Hammelfleisch, ich muss mich übergeben. Ich mache eine Verfügung, dass die da unter uns gehen müssen!

28.07.2018. 22.30 Uhr. Laufe mit Aslan meine nächtliche Runde. Will Straße überqueren an einem Discounter-Parkplatz. Sehe von links einen jungen Mann, mit weißem Jogginganzug mit Kapuze auf, im rechten Winkel auf mich zulaufen. Rege mich auf, dass ich nie meine Ruhe habe, warte ab und denke mir, er soll einfach vorbeilaufen. Plötzlich ist er weg. Einfach weg! Ich habe immer zu ihm geschaut, da ich ja wartete. Bin perplex, weil er ja echt aussah, lebendig. Die Verstorbenen sind meist farblos oder gar verschwommen. Der war so glasklar. Vielleicht ein Zeitreisender oder aus einer Parallelwelt? Ich laufe weiter, spüre aber plötzlich eine Energie neben mir, sehe aber nichts.
Mache Ablösungen. Ist mir unheimlich, und das soll was heißen! Später erfahre ich von den Lichtwesen, es sei jemand aus einer Parallelwelt gewesen und ich hätte quasi in diese Welt hineinschauen können! Der hat mich also gar nicht wahrgenommen. Krass!

28.07.2018. Muss zum Tierarzt mit Aslan, er hat Durchfall. Weiß bald nicht mehr wohin, habe schon fast alle durch. Möchte erst mit den Tierärzten reden, bevor ich ihnen meinen Hund vorstelle. Gehe ohne Hund erst mal rein. Die Chefin ist ein Repto und bafft mich sofort an, ohne Hund könne sie keine Untersuchung machen. Sie schreit! Ich sage, Moment mal, so nicht, und ich gehe wieder.

01.08.2018. Schweizer Nationalfeiertag. Und es gibt kein Feuerwerk wegen Trockenheit! Juchhu!!

02.08.2018. Trocken, windstill, ruhig. 22.30 Uhr klappern die Rollläden plötzlich bei uns. Ein Verstorbener huscht durch die Wohnung!

06.08.2018. Isabell wird auf der Straße beim Laufen von einem Autofahrer bedroht mit Schlägen, da sie mit ihrem Hund in einer 30er-Zone kurz auf der Fahrbahn lief, und der Fahrer hatte es eilig. Er stieg aus und schrie sie an, lief mit erhobenen Fäusten auf sie zu. Sie rannte weg. Unfassbar! So ein schönes, liebes Mädchen und wird von einem Mann mit Schlägen bedroht! Was ist das für eine Welt!

Hier mache ich kurz einen Zeitsprung in die Gegenwart! Wir haben nun den 12.06.2019. 19.00 Uhr. Ich sehe auf meinem Smartphone auf der App der Überwachungskameras, dass Jugendliche offenbar auf dem frisch gesä-

ten Grundstück meines Ferienhäuschens in Deutschland Fußball spielen! Sie trampeln alles nieder! Ich hatte alles sehr aufwendig von einem Landschaftsgärtner schön herrichten lassen! Was ist da los? Anette und Isabell und deren Freund Chicken, so nenne ich ihn, fahren hoch, um nachzuschauen! Ich bleibe zuhause, weil ich an meinem Buch weiterschreiben will, welches du gerade liest! Es stellt sich heraus, dass die beiden Ferienhäuser links und rechts von meinem voll sind mit Jugendlichen aus Rumänien, die auf meinem Grundstück ständig Fußball spielen und immer querbeet über den frisch eingesäten Rasen laufen, alle Pflänzchen, die da noch gepflanzt wurden, zertreten. Alles ist zertrampelt! Und warum schauen die Jugendlichen immer in die Kameras und lachen? Das riecht nach Auftrag!
Da sieht man mal, was Menschen machen, wenn es keine Grenzen gibt! So, wie sie nach Europa einmarschieren, so marschieren sie im Kleinen auf mein Grundstück ein. Sie respektieren einfach nicht das Eigentum anderer, und darum muss man leider Grenzen machen, seine Grenzen!
Aber natürlich ist das alles Zufall, dass die dortige Verwaltung diese Jugendlichen so platziert hat, links und rechts von meinem Haus! Und über und unter ihm! Ich muss nun wieder zum Anwalt, und der Landschaftsgärtner muss nochmals kommen. Diese Verwaltung ist einfach dunkel! Sie kümmert sich nicht um die Sicherheit und die Interessen der Eigentümer. Es geht ihnen nur ums Geld. Es ist zum Kotzen, diese Gier! Sie wollen mich ja weghaben dort aus »ihrem» Feriendorf, da ich ja ein Störenfried sei, weil ich mich traue, mich zu wehren. Aber eigentlich werde ich ja dauernd gestört! Ach, wie wäre das Leben doch schön, wenn diese dunklen, neidischen, missgünstigen, gierigen Menschen nicht wären überall! So langsam wird es viel mit Belastungen. Wir sind alle Oberkante Unterlippe, die ganze Familie!

08.08.2018. Ritualtag! Werde am See auf einem Parkplatz zugeparkt. Kann nicht einsteigen. Rechts und links zugeparkt. Türe ist nicht zu öffnen. Da kommt der linke Fahrer. Eine alte Repto-Dame, um die 80. Ihr Sohn fährt aber. Sie steht daneben, ich sage, warum sie mich denn so zuparken würden, links von ihnen sei doch kein Parkplatz mehr, sie hätten doch 20 Zentimeter mehr nach links können. Sie wirft mir bösen Blick zu, schnaubt, sie würden sich an die Gesetze halten. Ich sage, sie stehen aber zu sehr rechts, das sieht man doch. Sie will wieder was sagen, ich laufe weg, damit es nicht ausartet. Später werde ich von einem Fahrradfahrer in der Kurve fast angefahren, der auf meiner Spur entgegenkommt. Er fällt hin, ich kann bremsen und ausweichen. Sonst hätte ich ihn ja umgefahren. Er steht auf und schimpft auf mich ein wie ein Rohrspatz! Er, der auf meiner Spur gefahren ist, der viel zu schnell gefahren ist, schimpft auf mich ein, der ordnungsgemäß auf seiner Spur fährt! Zum Glück habe ich drei Zeugen im Auto! Er schüttelt den Kopf und wirft mir böse Blicke zu und fährt weiter. Schätze, er war so um die 65! Sechsmal Martinshorn an dem Tag um mich herum! Sicher wieder ein Zufall!

09.08.2018. Zwei meiner Waldwege, wo ich immer laufe, sind blockiert mit gelagertem Brennholz und einer mit gestapeltem Reisig. Sieht aus wie ein großer Scheiterhaufen!

10.08.2018. Seenachtsfest in Konstanz. Aslan dreht durch, muss ihn stundenlang beruhigen. Katzen sind stundenlang unterm Bett.

12.08.2018. Habe Hörsturz. Fünf Tage Kopfschmerzen. Muss Aspirin nehmen. Nehme ja seit langem keine Pharma mehr, aber ich halte es nicht mehr aus. Zu viel Stress! In der Nacht: Schaue hoch an den Himmel! Ein kleiner »Stern» fliegt aus einem großen »Stern» heraus und fliegt weg!

14.08.2018. Nochmals ein Hörsturz. Verstopfung.
Bekomme einen Auftrag eines ehemaligen weltbekannten Radsportlers! Krass!

15.08.2018. Die Hausverwaltung in Kreuzlingen mahnt mich ab, mein Auto würde fünf Zentimeter über der gelben Markierung parken. Der Parker gegenüber hatte sich beschwert. Man sagte mir das nicht, aber ich kann sowas ja herausfinden! Ich stelle den Repto zur Rede. Es ist nämlich derselbe, der oft in den Stellplatz von Isabell hineinparkt! Sie halten einem das vor, was sie selbst machen! Unglaublich, die Frechheit der Reptos!

16.08.2018. Immer noch Kopfschmerzen. Mein Nervensystem scheint geschädigt. Fahre in den Wald. Lauter Baustellen plötzlich, komme nicht mehr in meinen Wald. Muss einen anderen Wald suchen! Dort kommt mir dann eine Repto-Frau mit sechs Hunden entgegen. Muss flüchten in den Wald rein, habe Angst um Aslan! Auf der Heimfahrt sehe ich einen Bauer, der Gift streut. Ich halte an und frage ihn, ob er sein vergiftetes Obst selbst auch essen würde! Er lacht nur hämisch.

24.08.2018. Werde an der Grenze mal wieder kontrolliert. Am Nachmittag will ich in eine Bäckerei, wo es spezielles Brot gibt, was ich vertrage. 50 Meter davor ist eine Zollkontrolle. Werde wieder rausgewunken. Wieder kontrolliert. Diskutiere mit den Beamten, was sie immer von mir wollen. Ob ich so gefährlich aussehen würde oder so verdächtig. Rege mich auf. Es nervt total, man fühlt sich überwacht und kontrolliert. Und Asylanten kommen einfach so rein. Da wird nichts kontrolliert, die bekommen ein Handy und ein Glas Champagner vom Bürgermeister, das sagte ich den Beamten. Sie meinen, ob ich was gegen Ausländer hätte! Ich sagte nein! Ich habe nur was dagegen, wenn jeder ins Land könne und ich das mit meinen Steuern bezahlen müsse! Da hätte ich was dagegen!

01.09.2018. Asthar Sheran ist da! Dieses Mal mit mehreren Lichtwesen. Untersucht und scannt meinen Körper. Danach geht es mir besser.

05.09.2018. Kommen nach Hause. Auf meinem Schreibtisch liegt ein Buch, welches zuvor im Regal war. Lese es dann. War wohl ein Hinweis!

07.09.2018. Zwei Graue stehen neben mir und richten eine Strahlenwaffe oder Ähnliches auf mich. Sie erschrecken, als sie sehen, dass ich sie sehe und gehen wieder. Schwupp, sind sie weg.

09.09.2018. Eine Frau aus der Nachbarschaft schreit Anette aus dem Autofenster heraus an, dreht bald durch, weil sie angeblich nicht vorbeikommt. Platz ist aber genug. Zwei Tage später hat die Frau einen Schlaganfall! Ist nun gelähmt! Ich stelle immer mehr fest, dass Menschen, die gegen uns gehen, später irgendein Schicksal erleiden, manche gar sterben! Gott lässt sich seiner nicht spotten! Es scheint, dass Gott mehr eingreift!
Nachmittags ca. zehn schwarze Hubschrauber über uns. Dachte, der Krieg ist ausgebrochen. Schalte den Fernseher ein, ob es so ist. Nein, da ist nichts! Jede Nacht, wenn ich mit Aslan laufe, kommen Rotes Kreuz und Polizei mit Martinshorn, auch wenn keine Autos auf der Straße sind! Sicher wieder ein Zufall! So wie jeden Tag!

11.09.2018. Ritualtag! Meine Schwiegermutter stürzt zuhause beim Staubsaugen die Treppe runter. Kommt ins Krankenhaus! Muss operiert werden. Kniescheibe gebrochen mehrmals, also Trümmerbruch, und Ober- und Unterschenkel gebrochen mehrmals. Normalerweise das Todesurteil für eine 82-jährige! Wir besuchen sie im Krankenhaus. Nach der OP. Die Ärzte sagten, man könne das nicht mehr hinbekommen, sie sei zu alt und die Knochen zu spröde. Sie werde wohl den Rest ihres Lebens im Bett liegen, ein Pflegefall sein. Maximal mit dem Rollstuhl noch. Sie hat einen Blutdruck von 70/40. Alle haben Angst, dass sie stirbt! Oma weint, Opa weint, Isabell und Anette weinen im Krankenzimmer. Ich sage zur Oma, Blödsinn! Du wirst wieder laufen können! Ohne Rollstuhl und gar ohne Krücken, alles wird wieder gut werden. Du bist noch nicht an der Reihe, zu gehen! Du wirst noch viele Jahre leben! Alle weinen nun noch mehr, nur ich nicht. Ich lege meine Hände auf ihre Beine. Nach 15 Minuten sind die Schmerzen weg. Ihre Aura hellt sich wieder auf! Sie kann wieder lachen. Ich hole die Schwester zum Blutdruck messen! Sie hat jetzt 100/70! Vier Menschen können das alles bezeugen! Warum machen die Ärzte sowas? Nehmen einem Menschen alle Hoffnung und stürzen ihn in tiefste Depressionen! Warum muss das sein?

15.09.2018. Ein Doppeldecker-Flugzeug, wie aus dem ersten Weltkrieg, fliegt den ganzen Morgen hin und her über unserem Haus! Mittags, als ich mit Aslan in den Wald fahre, fliegt er über mir im Wald. Dann am Abend wieder über unserem Haus! Hupen, den ganzen Tag hupt einer, wie so oft am Wochenende. So ein Zufall eben!

16.09.2018. Dieses blöde Flugzeug ist wieder da. Wieder wie am Tag zuvor!

18.09.2018. Ein Tag vor einem neuen Interview. 20 Archonten sorgen dafür, dass ich kein Auge zumache in der Nacht zuvor!

19.09.2018. Interview war ein Fiasko. Oder besser gesagt die Drohnenaufnahmen. Mein Kameramann lotst mich an nicht befahrbare Stellen im Gelände. Werde von wütenden Radfahrern fast gelyncht. Mein Auto wird durch Staub und Dreck besudelt, Schlaglöcher und kaum befahrbare Wald- und Feldwege. Er fährt so mit mir 30 Minuten herum. Findet die Stelle nicht mehr, wo die Drohnenaufnahmen zu machen sind. Nach einer Stunde halte ich an, wir streiten. Ich fahre wieder nach Hause!
Der Kameramann versteht nicht, was er falsch machte. Ich gebe ihm noch eine Chance, er kommt zu mir, wir machen Drohnenaufnahmen am See hier.

Fast wäre die Geschäftsbeziehung zerrissen. Wenn ich nicht gnädig gewesen wäre.

25.09.2018. Aufzug geht nicht mehr, als ich einsteige. Komme grad noch irgendwie raus.

28.09.2018. Schwiegermutter (Oma) war zwischenzeitlich in einer Pflegeklinik, musste nach Vorfall wieder ins Krankenhaus. Ärzte wollen nochmals operieren, es sei Notfall. Ich fahre hin und sage nein. Sie solle das nicht machen, dann würde sie sterben. Sagte ihr, dass alles gut werden würde! Machte 15 Minuten Heilbehandlung in Gedanken! Danach Schmerzen weg. Sie lässt sich nicht nochmals operieren, darf nach drei Tagen gar nach Hause mit einem Rollstuhl. Arzt meinte, daran müsse sie sich gewöhnen für den Rest ihres Lebens! Ich sagte, das werden wir dann sehen!
Mittags fahren wir ins Feriendorf. Nebenan arbeitet derselbe Maler an einem Haus, der vor zwei Jahren Anettes Haus gestrichen hatte und verdreckt es nun durch Schleifarbeiten wieder! Wir beschweren uns. Der Chef kommt angefahren, der von uns 6000 Euro bekam vor zwei Jahren und schreit uns an, wir würden lügen, das Haus sei gar nicht dreckig, und wenn, dann käme das nicht von seinem Arbeiter! Ich muss Anette beruhigen, sie schnappt fast über ob der Unverschämtheit dieses Malermeisters! Ich sage ihm, dass er von meinem Anwalt hören würde!

30.09.2018. Meine Nachttischlampe steht anders, ganz anders, frage Anette, sie sagt, sie sei nicht im Zimmer gewesen.

08.10.2018. Ritualtag. Habe Notartermin in Friedrichshafen wegen Erbsache mit meinen Kindern aus erster Ehe. Ich verschlafe, Handywecker ging nicht los. War ausgeschaltet, hatte es aber noch überprüft vor dem Schlafen! Unterwegs mehrere Unfälle mit Umleitungen. Komme zwei Stunden zu spät! Klappt aber noch alles!

09.10.2018. Eine alte Frau, also eine Verstorbene, ist bei mir im gemieteten Ferienhaus! Ihr Sohn, den sie besetzt seit 20 Jahren, sei todkrank. Ich solle ihn heilen. Besuche den Mann, klingle bei ihm an der Türe. Ich sage, ich hätte Nachrichten von seiner Mutter. Er meint, ja, er wisse schon, dass sie seit ihrem Tod noch in Kontakt zu ihm sei. Ich sage ihm, er solle loslassen, sonst würde er in einem Jahr nicht mehr leben. Sie könne nicht gehen, weil er nicht loslassen würde! Er erzählte mir, dass er acht Stents habe und schon drei Herzinfarkte hatte. Ich sagte nochmals, dass ich nun für ihn beten würde und er solle seine Mutter nun endlich loslassen!

14.10.2018. Nachbar im Block gegenüber, der von ganz oben, feindet uns an. Schaut immer zu uns rüber, setzt sich provokativ so hin, dass wir ihn immer sehen müssen. Macht plötzlich alle seine Lichter an! Benimmt sich seltsam. Als würde er es uns zeigen wollen.

15.10.2018. Mache täglich gedankliche Heilbehandlung an meiner Schwiegermutter!

November habe ich ausgelassen! Wird langsam zu viel, das Tagebuch zu führen. Die Dinge sich dauernd merken zu müssen. Es wiederholt sich ja alles immer wieder. Ich komme besser zurecht, wenn ich nicht mehr dran denken muss. Werde das Tagebuch bald beenden!

28.11.2018. Wir waren im Raum Schwarzwald in einem großen Möbelgeschäft. Als wir auf dem Parkplatz laufen, kommen uns zwei ältere Frauen entgegen, südosteuropäisches Aussehen, so um die 60. Sie unterhalten sich, schauen dann mich an und räuspern sich ganz laut, spucken dann vor mir auf den Boden, machen noch verächtliche Bemerkungen, die ich nicht verstehe! Üble Besetzungen am Werk! Aber merken die denn nicht mehr, was sie tun?

03.12.2018. Wir werden zugekifft in unserer Wohnung in Kreuzlingen. Alles stinkt, ein neuer Kiffer ist im Spiel! Unsere Augen brennen, Kopfschmerzen, Husten, Schleimhäute machen Probleme, eine Art Rauchvergiftung. Anette flüchtet in ihr Ferienhaus.

09.12.2018. Zwei ganz große Hunde kommen morgens im Park auf mich und Aslan zugerannt. Trotz Leinenpflicht! Die Dame schreit wie am Spieß, einer der Hunde dreht um, der männliche, der andere kommt zu Aslan. Beschnuppern sich nur. Ich stand da mit dem Pfefferspray in der Hand. Seitdem habe ich auch immer einen Stock dabei.

10.12.2018. Schwiegermutter kann auf Krücken laufen! Ich habe sie besucht und Hand aufgelegt. Mache immer noch gedankliche Heilungen jeden Tag an ihr!

24.12.2018. Weihnachten verbringen wir in unseren kleinen Ferienhäuschen. Ich habe mir auch eines gekauft, was ich mittlerweile bereue! Schwiegermutter war da an Heilig Abend, kann schon mit einer Krücke laufen. Muss aber noch im Rollstuhl sitzen!

31.12.2018. Silvester, einer der schlimmsten Tage für meine Tiere und mich! Sie böllern wie die Verrückten, in einem Feriendorf! Aslan zittert am ganzen Körper! Ich muss weinen. Versuche, ihn zu beruhigen. Wir verschanzen uns im Häuschen, ich mache den Fernseher laut! Es dauert bis 02.00 Uhr, bis wir ins Bett können! Aslan ist danach zwei Wochen verstört. Die Detonationen dauern bis ca. 08.01.2019 an, immer wieder mal! Nehme mir vor, nächstes Silvester was zu suchen, wo es keine Böller gibt! Feuerwerkfreie Zone gesucht! Wenn du was weißt, melde dich bitte bei mir!

22.01.2019. Ein weißes Einhorn war nachts bei mir. Umarmte mich! Ich sah es, und ich konnte es spüren, ganz intensiv. Auch physisch! Ich wache auf, muss weinen vor Freude! Was war das denn? Das war echt!
Am Abend zwei Graue in der Küche, klauen Schokolade von Anette aus dem Kühlschrank! Danach verstreuen sie Blumenerde auf dem Wohnzimmerboden! Krass!
Ich rufe die Lichtwesen um Hilfe, sie kommen sofort. Packen unsere Wohnung in einen Schutzmantel.

24.01.2019. Mein Geburtstag. Wir sind in einem Hotel im Wald in Tirol. Werden eingeschneit, müssen im Hotel bleiben. Aslan hat Durchfall. Anette eine Art Grippe, obwohl sie nie krank ist. Ich habe Kopfschmerzen. Was läuft da? Alle Geburtstage von uns versauen sie uns. Alle, immer!

30.01.2019. Schwiegermutter kann schon mit einer Krücke laufen, braucht kaum noch den Rollstuhl. Ich sage ihr, dass sie in zwei Monaten ohne Krücken und ohne Rollstuhl sein wird. Sie lacht und glaubt es nicht!

03.02.2019 Alte Frau, zwischen 75 und 85 etwa, läuft im Feriendorf spazieren. Ich stehe gerade am Zimmerfenster, sehe zu, wie die alte Frau plötzlich ihre Hose öffnet und herunterzieht, in die Hocke geht und auf dem Gehweg direkt vor meinem Haus uriniert! Am helllichten Tag! Ich bin perplex und paralysiert! Passiert das gerade wirklich? Es ist eine Mantisse! Besetzt von ca. acht Dämonen, konnte ich zählen! Seelenlos! Ich mache das Fenster auf und frage sie, ob sie noch normal sei im Kopf! Sie meinte, Hunde würden das auch tun, dann dürfte sie das auch! Ich bin sprachlos! Kann es nicht fassen! Die Menschheit verblödet!

05.02.2019. 22.05 Uhr. Aus dem kleinen Wohnzimmerspiegel in meinem Ferienhaus kommen drei Reptos und ein Mantis heraus! Sie »marschieren» durchs Zimmer hinaus, und weg sind sie! Aslan und ich schauen ihnen gebannt hinterher! Unfassbar, denke ich. Sie schauen nur kurz zu mir, aber irgendwie abwesend! Sind sie in der anderen Dimension und ICH schaue zu denen? Kam mir gerade so vor!

Hier enden meine Tagebucheintragungen, weil ich eigentlich Anfang 2019 mit dem Buch beginnen wollte. Ja, nun ist es Juni geworden!
Meine Schwiegermutter läuft nun ohne Krücken und hat keinen Rollstuhl mehr! Und das bei einem Kniescheibentrümmerbruch, einem Unter- und Oberschenkelbruch, mit 82 Jahren. Da sterben 95 % aller Menschen in dem Alter daran! Ich bin so dankbar, dass ich so überzeugt von ihrer Heilung war. Es kam damals so über mich im Krankenhaus, zu sagen, sie sei noch nicht dran! Ich hatte recht, und wer heilt hat eh recht, oder nicht? Ist das nicht schön?

März 2019. Was ich noch ergänzen möchte, ist, dass Isabell ja im März einen sechs Zentimeter großen Tumor im Eierstock hatte. Sie war beim Frauenarzt in Kreuzlingen, es gibt ein Röntgenbild. Sie sollte nach vier Wochen operiert werden. Ich sagte zu ihr, dass ich sie heilen würde, sie solle noch warten damit. Nach vier Wochen ging sie wieder zum Arzt. Man machte wieder CT-Aufnahmen. Es war nichts mehr da! Der Arzt sagte: »Egal, was Sie gemacht haben, es hat geholfen!» Isabell sagte dann, dass ihr Vater Heiler sei. Ich hatte jeden Tag gedankliche Heilungen gemacht bei ihr!

03.04.2019. Sind im Feriendorf! Der dortige Repto-Rentner-Hausmeister fährt vor mein kleines Häuschen und fotografiert dieses! Danach fährt er ein paar hundert Meter weiter und fotografiert das kleine Häuschen von Anette mit mir und ihr vor dem Haus stehend! Mobbing und Stalking nehmen überhand in diesem dunklen Dorf, das voller dunkler gieriger Verwalter ist! Sie wollen die Eigentümer vertreiben, damit sie deren Häuser billig aufkaufen können! Später erklärte der Rentner-Repto meinem Anwalt, ihm habe die »Illumination» an meinem Haus so gefallen, darum habe er es fotografiert! Lustig, oder? Wird er von jemandem bezahlt, uns zu mobben? Geht es nur darum, uns mal wieder zu vertreiben? Dieses Mal werden wir nicht gehen!

Juni 2019. Ja, und wenn ich schon gerade dabei bin, Anette hat festgestellt, dass ihr krumm wachsender Zehennagel, der ihr seit Jahren Schmerzen verursachte und ständige Fußbäder erforderlich machte, weil er immer ins Fleisch reinwächst und Entzündungen verursachte, zugewachsen, verheilt wäre. Ich sagte ihr, dass ich seit Februar täglich Heilgebete für sie gemacht hätte! Sie hatte ja vor 30 Jahren einen Unfall, als ein Betrunkener in sie reinfuhr (ich berichtete im ersten Buch). Und die Ärzte im Krankenhaus im Hegau haben damals den Fuß falsch geschient, worauf er krumm zusammenwuchs. Später entwickelte sich dann daraus der krumm wachsende Zehennagel.

Ich habe festgestellt, dass alles schneller heilt, wenn ich aktiv in Gedanken tätig bin, wie bei meinen Klienten auch. Wenn ich meine geistige Aufmerksamkeit gezielt auf eine Krankheit richte bzw. auf einen Menschen, dann geht es eben viel schneller! Es geht um meinen Willen. Man könnte sagen: Mein Wille geschehe!

Alles, was du nun gelesen hast, liebe Leserin und lieber Leser, sind Ausschnitte aus unserem Leben, aus meinem Leben. In Wahrheit ist viel mehr passiert, und vieles wiederholt sich eben auch immer wieder! Hätte ich alles niedergeschrieben, es wären viele Bücher geworden und du hättest irgendwann angefangen zu gähnen! Es ist brutal und unmenschlich, was uns jeden Tag so passiert! Es hört nicht auf. Das einzige, was sich ändert, ist, wie ich, wie wir mit den Situationen umgehen! Ich werde nun zu den nächsten Kapiteln übergehen. Sicher werde ich euch ab und zu in meine Gegenwart mitnehmen, wenn es etwas Wichtiges zu erzählen gibt!

12.03.2019. Fahre mit meinem dicken Ami-SUV auf einer Landstraße im Schwarzwald. Es kommt mir ein weißer alter Sprinter entgegen mit überhöhter Geschwindigkeit! Ich fahre vielleicht 70, er mindestens 110! Ich fahre ziemlich rechts, doch er rast frontal auf mich zu, wie ein Amokfahrer! Ich weiche nach rechts auf die Wiese aus, trotzdem streift er mich volle Kanne auf der Fahrerseite, reißt mir den Außenspiegel weg, den schlägt es gegen die Scheibe der Fahrertüre, diese bricht auseinander! Halte an, der

Raser kommt erst ca. 300 Meter später zum Stehen. Ich drehe um, fahre hin. Da haut es mich fast um! Eine ca. 80-jährige kleine Frau steigt aus dem Sprinter! Das erste, was der Repto sagt, ist, ich sei schuld, ich sei zu weit links gefahren!
Ich zeige ihr mein Handy, wo die Filme der Dash-Cam meines Autos drauf sind! Es ist klar zu sehen, dass sie zu schnell und zu weit links gefahren ist! Sie kann es nicht glauben, fragt mich, was ich als Schweizer eigentlich hier in dieser Gegend wolle! Unfassbar, diese Reptos! Sie wurde benutzt, um mich absichtlich zu schädigen. Auch ein Tod wäre drin gewesen! Wäre ich nicht nach rechts ausgewichen oder hätte ich das nicht können, wäre diese Repto-Dame frontal auf mich draufgefahren! Aslan war zum Glück nicht verletzt! Und zum Glück fahre ich einen so dicken, hohen Ami-SUV! Ich weiß schon, warum ich immer so schwere SUV fahre! Das war ein astraler Mordanschlag! Natürlich war das dieser alten dreisten Repto-Dame nicht bewusst, dass sie auf mich gejagt wurde! Reptos können zur Waffe werden! Vier Wochen Auto weg, Ersatzeile müssen aus USA geliefert werden! Zum Glück habe ich noch einen anderen SUV! Ich weiß ja, warum ich zwei habe! Bei meinem schweren Leben brauche ich mindestens zwei Autos!

03.04.2019. Fahre mit meinem anderen SUV durch ein Dorf im Schwarzwald! Von links biegt ein schwarzer VW Golf GTi ein und streift mich auf der Fahrerseite! Halten an! Die junge Repto-Dame sagt sofort, ich sei zu weit links gefahren! Ich zeige ihr meine Dash-Cam-Aufnahme! Sie ist ruhig! Auto muss zum Lackieren. Muss aber warten, bis mein anderer SUV fertig ist! Unfassbar, diese Reptos! Sie streiten immer sofort alles ab, geben immer sofort den anderen die Schuld! Ohne Kamera fahre ich nie mehr in einem Auto!

14.06.2019. Jugendliche im Feriendorf rennen schreiend mehrmals zwischen 00.00 Uhr und 02.00 Uhr auf meinem frisch eingesäten Grundstück meines Ferienhauses in Deutschland hin und her und lachen in die Kameras!

14.06.2019. Ein Geldstück, welches immer als Talisman auf meinem Nachttisch liegt, liegt heute Morgen unter einem Schuh. Von alleine kommt es da nicht hin. Frage nach. Graue waren wieder da. Habe wieder mal vergessen, täglich die Dimensionstore zu schließen!

15.06.2019. Hier bei uns in der Nähe ist irgendwo ein kleines Konzert oder etwas in der Art! Um 23.30 Uhr schlägt einer gegen eine Trommel, oder es ist ein Schlagzeuger, und macht eintönige laute blöde Musik. Und einige Jugendliche kreischen und schreien wie Affen dazu! Oder besser, wie Idioten! Was ist los mit dieser Jugend? Was stimmt nicht mit ihnen? Sicher alle betrunken und zugekifft! Wenn du aber nachts einen Furz lässt, kommt die Polizei, wenn aber viele Jugendliche kreischen wegen richtig eintöniger, saublöder Musik, dann sagt keiner was. Ob Tausende andere schlafen wollen, das ist doch wurst! Eine Mehrheit wird von einer Minderheit gegängelt! Wie im Großen, so im Kleinen!

16.06.2019. Ritualtag. Ein weiblicher Dämon (Archont mit schwarzen Augen) in Form einer blonden, hässlichen Frau, verfolgt mich seit einigen Wochen täglich im Park und auch in der Nähe meiner Wohnung! Habe mich versteckt hinter einem Gebüsch, als ich sie kommen sah. Sie bog dann wie ferngesteuert rechts ab in meine Richtung, auf ihr Handy blickend die ganze Zeit. Habe sie dann auf Handyvideo aufgenommen, die Kamera direkt auf sie draufgehalten. Sie hat nur noch »Morgen» gesagt. Die Kamera war ihr egal. Später sehe ich auf dem Video, dass das Gesicht eine »Fratze» ist! Man erkennt kein Gesicht mehr bzw. sieht eine Dämonenfratze, dort, wo das Gesicht ist! Muss mir überlegen, ob ich das mal online stelle. Aber da kommen dann negative Energien raus. Besser nicht!

KAPITEL 3
Verleumdungen und Rufmord an meiner Person

Jeder Leser sollte sich einmal ernsthaft die Frage stellen: Warum wird ein Heiler überhaupt angegriffen, der nachweislich zehntausenden Menschen und Tieren geholfen hat? Wie krank ist ein Mensch, der das tut oder als normal empfindet? Und welches Motiv hat jemand, der so jemanden öffentlich angreift? Und wer schon etwas weiter ist, soll sich fragen, warum gerade ICH so angegriffen werde wie kein zweiter Heiler auf der WELT! Ich zwinge keinen zu einer Behandlung, überrede keinen, verspreche nichts! Helfe vielen Menschen und auch Tieren, kläre auf, informiere! Warum also in Gottes Namen greifen mich manche so an? Zudem noch Fremde! Kannst du es dir denken? Viele Menschen auf der Welt beten Jesus von Nazareth an und verurteilen seine Peiniger von damals! Und merken nicht, dass heute mit mir das Gleiche passiert oder machen sogar dasselbe gegen mich, was man damals mit Jesus machte! Sowas nennt man Heuchler! Auf dieser Welt werden die göttlichen Helfer angegriffen! Und wer mich angreift, ist nicht göttlich! Das behaupte ich! Wer mich angreift, hat keine Seele, ist dunkel oder schwer besetzt! Sonst würde er mich erkennen als göttliches Wesen! Warum überhaupt viele Menschen andere angreifen, liegt daran, dass wir aus verschiedenen Dimensionen und Bewusstseinsstufen, sprich von verschiedenen Planeten stammen. Hohe Bewusstseine greifen andere nicht an. Nur niedere Bewusstseine tun das! Und Indigos werden am meisten angegriffen von den niederen Geistern hier auf der Erde! Sie kopieren meinen Namen, meine Videotitel, meine Inhalte, geben es als IHR WISSEN AUS UND VERDIENEN DAMIT GELD! Die Dunklen können nur klauen und kopieren! Sie haben keine eigene Kreativität! Und SIE leben davon, was andere können und wissen und davon, andere in den Dreck zu ziehen! Sie werden dabei immer noch frecher, noch dreister, noch skrupelloser! Man kann es gar nicht glauben und kann nur noch mit offenem Munde den Kopf schütteln. Und noch mehr über die Menschen, die bei dem dreckigen Spiel mitmachen, diesen falschen, dunklen Propheten Glauben schenken und/ oder sich dann auch noch aufhetzen lassen gegen mich! Wie damals bei Jesus und Barabbas! Es hat sich nichts geändert! Es ist sogar noch schlimmer geworden! Und es wird noch schlimmer werden!

Eine Klientin schrieb mir neulich in Bezug auf Verleumdungen gegen meine Person, dass ich doch eigentlich sehr geliebt werden würde von meinen unzähligen Klienten, was man ja ständig überall lesen und hören würde. Ja, da hat sie recht! Meine Klienten lieben mich in der Regel sehr, was auch die tausenden von Feedbacks und Leserbriefe belegen. Die, die mich bekämpfen, kennen mich gar nicht und waren auch keine Klienten von mir, und es sind an der Zahl recht wenige, gemessen an denen, die mich mögen, aber sie richten eben oft großen Schaden an, da sie meist anonym, skrupellos, respektlos, menschenunwürdig und bösartig nach außen auftreten, vorwiegend im Internet! Von den Mächten, die mich, für andere unsichtbar, bekämpfen, möchte ich gar nicht berichten hier an dieser Stelle. Wer meine Bücher kennt und meine Videos aus der Anfangszeit, der weiß, was ich meine. Aber im Grunde genommen hat die Klientin recht, ich werde von sehr vielen Menschen geliebt. Das wird mir auch jetzt erst immer mehr bewusst! Dafür danke ich Gott jeden Tag, dass ich das noch erleben durfte. Es ändert aber nichts an den ständigen Angriffen und Attacken gewisser organisierter astraler und weltlicher Mächte! Nicht jeder Angriff gegen mich ist organisiert, klar. Es gibt ja auch noch sowas wie Neid und Missgunst, Anti-Sympathie usw.! Es kann mich auch nicht jeder mögen, klar! Aber jeder sollte sich ernsthaft fragen, WARUM ich überhaupt angegriffen werde. Andere HEILER werden es ja auch nicht! Warum dann ich? Und warum so massiv, teilweise so hasserfüllt? Wenn du darauf kommst, hast du einiges verstanden! Dann weißt du, wie diese Welt tickt! Und kommst hinter das größte Geheimnis überhaupt! Ich gebe dir ja viele Hinweise, und eigentlich liefere ich dir auch die Antworten mit meinem Leben, meinen Erfahrungen und meinem Wissen.

Eigentlich werde ich ja seit Geburt bekämpft und verfolgt, diffamiert und verleumdet wegen meinem Indigo-Status! Seit dem ersten Tag meiner Tätigkeit als Geistheiler werde ich jedoch auch noch zusätzlich massiv öffentlich angegriffen, verleumdet, beleidigt, beschimpft, verhöhnt, kriminalisiert und anderes. Das Internet macht es möglich! Früher machten das die Dorfhetzer und Spione der Könige und Päpste, was dann zu den 60 Millionen Toten weltweit durch die Inquisition führte. Wer nicht weiß, was ich meine: Die Verbrennungen und Folterungen der Systemgegner, der Kirchengegner, der sogenannten Hexen und Hexer, Heiler und Hellseher und dergleichen! Heute machen das die Presse, die Medien und das Internet! Die bezahlte Mainstreampresse haut auf mich ein, sogenannte Mitbewerber, die vor Neid platzen, hauen auf mich ein, bezahlte Hater der Kirchen und der Geheimregierungen diffamieren mich öffentlich, die Freimaurer und Illuminaten stecken da natürlich dahinter, Insider wissen das. Möchtegernspirituelle, die sich im Ausland verstecken, anonyme Schreiberlinge in den Foren, die sich als ehemalige Klienten ausgeben und erlogene und erfundene Geschichten erzählen. Kleinkriminelle und drogensüchtige Junkies, die sich als Bewusstseinslehrer und Spirituelle ausgeben und Fernkurse anbieten auf Videos, auf denen sie über mich übel herziehen. Sie missbrauchen und benutzen meine Videotitel und meinen guten und bekannten Namen als Werbung für eigene Videos, um dann im Anschluss, nachdem sie die Menschen durch den Missbrauch meines Namens auf ihr getürktes Video aufmerksam machten, für ihr »Fernstudium» neue Abnehmer anzuwerben! Dreister und frecher und vor allem krimineller geht es wohl nicht mehr! Meine Person und meine Ideen werden missbraucht, ausgeschlachtet, kopiert, gestohlen! Da, wo ich jedoch Namen und Fakten habe, wo ich beweisen kann, wer mich diffamiert, da kann ich Strafanzeigen machen und werde das auch tun, wenn es möglich und sinnvoll ist! Leider verschanzen sich derartige dunkle Gestalten meist im Ausland oder verkehren anonym im Internet, und man kann sie schlecht oder gar nicht rechtlich belangen. Zumal sie auch noch oft den Server, die Webadressen, die Namen und IP-Adressen wechseln oder andere Personen benutzen, vorschieben als Strohmänner! Die Reptos und Seelenlosen haben eben kein Gewissen, keine Moral und kein Unrechtsbewusstsein. Man kann ja nur ein Unrechtsbewusstsein haben, wenn man ein Bewusstsein hat! Und die sind ja alle ohne Inhalt, diese Hüllen!

Wenn man dann genauer hinschaut, erkennt man, dass viele einfach nur Geld damit verdienen wollen, indem sie mit mir »Werbung» machen, mich als Marketingwerkzeug benutzen! Ich werde als Dämon, als Satanist, als Betrüger, als Scharlatan, als Abzocker, als Lügner, als Teufel höchstpersönlich beschimpft, bespuckt, beleidigt, verleumdet, diffamiert! Man stiehlt mir mein Gedankengut aus meinen Interviews, aus meinen Büchern, von meiner Webseite. Gibt es als Eigenes aus! Andere kopieren einfach meine Inhalte, mein Wissen, geben es als eigenes Wissen aus. Selbsternannte »weltbeste Heiler und erfolgreichste Fernheiler» kopieren meine Arbeit und meine Inhalte, stellen sich selbst in ein hohes Licht, sind jedoch dunkel und vom Orion. Ich werde missbraucht, kopiert, bestohlen, geschändet! Und meist geht es bei denen, die mich als Scharlatan und Abzocker hinstellen, um Geld! Um das Geld, das sie selbst gerne verdienen möchten! Fake-Berichte über mich werden ins Internet gestellt. Ich werde mit allen Mitteln in ein schlechtes Licht gerückt! Mein Ruf soll mit allen Mitteln zerstört werden! Es wird mit allen Mitteln versucht, mich als kriminell hinzustellen, als Lügner, Betrüger und Scharlatan! Warum? Was denkst du? WARUM machen sich andere derartige Mühe, mich schlecht aussehen zu lassen? Warum kümmert sich die öffentliche Presse der Schweiz, die Milliarden kassiert von den Bürgern, unter anderem auch 500 Franken im Jahr von mir, darum, einen kleinen Geistheiler schlecht aussehen zu lassen? Als Scharlatan darzustellen? Warum machen kleinkriminelle Reptos Videos über und gegen mich? Warum werde ich bei jeder Gelegenheit im Internet, in Foren und in Kommentaren so durch den Dreck gezogen? Es ist offensichtlich, dass dies durch sogenannte bezahlte Hater getan wird, weil ein normaler Mensch keine Motivation hat, irgendeinen Geistheiler jahrelang immer und immer wieder durch den Dreck zu ziehen! Wer bezahlt diese Leute, und warum? Und warum gegen mich? Ich bin doch nur ein kleiner Geistheiler und Bewusstseinscoach, so wie es hunderte und tausende gibt. Warum also grade gegen mich?

NEID UND MISSGUNST spielen dabei eine Hauptrolle! Zum einen der Neid auf meinen Erfolg und meine Energie, die unzweifelhaft zu spüren und zu sehen ist. Zum anderen die Missgunst, und zwar auf meine Fähigkeiten! Es gibt die einen, die Angst haben vor Dingen, die sie nicht verstehen können. Die sind ungefährlich. Dann gibt es die anderen, die gerne über diese Fähigkeiten verfügen würden, sie aber nicht haben! Und es war schon immer diese gleiche Vorgehensweise in so einem Fall, seit tausenden von Jahren: Wer über derartige Fähigkeiten verfügt, Heiler und Hellseher usw., wird verteufelt! Und in Zeiten des Internets und des Fernsehens an den Pranger gestellt und kriminalisiert. Und dies alles kann die Dunkelheit nur mit diesen Menschen machen, dieses Aufhetzen, die viel Dunkelheit in sich tragen! Denn ein lichtvoller Mensch bekämpft andere nicht, der ist meist nur am sich Verteidigen und am sich Rechtfertigen!

Ich werde geschändet, bespuckt, bedroht, beleidigt, beschimpft. Per Mail, per Internet, per Presse! Per Fake-Mitteilungen, Fake-Berichten, Fake-Kommentaren! SIE nehmen keine Rücksicht auf meine Familie, auf meine Würde, auf meine Gesundheit! Die Angriffe und Attacken werden immer übler! Es wird kein gutes Haar an mir gelassen von den Hatern! Ich habe mich in meinen Büchern, auch in einigen Videos und auch auf meiner Webseite hier schon sehr ausführlich darüber ausgelassen, wer da dahinter-

steckt. Warum gerade ich so angegriffen werde! Diejenigen, die sich spirituell ein wenig auskennen, wissen warum! Aber was ist das eigentliche Ziel dieser dunklen reptiloiden Angriffe gegen mich, und warum ich?
SIE wollen keine echten Heiler, keine Hellseher, keine echten Wahrheitsverkünder! Und SIE hassen Gott! Und je göttlicher ein Lichtwesen ist, desto brutaler die Angriffe, desto größer der HASS! Hass ist pure Verzweiflung, die totale Abwesenheit von Liebe! Je dunkler ein Mensch ist, desto hasserfüllter ist er. Und je göttlicher ein Mensch ist, desto mehr Hass schlägt ihm entgegen! VON DEN DUNKLEN WESEN! Nur andere göttliche Menschen erkennen mich! Können mich erfühlen! Leider sind die meisten Menschen aber gar keine echten Menschen, sondern Soldaten der Finsternis!

Wer das nicht glauben kann oder glauben will, was ich zu sagen habe, was ich an Fähigkeiten besitze und nichts von mir und/oder der Geistigen Welt hält, kann ja einfach wegbleiben. Niemand wird gezwungen, mich anzuschreiben, meine Sachen zu lesen, meine Videos anzuschauen. Niemand wird gezwungen, mir einen Auftrag zu geben. Offener, transparenter und ehrlicher, als ich in meinen AGB bin, kann man nicht mehr sein! Ich akzeptiere, dass es viele Menschen gibt, die nicht an wahre Spiritualität glauben und mir nicht glauben! Das ist ok! Dann einfach wegbleiben von mir und gut ist‘s! Aber die, die mich bekämpfen, DIE wissen ganz genau, dass ich die Wahrheit verkünde und was für Fähigkeiten ich habe! DARUM machen SIE ja das alles gegen mich! Aus Angst, zu viele Menschen könnten durch mich geheilt werden und die Wahrheit erfahren! Man bekämpft ja nur, vor was man Angst hat! Oder wenn etwas oder jemand im Weg steht, einem großen Plan im Weg steht! Und da SIE rechtlich NICHTS gegen mich tun können, da alles, was ich tue und wie ich es tue, vollkommen gesetzeskonform ist, versuchen sie eben, meinen Ruf zu verleumden (und 1000 andere Dinge), um mich zu stoppen! Aber auch das gelingt ihnen nicht! Rund 125 000 behandelte Menschen in fünf Jahren und tausende über tausende positive Feedbacks sprechen für sich. Da muss man nichts mehr erklären! Ach ja, an die Neider: Es sind keine 125 000 Aufträge, ich spreche von Behandelten! Klaro?

Menschen, die mich zufällig im Internet entdecken, sollen dadurch abgehalten werden, mich zu beauftragen! Das ist einerseits Geschäftsschädigung, andererseits wollen viele so auf ihre eigene Webseite, ihr eigenes

Forum, ihre eigene Tätigkeit verweisen. Sie missbrauchen mich für ihre eigenen profanen, niederen monetären Ziele! Aber das ist nur die Oberfläche! Der wahre Grund ist, meine Wahrheit soll nicht geglaubt werden! Die Menschen sollen nicht aufwachen und nicht geheilt werden durch mich! In meinen Büchern und Videos versuche ich, genau das zu erklären, WARUM ich Zeit meines Lebens angegriffen und verleumdet wurde! Darum geht es eigentlich in meinen Mitteilungen immer. Ich möchte erklären, dass bestimmte Menschen in dieser Welt besonders attackiert und bekämpft werden, verleumdet werden, es besonders schwer haben! Indigos und positive Sternensaaten werden besonders angegriffen, haben ein schweres Leben und werden von ihren Mitmenschen oft benachteiligt, verhöhnt, bekämpft, ausgenutzt, verlacht und anderes! Und je höher die Seele entwickelt ist, je höher das Bewusstsein, je heller das Licht, das du bist, desto massiver wirst du angegriffen und attackiert werden! Nun, demzufolge muss mein Licht sehr hell sein, meine Fähigkeiten sehr groß sein. Sonst würde ich nicht so brutal angegriffen werden! Wäre ich ein kleiner windiger Abzocker und Scharlatan, WEN WÜRDE ES INTERESSIEREN? Würde man mich dann so bekämpfen? Und warum werden hunderte und tausende andere Heiler und Geistheiler, Bewusstseinslehrer und dergleichen nicht oder kaum angegriffen? Warum will von denen kaum einer was wissen? Warum lässt man alle anderen mehr oder weniger in Ruhe arbeiten, und mich bekämpft man bis aufs Blut? Was denkst du?

Denke nur mal an Jesus! War er auch ein Dämon, ein Satan, ein Betrüger, ein Abzocker, ein Scharlatan, ein Lügner? Oder warum wurde er so bekämpft? Warum wollte das Volk seinen Tod am Kreuz? Was denkst du? Warum wird ein Geistheiler Sananda, der bisher nachweisbar über 125 000 Menschen, die meisten davon erfolgreich, behandelt hat, der tausende Leben von Menschen und Tieren verbessert hat, der Tausenden Hilfe und neue Hoffnung gibt, der ständig spendet und Schwächeren und Tieren hilft und sie unterstützt, WARUM wird so jemand bekämpft, beschimpft, beleidigt, angegriffen, bedroht, bespuckt, verhöhnt, kriminalisiert? WARUM?
Wenn du die Antwort darauf findest, WARUM ich WIE KEIN ANDERER Heiler auf der ganzen Welt so brutal angegriffen werde, dann hast du eine sehr bedeutende Erkenntnis gewonnen und ein Geheimnis entdeckt! Ein ganz großes, vielleicht das größte überhaupt! Hier herrscht die Dunkelheit, und alles Lichtvolle, alles Göttliche soll zerstört werden! Und je heller ein Licht erstrahlt, desto übler werden die Angriffe des Bösen sein! Sei dir des-

sen bewusst! Hier auf der Erde werden nicht die Bösen bekämpft! Wenn du das noch glaubst, dann bist du noch weit entfernt vom Aufwachen und von der Wahrheit! Oder bist selbst ein Böser!

Ich möchte mich generell nicht mehr im Detail und überhaupt zu den brutalen, verlogenen, bösartigen, kriminellen Machenschaften im Internet gegen meine Person äußern. Möge sich jeder selbst ein Bild von mir machen und sich seines ihm hoffentlich gegebenen Verstandes bedienen! Meine Erfolge sprechen eine zu deutliche Sprache, als dass ich mich noch in irgendeiner Form rechtfertigen müsste! Die gefakten Negativmeldungen über mich im Internet sind ja im Gegensatz zu den unzähligen positiven Feedbacks auf meiner Seite sowie zu meinen Büchern bei dem großen Online-Händler oder sonst wo im Internet in den Kommentaren verschwindend gering! Aber man erkennt ein System, eine Handschrift einer schon lange andauernden, organisierten Daueraktion gegen meine Person, was sich immer wiederholt! Ein geplanter und organisierter Rufmord an meiner Person! Jemand oder besser eine Organisation ist bemüht, mich schlecht darzustellen im Internet! Ich bin also für diese Organisation so wichtig, dass sie mich mit großem Aufwand schon lange Zeit schädigt!

Aber was ist das alles gegen über 125 000 meist erfolgreich BEHANDELTE MENSCHEN bisher, jeden Monat kommen derzeit mindestens über 2000 dazu, tausende positive Feedbacks von geheilten Klienten, auch über geheilte Tiere. Heilungen teils von irreparablen Körperschäden usw. Was soll ich denn nun dazu noch sagen? Muss man das noch kommentieren? Jeder Schulmediziner mit meiner Erfolgsquote würde für den Nobelpreis vorgeschlagen werden! Davon abgesehen ist es mir persönlich mittlerweile egal, was die finsteren Gesellen so an Unrecht und Lügen über mich verbreiten. NEID, MISSGUNST, HABGIER UND BÖSARTIGKEIT regieren die Welt! Das DUNKLE herrscht momentan (noch) über die Welt! Ich kümmere mich schon lange nicht mehr um meine Feinde und Widersacher! Sie haben meine Aufmerksamkeit nicht verdient! Sie sind nicht mehr wirklich wichtig für mich, und SIE können mich auch nicht mehr aufhalten! Schon lange nicht mehr! Ich muss auch nicht gegen SIE kämpfen! Kämpfen tut nur die Dunkelheit! Das Licht muss nicht darum kämpfen, zu leuchten! Es leuchtet einfach! Ich schreibe das hier alles auch nur, um die eine oder andere Seele noch zu erwecken und zu retten, von denjenigen, die jetzt noch neu auf meine Seite gelangen und noch nicht so recht einordnen können, was da genau gespielt wird gegen mich! Diese ganzen Verleumdungen und Diffamierungen gegen meine Person haben aber auch etwas Gutes! Alle Systemmenschen, notorischen Zweifler, Negativdenker, Negativsucher im Internet, und alle leicht manipulierbaren und labilen Menschen werden so von mir ferngehalten, sie lassen sich von der dunklen Propaganda gegen mich beeindrucken! Sie sollen nicht von mir behandelt werden! Und das ist auch gut so! Sie sind entweder noch nicht soweit oder einfach nur dunkel! Die Richtigen aber werden mich finden, sich nicht manipulieren lassen gegen mich und mir glauben, mir vertrauen! Und die, die sich manipulieren lassen gegen mich, mögen mir einfach vom Hals bleiben! Sie haben meine Hilfe nicht verdient! Sie haben eine Resonanz zur Dunkelheit! Sie sind steuerbar gegen das Licht! Oder schwer besetzt, und die Besetzung möchte eine Behandlung durch mich verhindern und gibt ihnen negative Gedanken ein gegen mich. Und wenn sie das schafft, ist sie stärker als der Mensch, den sie besetzt! Und der ist dann verloren. So ist das nun mal! Die Zeiten werden rauer, und die Menschen, die jetzt nicht aufwachen, werden es auch nicht mehr! Viele werden sterben in den nächsten Jahren, einfach tot umfallen! Auch junge Menschen und Kinder. Wer keine Seele mehr hat, muss gehen. Und wer schwer besetzt ist, auch, weil die Besetzungen die Lebensenergie aussaugen!

Ich wollte mich noch bedanken für die vielen neuen Anti-Sananda-Videos! Das Internet kann eben leider auch negativ genutzt werden! Viele begehen kriminelle Straftaten, indem sie andere verleumden und diffamieren! Wenn man sie denn kriegen würde, würden sie verurteilt werden! Da geben sich anonyme Feiglinge als »Interessenten« von mir aus und ziehen über mich und meine günstigen Preise her! Oder Menschen ohne festen Wohnsitz, oder mit nicht greifbarem Wohnsitz im fernen Ausland beschimpfen und bewerfen mich mit Dreck! Mit ihrem eigenen Dreck! Wer mit Dreck wirft, muss diesen ja in die Hand nehmen und hat danach selbst Dreck an sich kleben! Natürlich sind das keine einfachen Interessenten oder gar normale Spirituelle! Ein wahrer Spiritueller macht sowas nicht! Und ein einfacher Interessent schon gar nicht! Das machen nur FREIMAURER oder diejenigen im Auftrag von denen, gegen Geld! Es gibt mehr bezahlte Denunzianten, als man glaubt! Das ist eine ganze Industrie! Mein Anwalt hat gemeint, es gäbe mehr von denen, als es Soldaten gäbe! Ich kann nur noch lächeln über derartige Schmutzkampagnen! Da gibt es so viele Probleme auf der Welt, und ein Geistheiler Sananda, oder Oliver Michael Brecht, wird richtig geplant und organisiert bekämpft und profan und billig in den Dreck gezogen! Ich bin also ein Satansdiener, ein Dämon, ein Lügner, ein Betrüger, ein Abschreiber, ein Abzocker sowieso, ein Scharlatan darf nicht fehlen, und vieles mehr! Ich bin also gefährlich! Für das dunkle System! Wenn man meine Preise anschaut, die seit vier Jahren gleich sind, und umrechnet pro Kopf, dann bin ich ein Discounter! Und wem ich zu teuer bin, oder wer meine AGB nicht mag, muss mich ja nicht beauftragen! Und da machen sich dunkle, miese Hetzer »Sorgen« um anderer Leute Geld! Soll heißen: Verdiene nicht zu viel, Sananda! Ich will auch noch was abhaben! Und, ich gönne dir das nicht! Also Neid und Missgunst! Und heilen kann der schon gar nicht, der gibt nur die Impulse zur Selbstheilung der Klienten! Ja, selbst wenn es nur so wäre, was es nicht ist, wenn das denn jeder könnte, warum tut es dann nicht jeder? Nun ja, es ist für mich ein klarer Beweis, dass ich auf dem richtigen Weg bin. Es ist eine Ehre für mich, der am meisten bekämpfte Heiler der Welt zu sein! Gibt es überhaupt andere Heiler, die angegriffen werden? Ich glaube nein! Es war schon immer nur ich, der angegriffen wird! Und danke! Für die Werbung und PR! Ein Milliardär sagte einmal: Es gibt keine negative PR, es gibt nur PR! Mit jedem Anti-Video gegen meine Person erhöht sich die Zahl meiner Interessenten! Weil jeder halbwegs Intelligente sich irgendwann fragt, warum wird eigentlich ein Heiler so brutal angegriffen? Und jeder, der recherchiert über mich, wird dann irgendwann feststellen, dass ich immer und jederzeit die Wahrheit sagte über meine Person und mein Leben. Und jeder wird sich dann irgendwann sagen, da muss ja was dran sein an ihm, sonst gäbe es nicht abertausende Geheilte! Nochmals DANKE an euch alle, die ihr so gegen mich kämpft und euch so einsetzt, um andere liebe Menschen zu schützen vor mir! Bedeutet: Sie halten alle Menschen für Idioten, die nicht für sich selbst entscheiden können und keine AGB lesen können. Sie wollen so andere manipulieren, GEGEN MICH. Ich bete für euch alle, dass euer Neid und euer Hass euch nicht auffressen eines Tages! Davon abgesehen weiß ich ja, wer hinter dem allem steckt! Man kann mich nicht täuschen, meine Freunde der Nacht! Es bestätigt nur wieder mal meine Sichtweise vieler Menschen! Sie sorgen sich mehr darum, dass ein anderer (hier der böse Geistheiler Sananda, alias Oliver Michael Brecht) nicht zu viel verdient, als dass sie sich sorgen um ihre eigene Zukunft und um ihr Seelenheil oder um die Erde! Neid und Missgunst regieren die Welt! Satan hat sich da größte Mühe gegeben! Wenn man dann genau hinschaut, sammelt so ein Hetzer durch den GEBRAUCH UND MISSBRAUCH meines Namens für seinen

Kanal lediglich Abonnenten, um so an E-Mail-Adressen zu gelangen. Und irgendwann einmal schreibt diese ein anderer dann an, um sie auf ein Seminar einzuladen oder etwas zu verkaufen. Sekten arbeiten oft so, und auch Networker! Oder sie verkaufen dann noch diese Adressen gewinnbringend! Genialer Zug! Aber damit fangt ihr nur Idioten ein, ihr Idioten! Also, meine echten Freunde, passt auf, wo ihr euch als Abonnent eintragt! Mehr zu den Angriffen gegen meine Person unter »Verleumdungen» in allen meinen Videos und in allen meinen Büchern! Dort erkläre ich, warum INDIGOS immer bekämpft werden und sich ständig, ein Leben lang, rechtfertigen müssen! Nur die dunklen Menschen bekämpfen andere! Ein lichtvoller Mensch bekämpft andere nicht und will anderen nicht absichtlich schaden! Insofern verraten diese niederen, unbewussten Menschen, die derart in jeder Hinsicht im Mangel leben, sich selbst, wenn sie mich bekämpfen und mir schaden wollen! Oder glaubst du, Gott kämpft gegen irgendjemanden? Aber nochmals: Es gibt keine negative Werbung, es gibt nur Werbung! Und ich sagte ja immer wieder, dass SIE nun immer mehr auf UNS losgehen werden! Stellt euch vor, diese Idioten würden diese ganze Energie, die sie aufbringen gegen mich, dafür einsetzen, den armen Tieren zu helfen oder armen und kranken Kindern? Man sollte sich immer FÜR etwas einsetzen, NICHT gegen etwas! Vor zwei Jahren noch hätte ich mich sehr aufgeregt über diese Kampagnen gegen meine Person! Mittlerweile lässt mich das kalt, es interessiert mich gar nicht mehr. Und wenn ich zufällig mal so ein Video sehe, welches eine Repto-Dame oder ein Repto-Herr gemacht hat, dann amüsiere ich mich, dann haben wir alle mal was zum Lachen in meiner Familie. Auch wenn mir diese Wesen manchmal leidtun, dass sie so ein Mangelbewusstsein haben und so in ihrem Neid und in ihrer Wut gefangen sind! Ich löse mich nach dem Lesen von so negativ aufgeladenen Videos immer ab mit meinen Gebeten und umarme und drücke meinen Hund und Freund Aslan! Der versteht das leider nicht, warum sein Freund und Bruder Sananda so massiv angegriffen wird, wo er doch nur anderen hilft und Tag und Nacht für andere arbeitet!

Hier noch eine Meldung an alle Neider, »Warner« und Nichtgönner und an alle Habgierigen, die meinen, zu kurz zu kommen, weil es mich gibt! Ich habe derzeit MONATLICH zwischen 1500 und 2000 Anfragen von Interessenten, mit steigender Tendenz (ja, die bekommen alle die gleiche Antwortmail, steht ja selbst sogar im Mail drin), aus derzeit 21 Ländern der Erde! So werde ich immer mehr Menschen darüber aufklären, was auf dieser Welt los ist, und immer mehr Menschen werden vielleicht eine Heilung erfahren können. Und immer mehr Menschen werden durch meine Energie eine Schwingungserhöhung erhalten und einen positiven Walk In! Und ich kann immer mehr armen Tieren finanziell helfen durch Spenden, die ich tätige! Gott und die Geistige Welt sorgen dafür, dass ich meine Arbeit tun kann! Und der Erfolg gibt mir recht! Wer Abertausende heilt, hat recht! Ich bin mit Sicherheit einer der erfolgreichsten Heiler dieser Erde! Das ist Fakt! Und darauf bin ich stolz! Ich bin so stolz, so vielen Menschen helfen zu können, das könnt ihr euch gar nicht vorstellen! Ich arbeite eigentlich rund um die Uhr, außer wenn ich mit meinem Hund raus muss! Und wisst ihr was? Es macht mir unglaublichen Spaß und Freude! Es ist schön zu wissen, dass so viele Menschen und Tiere ein besseres Leben haben nach meiner Behandlung! Und da darf es dann ja auch meiner Familie und mir gut gehen! Das haben wir verdient! Wir haben das Beste verdient, was es geben kann! Und dafür muss ich mich nicht schämen! Das Geld, was ich verdiene, ist SCHMERZENSGELD! Wer sich ein wenig auskennt mit Energien, der weiß, wie kraftraubend und energieraubend so eine Arbeit ist! Und wer von diesen Dreckwerfern es will, dem schicke ich gerne mal alle diese Wesen zu sich nach Hause, die da tagtäglich durch die ständigen Behandlungen bei mir auftauchen Tag und Nacht! Diese Hater und Neider wissen ja nicht mal, um was es überhaupt geht bei meiner Arbeit! Ich habe derzeit rund 2000 zu behandelnde Menschen im Monat! Im Schnitt macht jeder Auftraggeber ein 6er-Personen-Paket! Du fragst dich, warum ich so offen sage, wie viele Klienten ich habe? Weil ich nichts zu verbergen habe! Weil ich es verdient habe und es wert bin! Und weil ich so durch diese kleinen Provokationen die Menschen herausfiltern will, die noch Neid und Missgunst in sich tragen! Wer es mir und meiner Familie nicht gönnt, der möge wegbleiben als Klient! Ich will keine Neidhammel als Klienten, die mich dann später angreifen, weil sie nicht über ihren Hass und ihren Neid hinwegkommen! WEICHE VON MIR SATAN!

Natürlich ist nicht jeder, der über mich herzieht, ein von den Freimaurern bezahlter Hater! Es gibt ja auch normale kranke Irre! Von Sekten und sonstigen kranken religiösen Gruppierungen! Weil ein normaler Mensch keinen Geistheiler angreift! Der hätte viel zu viel Angst vor Repressalien! Diese Videos gegen mich sind alles AUFTRAGSARBEITEN, das habe ich durch Astralreisen herausgefunden!! Internet-Stalking ist das! Initiiert durch die dunklen Freimaurer! Ich bin ja nicht nur Heiler, sondern auch Exorzist!

Und es gibt sie wirklich! Die Dämonen, die Reptiloiden und die Archonten! Schon Jesus sprach über die Archonten! Sie konnten sich so lange halten, weil sie die Köpfe, die Gedanken der Menschen manipulieren, seit Jahrtausenden! Das funktioniert bei Indigos nicht! Darum benutzen sie die anderen, um UNS ÜBER SIE zu bekämpfen! Sie nutzen die negativen Anteile der Menschen, die wie ein Magnet wirken, und geben diesen negative Gedanken und Gefühle ein, gegen wen sie es eben gerade brauchen! Ich bin deswegen auch nicht böse auf diese armen Menschen, die nicht wissen und nicht fühlen können, was wirklich mit ihnen passiert! Kein Mensch, der in seiner Mitte ist und der Zugang zu seinem Herz hat, bekämpft und schadet anderen! Keiner! Viele werden »getrieben« von ihrem Hass und ihrer Wut, ihrem Neid und ihrer Missgunst! Sie kommen einfach nicht darüber hinweg. Und das zieht dann die Besetzungen an, die diese Gefühle dann noch brutal verstärken! Es ist ja logisch, dass diese dunklen Wesen nicht wollen, dass ich meine Arbeit hier auf der Erde mache! Darum benutzen sie diese armen Menschen, die die Grundlage besitzen, um sie zu besetzen: Hass, Neid, Missgunst, Habgier! Und diese Menschen gehen dann gegen mich und greifen mich an. Suchen dann Fehler an mir oder wollen einfach verhindern, dass ich Geld verdiene oder noch mehr Klienten zu mir finden! Sie können das nicht ertragen! In Wirklichkeit sind es die dunklen Wesen, die Angst vor mir haben! Nur wovor man Angst hat, das bekämpft man! Diese Menschen leben in einer ständigen Angst. Diese Angst verursacht Wut und Hass, Neid und Missgunst! Und Aggression! Ein gefundenes Fressen für die Archonten! Darum verzeihe ich diesen niederen Menschen. Sie wissen ja gar nicht, was sie tun! Es gehört zu meinem Schicksal, diese Angriffe und Verleumdungen erdulden zu müssen! Im Sinne meines LEBENSPLANS und meiner göttlichen Mission! Ich weiß ja, WO ich hier bin auf der Erde! Die dunklen Machthaber und ihre astralen Gesellen wollen mit aller Macht verhindern, dass ich mein Werk vollbringe! Und sie wollen so viele Interessenten abhalten, mich zu beauftragen! Und weißt du was, mein lieber Leser? Das ist auch gut so! Weil sie so ungewollt die Spreu vom Weizen trennen! Und dafür sorgen, dass unsichere, leicht manipulierbare Interessenten von mir Abstand nehmen! Und so bekomme ich fast nur die RICHTIGEN als Klienten! Die, die noch selbst denken können und noch eine Seele haben! Die an der Reihe sind! Warum ich es nötig habe, bei über 30 000 zu Behandelnden im Jahr, Tendenz steigend, überhaupt über so eigentlich unbedeutende Angriffe im Internet zu schreiben? Weil ich die Menschen aufklären will! Was mit mir im Großen passiert, passiert vielen

Menschen tagtäglich im Kleinen! In der Familie, auf dem Arbeitsplatz, in Beziehungen usw.! Diese dunklen und besetzten Menschen verdrehen alles und machen das Opfer zum Täter! Sie sind leider in der Überzahl, schau dir die Welt an, dann siehst du es! Wer auf dem JESUSWEG ist, der wird ein schweres Leben haben hier auf der Erde! Aber es ist der einzige Weg, um hier wieder herauszukommen! Und wer mein LEBEN und vielleicht SEIN Leben nicht versteht, der soll das Video hier anschauen:
https://www.youtube.com/watch?v=ltVYE1Wzkbw

Was ich noch hinzufügen möchte, ist: Neid und Hass beziehen sich nicht nur auf materielle Güter und Geld, sondern auch sehr oft auf Aussehen und Status anderer, und oft auch auf FÄHIGKEITEN anderer! Es gibt viele, die neidisch sind auf meine Hellsichtigkeit und meine Heilerfähigkeiten! Sie wären gerne so wie ich, sind es aber nicht und bauen dann ein Feindbild auf gegen mich mit Hilfe der Besetzungen! Und diese Videos gegen mich sollen nicht nur meine Schwingungen heruntersetzen, sondern auch die Schwingungen aller, die es anschauen! Solche negativen Schimpfvideos sind pure Angriffe der Dunkelheit gegen ALLE lichtvollen Menschen! Es ist so, wie ich schon mal feststellte: Ich könnte sieben Milliarden Menschen heilen und dies dokumentieren. Wenn auch nur ein EINZIGER DUNKLER FREIMAURER noch leben würde, würde der behaupten, ich sei ein Scharlatan! Solche Videos und brutalen negativen Kommentare gegen mich im Netz machen nur und ausschließlich DUNKLE FREIMAURER und hasserfüllte irre Menschen! Sie stellen quasi alle abertausenden geheilten Klienten von mir als LÜGNER und unmündige Idioten hin! Diese dunklen bezahlten Hater beschmutzen und beleidigen auch jeden einzelnen meiner GEHEILTEN KLIENTEN! Wer es nicht weiß, hier einige tausend FEEDBACKS. Alle kann ich nicht veröffentlichen, weil es zu viele sind!
https://www.geistheiler-sananda.net/klientenfeedbacks/
und hier:
https://www.geistheiler-sananda.net/klientenvideos/

Die Spreu trennt sich vom Weizen! Jetzt! Und jeder bekommt, mitunter auch ein klein wenig durch mich und mein Sein, JETZT und HIER die Chance, sich ein letztes Mal zu entscheiden. Zwischen Recht und Unrecht. Zwischen Hell und Dunkel! Zwischen Gut und Böse! Zwischen Gott und seinem Widersacher! Danach wird es für lange Zeit keine neue Chance mehr geben! Mir bleibt nur, meine Arbeit weiterhin gewissenhaft zu tun, mein Kreuz der Verfolgungen und Verleumdungen weiter auf mich zu nehmen und weiterhin mit Würde und Liebe zu tragen! Es gibt sicher Angenehmeres, aber ich kann es ja nicht ändern, dass SIE mich bekämpfen! Ich kann nur beeinflussen, wie ich damit umgehe! Aber es gehört zu meiner Lebensaufgabe, als Indigo das aushalten zu müssen! Gottes Belohnung ist mir gewiss, es ist das Himmelreich! Dort werde ich einmal sein, mit meiner Familie, mit allen Seelendualen, allen Wesen, die mich jemals liebten, allen meinen Tieren, die ich je hatte, und mit allen Liebenden dieser Welt. Die anderen, die dunklen Gestalten der Finsternis, die SEELENLOSEN, ob nun astral oder physisch, die hier schon so lange ihr Unwesen treiben, die mein (und vielleicht auch dein?) Erdendasein schon sehr lange und auch jetzt noch massiv erschweren, werden dann nicht mehr sein! Sie waren und sind dann nur ein dunkler, übelriechender vorbeiziehender Rauch im Wind gewesen, der uns ein wenig in den Augen gebrannt hat! Und uns gezwungen hat, die Augen zu reiben und genau hinzusehen, hindurchzusehen! Aber an den sich irgendwann keiner von uns Liebenden mehr so wirklich erinnern wird können! Was bestehen bleibt, ist einzig und allein die Liebe! Lichtwesen, bestehend aus reinster Liebesenergie, leben ewiglich! Alles andere ist vergänglich! Dunkelwesen werden eines Tages nicht mehr sein, sollten sie sich nicht für die Liebe entscheiden! Darum sei auch du Liebe! Entscheide dich, wem du glaubst und auf wessen Seite du stehen willst! Ob du leben oder sterben willst!

»Zeig mir einen Heiler, der 20, 30 Jahre und mehr ein tolles Leben hatte, der nie ernsthafte Probleme hatte, der keine Feinde hat, nicht oder kaum negativ angegangen wird, und ich zeige dir jemanden, der kein wahrer Heiler ist!« (Geistheiler Sananda)
Was mich persönlich betrifft, so kann ich sagen, ich bin mittlerweile immun gegen diese dummen Angriffe, es berührt mich auch nicht mehr emotional, was früher, zu Beginn meiner Arbeit als Heiler, nicht immer so war. Zeigen diese Angriffe gegen meine Person doch eindeutig, dass die Verursacher sich noch voll in 3D befinden. Denn kämpfen, angreifen, andere niedermachen, Neid und Missgunst zeigen, mangelnden Respekt zeigen, sind 3D, also dunkel! Und sowas machen nur DUNKLE. Ein lebensfroher, liebevoller und spirituell entwickelter Mensch kann das gar nicht mehr, andere angreifen, attackieren, niedermachen und schlechtmachen. Ich habe mich daran gewöhnt, dass ich angegriffen werde von der Dunkelheit, und es ist mir mittlerweile egal. Denn es ist nur ein temporärer Zustand, und der wird

sich irgendwann ändern. Ich schreibe das alles nur, um anderen zu helfen, auch so immun zu werden und damit andere verstehen lernen, WARUM diese DUNKLEN das tun gegen mich! Ich bin mir bewusst, dass SIE nur mein Ego und meinen physischen Körper verletzen können hier auf der Erde in 3D, nicht mein wahres ICH und SEIN. Dieses schwebt weit über ihnen auf einer viel zu hohen Frequenz für SIE, und ist für SIE unantastbar. Insofern sind SIE alle nicht wirklich gefährlich für mich! Es ist, als würde eine kleine Mücke an einer 200 Meter hohen Eiche vorbeifliegen!

Nachtrag: Ich habe jetzt, einige Monate nach dem Schreiben meines langen Beitrags über die Verleumdungen meiner Person gemerkt, dass es mich mittlerweile sehr langweilt! Es fiel mir schwer, noch darüber zu schreiben! Ich tat es, damit ich nicht immer das Gleiche sagen und schreiben muss, wenn neue Interessenten was darüber wissen wollen! Und ich habe gemerkt, dass es mir mittlerweile total egal ist, was irgendein Idiot, ob nun bezahlt oder nicht, an Negativem über mich schreibt, um mir zu schaden! Je länger ich darüber nachdenke, desto irrer ist das alles! Warum soll ich überhaupt noch ein einziges Wort über sowas Blödes schreiben? Ich empfinde so eine Rechenschaft langsam als pervers! Es ist ungefähr so, wie wenn jemand ein Video macht, in dem er behauptet, der deutsche Meister im Karate ist eigentlich ein Betrüger, der kann eigentlich gar kein Karate, der tut nur so und hat sein Können und Wissen nur durch Filme erlangt! Es ist krank, meine Erfolge in Frage zu stellen! Aber so sind sie nun mal, die Dunklen, die Seelenlosen! Sie streiten alles ab, und wenn es die ganze Welt bezeugen kann! Sie streiten ja selbst GOTT ab! Die Menschen, die mit dem Herzen sehen und ein wenig spirituell sind und sich über mich schlau machen, die wissen ja, dass ich bekämpft werde und auch warum! Und diejenigen, die auf so primitive Meldungen, Kommentare und Videos von so Hatern was geben, was will ich mit denen? Wie weit sind diese im Geiste? Und außerdem erübrigt sich doch jeder Kommentar, jede Rechenschaft, bei derzeit rund 125 000 behandelten Menschen und abertausenden von positiven Feedbacks und nach zwei geschriebenen Bestsellern! Jedes Feedback ist ein Beweis meiner geglückten Arbeit! ES GIBT ALSO TAUSENDE BEWEISE FÜR MEINE ERFOLGE! Es ist ein Armutszeugnis für diejenigen, die da krampfhaft versuchen, immer noch ein negatives Bild von mir zu zeichnen, wenn sie bei so einem grandiosen Erfolg von mir als derzeit einer der wohl bekanntesten Heiler der Welt immer noch verzweifelt versuchen, mir mit aller Macht zu schaden! Oder gerade deswegen? Warum

auch immer! Es ist mir echt wurst! Wer mir nicht vertraut und wer nicht an meine Fähigkeiten glaubt, der soll halt einfach wegbleiben. Er kann sich dann ja von diesen Hatern da behandeln lassen! Viel Glück! Mir ist heute gerade ein Witz in den Kopf gekommen, also ich habe ihn erfunden:
»Was ist der Unterschied zwischen einem Islamisten und Geistheiler Sananda? Sananda wird bekämpft!«

Verleumdungen durch Deutsche Banken und Sparkassen!!!

Mittlerweile werde ich sogar von einigen deutschen Banken und Sparkassen gemobbt, geächtet, verleumdet, beleidigt. Sie bezeichnen mich als Betrüger und warnen meine Klienten (TELEFONISCH, DAMIT MAN NICHTS BEWEISEN KANN!!!), halten sie sogar vom Bezahlen ab. Man will mich mit aller Gewalt bremsen. Da es rechtlich nichts gegen mich gibt, machen sie es hinten rum! Man stelle sich das einmal vor: Ein Geistheiler wird von den Banken bekämpft! Unfassbar! Vorwiegend deutsche Sparkassen, andere Länder machen sowas nicht, sowas passiert nur in Deutschland (!), rufen Klienten von mir an und »warnen» sie vor mir als Geistheiler!!! Unfassbar!!! Bitte immer den Namen, das Datum, die Uhrzeit aufschreiben, liebe Leute, wenn ihr so einen hinterlistigen Anruf bekommt! Und fordert die Anrufer auf, euch das schriftlich zu geben, was die gegen mich behaupten! Warum machen die das nicht schriftlich? Damit man nichts beweisen kann!!! Aber mittlerweile habe ich Beweise (Stand Mai 2019), und es laufen einige Gerichtsverfahren gegen diese besagten Sparkassen! Ich fordere alle Klienten, besser gesagt Auftraggeber, die so was bezeugen würden, so einen kriminellen Anruf, auf, sich bei mir zu melden! Wer sowas duldet, macht sich mitschuldig! Das kommt dann auf einen zurück! Gegen mich und meine Firma liegt nichts vor, NICHTS!!! Ich habe in 2019 mein fünfjähriges Geistheiler Sananda Bestehen!
Wie mein Anwalt erfuhr, Stand Mai 2019, hat irgendein Sachbearbeiter bei einer deutschen Sparkasse ins interne Warnsystem eingegeben: »Achtung! Betrug! Es liegen viele Strafanzeigen vor! Dubiose Firma! Betrüger!« Und zwar schon im Juni 2018! Irgendeiner war der persönlichen Überzeugung, dass Geistheilung und das, was ich zu erzählen habe, nicht der Wahrheit entsprechen kann! Willkommen im Mittelalter! Ich habe nachgeschaut! Es gab im letzten Sommer 2018 einen kleinen, aber spürbaren Rückgang

von Zahlungen. Rund 1/4 weniger bezahlte Aufträge seitdem pro Monat! Mittlerweile ein hoher sechsstelliger Schaden! Wenn Strafanzeigen vorlägen, warum auch immer, anzeigen kann man viel und jeden, dann wäre das längst in der Schweiz angekommen! Das ist pure Verleumdung, eingeleitet von einer einzigen Person! Es machen aber nicht alle Sparkassen mit! Offenbar gibt es noch Banker mit Skrupel, die sich das nicht trauen! Aber was mich mehr erschreckt, ist, dass mir das kein Klient in den letzten Monaten mitgeteilt hat! Erst durch eine einzige Person (danke, Brigitte) und meinen Aufruf im Aktuellen kam das ans Licht! Das wird ein immenses zivil- und strafrechtliches Nachspiel haben für diese deutschen Sparkassen! Aber es ist auch traurig, wie leicht sich Menschen zu einem Urteil hinreißen lassen, ohne Beweise sehen zu wollen, und wie leicht sich Menschen von illegalen Anrufen von Banken manipulieren lassen! Viele haben einfach kein Rückgrat und sind einfach nur feige und duckmäuserisch! Auf diese kann ich auch gerne verzichten als Klienten, diese sind verlorene Seelen! Unheilbar! Wenn DU mal angerufen wirst von einer Bank, weil du mir was überweisen willst und man sagt dir unschöne Dinge über mich, dann bestehe darauf, dass man dir das per Post schriftlich schickt, notiere den Namen und die Uhrzeit und das Datum dieser Person und sage demjenigen, dass du die Bezahlung auf jeden Fall ausführen lassen möchtest und du mir das auch mitteilen würdest! Du hast nichts zu befürchten! Was die tun, ist kriminell und illegal!
Dies war nun ein Ausschnitt aus meiner Webseite aus dem Punkt »Verleumdung«!
Ich sehe das alles heute nicht mehr ganz so emotional, lasse es aber so stehen, weil ich möchte, dass sich die Leser meines neuen Buches ein Bild machen sollen, wie ich mich fühlte und manchmal immer noch fühle bei all den brutalen Attacken und Blockaden! Es ist unmenschlich! Natürlich ist das nicht schön, wenn dein Name überall in den Dreck gezogen wird! Würdest du das gut finden? Ich habe ja nichts getan, außer als Geistheiler zu arbeiten! Mittlerweile lässt mich das aber zumeist kalt! Ich weiß ja, wer ich bin, wo ich hier bin, und mit was für einer Spezies ich es hier zu tun habe auf der Erde! Von diesen Wesen habe ich keine Anerkennung und keinen Respekt zu erwarten!

Und selbst Büchereien und öffentliche Bibliotheken verleumden mich und blockieren meine Bücher! Hier eine aktuelle Verleumdung aus Österreich: Eine Klientin von mir hatte heute eine Anfrage bezüglich meiner Bücher

bei der Hauptbücherei der Stadt Wien! Dies hier war die Antwort: »Sehr geehrte Frau xxxxxxxx, danke für Ihre Anregungen! Leider können wir Ihre Wünsche nicht erfüllen (bzw. wir möchten sie nicht erfüllen): Unsere Recherchen zu Sananda alias Oliver Michael Brecht haben ergeben, dass es sich bei diesem Autor um einen offenbar sehr geschäftstüchtigen Scharlatan handelt. Als u.a. »3652 Mal reinkarnierter Geistheiler« beansprucht Brecht die Gabe, auch schwerste chronische Krankheiten seiner Kunden heilen zu können; als »Anlageberater« verleitet er seine Kundinnen mit völlig unrealistischen Gewinnversprechen zur Investition in hochspekulative Anlagen; weiters berichtet er von Verfolgung u.a. durch Freimaurer und »Reptiloiden«, scheint also ein massives verschwörungstheoretisches Weltbild zu vertreten. Mehr zu seinen Aktivitäten finden Sie unter https://www.psiram.com/de/index.php/Oliver_Brecht bzw. auch auf seiner eigenen Seite https://www.geistheiler-sananda.net/heiler-sananda/. Bitte um Verständnis, dass wir diese Irreführung von Menschen, deren Hoffnung auf Heilung von schwerer Krankheit oder Bewältigung schwerer Schicksalsschläge geschäftsmäßig ausgenutzt wird, nicht unterstützen möchten. Wir hoffen aber, dass Sie in unserem Buchangebot auch abseits von Sananda etwas finden können, was Ihnen zusagt! Mit freundlichen Grüßen xxxxxxxx xxxxxxxxxxxxxxxxxxxx Magistrat der Stadt Wien - MA 13, Hauptbücherei Am Gürtel, Leitung College 3, Lektorat Büchereien Wien, A-1070 Wien, Urban Loritz Pl. 2a«
Nun, das nennt man dann mal Rufmord, Verleumdung, Geschäftsschädigung, Beleidigung. Ich könnte den jetzt verklagen und würde gewinnen! Schon die Weitergabe von Gerüchten ist strafbar, wenn sie nicht bewiesen sind! Als Quelle Psiram? Jeder halbwegs Spirituelle weiß, dass Psiram eine Plattform der Freimaurer ist, die dort alle Unliebsamen ächten! Willkürlich zusammengestellte, total verdrehte Inhalte, die niemand ändern kann und die einen in einem schlechten Licht darstellen! Es gibt keinen Ansprechpartner! Die können da reinschreiben, was sie wollen! Es scheint, als wäre ich zum Abschuss freigegeben! Vogelfrei! Jeder darf Gerüchte einfach so weitergeben! Ich mache jetzt auch eine Quelle auf und schreibe dann über irgendjemanden, was ich eben will, und alle anderen verweisen dann auf meine Quelle!

Ja, meine Freundinnen und Freunde! Verleumdungen! Das ist das Thema schlechthin für mich! Du erinnerst dich sicher an mein allererstes Interview bei dem Privatsender Schweiz 5 bzw. dem Label »TimeToDo«. Im Winter

2014/2015 bekam ich den Input in meine Gedanken, ins Fernsehen zu gehen und über meine Erlebnisse zu berichten! Der Rest ist Geschichte, im wahrsten Sinne des Wortes! Wer diese ersten beiden Interviews vom Januar 2015 und Februar 2015 anschaut, sie sind ja fast schon Kult, diese beiden Videos, zu finden auf meiner Webseite, der wird schnell feststellen, dass ich da noch ein wenig schüchtern war, um es mal so auszudrücken! Oder eher etwas vorsichtig und noch relativ zurückhaltend. Einfach anders als heute eben. Auch ich entwickle mich ja immer mehr bzw. wache immer mehr auf! Finde immer mehr zu mir selbst, entdecke immer mehr die Wahrheit!

Ja, ich hatte damals noch 2000 Franken auf dem Konto, war noch Sozialhilfeempfänger und machte Geistheilung nebenberuflich. Hatte aber schon damals meine rund 30 Klienten im Monat, nur durch Empfehlungen, und »kündigte« dann meine Sozialhilfe! Im Vergleich zu den Klienten heute kein Vergleich mehr, klar! Damals kam ja auch noch jeder persönlich zu mir, das geht heute nicht mehr, ist ja bekanntlich auch nicht nötig! Die Sozialhilfe des Schweizer Staates habe ich ja später freiwillig vollends zurückgezahlt, das nur am Rande! Warum ich diese beiden Interviews anspreche? Ja, der Sender hat erst vor wenigen Wochen beide Videos von damals einfach gelöscht. Ohne mit mir zu reden, einfach so. Warum? Ja was denkst du denn, warum? Ich habe 4000 Franken insgesamt an diesen Moderator damals bezahlt, der mich ja schon beim zweiten Interview stark angriff, hinter den Kulissen! Ich berichtete ja in meinen beiden ersten Büchern schon darüber. Es bestand ein Vertrag, dass diese Videos unbefristet veröffentlicht werden. Sie haben also einen Vertragsbruch begangen und mich dadurch verleumdet! Und da sind wir schon beim Thema!
Ich bin ja damals zu diesem Privatsender hin, diese Interviews waren übrigens live im TV zu sehen damals, um genau über diese Punkte zu berichten. Über Verleumdungen an meiner Person, über mein schweres Leben, über die Verfolgungen usw.! Und nun machen die genau das, worüber ich bei ihnen berichtete! Sie verleumden mich und schädigen mich! Ist das nicht pervers?
Hunderte, vielleicht tausende treten dort auf und erzählen die tollsten aberwitzigen Geschichten, bieten die unsinnigsten Heilmittel und Dienstleistungen an. Und gerade meine beiden Interviews werden nun gelöscht? Was denkst du, warum gerade ich? Ich könnte die nun verklagen, klar! Würden sicher einige andere tun. Aber anderen passiert sowas ja gar nicht! Das ist der Punkt! Warum wieder mal gerade mir?

Und zeitgleich wurde auch mein Interview vom Januar 2016 vom Internet-TV-Format »Querdenken TV« gelöscht. Ist aber auch noch bei mir unter TV-Auftritte auf meiner Webseite zu finden! Der seriöse und tolle Querdenker hat auch 3000 Euro genommen damals. Musste es an eine irische LTD. überweisen, das Geld! Nun, es ist bekannt, dass beide betreffenden Moderatoren Freunde sind. Es ist auch bekannt, dass hinter dem lädierten Querdenken-Moderator ein anderer Geistheiler steckt, der mit diesem Moderator Seminare veranstaltet über Geistheilen! Ist das nicht interessant? Ein angeblich neutraler Aufklärer verdient Geld mit einem anderen Geistheiler und löscht mein Interview? Dieser Geistheiler ist wohl der, der ein Problem mit mir hat und die anderen gegen mich manipuliert! Warum aber wieder ich? Es gibt und gab hunderte Menschen, die bei diesen Sendern auftraten, die irgendwie auch in der Heilerszene tätig sind und waren. Warum also bin gerade ich der, der da wohl stört?
Davon abgesehen: Warum lassen sich angeblich freie Alternativmedien, die auch noch um Spenden betteln, überhaupt gegen mich beeinflussen? Warum überlassen sie es nicht den Zuschauern, was diese sehen wollen und was nicht?

Fragen über Fragen! Wenn du die Antworten kennst, dann wirst du einen Quantensprung in deinem Bewusstsein machen!
Ich möchte hier an dieser Stelle gar nicht zu viel über diese dunklen Alternativsender schreiben! Das haben die gar nicht verdient! Für mich sind diese beiden Herren schon lange unglaubwürdig. Sie zensieren! Sie entscheiden, ähnlich wie die Mainstreamsender, wer bei ihnen was sagen darf und was gesagt werden darf! Offensichtlich ist das, was ich zu sagen habe, nicht gut für deren Zuschauer? Sie verbieten mir quasi den Mund! Der Schweiz 5 Moderator schrieb ja einer Klientin von mir, die sich bei ihm beschwerte, dass er seine Zuschauer schützen müsse! Er, der Fleischesser und Kettenraucher, der im Glashaus sitzt, er muss entscheiden für seine Zuschauer? Er ist also nun Richter? Er, auf dessen Format dubiose Kartenleger die Zukunft voraussagen, für 3,50 CHF in der Minute? Wo sich religiöse, ominöse Darsteller tummeln ohne Ende, wo alles angepriesen wird, alles, was irgendwie Geld bringt und er mit dran verdient? Der muss seine Zuschauer vor mir schützen? Gerade ich bin gefährlich? Oder muss er einen anderen oder eine andere vor mir schützen, an dem er gerade viel Geld verdient? Ein neuer Star am Eso-Himmel, und ich störe da dabei? Oder ist es nicht eher so, dass ich aus allen diesen tausenden Darstellern auf diesem Format Ti-

meToDo herausrage? Schau sie dir doch einmal an, diese Verkaufsgruppen, die dort auftreten und ständig Waren und Produkte und Bücher von sich anpreisen! Da verdient der Moderator doch immer mit, solange es über einen Online-Shop läuft! Aber dieser Moderator ist ja nicht der Sender Schweiz 5. Er ist ja nur ein Geschäftsmann, der sich gewisse Zeiten mietet bei dem Sender, um dann Werbesendungen zu veranstalten, so heißt das ja heute! Er bezahlt Miete für Sendezeit! Und dann kassiert er von seinen Gästen Geld, und das nicht wenig! Bei im Schnitt 3000 Franken pro Auftritt kommt da schon was zusammen im Monat! Wo liegen denn nun die Interessen von solchen Sendeformaten wie TimeToDo und Querdenken TV? Es gibt da noch einige Formate mehr mittlerweile, die nahezu alle dunkel sind! Es geht immer nur ums Geld! Das, was die mir vorhalten, das tun sie selbst! Sie sind gierig, neidisch, missgünstig. Bekommen den Hals nicht voll. Selbst nach einem Schlaganfall macht der eine gar weiter! Sie lernen nichts aus ihren Krankheiten! Sie alle werden vielleicht bald ganz gehen müssen! Chance nicht erkannt! Wer weiß! Ich wünsche den beiden aber natürlich nur das Allerbeste! Wie könnte ich ihnen auch böse sein? Bin ich meinem Hund böse, wenn er nachts Katzen jagen will? Diese beiden Moderatoren können eben nicht aus ihrer Haut! Sie predigen bedingungslose Liebe und Verständnis und Toleranz! Sagen in ihren Sendungen, jeder müsse bei sich selbst anfangen, ein besserer Mensch zu werden! Und dann verunglimpfen und entwürdigen sie mich?

Aber um aufs Thema zurückzukommen! Warum werde immer ich verleumdet, entwürdigt, geschändet, mein Ruf zerstört? Warum nicht alle anderen? Warum wurde ich 2015 von dem »Verbrauchermagazin« Kassensturz im öffentlich-rechtlichen Fernsehen, wo ich auch noch 600 Franken im Jahr Zwangsbeiträge zahlen muss, warum werde grade ich von diesem Format medial hingerichtet? Warum haben die gerade mich aus dem Format TimeToDo herausgesucht und im Fernsehen als Betrüger und Abzocker diffamiert? Jeder Asylant wird besser behandelt! Wenn ich ein Schwarzer wäre, hätte ich diese mediale Hinrichtung im Fernsehen sicher nicht erleiden müssen. Wer gegen Asylanten geht, der ist ein Reichsbürger, ein Nazi oder ein Verschwörungstheoretiker. Aber einen Geistheiler, der grade mal sechs Monate tätig war, den kann man im Fernsehen zur Sau machen? Ungestraft, keiner empört sich? Warum gerade ich?
Wo sind meine Menschenrechte? Wo ist meine Menschenwürde? Warum darf ich meine Meinung und meinen Glauben nicht äußern? Warum darf ich

nicht erzählen, was ich erlebe und was sich sehen kann? Warum unterdrückt die Schweizer Presse meine Meinungsfreiheit und tritt meine Menschenwürde mit Füßen? Warum? Warum meinen andere, sie stünden über dem Gesetz? Warum meinen Reporter, andere Spirituelle, Moderatoren, wer auch immer, sie hätten das Recht dazu, mich zu beleidigen, zu beschimpfen, zu diffamieren? Warum wollen alle meinen Ruf zerstören? Warum? Warum wird das, was ich tue, immer in Frage gestellt, von Leuten, die nicht die geringste Ahnung davon haben? Warum meint jeder Repto-Spirituelle, er müsse über mich urteilen, mich kritisch begutachten, mich als Dämon, Satanist oder Betrüger und Scharlatan bezeichnen? Wie viele Menschen und Tiere müssen noch geheilt werden, damit diese Leute das glauben, was ich tue und kann? 500 Millionen? 5 Milliarden?

Ein deutscher Junkie aus Thailand beschimpft mich in unzähligen Videos als Abzocker, Satanist und Betrüger! Und kopiert meine Video-Überschriften, lockt damit Zuschauer an, Klicks an. Schimpft dann über mich, weiß alles besser, um dann den Zusehern zum Ende einen Fernheilkurs für 6000.- Euro bis 10 000.- Euro anzubieten! Für wie dumm halten dieser Mann und seine tolle Frau die Zuseher? Er benutzt mich quasi als Werbefigur! Mit meinem Namen kann man mittlerweile Klicks generieren! Wer ist denn nun der Betrüger und Abzocker? Ich habe Preise, die sind schon fast Geschenke! Dazu später mehr! Davon abgesehen kann ich wirklich was im Gegensatz zu diesem Denunzianten und Urheberrechtsverletzter!

Andere Spirituelle verwenden auch meinen Namen in deren Video-Überschriften. Ziehen über mich her. Beleidigen mich! Um was geht es denn da? Wenn man genauer hinschaut, stellt man irgendwann immer fest, dass diejenigen dann irgendeine Leistung anbieten! Sie wollen also Geld verdienen! Und benutzen mich als Klickbringer! Das ist alles! Warum meint jeder, er könne mich benutzen?

Ich habe auf meiner Webseite eine eigene Sparte unter dem Titel »Verleumdungen«! Schau da auch mal nach! Bei Amazon werde ich auch diffamiert! Warum glauben andere, sie müssten mich immer und überall in den Dreck ziehen? Sie schreiben Kommentare wie, ich sei ein »Trickbetrüger«! Warum erlaubt sich das jemand? Und warum entfernt Amazon das nicht? Was hat das mit einer Buchkritik zu tun? Warum diffamieren mich so viele in Kommentaren, in Foren, auf anonymen Webseiten von angeblichen Spirituellen? Warum bin ich so wichtig für so viele? Warum meint jeder, er müsse einen diffamierenden Kommentar zu mir abgeben?

Bin ich vogelfrei? Bin ich Dreck? Was glauben die denn alle, was ich bin? Wo ist meine Menschenwürde? Wo ist denn da die Verfassung? Warum schützen YouTube und Facebook mich denn nicht? Wo sie doch so viel Wert auf Zensur legen! Von unrechtmäßigen Kommentaren und Videos! Warum werde ich nicht geschützt im Internet?

In meinen letzten beiden Büchern habe ich auch darüber geschrieben. Es ist ein wesentlicher Bestandteil meines Lebens! Verleumdungen über Verleumdungen! Sie schreiben, ich hätte mit Börsengeschäften andere über den Tisch gezogen! Gomopa, das Abzockerportal im Internet, das mit erfundenen Schlagzeilen Abonnenten anlockt. Und dann 10 Euro im Monat je Abonnent verlangt. Bei 10 000 Abonnenten sind das 100 000 Euro im Monat!
Da kann man schon mal einen Oliver Brecht groß als Börsenbetrüger hinstellen ins Internet! Google wollte das nicht entfernen, es sei Pressefreiheit. Obwohl mein Anwalt denen bewiesen hatte, dass es nicht stimmt, was die schreiben!

Und andere berufen sich dann als Quelle auf diesen verlogenen Artikel! Genauso, wie sich Psiram, die Diffamierungsmaschine für unliebsame Bürger, dann als Quelle auf den verlogenen »Kassensturz« beruft!
Sie, die Freimaurer, haben ein super System erschaffen, das ineinandergreift wie ein Zahnrad einer Schweizer Luxusuhr!
Sie erschaffen, erfinden, produzieren eine »Quelle«, in der jemand schlecht dargestellt wird, in dem Fall ich. Dann machen sie negative Interneteinträge, Videos usw. mit genau der erschaffenen negativen Quelle als Basis! So macht man Menschen kaputt. So macht man gezielt Rufmord! So kann man einen Namen für alle Zeiten zerstören! Siehe Michael Jackson!

Und wer meint, das ist ja schon übel, dem sage ich, es geht noch übler! Im April 2019 habe ich zufällig von einer Klientin von mir erfahren, dass deren Sparkasse bei ihr angerufen hätte, als sie mir eine Spende zukommen lassen wollte, und ihr gesagt habe, dass ich ein Betrüger sei und meine Firma unter Betrugsverdacht stünde. Ob sie sicher sei, mir Geld überweisen zu wollen! Ja! Du hast richtig gelesen! Eine deutsche Sparkasse hat das gesagt! Aber

das ist ja erst der Anfang! Ich habe das dann publiziert auf meiner Webseite unter »Aktuelles Neu«, woraufhin sich noch viele andere meldeten!
Ein ganzes Komplott gegen mich? Was war da los? Ich hatte mich schon gewundert, warum meine Einnahmen spürbar zurückgingen, trotz normaler Auftragslage! Eine Sparkasse rief bei einem Klienten an, ich stünde unter Geldwäsche- und Terrorverdacht bzw. meine Firma.
Eine Sparkasse hat gar eine Überweisung abgelehnt! Eine Volksbank sagte einer Kundin, meine Firma stünde unter Betrugsverdacht. Eine andere Sparkasse meinte, gegen mich würden mehrere Strafanzeigen laufen, und meine Firma sei wohl in unseriöse Machenschaften verwickelt!
Ja, da blieb mir die Spucke weg! Ich war traumatisiert! Das waren harte Geschütze, die da von ausschließlich deutschen Banken und Sparkassen gegen mich aufgefahren wurden! Bin ich jetzt Staatsfeind Nr. 1?
Natürlich verunsichert sowas! Wie würdest du dich fühlen, wenn du plötzlich kein Geld mehr bekommen würdest für dein Geschäft, deinen Job? Und deine Bank dir sagen würde, du wärst ein Betrüger, Geldwäscher und Terrorist?

Ich habe sofort eine große Anwaltskanzlei in München kontaktiert und sofort diese Sparkassen und Banken einzeln anschreiben lassen. Offenbar war ich auf einer Art »Schwarzen Liste«! Da hat wohl jemand seine Beziehungen spielen lassen! Gegen mich oder meine Firma lag und liegt nichts vor! Ich mache meine Arbeit nun, Stand Sommer 2019, fünf Jahre! Und es gab nicht einen einzigen gerichtlichen Streitfall noch eine einzige Strafanzeige gegen mich!
Meine Firma ist ordentlich angemeldet und zahlt ordentlich Steuern. Ich bin ein Geistheiler, der laut dem Kanton Thurgau eine nicht bewilligungspflichtige bioenergetische Dienstleistung (Geistheilung) anbietet!
Ich habe rechtlich geprüfte AGB und stelle ordentliche Rechnungen aus! Ich führe die Mehrwertsteuer regelmäßig ab und werde von einer großen Steuerberatungskanzlei vertreten!
Ich habe dann noch einen Bekannten, der ein hohes Tier bei der Kripo ist, angerufen, er solle mich mal in allen Dateien checken, ob irgendwas gegen mich bekannt sei!
Er antwortete dann nach einer Woche, er war im Urlaub gewesen, dass ich sauber wäre wie ein gewaschener Kinderpopo! Es gibt nicht eine einzige Eintragung oder Bemerkung oder was auch immer über meine Person in Deutschland!

Selbst frühere Sachen, die ich mal hatte wegen Führerschein und Alkohol, ich berichtete in meinem ersten Buch, waren mittlerweile gelöscht! Ich bin sauber wie ein neugeborenes Kind!
Die Banken haben dann alles abgestritten, sie hätten nie solche Dinge über mich gesagt! Das sei Verleumdung! Eine Sparkasse setzte dann eine Klientin, die sich als Zeugin zur Verfügung stellte, unter massiven Druck. Sie drohten ihr mit finanziellen Konsequenzen! Sie blieb aber standhaft!
Alle Banken berufen sich auf ihr »Bankgeheimnis« und stritten derartige Äußerungen vehement ab!
Offenbar handelt es sich um keine offizielle Eintragung in den Bankcomputern! Jemand hat willkürlich und illegal meine IBAN in den Zentralcomputer der deutschen Banken eingespeist! Ein Freimaurer, wer denn sonst?
Einige meiner Klienten haben sich dann angeboten, Test-Überweisungen zu machen, welche dann auf einmal reibungslos funktionierten! Keine Anrufe und Blockaden der deutschen Banken mehr! Warum ging das auf einmal wieder, obwohl ich doch ein Terrorverdächtiger, Geldwäscher und Betrüger sei? Und selbst wenn ich ein Betrüger wäre, hätten die nicht das Recht dazu, darüber zu entscheiden, ob ich noch Geld per Überweisungen zu bekommen hätte oder nicht! Das ist Machtmissbrauch, Kompetenzüberschreitung, pure strafbare Verleumdung! Datenschutzverstöße und Geschäftsschädigung!
Ein Schweizer Banker, der sowas am Telefon sagen würde zu einem Klienten, unabhängig, ob das stimmt oder nicht, würde zwei Jahre Knast bekommen! Offenbar dürfen die deutschen Banken machen, was sie wollen! Solange man nichts beweisen kann!
Die Überweisungen klappen auf jeden Fall wieder zu 100 % auf einmal, also hat jemand Angst bekommen und den illegalen Eintrag über mich bzw. meine IBAN wieder gelöscht!
Bis jetzt hat mich das 5000 Euro Anwaltskosten gekostet. Und nicht genau bezifferbare Verdienstausfälle. Später fand ich heraus, dass das mindestens schon 1,5 Jahre so ging! Ich hätte wohl die letzten ein bis zwei Jahre geschätzt das Doppelte verdient bzw. doppelt so vielen Menschen helfen können!

Es ist ein Wunder, dass ich trotz all dieser brutalsten und illegalen Blockaden so viele Klienten hatte und habe! Wer sich von einer Bank abhalten lässt, mich zu bezahlen und klein beigibt, der ist durch den »Test« durchgefallen! Der hat meine Behandlung auch nicht verdient!

Es ist also auch ein Aussiebungsverfahren für meine Klienten! Ob sie auch bereit sind, dazu zu stehen oder beim kleinsten Gegenwind die Segel streichen aus Angst und Obrigkeitshörigkeit!
Und es ist eine Blockade gegen mich persönlich, um meinen Ruf zu zerstören und mir den Geldhahn zuzudrehen. Und das alles illegal! Es liegt nichts gegen mich vor! Nichts!
Diese Sache ist für mich aber noch nicht zu Ende! Ich werde mir mit meinen Anwälten genau überlegen, ob ich noch gerichtlich gegen diese Verleumder und Denunzianten vorgehe!

Und nun frage ich dich wieder! Warum passiert das wieder mal mir? Warum werde ich schon von allen deutschen Banken verleumdet und blockiert? Warum bin ich so gefährlich für jemanden oder etwas? Warum werde ich als Geistheiler, der anderen nachweisbar hilft, so behandelt?
Und warum passiert das den hunderten und tausenden anderen Heilern in Deutschland, Österreich und der Schweiz nicht? Warum gerade nur ich? Warum?
Du meinst, ich solle cool bleiben und mich nicht aufregen? Sei mal ehrlich, wie würdest du dich fühlen? Wenn man dir deine Existenz ständig und immer und überall so streitig machen will? Manche würden sich wohl umbringen, da bin ich mir sicher! Familien gehen an sowas kaputt. Beziehungen zerbrechen bei sowas! Ich meine jetzt nicht nur die Banksache! Ich meine alles, was mir und zwangsläufig auch meiner Familie passiert! Das ist zermürbend, das macht krank! Das macht kaputt! Das raubt Energie! Das setzt runter in der Schwingung! Und genau darum geht es! Sie wollen mich kaputt machen, krank machen, mein Einkommen schmälern, meine Schwingung runtersetzen!

Aber warum geben die sich alle so Mühe, gerade mich so zu bekämpfen? Warum nicht die anderen Heiler, Spirituellen? Sicher, einige Aufklärer werden auch bekämpft vom System. Aber das ist kein Vergleich zu dem Programm, welches sie bei mir und meiner Familie auffahren! Also, warum ich?

18.06.2019. Habe heute schon vier Mails erhalten, dass man nicht auf meine Webseite gelangen würde! Nun kommt nach dem Bankenboykott der Internetboykott? Ganz ehrlich? Sorry für die Ausdrucksweise, aber das kotzt mich echt an langsam!

Passt ja gerade zum Thema, worüber ich gerade hier schreibe! Blockaden über Blockaden! Verleumdungen und Rufmord sind ja auch nur Versuche, mich zu deskreditieren, damit man mir nicht glaubt, und mir keinen Auftrag gibt! Weil die Dinge, über die ich rede, die sollen und dürfen nicht geglaubt werden!

Aber wer nun denkt, ja klar, er wird halt bekämpft, weil er die Wahrheit spricht, der irrt gewaltig! Wer meine ersten beiden Bücher, vor allem das erste, gelesen hat, der wird klar feststellen, dass ich nicht erst, seit ich Geistheiler bin, bekämpft werde! Ich bin ja gerade deswegen zum Fernsehen und habe ein Buch geschrieben, um genau das mitzuteilen! Nämlich, dass ich seit meiner Geburt verfolgt, verleumdet, bekämpft und drangsaliert werde! In allen Lebensbereichen spiegelt sich das gleiche Verhalten anderer mir gegenüber wider! In der Schule war ich immer der Rädelsführer, das schwarze Schaf. Egal, was andere Schüler gemacht haben, ich war immer schuld und der angebliche Anführer, der die anderen zu deren Fehlverhalten angestiftet habe. Wobei es ja eigentlich umgekehrt war! Das zieht sich durch wie ein roter Faden, später in meinem Polizeiberuf und dann ganz massiv während meiner Network Marketing Tätigkeiten! Ständig wurde ich angegriffen und verleumdet! Für viele war ich immer sowas wie ein Feindbild. Neid und Missgunst spielen eine immense Rolle! Im Nachhinein werden mir immer mehr Situationen und Vorkommnisse von früher bewusst, bei denen ich ganz klar auch organisierte Angriffe erkennen kann! Es ist also so, dass dieses Leben, das ich führe, also die ständigen Verleumdungen und Entwürdigungen, nicht im Geringsten etwas mit meiner jetzigen Tätigkeit als Geistheiler zu tun haben! Es muss also etwas sein, was ich bin! Nicht, was ich tue!

Jüngstes Beispiel: Ich habe ja ein Ferienhäuschen in Deutschland gekauft als Altersvorsorge, um es evtl. mal vermieten zu können oder mal ab und zu Ferien machen zu können. Ich hatte mich dann ja bei der dortigen Verwaltung beschwert über einige unschöne Vorkommnisse in diesem Dorf. Eigentlich hatte ich mich ja bei der Stadtverwaltung beschwert, da einige Störungen diese Verwaltung selbst betrafen. Nun, dieser Herr auf der Stadt hat dann mein Mail an ihn ungefragt und widerrechtlich an eben genau diese private Verwaltung des Feriendorfes weitergeleitet zur Bearbeitung! Dass dies nicht koscher ist, ist sicher jedem klar. Es hat auch noch ein rechtliches Nachspiel, ich habe einen Anwalt eingeschaltet.

Nun, diese Ferienverwaltung hat mich daraufhin angemailt und die Fragen, die ich an die Stadt hatte, selbst beantwortet, indem sie mich als Lügner und Verleumder betitelt haben und als Abzocker, der anderen Leuten das Geld aus der Tasche ziehen würde. Ich möchte darauf nun nicht zu sehr eingehen, da sind nun Anwälte damit beschäftigt. Später hat diese unseriöse Ferienverwaltung mich in einem Rundbrief an alle 130 Eigentümer dort nochmals durch den Dreck gezogen. Und sie haben mich schriftlich aufgefordert, doch meine Sachen zu packen und wieder zu verschwinden. Da blieb selbst mir die Spucke weg, bei so viel Bösartigkeit!
Was war mein Verbrechen? Ich hatte eine ganz normale E-Mail-Anfrage an die Stadtverwaltung dort geschickt, wo ich um eine rechtliche Auskunft bat. Es zieht sich wie ein roter Faden durch mein Leben, immer nur Angriffe, Verleumdungen, Entehrungen und Vertreibungen! Überall soll ich wieder verschwinden! Das betrifft ja auch meine Familie. Es ist ein schweres Leben. Muss ich leider sagen!

Was sind die Motive all derer, die mich stetig und überall angreifen und verjagen wollen? Mich schlechtmachen wollen? Wer steckt dahinter, oder was? Warum werde ich vorwiegend im Internet so massiv angegangen? Wer sorgte dafür, dass alle Verleumdungen wie ein Zahnrad so präzise ineinandergreifen?
Sicher sind einige Fälle von Diffamierungen einfach nur bösartige, missgünstige, neidische »Kollegen«, die einfach Futterneid haben und über ihren Neid nicht hinwegkommen! Ihre Habgier und ihre Verlustangst sind maßgeblich für die Verleumdungen an meiner Person! Immer wieder höre ich ja auch von Klienten, dass sie bei anderen Heilern zuvor oder auch danach waren, die übelst über mich hergezogen hätten, vor mir gewarnt hätten, und sie angeblich reinigen mussten von Besetzungen, die ich ihnen angeblich gab!
Wer nach mir zu einem anderen Heiler geht, ist selbst schuld. Einige meldeten sich bei mir wieder, sie hätten nach meiner Behandlung die Erstverschlimmerungen nicht aushalten wollen und seien dann zu einem anderen Heiler gegangen. Diese oder dieser hätten mich dann schlecht gemacht und hätten erstmal alles Negative durch mich entfernen müssen. Später hatten die Klienten dann alles Mögliche an sich, von eben genau diesen anderen Heilern, und baten mich darum, ihnen wieder zu helfen! Mache ich aber nicht! Hat keinen Sinn. Wer mir nicht vertraut und mich quasi verrät, der hat eben Pech gehabt!

Aber es zeigt halt, wie bösartig und hinterlistig und nieder manch andere Heiler sind. Diese haben die Bezeichnung Heiler nicht verdient!
Auch lese ich viele Kommentare in Foren und unter Videos von mir als Kollegen heraus! Ich kann anhand der Energien erkennen, wer einen Kommentar geschrieben hat und finde dann bei meinen Mentalreisen, welche ich nun auch schon tagsüber machen kann mittlerweile, den Schreiberling heraus! Und da kamen schon einige Überraschungen heraus, wer da denn so gegen mich anonym wettert im Internet! Vor Gericht ist das leider nicht verwertbar. Aber ich weiß es eben!

Dann sind es »Kollegen«, die von meinem Namen profitieren wollen! Ich habe nun mal einen gewissen Bekanntheitsgrad in der Branche, und das wollen einige ausnutzen, indem sie meinen Namen in ihr Video pflanzen, ganze Überschriften klauen und dann meine Themen auch noch klauen, um mich dann letztendlich durch den Dreck zu ziehen! Sie verwenden mich ganz einfach aus Marketinggründen! Berechnend, eiskalt und skrupellos! Dann bieten sie später ihre eigenen Dienstleistungen an! Es geht also nur ums Geld!
Aber warum dann ich? Es gibt doch bekanntere und erfolgreichere Autoren, Aufklärer, Motivationstrainer usw.! Vielleicht, weil sie genau mein Klientel wollen?

»Normale« gewöhnliche Leute, die aus irgendeinem Grund einen Hass auf mich haben. Sei es, weil ich sie nicht geheilt habe, sei es, weil sie pleite sind, sei es, weil sie einfach einen Frust schieben auf alles und jeden, dem es scheinbar besser geht als ihnen selbst. Der größer, toller, reicher, berühmter, erfolgreicher ist, als sie es sind! Ja, es gibt leider viele solcher kranken Geister!

Religiöse fanatische Gruppierungen, die gezielt auf mich angesetzt sind!
Die Pharma-Industrie! Für die bin ich eine Gefahr!
Geheimdienste des Vatikans und des CIA, die speziell auf Menschen mit magischen Fähigkeiten und göttlicher Abstammung angesetzt sind! Von Geburt an werden solche Menschen (Indigos) überwacht, verfolgt und bekämpft!
Freimaurerlogen. Sie bekommen von ihren astralen Freunden, den Reptos, Mitteilungen, wer eine Gefahr für sie ist! Die einen, die Reptos, machen dann die Verfolgungen astral, und die anderen, die Freimaurerlogen, ma-

chen alles auf weltlicher Ebene! Sie organisieren die Internet-Rufmorde wie auch die Verfolgungen zu Lande, zu Wasser und in der Luft! Die Rundumverfolgungen eben. Sie sorgen auch dafür, dass man komische Nachbarn bekommt und dass negative Gerüchte in der Nachbarschaft gestreut werden. Kurzum, sie sorgen für den totalen Rufmord! Die totale Verleumdung! Fanatische Anhänger anderer Spiritueller! Bezahlte Hater! Besetzte Klienten! Besetzte Interessenten! Alle haben sie eines gemeinsam: Sie werden von dunklen Mächten gesteuert!

Warum werden nachweisbar meine Video-Klicks gestoppt, gar zurückgedreht? Warum werden Abonnenten wieder gelöscht? Warum wird die Besucherzahl meiner Webseite ab und zu zurückgedreht? Ich hätte sicher dreimal so viele Klicks auf allen meinen Videos! Es gibt sogar Videos im Netz, die beweisen, dass meine Klicks ständig zurückgedreht werden! Ich hätte sicher zehnmal so viele Abonnenten auf meinem Kanal! Warum gibt sich jemand so Mühe, mich schlecht aussehen zu lassen, den Eindruck erwecken zu lassen, dass sich nicht so viele für mich interessieren? Dass meine Videos nicht so gefragt sind? Obwohl ich einige mit über 250 000 Klicks habe, nach einem Jahr!
Ohne Manipulation wären es sicher 750 000!
Ich sage es euch! Der Geheimdienst hat die Hacker dazu, das zu tun! Niemand sonst! Kein privater Mensch hätte auch ein Interesse und die Mittel und auch nicht die Zeit dazu, das jahrelang immer wieder und stetig zu tun! Und warum werden die Videos von anderen Heilern und Aufklärern nicht manipuliert? Warum gerade ich? Weißt du, meine Freundin, mein Freund, es ist schon krass, wenn man auf jeder Eben seines Seins bekämpft wird!

Hier habe ich nochmals eine Zusammenfassung derjenigen, die mich bekämpfen auf weltlicher Ebene!

Es gibt mindestens (!) acht Gruppierungen, die mich bekämpfen, attackieren, angreifen, beleidigen, beschimpfen, verleumden, diffamieren:
1. Die bezahlten und organisierten Hater und Verbreiter von Falschmeldungen im Internet (die Rufmörder), die von den Freimaurern beauftragt sind!
2. Neidische und missgünstige Kollegen!
3. Bösartige und fanatische Menschen, die mich hassen (siehe Jesus!)!
4. Fanatische Katholiken!
5. Die Pharma-Industrie!

6. Psychisch und geistig Kranke, deren Besetzungen mich über diese Menschen attackieren!
7. Der Geheimdienst des Vatikans!
8. Fanatische Fans und Anhänger von anderen Spirituellen!

Natürlich wird das alles von einer unsichtbaren MACHT dahinter überwacht und organisiert! Und alle haben sie eines gemeinsam: Sie werden von der Dunkelheit gegen mich benutzt! Die verlogenen, erfundenen, jeglicher Grund- und Beweislage entbehrenden und jeglichen Tatsachen widersprechenden, profanen und perfiden, organisierten und geplanten Lügen und Diffamierungen sind ganz einfach erfundene Verleumdungen und nichts anderes als ein Rufmord an meiner Person.

Verleumdungen und Rufmord sind darum so wichtig zu erkennen für dich, damit du lernst zu verstehen, wie die Dunkelheit arbeitet!
Und wenn du den WARUM-Fragen nachgehst, die ich stelle, dann wirst du Antworten finden, die dich weiterbringen werden, die dein Bewusstsein anheben werden!

Ich erzähle das alles nicht, um Mitleid zu erhaschen oder weil ich ein Jammerlappen bin! Bin ich sicher nicht, im Gegenteil! Auch habe ich nicht einfach so ein Mitteilungsbedürfnis oder suche Aufmerksamkeit! Ich will aufdecken und die Wahrheit verkünden! Und ich will anderen helfen zu erkennen, in was für einer Welt sie hier eigentlich leben! Um aufwachen zu können, muss man zuerst die Wahrheit erkennen! Und anhand meines Lebens erkennt der eine oder die andere vielleicht Synchronizitäten aus seinem eigenen Leben und kann dann die richtigen Schlüsse daraus ziehen! Denn vieles nimmt man im Alltag gar nicht wahr. Die meisten Menschen sind zu sehr abgelenkt! Darum schreibe ich meine Bücher, mache meine Videos! Damit die richtigen Menschen aufwachen können und erkennen, dass hier irgendwas nicht stimmt auf der Welt. Und dann anfangen zu suchen! Nach der Wahrheit! Denn diese wird uns befreien!

Und was ich auch noch sagen will, ist, ich hege keinen Groll gegen irgendjemanden! Ich kann nicht hassen! Ich kann zwar mal emotional werden, wobei auch das immer weniger wird, aber ich kann nicht anhaltend wütend sein oder einen Hass »schieben» auf jemanden oder gar Rachegedanken haben, ich kann es eben nicht, ich konnte es noch nie! Auch habe ich kein

Bedürfnis, jemanden leiden zu sehen, der mir geschadet hat. Ich vertraue auf die Göttlichkeit. Es gibt eine ausgleichende Gerechtigkeit, die über den weltlichen Gesetzen steht! Jeder wird eines Tages für alle seine Entscheidungen und Verhaltensweisen geradestehen müssen! Warum sollte ich denn da noch Rachegedanken haben? Diese Menschen, die mir schaden, bewusst schaden, laden sich diese negative Energie in ihre DNS und werden sie immer mit sich herumschleppen! Mehr dazu später!

Abschließend zu diesem Thema würde ich sagen, dass rund 20 % aller Diffamierungen gegen mich von rein bösartigen, neidischen und missgünstigen Menschen ausgehen und 80 % organisiert sind von den Freimaurerlogen, Geheimdiensten usw.! Wobei auch bei den 20 % reinen Bösartigen wiederum ja auch Besetzungen mit im Spiel sind, die ja auch organisiert sind, wenn man es genau nimmt! Aber du weißt ja, wie ich das meine mit den 80/20! Im Prinzip sind es eben 100 % Verleumdungen, die organisiert sind. Sei es nun weltlich oder astral! Welcher klardenkende, vernünftige Mensch, der seine Sinne beisammen hat und über Selbstdisziplin und Herzenskontakt verfügt, würde denn hingehen und einen Geistheiler, der tausenden Menschen und Tieren nachweisbar geholfen hat, im Internet verleumden und diffamieren? Das machen nur bezahlte oder fremdübernommene Menschen oder eben einfach nur bösartige Menschen! Alle anderen wüssten ja, dass das alles sonst irgendwann auf sie zurückkommen würde! Dumm sind diese Hater und Verleumder ja noch dazu!

KAPITEL 4

Verfolgungen, Drangsale, Angriffe und Blockaden bei Indigos und positiven Sternensaaten!

Wer ist alles eine positive Sternensaat? Plejadier und Santiner. Der Rest ist entweder seelenlos oder Indigos! Mehr dazu später noch! Hier erstmal eine kurze Erklärung von meiner Webseite, was eigentlich ein Indigo und eine Sternensaat ist! Es hat ja nicht jeder Leser grade meine Webseite zur Hand und auch nicht jeder Internet! Und außerdem vergisst man einiges mit der Zeit, darum hier zur Einstimmung für dieses Kapitel nochmals mein Webseitentext:

Bist du eine Indigo-Seele? Oder eine positive Sternensaat?
Ich kann dir Antworten geben!
Im Zusammenhang mit einem Behandlungsauftrag werde ich dir auf Kulanz sagen, woher du genau kommst! Welches dein Heimatplanet ist! Ob du zur Läuterung hier auf der Erde bist. Oder ob du hier zur Unterstützung inkarniert bist. Ich kann dir genau sagen, welchen Entwicklungsstand deine Seele hat. Was du zu tun hast hier auf der Erde! Jeder Mensch, der hier ist, hat eine spezielle Aufgabe! Jeder! Gerne gebe ich dir auch gezielte Hinweise auf deinen Seelenplan, auf deine Lebensaufgabe! Ich kann dir auch präzise Fragen zu deiner Partnerschaft, Geschäftsbeziehungen oder deiner Zukunft beantworten. Ich kann dir deinen Herkunftsplaneten mitteilen, woher deine aktuelle Seele kommt. Auch kann ich dir sagen, welche Seele von woher du bei deiner Geburt hattest, also ob du einen Seelentausch bekamst vielleicht schon. Und ich kann dir sagen, wenn du kein Indigo bist, ob du in diesem Leben noch einer werden kannst! Denn es gibt einige Menschen, die derzeit kein Indigo sind, aber einmal einer waren und wieder sein werden. Jedoch all dies immer nur in Verbindung mit einem Behandlungsauftrag!
In den letzten zwei-, dreihundert Jahren, und vor allem seit 2012, sind unglaublich viele positive »Sternensaaten« und Indigos zur Unterstützung auf der Erde inkarniert. Sie wollen der Menschheit helfen, den Aufstieg zu schaffen und heben durch ihr Sein das Gesamtbewusstsein an. Der Aufstieg ist jedoch immer individuell! Eine Sternensaatseele, die jedoch lediglich zur Läuterung hier ist, möchte sich entwickeln und selbst aufsteigen. Dorthin gelangen, von wo die Indigo-Seelen kommen! Es gibt also fünf verschiedene Arten von Sternensaatseelen oder Sternenwesen!

1. Indigos
2. Positive Sternensaaten zur Unterstützung anwesend.
3. Positive Sternensaaten zur Läuterung und Entwicklung anwesend.
4. Sternensaaten, die nur zur Läuterung hier sind.
5. Solche, die die ersten zwei Arten, insbesondere aber die Indigos bekämpfen, also rein negative Sternensaaten! Ich kann das feststellen! Die allermeisten zwischenmenschlichen Probleme haben etwas mit der Herkunft der Menschen zu tun! Also mit dem Ursprungsplanet der Seele! Ob man sich verstehen kann oder nicht! Gerade in der Partnerschaft und in der Familie, aber auch in Geschäftsbeziehungen ist genau das der entscheidende Faktor! Meine Erfahrungen in meiner täglichen Praxis bestätigen dies!

Es gibt einen großen Unterschied zwischen Sternensaaten und Indigos! Indigos gibt es, entgegen anders lautenden Berichten, schon seit jeher auf der Erde. Das ist kein neues Phänomen! Es gibt auch keinen Unterschied zwischen Regenbogenkindern, Kristallkindern und Indigos! Es ist ein und dasselbe! Sie waren es, zusammen mit den unterstützenden Sternensaaten – welche auch bekämpft werden –, die vorwiegend während der Inquisition von der Kirche umgebracht wurden im Mittelalter. Dieser Kirche, die vorgibt, im Namen Gottes auf Erden tätig zu sein! Sechs Millionen Menschen wurden in dieser dunklen Zeit von der Kirche und ihren Handlangern ermordet!

Erwachte Indigo-Menschen erkennt man an ihrer Wahrhaftigkeit! Sie sind immer authentisch, meist direkt und geradeaus, und ehrlich. Sie haben meist ein enorm schweres Leben und werden von ihren Mitmenschen selten verstanden, obwohl sie sich deutlich auszudrücken vermögen! Sie werden oft benachteiligt, übergangen und gerne übervorteilt, und ihre gigantische Herzenergie wird oft als Schwäche gedeutet und gerne ausgenutzt. Oft werden sie als Sündenböcke deklariert und sind nicht selten das Ziel von unberechtigten Schuldzuweisungen und Angriffen ihrer Mitmenschen. Sie haben immer ein schlechtes Gewissen und rechtfertigen sich ständig für alles. Sie nehmen oft die Schuld anderer auf sich! Indigos sind hochsensibel und mit Worten leicht zu verletzen! Sie würden ihr Leben für andere geben, ohne auch nur eine Sekunde darüber nachzudenken! Da sie sehr emotional sind, schießen sie auch gerne mal übers Ziel hinaus. Sie können nicht lange hassen und kennen Rache nicht wirklich, aber sie widersetzen sich vehement, wenn es sein muss und lassen sich nicht beugen! Sie beleidigen und attackieren aber andere nicht! Das machen nur die dunklen Seelen! Indigos setzen sich FÜR etwas ein, kämpfen nicht GEGEN etwas oder jemanden, sie sind nicht nachtragend und sehen eigene Fehler irgendwann ein. Vergeben ist eine Stärke von ihnen. Sie wachsen an Herausforderungen und können zum Gladiator werden! Sie werden insgeheim beneidet von ihren Mitmenschen!

Sie sind ihrer Zeit immer voraus, merken Fehler und Schwächen anderer sehr schnell, nutzen es aber nie aus! Sie erkennen Systemfehler und Täuschungen oft und schnell, zum Nachteil der Dunklen. Haben eine enorm schnelle Auffassungsgabe und einen angeborenen Gerechtigkeitssinn! Sie tragen die Antworten aller Fragen in sich. Sie sind die Lösung aller Probleme! Man kann sie kaum täuschen, wenn sie im Vollbesitz ihrer geistigen Kräfte sind. Leider tappen sie sehr leicht in Fallen, versinken dann in der Materie und sind dann gefangen in der Täuschung und in der Illusion. Sie schlafen dann tief und ahnen nicht, wer sie sind und warum sie hier sind. Sie können dann sehr stur und unnachgiebig sein, sich gehen lassen, auch mal mit dem Gesetz in Konflikt kommen. Aber ihre Energie ist unendlich stark. Stärker als jede Energie von jedem anderen Menschen! Sie haben schon die neue Photonenenergie des nächsten Zeitalters der höheren Dimensionen in sich! Sie sind die, die immer nur am Rechtfertigen und am Verteidigen sind! Diejenigen, die immer nur attackiert werden von den anderen, den dunklen Seelen!

Im Gegensatz zu den ungeläuterten Seelen, den negativen Sternensaaten, also den reptiloiden Seelen vom Orion in Menschengestalt, können sie jedoch aufwachen. Sie verfügen im erwachten Zustand über magische Fähigkeiten und göttliche Kräfte und haben einen direkten Draht in die Licht- und Geistwelten. Sie sind Träger der kosmischen DNA und nichts anderes als inkarnierte Lichtwesen, Götter! Sie sind die Träger des absolut höchsten Bewusstseins! Sie sind die wahren Götter auf Erden! Sie sind die ELOHIM! Sie werden auf der Erde gejagt und verfolgt, blockiert und drangsaliert von den falschen Göttern! Den dunklen künstlichen Wesen, die nur da sind, um die Menschen zu plagen! Und von den meisten Menschen werden sie nicht gemocht! Sie erfahren sehr oft Hass, Neid und Missgunst ihrer Mitmenschen! Indigos sind die Unterstützung der Menschheit! Bist du auch einer? Schon mal genau beobachtet? Die Insekten, die vom Licht angezogen werden, suchen dort keinen Schutz, sondern sie attackieren dieses, da das Licht eine Gefahr für sie darstellt und kommen dann irgendwann darin um! Je lichtvoller ein Mensch ist, desto mehr wird er darum angegriffen von den anderen! Und dann sagen sie über dich noch, mit dem stimmt ja was nicht, gegen den gehen ja alle. Jede Seele ist auf dem Rückweg zum Indigo und wird von der (seelenlosen) Dunkelheit als Feind angesehen und bekämpft! Indigos sind eigentlich sowas Ähnliches wie Insektenfänger und Drachentöter! Wir sind lebende Transformatoren! Wir »opfern» uns quasi auf für die Menschen und bekommen als Dank Hohn und Spott! Jeder Mensch mit einer Seele ist auf dem Jesusweg und auf dem Rückweg zum Indigo. Auch wenn das in Erdenzeit gerechnet viele tausend Jahre dauern kann. Und je näher du deinem Ziel kommst, desto mehr wirst du bekämpft werden! Sei darum dankbar, wenn du ein schweres Leben hast! Weil es sagt dir, dass du auf dem Nachhauseweg bist! Gott will, dass du das erkennst! Und wenn du einen Menschen siehst, dem von Geburt an immer alles glatt lief und dem es super gut geht, dann habe Mitgefühl mit ihm. Denn er ist weit, weit weg von Gott und gehört einer anderen Partei an als der unseren! Vielleicht bist du ja schon ein INDIGO? Oder eine positive Sternensaat, die auf dem Weg zum Indigo ist in diesem Leben noch? Ich denke, eine entscheidendere Feststellung kann es in deinem Leben gar nicht geben! Ich behaupte auch, dass NIEMAND außer mir feststellen kann, wer ein INDIGO oder eine POSITIVE STERNENSAAT ist! Es steht dir frei, das anzuzweifeln. Deine Entscheidung!

Nun zum Thema Verfolgungen! Es gibt sie! Die Verfolgungen! Seit meinem ersten Buch und meinem ersten Video berichte ich darüber! Mittlerweile gibt es auch viele Klienten, die mir das bestätigen! Von was schreibe ich? Da du meine beiden ersten Bücher ja gelesen hast, weißt du, wovon ich schreibe!

Es gibt verschiedene Verfolgungs- und Drangsalierungsprogramme! Im Prinzip sind das versteckte Machtinstrumente der Regierungen! Ich will jetzt gar nicht erst anfangen, von den Steuern zu reden, welche die Staaten erheben. Von den Bankdaten, die von vielen Staaten, insbesondere dem deutschen, missbraucht werden, um den Bürger zu kontrollieren. Jede Kontrolle ist ja auch eine Drangsalierung! Muss man einen freien mündigen Bürger kontrollieren?

Ich möchte hier an dieser Stelle über die von den meisten Menschen nicht wahrnehmbaren, oder nicht erkennbaren Drangsalen und Verfolgungen berichten! In meinen ersten beiden Büchern habe ich schon vieles darüber geschrieben, und auch hier schon in den ersten beiden Kapiteln! Es ist quasi ein Teil meines Schicksals und meines Lebens, vielleicht aller meiner Leben, Teil dieser Verfolgungen und Drangsale zu sein. Und zwar der Teil, der verfolgt und drangsaliert wird! Und mit mir eben auch meine Familie, zumindest in diesem jetzigen Leben!

Die Macht hinter der Macht, die, die keiner sieht, die keiner kennt, von denen kaum einer je gehört hat und an deren Existenz kaum einer glaubt, diese Macht hält alle Fäden in den Händen. Sie sind nicht von dieser Welt, halten sich in einer für uns Menschen unsichtbaren Welt auf! Sie haben aber ihre menschlichen Handlanger und Gehilfen, unterstützen diese aber auch ihrerseits aus ihrer Dimension heraus!
Die menschlichen Handlanger der Reptos und Dracos, der Archonten, der Dämonen, sind die Freimaurer und Illuminaten. Diese haben natürlich zahllose Untergruppen, die schön sorgfältig in das weltliche System eingebunden sind. Sie tarnen sich als Kirche, als gemeinnützige Organisation, als Rotes Kreuz (Vampir-Blutdienst), als religiöse Untergruppierungen und ähnliche Abspaltungen. Als gemeinnützige Gesellschaften und Vereine! Unzählige nach außen hin seriös und eben meist gemeinnützig. Sie tarnen sich mit der Tarnkappe »sozial», gemeinnützig, Wohlfahrt, Hilfe, usw.!
Die Illuminaten besitzen ein Jahrtausende altes Mysterienwissen und hatten genügend Zeit, die ganze Welt systematisch und bis in den letzten Schlupfwinkel zu untergraben. Wie ein Virus, der sich im ganzen Körper breit macht, haben die sich eingenistet hier auf dieser Welt!
Es ist für den Unwissenden nicht zu erkennen! Darum fällt es auch vielen schwer, mir das zu glauben, was ich über das Rote Kreuz und die Katholische Kirche, über die Jesuiten usw. schreibe bzw. geschrieben habe. Aber wer sucht, der wird die Wahrheit finden. Es ist alles beweisbar und nachvollziehbar!
Wir sind alle in Programmen der dunklen Geister, der Dämonen und Reptos! Wir alle! Die ganze Menschheit! Dazu aber später mehr in diesem Buch!
Wir alle sind ja mehr oder weniger Sklaven hier auf der Erde in dieser Dimension. Wir müssen uns zwangsläufig diesem System hier anpassen, ob wir wollen oder nicht. Die Frage ist, wie weit lassen wir uns herunter, um in diesem System überleben zu können! Sobald wir aus dem Mutterleib schlüpfen, sind wir im System gefangen!

Wir ziehen so nach rund 45 bis 60 Tagen in den Fötus ein, um zu lernen, uns in diesem zukünftigen Körper zurechtzufinden. Und dann formen wir ihn so, wie wir denken, ihn zu gebrauchen in dieser Inkarnation. Manchmal passiert es, dass wir dann feststellen, dass es nicht die richtige Energie ist in diesem Körper oder bei der Mutter, dass wir uns entscheiden, wieder zu gehen! Das wird dann als Fehlgeburt oder auch als Totgeburt im Außen sichtbar! Es gibt noch eine andere Art von Fehlgeburt! Wenn ein Geistwesen ohne Erlaubnis der geistigen Welt in einen Fötus inkarnieren will! Dann greift diese ein und unterbindet den Vorgang abrupt! Das kann auch später noch sein, was dann der plötzliche Kindstod ist!

Sollten wir uns entscheiden, im Körper zu bleiben, werden wir Teil eines Sklavensystems sein! Das haben wir gewusst, wir haben uns ja nicht nur unsere zukünftigen Eltern ausgesucht, sondern auch das Land, die Region, den sozialen Status und die Bildung der Eltern!
Wir geben aber dem neuen Erdenkörper die nötige Energie und Intelligenz selbst. Wir brauchen also keine intelligenten Eltern, um später intelligent zu sein.
Generell ist immer, wenn es zu Säuglingssterben oder Fehlgeburten kommt, Derartiges im Spiel! Keine Mutter und kein Vater sollten sich darum irgendwelche Vorwürfe machen!
Mit einer Ausnahme! Wenn die Mutter drogensüchtig ist, raucht oder Tabletten schluckt. Das kann dann den physischen Körper derart schädigen, dass er stirbt oder schwerbehindert auf die Welt kommt! Aber selbst da muss sich keiner Vorwürfe machen, weil das Geistwesen, was inkarnieren will, das in der Regel vorher weiß und sich das als Prüfung und zur Läuterung ausgesucht hat, so ein Leben!

Ich habe mir wohl absichtlich ein schweres Umfeld ausgesucht, damit ich die jetzigen Herausforderungen bewältigen kann! Ich kam als Indigo-Santiner auf die Welt. Als dieses war ich auch zuvor in meiner letzten Inkarnation als Bruno Gröning gestorben! Nach meiner Geburt begann eine schwere Zeit, die bis heute anhält!
Die Herrschenden führen sogenannte Schwarze Listen! Indigos und Beseelte bekommen dann einen Vermerk in den Verwaltungsakten. Sie werden dann in ihren Leben eine Sonderbehandlung erfahren, in jedem Bereich! Natürlich sind einige in der Verwaltung darüber informiert, auch einige Ärzte, auch Hebammen!
Es wird dann schon versucht, direkt nach der Geburt dafür zu sorgen, dass das Kind gesundheitliche Probleme haben wird. Natürlich total unauffällig und für andere nicht Eingeweihte nicht nachvollziehbar und erkennbar.

Indigos haben aber generell ein Problem mit der niederen Schwingung und Dichte hier auf der Erde und leiden darum sehr oft an Asthma, Bronchitis und allen möglichen Nahrungsunverträglichkeiten. In der Hauptsache sind sie allergisch gegen Kuhmilch und Weizen und leiden oft unter Histaminintoleranz. Im Alter von rund einem Jahr kam ich für die Dauer von 1,5 Jahren in eine Lungenklinik nach Wangen ins Allgäu!

Das war die erste Drangsale. Sie haben mich vollgestopft mit Besetzungen und Implantaten in dieser Klinik. Sie versuchten so, den Einfluss meiner Seele auf meinen Körper zu blockieren. Sie haben ja gesehen, was für eine hohe Inkarnation ich bin. Es ging darum, mich in meiner Schwingung herabzusetzen! Wenn ein Indigo nieder schwingt, kann er seine ganze Kraft nicht entfalten. Also müssen sie dafür sorgen, dass das immer so ist! Und da die Indigo-Energie unsagbar hoch und stark ist, halten die Blockaden immer nur eine Weile! Darum müssen sie es immer wieder tun, versuchen die Schwingung des Indigos und auch der anderen Sternensaaten herabzusetzen! Immer und immer wieder! Mit »sie» meine ich die wahren Machthaber, die hinter den offiziellen Mächtigen!

Die ganzen Verfolgungs- und Drangsalierungsprogramme haben nur den einen Zweck, die Schwingung des Indigos oder des Beseelten zu reduzieren und diesen irgendwann total außer Gefecht zu setzen!
Wenn man von 15 Programmstufen ausgeht, dann haben normale »Menschen», also Reptos, Mantisse und auch die beseelten Plejadier die Stufen eins bis fünf, Santiner die Stufen fünf bis zehn, und Indigos die Stufen zehn bis 15. Ich bin in der Stufe 16 der Maßnahmen! Weil es auch da noch Steigerungen gibt, weil es ja verschiedene Indigo-Typen gibt. Vom Indigo-Santiner bis zum Indigo-Venusier! Höhere Stufen sind mir bislang immer noch nicht bekannt! Bei den Plejadiern ist es so, dass sie auch drangsaliert werden, aber sie merken es meist nicht. Sie sind auch noch nicht soweit, das zu verstehen. Plejadier, die auf dem Sprung zum Santiner sind, werden schon auch mehr gegängelt dann. Sie fallen dann auch schon in die Programmstufen fünf und sechs! Alles ist ein übergangsloses sich Einfügen, nichts ist starr! Alles kann sich auch ändern, jederzeit, von unten nach oben und von oben nach unten! Wenn ein Indigo abfällt zum Plejadier, fällt er in für ihn nicht mehr bewusst bemerkbare Programme zurück. Wenn ein Indigo abfällt, fliegt er aus den Überwachungsprogrammen raus. Es kommen dann keine Polizeiautos mehr, keine Rot Kreuz Autos, keine Abschleppautos

mehr usw.! Keine Martinshörner mehr! Wenn du Indigo warst und dir das nun passiert, würde ich mir Gedanken machen! Ebenso können Plejadier, die zum Indigo aufsteigen, dann eben in diese Überwachungsprogramme reinfallen! Das Problem ist nur, dass die allermeisten das ja nicht wissen, weil sie meine Bücher nicht gelesen haben!
Es kann auch viele Jahre dauern, gar Jahrzehnte, bis einem das bewusst auffällt! Man sieht jahrelang täglich Rot Kreuz Autos und Polizei, Zoll usw. und denkt sich nichts dabei! Bei uns war das auch so! Man bemerkt es an den Häufungen, so wie man alles daran erkennt! Wenn dir etwas regelmäßig und immer wiederkehrend und an vielen verschiedenen Orten passiert, dann ist es nicht mehr normal! Wenn du so wie ich jeden Tag mehrmals von diesen benannten Fahrzeugen begrüßt wirst, und das über eine lange Zeit, dann ist das eben nicht normal! Und alles, was nicht normal ist, ist organisiert! Ob die Fahrer das nun bewusst oder unbewusst machen, spielt keine Rolle! Für dich soll es erkennbar sein, das ist der Zweck! Sicher kennen diese Fahrer, selbst wenn sie das bewusst machen, nicht die wahren Gründe! Es sind eben Aufträge, es ist deren Job, Punkte anzufahren zu einer bestimmten Zeit! Da die Dunkelheit uns immer in der Zeit voraus ist, wissen die immer lange vor uns, wann wir wo sein werden! Die sind also immer schon da, egal, ob du links oder rechts abbiegst! Ich habe da mit meiner Partnerin lange Tests gemacht. Wir sind oft im letzten Moment anders gefahren, als ursprünglich gewollt, und wieder waren sie trotzdem da! Wir haben trainiert, nicht mehr über unsere Fahrziele zu sprechen vorher, sogar nicht mehr darüber nachzudenken, weil die ja unsere Gedanken hören, die Reptos! Wir sind fast nackt ins Auto, ohne Kreditkarten, ohne Handy. Zu Fuß ohne nix wohin. Sie waren immer da, wo wir hin sind! Diese Fahrzeuge tauchten halt auf. Wir haben viele Monate mit solchen Tests verbracht! Sie messen mit den Drohnen da oben unsere Schwingungen und orten uns über unsere DNA! Sie wissen immer, wo wir sind, immer! Darum sind ja auch immer und überall diese Drohnen über uns. Diese können ja die Größe eines Jumbo Jets haben. Die meisten Menschen bemerken es nicht mal. Für die sind das eben Flugzeuge!
Man erkennt die großen Drohnen am Lärm! Normale Flugzeuge sieht und hört man nämlich gar nicht, wenn man nicht gerade um einen Flughafen herum wohnt! Diese großen Drohnen sind immer mit mir im Wald! Jeden Tag, wenn ich mit Aslan in einen Wald gehe, und ich gehe meistens in einen anderen Wald, fliegen die über mir, jeden Tag! Auch mehrmals am Tag, wenn ich mehrmals gehe. Und das seit rund sechs bis sieben Jahren.

Solange ist mir das schon bewusst! Drohnen fliegen langsamer als normale Passagierflugzeuge, sind lauter, und man sieht sie meist. Wenn nicht, hört man sie! Nachts, wenn ich mit Aslan laufe, höre ich sie nur. Nachts kommen auch kleinere, so groß wie ein Hubschrauber. Sie bleiben manchmal über mir einfach stehen. Sie sind alle sehr laut, damit man sie auch hört. Andere Menschen beachten das nicht. Die schauen nicht mal zum Himmel hoch! Da könnte ein Flugzeug über ihren Köpfen abstürzen, die würden das nicht bemerken! Sie sind so mit sich selbst beschäftigt! Und wenn man es ihnen sagen würde, dann gucken sie einen ungläubig an!
Auf dem Wasser, hier auf dem Bodensee, läuft das gleiche Spiel ab! Ich habe mir oft im Sommer ein Motorboot gemietet stundenweise. Es kam immer die Wasserschutzpolizei, immer, jedes Mal! Neulich kam sogar ein gelbes Abschleppboot an uns vorbei, dann dahinter ein Boot der Schweizer Grenzwache, des Zolls! Einmal waren gar zwei Boote der Wasserschutzpolizei neben uns! Und Drohnen sind auch über dem Wasser! Natürlich bilde ich mir das alles ein, und das sind eben alles Zufälle! Wenn du so denkst, ist es auch ok! Ich möchte niemanden überzeugen von der Wahrheit, ich erzähle sie nur, so wie ich sie jeden Tag erlebe, immer wieder! Seit vielen Jahren! Was mir auch vermehrt auffällt, ist, dass ich oft von Pick-Ups begleitet werde. Diese großen US-Fahrzeuge mit offener Ladefläche hinten! Einer begegnet mir seit Wochen jeden Tag im Wald, auf einem Waldweg! Und dann habe ich bemerkt, dass nach ein paar Kilometern wieder ein Pick-Up rechts oder links wo wartet und dann nach mir einschert und hinter mir herfährt. Nach ein paar weiteren Kilometern biegt der ab, und der nächste biegt hinter mir wieder ein. Wie bei einem Staffellauf, und ich bin der Stab! Das passiert nicht oft, aber immer wieder! Einer wartete mal in der Nähe meiner Wohnung am rechten Straßenrand und folgte mir dann. Mir wurde es dann zu viel, und ich fuhr rechts ran. Dann hat er überholt, bei der nächsten Gelegenheit gewendet und kam mir wieder entgegen! Freimaurer sind das, untere Grade, die sich noch ihre Sporen verdienen müssen!

Was mir auch aufgefallen, ist, dass man uns folgt in Einkaufshäuser und Läden usw.! In einem Geschäft in Österreich, ist ja nicht so weit von uns, waren wir neulich, um was zu kaufen. Da kam ein Repto hereinspaziert, mich schauderte es. So um die 60, schmuddelig angezogen, ungepflegt, dick und groß, mit dunkler Sonnenbrille. Er hatte keine Aura! Eigentlich ein Zombie, tot! Er lief wie ein Roboter durch das recht große Geschäft, schaute unheimlich immer nach rechts und links, pfiff dabei ein Lied, drehte dann um und kam wieder an uns pfeifend vorbeigelaufen. Dann verließ er den Laden, um uns dann in der dortigen Fußgängerzone nochmals pfeifend entgegenzulaufen!

Ja, die Verfolgungen sind praktisch überall und jederzeit! Es gibt kaum einen Moment des Alleinseins, wonach ich mich manchmal sehne! Im Wald, im Park, egal zu welcher Uhrzeit, kommen eben immer Menschen entgegen! Oder hinterher oder kreuzen mich. Heute, 20.06.2019, kam mir zum wiederholten Male ein weißer Pick-Up im Wald entgegen. Ich habe ihn provokativ gefilmt mit dem Handy. Ich an seiner Stelle hätte angehalten und gefragt, was das soll!
Propellerflugzeuge kommen auch oft, und Hubschrauber. Meist schwarz, aber nicht immer! Natürlich kannst du nun sagen, ich sehe auch ab und zu kleine Flugzeuge und Hubschrauber. Ja, mag sein! Aber bei mir ist es eben jeden Tag so, mehrfach, und egal wo ich bin und wann! Natürlich betrifft das meine Familie auch, das muss und will ich nun nicht immer extra erwähnen!

Natürlich könnte ich alleine mit meinen täglichen Erlebnissen ein ganzes 1000 Seiten dickes Buch schreiben! Ich schrieb im Tagebuch, welches ich nun nicht mehr führe mangels Zeit, ja nur die stellvertretenden Erlebnisse auf. Diese in Kapitel 1 und 2 aufgeführten täglichen Erfahrungen von mir und meiner Familie wiederholen sich ja ständig. Die Form ändert sich ein wenig und die Darsteller und Orte.

Sie gehen auch so weit, dass sie einem bezahlte Fake-Nachbarn in die umliegenden Wohnungen platzieren. Damit man auch wirklich nie und nirgends seine Ruhe hat! Fast alle Wohnungen hier in meinem Block wurden in den letzten vier Jahren neu belegt! Die Guten ziehen aus, also die Ruhigen und Unauffälligen, und kommen tun dann Laute und Riechende, um es mal vorsichtig auszudrücken. Bei Isabells Block, der neben meinem steht, ist es dasselbe! Da ziehen plötzlich schmuddelige, unsympathische Leute ein, wo man auf den ersten Blick erkennt, dass die ganz sicher keine 2300 Franken, also rund 2000 Euro im Monat für die Miete aufbringen können. Diese neuen Nachbarn besitzen dann nicht mal ein Auto, sitzen den ganzen Tag zuhause und rauchen und grillen, bohren und hämmern! Auf einmal ist es laut im Haus, und es stinkt den ganzen Tag und die ganze Nacht!

Bei dem unter mir, der aus dem südosteuropäischen Ausland, der immer Hammelfleisch grillte und den Aufzug mit stinkender Flüssigkeit versaute täglich, da habe ich letztes Jahr eine Verfügung gemacht, dass er abhauen solle. Nach drei bis vier Monaten war es dann soweit, er zog plötzlich zu Weihnachten 2018 aus! Und bevor er draußen war richtig, kam der Nachmieter. Ein fliegender Wechsel in der Wohnung unter mir! Die steht für keinen Tag leer! Nicht einen Tag in den letzten vier Jahren! Der neue ca. 85-jährige Mieter und seine ca. 90-jährige Frau sind jedoch meist ruhig. Ab und zu bohrt er und hämmert er, seit sechs Monaten, aber nicht so oft wie das Walross aus dem Ostblock vor ihm. Er raucht aber auch, der alte Mann. Warum zieht ein so altes Pärchen in eine so teure Wohnung? Die Frau sieht man nie draußen, die scheint eine Lichtallergie zu haben. Und er versorgt sie täglich, mit was auch immer. Aber im Vergleich zum Hammelfresser vor ihm eine Erholung.
Alle neuen Mieter sind immer Raucher, immer! Ist das nicht seltsam? Unsere Wohnung stinkt nach einem Aschenbecher und abends nach einem Steakhaus!

Ein Mieter in meinem Block hat mich ja mal angezeigt bei der Hausverwaltung, weil Bruno damals Haare verloren hatte im Aufzug! Ein anderer hat mich bei denen angezeigt, weil mein Auto 15 Zentimeter über der Markierung in der TG parkte, da ich etwas vor dem Auto abgestellt hatte, für eine Nacht nur. Ein einziger kleiner Fehltritt, und sie hauen dich in die Pfanne. Er aber, der Denunziant mit dem Parken, ein Repto, wie er im Buche steht, parkt täglich rund 25 Zentimeter in die Stellfläche meiner Tochter Isabell rein, die neben ihm parkiert. Ich habe ihn nun schon rund fünfmal bei der Hausverwaltung mit Fotobeweis angezeigt! Er hat sich dann entrüstet gegen meine Tochter gewandt, was ihr einfallen würde, ihn anzuschwärzen. Daraufhin musste ich ihn mir zur Brust nehmen kurz, worauf er nun immer einen großen Bogen um mich macht! Das ist typisch Repto! Selber das tun, was man anderen vorwirft. Und wenn man sie konfrontiert, gehen sie gegen einen, anstatt sich zu entschuldigen, wie ich es machen würde!
Sie haben eben kein Unrechtsbewusstsein! Um dieses zu besitzen, muss man ja erst mal überhaupt ein Bewusstsein haben! Und Reptos haben ein Bewusstsein, welches unterhalb eines grauen Eichhörnchens anzusiedeln ist!
Wenn wir in ein Restaurant gehen, was immer seltener der Fall ist, vielleicht ein- bis zweimal im Monat, dann setzt sich immer irgendein Repto-Pärchen

uns gegenüber hin! Immer und überall! Und wenn wir im hintersten Eck sitzen und das ganze Lokal ist frei, sie setzen sich uns gegenüber. Dann fangen sie an, uns anzuglotzen, flüstern sich was zu, dann dreht sich der andere um, dann lachen sie usw.! Oder sie schauen uns mit bösen und abfälligen Blicken an!

Am 16.06.2019, Ritualtag, zum Beispiel! Restaurant am Bodensee. Älteres unsympathisches Pärchen, beides Reptos, setzen sich uns gegenüber. Alles frei, sie müssen sich aber direkt uns gegenüber setzen. Die Frau sucht sofort meinen Blick und wirft mir verächtliche, bösartige Blicke zu. Mir schießen sofort der Blutdruck und der Puls hoch. Dämonen! Sie geben einem mit ihren finsteren Blicken Dämonen! Meine Laune verschlechtert sich zusehends, trotz Ablösungen. Die Stimmung bei uns am Tisch ist dahin. Das Essen schmeckt mir nicht mehr! Es bleibt mir nur, nicht hinzuschauen, den Kopf nach unten halten. Macht aber keinen Spaß, so zu essen! Und genau das wollen SIE! Uns jede Freude nehmen! Und uns in der Schwingung herabsetzen!
Wie funktioniert das denn nun? Sind das Aufträge? Oder einfach nur Besetzungen von bösartigen Menschen?
Beides ist im Spiel! Es gibt von der katholischen Kirche Untergruppierungen, Organisationen, meistens in der Wohlfahrt, oder religiöse Gruppierungen, die sind straff organisiert wie der Geheimdienst. Die haben Gruppen abgestellt, die ein Leben lang nichts anderes tun, als Indigos zu verfolgen! Für die bin ich der Antichrist, vor dem sie die Welt schützen müssen! Die glauben das wirklich!

Es sind Bibelgruppen, Rot Kreuz Gruppen, Caritas Gruppen, Zeugen Jehovas Gruppen usw.! Natürlich läuft das nicht offiziell! 99 % der bei diesen Organisationen arbeitenden Menschen wissen davon nichts und sind wirklich dort, um zu helfen und zu arbeiten, oder weil sie halt an das glauben, was man dort so schult! Ebenso ist es bei der katholischen Kirche! Aber es gibt einen Geheimdienst des Vatikans, der rekrutiert eben aus diesen Gruppierungen Leute, die er dann für seine Zwecke einspannt und auch bezahlt. Und das sind nicht wenige. Laut meinem früheren Anwalt, von dem ich im ersten Buch berichtete, ist diese Organisation größer als die deutsche Bundeswehr. Sie arbeiten mit dem CIA und dem Mossad zusammen bzw. sind denen überstellt! Der Geheimdienst des Vatikans ist der mächtigste Geheimdienst der Welt! Ihnen geht es nur um energetische Feinde! Es ist

ein spiritueller Krieg, den die gegen Indigos und positive Sternensaaten führen! Es geht nicht um Geld! Es geht um Macht, und zwar um energetische Macht!
Indigos und angehende Indigos sind die größte Gefahr überhaupt für die Dunkelmächte. Nicht Kim Jong Un oder Trump oder Putin sind gefährlich für die Reptos! Nein! Ich und meinesgleichen sind gefährlich für sie! Weil wir mit unserem Bewusstsein hier ein neues Bewusstsein auf der Erde installieren sollen und können! Und das würde das Ende der Macht auf Erden für diese Dunkelmächte bedeuten! Jahrtausendelange Machtherrschaft würde zu Ende gehen! Und darum geben sie viele Millionen im Jahr aus, nur um einen einzigen Indigo wie mich und meine Familie zu überwachen, zu verfolgen und zu drangsalieren!
Diese Verfolger oder diese genannten Gruppen sind Freimaurer. Man erkennt sie leicht an ihrem bigotten Gehabe und Aussehen. Sie sind bieder bekleidet, haben altmodische Frisuren. Sehen insgesamt bieder und spießig aus! Und schauen immer grantig und bösartig drein! Sie sind Gefangene der Reptos, energetisch gesehen! Es sind Folterknechte, und sie müssen für die Reptos arbeiten. Es gibt da geistige Verträge und Verpflichtungen! Es macht auch keinen Sinn, sich mit ihnen anzulegen. Sie sind der Meinung, ich bin der Antichrist, Satan persönlich. Das wird ihnen eingehämmert in ihren religiösen oder sozial tätigen Gruppierungen! Es wird ja alles verdreht auf der Welt! Sie machen aus dem Guten das Böse, und das Böse ist bei ihnen das Gute!

Viele dieser Verfolger, eigentlich alle, kenne ich aus vielen früheren Leben. Sie waren die Menschen, die vor dem Scheiterhaufen vor Freude kreischten »Verbrennt ihn, den Satan!« Oder bei der Hinrichtung johlten vor Sensationsgier »Köpft ihn, den Teufel!« Ich hatte viele Leben in der Art die letzten 2000 Jahre. Es war immer das Gleiche! Immer Verfolgungen, Verleumdungen und Hinrichtungen! Mittlerweile kenne ich viele Leben von mir. In allen wurde ich getötet oder verfolgt und dann schwer krank.

Ich habe auch schon einige Orte besucht, wo ich einmal geköpft oder verbrannt worden bin. Einer ist nicht weit entfernt von diesem Feriendorf, wo man gerade dabei ist, mich wegzumobben!
Vielleicht 5 Kilometer weg ist der Ort, wo ich im 18. Jahrhundert lebte als Heiler und Hellseher und dann geköpft wurde auf dem Dorfplatz, weil ich mit dem Teufel im Bunde gewesen sei!

Aber da sind keine Emotionen mehr da bei mir! Ich weiß ja, wo ich hier bin auf der Erde! Diese Welt wird von Dunkelmächten regiert. Diese haben sie gepachtet von Gott, wenn man es mal so ausdrücken will. Denn Gott ist immer die letzte Instanz. Und alles hat seinen Grund, warum die Menschen hier auf der Erde so bösartig und feindselig sind! Vertreter, die von Gott gesandt wurden, sind hier nicht sehr beliebt unter den Teufeln! Darum erlebe ich in jeder Inkarnation das Gleiche!

Nur, in der Jetztzeit können sie mich nicht mehr einfach hinrichten auf einem Dorfplatz. Darum machen sie mediale Hinrichtungen, also Rufmord! Und sie setzen auch noch andere Foltermittel ein! ELF-Waffen! Gib mal im Internet »ELF-Waffen« ein oder »ELF-Wellen«! Strahlenwaffen, Mikrowellenwaffen und viele neue Geheimwaffen, mir namentlich nicht bekannte energetische Waffen, die dazu dienen sollen, (nicht nur) meinen Körper langsam, aber unaufhaltsam zu zerstören. Damit ich dann mal völlig ahnungslos an Krebs sterbe eben! Und sie setzen dadurch wiederum meine Schwingung nach unten! Natürlich beschießen sie nicht nur mich damit! Vielleicht ja auch dich?
Wer macht das? Das machen Geheimdienste dieser Welt! Sie können das temporär manuell machen oder auch über HAARP! Und über die unzähligen Richtfunkantennen, die es überall gibt. Und 5G wird uns dann den Rest geben, oder nicht?
Sie können auch über deinen Stromanschluss arbeiten, also über alle Steckdosen im Haus! Sie können über den Fernseher und den PC strahlen! Sie können über jeden Elektroantrieb bestrahlen. Darum wollen sie ja nun auch Elektroautos einführen! Da sitzt du dann förmlich auf den ELF-Waffen und denkst noch, du tust was Gutes!
Über dein Handy strahlen können sie sowieso! Und wenn gar nichts mehr geht, steht ein GRAUER neben dir am Sofa und richtet eine Strahlenwaffe gegen dich! Ich habe nicht nur einmal einen entdeckt bei mir im Wohnzimmer. Sie sind dann überrascht, dass ich sie sehen kann, und schwupp, weg sind sie. So schnell kannst du gar nicht gucken!

Merkst du was? Es gibt kein Entrinnen! Es sind zu viele Jäger! »Zu viele Jäger sind des Hasen Tod!« Wie sich also schützen? Dazu später mehr, in einem anderen Kapitel! Nur so viel vorneweg: Es gibt keinen weltlichen Schutz!

Wenn die Bestrahlungen aktiv sind, höre ich ein »Brummen« im Haus. Mein Körper vibriert dann. Oft kommt dann Tinnitus hinzu. Man fühlt sich dann wie in einem Mikrowellenherd! Gerne verwechselt man diese Symptome auch mit einer Besetzung! Das ist auch so! Bei jeder Bestrahlungsattacke sind auch Besetzungen mit im Spiel, um die Strahlen zu verstärken! Wenn du einen Repto oder einen seelenlosen Mantis als Nachbarn hast, oder noch schlimmer, als Familienmitglied im Haus, dann dienen diese als eine Art Verstärker! Repto-Menschen sind ja generell seelenlos! Und seelenlose Menschen sind Eigentum des Satans! Des Teufels, der Reptos! Nenne es, wie du willst! Diese Körper gehören vertraglich den Reptos, und sie dürfen diese benutzen, wie sie es wollen!
Darum wohnen immer so viele Reptos und Seelenlose um mich herum, um meine Familie herum! Darum die vielen Nachbarwechsel! Da diese Menschen Zombies sind, geistig tot sind, werden diese Körper von astralen Reptos und Grauen übernommen und dienen als Verstärker, um dich zu bestrahlen! Und natürlich auch, um diese Körper gegen uns zu steuern im Alltag!
Da hilft nur, sofort Ablösungen machen! Ich habe das festgestellt in unserem Block. Immer, wenn der untere Mieter zuhause war, kamen Elementalwesen durch den Schlafzimmerboden von unten zu mir nach oben! Auch von einem anderen Repto-Mieter unter mir! Und immer, wenn die beiden da waren, »brummte« es in der Wohnung und mein Körper vibrierte!
Es kamen unmögliche Wesenheiten zu mir hoch ins Schlafzimmer! Alles von und wegen denen! Diese Reptos ziehen quasi Ungeziefer an! Weltlich in Form von Fliegen, Mücken, Wespen, Käfern usw., und astral ziehen sie alle möglichen Elementalwesen mit den skurrilsten Formen an!

Die Seelenlosen sind mitunter, natürlich nicht nur, ein Grund für all die astralen Attacken gegen mich in den letzten Jahren! Überall, wo ich wohnte, waren so eklige Repto-Menschen um mich herum im Haus. Und wenn du außerhalb wohnst, schicken sie dir Wanderer-Reptos, die dir das Ungeziefer übermitteln!
Und wenn weit und breit kein Stromnetz und kein Repto-Mensch in der Nähe ist, den sie zu dir leiten und lenken können, dann kommt ein Grauer und steht neben dir und bestrahlt dich, und du merkst es nicht mal! Ich merke es zum Glück!
Darum stalken sie mich auch immer und überall! Sie lenken die nächstmöglich erreichbaren Reptos und Seelenlosen in der Umgebung auf mich

drauf! Damit die mich bestrahlen können durch die, und damit ich mich verfolgt fühle. Wenn man jemanden immer verfolgt, bekommt der es natürlich irgendwann an den Nerven und dreht durch. Wird irgendwann aggressiv, geht auf vielleicht »unschuldige» Darsteller los! Das ist mir auch schon passiert! Dass ich mal jemanden anschrie, er solle verschwinden und mich in Ruhe lassen. Und derjenige wusste ja nicht mal, dass er gelenkt und gesteuert wird!

Er ist also unschuldig! Es ist das Wesen in ihm drin, welches verantwortlich ist, und das wiederum wird vom Satan persönlich gelenkt! Es ist also Satan, der mich, der uns, der vielleicht dich verfolgt!
Natürlich gibt es auch bezahlte, wissende Verfolger! Aber das sind immer die Ausnahmen. Wenn ich in einer Woche sagen wir mal von 100 Menschen verfolgt werde, dann sind davon fünf bezahlte und wissende Stalker, und 95 sind Marionetten der Finsternis, Folterknechte, verlorene Seelen! Zombies! Hirntote!
Denn sie können ja nicht mehr denken! Würden sie denken können, dann würden sie ja feststellen, dass sie Dinge tun, die man nicht tut!

Wenn du jetzt einem die Vorfahrt nimmst und merkst es, dann wirst du dich sofort entschuldigen! So ist es auf jeden Fall bei mir. Denn mir ist das peinlich. Oft kommt sowas ja auch nicht vor! Wenn dir ein Seelenloser oder übelst Besetzter die Vorfahrt nimmt, lacht er entweder unnatürlich und dämonisch, oder er wütet wie wild, bekommt einen hochroten Kopf und beschimpft dich wie ein Berserker! Wenn du ihn dann darauf ansprechen würdest, würde er dich zutiefst beleidigen und beschimpfen und sich im Recht sehen. Nach dem Motto, du seist zu schnell gefahren oder sowas in der Art! Ein Repto wird immer die Schuld beim anderen suchen, nie etwas zugeben und sich immer im Recht wähnen!

Nachts, wenn ich mit Aslan laufe, kommen mir oft Menschen auf dem Gehweg entgegen. Sie zeigen nicht die geringste Absicht, mir aus dem Weg zu gehen! Neulich kam mir ein kleiner Mann mittleren Alters entgegen auf dem Gehweg. Er wäre dann fast in mich rein oder in meinen Hund, der ihn schon im Visier hatte. Im letzten Augenblick ist er dann links vorbei an uns, ich musste den Hund festhalten. Ich fragte ihn, ob er nicht ganz normal sei, so in der Nacht auf einen Hund zuzulaufen, warum er nicht einfach einen Bogen machen würde oder einfach links vorbeilaufen kann, ohne mich fast

umzurennen! Er antwortete in gebrochenem Deutsch, dass er Vorfahrt hätte und ich solle doch aus dem Weg gehen! Es war nachts um 23 Uhr und kein Mensch oder Auto weit und breit! Er wollte es drauf anlegen und mir zeigen, dass er stärker sei! Das ist dummes Repto-Verhalten! Ich musste dann nur lachen und meinte, er sei nicht meine Kragenweite, aber das verstand er wohl nicht. Ich lief dann lachend weiter. Also, ich würde auf die Seite gehen, wenn ein großer Mann in der Nacht mit einem großen Hund auf mich zukommen würde! Die Reptos legen es immer drauf an! Immer! Sie können Situationen, Menschen und sich selbst nicht im Ansatz einschätzen! Sie rennen blind und blöd drauflos! Das passiert mir oft, dass Leute mir einfach nicht aus dem Weg gehen!
Auch wenn Frauen mit kleinen Hunden entgegenkommen. Sie halten nicht an, sie gehen nicht aus dem Weg, sie fragen nicht, ob meiner was macht. Sie rennen einfach drauflos und lassen es drauf ankommen, dass ihr Hund von meinem gebissen werden könnte! Was Aslan jedoch nicht macht! Er geht nicht auf kleinere Hunde!
Diese Menschen sind alle zu 100 % gesteuert! Natürlich ist nicht jeder ein Repto! Die seelenlosen Mantisse verhalten sich fast gleich, wenn sie besetzt sind! Und selbst besetzte Plejadier können zum richtigen Vollidioten mutieren durch Besetzungen!
Diese Menschen haben aber alle eines gemeinsam! Sie können nicht mehr klar denken in dem Moment. Reptos eigentlich nie! Das sind notorische Psychopathen, von Natur aus!

Sie schicken mir halt Verfolger und Bedränger, egal wo und wann! Neulich war ich in einem Heilbad in der Schweiz am Bodensee. Ich gehe nicht oft schwimmen, weil ich das Chlor nicht vertrage und die Menschen, und wenn, dann gehe ich meist zu Zeiten, in denen andere nicht gehen!
Als ich in das Innenschwimmbecken stieg, war keiner drin! Ich freute mich, so ganz alleine ein Becken nur für mich! Juchhu! Nach 15 Minuten war mein Becken voll mit Menschen! Ca. 15 bis 20 Menschen auf einmal!
Draußen gab es noch drei weitere Becken! Das erste war leer! Ich stieg aus dem ersten Becken raus in das zweite. Endlich wieder ein Becken für mich! Juchhu! Es ging keine zehn Minuten, da wanderten alle aus dem ersten Becken mir hinterher in das zweite, und voll war's wieder! Krass! Ich stieg erbost raus, überstieg ein Becken und ging in das vierte! Du wirst es erraten! Es ging keine fünf Minuten, da kamen sie alle zu mir ins Becken! Ich war baff! Ich ging wieder ins erste Becken, das mittlerweile leer war wieder.

Und? Ja, sie kamen alle wieder, wie Zombies liefen sie mir hinterher! Ich verließ dann das Bad!

Anette und ich haben ein kleines Ferienhäuschen! Es war gedacht als Rückzugsort und dient auch als Futterstation für kleine Wildtiere und Vögel! Dort gibt es 130 Häuser, aber die Häuser neben unseren Ferienhäuschen sind immer belegt. Auch wenn 120 Häuser leerstehen, um uns herum ist immer belegt! Ständiger Lärm und ständige Belästigungen! Da wir Kameras haben, sehen wir auch von Zuhause, was sich bei uns auf dem Grundstück am Haus so tut. Seit einigen Monaten stelle ich fest, dass ganze Horden von Wanderern, von Feriengästen, oder wer auch immer, an das Haus geleitet werden: Plötzlich laufen da täglich, bis Nachts um 01.00 Uhr und später, lauter Menschen vorbei, die dann merken, dass sie falsch sind und danach wieder umdrehen und wieder am Haus vorbeilaufen!

Sie laufen auch auf das Grundstück, lassen ihre Hunde hinkoten, spielen Fußball auf unserem Rasen usw.! Fremde laufen einfach darauf herum, als wäre es ein öffentlicher Park!
Neulich, als Anette dort war, um die Vögel zu füttern, kam ein Feriengast vom Haus darunter, lief einfach aufs Grundstück und schaute in das Terrassenfenster rein bei Anette! Wir hatten alles auf Kamera! Dann machte Anette das Fenster auf und fragte den Repto, was ihm einfallen würde, das Privatgrundstück hier zu betreten. Er meinte dann, er habe Meisenknödel in seinem Garten gesehen und wolle nun wissen, ob die von hier stammen würden! Meisenknödel ist was zum Essen für Vögel! Was interessiert es einen Feriengast, der am nächsten Tag übrigens abgereist ist, woher ein Meisenknödel stammt? Anette befahl ihm, sofort zu gehen. Wenn ich dabei gewesen wäre, hätte dieser Mann ein ernstes Problem bekommen!
Dieser Mann gehörte zu einer seltsamen Gruppe, die eine Woche Ferien machten und zufällig alle in Häusern um unser Haus herum gewohnt haben! Der Rest vom Dorf war leerstehend! Sie alle hatten diesen Rot-Kreuz-Touch! Sie waren alle bieder angezogen und wirkten schmuddelig und gefühllos! Alle hatten sie Hunde, zu denen diese Leute aber offensichtlich keinen richtigen Bezug hatten!
Das waren Auftragsstalker! Sie sollen einem schlechte Energie geben, einen ständig bedrängen und außerdem in einen Streit verwickeln!
Das ist nämlich auch so ein Grund für das Verhalten von vielen Stalkern! Sie wollen und sollen uns in Streite verwickeln. Streit, Kampf, Ärger, Frust,

das alles verändert die chemische Zusammensetzung unserer Moleküle im Körper, sprich, vergiftet uns von innen! Wir werden krank und bekommen Krebs!
Sie wollen uns zerstören! Und da es nicht mehr so klappt bei uns mit Hinrichtungen, vielleicht in Saudi-Arabien noch, machen sie es mittels eines ausgefeilten Systems! Für andere nicht erkennbar! Eine unsichtbare, langsame Folter, die zum Tode führt!

Es gibt auch Verfolgungen durch Hunde! Dieses Frühjahr lief ich mit Aslan auf einem verlassenen und einsamen Waldweg. Ich habe ja meinen Hund immer an der Leine! Da sah ich in ca. einem Kilometer Entfernung einen Mann mit einem großen schwarzen Hund. Dieser Hund drehte plötzlich um und lief doch tatsächlich die ganze Strecke alleine zurück, durch Bäume und kleine Wälder hindurch, bis er ca. 15 Meter vor uns dann stehenblieb und uns anknurrte! Es war ein riesiger Rottweiler, und von dem Mann war keine Spur weit und breit!
Ich sah so einen Speer in der Wiese stecken, die man so reinsteckt, wegen dem Schnee, als Sichthilfe! So ein rot weißer! Ich zog den mit aller Gewalt raus, der war ganz schön schwer, und nahm ihn in meine rechte Hand, abwurfbereit!
Aslan war noch zu jung, um sich mit ihm zu messen. Ich hätte mich gnadenlos dazwischengeworfen und mit dem Rottweiler gekämpft!
Er starrte uns an und keiner bewegte sich. Mein Puls war auf 130! Ich musste diese Situation irgendwie lösen! Ich warf dann mit einem Urschrei den Speer mit voller Wucht auf den Rottweiler. Er traf ihn nicht, der Hund wich aus und lief quietschend davon wie ein Angsthase! Ich griff mir aber zur Sicherheit nochmals so einen Speer, falls er wiederkommen sollte!
Er kam nicht mehr! Sein Herrchen hat nicht die geringste Ahnung, dass es beinahe ein großes Unglück wegen seinem nicht angeleinten Hund gegeben hätte! Mein Tag war gelaufen, ich bekam dann später Kopfschmerzen! Der Gedanke daran, was da hätte passieren können, war unerträglich für mich!

Immer müssen wir für Fehler und Versagen anderer den Kopf hinhalten! Das kann schon zermürben, das muss ich zugeben! Die Dummheit und Verantwortungslosigkeit mancher Zeitgenossen ist grenzenlos! Eigentlich waren und sind es immer andere, die mich, uns in große Schwierigkeiten brachten!

Die Reptos sind notorisch dominant, herrschsüchtig, territorial veranlagt, gierig, rachsüchtig, neidisch, korrupt, missgünstig, triebgesteuert, gefühlskalt, skrupellos und vieles mehr! Sie sind Täuscher und Lügner! Für sie ist lügen normal, gehört quasi zum Leben! Wenn man es mit ihnen zu tun hat, geht das nur, wenn man selbst ein Repto ist, wobei das meist Zoff gibt, wer mehr zu sagen hat, oder wenn man sich ihnen unterordnet. Wenn man ihnen nachgibt, hat man sofort verloren! Wenn man Schwäche oder Angst zeigt, hat man verloren! Wenn man Zurückhaltung übt, hat man verloren! Demzufolge ist es ein Kampf, sobald man mit ihnen zu tun hat!
Wenn ich an der Supermarktkasse stehe, und hinter mir steht ein Repto, dann wird er ganz dicht an mich heranrücken und mich bedrängen! Wenn ich das dann merke und es ihm zeige, dass ich es merke und ihn empört anschaue, dann fängt er sofort an, zu diskutieren. Wenn ich übertrieben reagiere, was ich auch schon machte, nämlich empört noch ein paar Schritte mehr zur Kasse laufe, um zu demonstrieren, dass ich mich bedrängt fühle, dann rückt er auf! Er drängt mich dann quasi weg! Ich habe das mal an einem Bäckereistand gemacht, als ein Repto mit hocherhobenem Kopf sich direkt neben mich stellte, als wäre er meine Frau, so nah! Ich schaute ihn an und ging dann provokativ drei bis vier Schritte nach rechts, um ihm zu demonstrieren, dass er mir zu dicht auf der Pelle sitzt! Er ist dann auch drei bis vier Schritte nach rechts und hat mich fast von der Theke gedrängt! Ich habe ihn dann angeschaut, er hat so getan, als wäre ich Luft! Und wenn ich mich nicht gewehrt hätte, hätte er sich auch noch vor mir bedienen lassen!
Man kann bei den Reptos und Seelenlosen nicht unsere Maßstäbe ansetzen von Anstand und Respekt dem anderen gegenüber! Sie schauen nur auf sich, was sie jetzt im Moment wollen und nehmen keinerlei Rücksicht, auf nichts!

Die richtige Reaktion wäre gewesen, zu sagen, dass er mir nicht so nahe kommen soll. Also in etwa: »Sie, bitte bedrängen Sie mich nicht!« Und das sehr laut, damit man die Aufmerksamkeit der anderen auf sich zieht! Ich muss das nicht unbedingt, ich kann auch mal meine 100 Kilogramm einsetzen, wenn es sein muss und fahre meinen Ellbogen aus! Aber Frauen oder zierliche Männer sollten so reagieren, sonst werden sie von denen überrannt!

Das sind alles auch Verfolgungen und Drangsalen! Die Archonten, die Chefs der Reptos und Dracos, leiten das Ganze aus für uns nicht sichtba-

rem Hintergrund! Alles ist gelenkt und geleitet! Sie steuern die Repto-Marionetten wie Puppen gegen uns. Auch die besetzten Plejadier und Santiner können sie durch Besetzungen, Implantate und Chips gegen uns steuern, wie Puppen eben! In erster Linie muss man immer schauen, dass man sich in nichts hineinziehen lässt! Aber alles kann man sich eben nicht gefallen lassen!
Manchmal muss man sich eben wehren! Natürlich kann es dann mal vorkommen, dass man es an den Nerven hat und überreagiert!

Sie bedrängen einen im Supermarkt, beim Essen gehen, an der Ampel, beim Baden, beim Spazierengehen, vor dem Haus, auf dem Parkplatz, in der Tiefgarage, im Wald, auf dem Wasser, in der Luft, überall und immer! Es ist ein ausgeklügeltes System, welches die Archonten seit Jahrhunderten trainieren und beherrschen!
Es wird weltlich gesteuert von Spezialeinheiten der Geheimdienste, unter der Leitung des Vatikans! Die Geheimdienste arbeiten mit Schwarzer Magie. Sie beherrschen Remote Viewing. Sie haben alle Tricks drauf! Sie machen Schwarze Messen und wenden eben dabei Schwarze Magie an!
Bedeutet, wenn du eine wichtige Nummer bist für sie, dann kommst du auch auf deren Liste! Sie beschwören dann bei ihren Messen die dunklen Herrscherwesen und bitten um deren Unterstützung beim Kampf gegen uns Indigos! Diese werden dann auf uns angesetzt! So werde ich astral von den Archonten und deren Untertanen, den Reptos und Dracos und deren Untertanen, den Grauen, verfolgt und drangsaliert! Die Reptos und die Grauen arbeiten auch mit seelenlosen Elementalwesen zusammen, die schon recht weit fortgeschritten sind und über eine hohe Intelligenz verfügen. Diese führen die Befehle der Grauen ohne Wenn und Aber aus! Sie haben ja kein Gewissen und keine Gefühle. Es sind quasi astrale Ego-Wesen!

Dämonen gehören auch zur Gattung der Elementalwesen! Sie hüpfen von Wirt zu Wirt, also von Mensch zu Mensch oder von Tier zu Tier. Sie haben eine hohe Intelligenz, sind sowas wie die Wachhunde der Reptos und der Grauen!
Sie können nicht alleine existieren, haben keine eigene Energiequelle wie beseelte Wesen. Darum brauchen sie immer einen Wirt. Sie können nicht im leeren Raum existieren!
Wenn ich z.B. in einem Einkaufscenter bin, kann ich beobachten, wie diese Dämonen von Mensch zu Mensch hüpfen, um mich zu verfolgen. Oder am

Straßenrand oder in der Fußgängerzone! Sie manipulieren dann die Emotionalkörper der besetzten Menschen, bringen diese zur Weißglut, treiben denen den Blutdruck hoch, verursachen Depressionen usw.! Sie lenken die Menschen und Tiere überallhin! Die meisten sind recht klein, so groß wie ein Berberaffe maximal. Größere habe ich noch keine gesehen!
Sie haben rote Augen und sind dunkelgrau bis schwarz mit einem breiten Kopf, der nach unten spitz zuläuft ins Kinn! Schon fast wie ein Dreieck. Sie haben keine Ohren und keinen Mund. Wenn sie lachen, sieht es für mich aus, als würden sie eine Fratze ziehen. Sie erlaben sich daran, wenn du dich selbst töten willst oder wenn es dir schlecht geht oder wenn du auf andere losgehst! Das ist wie eine Weihnachtsgans für sie! Am liebsten verkriechen sie sich ins Bauchchakra und manipulieren den Körper des Wirts von dort aus!

Die Dämonen, die nur kurz bei jemandem bleiben, setzen sich meist auf die Schultern oder jucken direkt ins Gesicht der Menschen und auch der Tiere und machen dann Fratzengesichter!
Die Menschen selbst bekommen das gar nicht bewusst mit! Es gibt aber auch Menschen, die selbst inkarnierte niedere Geister sind, da schaut dann der eigene Geist manchmal als Fratze aus dem Gesicht! Natürlich sieht das außer mir und vielleicht wenigen anderen keiner!

Und wie läuft das nun mit den Menschen, die nach meiner Behandlung zum Indigo werden? Die kommen dann auch in diese Programme! Die sehen dann auch plötzlich lauter Polizeiautos, Krankenwagen, ADAC oder TCS oder ÖAMTC, Feuerwehr, Zivilen Katastrophenschutz, Pflegedienste, Caritas, Malteser, Samariterbund usw.!
Die Drohnen da oben messen die Schwingungen aller Menschen, wo sie drüberfliegen. Die decken alles ab! Sobald einer in höhere Indigo-Bereiche kommt, wird er ins Ortungsprogramm aufgenommen! Bei mir ist das seit Geburt so! Mir wird immer mehr bewusst, wie oft schon ganz früher immer ein Polizeiauto im Spiel war.
Früher, als ich noch ein wenig getrunken habe, so wie viele junge Leute, habe ich immer gesagt, dass ich nicht mehr fahren dürfe, weil die Polizei mich immer erwischen würde. Andere konnten saufen bis zum Umfallen und heimfahren, jahrelang, von denen wollte keiner was! Wenn ich nur einmal etwas zu viel getrunken hatte, kam ich immer in Kontrollstellen! Heute erst ist mir das bewusst geworden, dass die immer in meiner Nähe waren!

Selbst als Jugendlicher auf dem Lande, wenn ich einmal nur ohne Helm Moped gefahren bin, ich hatte eine Honda CB 50, dann waren die plötzlich hinter mir! Und dass, obwohl das nächste Revier mindestens 15 Kilometer weg war! Je mehr ich darüber nachdenke, desto mehr Auffälligkeiten bzw. Ähnlichkeiten mit den jetzigen Verfolgungen werden mir bewusst!
Wenn wir als Jugendliche Streiche gespielt haben, dann wurden wir immer erwischt, und ich war immer der Rudelführer! Also, ich wurde so hingestellt. Als ich meine schlechte Phase in meinem Leben hatte, nach der Scheidung, so im Alter zwischen 25 und 35, da habe ich viel getrunken und geraucht, habe viele Dummheiten gemacht, eine nach der anderen! Bin von einer Falle in die nächste getappt! Ich war total aus meiner Mitte gerissen und total orientierungslos. Es war ein Auf und Ab, ein Hoffen und Bangen, ein Kämpfen ohne Ende. Aber das war es ja eigentlich immer! Mal hatte ich 100 000 DM im Sack, mal nichts zu essen und war pleite. Meine Firmengründungen kamen und gingen. Nichts sollte sein! Zu Beginn der Misere, also mit 26, als ich mich scheiden lassen wollte und meine Familie verließ, wurde ich ja von einem Finanzvertrieb gekündigt. Die hatten mich damals regelrecht abgesägt und Zeugenaussagen gefälscht, was später herauskam, und mir 50 Verkäufer geklaut. Wäre ich bei dieser Firma geblieben, hätte ich nachweisbar die drei Jahre drauf rund drei Millionen DM verdient! Denn der, der meine Truppe dann nach mir geschenkt bekam, ein Verräter, der hat das dann verdient! Ich hatte jedoch zuerst die Chance gehabt, von dem Mann über mir die Verkäufer zu übernehmen! Insider wissen, was ich meine! Es gibt nur 100 % an Provision beim Verkauf von Versicherungen. 70 % gehen an den Verkauf, und 30% steckt der Firmenchef ein. Wenn ein guter Mann viele Verkäufer anwirbt, verdient er viel an ihnen. Und wenn der Firmenchef diesen Kopf, also diesen guten Mann irgendwie loswerden kann, verdient er mit einem Schlag eben mehr Geld, also auf einmal nicht mehr 30 %, sondern 50 % vom Umsatz, weil ein Kopf ja weg ist, und bei den Umsätzen damals ging es um 100 000 DM mehr oder weniger für meinen damaligen Firmenchef, im Monat. Also wollte er den Kopf über mir erst absägen und bestellte mich ein zu sich. Er fragte mich, ob ich den über mir brauchen würde. Ich kapierte nicht, was da ablief und sagte naiv, natürlich! Er habe mich ins Geschäft gebracht, also solle er auch an mir verdienen! Punkt! Das war mein Abschied! Wochen später waren wir beide fristlos entlassen, mit Hilfe bestochener Zeugen, und arbeitslos! Und der nächste Mann unter mir, der nach mir dann zu dem Chef durfte, und der mich dann quasi verraten hat, hat viel Geld dann verdient danach. Und für mich begann ein langer und harter Lei-

densweg. Der, den ich geschützt hatte und mich ihm gegenüber loyal gezeigt hatte, hat mich später dann ja auch noch um 50 000 DM betrogen, die ich als Erbvorauszahlung grade hatte! Aber ich bin trotzdem froh heute, dass ich diesen Weg der Ehrlichkeit dem Weg des einfachen Geldes und des Verrats vorgezogen hatte! Es entspricht eben meinem Naturell, immer loyal und fair zu sein, und nichts auf Betrug, Hinterlist und Verrat aufzubauen!
Warum schreibe ich die Geschichte nochmals? Weil wir alle irgendwann in unserem Leben vor Entscheidungen stehen! Und dann zeigt sich, wie dein Weg sein wird! Nicht der leichte Weg ist der zum Ziel! Nicht für uns! Vielleicht für die Reptos!

Meine spätere erste eigene Firma ging dann den Bach runter, weil der Bauträger, für den ich Immobilien verkaufte, Pleite ging, mich verarscht hatte! Ich hatte mit 28 Jahren ca. 500 000 DM Schulden, ohne meine Schuld! Der Bauträger hatte 500 000 000 DM Schulden und brachte sich dann später um! Ich hatte damals meine Verkäufer nach den Notarterminen ausgezahlt mit einem Dispokredit, den ich hatte, damals gab es das noch! Somit hatte ich Schulden von Geld, das ich gar nie hatte! Ich war reingeflogen! Das war dumm und naiv von mir! Ich hatte keine Ahnung in dem Alter, dass es sowas wie Betrüger und Hochstapler gab! Habe diesen Menschen blind vertraut und meine Arbeit ordnungsgemäß getan! Und über Nacht musste ich einen Offenbarungseid abgeben. Meine Verkäufer hatten das Geld, für was ich nun gradestehen musste! Ich wollte dann meinerseits Geld zurückklagen von den Verkäufern, da die das ja unberechtigt erhielten. Aber die hatten das längst ausgegeben und ich kein Geld für Anwälte. So saß ich dann über Nacht und ohne Schuld in der Schuldenfalle, aus der es kein Entrinnen zu geben schien! Unter normalen Umständen, also mit einem seriösen Bauträger, wäre ich zum Jungmillionär geworden!

Ich habe das nicht verkraftet und sah keine Zukunft mehr! Ich flüchtete in den Alkohol und ins Glücksspiel und war auf dem Weg nach unten! Sie hatten ja dafür gesorgt, dass ich so dastand! Ich hatte nichts Unrechtes getan und war auf einmal mitten in astronomischen Schulden gefangen. Tag und Nacht überlegte ich mir einen Ausweg! Und jeder Fehltritt, den ich beging, wurde sofort bestraft! Ich wusste nicht, wie ich da je wieder rauskommen sollte. Mein Leben schien gelaufen, das war's dann, dachte ich immer. Wie sich später herausstellen sollte, wiederholten sich derartige Vorkommnisse noch mehrmals in meinem Leben!

Ich wurde immer erwischt, wenn ich betrunken fuhr. Offenbar sollte ich nicht ungestraft auch nur irgendetwas Unrechtes machen dürfen! Und offenbar auch nichts Rechtes!
Wenn ich irgendwo heimlich und still über die Grenze wollte, der Zoll war plötzlich da! Wenn ich zu schnell gefahren bin, ich wurde geblitzt! Wenn ich falsch parkte, ich hatte immer einen Strafzettel! Wenn ich über die durchgezogene Linie fuhr, die Polizei wartete am nächsten Ortschild! Es war schon ein Phänomen! Das ist alles heute auch noch so!

Die haben meine Ortung mittels Repto-Technik, und sie sind immer schon da, wenn ich wo hinfahre! Wenn ich heute in den Wald fahre, kommen sie mir mitten in der Pampa sicher entgegengefahren, so wie heute auch, am 21.06.2019. Später kamen sie mir dann am Kreisverkehr in Kreuzlingen wieder entgegen. Und das passiert eben jeden Tag! Die Häufigkeit macht den Unterschied zur Normalität!

Geborene Indigos werden von Geburt an überwacht! Es ist nichts anderes als Überwachung und Kontrolle! Sie wollen mir sagen: »Egal, wo du hingehst, wir sind da!« Wenn ich wohin fliege, fliegt einer mit vom Geheimdienst! Die Polizei aller Länder hat meine Ortung. In Österreich wurden wir mal von drei Polizeiautos den Arlbergpass hochbegleitet. Sie stehen überall am Straßenrand, fahren dann hinterher. Es ist so augenscheinlich, dass man schon blind sein müsste, um es nicht wahrzunehmen!

Manche der Fahrer dieser Behördenfahrzeuge, wie vom Roten Kreuz, schauen dann in meine Richtung, wenn sie vorbeifahren. Manch einer machte schon mal schnell das Blaulicht an am Vorbeifahren! Es ist offensichtlich, dass es einige gibt, die wissen, was los ist, und andere nicht! Was man denen genau sagt, entzieht sich meiner Kenntnis! Sicher nicht, dass ich ein Indigo bin!
Den bigotten Verfolgern werden sie sagen, dass ich Satan persönlich sei. Den Polizisten vielleicht, dass ich unter Beobachtung stehe, warum auch immer. Viele werden gar nicht wissen, warum sie mich anfahren müssen! Bei den Terrorprogrammen, wo ich ja drin bin, müssen einfach nur Punkte angefahren oder Stellungen bezogen werden!
Ich erinnere an mein erstes Buch, wo die frühere Freundin von Anette zu ihr ja mal am Telefon sagte, dass sie diese Programme kenne, ihr Mann ist ja Polizist! Und es täte ihr leid, dass man uns da reingetan hätte! Sie habe

immer eine Mitteilung aufs Handy bekommen, wann sie wohin zu fahren hätte, sekundengenau! Warum und um welches Fahrzeug oder um welche Person es sich handeln würde, habe man ihr nie gesagt. Es sei Pflicht gewesen vom Arbeitgeber, das zu tun, und Ende! Sie arbeitete bei einer katholischen Sozialstation, bin mir aber nicht mehr ganz sicher. Da müsste ich nachlesen, habe aber keine Zeit! Ich schreibe dieses Buch hier ja aus dem Bauch heraus, besser aus dem, was mir in den Kopf gegeben wird! Ich wundere mich selbst, was da alles Platz hat in meinem Kopf, lach!

Sie verfolgen mich (das Gleiche gilt auch für Anette und Isabell) bei jeder Gelegenheit, rund um die Uhr, an jedem Ort, weltlich und astral! Mich stärker als die beiden, da ich darum gebeten hatte, mehr abzubekommen als sie. Ich bin ja auch stärker als die beiden und kann mehr einstecken! Ich scheine unverwüstlich! Auch wenn ich oft nach besonderen Vorfällen down bin, am Boden bin, ich alles am liebsten hinschmeißen würde, so stehe ich doch wieder auf, und am nächsten Tag bin ich wieder voller Tatendrang! Manchmal kann es auch zwei Tage dauern!

Wenn ich so nachdenke, wie sie mein Leben lang versuchen, mich zu kriminalisieren! Sie versuchen immer und überall, mir einen Touch von Betrug unterzujubeln! Egal, was ich in meinem Leben gemacht habe, innerhalb kürzester Zeit kam jemand, der mir irgendwas nicht ganz Seriöses andichten wollte. Sie wollen die Indigos immer kriminalisieren. Am liebsten würden sie uns alle im Gefängnis sehen! Es gibt auch nicht wenige, die das sind! Womit ich nicht sagen will, dass alle Kriminellen Indigos sind! Im Gegenteil! Indigos sind von Natur aus rein und gut. Sie sind nicht kriminell veranlagt. Die Reptos schaffen es aber immer wieder, sie durch Fallen in missliche Lagen zu bringen, woraus diese oft nicht mehr herauskommen und dann irgendwelchen Süchten nachgehen oder Dummheiten machen! Auch ich habe früher viele Dummheiten gemacht, die ich heute bereue und meist wieder gutgemacht habe! Auch ich war für eine Weile nicht auf meinem Weg, habe mich abbringen lassen. Durch Fehlverhalten und Hinterlist anderer, und durch meine Gutgläubigkeit und Naivität, bin ich in diese Lagen gekommen! Leider war ich zu jung und zu verzweifelt, um Ruhe zu bewahren, Ratgeber hatte ich nicht, und auch keine Familie, die hinter mir stand. Durch meine damalige Verzweiflung, 500 000 DM Schulden im Alter von 28 Jahren, habe ich mich gehenlassen und den Glauben an das Gute verloren, mich an jedem Strohhalm festgehalten, mich Süchten hingegeben, Dummheiten gemacht usw.! Ich war im Kern immer der, der ich bin. Aber ich bin andauernd in Fallen getappt. War ja auch besetzt meist! Auf der anderen Seite hat es so sein müssen, weil ich sonst nicht der wäre, der ich heute bin! Wie könnte ich heute Menschen verstehen, die nun in der gleichen Lage sind, wie ich es damals war? Wie könnte ich jemanden verstehen, der Pleite ist und am Boden, wenn ich es nicht schon selbst gewesen wäre? Wie könnte ich jemanden von Krankheiten heilen, wenn ich nicht selbst am eigenen Körper erfahren hätte, was Krankheiten sind?

Wie könnte ich jemandem von Reptos und Geistern erzählen, wenn ich selbst nie welche gesehen hätte? Andere Heiler und Aufklärer wissen ja gar nicht, von was sie reden! Die plappern ja nur irgendwas nach, was sie wo gelesen haben! Um damit Geld zu verdienen, fertig! Bei mir ist alles echt! Alles, von was ich rede und schreibe, habe ich selbst erlebt! Leider können das die meisten Menschen nicht unterscheiden! Weil sie zu dumm sind, sorry! Und zu unterentwickelt! Sie rennen jedem nach, der daherkommt, wenn derjenige nur ein großes Mundwerk hat! Sie glauben alles von jedem! Die Menschen sind so leicht manipulierbar! Sie sind wie Schafe und Lämmer! Sie können die Hunde, die auf sie aufpassen, nicht von den Wölfen, die sie fressen wollen, unterscheiden!

Die Vorkommnisse in meinem Leben sind so zahlreich, ich denke, dass ich fünf Bücher schreiben könnte, nur damit! Es ist unfassbar, welche Erschwernisse und Fallen, Niederlagen und Angriffe ich schon erleiden musste. Ich denke, jeder andere würde bei einem Bruchteil dessen längst die Segel gestrichen haben! Der Unterschied zu heute ist nur, dass ich heute erfolgreich bin, TROTZ der Widerstände, Angriffe, Verleumdungen, Attacken, Diffamierungen, Verfolgungen, Drangsalen usw.! Trotz allem bin ich als Geistheiler erfolgreich!
Es beweist, dass ich geistige Helfer haben muss, und dass ich nun das Richtige tue! Es beweist die Tatsache, dass, wenn man das Richtige zur richtigen Zeit tut, alles zu funktionieren beginnt! Mein Erfolg ist durch nichts aufzuhalten. Mit Erfolg meine ich das Erwecken von Seelen, von beseelten Geistwesen! Die Behandlungen sind nur Mittel zum Zweck! Um die Menschen und Tiere vom Ballast zu befreien! Damit sie überhaupt aufwachen können! Und bei den Menschen, die zu tief geschlafen hatten, aber ein Erwachen in diesem Leben eingeplant ist, geschehen oft Wunder! Weil es schneller gehen muss, das Aufwachen!

Fassen wir nochmals zusammen, wie denn die Programme der Reptos im Einzelnen aussehen! Für die Reihenfolge kann ich nicht garantieren. Und auch nicht für die Vollständigkeit! Aber es entspricht meinen, unseren persönlichen Erfahrungen. Wohl kaum ein anderer wird dir diese Informationen liefern können, aus eigener Hand erlebt!
Es gibt wie gesagt die allgemeinen Drangsalierungsprogramme! Jeder Mensch ist zwangsläufig auf der Erde in den ersten Stufen involviert! Zum Beispiel durch den Verkehrslärm, Baustellenlärm, Funkmastenbestrahlung, Handybestrahlung, Elektrosmog, W-LAN usw.!
Der Unterschied zu den oberen Programmen ist nur die Dauer, die Häufigkeit und die Intensität! Später bei den Indigo-Programmen kommen schon ganz andere Dinge noch auf einen zu!

Was noch hinzuzufügen wäre, ist, wer genau macht diese Verfolgungen, Stalkings und Drangsalen eigentlich?
Verantwortlich ist generell immer der Geheimdienst des Vatikans! Dem sind alle anderen Geheimdienste untergeordnet! Auch der Staatsschutz und der Verfassungsschutz!
Die nationalen Geheimdienste arbeiten dann mit den bekannten Organisationen zusammen, die da wären:
Polizei, Zoll, Grenzschutz, Rotes Kreuz, Grünes Kreuz, Halbmondkreuz und was es noch für Kreuze gibt auf der Welt, dann die ganzen Unterorganisationen vom Roten Kreuz wie Caritas, Malteser, Samariter usw.! Dann die ganzen kirchlichen Pflegedienste, die verschiedenen Kirchen und verschiedenen Religionen selbst natürlich. ADAC und die ausländischen vergleichbaren Dienste. Dann Feuerwehr und THW. Zivilschutz usw., usw.! Alle, die bei einem Katastropheneinsatz auch im Spiel sind! Diese alle haben sowas wie Spezialabteilungen gegründet, die haben ja Geld ohne Ende, und diese suchen dann die geeigneten Überwacher und Verfolger aus! Für die dreckigen Aufgaben werden Kleinkriminelle angeheuert. Diese dürfen dann früher aus dem Knast oder müssen erst gar nicht hinein, wenn sie in bestimmte Wohnungen ziehen und dort bestimmte Dinge tun jeden Tag! Diese Wohnungen werden alle bezahlt, maximal für zwei Jahre, meist kürzer, habe ich festgestellt! Auch für Provokationen im Verkehr und beim Einkaufen werden speziell Kleinkriminelle angeheuert und auch geschult! Der Vatikan ist der Chef von allen, auch von den muslimischen Kirchen und Organisationen! Jedes Glied weiß immer nur so viel, wie es wissen muss, um seine Aufgabe zu erfüllen. Keiner kennt das große Bild, keiner weiß ge-

nau, um was es eigentlich geht und wer genau dahintersteckt! So kann das Ganze nie verraten werden! Der Vatikan ist ja auch der oberste Freimaurer und Illuminat. Keine Frage, dass eigentlich die Freimaurer dahinterstecken! Mittlerweile werden auch Asylanten gerne mit eingebunden für diese Aufgaben! Die fragen nicht und sind froh, wenn sie dafür ein Handy und genug Geld bekommen und eine Aufenthaltsgenehmigung!

Hier eine von mir zusammengestellte Liste, was so alles passiert um mich herum!

– ständiger Lärm
– ständiger Rauchgestank
– ständig ekliger Essensgeruch
– ständiger Modergeruch im Haus
– ständig Motorsägen, Heckenschneider, Laubbläser
– ständiges Hupen
– Alarmanlagen von Autos
– überall, wo ich wohne, sind Baustellen
– überall, wo ich oft hinfahren muss, sind Baustellen und Umleitungen
– überall und ständig Polizei und Krankenwagen
– ständig ADAC/ÖAMTC/TCS
– ständig Fahrzeuge von caritativen Verbänden
– ständig Freimaurer-Pick Ups
– überall Menschen, egal, wo man hingeht, nie alleine
– ständige große Drohnen am Himmel
– oft schwarze Hubschrauber
– oft sehr laute Propellerflugzeuge
– egal, wo ich hingehe, danach gehen viele Menschen auch dorthin
– alles, was ich will, wollen andere auch
– andere sagen, was ich neulich gedacht habe
– überall, wo ich bin, herrscht Chaos
– vorausfahrende und entgegenkommende Autos verhalten sich blöd
– ständiges Bedrängen im Straßenverkehr
– ständiges Vorfahrtnehmen
– Nachbarn gehen immer punktgenau mit aus dem Haus oder hinein
– Nachbarn gehen immer gleichzeitig mit dem Hund raus
– Nachbarn versperren die Zufahrt

- Nachbarn machen Lärm und verbreiten üble Gerüche
- ständig wechselnde Nachbarn
- ständig laute Musik in der Umgebung
- ständige Detonationen in der Umgebung
- fremde Menschen schauen einen böse an
- man wird immer und überall zugeparkt, auch wenn der Rest frei ist
- selbst im Fernsehen sieht man zufällig Polizei, Feuerwehr und Rotes Kreuz
- Waren im Einkaufscenter, die man will, sind nicht da
- Kassiererin ist unfreundlich, fertigt einen schnell ab, andere hinter und vor einem werden sehr freundlich bedient
- Kasse macht direkt vor der Nase zu
- man wartet lange auf das Essen im Restaurant, Essen ist schlecht, fehlt oft was, oder es wird das falsche Essen gebracht
- Bedienung ist unfreundlich, beachtet einen nicht, man kann nicht zahlen
- Menschen spucken in meiner Umgebung
- ständiges Husten und Niesen um mich herum
- Menschen rempeln einen an, rennen einen fast um
- Menschen ignorieren einen
- bei Behörden sind sie sehr unfreundlich
- ständig passieren Fehler, Ware ist defekt, fehlerhaft
- Ware ist ausverkauft oder nicht mehr lieferbar
- Dinge, die man gerne und oft kauft, sind plötzlich nicht mehr im Sortiment
- Menschen sind respektlos und unfreundlich
- Schlafentzug
- Mobbing am Arbeitsplatz
- Rufmord und Verleumdung, Verbreiten von Gerüchten gegen dich
- viele Unfälle um einen herum
- komische Knarr- und Klopfgeräusche im Haus
- Autos funktionieren plötzlich nicht mehr oder machen komische Geräusche oder sind sonst komisch beschädigt oder springen nicht an
- Technik, PC, Handys spinnen, setzen aus
- technische Geräte streiken plötzlich
- komische Anrufe oder komische SMS kommen
- Glühbirnen gehen dauernd kaputt
- Straßenlaternen gehen aus oder an oder kaputt
- Hotels, wo man hinwill, sind immer ausgebucht

- selbst im Urlaub Polizei und Krankenwagen
- Menschen scannen einen von unten nach oben, von oben nach unten
- andere Hunde greifen einen an oder rennen auf einen zu
- ständige Schikane durch Verwaltungen jeglicher Art
- ständiges Babygeschrei beim Einkaufen
- Brummton und Vibrieren am Körper
- Bestrahlung durch ELW-Wellen, Skalarwellen und Mikrowellen
- ständige Müdigkeit und Erschöpfung
- vermehrt Kopfschmerzen
- ständig Magen-Darm- und Hautprobleme
- überall, wo man wohnt, wird man verjagt, gemobbt, ist man nicht willkommen
- Ausgrenzung durch die Anderen
- Menschen zeigen offen ihren Neid und ihre Abneigung
- sie stehlen meine Gedanken und verkaufen es als ihre eigenen
- Geschäfte klappen kurz vor Abschluss nicht
- ständige Blockaden von außen
- nichts soll klappen
- alles ist so schwer umzusetzen
- andere hören einem nicht zu
- man fühlt sich alleine, andere verstehen einen nicht
- man wird als Spinner verhöhnt

Das sind nur einige Punkte. Viele Dinge passieren auch nur bei mir, da bin ich mir sicher. Auch die Intensität bei mir und meiner Familie ist wohl einmalig! Nämlich alle Punkte, jeden Tag!
Die Liste ließe sich von mir noch sehr viel weiter ergänzen. Diese Punkte sind objektiv zu sehen! Ich meine damit, was letztendlich die Ursache der Dinge ist, ist wieder was anderes! Beispiel: Du bist immer krank, müde und erschöpft! Das können Bestrahlungen sein, aber auch Besetzungen! Die Herrschenden arbeiten auf mehreren Ebenen gegen uns! Gegen die Indigos und verkappten Indigos! Sie benutzen die Geisterwelt, also die Astralwelt, ebenso wie die moderne Repto-Technik gegen uns!
Auch ist es so, dass einige Dinge von mir (dir?) selbst verursacht werden, wie z.B. das Husten bei anderen Menschen, kaputte Geräte, Straßenlampen, die ausgehen usw.! Das hat was mit meiner Energie zu tun! Mit meiner hohen Schwingung!

All diese Punkte können bei jedem einmal ab und zu vorkommen, klar! Aber die Häufung macht eben den Unterschied! 99 % der Zielpersonen merken es ihr Leben lang gar nicht, dass sie verfolgt und gefoltert werden! Und die anderen brauchen oft jahrelang, jahrzehntelang, um es überhaupt zu merken! Darum ist meine Aufklärung so wichtig, darum oute ich mich und gebe mich der Verhöhnung durch die dunkle Masse der Menschheit preis, damit ich dazu beitragen kann, dass DU merkst, was hier los ist und was mit dir eigentlich passiert!
Wer kommt in diese Programme? Nur Indigos und verkappte Indigos! Die ganzen Möchtegern-Aufklärer im Internet sind da alle NICHT drin! Die werden höchstens mal vom Staat verfolgt! NUR Indigos und angehende Indigos sind da drin! Richtig losgehen tut es erst als Indigo!

Warum bekomme ich nun am meisten ab von all den Verfolgungen, Drangsalen und Blockaden und Angriffen?
Weil ich der höchste lebende Indigo auf der Welt bin derzeit! Du kannst jetzt natürlich lachen und sagen, der hat aber ein Ego! Es ist aber so, vielleicht kannst du es ja irgendwie nachprüfen?
Ich bin Indigo-Venusier und bin in der höchsten Stufe aller Verfolgungs- und Drangsalierungsprogramme! Natürlich meine Partnerin Anette und Isabell und unsere Tiere auch! Ist ja logisch! Sie sind beide auch Indigo-Venusier und stehen voll in meiner Energie!
Da ich diese hohe göttliche Indigo-Energie habe oder besser gesagt bin, lade ich quasi alle Menschen und Tiere, die mit mir verbunden sind und eine positive Resonanz zu mir haben, auf damit! Sie bekommen also von mir Energie, welche ihnen Kraft und Liebe gibt und sie heilt. Außerdem werden sie in der Schwingung angehoben und steigen im Bewusstsein auf! Ausschlaggebend ist immer die Resonanzfähigkeit zu meiner Energie!

Man kann das in etwa so vergleichend darstellen:
Es gibt 144 000 Glühbirnen. Einige davon leuchten schon, vielleicht 5%. Das sind die erwachten Indigos. Dann gibt es eine große Glühbirne, welche die 5 % mit Energie von oben versorgt, das bin ich, damit diese dann die anderen 95 %, das sind die verkappten Indigos, die jetzt Santiner sind, zum Leuchten bringen können! Wenn alle 144 000 Birnen leuchten, dann sind das alles Indigos, werden Millionen von weiteren kleineren Glühbirnchen plötzlich auch anfangen zu leuchten, das sind dann die Plejadier, die zuvor in der Dunkelheit waren. Wenn diese Millionen Glühbirnchen dann leuchten,

leuchtet plötzlich die ganze Welt im hellsten Lichte, und alles Dunkle wird verschwinden, weil es keinen Rückzugsort mehr gibt, kein dunkler Fleck, wo das Dunkle noch hingehen könnte, um sich zu verstecken! Ähnlich einer großen Höhle, die dann total beleuchtet ist, kein Platz mehr frei ist, wo kein Licht ist! Alles ist erleuchtet!
Das ist dann das Ende der Dunkelheit auf Erden!

Aber das wäre wohl zu schön, um wahr zu sein! Letztendlich geht es bei meiner Mission einzig und allein um die Rückführung der 144 000 göttlichen Indigos zu Gott! Und dabei diene ich als Leuchtturm! Aber auch das wäre wohl das Ende der Dunkelheit, oder ist es, da wir die Hauptbatterien für die Dunkelwesen sind! Und wenn wir nicht mehr da sind, geht denen der Strom aus!

Und vielleicht verstehst du nun, warum sie die große Glühbirne am meisten, und die anderen leuchtenden Birnen auch, bekämpfen, blockieren, angreifen, schachmatt setzen wollen! Einfach so töten dürfen sie uns nicht. Das ist quasi verboten. Sie dürfen aber dafür sorgen, dass wir aufgrund unserer Unachtsamkeit und Unwissenheit uns selbst zerstören oder blind und blöd in einen Unfall rennen! Sie dürfen uns also in gewissem Maße schädigen, damit wir daran wachsen können, sollen!

Es ist für sie einfacher, ein paar tausend Glühbirnen in Schach zu halten, als Milliarden! Und noch einfacher ist es, eine große Glühbirne zu kontrollieren!
Darum investieren sie jährlich sicher 10 Millionen Euro, nur für mich! Um mich in der Schwingung herabzusetzen!
Wenn sie mich ärgern, in Wut und Aggression bringen, mich in Kämpfe und Streite verwickeln, dann setzen sie meine Schwingung runter! Sobald ich gut drauf bin und hoch schwinge, sorgen sie dafür, dass ich sofort einen Dämpfer bekomme! Sie sorgen dafür, dass ich Kopfschmerzen bekomme. Sie sorgen dafür, dass ich es an die Nerven bekomme durch die Rundum-Überwachung und Verfolgungen und die ständigen Bedrängnisse durch andere Menschen!

Da ich das nicht ändern kann, kann ich nur an mir selbst arbeiten und dafür sorgen, dass ich eben nicht in Wut gerate, eben nicht aggressiv werde, eben meine Nerven nicht verliere! Das ist leider nicht immer möglich, weil auch ich nur ein Mensch bin derzeit! Aber ich gebe mir die größte Mühe!

Lärm, Gestank, Rauch senken die Schwingung! Ständiger Stress senkt die Schwingung! Dem sind viele ausgesetzt! Viele merken es gar nicht, es passiert aber trotzdem, dass sie dann irgendwann krank werden!
Und wenn man jemanden nun auch noch wissentlich, absichtlich und organisiert krank machen will, ist das eine andere Hausnummer!

Wenn ich nun Klienten habe, die verkappte Indigos sind, aber derzeit nur Plejadier oder Santiner sind, kann ich diese durch meine Behandlung, durch meine hohe Energie, zum Indigo machen. Das bedeutet, derjenige hat eine Indigo-Seele geparkt irgendwo, wo auch immer diese ist, und durch das Anheben seiner Schwingung durch meine Energie kommt diese dann in seinen Körper zurück! Er ist nun ein Indigo! Jetzt ist es aber so, dass das nicht ewig so sein muss! Wenn er diese hohe Energie von mir nicht halten kann, fällt er wieder ab, das heißt, die Indigo-Seele geht wieder, er ist wieder Plejadier oder Santiner. Wenn er Pech hat, gar ein Mantis. Hatte ich auch schon!
Wer zum Indigo wird, gerät dann auch in die Fänge der Drohnen, die seine Schwingung messen! Er wird dann auch plötzlich Polizeiautos und Krankenwagen sehen um sich herum! Eine Gnade Gottes! Sei froh, wenn das bei dir so ist! Denn dann bist du auf dem richtigen Weg!
Ob dann alle Programmstufen bei jedem neuen Indigo ablaufen, das weiß ich nicht. Bisher wurde mir immer nur von den Verfolgungen durch die üblichen Fahrzeuge berichtet!
Bei vielen passiert es dann leider, dass sie auf einmal eben dann kein Indigo mehr sind, und dann ist der ganze Spuk auch schon wieder vorbei! Das ist zwar leichter für dich, aber du steigst dann nicht auf, bist im Bewusstsein noch nicht soweit!
Der leichtere Weg ist nicht der, der zum Ziel führt! Aber dazu später noch mehr!

Die Verfolgungen und Drangsalierungen werden so lange weitergehen, wie es die Dunkelheit gibt! Wer sich aus Angst davor entscheidet, den leichten Weg zu gehen und sich der Dunkelheit unterordnet, wird abfallen. Er hat dann seine Ruhe und sicher ein schönes, ruhiges Leben. Aber es war dann umsonst, sein Leben! In der nächsten Inkarnation wird es dann nach unten gehen!
Ich habe keine Wahl, welchen Weg ich gehe! Dieser ist seit Äonen festgelegt bei mir. Auch in dieser Inkarnation! Ich bin der, der den Weg vorausgeht und ebnet, damit andere folgen können!

Ihr alle entscheidet, ob ihr diesen Weg mitgehen wollt oder doch lieber ins alte, gemütliche Leben zurückkehren wollt! Natürlich ist auch das eine Gnade Gottes, überhaupt eine Entscheidungsmöglichkeit zu haben! Vielen ist das aber nicht bewusst! Die meisten Indigos, die nicht von Geburt an welche sind, fallen wieder ab, weil sie noch zu viele dunkle Anteile in sich tragen, von denen sie sich nicht lösen können oder wollen: Ich sage nur das Stichwort »Läuterung»!

Die Verfolgungen und die Drangsalierungen, die Blockaden und Angriffe der anderen zeigen eines ganz deutlich! Du bist etwas Besonderes! Warum sollten dich andere sonst angreifen und bekämpfen? Sie haben Angst vor mir, um wieder auf mich zurückzukommen! Darum bekämpfen sie mich mit dem größtmöglichen Aufwand! Für die Dunkelwesen gibt es nichts Gefährlicheres auf dem ganzen Planeten Erde als mich!

Wie geht man nun mit Verfolgungen und allem, was dazugehört, um? Ich habe ja lange gebraucht, bis das alles in mein Bewusstsein vorgedrungen ist, da ich mein ganzes Leben mit Existenzkämpfen beschäftigt war! Wenn du nun meine Bücher gelesen hast und nun dieses hier liest, dann hast du einen immensen Vorteil! Du bekommst von mir unbezahlbare Informationen, die es so nirgendwo sonst gibt! Ich habe lange gesucht nach Antworten, was mir denn da ständig passiert! Keiner wusste, von was ich spreche! Alle hielten mich für bekloppt. Zu Anette sagte mal ein Verwandter von ihr, mit dem wir heute nicht mehr reden, sie gehöre in die Psychiatrie, wenn sie behaupten würde, sie würde vom Roten Kreuz verfolgt werden! Die Menschen da draußen verstehen nicht mal im Ansatz, von was ich rede! Du bist weiter, klar, sonst würdest du diese Zeilen hier nicht lesen!
Ich kann nur jedem raten, der ähnliche Erlebnisse hat wie meine Familie und ich, nicht mit Unbeteiligten oder Fremden oder gar mit der eigenen Familie darüber zu reden, wenn diese negativ dir gegenüber eingestellt sind! Es hat keinen Sinn! Den Menschen fehlt das Hintergrundwissen, und ihnen fehlt oft die Intelligenz. Sie könnten die Wahrheit gar nicht ertragen, gar nicht aushalten! Die meisten sind auch gar nicht so weit, sollen es gar nicht sein. Sie haben Blockaden in sich, die da sein sollen und müssen! Sie würden sonst implodieren, weil ihr Gehirn das nicht verarbeiten kann! Sie sind in ein paar hundert Jahren vielleicht soweit, aufzuwachen!
Ich bin ein anderes Kaliber! Ich kann mich durchsetzen, und ich verfüge über die nötige Intelligenz, lach, und ich habe diese meine Aufgabe, weil

ich der bin, der ich bin! Ich gehe ja sogar ins Fernsehen, um mich zu outen! Du solltest das nicht tun! Teile dich nur anderen mit, wenn du ihnen voll vertraust oder sie Ähnliches erleben oder sie in etwa deinen Entwicklungsstatus besitzen!
Wenn du niemanden zum Reden hast, dann schreibe mir! Aber sei vorsichtig, mit wem du über dieses Thema redest! Und trenne dich von Menschen, die dir nicht glauben oder dich gar bekämpfen!

Ich habe mittlerweile viele Klienten, die mir solche Erlebnisse mitteilen, und auch viele Foto- und Videobeweise. Auch habe ich Aussagen von Polizisten, dass es solche Terrorüberwachungsprogramme gibt! Natürlich nicht für mich, das sei ja lächerlich!

Ich rede nur mit Anette und Isabell noch über derartige Themen. Unser Verwandter, Kripobeamter, der bald in Rente geht bei der Polizei, hört uns seit längerem offener und interessierter zu, wenn wir uns ab und zu treffen. Er wurde von seinem Sohn inspiriert, der ihm auch ähnliche Dinge berichtete. Er ist zumindest offen mittlerweile und lehnt nicht mehr kategorisch alles ab als Hirngespinste!
Aber das sind die Ausnahmen unter den Menschen! Die ganz große Masse der Menschen hat keine Ahnung von nichts, und das reichlich. Damit müssen wir alle leben.
Ich persönlich versuche dieses Stalking, nichts anderes ist es ja, diese Verfolgungen und Drangsalierungen der Dunkelheit weitestgehend zu ignorieren. Ich habe festinstallierte Kamers in den Autos, und ab und zu am Körper, aber nicht mehr so oft. Wenn es sein muss, widersetze ich mich, und wenn es gar nicht anders geht, kämpfe ich! Aber es geht eigentlich immer anders! Man muss vorausschauend denken und leben, alles im Vorfeld mit einbeziehen!
Welches Hotelzimmer ist geeignet, welches Ferienhaus passt, welches Restaurant ist ok, und welchen Platz nimmt man dort ein. Wie reagiert man, wenn das und das passiert! Man muss alles im Geiste schon abklären, dafür sorgen, dass manche Situationen erst gar nicht entstehen können! Überlegen, wo die wenigsten Angriffsmöglichkeiten bestehen!

Man wird zwangsläufig zum Planer und Denker. Wenn man dann alles soweit eingeplant hat, passiert zwar sicher immer noch was, aber man hat es zumindest eingegrenzt, was so passieren kann vom Außen!

Es gibt dann ja auch noch das, was aus dem unsichtbaren Bereich kommt. Also die astralen Angriffe!

Ich werde oft gefragt von Klienten, wie ich das aushalten würde alles. Ich kann sagen, ganz gut. Die astralen Angriffe habe ich meist im Blick, und die weltlichen Angriffe ignoriere ich, so gut es geht. Man gewöhnt sich an fast alles! Offenbar habe ich die Stärke und Energie, um das alles zu bewältigen!

Unser Verwandter bei der Kripo meinte neulich zu mir, ich täte ihm leid, weil ich könnte ja gar nicht mehr unvoreingenommen auf andere Menschen zugehen, da ich ja bei jedem sehen würde, ob es ein sogenannter Repto sei oder sonst was in der Art! Ich entgegnete, dass genau das ja gut sei, dass ich eben sofort wisse, mit wem ich es zu tun hätte. Und nicht mehr blindlings wie früher jedem voll vertraue und dann reingelegt würde! Ich versuchte ihm zu erklären, dass das ein Privileg sei!

Ich denke, dass auch viele Menschen Angst vor meiner Hellsicht haben. Sie haben Angst, ich könnte sie entlarven oder sie durchschauen! Ich kann das sogar verstehen! Ich zeige es jedoch nie, was ich denke bzw. sehe beim Anblick von anderen Menschen! Ganz selten kann es mal passieren, dass ich aus Versehen zusammenzucke, erschrecke, wenn ein ganz übler dunkler Geist oder Repto in einem Menschenkörper steckt!

Als Abschluss zu diesem Thema Verfolgung kann ich nur nochmals sagen: Sei froh, wenn du ein schweres Leben hast! Sei froh, wenn du drangsaliert und verfolgt wirst! Denn das beweist, dass du ein ganz besonderer Mensch bist und du zu den Guten gehörst! Dieses Leben hier ist endlich! Aber was danach kommt, ist umso schöner für uns! Und dort werden unsere Verfolger garantiert nicht sein! Diese werden ihre Runden dann in einem von ihnen selbst erschaffenem Gefängnis drehen und uns dort verzweifelt suchen!

KAPITEL 5

Aslan, Bruno und Barco, Reinkarnation bei Hunden

Kann man ein Tier, einen Hund, eine Katze oder sonst ein Tier, ich rede jetzt nicht von Insekten und Reptilien, wobei es auch da schon tolle Freundschaften gab, bei Reptilien, genauso lieben wie einen Menschen? Ja, natürlich! Wahre reine Liebe stellt keine Bedingungen! Also auch nicht an die körperliche Form!

Eigentlich wollte ich dieses Kapitel weglassen. Weil es noch zu sehr weh tut! Aber die Informationen dahinter sind zu wichtig für alle!
Bruno war mein treuer altdeutscher Schäferhund! Ein ganz lieber Kerl, der sein Leben für mich gegeben hätte und vielleicht auch gab!
Mir kommen leider grade wieder die Tränen. Ich versuche trotzdem weiterzuschreiben! Als Kind wünschte ich mir immer einen Schäferhund. Warum gerade einen Schäferhund, das weiß ich nicht! Zwischen meinem neunten und zwölften Lebensjahr war ich ja als Kindersklave bei Nazi-Pflegeeltern untergebracht. Dort musste ich täglich vor der Schule den Stall misten, wo die Kühe drin waren. Diese alten Nazi-Pflegeeltern waren ja, als ich neun war, schon über 65! Das war 1972, also waren das volle Zweite-Weltkriegs-Geschädigte. Und so benahmen die sich auch. Aber nicht wie Opfer, eher wie KZ-Aufseher. Sie hatten einen kleinen Bauernhof, aber nur Tiere zum Schlachten. Einen Hund durfte ich nicht haben, nicht mal eine Katze! Auch keine Hasen oder Meerschweinchen. Nur Tiere, welche Geld brachten, hatten die. Als ich mit zwölf wieder zu meiner Oma Richtung Bodensee durfte und aus der Gefangenschaft befreit wurde, durfte ich auch keinen Hund haben. Der würde nur Geld kosten. Wenigstens Hasen und Meerschweinchen durfte ich aber haben, und Wellensittiche. Ich wollte immer Tiere um mich herum haben, welche ich pflegen durfte! Diese wurde mir dann ja immer wieder genommen, wie ich ja im Band I geschrieben habe!
Mit 17 ging ich dann ja auf die Polizeischule nach Biberach/Riss, wo ich dann meine erste Frau kennenlernte und alsbald heiratete, da sie schwanger war. Mir hatte keiner was beigebracht oder mich vorbereitet. Ich wurde ins Leben reingeschmissen. Mit 19 heiratete ich und wir bezogen unsere erste gemeinsame Wohnung in Meersburg am Bodensee mit Seesicht. Ich wollte immer auf den See sehen, was meine Oma nicht verstand. Sie meinte immer, davon könne man sich nichts kaufen. Immer ging es bei ihr ums Geld!

Das erste, was ich gemacht habe dort in der neuen, eigenen Wohnung, war, mir einen Hund zu kaufen! Es war ein Collie. Ein Jahr später bekam ich die Chance, Diensthundeführer zu werden bei der Polizei, wo ich ja beschäftigt war. Ich wurde dann der jüngste Diensthundeführer Baden-Württembergs mit 21 Jahren. Ich durfte mir einen Schäferhund kaufen, zuvor musste ich aber den Collie anderweitig versorgen, weil das zusammen nicht ging und der Collie und ich irgendwie nicht zusammenpassten. Ich suchte einen schönen Platz im Allgäu für ihn, wo er auf einem Bauernhof dann lebte und bald mehrfacher Vater wurde! Ich besuchte ihn Monate später einmal, er würdigte mich keines Blickes! Er hieß Tobby! Ich war mit 20 oder 21 einfach noch zu unreif, um zu verstehen, dass ich ihn abgeschoben hatte. Ich dachte, ich täte ihm was Gutes!

Ich fand Pascha! Ein wunderschöner Deutscher Schäferhund. Wir wurden das jüngste Team in Baden-Württemberg als Polizeihundegespann! Er kam als Welpe zu uns ins Haus, und wir hatten vier bis fünf schöne und erfolgreiche Jahre zusammen! Er war so auf mich fixiert, dass er selbst nur durch ein Augenzwinkern von mir auf jemanden losging, auf den ich mit dem Kopf zeigte. Ich brauchte nicht mal einen Finger heben. Er war ja trainiert von mir, »mannscharf« zu sein, das war ja damals gewollt! Er verteidigte mich wie eine eifersüchtige Ehefrau, gegen alles und jeden!
Dann mit fast 25 kündigte ich bei der Polizei, weil ich sehr erfolgreich mit Versicherungen unterwegs war und ich keinen Sinn mehr sah im Polizeiberuf. Ich eckte ja dauernd an, galt als Querulant, weil ich alles hinterfragte und mich nicht so richtig einordnen wollte in das Gebaren der Kollegen, um es mal vorsichtig auszudrücken! Da ich zu der Zeit gutes Geld verdiente, machte ich mir keine Sorgen wegen Pascha, den würde ich quasi loskaufen! Das Land Baden-Württemberg hatte ihn mir ja zwischenzeitlich für 1700 DM abgekauft gehabt. Ich schrieb denen, dass ich 5000 DM für ihn zahlen würde und ihn gerne zurückhaben möchte. Sie lehnten ab, er sei zu wertvoll als Polizeihund. Ich erhöhte nochmals, wieviel genau weiß ich nicht mehr, aber es kam dann gar keine Antwort mehr!
Was macht man nun, um von der Polizei seinen Hund zurückzubekommen? Ging nicht! Ich war am Boden zerstört. Das ging ca. zwei Jahre so, ich konnte das kaum überwinden. Warum mussten die so unmenschlich sein? Später erfuhr ich ja, dass Pascha zwei seiner neuen Besitzer, er wurde durchgereicht, gebissen habe und beim dritten Fall eingeschläfert wurde! Hätten sie ihn mal lieber mir verkauft, die Unmenschen von der Polizei!

Dann kaufte ich mir mit 27 einen schwarzen Schäferhund. Er war schon drei Jahre alt, und ich befreite ihn von einem geldgeilen Züchter. Er lebte sieben Jahre bei mir, bis er mit zehn Jahren plötzlich starb. Drei Jahre lang konnte ich keine Bilder von ihm anschauen! Ich wollte nie mehr einen Hund! Es war zu hart jedes Mal, ihn verlieren zu müssen!

Wir schreiben das Jahr 2000. Isabell war 16 und wollte urplötzlich einen Hund. Ich wohnte ja alleine, und Anette mit Isabell zusammen. Sicher war ich ständig bei ihnen, aber wenn ich wollte, konnte ich immer in meine eigene Wohnung. Ich war immer ein freiheitsliebender Mensch und brauchte viel Zeit für mich. Es gab auch noch andere Gründe, warum ich immer alleine wohnte.
Isabell kam plötzlich mit einem Foto von einem Collie, den sie im Internet fand, den keiner wollte, immer wieder zurückbrachte zum Züchter. Den wolle sie unbedingt! Ich ahnte Schreckliches, nämlich, dass ich den dann an der Backe haben würde, weil sie sicher irgendwann keine Lust und keine Zeit mehr haben würde. Sie war ja 16! Und ich wusste, was bald bei ihr losgehen würde!

Sie setzte sich durch und brachte Barco nach Hause, einen stolzen und wunderschönen Collie. Es war Liebe auf den ersten Blick zwischen ihm und mir! Er lebte aber doch volle vier Jahre, er war ja schon ein Jahr alt bei Anette und Isabell, wobei ich immer mehr die Führerrolle übernahm. Dann mit fünf kam er komplett zu mir, er war nun mein Hund geworden. Und ich wollte doch keinen mehr! Aber ich liebte ihn sehr und er war mein bester Freund, da ich zu dem Zeitpunkt schon nur noch wenige menschliche Freunde hatte! Wir hatten sechs schöne Jahre zusammen, wie Pech und Schwefel hielten wir zusammen. Dann mit elf wurde er krank, fing an, die Hinterpfoten am Boden zu schleifen. Erst fiel das nicht auf, dann kaufte ich ihm so Schuhe für Hunde.
Ich rannte von Tierarzt zu Tierarzt, jeder stellte eine andere Diagnose. Es wurde dann immer schlimmer mit dem Pfoten hinterherziehen. Dann kamen noch epileptische Anfälle hinzu. Ich wusste damals noch nichts von Besetzungen und war noch nicht hellsichtig!
Dann Monate später konnte er immer weniger gut laufen. Ich ging wieder in eine Tierklinik, dieses Mal in der Schweiz. Dort sagte man mir, er habe vielleicht noch zwei Wochen oder zwei Monate zu leben. Er war nun zwölf Jahre alt.

Ich fühlte seit dem ersten Tag seiner Behinderung, dass es zu Ende ging. Ein Jahr lang habe ich jede Nacht geweint wegen ihm im Bett.
Wir trugen ihn zum Schluss gar immer in den Garten, damit er sein Geschäft machen konnte, aber er fiel dann immer um! Er machte sein Geschäft im Liegen! Ich kaufte ihm so einen Hundeanhänger, wo Hunde die Hinterläufe drauflegen konnten und sich mit den Vorderbeinen fortbewegen konnten. Barco wollte das nicht. Er wollte nicht mehr! Er wurde zwölf Jahre und drei Monate alt.
Ich habe ein Jahr geweint, jede Nacht. Und als er starb, nochmals drei Monate jede Nacht. Ich fragte mich später, warum muss ich sowas mitansehen? Warum tut das so weh? Heute weiß ich, dass Barco Tobby war!

Barco war die Reinkarnation von Tobby, den ich unreiferweise mit 20 Jahren damals abschob! Ich hatte die Chance bekommen, es wieder gutzumachen!
Ich habe es wieder gutgemacht! Nun muss ich gerade wieder weinen. Der Schmerz kommt nochmals hoch! Es kommt eben alles auf einen zurück! Niemand kann dem entgehen, auch ich nicht! Es ist eine Gnade Gottes, dass ich das heute weiß und diese Chance der Wiedergutmachung zu Lebzeiten bekommen habe! Isabell wurde »benutzt«, um mir Tobby als Barco wieder zuzuführen! Sie ist ein Engel! Ich danke Gott dafür! Und ich wünsche der Seele von Barco alles Gute. Auch wir werden uns eines Tages wiedersehen, mein lieber Freund! Ich liebe dich!

Ich wollte nie wieder einen Hund! Sechs Monate nach Barcos Tod lag ich auf dem Sofa, als ich urplötzlich einen Impuls bekam, im Internet nach einem Hund zu schauen. Zu der Zeit, 2012, hatte ich gerade wenig Geld. Meine letzte Firma ging grade Pleite, und ich war auch pleite. Eine Firma aus Liechtenstein hatte mich ausgetrickst und mich um meine Verkäufer betrogen. Also mir meine mühsam angeworbenen Mitarbeiter hinten rum abgeworben und mit dem Versprechen auf mehr Provision zu sich direkt angebunden! Also die Firma, für welche ich mit meiner Firma schon die ganze Zeit über gearbeitet habe! Wie oft sollte mir das denn noch passieren? Wieder war ich der Depp, und wieder war ich unschuldig! Wie soll man sich gegen Verrat denn absichern?
Gut, ich war wieder mal pleite und war 49!
Im Internet suchte ich auf einmal wie von Geisterhand angetrieben nach einem Hund und verstand mich selbst nicht! Ich wollte doch keinen mehr!

Ich fand einen Rhodesian-Ridgeback-Welpen, den ich kaufen wolle. Aber Anette drehte voll am Rad, sie wollte keinen Welpen, und auch keinen Hund, der wie ein Reh aussehe!
Ok, das war arger Widerstand! Ich suchte weiter, wusste aber nicht, nach was ich suchen sollte! Ich schaute einfach wild durch alle Rassen und alle Webseiten. Irgendwann blieb ich auf einem Bild hängen! Da stand ein junger Schäferhundrüde mit langem, dichtem Fell und einem Riesenschädel. Er hat sofort in mir irgendetwas hervorgerufen, ich wusste in dem Moment, das ist er! Er erinnerte mich wohl an Pascha! Obwohl ich hunderte Schäferhunde zuvor ansah, die auch irgendwie ähnlich waren, aber irgendwas war da anders!
Ich mailte fast in Panik an den Züchter, dass ich den Hund kaufen wolle, sofort.
Ich zeigte dann Anette das Bild, und auch sie war begeistert!
Wir verliebten uns auf den ersten Blick in diesen Hund auf dem Foto. Er hieß Troll von Antares und war zu dem Zeitpunkt neun Monate alt.
Später erfuhr ich, dass er 750 Euro kostete. Ich hatte 1000 Euro auf dem Konto und musste ihn in Berlin abholen! Das wurde knapp. Ich überwies eine Anzahlung, und am 12. April 2012 durfte ich ihn abholen. Es waren auf einmal 33 Grad genau für diesen einen Tag angekündigt. Anfang April! Zuvor waren es um die 18 Grad, und danach auch wieder. Und an dem Tag musste ich nach Berlin und zurück, mit einem alten Jeep und 250 Euro Spritgeld. Anette gab mir noch 200 Euro dazu, da der Jeep Grand Cherokee 16 Liter soff!
Die Klimaanlage ging an dem Tag auch noch kaputt! Also schlimmer hätte alles nicht sein können! Ich drehte das Gebläse voll auf, wir schafften es nach Hause! Zuhause überlegten wir uns einen anderen Namen, da mir Troll zu böse klang und mir nicht gefiel! Wir einigten uns auf Bruno, weil er einen Kopf hatte wie Bruno der Bär! Bruno war bei mir! Später erfuhr ich dann, dass es sich um Pascha handelte! Ich hatte Pascha wieder!

Barco hatte ich Isabell zu verdanken, und Bruno Anette! Meine beiden inkarnierten Schutzengel! Ist das nicht schön?
Die geistige Welt weiß alles und sieht alles! Jeder Mensch hat einen persönlichen Geistführer. Dieser hat quasi alles im Blick und schreitet ein, wo er es für notwendig hält! Sie können alles zulassen oder alles verhindern. Je nachdem, ob es für die Entwicklung, oder wie in meinem Fall für meine Aufgabe notwendig ist! Wenn es nötig ist, lassen sie es auch zu, dass man Leid und Schmerz erlebt! Warum, dazu komme ich später noch!

Barco war die Reincarnation von Tobby. Er kam zu mir, weil er damals schon zu mir wollte und ich ihn abgeschoben hatte, mangels Reife und mangels durch Besetzungen blockiertem Bewusstsein! Er kam nicht, um es mir zurückzuzahlen! Er kam aus reiner Liebe! Um mir die Chance zu geben, es wieder gutzumachen!
Bruno kam wieder, weil es damals so tragisch endete bei der Polizei! War ich schuld? Hätte ich dortbleiben müssen? Nein! Es war nicht so geplant! Er hatte viel leiden müssen damals, als er mir genommen wurde, und ich auch!
Die Geistige Welt sorgt auch für Ausgleich! Pascha durfte zu mir zurück als Ausgleich und weil wir eine starke Verbindung zueinander haben.
Ist es nicht schön, wie für uns gesorgt wird, durch die Geistige Welt?

Bruno war eine treue Seele. Als ich ihn damals abholte in Berlin und mit der Züchterin die vertraglichen Angelegenheiten am Küchentisch regelte, lag er sofort neben mir zu meinen Füßen! Die Züchterin war total baff!
Zwei Käufer hatten ihn zuvor schon gehabt und wieder zurückgegeben, da er nichts taugen würde für den so tollen Hundesport! Er habe nicht genug Spieltrieb! Er sei »nur« ein Familienhund! Er musste zurück, damit ich ihn holen konnte! Das wurde gelenkt, so wie alles gelenkt wird im Leben, ob im Guten oder im Schlechten!
Wir Menschen müssen lernen, mehr zu vertrauen, dem Schicksal vertrauen! Denn unterm Strich ist unser Schicksal immer gut für uns! Oder meint ihr, Gott gibt uns ein »böses Schicksal«?

Ich hatte nun zwei Fälle von Reinkarnationen von Hunden erlebt. Sicher, ich habe es erst später erfahren! Und doch hat das Schicksal alles zusammengeführt, ohne dass ich es wusste! Wir erfahren irgendwann immer die Wahrheit, der eine früher, der andere später!

2011 gingen die sichtbaren Verfolgungen ja los. Bis dahin waren es ja eher verdeckte Verfolgungen. Aus irgendeinem Grund haben die Reptos dann umgeschaltet auf offenes Stalking! Bei der Polizei und den Geheimdiensten ist das ja auch eine Art der Einschüchterung von Verdächtigen. Sie wollten wohl, dass wir es merken! Es begann die schrecklichste Zeit meines Lebens!
Es war die Zeit, wo es begann, dass nachts Wesen um mein Bett schlichen und an meinem Bett rüttelten und ich mich unter der Bettdecke versteckte!

Ich hatte die ersten bewusst erlebten Anfänge von Astralreisen und sah mich wieder in mein Bett sinken. Ich fühlte auch dieses wieder in den Körper zurücksinken, als würde ich in ein Loch fallen und mich irgendwie abstützen wollen! Da ich keinerlei spirituelles Wissen hatte und eine Geistige Welt für mich nicht mal namentlich existierte, war ich total überfordert zu der Zeit.
Ich konnte das alles nicht verstehen und habe es dann einfach auf Träume geschoben. Das hast du alles nur geträumt, sagte ich immer zu mir.

Dann begann das ja massiv zu werden mit den ganzen Verfolgungen und Drangsalierungen, den Fake-Nachbarn mit den Kinderschreiautomaten, den »Einbrüchen« in meine Wohnung usw.! Gegenstände, die da plötzlich auftauchten aus dem Nichts. Meine Wohnung war verqualmt, als würden zehn Raucher darin wohnen. Schritte über mir, obwohl die Wohnung darüber leer stand! Darüber habe ich ja das erste Buch geschrieben!
Ich wurde damals vom Geheimdienst massiv angegangen, es war fast schon greifbar, wie die mir, uns, hinterhergingen! Möchte jetzt nicht nochmals näher darauf eingehen. Bruno hat alles direkt mitbekommen. Er musste ja jede Regung, jede Angst von mir miterleben, da er ja meine Energie abbekam immer! Daraus hat sich dann später ein übersteigerter Schutztrieb bei ihm entwickelt. Er wollte mich dann vor jedem und allem schützen und ging irgendwann dann ja auf alles los!

Bruno hat quasi diese ganze Aufwachphase mitbekommen von mir. Er musste jeden Tag die Ängste und Anspannungen von mir ertragen. Als wir dann nach Kreuzlingen zogen, wurde er immer kränker. Er sah auch wie ich die Wesen und erkannte auch wie ich die Besetzungen an den Menschen. Er wollte mich dann immer vor diesen Besetzten schützen und wollte auf jeden von denen los! Gleichzeitig war er auch eine Art Unterstützung und Gradmesser für mich!
Er bestätigte mir immer, dass ich keine Halluzinationen hatte, wenn ich Reptos und Besetzte sah! Er bekam alle meine Ängste und Unsicherheiten ab, er bekam meine ganze Energie ab, und er nahm mir meine Krankheiten ab! Er opferte sich aus Liebe für mich! Ich hätte das alles bekommen sollen, aber er hat es auf sich genommen! Diese fünf Jahre Verfolgungen, Stalking, Drangsalierungen, Geister, Reptos, Teufel in meiner Wohnung und vieles mehr hatten meinen Körper sehr beschädigt! Darum haben sie mir ja meinen ewigen Freund Bruno geschickt, als Hilfe und Unterstüt-

zung, und Schutz! Er war mein Krafttier, und er hatte sich für mich in einen physischen Körper begeben!

Ich war bei zehn Tierärzten und Kliniken, siehe mein zweites Buch. Niemand konnte ihm helfen, da es wenig gute Tierärzte wie auch Menschenärzte gibt! Sie konnten immer nur Blut abnehmen und 150 Tests damit durchführen, oder was auch immer die mit dem Blut so machen, und am Ende stand immer, er sei gesund. Auch wenn er zehn Kilo abnahm und kaum laufen konnte, er war gesund. Nun hätte ich ihn ja als Heiler heilen können, oder nicht? Ja, das dachte ich auch. Aber jeder Insider weiß, dass es oft nicht möglich ist, sich selbst zu heilen als Heiler. Und der Hund ist quasi ein Teil von mir! Heute weiß ich, dass ich keine Chance hatte, ihn zu heilen, dann hätte ich sterben müssen an seiner Stelle. Bruno hat sich geopfert und meine Krankheiten ausgetragen. Ich hätte sie sonst bekommen! Tiere opfern sich oft für uns Menschen, aus reiner Liebe! Sie sind Liebe!
In Südamerika, Peru glaube ich, arbeiten die Menschen mit Meerschweinchen, wenn sie jemanden heilen wollen. Der Kranke bekommt ein Meerschweinchen, und nach einer bestimmten Zeit schauen die, was das Meerschweinchen für Krankheiten hat. So erfahren sie, an was der Mensch leidet! Hier in meinem Fall ist es noch eine Stufe weiter! Mein Hund übernahm die Krankheiten gleich!
Die Geistige Welt wusste das natürlich, sonst hätte sie mir und ihm geholfen!
Es gibt auch für mich sowas wie ein Schicksal! Sie hat mir aber ja auch so geholfen, weil ich sonst jetzt tot wäre!

Bruno starb am 21.02.2018 um 17.00 Uhr in meinen Armen! An dem Tag hatte ich um 11.00 Uhr einen Tierarzttermin in Kreuzlingen, um Bruno seine monatliche Vitaminspritze zu geben. Er aß noch was am Morgen und alles war bestens. Mir fällt es sehr schwer, jetzt darüber zu schreiben, diese ganze Verzweiflung an dem Tag kommt nochmals hoch zu mir.
Beim Tierarzt sackte er plötzlich in sich zusammen und bekam einen Blähbauch! Der Tierarzt meinte, er gäbe ihm nun mal eine Spritze gegen Blähungen und ich solle schön seinen Bauch massieren, das wird schon wieder! Ich fragte ihn, ob er sicher sei, dass das genüge? Ich war an dem Tag ganz seltsam blockiert, wie weggetreten. Und Anette war genau an dem Tag in ihrem Ferienhaus. Ich war dann alleine mit Bruno und massierte den Bauch. Und betete die ganze Zeit zu Gott, dass er ihn heilen möge.

Als der Bauch immer dicker wurde, bekam ich es mit der Angst. Ich wusste nicht, welchen Tierarzt ich noch fragen könnte, da ich ja schon bei allen einmal war und mich schon mit allen angelegt hatte, ihnen meine Meinung über ihr bisheriges Versagen kundtat!
Also rief ich den vom Morgen nochmals an, der war aber nicht im Hause. Ich wurde immer nervöser, Bruno pfiff und drückte seinen Kopf an mich, bedeutet: Hilf mir! Ich packte ihn dann nach einer Weile ins Auto, um zum nächstbesten Tierarzt zu fahren. Bruno wurde dann immer müder und apathischer. Ich fuhr zum Tierarzt in einer Nachbargemeinde, klingelte und sagte, mein Hund ist schwer krank. Die Helferin kam mit ans Auto, da lag Bruno schon nahezu bewusstlos hinten drin. Die Helferin sagte, ich solle den Maulkorb drauf tun für ihre Sicherheit. Ich dachte, ich drehe durch! Ich schrie die Repto-Dame an, ob sie nicht sehe, dass mein Hund fast bewusstlos ist und kaum Luft bekommt? Sie bestand auf den Maulkorb, ansonsten würde sie eine Behandlung ablehnen wegen ihrer Sicherheit! Ich machte Bruno, der nicht mehr ansprechbar war, den Maulkorb dran, lupfte ihn auf meinen Armen aus dem Käfig meines SUV und trug ihn in einen Raum beim Tierarzt. Die Repto-Tierärztin schaute ihn kurz an und sagte dann zu mir, ob sie ihn einschläfern sollte, er würde nicht mehr lange leben. Ich schrie sie verzweifelt an, was ihr einfallen würde, sie solle gefälligst meinen Hund retten, aber sofort! Ich erkannte noch immer nicht, was da gerade passierte! Ich war immer noch wie blockiert, als hätte ich Drogen genommen. Während ich mit der Repto-Ärztin stritt und sie immer wieder anschrie, dass sie jetzt endlich etwas machen solle, da starb Bruno in meinen Armen!
Ich schrie vor Verzweiflung immer wieder: »Bruno, Bruno bitte bleib hier bei mir! Bitte Bruno bleib hier! Nein! Du darfst nicht sterben! Bleib bei mir! Ich liebe dich doch!« Bruno war tot!
Ich habe in meinem Leben noch nie so geweint! Noch gar nie! Ich sackte zusammen. Man setzte mich auf einen Stuhl und präsentierte mir Urnen, welche ich wolle und wie viel ich ausgeben wolle und ob ich bar zahlen würde oder mit Karte! Ich meinte, ich müsse durchdrehen! Es kostete mich unendlich Kraft, mich zusammenzureißen ob so viel Gefühllosigkeit und Kälte dieser Menschen hier! Ich schluchzte nur noch! Grade jetzt, wo ich darüber schreibe, heule ich wieder wie ein Schlosshund! Ich sehe grade alles wieder im Geiste.

Es war der bitterste Moment in meinem Leben! Ich habe ihn so geliebt, ich hätte mein Leben für ihn gegeben! Ich schrie dann im Auto meine ganze

Verzweiflung raus, rief Anette an. Es war ein Drama!
Ich habe fünf Kilogramm abgenommen in den darauffolgenden Tagen. Die Zeit schien auf einmal stillzustehen für mich. Es war, als ob alles aufgehört hätte, zu existieren. Noch nie hatte ich so einen tiefen Schmerz verspürt in mir! Nun machte ich mir unendliche Vorwürfe, was ich alles hätte anders machen können, müssen! Warum sah ich das nicht kommen? Warum half man mir nicht? Warum konnte ich ihn nicht retten, wo ich doch tausende Menschen und Tiere gerettet hatte bisher? Ich verstand das nicht! Für mich war alles irgendwie auf einmal sinnlos. Ich fühlte mich von allen im Stich gelassen. Den Tierarzt rief ich dann an und sagte ihm, dass er ein Versager und Taugenichts sei!
Man hätte Bruno vielleicht retten können noch am Morgen, wenn der Repto nur eine Ultraschalluntersuchung wenigstens gemacht und ihn dann gleich notoperiert hätte!

Bruno hatte einen Enddarmverschluss, und wie ich später dann erfuhr von der Geistigen Welt, hatte er Darmkrebs! Er muss schon lange große Schmerzen gehabt haben, und er ist für mich gestorben, um mich zu retten, aus Liebe!
Ich wurde von der Geistigen Welt lange Zeit blockiert, damit ich das nicht schon lange zuvor erkennen und sehen konnte. Meine Hellsicht wurde bei ihm blockiert. Es sollte so sein!
Ich war am Boden zerstört, das Leben hatte keinen Sinn mehr für mich! Da ich zu unglaublicher Liebe fähig bin, spüre ich auch unglaublichen Schmerz! Es war die schlimmste Zeit meines Lebens! Und ich - das soll was heißen!

Aber ich hatte die Rechnung ohne Bruno gemacht!
In der darauffolgenden Nacht, am 22.02.2018 um 05.45 Uhr, kam Bruno als Astralwesen zu mir ins Schlafzimmer. Er wollte sich verabschieden, dachte ich mir. Ich sah ihn so, wie du dich im Spiegel siehst. Ganz klar und deutlich. Er flog nur, das war der Unterschied. Er flog über meinem Bett zu mir an den Kopf und schien mich zu küssen! Mich durchflutete ein unglaubliches Glücksgefühl, und ich musste wieder sehr weinen und schluchzen, rief seinen Namen immer wieder. Er war weg!

Am 25.02.2018 um 23.30 Uhr kam er aber wieder! Und legte sich neben mich aufs Bett. Ich sah ihn, als wäre er echt! Er machte nur einen frischeren

Eindruck als an dem Tag, wo er starb! Ich ahnte schon etwas! Er kann wohl nicht ins Licht, weil ich so trauere um ihn! Ich fragte die Geistige Welt, ob er nicht ins Licht gehen könne, weil ich so klammere! Sie sagten, nein, er wolle noch nicht zurück, er wolle noch einmal zu mir zurück! Ich schlief wieder ein!
In der Nacht wurde ich dann von Bruno auf eine Astralreise mitgenommen. Wir flogen in ein mir unbekanntes Land, ein sehr armes Land. Wir kreisten über einem Bauernhof, wo viele Hundezwinger waren, mit vielen jungen Hunden und Welpen darin. Bruno zeigte mir einen schwarz-weißen Welpen, der ganz alleine in einem Zwinger kauerte! Diese Rasse kannte ich nicht! Wir flogen dann weiter und er zeigte mir ein Ortschild. Ich konnte das nicht lesen und es mir auch nicht merken, es war eine mir fremde Schrift, ähnlich wie russisch!
Ich wachte wieder auf bei mir im Bett, ich musste wohl auf die Toilette. Mein physischer Körper hatte mich zurückgerufen!
Ich konnte nun sicher nicht mehr schlafen und rief meine Lichtwesen. Ich fragte nach der Rasse dieses Hundes. Sie nannten mir »American Akita»! Das hatte ich noch nie gehört! Ich ging ins Internet und googelte nach dieser Rasse! Da kam dann sofort eine Verkaufsanzeige auf Ebay ins Bild: Letzter Welpe vom Wurf noch übrig, und ein Bild von einem schwarz-weißen Hund! Das war der von meiner Astralreise! Ich wurde total aufgeregt! Ich schaute, wo der Züchter denn ist! Bulgarien? Um Gottes Willen, ich kaufe doch keinen Hund aus Bulgarien, dachte ich! Und überhaupt, wie soll das Bruno sein, der ist ja schon drei Monate alt, dieser American Akita da!
Wie soll das gehen? Als ich die Adresse des Züchters las, erkannte ich den Namen auf dem Ortsschild von meiner Astralreise! Unglaublich!

Ich fragte meinen Geistführer später. Es ist so, dass bei Tieren die Reinkarnation einfacher vonstattengeht als bei Menschen! Bruno brauche nur einen Körper, wo schon ein Indigowesen drin ist. Dann wurde ein kompletter Tausch vereinbart. Also nicht nur die Seele! Das Geistwesen in dem Akita war bereit, den neuen Körper von ihm wieder zu verlassen und Bruno Platz zu machen! Das war alles ein wenig viel für mich. Ich war ja immer noch traumatisiert.
Ich rief diesen Händler etwas widerwillig an, weil ich es irgendwie nicht fassen konnte. Er meinte, dass zwei Monate lang keiner den Hund wollte und nun auf einmal heute gleich drei Familien aus Deutschland? Ich wuss-

te nun, ich war richtig! Ich machte sofort eine Blitzüberweisung und eine Anzahlung!
Unter normalen Umständen hätte ich aus den bekannten Gründen nie einen Hund in Bulgarien gekauft! Sie sagten, in vier Wochen sei der nächste Trip nach Deutschland. Wir vereinbaren Konstanz als Übergabeort. Mir war bange, dass Bruno auch gut ankommt bzw. sein Körper. Bruno war ja die ganze Zeit über, nicht immer, aber oft, bei mir, das spürte ich auch tagsüber. Nachts schlief er oft auf meiner Bettdecke! Einmal lag er sogar neben mir auf dem Sofa. Bongo hat ihn auch gesehen und große Glotzaugen bekommen vor Fassungslosigkeit!
Einmal sah ich Bruno auch als Falken auf einer Tannenspitze sitzen und auf uns runterschauen! Ich erkannte ihn an seiner Energie. Die verändert sich ja nie!

Einmal schaute ich aus Zufall, warum auch immer, Schäferhunde im Internet an, vermutlich aus Sehnsucht nach Bruno, da biss er mich astral in den Oberschenkel! Das tat mir den ganzen Tag weh dann. Das mochte er nicht! Ich hatte dann ständig Bedenken, ob der neue Körper von Bruno auch heil ankommen würde! Mein Geistführer bestätigte mir aber immer wieder, alles würde reibungslos klappen, ich solle loslassen und einfach vertrauen. Der Austausch der Geistwesen würde aber erst geschehen, wenn der neue Hund angekommen sei bei mir!

Als Name habe ich mir »Aslan« ausgedacht, in Anlehnung an die »Chroniken von Narnia«! Am 21.03.2018, auf den Tag genau vier Wochen nach Brunos Tod, kam dann Aslan. Der kleine, tapfere, stolze Aslan war da. Alles hatte reibungslos geklappt. Aslan hatte 25 Stunden in einem VW-Bus mit rund zehn dauerkläffenden anderen Welpen hinter sich und machte zur Begrüßung, nachdem er erstmal fünf Liter Wasser trank, einen schönen Haufen in unseren Flur! Aber das war noch nicht Bruno!
Ich nahm Aslan erstmal die Nacht zu mir ins Schlafzimmer und ging dann alle zwei Stunden mit ihm Gassi!
Am anderen Morgen war es immer noch nicht Bruno. Ich fing an, zu zweifeln. Aber Bruno selbst war auch nicht mehr zu sehen und zu spüren!

Dann am nächsten Morgen erkannte ich die Energie Brunos in Aslan! Sein Blick hatte sich verändert! Er schaute mich plötzlich ganz tief und intensiv an, ich musste sofort losheulen! Bruno war wieder da!

Seit dem Tag schläft Aslan jede Nacht neben meinem Bett, ohne Ausnahme!
Bis zum heutigen Tag! Die astralen Angriffe sind, bis auf sehr wenige Ausnahmen, seitdem weggeblieben! Aslan/Bruno ist mein Krafttier, mein Schutztier! Ich schlafe seitdem durch nachts!
Aslan ist Bruno! Er verhält sich in vielen Situationen gleich. Er weicht mir nicht von der Stelle, geht auf Schritt und Tritt überall hin mit mir. Er bellt nie. Klar hat Bruno nun eine andere Programmierung. Er ist rassebedingt nun ruhiger, abgeklärter, bedächtiger als zuvor. Er ist dominanter, selbstbewusster, selbstsicherer! Früher mit Bruno, da ging ich jedem Menschen und jedem Hund aus dem Weg, oft panisch, damit nichts passiert. Aslan bleibt stehen, er geht keinem mehr aus dem Weg! Er zeigt mir nun eine neue Ausrichtung meines Bewusstseins für die Zukunft! Selbstsicher und selbstbewusst durchs Leben gehen, niemandem mehr weichen!

Wenn Aslan von anderen Hunden angegriffen wird, meistens von kleinen Kläffern, dann ist ihm das nicht mal ein Gähnen wert! Und wenn ihn große angreifen, dann drückt er sie mit seinem Gewicht, er hat derzeit 45 Kilogramm bei knapp 70 Zentimeter Schulterhöhe, vielleicht werden es noch zwei oder drei Kilogramm mehr werden einmal, auf den Boden. Er beißt nicht sofort, er maßregelt, er dominiert, ohne wütend zu werden. Er ist sich seiner Stärke bewusst! Er ist der unangefochtene Herrscher, König Aslan!

Warum liebe ich diesen Hund so sehr? Wie ich erfahren habe durch die Geistige Welt, sind Pascha/Bruno/Aslan und ich seit unzähligen Zeiten zusammen inkarniert auf der Erde! Wir sind ein Team, und wir lieben uns tatsächlich! Die Liebe ist immer nur die Liebe! Es gibt keine verschiedenen Arten von Liebe! Vielleicht liebe ihn so sehr, weil er mir nicht widerspricht, wie meine Frau? Spaß beiseite! Ich liebe sie ja genauso! Sonst wären wir nicht 30 Jahre durch Dick und Dünn gegangen zusammen! Wir haben dieses Jahr 30-jähriges Jubiläum! Es ist auch bei uns so, also bei mir und meiner Frau, dass uns nichts trennen kann, was auch passiert! Auch keine noch so große Meinungsverschiedenheit oder Streit konnte uns bisher trennen! Es gibt Geistwesen, die sich immer und überall immer wieder zusammen mit meist den gleichen Tieren inkarnieren, und dazu gehören auch und vor allem Hunde und Katzen! Diese Erfahrung nun als Mensch bewusst zu erkennen, ist eine wunderschöne Sache, und selbst ich brauchte lange, um das mit dem Verstand zu kapieren! Mein Herz musste nicht nachdenken, es wusste es einfach! Bruno ist nun Aslan, und ich freue mich so sehr, dir das in diesem Buch mitteilen zu dürfen! Aslan ist nun hier bei uns!

Ein paar Mal war ich auch schon beim Tierarzt mit ihm, er kam mit Schnupfen, Niesen, Juckreiz und Durchfall an. Es ging einige Wochen, bis alles ok war! Allergien hat er heute noch, habe schon ca. 20 Futtersorten durch. Aber ich habe ja auch viele Allergien, wen wundert's also! Unsere Hunde bekommen wie kein anderes Tier auf der Welt unsere Energien ab! Man sagt nicht umsonst: Wie der Herr, so das Gescherr! Also, wie das Herrchen, so das Hundchen, für die Norddeutschen!

Bruno ist mein Lebensretter gewesen! Er hat mich nie wirklich verlassen. Er war, nachdem er als Pascha gestorben war, erstmal längere Zeit in Alaska als Husky, um Abstand zu gewinnen! Nun wird er als Aslan eine sehr schöne lange und glückliche Zeit wieder bei mir sein! Bitte schau dir auch den Film »Mein Freund Bailey an«, da geht es auch um Hunde-Reinkarnationen!
Unsere Krafttiere inkarnieren oft als unsere Haustiere! Viele haben ja zwei Krafttiere. Ich habe noch einen Tiger. Aber ich bin froh, wenn er derzeit nicht inkarniert hier bei mir, das könnte nun doch zu Komplikationen führen! Spaß beiseite, wenn ein Tiger inkarniert, würde er als Katze kommen! Auch das Krafttier von Anette ist inkarniert, ein Löwe. Hier ist er aber nur eine Katze, nämlich unser Bongo!

Beide Krafttiere, der astrale Tiger und Aslan, sind rund um die Uhr bei mir! Sie werden alles für mich tun, alles! Man muss aber seinen Krafttieren Respekt erweisen! Wenn man sie schlecht behandelt oder gar ignoriert, gehen sie weg! Aslan steht für die kommende Zeit! Es geht raus aus der Angst, in eine neue Selbstverständlichkeit des Seins! Wir weichen nicht mehr! Sie müssen gehen! Wir bleiben!

Ich bin dankbar, dass ich das alles erleben durfte und nun mit euch teilen kann! Auch wenn es harter Tobak war für mich, der unvorbereitete »Tod« Brunos, und mich bis heute ein wenig traumatisierte! Es war sehr hart! Aber Gottes Wege sind unergründlich, und sie sind die der Liebe! Die Geistige Welt hilft dir, wo immer es nötig ist! Du bist nie allein, und du darfst nie verzagen und verzweifeln! Alles, was sich liebt, wird nie wirklich getrennt sein! Alle Liebenden werden immer zusammen sein eines Tages, an einem wunderschönen Ort! Bis in alle Ewigkeit vereint! Und alle Menschen, die dich lieben, werden dich überall im »Universum« finden! Nichts ist stärker als die Liebe! Nichts hält uns Geistwesen mehr zusammen, als die reine Liebe! Die Liebe ist der Antrieb von allem, was ist!

Was ich noch hinzufügen möchte, ist, dass die frühere Chihuahua-Hündin Tinki, die ja im Oktober 2016 qualvoll im Auto von Isabell starb, seit letztes Jahr im Herbst wieder bei Isabell ist! Sie kam zurück als Bambi! Wir entdeckten sie zufällig im Internet, und meine geistige Überprüfung ergab, dass es sich um die Reinkarnation von Tinki handelte! Sie ist leider traumatisiert zur Welt gekommen. Hat starke Atemprobleme. Sie starb ja qualvoll, erstickte ja. Ich habe darüber geschrieben! Wir haben dann später auch noch die leibliche Mutter von Bambi gekauft. Die Züchterin hat sie zu oft decken lassen, sie war auch krank. Beiden geht es aber nun wieder besser bei Isabell. Habe wochenlang Heilbehandlungen an ihnen gemacht!

Wir haben, besser gesagt Isabell, auch noch zwei Pferde, die wir retten mussten und wollten! Zwei Friesen! Sie standen auf einem Hof von Kriminellen, die so tun, als wären sie Pferdeliebhaber und aber nur die Leute abzocken und das Geld für Impfungen und Pflege für die Pferde in die eigene Tasche stecken! Viele Pferde verendeten auf deren Hof qualvoll. Wir haben dann zwei gekauft, um sie zu befreien. Eines davon ist auch eine Reinkarnation eines früheren Pferdes von Isabell! Ja, wir sind eine tierliebe Familie! Zwei Pferde, vier Hunde (nicht im selben Haushalt), zwei Katzen, ein Hamsterfräulein. Und ca. fünf Tauben, fünf bis sieben Raben, zwei Elstern und ca. 50 Spatzen! Alle auf unserer Terrasse! Und Isabell hat auch noch Spinnen und Schlangen! Sie rettet immer wieder Spinnen und Schlangen, die andere im Tierheim abgeben oder töten wollen! Tiere sind das Salz in der Suppe des Lebens! Ich würde nie ohne Tiere leben wollen! Nie! Ein Leben ohne Tiere ist möglich, aber sinnlos!

KAPITEL 6

Unser Umgang mit Tieren und Pflanzen

Wie gehen wir Menschen mit Tieren und Pflanzen um? Also mit der Schöpfung? Alles ist Schöpfung, alles! Weil es ohne die Schöpfung nichts geben würde! Nichts! Nicht mal den Teufel! Alles wurde irgendwann einmal vom großen allmächtigen, allwissenden Schöpfer von allem, was ist, erschaffen! Alles, was es gibt, was es je gab!

Das Leben selbst wurde vom Schöpfer erschaffen, die Natur, die Tiere, die Menschen, die Erde, die Planeten! Die schauen wir uns in einem anderen Kapitel noch näher an!

Ich werde in diesem dritten und wohl letzten Band von mir aus der Reihe »Die unglaubliche Wahrheit über Indigo-Menschen« sicher nicht mehr versuchen, dich von der Existenz eines Gottes und einer göttlichen Schöpfung zu überzeugen! Wenn du an dieser Stelle hier noch an einen Urknall und eine körperliche Evolution und an eine »Nahrungskette« glaubst, dann schlage das Buch bitte jetzt zu und lege es weg! Es hat dann keinen Sinn mehr für dich, überhaupt weiterzulesen!
Es gab nie einen Urknall! Es gibt auch keine tierische Evolution! Kein Tier hat ein anderes Tier von sich aus hervorgebracht! Kein Mensch stammt von irgendeinem Tier ab! Es gab nie Einzeller, die aus dem Wasser ans Land kamen und sich dann mühsam über die Fische und Reptilien zu den Affen und Menschen entwickelt haben! Wer das glaubt, dem ist nicht mehr zu helfen!

Gott muss nur denken, und es ist! Gott denkt sich eine Daseinsform, und in dem Moment existiert diese! Alles, was ist, waren und sind Gedanken Gottes!
So wie wir Menschen mit unseren Gedanken positive oder negative Gedankenformen, Elementalwesen, erschaffen, so hat Gott uns Menschen, die Tiere und die Natur erschaffen! Und die ganze Erde zuvor natürlich!

Natürlich hat Gott auch gottähnliche Wesen erschaffen, die in seinem Namen tätig sind und ihrerseits erschaffen, schöpfen, was wir Menschen ja auch tun. Aber ich meine nun eher hohe göttliche Lichtwesen! Diese sind quasi Vertreter Gottes in der Geistigen Welt und auch auf Erden, verkörpert als Menschen. Sogenannte Indigos! Diese gibt es nicht erst seit ein paar Jahren oder gar Jahrzenten. Sie sind auch nicht die klassischen Indigo-Kinder! Es gibt keine Indigo-Kinder der neuen Generation oder Ähnliches! Indigos gab es schon lange vor dem Erscheinen des ersten Menschen! Indigos haben die Menschheit überhaupt erst erschaffen im Namen Gottes! Zu Beginn gab es nur 1000 Indigos, Lichtwesen, die die Erde bevölkert haben. Diese waren rein feinstofflich, und aus ihnen haben sich dann später nach und nach die heutigen Menschenkörper in der heutigen Dichte manifestiert!

Später kamen noch 143 000 weitere Indigos auf die Erde, die heute allesamt in der jetzigen Dichte »gefangen« sind, also immer wieder reinkarnieren müssen. Die Dunkelheit hatte ihnen Fallen gestellt, in welche Indigos gerne hineintappen! Es gibt zwölf obere Indigos von allen, und einen ganz Oberen von allen!
Das ist das Lichtwesen, welches am längsten existiert als Indigo, und auch als Mensch! Du wirst nun raten, wer das ist? Und es nicht glauben!

Gott hat jedem Menschen, jedem Lebewesen einen freien Willen gegeben! Jeder Mensch hat diesen heute! Das ist ein unabdingbares göttliches Gesetz und darf von keinem anderen Wesen, welches existiert, gebrochen werden! Der freie Wille ist das A und O jeglicher Existenz von Lebewesen! Nun stellt man sich die Frage: Haben dann auch Tiere und Pflanzen einen freien Willen? Ja!
Das werde ich dir hoffentlich in diesem Kapitel erklären können!

Die Dunkelwesen sind das Gegenstück zu den Lichtwesen! Diese sind Abspaltungen, also »Abfall« der Lichtwesen, welche sich im Laufe der Zeit zu seelenlosen Elementalwesen, Reptos und Archonten entwickelten!

Diese manifestierten sich dann als Reptos, als humanoide Reptiloiden, menschen- und reptilartige Lebewesen! Sie kamen von anderen Planeten/ Dimensionen und wurden auf die Erde in das Erdinnere »strafversetzt», nachdem sie ihren eigenen Lebensraum zerstört hatten, so wie sie es heute mit der Erde tun!
Sie dürfen aber nun seit längerem, seit Atlantis, auch als Menschen (Reptos) auf der Erdoberfläche inkarnieren, um die Menschheit so als troja-

nisches Pferd zu infiltrieren und von innen zu zersetzen. Sie waren die früheren Neandertaler, die nicht ausgestorben sind, sondern immer noch mitten unter uns leben! Sie sehen nun aus wie jeder andere Mensch, die, die inkarnieren!

Es ist auch eine Chance für sie, Mensch zu werden und aus ihrem Gefängnis auszubrechen! Sie sind Dämonen! Die niederste Form eines Geistwesens! Also die negativste Ladung, die ein Wesen haben kann. Im Gegensatz zu den Lichtwesen, die die positivste Ladung haben, die ein Lebewesen je haben kann, von Gott selbst abgesehen!
Das war nur mal ein kleiner Crash-Kurs in Sachen Menschheitsgeschichte. Später dazu mehr! Ich bekomme diese ganzen Informationen während dem Schreiben in mein menschliches Bewusstsein gespritzt, eingefüllt, oder wie ich das nennen soll!
Ich weiß vorher nicht genau, was ich schreibe zu einem Thema, es kommt einfach so während dem Schreiben hier!

Diese Dämonen, Reptos, Elementalwesen, die wir Menschen auf Atlantis, also nach Lemurien gerufen, erweckt haben, sind unsere Schatten, unsere Gegenspieler! Wir selbst sind dafür verantwortlich, dass es sie gibt! Es war unser freier Wille. Durch die maßlosen Übertreibungen von Anwendungen Schwarzer Magie haben die Menschen sich damals für diesen heutigen Weg entschieden! Was die Menschen nun einholt, ist nur das, was sie selbst gesät haben.

Die Reptos sind intelligent, aber nur auf eine spezielle technische Art. Sie haben Computerhirne, können alles auswendig lernen in kürzester Zeit und alles abrufen, wenn sie es brauchen. Sie sind seelenlos, haben also keine Gefühle, also für andere, für sich selbst schon! Sie sind kaltherzig (Kaltblüter). Sie sind skrupellos, da kein Herzzugang. Sie sind rücksichtlos, denken nur an ihre eigenen Vorteile! Selbst wenn sie Gutes tun, haben sie irgendwelche niederen, egoistischen Absichten! Selbst wenn zwei Menschen genau das Gleiche tun, kann man sie unterscheiden an den wahren Absichten. Ein Repto hat immer nur sich und seine Sippschaft und seine eigenen Vorteile im Kopf! Er ist reiner Egoismus! Er ist lebendiges Ego auf zwei Beinen!
Sie steuern mittlerweile die Welt! Die Reptos vom Orion, die hochtechnologische seelenlose und gottlose reptiloide Rasse, die im Untergrund haust und uns als Menschen getarnt unterlaufen und infiltriert hat!

Ihre »Kollegen« da unten in 3D unterstützen sie hier als Menschen! Sie verfügen über allerlei Technik, die wir Menschen nicht kennen, geschweige denn verstehen würden! Sie fliegen sogar mit Ufos umher oder mit zigarrenförmigen Raumschiffen, die sie unsichtbar machen können.
Sie sind meist Schwarzmagier und verfügen allesamt über Psi-Kräfte! Die Raumschiffe und Ufos kommen eigentlich aus der Erde. Sind also derzeit keine Außerirdischen mehr im eigentlichen Sinne, eher Innerirdische! Klar, irgendwann mal kamen sie von außerhalb!

Es ist ihr Bestreben, die Menschheit und alles Göttliche auf der Erde zu vernichten! Weil sie auf der anderen Seite auch sehr dumm sind! Sie können nicht zu Ende denken! Sie haben nur ein Ziel: die totale Kontrolle der Welt, über und mit der Hilfe ihrer inkarnierten »Menschen»!

Natürlich wissen diese Repto-Menschen nicht, dass sie Reptos sind! So wie ich nicht wusste, dass ich ein Indigo bin. Das Gegenstück dazu!
Der menschliche Körper ist quasi eine Art von neutralem Kleid, das sich alle anziehen auf der Erde. Somit sind wir alle »gleich« und doch grundverschieden!
Auf der Erde prallen quasi Welten zusammen! Verschiedenste Geist- und Lichtwesen! Mit und ohne Seele, aus den verschiedensten Dimensionen und Abstammungen! Und mit den verschiedensten Absichten!
Die beseelten Menschen haben vom Prinzip her Gutes im Sinn. In den letzten Jahrtausenden ist es den Dunkelwesen ohne Seele jedoch gelungen, unzählige Beseelte zu sich in den Abgrund zu locken und dort energetisch gefangen zu halten!
Diese Reptos bekommen von der Schöpfung keinerlei Lebensenergie, da sie nicht an das göttliche System angebunden sind! Darum haben sie sich ein eigenes System der Energiebeschaffung erschaffen!
Über die Entstehung der bösen Rasse werde ich später noch was schreiben!

Diese Welt hier wird von der dunklen Rasse der Reptiloiden geleitet! Natürlich hat Gott immer das letzte Wort! Sicher hat jeder Leser seine eigene Meinung dazu, wer hier das Sagen hat! Aber es ist ja allzu offensichtlich, was für eine Energie hier herrscht!

Wann genau diese Rasse, ich habe viele Namen für sie, das Kommando hier übernommen hat, ist wohl nicht eindeutig zu bestimmen. Es war irgendwann während Atlantis, kann gut 500 000 Jahre her sein. Atlantis dauerte ja sehr lange, das war ja nicht nur eine kurze Zeitepoche wie die Antike oder das Mittelalter! Sicher könnte ich genau herausbekommen, was wann wo war! Aber das will ich gar nicht! Weil es unerheblich ist! Ich habe zur Entstehung der Menschheit und der Herkunft der dunklen Rasse ja schon im zweiten Buch viel geschrieben, und ich möchte ja kein Remake-Buch schreiben!

Die kaltherzigen, gefühllosen, egoistischen Raubtiere Reptiloiden inkarnieren auf jeden Fall als Menschen! Es gibt sie natürlich auch unter der Erdoberfläche! Ich habe mich neulich mit einem Rumänen unterhalten, den ich von früher kannte und nach Jahren mal wieder getroffen hatte am Bodensee. Er meinte dann, nachdem wir uns unterhalten hatten über meinen jetzigen Beruf, ob ich mit Reptos diese »Ungeheuer von da unten« meinen würde! In Teilen Rumäniens, sicher auch in anderen Ländern, ist es bekannt, dass es da Wesen gibt, die im Inneren der Erde leben! Auch der Vampirismus kommt ja von Rumänien. Also dieses Land spielt geografisch eine entscheidende Rolle, was die Herkunft dieser dunklen Wesen betrifft! Oder anders gesagt, die Verbreitung auf der Erdoberfläche!

Vampire brauchen Blut, um überleben zu können! Und es gab und gibt Vampire! In der Astralwelt wimmelt es nur von Monstern und Vampiren, die nichts anderes tun, als andere Wesen auszusaugen energetisch! Sie können aber auch auf unserer Ebene aktiv werden, wenn sie einen geeigneten menschlichen Körper finden, dessen Geist schwach ist und der seelenlos ist! Dann übernehmen sie diesen Körper und tarnen sich als normale Menschen!
Sie brauchen dann aber Blut, um sich in diesem Körper halten zu können! Am liebsten ist ihnen Blut von unschuldigen Kindern!

Bei den inkarnierten Reptos und Dracos ist es gleich! Sie können auch menschliche Körper übernehmen, wenn keine Seele darin ist und der Geist schwach ist! Sie stecken dann in dem Körper, der Mensch zuvor existiert dann nicht mehr bzw. nur minimalst, damit der Körper eben gerade noch lebt. Wenn der Geist, der zuvor im Körper war, komplett geht, müssen sie sich darin aufrechthalten, indem sie immer wieder neues Blut von Kindern trinken. Es gibt ihnen Lebenskraft, Lebensenergie. Nur durch den Tod von anderen können sie sich am Leben halten! Von der Energie anderer! Die

höchste und stärkste Energie bekommen sie ausgesaugt, wenn ein Kind sehr leiden muss, während es stirbt, also geopfert wird!
Dann produziert das Kind oder der Mensch oder das ein Tier ein spezielles Hormon, genannt Adrenochrom! Es müssen mehrere Kinder, Menschen, Tiere gequält werden, um nur ein einziges Fläschchen Adrenochrom zu bekommen!
Das ist quasi eine Art Droge für die Reptos und Vampire. Aber wie gesagt, das sind nur die, die bewusst in Menschenkörpern inkarnieren. Man kann sagen, dass sind inkarnierte Teufel. Satan persönlich ist da in diesen Körpern! Wie viele das nun genau sind? Mehrere Zehntausend!
Die Reptos verfügen ja im Inneren der Erde über unzählige Zuchtanlagen, wo sie Menschen und Tiere züchten, foltern, jagen und dann töten, um deren Blut zu trinken und deren Fleisch zu essen!

Adrenochrom nehmen auch viele Politiker und Wirtschaftsbosse, Illuminaten und Co. zu sich, um überhaupt noch am Leben bleiben zu können! Sie sterben dann aber irgendwann an Kuru, der Kannibalenkrankheit! Eigentlich sind sie ja schon tot, lebende Tote! Weil da ist keine Seele drin, und auch kein Geistwesen mehr. Da sind dann Ableger des Satans drin! Genaugenommen sind es aber auch Geistwesen! Niedere Geistwesen, ohne jegliches Bewusstsein. Gelenkt durch den Teufel höchstpersönlich!
Sie haben nur ein einziges Ziel: Lebensenergie zu erhalten. Gott hat sie von der Quelle abgetrennt, da es keine göttlichen Wesen mehr sind oder es noch nie waren!

Diese niederen seelenlosen Geister, Reptos, Vampire sind dafür verantwortlich, wie es bei uns oben auf der Erde aussieht!
Falls du es noch nicht gemerkt hast, du bist hier in der Hölle gelandet!
Du meinst, ich übertreibe? Dann geh doch mal ins Internet und recherchiere!
Ich bin sicher, du wirst die Wahrheit eines Tages selbst herausfinden und dann sagen, der Sananda hat recht gehabt!
Bisher habe ich ja von den bewusst inkarnierten Reptos geschrieben, also über die, die bewusst menschliche Körper übernehmen! Es gibt sehr junge europäische Spitzenpolitiker, wo man sich fragt, wie kann das sein, dass einer in dem Alter schon so eine hohe Position hat? Das sind bereitgestellte bzw. selbst gezüchtete menschliche Körper, die dann für verstorbene Reptos und Dracos als neue Behausung gedacht sind, um am 3D-Leben hier weiter teilnehmen zu können!

Wenn also irgendwo auf der Welt ein alter Draco oder Repto endlich mal mit 105 den Löffel abgibt, also stirbt, bzw. der menschliche Körper kann mit Adrenochrom nicht mehr am Leben gehalten werden, dann entweicht der niedere Geist und tritt sofort in den neuen wartenden jungen und frischen Körper ein!

Diese Menschen sind keine Menschen, sie haben nur einen menschlichen Körper! Es sind genau genommen Zombies! Untote! Hirntote! Deren Körper muss immer mehr mit Kinderblut und Menschenfleisch, am besten Kinderfleisch, versorgt werden! Sollte ein Politiker dann doch mal zu früh die Segel streichen, also sterben, dann haben diese Teufel längst einen Doppelgänger parat, den sie mit der Original-DNA in den unterirdischen Laboren gezüchtet haben! Mittlerweile können sie das Alter manipulieren und auch alte Klone züchten!
Das Problem ist nur, dass die Klone nicht das Wissen der Originale haben. Die Speicherübertragung haben sie noch nicht hingekriegt! Auch schaffen sie es nicht, ihre Monster zu beseelen! Sämtliche Versuche daran sind bisher gescheitert! Gott ist ja kein Idiot! Und wer sich gegen das Göttliche entschieden hat, hat nichts zu erwarten! Nichts!
Sie sind also weiterhin gezwungen, Leben zu nehmen, um zu leben!
Sie brauchen Energie, Lebensenergie, von außen! Die Menschen, die wirklich Menschen sind, bekommen die Lebensenergie von Gott, vom Kosmos, von der göttlichen Macht eben!
Die »normalen» Repto-Menschen, die, die neben dir wohnen und arbeiten, wissen nicht, dass sie einmal Reptos waren! Sie sind zwar dunkel und haben keine Seele, sind aber schon weiter als ihre früheren Artgenossen, die schuppigen Reptos! Sie haben die geistige Aufgabe bekommen von ihrem Führer, Satan, die Menschheit zu zerstören, alles Göttliche zu bekämpfen und zu zerstören! Sie werden auch von niederen Geistwesen geführt! Von Reptos und den Grauen! Der geistige Einfluss der hohen geistigen Welt auf diese Wesen ist gleich null! Es sind Marionetten der Dunkelheit.
Die »normalen» Repto-Menschen sind leider, ich muss es so sagen, Folterknechte des Teufels, Eigentum des Satans, der Ober-Reptos! Sie sind quasi das Gegenteil von Gott! Gelebt auf der Erde in 3D!
Es gibt natürlich Abstufungen! Es gibt nicht nur schwarz oder weiß! Es gibt auch vieles dazwischen!
Es inkarnieren ja vielerlei Geist- und auch Lichtwesen als Menschen auf und in der Erde! Von Reptos über die Plejadier bis zum Indigo-Venusier!

Sie kommen aus anderen Dimensionen, von anderen »Planeten«. Sie kommen direkt aus der Hölle bis hoch zum Himmel daher! Alles ist hier vertreten auf der Erde, in Menschenkörpern versteckt! Es gibt sieben Dimensionen nach unten und sieben nach oben. Mittlerweile weiß ich, dass auch von noch weiter oben lebenden Wesen, also höher als die siebte Dimension, bei uns welche inkarnieren, um hier einen Ausgleich zu schaffen! Erfahrungen wollen die keine mehr machen! Die haben schon alle hinter sich!

Warum nun wird Gottes Schöpfung hier auf der Welt bekämpft? Warum zerstören die Menschen die Pflanzen- und Tierwelt? Warum werden gute Menschen hier bekämpft? Wer steckt dahinter, und warum lässt Gott das zu, fegt die nicht einfach alle hinweg? Fragen über Fragen, auf die es aber durchaus Antworten gibt!
Reptos sind von Haus aus Fleischfresser. Sie brauchen diese niedere Schwingung durch das Fleisch, um sich in diesen niederen Dimensionen aufhalten zu können! Die echten Reptos, die da unten, die züchten wie erwähnt Menschen und Tiere in Käfigen, zu Millionen! Sie brauchen die Jagd, sie brauchen das Gefühl der unermesslichen Macht über die Dinge, über die Menschen und Tiere, über die Welt!
Da sie da unten Millionen Menschen und Tiere als Sklaven halten, jagen, foltern, melken, töten, fressen, brauchen sie die Menschen da oben nicht mehr wirklich! Diese sind in ihren Augen zu viele geworden mit der Zeit, weshalb sie irgendwann damit begannen, die Vermehrung der Menschheit zu stoppen. Durch Gifte, Chemtrails, Antennen usw.! Die üblichen und bekannten Verdächtigen! Du kennst es alles! Muss ich im Einzelnen nicht nochmals für dich durchkauen!
Ihr Plan ist es, die Menschheit zu reduzieren auf 500 000 000! Das reicht ihnen, um weiterhin überleben zu können! Da sie aber nicht sicher sind, ob ihr Plan aufgeht, da sie ja wissen, dass es da noch eine andere Macht über ihnen gibt, haben sie dann irgendwann damit begonnen, die unterirdischen Städte der Reptos und deren Verbindungen auszubauen. Und die Züchtung der Menschen, der Tiere und der Hybride zu forcieren!
Es ist auch nicht anderes, als wenn unsere Landwirte Kühe und Schweine züchten, diese dann mästen und später abschlachten und fressen! Das ist null Unterschied! Für diese Wesen sind wir Menschen auch nur Schlachtvieh!
Sie sind Kannibalen und Züchter!
Die Dunklen müssen die Menschen ja irgendwie kontrollieren, denn es sind

zu viele geworden! Und diese Menschen dürfen auch nicht wissen, dass sie alle geistige Wesen sind, die hier immer wieder inkarnieren in Menschenkörpern!
Darum haben sie irgendwann eingeführt, dass Tiere unsere Untertanen sind, indem sie eine Bibel geschrieben haben und diese so gefälscht haben, dass es eben für sie passt!
Angefangen mit dem Vater Abraham, der seinen Sohn opfern sollte! Überall geht es nur um Blutopfer, um es irgendwelchen Göttern recht zu machen! Was waren das für Götter, die ständig nach Blut und Fleisch verlangten? Waren die Menschen so dumm damals, oder waren diese nur immens eingeschüchtert von den damaligen falschen Göttern? Was brachte die Menschen dazu, ständig ihre Tiere und auch Familienmitglieder zu opfern, zu foltern und zu töten?
War es die Angst vor diesen übernatürlichen Göttern, die in fliegenden Geräten daherkamen, übergroß, hässlich und furchteinflößend und unantastbar mächtig waren? Mag sein!

Aber warum machen es die Menschen heute noch so? Warum opfern sie ihre Tiere, die Tiere, jagen sie, foltern sie, schlachten sie? Und warum gibt es immer noch Blutrituale? In den Kellern so mancher Kirche, an vielen geheimen Orten? Warum opfern immer noch Menschen andere Menschen? Fragen über Fragen, auf die ich dir hoffentlich in diesem Buch Antworten geben kann!
Die Reptos sind und waren Fleischfresser, wir Menschen nicht! Sie waren die Jäger, wir die Sammler! Sie haben es uns über ihre Götter eingeimpft, dass wir Tiere töten müssen, essen müssen! Im Prinzip ist jede Schlachtung, jedes Töten eines jeden Tieres ein Blutritual und Opfer für die falschen Götter, die nun im Hintergrund und unsichtbar weiterleben! Diese Götter sind nie weggegangen, sie sind immer noch mitten unter uns! Sie sind mittlerweile für uns aber unsichtbar geworden, weil wir zu tief in die Materie abgefallen sind!
Wir können nun nur noch begrenzt sehen. Katzen z.B. können auch im Infrarotbereich sehen, in Bereichen, wo sich das Licht nicht mehr bricht! Man bedenke die alten Geschichten von Hexen, die immer eine Katze auf dem Buckel hatten!
Die Reptos haben die Menschen programmiert und tun es heute noch, jeden Tag, und bei jedem Neugeborenem! Sie haben die Menschen zum Fleischfresser, zum Kannibalen und zum Mörder an seinen Brüdern und Schwes-

tern programmiert und erzogen. Und zwar so weit und tief, dass es als ganz normal angesehen wird, dass man Tieren die Kehle durchschneidet und lachend daneben steht und zuschaut, wie das arme Tier zuckend sein Leben ganz langsam und verblutend aushaucht!
Die Moslems und die Juden haben dafür besondere Namen in ihren erfundenen Religionen erfunden, wie halal und koscher! Ich bin kein Antisemit und kein Rechtsextremer! Auch kein Rassist! Mich interessieren weder Politik noch Religionen! Beides ist dunkel, von Dunklen eingeführt, um die Menschheit zu knechten. Der wahre göttliche Mensch braucht keinen fettbäuchigen, dicklippigen, großmauligen Politiker und auch keinen schmuddeligen pädophilen Priester, um existieren zu können!
Bei den Juden und Moslems gelten Tiere als schmutzig und nieder! Sicher gibt es auch Tierliebhaber unter diesen Menschen, ich rede von deren Religionen, wonach sich ja Milliarden Menschen dieser Art richten!
Was geht in so einem Kopf eines Schlachters vor, wenn er ein kleines Lamm ausbluten lässt? Wenn er einer Kuh den Bauch bei lebendigem Leibe aufschlitzt? Was geht in den Köpfen der Schlachter vor, die täglich Millionen Tiere brutal töten und zerstückeln?

Säugetiere sind ähnlich aufgebaut wie Menschen. Sogar viele Vogelarten! Sie suchen sich Partner, bekommen Kinder, leben meist in einer Familie zusammen, in Herden oder Rudel. Oft auch nur als Paar. Manche Tiere sind ein Leben lang zusammen als Paar. Diese Tiere haben Gefühle wie wir, sie können sogar begrenzt denken und haben einen eigenen Willen, auch wenn man ihnen den absprechen möchte! Wer das nicht glaubt, soll mal meinen Aslan besuchen kommen! Sein Wille ist mir Befehl! Grins!

Sie lieben ihre Kinder und umsorgen sie, genau wie wir Menschen! Sie können Angst spüren, ebenso wie reine Freude! Sie spüren Schmerzen wie wir, und sie leiden aus Liebeskummer wie wir. Wenn sie ihren Partner oder ihr Herrchen verlieren, leiden sie wie wir, wenn wir unseren Partner verlieren!
Sie waren schon lange Zeit vor den Menschen auf der Erde. Es gab einmal eine Zeit, wo Tiere und Menschen Freunde waren und sogar miteinander sprechen konnten, sich gegenseitig respektierten. Die Tiere waren zu der Zeit alle Pflanzenfresser, ohne Ausnahme!
Durch den geistigen Abfall des Menschen tiefer in die Materie veränderte sich nach und nach das Verhältnis des Menschen zu den Tieren. Und natür-

lich durch das Auftauchen der Reptos, die anfingen, die Tiere zu jagen!
Gott hat keine Raubtiere erschaffen. Und Gott will nicht, dass der Mensch Tiere frisst, gar seine eigene Rasse frisst!
Der Mensch soll sich die Erde, die Tiere und die Pflanzen Untertan machen? Sicher nicht! Das haben die Reptos erfunden!

Das Tieretöten hat auch noch einen anderen Vorteil für die Reptos. Töten erzeugt eine niedere Schwingung, eine niedere Energie. Diese spezielle Leidenergie saugen die Reptos in sich auf. Sie können diese auch in astralen Behältern lagern und konservieren!
Je mehr Leid beim Töten entsteht, desto höherwertiger und umfangreicher ist die Energiegewinnung für sie!

Wie funktioniert denn nun diese Programmierung? Oder müsste ich sagen Programmierungen? Bezüglich des Leids der Tiere beginnt die erste Programmierung durch die Eltern, Erziehungsberechtigten! Sie machen es den Kindern vor, was man isst! Hat man das Glück, vegane Eltern zu haben, dann hat man ohne Zweifel einen sehr großen Vorteil im Leben! Viele Krankheiten bleiben einem erspart! Aber vielleicht will der Neuankömmling ja genau diese Erfahrungen machen? Die Erfahrung von Krankheit und Zerfall eines fleischfressenden Menschenkörpers? Wer weiß! Die Eltern, oder die Bezugspersonen, je nachdem, zeigen es den Kindern, was gut für sie ist und was nicht! Wenn man fleischfressende Eltern hat, die vielleicht noch selber Tiere halten und schlachten, dann sieht man auch gleich den Zusammenhang der Nahrungskette! Diese Kinder wachsen auf in Liebe und Fürsorge für die lieben Tiere, seien es nun Schweine, Hühner und Rinder oder was auch immer! Mittlerweile werden ja auch Rentiere, Lamas, Straußenvögel und was weiß ich gehalten, um sie dann eines Tages möglichst gewinnbringend zu verkaufen, damit sie geschlachtet werden können und dann beim Chinesen im Buffetteller landen oder auf einem Teller im Steakhaus!
Du bekommst dann als Kind eingetrichtert, dass man diese Tiere durchaus lieb haben darf und kann, sie streicheln darf, sie aber eines Tages abgeholt werden, um sie zu töten. Oder du musst sogar noch beim Schlachten zuschauen! So wie ich bei meiner Oma immer!
Was passiert da in dir? Du bekommst ein Trauma! Und du wirst falsch gepolt in Sachen Liebe! Also man darf das, was man liebt, auch töten eines Tages!

Nun, für die allermeisten Kinder ist das eben irgendwann normal! Ich denke da nur an Anettes frühere Nachbarn in einer Hegau-Gemeinde auf dem Dorf. Diese Nachbarn, die dort Anette und auch mir 25 Jahre lang das Leben versaut haben!
Diese hatten immer rund 30 bis 40 Hühner und Hähne, um Eier gewinnbringend an andere Nachbarn zu verkaufen. Diese 13,50 Euro im Monat waren sicher sehr wichtig für sie! Sie hatten auch Hasen, diese Monsterfamilie! Der kleine Sprössling dieser Repto-Familie rannte oft mit einem Hasen auf dem Arm herum, ganz stolz und streichelte ihn! Ich hörte ihn einmal zu seiner Repto-Mama sagen: »Morgen gibt es leckeren Hasenbraten von ihm, gell?« Dann kam der Repto-Papa mit dem Bolzenschussapparat und brachte den Hasen um! Was soll aus so einem Kind werden? Welche Werte werden diesem Kind vermittelt? Dieses Kind wird es an seine Kinder genauso weitergeben usw. usw!

Sicher kennst du auch die lieblichen Sendungen »Bauer sucht Frau!« Die gibt es ja weltweit! Da streichelt auch immer der Bauer ganz liebevoll das Kälbchen vor der Kamera! Einen Tag später wird das kleine Kälbchen, das ja das Kind von jemandem ist, geschlachtet. Denn manche Menschen lieben ja Saltimbocca!
Das italienische Gericht mit Kalbsschnitzel und Nudeln! Ist das nicht pervers?
Ist das nicht Heuchelei? Ist das nicht Horror pur? Ist das nicht krank? Ist das nicht geisteskrank?
Und die Zuschauer klatschen und johlen! Die Menschen sind total falsch programmiert!

Die nächste Programmierung in Sachen Fleischfressen wird durch die Gesellschaft eingeben! Es ist normal, dass auf Festen, in Restaurants, überall eben, wo sich Menschen treffen, Fleisch gefressen wird! Ich verwende absichtlich den Begriff fressen, weil Fleisch ja nur sogenannte Raubtiere fressen, die essen ja nicht! Kinder wachsen auf mit dem Glauben, dass es eben normal ist, dass jeder Fleisch frisst. Es geht dann ja noch weiter, dass man diese Menschen, die kein Fleisch fressen, also die Vegetarier und Veganer, der Lächerlichkeit preisgibt. Sie verunglimpft und mobbt! Als krank und lebensunfähig darstellt! Sie verhöhnt und im günstigsten Fall belächelt!
Das Gleiche galt früher auf dem Lande auch bei Nichttrinkern! Und ist es heute noch dort!

Man wird erzogen, dass man nur dann ein Mann ist, wenn man Fleisch frisst, viel Alkohol ertragen kann und raucht wie ein Schlot! Die anderen, die genau das nicht tun, werden zu Außenseitern! Wenn das mal keine Programmierung ist? Die Mädchen hatten und haben es da ein wenig leichter. Die mussten nicht Fleisch fressen und trinken ohne Ende und rauchen! Die mussten nur schön und schlank sein! Frauen essen in der Regel, also gewöhnlich, sowieso weniger Fleisch als Männer. Bei ihnen sagt auch kaum einer was, wenn sie nur Salat essen wollen!

Die nächste Programmierung der Gesellschaft begann mit Einführung des Fernsehens! Uns wird täglich in der Werbung, in Filmen, in Serien usw. gezeigt, dass es »in« ist, Fleisch zu fressen! Es wird regelrecht in die Gehirne der Menschen eingehämmert: »Iss Fleisch! Fleisch ist gesund! Fleisch ist Lebensqualität!« Wer sich Fleisch leisten kann, der hat's drauf! Der hat's geschafft!

In manchen Ländern ist es ja noch viel schlimmer als in unseren Breitengraden! In den asiatischen Ländern wird man auf den Märkten ja regelrecht zugemüllt mit Ständen, wo allerlei Tiere und auch Insekten dargestellt werden zum Verzehr! Man muss in diesen Ländern vorsichtig sein, wenn man mit seinem Hund spazieren geht! Ich würde empfehlen, ihn dort immer an der Leine zu lassen und nie allein im Hotelzimmer zurückzulassen!

Es ist schon erstaunlich, wie unterschiedlich die Tiere auf der Welt betrachtet werden! In Indien sind Kühe heilig, und bei uns werden sie im Akkord abgeschlachtet! In Südamerika werden Meerschweinchen als Delikatesse verspeist und bei uns verhätschelt. In Asien werden Hunde geschlachtet, und bei uns sind es die besten Freunde! In einigen Ländern Afrikas und Indonesiens wird gar alles gegessen, was lebt! Ob Mensch oder Tier! Natürlich weißt du ja mittlerweile, dass auch in unseren Breitengraden Kinder gern gegessen werden von bestimmten Personenkreisen! Mit bestimmten Absichten und Zielen!

So wurden die Menschen nun zu normalen Fleischfressern erzogen, und es ist ungemein schwer, einen überzeugten Fleischfresser davon abzubringen, nahezu unmöglich! Da kommen Argumente wie Nahrungskette, Eisenmangel, Krankheit usw.! Also, die Wissenschaftler der Reptos haben es tatsächlich geschafft, die Menschheit glauben zu lassen, dass Fleisch überlebenswichtig, also gesund sei!

Jedoch genau das Gegenteil ist der Fall! Fleisch macht krank und steht im Verdacht, Krebs zu verursachen! Es gibt mittlerweile genügend Studien, dass man ohne Fleisch länger und gesünder lebt! Nur, die will keiner sehen!

Warum wird das Töten von Tieren eigentlich so vehement propagiert, gefördert, beworben, für gutgeheißen?
Nun, wie du ja nun weißt, sind Reptos Fleischfresser, also die grünen, echten Reptos. Die, die einmal vom Orion kamen und nun da unten leben unter uns! Die astralen Reptos, und auch die Vampire in der Geisterwelt, die leben aber nun mal von Energien. Und zwar von negativen Energien. Diese werden reichlich erzeugt durch das ständige Töten von Tieren weltweit!
Auf der ganzen Welt werden jährlich rund 150 000 000 000 Tiere getötet! Also 150 Milliarden! Jedes Jahr! Kannst du dir auch nur im Ansatz vorstellen, welches Ausmaß die negativen Leidenergien weltweit haben? Davon können die Reptos und Vampire sehr gut leben!
Und mit jedem zusätzlichen getöteten Tier kommen immer noch mehr Monster-Geistwesen, Reptos, Vampire aus den untersten Geisterebenen zu uns nach oben, in unsere Welt! Sie werden angezogen durch das viele Leid hier bei uns!
Sie sorgen dann mit dafür, dass das Leid immer noch größer wird!

Der Mensch beutet die Tiere und die Pflanzen gnadenlos aus! Ganze Völker leben ausschließlich vom Tod von Tieren! Sie verarbeiten alles an den Tieren zu allen möglichen Produkten! Sie leben ausschließlich von den armen Tieren!
Schau dir nur unsere hiesigen Landwirte an! Sie züchten Rinder und Schweine, Schafe und Hühner. Sie halten diese Tiere in Gefängnissen, auf kleinsten Raum, und mästen diese, bis diese genug Gewicht haben, um sie schlachten zu können! Dann werden die Tiere verkauft mit möglichst viel Gewinn, und weiter geht das Spiel. Von Generation zu Generation! Oft inkarnieren diese Bauern auch immer wieder auf dem gleichen Bauernhof! Sie sind genauso gefangen in dieser Spirale wie die Tiere!
Die Landwirte haben sich dann in Bauernverbänden zusammengetan, um ihr Monopol zu schützen! Viele Bauern sind auch Freimaurer! So ganz nebenbei!

All der Reichtum der großen Bauernhöfe, und die sind wirklich reich, ist auf dem Tod und dem Verderben der hilflosen Tiere aufgebaut! Meinst du, das bringt diesen Bauern und deren Familien Glück? Sicher nicht! Schau dir die Bauernhöfe einmal an! Sie haben alle alte Bauernhäuser zur Straße hin, und nach hinten bauen sie ihre Neubauten! Sie fahren Traktoren für 300 000 Euro!
Und sie haben meist exponierte Aussichtslagen für ihre Höfe. Ich sehe es jeden Tag hier im Thurgau. Sie haben fast alle Alleinlage und atemberaubende Seesicht! Ich bin auf sie nicht neidisch! Im Gegenteil, ich möchte nicht tauschen. Dieses Karma möchte ich nicht auf mich laden!
Wie konnte es so weit kommen, dass wenige Bauern ganze Regionen, ganze Länder diktieren?
Hast du schon einmal gesehen, wenn Milchbauern streiken wegen zu niedrigen Milchpreisen? Die kommen mit ihren 300 000-Euro-Traktoren und fahren alles platt! Das erinnert an den großen Bauernkrieg im 16. Jahrhundert!

Warum wird die Milchproduktion von der EU und überhaupt weltweit so gefördert? Warum wird Milch subventioniert? Wenn etwas subventioniert wird, dann bedeutet das, dass es von alleine keinen Markt dafür gäbe oder die Preise derart in den Keller rutschen würden, dass viele Betriebe Pleite gingen!
Warum lässt man die Milchbauern nicht einfach Pleite gehen? Warum bekommen Landwirte immer Subventionen, wenn es zu viel regnet, wenn es zu wenig regnet, wenn es zu viel schneit, wenn es zu kalt ist, wenn es zu warm ist? Ich bekomme doch auch keine Subventionen, wenn ich mal weniger Klienten habe, weil es zu heiß draußen ist, so wie jetzt gerade. Wir haben heute den 28.06.2019 und um die 35 Grad draußen. Ich arbeite aber trotzdem, weil ich das Buch hier fertigbekommen will und weil meine Klienten Hilfe brauchen. Ich sehe, dass die Anfragen seit der Hitzewelle ein wenig zurückgegangen sind! Bekomme ich nun auch Subventionen von der EU? Nein? Warum nicht?

Warum werden die Landwirte ständig subventioniert, bekommen jeden Kredit auf der Bank, ohne viel Zinsen zu zahlen. Die meisten brauchen ja gar keine Kredite mehr, bekommen von der EU ja alles hinten reingeschoben? Warum ist die EU, und auch die Regierungen anderer Länder, so auffällig und augenscheinlich daran interessiert, dass die Bauern Fleisch und

Milch produzieren? Hast du dich das schon einmal gefragt?
Ich sage es dir im Crash-Durchlauf, ok?
Weil hinter den Regierungen und Staaten die wahren Mächtigen sitzen. Diese wiederum sind die Handlanger der Reptos, Dracos und Archonten. Und diese leben von den negativen Leidenergien, welche die Menschheit produzieren!
Dann steckt da noch die weltliche Pharma-Industrie dahinter. Die wissen natürlich, dass Fleisch Krebs erzeugt und Kuhmilch todkrank macht!
Kuhmilch ist der größte Allergieerzeuger, den ich persönlich kenne! Kuhmilch tötet langfristig Menschen und macht sie sehr lange krank!
Und Fleisch erzeugt Krebs, Herzinfarkte und alle möglichen Krankheiten!

Was passiert nun? Die Pharma macht Milliarden um Milliarden, jedes Jahr aufs Neue! Die Ärzte haben zu tun, da wird richtig Geld verdient. Die Krankenhäuser sind voll, da wird Geld verdient! Die komplette Gesundheitsindustrie ist die größte Industrie der Welt nach der Waffenindustrie!
Und es hat noch viele andere Gründe, warum die Mächtigen wollen, dass die Menschen Fleisch fressen und Kuhmilch trinken!
Zum Beispiel werden dadurch immer mehr niedere, bösartige Geister von ganz tief unten angezogen! Die dann alles immer noch schlimmer machen, so lange, bis die Erde einer Totalreinigung bedarf!

Durch das Essen von Tieren und auch Menschen sinken die Esser in ihrer Schwingung immer mehr nach unten und binden sich immer mehr an die Materie! Die Menschen verändern ihre Frequenz und sinken förmlich nach unten. Durch die Frequenzveränderung verlieren sie nach und nach den Kontakt zur Geistigen Welt, zum Göttlichen, und verlieren dann nach und nach ihre Seelen! Und darum geht's den Teufeln, den Reptos und den bösartigsten Geistern letztendlich! Sie wollen deine Seele! Dadurch binden sie dich an die Erde und können dich auch als Geistwesen nach deinem Tod in ihren niederen Dimensionen gefangen halten und von deiner Energie trinken!
Es ist ein Krieg um die Seelen der Menschen!
Natürlich verliert kein Mensch seine Seele, nur weil er Fleisch isst! Das ist schon klar! Es ist ein Baustein des Ganzen, um die Menschen daran zu hindern, zu ihrer wahren Identität zurückzufinden!

Wer Fleisch isst, nimmt Atome der DNA des toten Körpers des Tieres auf! Diese Atome heften sich dann an deine DNA und beschweren deine Zellen!

Du wirst im wahrsten Sinne des Wortes schwerer! Diese Atome sind negativ geladen und werden in deinem jetzigen Leben, aber auch in zukünftigen Leben, Negatives in dein Leben ziehen, um für einen Ausgleich zu sorgen! Diese Atome verändern auch deine DNA, und so wirst du nach und nach, im Laufe deiner vielen Leben, im Aussehen nach den Tieren, die du immer gegessen hast ähnlicher!
Hast du dich nicht auch schon oft gewundert, dass manche Menschen wie Schweine aussehen, andere wie Fische oder wie Kälber, andere wie ein Vogel?
Du wirst zu dem, was du isst? Oder, der Mensch ist, was er isst! Das ist nicht gelogen!

Davon abgesehen isst man negative Energie in sich auf und isst den Tod!
Viele Reptos sind Veganer. Wenn ich in den Bio-Laden gehe, sehe ich viele Reptos, die dort, sehr schlecht gelaunt meist, einkaufen gehen. Sie ernähren sich oft sehr gesund, aus rein egoistischen Gründen! Weil sie irgendwo gelesen haben, dass man durch Fleischkonsum schneller altert und Krebs bekommen kann. Sie wissen, dass man mit veganer Ernährung gesünder und länger lebt! Ihnen geht es um nichts anderes als um sich selbst!
Ich z.B. esse vegan, weil ich nicht möchte, dass auch nur ein Tier wegen mir leiden muss! Ich mache es aus meinem Gewissen heraus! Aus Mitgefühl und Barmherzigkeit! Meine Gesundheit steht da ganz weit hinten. Darüber hatte ich nie nachgedacht beim Einkaufen, auch früher nicht. Also ich meine, ob ich jetzt wegen meiner Gesundheit vegan essen sollte!

Die Menschen zerstören die komplette Flora und Fauna auf der Erde! Sie holzen alle Wälder ab, sägen jeden Baum in den Städten ab! Nichts ist ihnen heilig!

Es gibt ja Menschen, die essen nicht nur Tiere, die machen auch Sex mit ihnen, ob mit oder ohne Gewalt! Die dunkle Seite des Mondes, oder zu was ist der Mensch noch alles fähig? Der Repto ist eben allgegenwärtig! Kein Tier kann auch nur annähernd so grausam sein wie der Mensch! Google mal: »Stute brutalst vergewaltigt in Kassel!« Möchtest du noch mehr Infos über die Vorlieben von Millionen von Menschen weltweit? Was denkst du, haben solche Menschen eine Seele? Welcher mit Gott verbundene Mensch könnte so etwas tun? Google mal: »extrem perverser Tiertrend deutsche fahren nach serbien«

Ich zitiere: »In beispielsweise Japan, Mexiko, Ungarn und Rumänien sind zoosexuelle Handlungen auch heute noch legal. In Deutschland hat sich die Gruppierung ZETA zusammengefunden. Unter dem Namen »Zoophiles Engagement für Toleranz und Aufklärung« kämpfen die Mitglieder für »eine offen gelebte Zoophilie ohne gesellschaftliche Benachteiligung«. Zitat Ende! Wie krank ist diese Menschheit? Glaubst du immer noch, dass alle Menschen wirklich Menschen sind? Merkst du langsam, wo du hier gelandet bist?

Viele Tiere sind Heiler, Indigo-Seelen! Die Frequenzen der Indigo-Seelen heilen! Seien es die der Wale in den Meeren, die durch ihre Frequenzen die Erde heilen, oder sei es eine ganz normale Katze, die durch ihr Schnurren ihre Menschen heilt! Wenn Katzen schnurren, senden sie Heilfrequenzen aus! Katzen sind nicht umsonst so zäh und widerstandsfähig, werden meist sehr alt! Viele Katzen sind Indigos, nicht alle, aber viele eben! Das gleiche ist bei Hunden der Fall! Hunde haben eine ganz spezielle Rolle darzustellen! Sie sind unsere Seelenheiler, Seelenführer, unsere Heiler sowieso, und auch unsere Spiegel! Sie spiegeln ihren Menschen deren aktuellen Seelenzustand, oder bei Seelenlosen den aktuellen Geisteszustand!

Hunde nehmen auch die Krankheiten ihrer Menschen auf sich! Sie sind eigentlich nur da, um uns Menschen zu helfen, wie die Katzen auch! Oder die Wale und Delfine! Und wie dankt es der Mensch ihnen?

Der Mensch hat offenbar nur fressen im Kopf! Sorry, wenn ich so direkt werde! Aber wo ich hinschaue, sehe ich nur Menschen, die danach streben, neue Tierarten zu entdecken für ihren Grillabend!

Es ist ja schon langweilig geworden, nur Rinder, Kälber und Schweine zu essen! Neulich sah ich einen Bericht im Schweizer Fernsehen, wo eine junge Dame Rentiere züchtet, um sie dann möglichst gewinnbringend an den Schlachter zu verkaufen! Da gewinnt der Begriff Abzocker eine neue Bedeutung! Oder besser Ausbeuter? Oder Monster?

Krokodile und Kängurus, Pferde, Strauße und Zebras findet man beim Chinesen am Büffet! Ganz normal! In Asien frisst man eh alles, was nicht schnell genug den Baum hochkommt! Hunde, Katzen, Insekten, Würmer! Hühner sind schon langweilig! In Japan und Korea werden Affenköpfe live am Restaurant-Tisch geköpft und das Hirn rausgekratzt und dann roh gefressen! Es soll potent machen! Ist das nicht krank?

Nun sagen die Reptos und die anderen »bewusstlosen» Menschen dann, ja das sind halt deren Traditionen! Das ist eben deren Kultur!

In Italien und Ägypten werden Vögel eingefangen und als Delikatesse gegessen! Dass manche Italiener Katzen mögen, ist lange bekannt! In China essen sie auch Ratten!

Was ist das für eine Gesinnung der Menschheit? Wer hat diesen falschen Geist in sie eingespeist? Oder warum respektieren die Menschen die Tiere denn nicht? Ich tue es doch auch? Was ist denn anders an mir?
Warum müssen Menschen Tiere ausbeuten und fressen? Wegen dem Eisenmangel? Da würde doch eine Portion Broccoli besser taugen!

Nerze und weiße Füchse werden in Käfigen gezüchtet, damit andere deren Felle tragen dürfen! Tiger und Bären werden in China und Sibirien in Käfigen gehalten, und dann werden ihnen bei lebendigem Leibe Gallensäfte und Urin abgezapft und sonst noch für Säfte, um sie an kranke, perverse, dumme Menschen zu verkaufen dann, die dann meinen, dadurch einen hoch zu bekommen! Das Gleiche gilt bei Elfenbein! Elefanten und Nashörner werden abgeschossen und zerstückelt, um deren Teile dann zu zermalmen und an andere perverse kranke Menschen zu verkaufen. Die dann auch hoffen, einen größeren Penis davon zu bekommen! Oder ihre Frauen besser und länger besteigen zu können! Was soll das? Warum akzeptieren die Menschen alles? Merkt denn keiner, wie krank die alle sind?

In Indonesien und anderen Teilen Asiens halten sie Orang-Utans als Sexsklaven! Sogar in Bordellen werden diese angeboten!
In Dänemark, Ungarn, Rumänien, Serbien und anderswo machen Menschen Urlaub, weil dort Zoophilie erlaubt ist, und auch in anderen Ländern! Also Sex mit Tieren! Laut einer Studie, die man im Internet googeln kann, betreiben in den USA 40 bis 50 % der Farmer Sex mit ihren Tieren oder hatten schon einmal Sex mit ihnen! Schau nach, surfe im Internet, und du wirst staunen, wie viele Menschen das tun! Das ist sehr weit verbreitet und in vielen Ländern erlaubt, maximal eine Ordnungswidrigkeit! In Deutschland wurde es erst vor geraumer Zeit verboten, es war lange erlaubt! Man spricht halt nicht darüber oder man macht Witze darum! Aber das ist grausame Wirklichkeit! Wie tief muss ein Geist sinken, dass er sich sexuell an einem Tier vergreift? Was ist das für ein kranker Geist?

Jeder kennt die Witze, die man über Sex mit Tieren macht! Jeder kennt die Witze über Inzucht auf dem Lande mangels Angebot! Die Rothschilds haben es ja vorgemacht. Sie heiraten seit nunmehr über 200 Jahren nur innerhalb des eigenen Blutes! Sie werden schon ihre Gründe haben, dass da kein fremdes Blut reinkommen darf!

Viele Menschen leben von der Ausbeutung der Tiere und Pflanzen! Pflanzen sind auch Lebewesen und teilweise beseelt, also mit Bewusstsein!
Es gibt Beweise mit Elektroden, die man an Pflanzen angebracht hat, dass diese Regungen zeigen können. Ganz interessant fand ich einen Kurzfilm, wo Tests durchgeführt wurden in einem Raum und zwei Pflanzen an eine Art Lügendetektor angeschlossen wurden. Man sagte dann vor den Pflanzen, dass man sie nun töten würde, da schlug das Gerät aus. Eine Pflanze wurde dann vernichtet von einem Mann. Als der Mann dann später wieder in den Raum kam, schlug das Gerät bei der noch verbleibenden Pflanze aus, aus Angst! Sie erkannte den Mörder wieder!
Pflanzen haben auch teilweise Bewusstsein. Es gibt da, wie überall auch, die positiven und die negativen Pflanzen. Siehe meinen Band 2! Wir alle haben schon von fleischfressenden Pflanzen gehört, oder nicht? Und wir kennen alle diese Dornensträucher, die uns das Auge ausstechen können! Oder die giftigen Pflanzen, die uns töten können! Es ist offensichtlich, dass es eben verschiedene Arten und Bewusstseinsstufen gibt, auch in der Pflanzenwelt!

Die Reptos da draußen, also die Repto-Menschen und die Seelenlosen, gehen ja hauptsächlich auf die beseelten Pflanzen los. Auf die Bäume! Ich »unterhalte» mich oft mit großen alten Bäumen im Wald oder im Park hier am See. Da stehen sogar kalifornische Mammutbäume! Wenn man seine rechte Innenhand gegen auf seinen Rücken legt, sich dann damit rückwärts gegen den Baum legt und seine andere Innenhand an seinen Solar Plexus legt, dem Hauptsitz der Seele, dann kann man den Baum hören, sofern man hellfühlend und hellhörend ist!
Man kann den Baum dann auch bitten, einem etwas von seinem Durchhaltevermögen und seiner Standhaftigkeit abzugeben! Er wird es gerne tun! Man sollte auch, wenn man in seinem Garten Bäume oder Hecken umpflanzt oder beseitigen will, die Pflanzen zuvor informieren, damit deren Bewusstsein sich neue Pflanzen als Wohnsitze aussuchen können! Nicht einfach abrasieren!
Wenn wir sie essen, die Pflanzen, ist das für sie ok! Sie dienen uns gerne, und sie haben auch keine Schmerzen und kein Leid dann. Prinzipiell sollte

der Mensch die Früchte der Pflanzen essen, alles, was nachwächst! Das ist für uns als Nahrung bestimmt!
Ich rede z.B. oft mit meinen Thujas auf der Terrasse, wenn ich sie gieße! Ich heile sie oft, denn nicht weit von uns ist eine große Antenne, wo sie immer mehr aufstocken! Wenn die braunen Nadeln zu viel werden, mache ich wieder eine Heilung mit einer Verfügung von mir und rede ihnen gut zu. Zwei Wochen später sind die braunen Nadeln dann meist so gut wie weg. Man sollte den Pflanzen auch immer wieder gut zureden! Ich habe eine kleine Palme, die mich seit über 15 Jahren begleitet, von Umzug zu Umzug. Manch einer wollte sie schon wegschmeißen, da sie mal sehr ramponiert aussah. Ich habe immer gesagt, nein, die bleibt hier, die ist ein ganz liebe und die will auch leben! Ich werde sie aufpäppeln! Sie steht hier in meinem Büro und sieht richtig toll aus!
Auch bedanke ich mich oft bei meinem Hund Aslan und den Katzen, dass sie es auf sich genommen haben, zu uns zu kommen, um uns beizustehen in dieser schweren Zeit! Ich danke Aslan immer wieder, dass er bei mir ist, den weiten Weg auf sich genommen hat, nur um an meiner Seite sein zu dürfen!

Alles, was diese Tiere und auch viele Pflanzen wollen, ist Aufmerksamkeit und Dankbarkeit, unsere Anerkennung und unsere Liebe! Die Liebe des Menschen kann alles heilen!
Sie geben den Menschen sogar ihre Liebe, wenn diese sie schlagen, quälen, jagen, töten oder fressen! Weil ihre Liebe bedingungslos ist! Sie wollen keinen Schmuck von dir oder einen tollen Ehevertrag, dass sie dich lieben! Sie lieben dich auch, wenn du nicht so toll aussiehst oder wenn du arm bist! Sie sind noch sehr an das Göttliche angebunden!

Zurück zu den Bäumen! Bäume haben das höchste Bewusstsein aller Pflanzen! Natürlich gibt es auch da Unterschiede! Wenn Bäume in der Savanne in Gefahr sind, also Giraffen im Anmarsch sind, dann sprühen sie einen unsichtbaren Duft aus, der die anderen Bäume vor der Gefahr warnt! Bäume sind auch sozial, sie teilen Wasser über die Wurzeln mit ihren Nachbarbäumen, wenn diese keins haben. Natürlich haben Pflanzen keine eigene bewusste Seele wie ein Mensch oder ein Säugetier! Aber es sind Bewusstseinsformen. Sie nehmen aktiv am Leben teil, eben in ihrer Entwicklungsstufe! Sie spenden uns Schatten und sorgen für den Sauerstoffaustausch der Erde!

Wenn wir die Bäume alle abholzen, nehmen wir Mutter Erde den Atem und auch uns selbst! Es ist so, als würde man den Ast absägen, auf dem man sitzt!

Ich kann an manchen Tagen die Energiefäden unter den Pflanzen und Bäumen sehen! Es ist alles mit allem verbunden in der Natur. Das einzige, was stört, ist der Mensch!

Wenn man den Bäumen erklärt, dass man ihr Holz braucht und das in einem vernünftigen Rahmen tut, dann sind sie einverstanden damit. Sie helfen uns gerne. Wenn man Holz verbrennt, knistert es so schön. Hast du dich schon mal gefragt warum? Es ist das Bewusstsein, welches in dem Holz gefangen war, was sich nun freut über seine Freilassung!
Selbst Steine haben eine geringe Form von Bewusstsein! Nicht umsonst gibt es ja Heilsteine! So wie es ja auch Heilpflanzen gibt!
Es gibt Heilertiere, Indigos. Und es gibt Menschen, die heilen können. Das sind dann Indigo-Heiler. Heilfähigkeiten hat man, die kann man nicht erlernen. So wie ein Käfer kein Delfin werden kann. Oder ein Kieselstein ein Heilstein. Das nur am Rande!

Was soll man denn noch essen, fragst du dich? Ja, das ist gar nicht leicht in der Materie. Als Geist- oder Lichtwesen hat man es da einfacher! Natürlich darfst du keine Tiere und Menschen essen! Ich meine das ernst mit den Menschen. Denn es gibt heute noch Völker, wo das Tradition hat! Eigentlich ist der göttliche Mensch, im Gegensatz zum Repto, ein Sammler. Er lebte von Obst, Früchten und Beeren, Kräutern und Pilzen. Alles, was nachwächst und abwirft. Gemüse kam erst ganz spät hinzu! Natürlich kannst du Salat und Gemüse essen. Du solltest aber immer deinen Dank dem Essen gegenüber mitteilen und es vor der Einnahme reinigen von negativen Energien und segnen!
Bei Fleisch bringt das nichts! Es ist nicht göttlich, Fleisch zu essen! Und jeder, der noch Fleisch ist, ist noch unbewusst, besetzt oder ein Repto! Auf keinen Fall isst ein spiritueller Mensch Fleisch! Unter keinen Umständen! Auch raucht ein spiritueller Mensch nicht!
Was kannst DU als Einzelner denn nun eigentlich tun? Ist es damit getan, Veganer zu werden? Und was kannst du noch tun?

Also, Vegetarier ist einmal ein Anfang! Man muss nicht gleich zum Vollveganer werden. Du kannst ruhig das Sprungbrett des Vegetariers benutzen.

Dann kannst du Eier und Käse als Überbrückung nehmen und stellst dir vor, es wäre ein Stück Fleisch! Es gibt auch vegane Fleischsorten mittlerweile. Manche schmecken grausam, andere ganz toll sogar. Das musst du herausfinden. Die vegane Aufschnittwurst schmeckt genau gleich wie die echte! Die verwenden wohl die gleichen Gewürze! Die Menschen merken ja eh nicht, dass sie, wenn sie Fleisch und Wurst essen, das nur wegen der Gewürze, dem Geschmack tun! Kaum einer würde ein roh rausgeschnittenes Stück Fleisch aus einem Rind so einfach essen!
Das schmeckt erst, nachdem es wochenlang abgehangen wurde und mehrfach eingepökelt und später gewürzt wurde! Wurst würde sowieso keiner roh essen, da würde sich jeder übergeben bei dem Geschmack!
Es ist alles Täuschung, was man uns auftischt! Ohne die Lockmittel und Würzstoffe würde kein Mensch Wurst oder Fleisch essen! Sie müssen täuschen und tricksen, damit die Menschen das tun!

Jeder muss selbst herausfinden, wie er vom Fleischfressen wegkommt! Ob du nun aus egoistischen Gründen, deiner Gesundheit zuliebe damit aufhörst, oder weil du nicht mehr Teil einer Gesellschaft sein willst, die Tiere tötet und frisst, hör einfach auf damit!

Dann solltest du auch auf die Inhalte in Süßigkeiten achten! Kauf vegane Süßigkeiten. Die packen da auch Fleisch rein und Fett und Schlachtabfälle. Nicht nur in der Gelatine ist Schweinefett! Ist das nicht eklig?
Auch in den Weichspülern sind Schlachtabfälle drin! Jeder Mensch sollte ganz genau darauf achten, was er kauft! Denn damit steuern wir deren Umsätze und geben die Richtung vor! Sag nicht, das wäre dir zu teuer! Das ist eine zu billige Ausrede! Und es ist feige und unbewusst!

Dann achte darauf, dass du so wenig wie möglich an Lederklamotten kaufst! Das sind auch tote Tiere! Pelze brauche ich wohl nicht zu erwähnen. Aber deine Lederjacke und deine Lederschuhe sind auch nicht besser!
Und schau, dass du ein Auto mit maximal Kunstleder kaufst. Mein großer Ami-SUV hat Kunstleder. Ich brauche immer ein neues Auto, weil die alten bei mir alle immer den Geist aufgeben und ich nicht mehr wie früher immer abgeschleppt werden möchte! Und ich brauche ein großes, sicheres Auto, weil ich mindestens ein Mal am Tag einen Mordanschlag im Straßenverkehr erleide! Am besten zwei Autos, weil ich oft angefahren werde oder eines in der Werkstatt steht!

Natürlich habe ich auch schon Autos gehabt, wo echtes Leder drin war. Bei manchen Marken geht es gar nicht ohne! Man kann ja auch nicht jedes Auto mal schnell wegwerfen oder herschenken, nur weil Leder drin ist! Wichtig ist, dass man sich damit beschäftigt und daran arbeitet. Dass es einem bewusst wird überhaupt!

Darum verurteile ich auch nicht jeden Fleischesser! Es gibt Unterschiede. Ist jemand einfach nur unbewusst, denkt einfach nicht darüber nach aufgrund von Ablenkungen aller Art und eben der lieben Gewohnheit, oder isst jemand bewusst und gewollt Fleisch, obwohl er weiß, dass dann Tiere sterben und leiden? Mit Argumenten wie »Nahrungskette, Eisenmangel, Körper braucht das, wir sind halt Fleischesser, das war schon immer so, usw.!» Gegen diese Gattung habe ich was, das gebe ich zu! Das hat auch nichts mit dem Alter zu tun! Man kann auch mit 81 noch zum Veganer werden! Es ist nie zu spät, Reue zu zeigen und seine Denkweise zu ändern! Wer mit 81 sagt, er habe nun sein ganzes Leben lang schon Fleisch gegessen und da käme es nun auch nicht mehr darauf an, der hat nichts kapiert! Hoffnungsloser Fall!

Die Gesellschaft, die Werbung, alle haben uns programmiert, dass es schick ist, eine tolle Lederjacke zu besitzen, tolle Lederschuhe, eine tolle Lederausstattung im Auto zu haben usw.! Versuch mal heute, ein neues Auto zu kaufen ohne Lederausstattung! Gar nicht so einfach!
Wenn du noch Lederprodukte hast, dann geh hin und bedanke dich bei dem Leder, dass es dir dient, reinige es von allem Negativen und segne es!
Es kann einige Jahre dauern, bis man sich komplett auf vegan umgestellt hat bei den täglichen Gebrauchsgegenständen! Die haben uns regelrecht überrollt mit ihren Tierprodukten! Man wird erstaunt sein, wenn man einmal genauer nachforscht, wo in unserem Alltag überall Tierprodukte enthalten sind!

Natürlich hat das einen Grund! Wenn wir Tierprodukte (Fleisch) essen, essen wir den Tod. Diese niedere Schwingung setzt unsere eigene Schwingung herunter. Sie wollen so verhindern, dass wir in höhere Frequenzen kommen können und sie dann durchschauen könnten!
Fleisch verursacht Krebs, speziell Magen- und Darmkrebs. Unser Darm ist nicht ausgelegt für einen Fleischesser! Viele Menschen pupsen ja immer nach dem Fleischkonsum!

Denk an das liebe nette Kälbchen, das seiner Mutter weggerissen wird. Denk an die vielen lieben Kühe, die ihre Kinder verlieren. Denk an die panischen Rinder, die vor dem Schlachthof Reißaus nehmen! Denk an die vielen ängstlichen Schweine und Kühe auf ihrem oft langen und schmerzhaften Weg zum Schlachter! Das alles kannst du verändern, wenn du dein eigenes Verhalten änderst!
Sicher wirst du dann recht bald vom Vegetarier zum Veganer werden können! Denn Eier sind ja auch Tierprodukte, und Käse auch! Jeden Tag werden in Deutschland 120 000 männliche Küken geschreddert, weil sie keine Eier legen können! An Eiern klebt Blut! Wenn es irgendwie geht, verzichte auf Eierprodukte!
Kuhmilch und Kuhmilchprodukte machen krank, und die Tiere leiden!
Kaum ein Produkt verursacht so viele Krankheiten wie Kuhmilch! Ich habe darüber mehrfach geschrieben!
Seit neustem schneiden sie ja den Kühen den Bauch auf, ja, du hast richtig gelesen, den Bauch auf, bei lebendigem Leib, um die Kuh zwangszuernähren!
Damit sie mehr Milch gibt! Bauern bekommen Subventionen auf deren Milchpreise, weil sie sonst zu billig wäre, da es ein Überangebot gibt an Kuhmilch! Sie exportieren nun die Kuhmilch aus D/A/CH in die ganze Welt, damit jeder Mensch die Chance bekommt, schwer krank werden zu können!
Wenn ich Milch trank früher, bekam ich immer sofort Juckreiz, Husten und Ausschlag am ganzen Körper! Später dann Magen-Darm-Probleme, und dann Kopfschmerzen! Milchprodukte sind ein No-Go! Ich trinke nun jeden Tag Kokosnussmilch! Der Coop hier in Kreuzlingen muss jeden Tag die Regale wegen mir immer neu auffüllen! Wir nehmen das auch zum Soßen machen oder sonst zum Kochen!
Bei Weizenprodukten ist es ähnlich! Sie machen Husten und Juckreiz und Völlegefühle und Durchfall! Und eine Wampe!

Sie holzen unsere Wälder ab weltweit, sie nehmen unseren Tieren ihren Lebensraum. Sie haben vor gar nichts Skrupel, die Reptos dieser Welt! Es geht nur ums Geld und um die Vernichtung allen Lebens auf der Erde! Als gäbe es kein Morgen!

Dass es auch anders geht, zeigt mein Freund Toni vom »Lebenshof Zukuhnft« in Wald, Kanton Zürich, in der Schweiz! Toni ist ein langjähriger

Klient von mir, samt seiner Familie! Er und seine Frau Yvonne haben aus einem Bauernhof, wo Kühe und Kälber ausgenutzt und verwertet wurden, einen Lebenshof mit Perma-Kultur gemacht! Unter anderem durch eine Behandlung bei mir, wie er selbst sagte, habe er endlich das Bewusstsein wiedererlangen können und den Mut bekommen, etwas zu verändern. Er litt sehr in seiner Kindheit, weil er hineingeboren wurde in das System der Landwirtschaft. Er war selbst ein Gefangener des Todessystems der Bauern und ist schier daran verzweifelt. Er hat nun den Mut gehabt, alles von Grund auf zu ändern! Seine Kühe und Kälber dürfen nun am Leben bleiben, werden nicht mehr geschlachtet, und die Kälber werden nicht mehr den Müttern weggenommen! Toni setzt sich mit seiner lieben Frau dafür ein, als ein Vorreiter in der Schweiz, das komplette System in Frage zu stellen! Natürlich wird er von seinen früheren Kollegen belächelt, manchmal auch bekämpft! Aber Indigos waren schon immer Vorreiter! Toni wird die Landwirtschaft in der Schweiz verändern! Da bin ich mir ganz sicher! Wer helfen will, man findet ihn ganz schnell im Internet. Einfach »Lebenshof Zukuhnft« eingeben! Ja, es wird mit »h« geschrieben!

Eine weitere Stelle, wo ich helfe, ist das »Villa Samtpfötchen« im Raum Messkirch, Südwestdeutschland! Die Eheleute Mengeu opfern sich da auf für herrenlose und abgegebene Katzen, Hasen, Enten, Schweine und was da sonst noch herumkeucht! Ich habe sie letzten Herbst mal besucht, und ich helfe, wie ich kann. Sie sind dringend auf Spenden angewiesen!
Dann habe ich das Projekt Gnadenhof Luna im Raum St. Gallen mehrfach unterstützt. Ein Gnadenhof für blinde Tiere! Auch sie brauchen Hilfe!
Des Weiteren unterstütze ich verschiedene Tierheime in meiner Umgebung.

In Anettes Ferienhaus im Schwarzwald, eigentlich mehr auf dem dortigen Grundstück, haben wir eine Art Vogelstation und eine Wildfütterungsstation!
Dort füttern wie ganzjährig verschiedene Arten von Vögeln und Füchse und Marder, freilebende Katzen und Igel usw.! Da trifft sich ganz schön was so im Laufe einer Nacht, konnte ich auf den Kameras schon sehen!
Im Winter füttern wir Bussarde und Füchse in der Natur, schmeißen Essen auf die Wiesen und an die Waldränder! Natürlich darf man das wahrscheinlich nicht, ich würde auch nie sagen, wo und wann wir das tun!
Die Jäger haben da was dagegen! Die Tiere sollen gefälligst Mäuse jagen unter dem 50 Zentimeter hohen Schnee!

Was sollen die armen Wildtiere und Vögel denn noch zum Essen finden! Was denkst du, warum die im Winter immer am Straßenrand sitzen, die Bussarde?
Weil die Straßen schnell frei sind und sie hoffen, dass aus dem Teer mal eine Maus herauskommt!
Die haben alle nichts zu essen. Wir sind als Menschen verpflichtet, den Tieren zu helfen! Jeder sollte was abgeben von seinem Essen, jeden Tag, und mit den Tieren teilen! Im Rahmen der geltenden Gesetze natürlich! Ich würde nie verlangen, dass ihr gegen Gesetze verstoßt!
Es gibt viele Möglichkeiten für dich, meine Leserin, mein Leser, jeden Tag der Welt ein klein wenig zu helfen im Rahmen deiner Möglichkeiten! Und wenn du nur ein Stück Brot auf die nächste Wiese wirfst! Die Raben werden es dir danken!
Wir haben hier auf unserer Terrasse auch eine Vogelfutterstation. Hier kommen manchmal Bussarde direkt auf die Simse geflogen. Oder Tauben, Spatzen, Raben, Amseln, Elstern usw.! Das ist schon normal bei uns!

Jeder sollte mindestens ein Tier zu Hause halten! Und wenn es nur ein Vogel ist! Oder ein Hamster! Oder eine Katze oder einen Hund! Wenn du dir ein Tier zulegen willst, dann hol dir eins aus dem Tierheim! Es wird es dir ein Leben lang danken!

Die Reptos wollen alles Göttliche vernichten! Sie jagen die Tiere und auch die Menschen! Sie setzen Wölfe und Bären wieder aus, um sie dann zu jagen und zu töten! Warum in Gottes Namen setzten sie in Europa wieder Wölfe aus? Wölfe sind herrliche Tiere, allesamt beseelt! Aber Europa ist zu eng, das geht nicht! In den europäischen Wäldern ist auch kaum mehr etwas zum Jagen für sie, da die Jäger-Mörder schon alles totgeschossen haben! Was sollen die Wölfe denn dann essen? Es ist doch zwangsläufig, dass sie irgendwann in die Städte vordringen werden! Und es ist zwangsläufig, dass sie irgendwann abgeschossen werden! Warum bekommen sie keinen Wildpark, ähnlich Yellowstone? Warum überlässt man sie ihrem Schicksal? Weil die Jäger mal etwas Neues vor die Flinte wollten zum Abknallen! Und weil Wölfe eine Urangst im Menschen auslösen! Folge: Keiner wird sich irgendwann mehr aufs Land, geschweige denn in den Wald trauen! Dann haben sie die Menschen da, wo sie sie haben wollen! In der Stadt! Um sie besser bestrahlen, bewachen, kontrollieren und unterdrücken zu können! Das ist der Plan dahinter!

Den Menschen wird quasi der Fluchtweg Land/Wald abgeschnitten!
Sie, die Reptos und Dracos hinter den Mächtigen, sie machen alles mit Kalkül, alles! Nichts auf dieser Welt wird dem Zufall überlassen oder geschieht rein zufällig! Sie planen alles von langer Hand, über viele Menschengenerationen hinweg! Sie selbst werden ja bis zu 1000 Menschenjahre alt, und von daher können sie ja auch längerfristig planen!
Wir sind für sie nur Energielieferanten und Sklaven. So wie die Menschen Schafe, Rinder und Schweine züchten, so züchten und halten die sich die Menschen! Mehr dazu später hier in diesem Buch!
Das Thema Tiere und Pflanzen ist so umfangreich, dass ich sicher nur darüber ein bis zwei Bücher schreiben könnte! Ich muss an dieser Stelle abbrechen mit dem Thema, sonst wird dieses Buch hier 1000 Seiten dick! Sollte mir noch was einfallen, dann werde ich versuchen, es später noch wo einzubinden!

Was jeder tun kann, ist, selbst Veganer werden! Und nicht damit aufhören, andere davon überzeugen zu wollen! Es darf nur nie fanatisch sein! Alles, was extrem ist, fanatisch ist, ist dunkel! Wenn du genauso brutal und fanatisch bist wie die Fleischesser, dann bist du ja auch nicht besser als sie! Man wird immer zu dem, was man bekämpft! Einfach nur konsequent sein! Man muss immer in der Liebe bleiben! Es genügen oft so kleine Randbemerkungen am Tisch wie: »Ich esse deswegen kein Fleisch mehr, weil Tiere eine Seele haben und ich nicht will, dass für meine Gier nach Fleisch Tiere sterben müssen!» Oder: »Ich möchte nicht, dass Tiere wegen mir leiden müssen! Außerdem verursacht Fleisch Krebs!» Oder: »Ich esse aus Nächstenliebe kein Fleisch mehr! Ich habe erkannt, dass der Mensch nicht das Recht hat, andere Lebewesen zu töten! Das kommt alles auf einen zurück! Jeder muss eines Tages dafür grade stehen, was er den Tieren angetan hat!»

Sicher muss man Toleranz üben an den Anderen! Aber wo hört diese auf? Ich für meinen Teil habe ein Problem mit der Toleranz! Denn diese hat uns genau dahin gebracht, wo wir heute stehen! Man lässt alles zu aus Toleranz!?
Was ist, wenn es eines Tages normal sein wird, Tiere direkt am Restauranttisch zu schlachten und zu verzehren? So wie bei den Affen in Südkorea? Ich meine bei den Menschen dort? Oder was ist, wenn es eines Tages normal sein wird, Leichen zu verspeisen aus Gründen des Klimaschutzes? Diese Welt ist pervers, wird aber noch perverser werden, glaub mir! Jeder

sollte zu sich und seinen Überzeugungen stehen, sich notfalls einfach trennen von uneinsichtigen Fleischessern! Ich setze mich an keinen Tisch mehr, wo Fleisch gegessen wird! Dann bleibe ich fern oder stehe auf und gehe! Und fanatische Fleischfresser will ich keine in meinem Bekannten- oder Freundeskreis! Ich habe selbst meinen Schwiegereltern untersagt, mit mir am Tisch Fleisch zu essen! Ich entscheide, was ich mir antue, was ich erleiden will! Ich möchte das nicht mit ansehen! Und wer mich kennt und weiß, was ich bin und tue, und dann Fleisch frisst, wenn ich am Tisch sitze, der beleidigt mich! Viele Fleischesser sind nicht böse, einfach nur unbewusst! Sie merken es gar nicht, was sie da tun! Darum muss man die immer wieder damit konfrontieren! Immer wieder! Und wenn es nicht fruchtet und gar in Streit ausartet, meiden! Meide solche Menschen! Sie gehören fortan nicht mehr zu deinem Leben!

Die Folgen von all dem, wie der Mensch mit den Tieren und Pflanzen umgeht, werden »folgen«! Folgen bedeutet, etwas folgt auf eine Handlung oder eine Unterlassung! Wenn die Tiere und die Pflanzen ausgestorben sind, ist der Mensch als nächstes an der Reihe!
Solange der Mensch Tiere quält, foltert und tötet, solange wird es Qual, Leid, Schmerz und Tod für den Menschen geben! Alles ist mit allem verknüpft! Und solange die Menschen das nicht einsehen und ihr Verhalten den Tieren und Pflanzen gegenüber nicht ändern, solange wird sich an diesem erbärmlichen Zustand dieser Welt und dieser Menschheit nichts ändern!

Wie könnte der Mensch erwarten, dass er Liebe, Schönheit, Harmonie und Frieden ernten kann, wenn er Tod und Verderben sät? Das ist doch eine selten blöde Annahme! Solange der Mensch Tod, Vernichtung, Gewalt, Leid und Schmerz verursacht an anderen und an den Tieren, solange wird er genau das erleben! Immer und immer wieder! Solange, bis er damit aufhört! Mehr zur Zukunft der Menschheit am Ende des Buches!

Nochmals: Setz dich ein für

- eine vegane Menschheit! Dafür, dass
- Stierkämpfe verboten werden
- Walfang verboten wird
- Thunfischfang verboten wird (Delfine)
- Delfine totschlagen verboten wird (Japan)

- Robben totschlagen verboten wird
- Pelztiere züchten verboten wird
- Orang-Utans nicht als Sexsklaven gehalten werden
- Zoophilie weltweit verboten wird
- Tiger und Bären nicht bei lebendigem Leibe abgesaugt werden
- Küken nicht geschreddert werden
- Tiere nicht bei lebendigem Leibe geschlachtet und aufgeschnitten werden (halal und koscher)
- Tiere überhaupt nicht mehr geschlachtet werden
- Bäume nicht mehr gefällt werden
- keine Gifte mehr in der Landwirtschaft verwendet werden
- usw. usw.!

Im Prinzip ist es so, wenn wir aufhören, Tiere zu essen, erledigen sich alle anderen Begleiterscheinungen der Tiermorde von allein! Das Essen ist das A und O! Damit steht und fällt der Rest der Probleme und Qualen! Keine Tierprodukte essen, nichts, was von Tieren stammt, ob direkt oder indirekt! Dann hört das Tierleid auf!

Setz dich ein, wo du es kannst, jeden Tag und jede Stunde! Mach es publik, wie es auf der Welt zugeht! Akzeptiere dieses Unrecht nicht länger! Drücke deine Empörung darüber aus! Toleriere nichts mehr, wo Tiere oder Pflanzen und auch Menschen leiden müssen, ausgebeutet und benutzt werden!
Und wenn du nur ein Leben retten kannst, war und ist es das wert! Wir beseelten Menschen sind hier, um den Tieren und Pflanzen beizustehen! Wir haben Verantwortung, darum hat Gott uns hierhergeschickt! Um seiner Schöpfung zu helfen! Nimm dir ein Tier aus dem Tierheim. Befreie ein Tier aus seinem Gefängnis! Wenn du das nicht kannst, helfe aktiv in einem Tierheim/Tierschutz aus oder spende! Wir müssen die Wildtiere und Vögel auch füttern! Wirf kein Essen mehr weg, wirf es auf die nächste größere Wiese oder in den Wald! Natürlich nur, nachdem du den Bauern und den Jäger um Erlaubnis gefragt hast, und das rechtlich einwandfrei über einen Anwalt hast abklären lassen, dass man das darf! Schon klar!
Wir füttern z.B. auch Tauben in Parkhäusern oder sonst wo! Die haben auch Hunger! Überall, wo du ein Tier siehst, dass sich in der Natur wo bewegt, überlege immer, ob es Hunger haben könnte! Was ist denn dabei, wenn du ihm ein Stück Brot gibst?

Hilf den Tieren, setz dich ein für eine bessere Welt! Demonstrationen bringen nichts, null, null! Vergiss das! Du musst ins eigene Handeln kommen! Es wird Zeit, dass der Mensch begreift, an welchem Punkt die Menschheit steht! Es kann und wird so nicht weitergehen! Ob du die Welt deswegen verändern kannst? Ja! Wenn wir uns alle ändern, haben wir eine andere Welt! Unabhängig davon müssen wir den Tieren helfen! Sie sind auf uns beseelte Menschen angewiesen! Wir dürfen diese kranke Gesellschaft nicht mehr tolerieren! Bei allem, was du tust, bedenke aber immer, dass wir nie Gewalt anwenden, unter keinen Umständen!
Hass und Gewalt machen dich dann zu dem, was du bekämpfst. Du wirst dann selbst ein Monster! Leiste Überzeugungsarbeit, jeden Tag deines Lebens und bei jeder Gelegenheit! Gott und seine Geschöpfe werden es dir danken!

KAPITEL 7

Reptos und Beseelte, die Zerstörung der Göttlichkeit und die Pervertierung der Menschheit!

Diese Welt wird seit langer Zeit von einer kalten Rasse beherrscht, die Gott hasst! Sie sind das Gegenteil von Gott! Darum erleben wir alle derzeit das Gegenteil des Göttlichen! Sicher war und ist das so nicht geplant gewesen! Nicht in dem Ausmaß! Oder doch? Ich werde darauf zurückkommen!

Sicher kennst du den Begriff der »Neuen Weltordnung«? Alle Aufklärer reden und schreiben davon! Alle haben Angst vor der Umsetzung dieser Neuen Weltordnung! Alle befürchten das Schlimmste! Sie alle befürchten, dass die Illuminaten das komplette Zepter in die Hand nehmen und die ganze Menschheit versklaven könnten! Diese Angst ist jedoch total unbegründet! Warum fragst du? Ja, weil es diese Weltordnung schon lange gibt! Sie eigentlich schon immer bestand! Und wir schon immer Sklaven waren und sind! Zu hart formuliert von mir, meinst du? Ich werde dich aufklären!

Die Reptos haben vor langer Zeit schon das Zepter übernommen und die Menschheit infiltriert mit ihrer Boshaftigkeit, ihrer Gier, ihrem Neid und ihrem Hass! Mit ihrem krankhaften Machthunger, ihrer krankhaften Dominanz und ihrem perversen Territorialverhalten! Wann genau das begonnen hat, ist wohl nicht mehr genau zu klären! Zu viele Menschheiten haben schon existiert! Manche sagen fünf, andere sieben! Mir wurde mitgeteilt, sieben! Also diese derzeitige Menschheit ist der siebte Versuch des Experiments Menschheit! Jedes Mal endete es mit einem Fiasko, einem Kataklysmus! Weil die Dunkelheit es mal wieder übertrieben hatte, musste man von der »Projektleitung» aus eingreifen!

Die aktuelle Menschheit besteht seit dem Untergang von Atlantis! Viele Bewohner von Lemurien (Agarther) und später von Atlantis (Reptos) haben sich in der Inneren Erde eine neue Welt aufgebaut gehabt!
Auf der Erdoberfläche begann das Leben nach Atlantis neu, so vor ca. 12000 Jahren! Nach dem damaligen großen Kataklysmus, kleinere gab es mehrere, der letzte vor 5000 Jahren, kamen die Überlebenden, die sich in Höhlen und auf den Bergen in Sicherheit gebracht hatten (Arche Noah!), wieder heraus und begründeten die heutige Menschheit!

Die Reptos waren die treibende und herrschende Macht. Sie inkarnierten ja nun in Menschenkörpern und konnten so die gutmütigen göttlichen Menschen leicht täuschen und leiten!
Die früheren falschen Götter verschwanden aus dem Sichtfeld der Menschen, da diese zu tief in der Materie gesunken, gefallen waren und somit diese nicht mehr sehen konnten! Sie sind aber nach wie vor da, bis zum heutigen Tag!

Sie herrschen nun aus der Dunkelheit heraus, haben ihr Versklavungssystem der neuen Zeit angepasst! Es kommt nicht mehr so gut an heute, wenn man Menschen auf der Pyramidenspitze köpft und dann isst! Sie haben aus dem Untergrund dafür gesorgt, dass die Menschen glauben, dass sie frei sind! Menschen sind besser zu kontrollieren, wenn man sie glauben lässt, dass sie freie Menschen sind! Das offene Sklaventum wurde darum ersetzt durch das verdeckte, versteckte, unsichtbare Sklaventum!

Sie schufen die Religionen und sorgten so dafür, dass die Menschen genau das taten und immer noch tun, nämlich sich selbst die Köpfe einzuschlagen! Wie viele Kriege gab es denn in den letzten 5000 Jahren? Ich habe darüber im Band 2 geschrieben! Die falschen Götter werden somit immer mit frischer Energie versorgt durch die ständigen Schlachtfelder auf der Erde!

Aktuell: Ich muss dich kurz in meine Gegenwart entführen! Heute, 01.07.2019, großer Ritualtag! Rund 25 (!) Martinshörner heute! Drei querstehende Lastwagen, wo ich anhalten muss auf der Fahrbahn! Im Wald beim Gassigehen vier von vier Wegen blockiert früh morgens von weiblichen Hundeführerinnen! Gehe in eine Bäckerei. Parkt mich ein alter silberner Opel zu. Dicker, ungepflegter junger Typ steigt aus, geht auch in die Bäckerei. Ich komme kaum raus beim Rangieren, der Typ lief nur an den Tresen, schaute kurz zu mir, ging wieder raus, schaute mich wieder an, stieg wieder in seinen alten Rostkarren.
Was war das denn? Der wollte doch gar nichts da drin!
Ich fahre weiter, nächste Tankstelle, will zu einer Zapfsäule, da kommt von der anderen Einfahrt ein silbernes altes Auto, andere Marke, Audi glaube ich, sehr altes Auto, und gibt Vollgas auf dem Tankstellengelände, damit er noch vor mir an die Zapfsäule kommt! Obwohl die anderen fünf Säulen alle frei sind! Ich muss bremsen, fahre an andere Säule, steige aus und sage zu dem ungepflegten Typen, jung und nicht so schön aussehend, wollte ja nicht

hässlich sagen, ob es um Leben und Tod ginge bei ihm. Er läuft sofort in den Kassenraum, schaut kurz wieder raus zu mir, dreht um, läuft zurück zu seinem Auto und fährt wieder weg. Was sollte das? Und warum hatten beide eine total schwarze Aura? Stalker! Sicher Mitglieder einer katholischen Bibellesegruppe, die mich wieder mal als Antichrist verfolgen mussten an einem Ritualtag! Muss mich zehn Minuten lang von dem ablösen, was die mir alles gegeben haben!

Ok, weiter im Thema!
Die falschen Götter haben die Welt erobert! So wie sie ja alles erobern. Land für Land, Mensch für Mensch! Auch heute noch! Sie haben die Bibel verfälscht, so wie sie alles, was existiert, verfälscht haben! Es gibt keine Bibel, ob Tora, Koran oder sonst was, wie diese jeweiligen Religionsvorschriften auch alle heißen, die nicht von den Dunklen gefälscht wurden. Eigentlich brauchten sie ja nichts fälschen! Sie konnten es ja gleich so schreiben, wie es für sie gut war! Ich halte von all diesen Bibeln nichts, gar nichts! Was soll man da denn glauben? Schau dir doch die heutigen Medien an! Wie die lügen, alles verdrehen, alles so hinstellen, dass es für die Regierung des Landes immer gut aussieht! Wie sie alles verniedlichen, alles auf den Kopf stellen. Mit Hilfe von »Wissenschaftlern und Forschern«! Und nun stell dir mal vor, die haben hunderte und gar tausende Jahre Zeit, Schriftstücke zu schreiben, umzuschreiben und selbst zu drucken und an den Mann und die Frau zu bringen! Wie viel Wahrheit denkst du, ist da überall drin?

Diese Gruppierungen, die wir Illuminaten und Freimaurer nennen, die Logenbrüder dieser Welt, sie regieren uns seit jeher! Sie gehören alten Mysterienschulen an, welche das alte Geheimwissen von vor dem letzten Kataklysmus retten konnten! Sie verfügten von jeher über Wissen, was uns allen heute noch völlig unbekannt ist!

Sie regierten die Welt lange Zeit über ihre Verbindungsleute, die Adligen, und über die Kirche! Alle Systemgegner und Störenfriede ihrer Macht wurden im Laufe der Zeit hingerichtet! Sie haben ein System des Verrats aufgebaut, ähnlich dem System der früheren DDR! Spitzel und Verräter überall in der Bevölkerung! Sobald ein Heiler, Hellseher oder ein zu kluger Kopf bekannt wurde oder eine Frau zu schön war, wurden Lügen erfunden, und die V-Leute, die Spitzel, die Hetzer in den Dörfern und Städten wurden aktiv und hetzten das ganze Dorf gegen den Hellseher oder die Heilerin oder

gegen die Schönheit auf! Meist hatte der örtliche Pfarrer noch Sex mit diesen Schönheiten oder Heilerinnen, erzwungen mit Erpressung! Wenn die Hexe, was man dann aus ihr machte, Glück hatte, wurde sie dann umgehend auf dem Marktplatz verbrannt, da sie ja mit dem Teufel im Bunde war und darum sterben musste! Wenn sie Pech hatte, wurde sie arretiert und wochenlang verhört und gefoltert und erst dann verbrannt!
Die Mächtigen, also die Könige und deren Gefolge, und die Kirche haben zusammengearbeitet, wie sie es auch heute noch tun!
Das gewöhnliche Volk wurde so lange Zeit unter Kontrolle gehalten! Die Inquisition war ein probates Mittel, um die Menschen in Angst und Schrecken zu halten! Jeder Systemfeind, und jeder, der der Kirche oder den Adligen im Wege stand, konnte so leicht ausgelöscht werden!
Wir alle kennen die Foltermaschinen dieser Zeiten, den Pranger, das Spießrutenlaufen, die Verbrennungen und Hinrichtungen!
Die genaue Zahl aller Opfer ist nicht bekannt. Geschätzt werden 60 Millionen Tote durch die Inquisition der Katholischen Kirche!

Was ist hier passiert? Es wurden 60 Millionen Menschen getötet im Namen Gottes! Verstehst du das eigentlich? Da kommen diese Pfaffen in ihren Frauenkleidern daher und behaupten, sie müssten alle töten im Namen des allmächtigen, allwissenden und allliebenden Gottes? Wie krank muss ein Geist sein, wenn er das auch nur für eine Sekunde glaubt! Ihr Katholiken, wisst ihr eigentlich, dass ihr Mitglied in einer kriminellen Vereinigung seid? In einer Sekte, die behauptet, dass sie die Lehren von Jesus Christus verkündet?
Oder ihr Moslems und Juden, glaubt ihr wirklich, dass euer Gott es möchte, dass man Tiere bei lebendigem Leib schlachtet! Und alle anderen (Ungläubigen) töten muss? Dass die Frau eine Sklavin vom Mann sein müsse und jeder Mann einen Harem halten darf? Und was ist mit dem Kastensystem in Indien? Meint ihr, der wahre Gott will das? Meint ihr, der wahre Gott will, dass Frauen in Bussen in Indien vergewaltigt werden von ganzen Gruppen? Oder in deutschen Wäldern Frauen vergewaltigt werden von Asylanten?

Wisst ihr Katholiken, dass die Katholische Kirche die Menschheit seit nun fast 2000 Jahren übelst unterdrückt, ausbeutet, benutzt, nur für ihre eigenen Zwecke, Bedürfnisse, Triebe und Machterweiterung?
Wie viele Menschen und auch Tiere sind wohl in den letzten 2000 bis 5000 Jahren umgekommen durch die Religionen? Wie viele Länder wurden alleine in den letzten 2000 Jahren von den Muslimen »erobert«? Sie standen

ja kurz vor Wien! Warum gibt es so viele muslimische Staaten? Das kam ja nicht von alleine! Da wurden ganze Völker zwangsmissioniert! Halb Afrika ist muslimisch! Und der Rest wurde von den Kreuzrittern der katholischen Päpste abgeschlachtet, wenn er sich nicht zum Christentum bekannte! Später wurden die Länder in Amerika überfallen, Entschuldigung, erobert, um alle Bewohner zum Christentum zu missionieren! Und wer nicht wollte, wurde abgeschlachtet!

Religionen sind dunkle Fesseln! Und sie fesseln dich auch nach deinem Tod in der Astralwelt! Die Katholische Kirche hat so viel Blut an sich kleben, so viel Leid und Schmerz über diese Erde gebracht wie noch nie zuvor irgendjemand anderes! Sie sind verantwortlich für die heutige Dritte Welt! Diese Gläubigen, die heute noch den Papst anbeten, den eigentlichen Antichristen, die sind entweder total dumm, ungebildet und unwissend, naiv oder eiskalt und skrupellos!
Die katholische Kirche beschäftigt den größten Pädophilenring der Welt in ihren Reihen! Sie werden von den Regierungen, den Staaten mit unseren Steuergeldern zu 100 % finanziert! Und kassieren aber noch zusätzlich die Kirchensteuer! Auch wenn du aus der Kirche austrittst, was ich vor langer Zeit getan habe, zahlst du mit deinen Steuern ihren Unterhalt! Staat und Kirche arbeiten Hand in Hand! Wie sagte nochmals Vater Staat zu Mutter Kirche?
»Halte du sie dumm, ich halt sie arm!«
Die Katholiken essen ja auch gerne Tiere und jagen heute noch gerne »Hexen«! Die schlimmsten Katholiken sind für mich die, die ständig in die Kirchen rennen, dort auf den Knien herumrutschen, beichten und beten und danach wieder auf die Leute losgehen in gehässiger Manier! Wie kann sich ein Pfarrer anmaßen, einem Menschen Sünden vergeben zu wollen? Und warum braucht ihr Katholiken einen alten Mann in Frauenkleidern, mit einem Fischhut auf der pädophilen Glatze, der euch mit Gott verbinden soll? Ich habe noch an keinem Ort auf der oberen Erde so viele Reptos in Roben und Mänteln gesehen wie im Vatikan!
Sicher gibt es auch gute Pfarrer! Ohne Frage! Auch gibt es sicher redliche, ehrliche Katholiken! Aber die Einrichtung »Katholische Kirche» ist stockdunkel und für manchen wohl eine kriminelle Organisation! Warum sitzt der Papst noch nicht im Knast? Es gibt viele Beweise seiner Straftaten! Warum akzeptieren die Katholiken diesen Pädophilenring des Vatikans? Warum wird das alles immer als eine Art Kavaliersdelikt hingestellt?

Wer jetzt glaubt, er sei ja protestantisch, den muss ich enttäuschen! Es gibt keine gute Religion! Sie alle wollen den Menschen Glaubensmuster einprägen, falsche Glaubensmuster! Ja, ich weiß, du denkst jetzt an den Buddhismus! Ja, das lasse ich mir noch gefallen! Aber das ist ja auch keine Religion, sondern eine Weltanschauung!
Was ist das für ein Gott, den die Juden da anbeten? Und die Moslems? Der Jungen und Mädchen, meist sogar nur Mädchen, beschneiden lässt, damit diese keine Freude am Sex haben sollen?
Was ist das für ein Gott, der aufruft zu Steinigungen und Handabschlagen, zu Hinrichtungen? Was ist das für ein Gott, der sagt, man solle alle Ungläubigen betrügen, verhöhnen und gar töten? Der zu Rassenhass und Diskriminierung, zu Mord und Totschlag aufruft?
Mein Gott ist es ganz sicher nicht! Ich stamme von einem anderen Gott ab und bete auch einen anderen Gott an! Mein Gott, mein Schöpfer hat mir Liebe und Weisheit mitgegeben auf meinen Weg! Güte und Wärme, Mitgefühl und Barmherzigkeit! Ich kenne nur einen, der als deren Gott da in Frage kommt, und das ist Satan oder Luzifer. Ist das Gleiche!
Wie viele Kriege wurden auf dieser Welt denn schon im Namen eines Gottes geführt? Mein Gott muss keine Kriege führen! Mein Gott muss keine Religionen einführen und erzwingen! Mein Gott muss keine Länder »erobern» im Namen Gottes! Und für meinen Gott muss niemand als Opfer bei Ritualen sterben!
Mein Gott will auch nicht, dass ich in eine Kirche gehe, um zu beichten. Er will auch nicht, dass ich Kirchensteuer bezahlen muss. Mein Gott sagt auch nicht, dass ich für immer in der Hölle schmoren würde! Irgendwie ist mein Gott freundlicher und liebevoller als der Gott, den diese Moslems und Juden anbeten! Es scheint, als wäre deren Gott ein Monster!

Die Katholische Kirche ist jedoch die Wurzel allen Übels. Der Vatikan steht ja auch in der Hierarchie über allen anderen Religionen!
Die unzähligen Moslems und Juden dieser Welt haben ja nicht die geringste Ahnung, dass sie unter den Fittichen des katholischen Papstes stehen!
Der Papst ist das Oberhaupt aller religiösen Führer! Nach außen hin verfeindet und verstritten, sitzen sie dann doch alle an einem Tisch! Denn es geht nur darum, jede Seele einzufangen. Darum hat man die Religionen erfunden! Und natürlich damit es ständig Streit und Kampf, Zerwürfnisse, Feindschaften und gar Kriege gibt unter den Menschen!

Wer aber glaubt, es sei dann wenigstens mit dem Tod beendet, diese Versklavung durch die Kirchen und die Religionen, der irrt gewaltig! Dann geht es erst richtig los! Mehr dazu aber später hier!

Es ist nur wichtig für dich, zu verstehen, wer hinter all dem Bösen auf der Welt steckt, wie diese Mächte arbeiten, es schafften, die komplette Menschheit zu versklaven und wie das alles heute noch funktioniert!

Die andere Partei in dem Spiel, die mit der Kirche jahrhundertelang alles und jeden beherrschte, sind die früheren Adligen! Die falschen Könige dieser Welt! Die wahren Könige sind die Indigos, und diese waren auch mal die wahren Königinnen und Könige dieser Welt! Diese wurden irgendwann alle getötet und ausgetauscht. So vor ca. 3000 Jahren fing der Austausch an! Eigentlich wäre ich heute ein König, vielleicht ja »der» König! Und auch du mein Freund, meine Freundin, könntest ein wahrer König sein! Wir haben das wahre echte königliche Blut in uns, wir Indigos dieser Welt!

Die falschen Götter züchteten eine falsche Blutlinie, die sie dann zu unseren Königen machten! Sie übernahmen unseren Platz in der Welt! Sie haben also das eigentlich Entscheidende überhaupt verdreht auf der Welt, nämlich, wer die Macht hat, das Sagen hat! Die Reptos wurden also zu Königen und Adligen! Zusammen mit der Kirche führten sie lange Zeit das Regiment über das Volk!

Da sie selbst ja nichts hatten und nichts konnten, haben sie Steuern eingeführt. Sollte doch das Volk für sie sorgen! Sie schröpften die Bauern bis zur Vergasung ab, nahmen ihnen meist alles weg! Wer sich weigerte, zu zahlen, wurde samt seiner kompletten Familie eingesperrt und notfalls dann hingerichtet, als Mahnmal für die anderen! Oft wurden auch die ganzen Dörfer niedergebrannt! Sie hatten das Geld, um sich eine Armee aus Söldnern aufzubauen, die dann die willkürlich festgelegten Steuern einkassierten!
Mit auf der Seite der falschen Adligen war die katholische Kirche! Sie zockten das Geld der armen Bevölkerung noch gar ab, was die Adligen noch nicht geholt hatten! Die Kirche arbeitete Hand in Hand mit den falschen Königen und benutzte das Fegefeuer und die ewige Verdammnis der Seele als Angstmittel!

Die Adligen und die Kirche teilten sich alle Ländereien der Welt! Die Queen ist ja nicht umsonst der größte Grundbesitzer der Welt. Ihr gehört ganz Australien, England, Neuseeland und Kanada! Die katholische Kirche ist z.B. der größte Grundbesitzer in Deutschland! Der Vatikan ist der reichste Grundbesitzer der Welt. Der Vatikan ist auch die reichste Bank der Welt!
Es ist egal, wo du hinschaust, Hohenzollern, Zaren, Spanien, Holland, Habsburger usw. usw.! Alle Adligen haben ihren Besitz und ihren Reichtum gestohlen, alle, alle, alle! Alles, was sie haben, bis heute, haben sie dem Volk weggenommen! Alles! Alles! Das dumme Volk bekommt ein kleines Stück Land zur Pacht, gerade so groß, dass sie auch genug umsetzen können, um Steuern abzugeben! Irgendwie hat sich daran bis heute nichts geändert!

Warum sollte ihnen denn mehr gehören als dir oder mir? Mit welchem Recht haben sie sich alles unter den Nagel gerissen über die Jahrhunderte? Wer hat ihnen das Land denn zugeteilt, was haben sie denn dafür bezahlt?

Die falschen Menschen, sorry, falschen Götter, haben sich dann später gleich ganze Kontinente einverleibt, samt den Bewohnern darauf. Diese wurden dann zu Leibeigenen! Sie »eroberten« Kontinent um Kontinent, Land für Land, töteten die Einheimischen, zuerst immer die Schamanen und Medizinmänner, und verleibten es sich einfach ein, samt deren Schätzen!

Ist das nicht ein gutes Geschäftsmodell? Erobere doch auch du andere Grundstücke und Häuser in deiner Nachbarschaft! Oder in der nächsten Stadt, da, wo du halt schon immer gerne was besitzen würdest! Musst dir einfach ein paar Söldner besorgen und einen Pfarrer zur Unterstützung. Der kommt dann mit dem Kreuz mit bei deinem Feldzug und sagt dann im Namen Gottes und Jesus, dass das Haus deines Nachbarn nun dir gehört, dass sei Gottes Wille! So was Ähnliches läuft ja gerade in Deutschland mit den Asylanten!

Um es abzukürzen, diese Adligen und Könige regieren auch heute noch die Welt. Da der Adel bis auf die britische Krone nicht mehr anerkannt wurde beim Volk, wechselten die Repto-Geschäftemachen die Branche! Sie wurden nun Banker und Wirtschaftsbosse und sogar Politiker! Die Zusammenarbeit mit dem Staat ist immer noch intakt! So konnten sie nun die Gesetze machen, die sie brauchten, um das Volk weiterhin abzumelken, und zwar so, dass dieses es nicht merkt! Sie gaben den armen Bauern von früher nun Arbeit! Es begann die Industrialisierung! Jeder Sklave, sorry, Bürger, bekam ein Anrecht auf einen Arbeitsplatz! Ja! Ist das nicht toll? Wie liebenswürdig! Nun darf jeder Mensch arbeiten, nein, er hat sogar ein Recht darauf! Gibt es nicht ein Grundrecht auf Arbeit? Ich bin so gerührt! Wie lieb die für uns sorgen!

Und wenn einer der Repto-Könige mehr Land wollte, dann erklärte man kurzerhand dem Nachbarland den Krieg! Dann kämpften die Franzosen gegen die Engländer, und die Deutschen gegen die Polen usw.! Seltsam ist aber, dass zur gleichen Zeit, wo Frankreich gegen Russland unter einem der Napoleon-Reptos Krieg führte, der französische König mit einer Russin verheiratet war. Oder der russische Zar mit einer Deutschen usw.! Also die Parteien eben, die sich bekriegten und sich gegenseitig umbrachten, deren Führer gingen miteinander ins Bett zum Kuscheln! Hm, wie geht das denn? Die wollten einfach ihr Blut unter sich behalten, bis zum heutigen Tag! Unten durften sich die Soldaten ruhig gegenseitig die Köpfe einschlagen, die Oberen waren ja eh befreundet! Ist das nicht lustig?

Warum haben die dann nicht gleich ihre Länder dem anderen überschrieben, beim Notar vielleicht, mit einer Schenkungsurkunde? Wegen der zu hohen Schenkungssteuern? Nein, sicher nicht! Einmal, weil man dem Volk das so nicht verkaufen wollte und konnte, und dann, weil viele Tote viel Blutvergießen bedeutete und die Repto-Vampire und ihre astralen Kumpels dann viel zum Trinken und Fressen bekamen! Der Ausgang eines Kriegs war eh immer zuvor abgesprochen!

Es war schon immer alles nur ein Kasperltheater! Eine Krähe hackt der anderen kein Auge aus! Sie alle, die falschen Götter, ziehen immer noch im Hintergrund ihre Fäden! Auch wenn sich unten alle bekriegen, oben sitzen sie alle am gleichen Tisch!

Nun, der Vatikan hat immer noch das Sagen auf dieser oberen Welt! Der Papst ist auch ein Freimaurer, und er teilt sich die absolute Machtposition mit dem Schwarzen Papat! George Soros und seine Kumpels mischen auch kräftig mit!

Sie alle bedienen sich der Nato, der Nase, sorry, NASA, der UNO, der EU und der WHO usw., um ihre Interessen auf der Welt durchzusetzen!
Die früheren Adligen tragen alle Anzüge und Krawatte und haben sich in allen entscheidenden Positionen ins Spiel gebracht!
Alle, wirklich alle Posten dieser Welt, wo Entscheidungen getroffen werden, überwacht werden oder ausgeführt werden, sind besetzt von Reptos oder werden von Reptos kontrolliert und überwacht!
Sie hatten nun Jahrhunderte Zeit, die Freimaurer, alles in die Wege zu leiten und das ganze System der Welt, wie du es heute kennst, aufzubauen! Niemand war ihnen im Weg, sie alleine hatten die alleinige Allmacht!

Wer also vor einer neuen Weltordnung warnt, der hat nichts verstanden oder ist ein V-Mann der Freimaurer/Illuminaten! Denn die streuen das auch im Internet, so wie viele Aufklärer-Videos von denen selbst sind!
Es ist Ablenkung auf eine Sache, die ja längst etabliert ist! Es bedarf keiner neuen Weltordnung! Zumindest nicht in Sachen, wer denn regiert! Vielleicht in Sachen, wie regiert wird? Ob nur noch mit einer Weltbank, einer Weltregierung, einer Weltreligion?
Macht das noch einen Unterschied? Wir werden doch sowieso in jedem Bereich überwacht, ob nun von einer Bank oder von zahn, was macht den Unterschied? Sicher, es gibt da schon noch Unterschiede, wie die Bargeldabschaffung oder die Impflichteinführung usw.! Dazu später mehr!

Ich möchte, dass du erkennst, dass diese Macht, die die Menschen vor Jahrtausenden, vor Jahrhunderten und vor Jahrzehnten beherrscht hat, immer dieselbe ist! Es sind immer die Reptos, die uns unterdrücken! Sie wechseln nur die Kleidung und die Posten! Sozusagen »Formwandler«!
Ich möchte dir verständlich machen, dass diese Macht nur eines im Sinn hat: Die Menschheit weiterhin zu versklaven! In der Gefangenschaft hier auf der Erde zu halten!

Sie hassen alles Göttliche! Sie hassen Gott! Sie bekommen keine Energie von der Quelle, darum haben sie ein schier unglaubliches Energieliefersystem auf der Erde installiert, das wohl seinesgleichen sucht!
Sie leben von unserer Energie! Wenn ich »unsere» schreibe, meine ich alle Beseelten! Menschen mit Seele! Seele ist Energie für sie! Darum tun sie alles, um an unsere Energien zu kommen! Am meisten Energie bekommen sie, wenn sie in den Besitz unserer Seelen kommen!

Es gibt definitiv zwei verschiedene Menschenrassen! Diese dunkle Rasse, die nun seit sehr langer Zeit schon als Mensch inkarniert, ist eigentlich genau das Gegenteil von der anderen Rasse. Diese verkörpert:

»Hass, Wut, Eifersucht, Neid, Missgunst, Angst, Zerstörungswut, Angriffslust, Heimtücke, Lüge, Unterdrückung, Falschheit, Gier, tierische Triebe, Verleumdung, Diffamierung, Rachsucht, unsoziales Verhalten, Unterstellungen, Vorteilnahme, Übervorteilung anderer, Rücksichtslosigkeit, Skrupellosigkeit, keine Liebe, keine Gefühle, purer Egoismus, Unnachgiebigkeit, Härte, kein Erbarmen, nicht verzeihen können!« Sie stehen also für das Ego! Für die Personalität!

Die göttlichen beseelten Menschen verkörpern:
»Ehrlichkeit, Wahrheit, Fairness, Verständnis, Nachsicht, Liebe, Gerechtigkeit, Wahrhaftigkeit, Großzügigkeit, Toleranz, Großherzigkeit, Weisheit, Mut, Respekt, Hingabe, Dankbarkeit, Hilfsbereitschaft.« Sie stehen für das Herz, die Individualität!

Da prallen also zwei Welten aufeinander! Zwei Pole! Die Dualität in Menschenform!
Wie soll das gutgehen? Wir kennen alle noch den Matheunterricht! Plus und Minus gibt Minus! Das kann nur schlecht ausgehen für uns andere! Weil die dunkle Rasse uns immer voraus ist in Sachen Skrupellosigkeit! Wir haben immer die Handbremse an, um niemanden zu verletzen, ich gehe jetzt von mir aus, während diese Gattung vollkommen gleichgültig ist, rücksichtslos, skrupellos! Also bei einem Kampf z.B., davon rede ich! Mehr dazu später noch!

Die herrschende Macht und die Macht dahinter haben sich nun jahrtausendelang diese Welt zurechtgelegt, wie sie es heute ist! Die Menschen haben sich aber vermehrt wie die Kaninchen, und es wurde immer schwerer für die Freimaurer/Illuminaten, die weltlichen Vertreter der Reptos aus der anderen Dimension, die Menschen zu kontrollieren! Derzeit wäre es ein Leichtes für die Menschheit, sich aus der Knechtschaft der Dämonen zu befreien. Wenn alle zusammen aufstehen würden gegen sie! Aber das funktioniert nicht, weil es zu viele Spitzel innerhalb der Menschheit gibt mittlerweile! Also Menschen der dunklen Rasse und Seelenlose! Das ist nicht das Gleiche!

Außerdem haben die Reptos es geschafft, dem Großteil der Menschheit die Seelen zu nehmen! Natürlich ist da jeder selbst dran schuld! Einfach so geht das nicht! Seelenlose Menschen sind Eigentum der Reptos und stehen unter deren Fittichen! Sie sind also sowas wie Marionetten! Und diese Puppen werden gegen uns andere, gegen die Beseelten gesteuert! Darum ist es nicht mehr möglich, dass sich die Menschheit gemeinsam erhebt gegen die dunkle Macht! Weil sie ein großer Teil dieser dunklen Macht ist!

Ich mache es nun kurz, um das Kapitel nicht zu sehr auszudehnen! Die Herrschenden wollen diese Menschheit massiv reduzieren und total versklaven! Ihnen liegt nichts, überhaupt nichts an unserem Wohlbefinden! Für sie sind wir Melkkühe, die so lange wie möglich gemolken werden, um sie danach zu schlachten! Im wahrsten Sinne des Wortes! Sie leben von unserer Schöpferkraft, unserer Kreativität und unserer Energie! Denn all das haben sie selbst nicht! Sie brauchen uns also! Sie werden in ihrem unerbittlichen Kampf gegen Gott alles zerstören, was auch nur im Ansatz mit ihm und seiner Schöpfung zu tun hat! Einmal aus dem Grund, weil sie Gott, und auch Jesus, hassen! Und einmal, weil sie ihre Machtstellung auf der Erde nicht abgeben wollen! Und dazu müssen sie acht bis zehn Milliarden Menschen, ich sage zehn, unter totale Kontrolle bringen!
Sie haben einen Plan, der ist älter als jeder Leser meines Buches hier! Diesen Plan verfolgen die Illuminaten seit rund 250 Jahren! Sie sind verantwortlich für jede Revolution, die je stattgefunden hat! Für jeden Krieg auf der Welt, der je stattgefunden hat! Für jeden Sturz eines Politikers, für jeden Absturz eines Flugzeuges! Nichts geschieht ohne sie! Nichts! Es gibt keine Zufälle in der Politik! Alles ist von langer Hand geplant! Sie beherrschen die Banken, nein, sie gehören ihnen! Ihnen gehört die Pharmaindustrie, die Medien! Sie haben alles und jeden in der Hand! Insofern ist es ein Leichtes für sie, zu bestimmen, was in den Nachrichten erscheint und was nicht!
Damit ihre Banken Geld verdienen, wurden die Zinsen erfunden! Und das Bankensystem schlechthin! Damit ihre Pharma verdient, haben sie dafür gesorgt, dass die Menschen krank werden!

Sie bekämpfen die Menschheit! Eigentlich ja auch ihresgleichen! Also die gewöhnlichen Reptos unter den Menschen! Es ist ihnen egal! Das interessiert sie nicht! Wer Menschen frisst, sie züchtet in Untergrundbasen, sie foltert, ihr Blut trinkt, der macht sich keinen Kopf, ob da ein paar Milliarden von ihnen sterben müssen!

Wobei ich festgestellt habe, dass die Reptos widerstandsfähiger sind gegen die ganzen Gifte im Vergleich zu den Beseelten! Sterben tun derzeit nur die Orion-Mantisse und die Plejadier! Die Reptos werden fast alle über 90! Sie sind mehr auf das Körperliche fixiert in der Materie und den anderen, den Beseelten, scheinbar irgendwie voraus! Aber das kann sich ja auch noch ändern! Das ist nur der Stand jetzt, von meinen Erkenntnissen!
Jeder, der sich spirituell entwickelt, weiß ja, dass schon morgen alles das, was man heute glaubt zu wissen, schon wieder anders aussieht! Das ist so, weil wir uns immer weiterentwickeln! Diejenigen, die immer stur das Gleiche behaupten, egal, was sich auf der Welt verändert, das sind meist sehr unbewusste Spirituelle!
Wenn ich mal so überlege, wie ich mich alleine in den letzten zwei Jahren entwickelt habe, das ist unglaublich! Ich muss mich ja auch »herunterlassen« in diesem Buch, weil ich längst schon »weitergeklettert« bin, nach oben, in meiner persönlichen Entwicklung!
Ich muss nun wieder tief in die Materie reintauchen, um dir das alles zu erklären, was für mich jetzt schon nicht mehr wichtig ist! Mich interessiert schon gar nicht mehr, was die Reptos und ihre dummen Puppen in der Politik so alles gegen uns, gegen mich machen!

Sie, die Herrschenden, die niederen, seelenlosen Politiker, die Wirtschaftsbosse, die Banker, die Freimaurer, die Illuminaten, die Logenbrüder und ihre ganze Sippschaft, die bis zu örtlichen Bürgermeistern herabreicht, die alle wollen uns platt machen! Das ist leider so! Sie alle wissen Bescheid, viele bekommen ja auch ihre Pillen gegen die Vergiftungserscheinungen und gegen die Strahlenschäden! Sie alle wissen gar nicht, dass diese Pillen nichts bewirken, dass sie alle von denen da ganz oben auch nur verarscht werden!

Sie machen uns und unsere Kinder auf vielfältige Weise kaputt! Durch:

- Vergiftung mit Chemtrails
- Gifte und Schwermetalle im Leitungswasser
- Gifte in den Nahrungsmitteln
- Bestrahlung unserer Nahrungsmittel in den Kühlhäusern
- Bespritzen unserer Nahrung durch die Landwirte mit Giften allerlei Art
- Künstliche, ungesunde Produktion unserer Nahrungsmittel
- Gifte in der Lebensmittelverpackung
- Gifte in Medikamenten

– Nano-Roboter in den Medikamenten
– Nano-Chips in den Medikamenten
– Gifte in den Impfstoffen
– Nano-Chips in den Impfstoffen
– Bestrahlungen durch:
  HAARP
  ELF-Waffen
  Mikrowellenwaffen
  Skalarwaffen
  Richtfunkantennen
  Mobilfunkantennen
  W-LAN
  Elektrosmog
  Biologische und Chemische Waffen

Ich denke hier vor allem an die Virenstreuung über die Luft! Flugzeuge werfen kaugummiartige Virenträger ab, die sich dann auf den Straßen, den Hausdächern und überall, wo Wasser hinkommt, als kaugummiartige Flecken ausbreiten! Darin befinden sich Viren und Bakterien, deren genaue Bezeichnung und Gefahr ich (noch) nicht kenne! Sie werden quasi in Verbindung mit Wasser und Regen geöffnet und verbreiten sich dann in der Luft! Wikipedia beschreibt diese Flecken als ausgespuckte Kaugummis von Kindern! Das Problem ist nur, wie kommen die Kinderlein denn nur alle auf die vielen Hausdächer hoch? Diese pilzartigen Flecken gibt es auch auf fast allen Bäumen! Und weißt du, was ich vermute? Die werfen das von oben herunter und lassen es auf alles fallen, was es eben gibt! Mag sein, dass es bei vielem unschädlich ist, aber es macht Bäume und Pflanzen kaputt! Und sie werden dann eines Tages alle Bäume fällen und sagen, man müsse sie retten dadurch, und es sei gefährlich für die Menschen, wenn sie es nicht tun! Sie werden alle Bäume fällen für das neue 5G-Netz! Und das ist ein lange vorbereiteter Plan, und alle Menschen werden dankbar sein, dass man alle Bäume fällt und sie geschützt werden somit von dem bösen Pilz! Ist das nicht krass, wie brutal und hinterlistig die gegen uns vorgehen? Ist das noch menschlich?

Es ist so, dass wir alle an der Nase herumgeführt werden von den Medien, den Regierungen, von den Kirchen! Alle lügen uns an, schon immer, und immer mehr!

Vielleicht fallen dir ja noch ein paar Dinge ein, wie uns die Machtelite und deren Schattenmächte langsam aber sicher töten wollen? Natürlich wollen sie nicht, dass wir gleich sterben! Das bringt ihnen ja nichts! Sie wollen, dass wir alle ganz langsam dahinsiechen, dauerhaft krank sind! Denn dann verdient die Pharma richtig viel Geld an uns! Die Krankheiten sprießen ja nur so aus dem Boden! Man kann sich diese ja gar nicht mehr merken! Gleichzeitig mit dem langsamen Töten wollen diese Schattenmächte natürlich auch eines erreichen: die totale Kontrolle der Menschheit! Sie mischen allem und jedem mittlerweile Fluorid bei, weil das bekanntlich gefügig macht und auch noch die Zirbeldrüse verklebt! Sie mischen es sogar ins Leitungswasser und auch in fast jeden käuflich erwerbbaren Sprudel!
Sie mischen auch Blei und andere Schwermetalle ins Trinkwasser mit rein! Aluminium gehört schon zum Standard bei den Lebensmittel- und Medikamentenverpackungen! Apropos Medikamente! Alleine an den Nebenwirkungen von ASS (Aspirin) sterben laut einer Studie rund 3000 Menschen pro Jahr alleine in Großbritannien! Wenn man das weltweit hochrechnet, dann sind das mindestens 500 000 Tote im Jahr, positiv gerechnet! Nur bei ASS!

Hier ein paar Zahlen zum »neuesten Stand« der medizinischen Wissenschaft und Forschung:
In Deutschland sterben jährlich 230 000 Menschen, in der Schweiz 16 000 an Krebs. In den USA sind in den letzten 27 Jahren 3 Millionen Menschen, und weltweit 2012 über 8 Millionen Menschen an Krebs gestorben. In Deutschland sterben jährlich 19 000 Menschen, und in der Schweiz 3000 Menschen an »Kunstfehlern«. In Deutschland sterben jährlich 40 000 Menschen, in Österreich 2600 an Keimen in Spitälern! An Nebenwirkungen von Medikamenten sterben in Deutschland jährlich 20 000, und in der Schweiz 2000 Menschen! Noch Fragen? Über Tiertode liegen mir keine Zahlen vor. Aber man kann davon ausgehen, dass es sich ähnlich verhält. Wie lange noch kann sich die heutige Schulmedizin halten? Hast du gewusst, dass in Europa jährlich offiziell über 90 000 Menschen (ich sage, es ist inoffiziell das 10-fache!) an Infektionen durch Keime sterben? Und an Verkehrsunfällen »nur« rund 26 000 im Jahr, in Europa? Schau mal, wie viele Gesetze und Überwacher es gibt, nur für den Straßenverkehr, und warum nicht für Hygiene in Krankenhäusern? Und alleine in Deutschland sterben jährlich 58 000 Menschen an Medikamentenmissbrauch: Und wegen Behandlungsfehlern sterben mindestens 19 000 Menschen in Deutschland, pro Jahr!

Nun, ist das alles nur Zufall? Oder Dilettantismus! Oder steckt da Kalkül dahinter? Entscheide du selbst!
Sie, die Schattenmächte, die Folterknechte Satans, leben mitten unter uns! Es ist ein alter Trick der Reptos, sich in der Form ihrer Feinde zu inkarnieren! Sie leben mitten unter uns! Du hast sie als Nachbarn, als Arbeitskollegen, als Chef, als Verwaltungsbeamten, als dein Banker, deinen Kellner usw.! Sie können mittels Gedankenkontrolle von ihren echten Repto-Kollegen erweckt werden! Es sind quasi Schläfer. So wie die Beseelten schlafen und erweckt werden durch die positive Geistige Welt, so werden auch die Reptos erweckt durch die Reptos! Natürlich wissen diese Menschen nicht, dass sie Seelenlose sind, so wie ich nicht wusste, wer ich bin! Du wirst es aber merken, mit wem du es zu tun hast! Sie werden ihr Gesicht immer mehr zeigen und ganz offen gegen uns andere gehen!
Ihr Maßnahmenkatalog ist sehr umfangreich:

- Sie werden weltweit immer mehr Tiere töten und schlachten und fressen! Derzeit werden jährlich weltweit rund 1,5 Milliarden Tiere getötet! Bis zum Jahre 2025 wird sich diese Zahl verdoppelt haben, ist meine Schätzung!
- Sie werden immer mehr Bäume fällen, immer mehr Wälder roden! Die Folge ist, dass immer mehr Tierarten aussterben werden! Auch Menschen werden dadurch vertrieben! Denk nur an die vielen Ureinwohner der Regenwälder!
- Sie werden die Wildtiere ausrotten weltweit!
- Sie werden die Menschen vom Land in die Städte hineintreiben!
- Frauen werden weltweit diskriminiert und unterdrückt werden!
- Sie werden die Geschlechter ausrotten! Es wird keine mehr geben! Ziel ist der geschlechtsneutrale Gendermensch!
- Sie werden die Familie abschaffen! Ziel ist, die Menschen zu isolieren und zu vereinsamen.
- Bargeld wir abgeschafft! Wer nicht spurt, bekommt kein Geld!
- Jeder Mensch wird durch Zwangsimpfungen nano-gechipt!
- Sie werden jeden Bürger, der gegen das System ist, isolieren und kasernieren.
- Sex ist die neue Religion! Jeder soll mit jedem jederzeit und überall Sex haben können.
- Europa wird islamisiert und dadurch unterworfen.
- Das Gute wird verteufelt und das Böse vergöttert.
- Alles wird ins Gegenteil verkehrt.

– Satan ist der neue Gott!
– Alles Beseelte wird bekämpft!
– Alles Gottlose wird angebetet!
– Verrohung der Sitten
– Verrohung der Moral
– Verrohung der Sexualität
– Zerstörung der Weiblichkeit
– Zerstörung der Familien
– Entrechtung aller Menschen
– Einschränkung der Bewegungsfreiheit aller Menschen
– Aufbau einer Welt ohne Gott
– Zerstörung von allem Natürlichem und Förderung des Künstlichen

Ich habe hier bewusst nur einige Punkte angerissen! Natürlich ist es viel komplexer, als ich es hier kurz darstelle! Ich werde aber in einem späteren Kapitel noch näher auf die Zukunft eingehen! Es gibt ja mittlerweile genügend Videos und Bücher über die geplanten Maßnahmen der Neuen Weltordnung!
Man könnte auch sagen, die Hausordnung wird geändert!

Was soll das alles? Warum wollen die uns zerstören? Warum wollen die die Welt kaputt machen? Sie müssten doch wissen, dass sie dann auch nicht mehr existieren können, wenn die Welt zerstört worden ist? Warum sollte ein normaler Mensch überhaupt auf die Idee kommen, diese Welt zu zerstören, auszubeuten und die Menschheit zu versklaven? Ich habe diese Gedanken doch auch nicht? Hast du solche Gedanken? Stehst du auch morgens oft auf und denkst dir, wie toll das doch wäre, wenn man die Menschen noch mehr ausbeuten könnte, noch mehr Tiere schlachten könnte und alle Wälder der Erde abholzen könnte? Also, ich habe diese Gedanken definitiv nicht! Warum haben denn aber andere diese Gedanken?

Warum machten sich Freimaurer schon vor 250 Jahren einen Kopf über eine neue Weltordnung? Warum gab und gibt es Menschen, die solchen Vereinigungen beigetreten sind, es heute noch tun? Und wer darf solchen Organisationen überhaupt beitreten? Warum haben die vor 250 Jahren, oder vor 1000 Jahren, oder vor 5000 Jahren, diese Geheimorganisationen gibt es ja schon immer, nicht einen Verein zur Erhaltung der Menschlichkeit gegründet? Und stattdessen einen Geheimbund, der still und leise das Kom-

mando auf der Welt übernommen hat? Warum ist der Antrieb vieler Menschen von niederer Natur?
Warum sammelt der Vatikan Milliarden auf seiner Bank und teilt das Geld nicht mit den Armen? Warum sammelt das Rote Kreuz Milliarden um Milliarden und jammert doch immer wieder nach außen um Spenden? Obwohl es die reichste Nichtregierungsorganisation der Welt ist? Der Vatikan und das Rote Kreuz haben vieles gemeinsam! Sie schwimmen im Geld, haben überall ihre Finger drin und jammern immer um Spenden! Und seltsamerweise verfolgen sie mich! Natürlich weiß jeder, der meine Bücher kennt, was dahintersteckt!
Unterhalb des Vatikangebäudes in Rom ist einer der größten Zugänge zu den innerirdischen Städten der Reptos! Der Vatikan ist sozusagen das weltliche Hauptquartier der Reptos. Und das Rote Kreuz ist der Generalimporteur von Blut für die Repto-Vampire! Sozusagen der Pizza-Express für Blutlieferungen für die Reptos dieser Welt!
Sie verstecken sich hinter Kirchen, hinter Wohltätigkeitsorganisationen und hinter sozialen Einrichtungen! Diese werden benutzt als Tarnung, aber auch, um ständig neues Geld und auch neues Blut zu beschaffen! Ein ausgeklügeltes System. Der gewöhnliche Mensch würde im Leben nie hinter den Kirchen und dem Roten Kreuz etwas Derartiges vermuten! Und wenn man es ihnen sagt, dann schütteln sie ungläubig den Kopf und man muss befürchten, dass sie einen dann noch für verrückt halten! Sie meiden einen dann, nachdem man auch nur ansatzweise etwas in dieser Richtung verlauten ließ!

Es gibt keine bessere Tarnung für das Böse, als in das Kleid des Guten hineinzuschlüpfen! Wer vermutet hinter den Gottesdienern den Teufel? Wer vermutet hinter Rettungsdiensten und sozialen Einrichtungen das Böse? Und wer vermutet hinter einem Seerettungsdienst auf dem Mittelmeer das Dunkle?
Leider ist das auch bei vielen Geistheilern und Aufklärern der neuen Zeit der Fall! 90 % aller Geistheiler und Aufklärer sind dunkel! Komischerweise vermuten viele das aber gerade bei mir, aber nicht bei diesen 90 %! Ist das nicht seltsam? Warum ist das so? Weil sie nicht unterscheiden können zwischen Gut und Böse! Aber dann muss ich fragen, warum verdächtigen sie gerade mich und alle anderen 90 % nicht? Das kann ich dir sagen! Weil 90 % der Menschheit entweder dunkel ist oder schwer besetzt! Und die Besetzungen der Menschen hassen mich, fürchten mich!

Darum haben dunkle Spirituelle immer mehr Erfolg, mehr Klicks, mehr Zuschauer und weniger Angriffe und wenig bis keine Verleumdungen! Sie werden unterbewusst von den dunklen Menschen akzeptiert, ja teilweise gar vergöttert! Und die dunklen und besetzten Menschen greifen unbewusst das wahrlich Gute an! Es ist wie ein Reflex! Sie können ja nicht mal was dafür!
Menschen wie ich sind die natürlichen Feinde der Reptos!

Diese Welt wird derzeit vom Teufel regiert! Das, was wir als Satan oder Luzifer kennen, ist eigentlich nur der Ober-Repto! Der oberste Repto ist ein Archont und heißt Satan! Er ist das Gegenstück zum Schöpfer, zum einen wahren Gott. Und er möchte besser sein als Gott! Und er hasst Gott und die gesamte göttliche Schöpfung! Sein Ziel ist es, die gesamte Göttliche Schöpfung zu zerstören! Nichts anderes! Es geht Satan nicht um Geld! Es geht ihm und seinen Folterknechten, den gewöhnlichen Reptos, nur um eines: Macht und Anerkennung! Satan möchte nicht wie Gott sein, er möchte besser sein als Gott! Er möchte unbegrenzte Macht und unendliche Anerkennung! Er verkörpert das Ego, das Gegenteil vom Herz. Er ist der Hass! Er ist die Verkörperung von Neid, Gier und Missgunst! Satan ist der Herrscher der niederen Instinkte und Triebe! Und alle seine Anhänger verkörpern das in der Materie! Sie werden die Menschheit total pervertieren in den nächsten Jahren, solange es das Böse noch gibt! Sie werden alles verdrehen, das Opfer zum Täter machen und die Täter zu Opfern!
Wir erleben das ja tagtäglich in der Politik, wo uns die korrupten und machtbesessenen Politiker vorzeigen, wie man mit seinem Nächsten umzugehen hat! Es gibt keine Werte mehr, sollte es die je gegeben haben!

Sie wollen alle Menschen zu seelenlosen Fleischfressern machen, damit immer noch mehr Tiere qualvoll sterben müssen! Und die Menschen sich immer noch mehr an die Erde binden, über den Tod hinaus! Sie haben dann zwei Fliegen mit einer Klappe! Sie bekommen diese Leidenergien der geschlachteten Tiere, und sie bekommen die Seelen der Menschen! Diese sind reine Energiequellen! Und als drittes Schmankerl binden sie die Seelenlosen an sich als Sklaven, in der Astralwelt, und später bei neuen Inkarnationen!
Schau dir die Werbungen an überall! Nur noch Fleisch grillen, Fleisch braten usw.! Überall nur noch glückliche Menschen, die freudig Currywurst essen und Fleisch konsumieren! Sie programmieren die Menschen mit der

Verknüpfung »Fleisch essen ist in, ist Luxus, macht glücklich! Veganer sind nicht normal! Diese Menschen sind Störenfriede und Verschwörungstheoretiker! Sie sind gefährlich für die Gesellschaft und für dich! Du bist normal. Die anderen sind krank! Schon in der Bibel stand ja, machet euch die Erde und die Tiere untertan! Tiere sind Teil der Nahrungskette! Und du bist oben!«

Ja, was wäre, wenn der Mensch gar nicht der oberste Teil ist? Was wäre, wenn es noch eine andere oder gar mehrere Spezies geben würde, die die Menschen als Nahrung betrachten? Denn genauso ist es nämlich, mein lieber Leser! Für die Reptos sind wir Nahrungslieferanten, nichts anderes! Sie leben von unserer Energie, von unserer Angst, unserer Wut usw.! Und es gibt auch noch materielle Reptos im Erdinneren, die leben von unserem Fleisch! Für die sind wir Rindviecher!
Im Gegensatz zu so manch reptiloiden Autoren behaupte ich, dass es keine guten Reptos gibt, weder astral noch materiell! Es wäre so, als würde man sagen, es gibt gute Satanisten! Oder Satan ist ja eigentlich gar nicht so böse! Satan ist böse! Und alle seine Anhänger und Nachkommen sind es auch! Darum sind es ja Reptos! Weil sie dieses Mangelbewusstsein verkörpern! Wären sie gut, wären sie keine Reptos, sondern würden als eine höhere körperliche Bewusstseinsform inkarnieren!
Und sollten sie je Kontakt aufnehmen mit Menschen, die da unten, dann werden sie das sicher nicht mit einem Indigo tun, sondern mit einem von ihnen! Aber sie werden sich hüten, ihre Geheimnisse an Menschen zu verraten! Für sie sind Menschen das Gleiche, was für die meisten Menschen Tiere sind! Sie kennen nichts anderes. Und sie haben auch ihre eigenen Menschenzüchtungen da unten. Diese Menschen, die in großen Käfigen leben, wissen nicht, dass sie Menschen sind und können auch nicht reden! Sie verständigen sich untereinander mit Grunz- und Zischlauten, ähnlich wie Schimpansen! Ich habe einige von ihnen gesehen in den Käfigen, auf einer meiner Mentalreisen! Sie wissen auch nicht, dass sie alle einmal gefressen werden. Sie wissen gar nichts! Sie vegetieren vor sich hin, wie bei uns die Schweine!
Es werden unzählige Versuche an ihnen gemacht. Sie werden geklont ohne Ende. Leider sterben die meisten bald danach. Was die Repros noch nicht geschafft haben, ist, diese Menschen zu beseelen! Dazu brauchen sie Gott, und der macht da nicht mit! Darum sind das eigentlich alles Zombies, so wie auch alle Menschen ohne Seele Zombies sind!

Menschen ohne Seele sind Roboter, die von den Reptos zu 100 % gesteuert werden können über Besetzungen und Mobilfunkantennen!
Darum ist es das oberste Ziel der Dunkelheit, allen Menschen die Seelen zu stehlen! Das erreichen sie durch das massive und dauerhafte Absenken der körpereigenen Schwingung der Menschen!
Maßgebend dafür sind unter anderem: Fleischkonsum, Tabakkonsum, Fluorid, Bestrahlungen und Gifte in der Nahrung usw.! Dadurch werden die Menschen für sie leichter lenkbar und manipulierbar. Die Menschen machen dann durch die niederen Gedanken, die man ihnen dann eingeben kann, niedere Dinge, entwickeln ihre niederen Instinkte immer mehr und werden quasi gottlos! Eines Tages löst sich dann die Seele vom Körper dieser Menschen, da diese die niederen Schwingungen nicht erträgt! Nun ist Satan im Besitz dieser Seelen und hat alle Menschen in seiner Gewalt!
Das ist derzeit die Entwicklung auf der Erde! Der Antischöpfer hat das Sagen und nimmt immer mehr Seelen in seine Obhut!
Und das alles ohne Zwang! Es herrscht das göttliche Gesetz des freien Willens! Niemand kann und darf zu etwas gezwungen werden!
Die Menschen haben alles freiwillig getan und sich klar entschieden!
Jeder hätte ja auch wie ich sagen können, nein, ich mache das nicht mit, was die hier fabrizieren, ich bin anders! Jeder kann ja auch selbst entscheiden, ob er Fleisch isst von Tieren, ob er Milch von Kühen trinkt, ob er wählen geht! Oder ob er sich impfen lässt, oder, oder, oder!
Jeder hat die freie Wahl! Jeder kann sich schlaumachen und sich informieren! Jeder hat die freie Wahl, ob er die »Verschwörungstheorien» überprüft oder ungeprüft weiter dem System zuarbeitet! Jeder hat alle Möglichkeiten, zu erwachen wie ich, oder nicht? Aber warum tun das denn nicht alle, erwachen? Im Gegenteil, warum sind es so wenige, die erwachen?
Diese Antworten habe ich eigentlich schon gegeben, werde mich aber später in diesem Buch noch einmal damit auseinandersetzen!

Das System duldet keine Querulanten! Jeder, der nicht an Mondlandung glaubt, nicht an die Kugelerde glaubt, der nicht mit der Zuschüttung durch Asylanten einverstanden ist, der sich nicht impfen lässt, der die Regierung kritisiert, der an Gott glaubt, der an die Geistige Welt glaubt, der an Reinkarnation glaubt usw., ist eines Tages ein Systemgegner und wird eines Tages vom System deswegen verfolgt werden! Wer sich dann beugt, der wird seine Seele verlieren, wenn er noch eine hatte!

Das System will dumme, ungebildete, unwissende, uninformierte Sklaven, die alles mit sich machen lassen! Dazu werden sie nachhaltig versuchen, die Familien zu zerstören, die Ehe, wie wir sie kannten, zu zerstören, jegliche Gruppierungen zu unterwandern und von innen heraus zu zerstören! Sie wollen ein Volk von Idioten heranzüchten, die von nichts eine Ahnung haben, nur den ganzen Tag Soaps anschauen im Fernsehen, Fleisch fressen, Fluorid trinken. Partys machen ohne Ende, mit jedem Sex haben, der gerade zur Verfügung steht, kifft, bis er umfällt und schön brav impfen geht! Jeder soll jeden heiraten dürfen. Wer meint, dies sei ein Fortschritt, der irrt gewaltig! Es geht um die Zerstörung jeglicher natürlicher Bindung! Wenn Gott gewollt hätte, dass Männer mit Männern liiert sind, oder Frauen mit Frauen, dann hätte er nicht zwei Geschlechter erschaffen!
Es geht darum, die Fortpflanzung der Menschheit langfristig und nachhaltig zu unterdrücken! Darum ja auch die Chemtrails, die die Menschen unfruchtbar machen auf Dauer!
Die Weiblichkeit wird massiv bekämpft! Nicht die muslimischen Frauen sollen sich den westlichen Frauen anpassen, nein, umgekehrt! Die westlichen, christlichen Frauen sollen sich nach unten, an die muslimischen Frauen anpassen! Es ist ja bekannt, welche Rolle die Frau im Islam spielt! Die Weiblichkeit ist nicht mehr erwünscht in Europa. Die Göttin der Weiblichkeit soll getötet werden!
Fußball schauen, fette Steaks und Grillwürste grillen, Sex überall und mit jedem an jedem Ort, kiffen, bis der Arzt kommt, Party, bis der Arzt kommt, das ist gewollt!
Durch die Asylantenschwemme wird zudem eine Gewaltlawine losgetreten, die es so noch nie gegeben hat in der Menschheitsgeschichte! Europa wird von innen heraus zerstört! Deutschland ist dabei der Mittelpunkt! Wenn Deutschland kaputt ist, geht auch Europa kaputt! Stellvertretend für die Zerstörung Deutschlands steht auch die Demontage der vielleicht beiden bekanntesten Deutschen der letzten 30 Jahre schlechthin: Boris Becker und Franz Beckenbauer! Beides Plejadier! Sie zerstören die Idole der Deutschen!

Wer denkt, die Flüchtlinge seien nur ein europäisches Problem, der irrt aber gewaltig! Die USA sollen von Mexico her überschwemmt werden mit Flüchtlingen! Darum will Trump auch eine Mauer bauen, weil er das weiß! Und die dummen Menschen in den USA danken es ihm mit Hohn und Spott! In Australien und Neuseeland ist es das Gleiche! Die Muslime überschwem-

men die ganze Welt! Außer Russland! Die lassen das nicht mit sich machen! Der Islam wird als Waffe gegen die Bevölkerung benutzt! Und wer sich speziell in Deutschland traut, etwas gegen die Überschwemmung mit Muslimen zu sagen, der wird dann zum Antisemiten, zum Reichsbürger, zum Nazi, zum Rassisten und bestenfalls zum Verschwörungstheoretiker abgestempelt und von den Gutmenschen noch angegriffen! Wer seine Heimat, seine Kultur, sein Land schützen will, wird politisch verfolgt!
Meinungsfreiheit gibt es nicht mehr! So wie die Nazis früher im dritten Reich die Andersdenkenden verfolgt haben, so werden heute speziell in Deutschland Andersdenkende verfolgt! Auch dieses Mal sind die Andersdenkenden die Guten! Die Nazis sind wieder da! Sie sind jetzt wieder an der Macht! Sie drehen aber den Spieß um! Sie sagen nun, dass die anderen die Nazis sind! Die Verschwörungstheoretiker werden zu Terroristen gemacht! Und die Heimatliebenden zu Rechtsradikalen! Und das gewöhnliche Volk lässt sich wieder täuschen! Immer wieder! Warum kann man das Volk so leicht täuschen? Und warum misstraut das Volk den Falschen, also in dem Fall den Guten? Es ist seit ewiger Zeit immer das Gleiche! Die Guten hängt man, die Bösen lässt man laufen! Immer war es so, angefangen mit Jesus, dass man den wahrlich Guten misstraut hat, ja sie gehasst hat, und die Bösen, denen hat man alles verziehen!
Warum ist das so? Ich kann dir wieder die gleiche Antwort geben, wie schon mal in diesem Buch! Weil die Masse dunkel ist! Die Mehrheit der Menschen ist seelenlos oder gar reptiloid! Und Gleich und Gleich hält zusammen! Sie entscheiden sich unbewusst für das Böse, oft auch bewusst!
Das Böse hasst das Gute, und je mehr Anteile vom Bösen in einem Mensch stecken, desto größer ist der Ur-Hass auf das Göttliche! Und je göttlicher ein Mensch ist, desto mehr wird er gehasst und angegriffen vom Bösen!

Was denkst du, warum die dunklen Mächte alles so einfach durchsetzen können immer? Warum rennt denn jeder Soldat mit blindem Gehorsam in den Krieg? Warum verweigern sich nicht einfach alle, in einen Krieg zu ziehen und gehen lieber in den Knast? Ich würde in keinen Krieg ziehen für einen Politiker! Ich würde den Dienst an der Waffe verweigern! Warum tut das nicht jeder? Weil viele gerne in den Krieg ziehen! Weil es vielen Spaß macht, andere zu töten. Sie gerne als Held wieder zurückkommen möchten! Nicht als Feigling vor dem Feind dastehen wollen!
Es gibt einfach zu viele, denen es gefällt, in einen Krieg zu ziehen. Denen es gefällt, wenn Tiere geschlachtet werden! Denen es gefällt, wenn einem

immer mehr Rechte genommen werden! Das sind dann die, die immer sagen, ich habe nichts zu verbergen! Es gibt viele, denen gefällt es, wenn halb Afrika bei uns lebt! Und es gibt viele, die finden es gut, wenn Frauen verschleiert herumlaufen müssen! Usw.! Es gibt einfach zu viele, die alles, was an Bösem und Unrechtmäßigem passiert, gut finden! Oder es stillschweigend dulden! Einfach überall mitmachen, aus Angst, dass sie als Feiglinge oder Querulanten abgestempelt werden!

Was ich unbedingt noch sagen will, ist, wenn ich über dunkle und reptiloide Religionen oder über das dunkle Rote Kreuz und deren unzählige Unterorganisationen schreibe, ich nicht die einzelnen Mitarbeiter meine, die sich im guten Glauben teilweise aufopfern! Es ist die oberste Führung und einige Schlüsselstellen, die ich damit meine! Die Kirchen und die Hilfsorganisationen werden benutzt und missbraucht! Ebenso viele Helfer und einfach Gläubige! Sie werden auch nur getäuscht und benutzt! Viele handeln im guten Glauben und haben nicht die geringste Ahnung von dem, was ich hier über ihre Organisationen schreibe! Und ich habe Verständnis, wenn die meisten das nicht glauben wollen und können, weil sie halt einfach noch nicht so weit sind!

Wobei es auch da Ausnahmen gibt! Denn mir liegen Zeugenaussagen vor von Angestellten der Stadt (einer Stadt) und von Mitarbeitern von sozialen Hilfsdiensten, dass es diese »Verfolgungsprogramme« offiziell gibt, diese aber nur zur Terrorismusabwehr eingesetzt würden! Es gibt auch Aussagen, dass Mitarbeiter von Hilfsdiensten eine anonyme Mitteilung aufs Handy bekämen, zu einer bestimmten Uhrzeit an eine bestimme Kreuzung zu fahren! Also, es ist nicht so, dass keiner von nichts was weiß! Aber es ist nie die Masse, die Bescheid weiß! Und von den wahren Gründen der Verfolgungen wissen diese Personen sowieso nichts! Aber ich meine, dass viele der Mitarbeiter dieser sozialen Hilfsorganisationen wissen, was sie tun, wenn sie bestimmte Autos stalken! Ebenso die Polizisten und Zöllner! Sie wissen nur nicht die wirklichen Gründe! Ich denke, dass deren Führungen von den Regierungen offiziell angewiesen werden, das zu tun, unter dem Aspekt, das seien alles Terrorverdächtige, notorische Straftäter, und/oder Systemgegner, also gefährlich für das »demokratische« System!

Ich erinnere nur an die Hexenjagt im Hegau bei meiner Partnerin Anette und natürlich auch mir! Anette und Isabell wohnten 25 Jahre in einer

kleinen Hegau-Gemeinde und wurden dort von den Einheimischen übelst behandelt, verfolgt, geschnitten, boykottiert und vieles mehr! Ich verweise auf mein erstes Buch! Eine alleinerziehende Mutter mit ihrem Kind, beides Indigos, wurden behandelt wie Aussätzige! Es war eine angezettelte Verschwörung, initiiert von einer »Bürgerwehr« unter der Leitung eines Freimaurers und Geheimdienstmitarbeiters!
Dieser hatte nachweislich die ganze Nachbarschaft besucht, woraufhin diese noch unfreundlicher, noch dreister, noch unmenschlicher wurden, also sie es eh schon waren die ganzen Jahre über! Sie mobbten und stalkten Anette und Isabell über viele Jahre hinweg, und mich natürlich auch, wenn ich da war.
Ich muss das nochmals schreiben hier, weil es einfach zu niederträchtig war, was diese Nachbarsfamilie, diese einheimischen Bigotten da 20 Jahre lang gemacht haben! Die Frau dieser Familie war auf Anette unheimlich neidisch. Diesen Neid und diese Missgunst hat sie jahrelang auf ihren Mann übertragen. Sie hat ihn jahrelang aufgehetzt gegen Anette und später dann die Kinder auch! Und dann irgendwann die gesamte Nachbarschaft! Irgendwann hatte diese neidische Person, die die Anwesenheit von Anette einfach nicht ertragen konnte, die ganze Siedlung mit Gerüchten gegen uns alle aufgebracht! Jeder mied den Kontakt mit uns! Von den ganzen Nachbarn hat in rund 20 Jahren keiner auch nur einmal ein Wort mit dem »Kind» Isabell gewechselt! Wenn wir mit dem Auto kamen, standen sie in Gruppen am Straßenrand und schauten uns an, als hätten wir die Pest!
Es war das erklärte Ziel dieser kleinen, neidischen Nachbarin, uns wegzutreiben! Warum? Weil diese Person einen niederen Instinkt hatte, nämlich Angst davor, dass Anette ihrem Mann besser gefallen hätte können! Es ist wie bei den Tieren! Es sind niedere Beweggründe, Mangelbewusstsein, Neid und Missgunst eben! Und Verlustangst! Manche töten ja Nebenbuhlerinnen! Menschen machen viel aus Verlustangst! Auf jeden Fall hat diese eine kleine unscheinbare Frau es geschafft, irgendwann das ganze Dorf gegen Anette und mich aufzubringen!
Es war Psychoterror und eine Hexenjagd, wie sie im Buche steht! Ein ganzes Dorf gegen eine alleinerziehende Frau und ihr Kind! Gegen eine Frau, die nie einer Fliege etwas zuleide getan hat, die der anständigste und ehrlichste Mensch ist, den ich persönlich kenne! Die nie in ihrem ganzen Leben jemandem geschadet hat!
Zwölfmal haben die uns die Polizei in den Hof geschickt, unter irgendwelchen Vorwänden! Im Prinzip hat diese Familie unser komplettes Leben

zerstört, zumindest für eine Zeitlang! Selbst Freunde von uns fragten irgendwann, ob wir denen wirklich nichts getan hätten, dass die so gegen uns gehen würden! Nein! Wir hatten denen nie etwas getan! Sie konnten uns einfach nicht ertragen!

Und dieses Feld aus Neid und Missgunst, Hass und Gier hat dann eine Organisation eines Tages genutzt, um mich als persona non grata zu brandmarken! Was die den ganzen hasserfüllten Nachbarn erzählt haben, weiß ich nicht und will es auch gar nicht wissen! Auf jeden Fall haben wir Beweise, dass ein Mann bei all denen im Haus war, und geraume Zeit später haben sich die Nachbarn auf einmal noch auffälliger gegen uns gestellt!
Es hupte plötzlich bis zu 50-mal (!) vor dem Haus. Es gab auf einmal Schüsse und Detonationen nachts am Haus! Alle Nachbarn schlugen auf einmal immer die Autotüren brutal laut zu und die Garagentüren, selbst die Mülleimerdeckel!
Sie ließen die Rollläden herunterkrachen, versperrten uns den Zufahrtsweg zum Haus. Ihre Kamine rauchten Tag und Nacht, auch im Sommer! Ein Nachbar zeigte uns immer die Fäuste beim Vorbeifahren! Wir wurden plötzlich verfolgt. Wenn wir ins Dorf reinfuhren, kamen uns immer die gleichen Autos entgegen, alles Bekannte dieser Nachbarn!
Da wurde ganz offensichtlich irgendein Programm gestartet! Die hatten auch unsere Ortung! Nachbarn gingen mit uns einkaufen usw.! Fuhren uns in 25 Kilometer entfernter Stadt entgegen! Da war ganz klar etwas in Gang gesetzt worden!
Dieser eine Mann, der in die Häuser ging, war beim Roten Kreuz, habe ich später ermitteln können mit einem Privatdetektiv!

Ja der Rest ist Geschichte, und in meinem ersten Buch und meinen ersten drei Videos von 2015 und 2016 verewigt! Ich möchte einfach noch einmal darauf eingehen, wie nieder doch Menschen sind und aus welch niederen Beweggründen doch ganz gewöhnliche Nachbarn sich zusammenrotten, ein ganzes Dorf gar, um eine schöne, gutgebaute junge Frau und deren Tochter fertigzumachen! Das Mittelalter lässt grüßen! So wurden früher die schönen Frauen denunziert und dann verbrannt! Oft waren es die neidischen hasserfüllten normalen Hausfrauen der Dörfer, die aus Angst um ihre Männer schöne Frauen denunzierten und verleumdeten!
Sind das nun zwei verschieden Geschichten? Einmal eine Geschichte über Hass und Neid, und einmal eine Indigoverfolgung? Nein! Diese armen

Menschen, die im Mittelalter verfolgt und getötet wurden in den Dörfern, waren zumeist Indigos! Sie, diese niederen Menschen, spüren das ja instinktiv, dass wir Indigos eine Gefahr für sie sind und sind ab der ersten Sekunde, wo sie uns sehen, gegen uns!
Ich wurde aus unzähligen Wohnungen vertrieben, und ich war ja keine schöne Frau! Ich könnte ja nun sagen, vielleicht war ich für manchen Mann eine Gefahr wegen seiner Frau? Mag durchaus sein, ich war mal in früheren Jahren recht gutaussehend! Aber das ist nicht so! Die niederen Menschen waren immer sofort gegen mich, egal, ob ich reich oder arm war, oder ob ich nett war zu ihnen. Es war egal, was ich tat oder nicht tat! Sie sahen mich und sind in der Sekunde unfreundlich zu mir, bis zum heutigen Tag! Die Reptos und Seelenlosen können uns Indigos und Santiner nicht ertragen! Bei den Plejadiern ist es nicht so krass, die stehen quasi dazwischen. Viele Plejadier halten auch oft zu den Dunklen! Sie haben nicht diese Probleme wie die Santiner und schon gar nicht wie die Indigos!

Wenn ich heute an einer Supermarktkasse stehe, dann wird der Kunde vor mir oft sehr freundlich und langsam bedient und überfreundlich verabschiedet! Sobald ich dann drankomme, genügt ein kurzer Blick der fremden Kassiererin, und sofort verfinstert sich ihr Gesicht und die Waren werden überschnell auf das Band gelegt! Einmal sagte ich zu einer Kassiererin, sie solle bitte langsamer machen, ich sei nicht auf der Flucht! Sie schaute mich mit leeren Augen an und fuhr im gleichen Tempo fort! Sie hören mich nicht! Sie verstehen mich nicht, sie mögen mich nicht! Die Reptos und Seelenlosen!
Wir müssen froh sein, wenn wir überhaupt noch einkaufen können! Alle Dinge des täglichen Bedarfs, die uns guttun, da gibt es nicht so viele, sind auf einmal nicht mehr lieferbar! Ob das ein spezielles Brot ist, ohne Hefe und ohne Gluten, das auf einmal nicht mehr produziert wird, oder ein spezielles Shampoo, oder der Luftfilter unseres Raumluftreinigers. Es sind sicher zehn bis 15 Dinge in den letzten ein bis zwei Jahren, mir fällt jetzt gar nicht alles ein, was auf einmal nicht mehr lieferbar ist, wo die komplette Produktion eingestellt wurde!
Wenn wir einmal im halben Jahr in ein Restaurant gehen wegen einem speziellen Gericht, dann gibt es das genau an dem Tag gerade nicht, oder wie in einem Fall wurde es von der Speisekarte gestrichen! Nun kann man sagen, sowas passiert nun mal! Ja klar! Aber nicht andauernd und in dieser Häufung und nicht bei uns allen zusammen!

Es ist offensichtlich, dass da eine Macht dahintersteckt, die uns irgendwie es nicht gönnt, dass wir das bekommen, was wir wollen und was uns guttut! Diese Vorfälle haben sich in den letzten drei Jahren exorbitant gesteigert! Die Reptos kennen die Zukunft! Sie können nach meinen Ermittlungen ungefähr 14 Tage vorausschauen! Wenn wir mal in die Ferien fahren, sollten wir das nicht zu lange im Voraus planen! Je früher wir etwas planen, desto mehr geht schief, oder desto mehr »passiert» dann vor Ort dort!

Mittlerweile gehen wir gar nirgends mehr hin, da es einfach zu stressig ist! Essen gehen tun wir auch kaum mehr, da wir meist unfreundlich behandelt werden oder das Essen miserabel ist! Sobald wir aus der Wohnungstüre gehen, beginnt die Stressphase!

Die Reptos haben offenbar nichts anderes zu tun, als uns eine Blockade nach der anderen in den Weg zu legen und einen Roboter (seelenlosen Menschen) nach dem anderen auf uns zu hetzen! Das ganz normale Leben ist für uns kaum mehr lebbar! Indigos können auch nicht mehr normal arbeiten gehen, das ist nicht auszuhalten, die Angriffe der niederen Geister! Für Indigos ist das Leben hier kaum zu ertragen! Und trotzdem ist es eine Gnade Gottes, ein Indigo zu sein!

KAPITEL 8

Jagd auf Indigos, Jesusweg, Karma, Reinkarnationen, Aufstieg, Läuterung

Meine nun mittlerweile dreiteilige Buchreihe heißt ja »Die unglaubliche Wahrheit über Indigo-Menschen»! Demzufolge ist der Hauptkern dessen, was ich vermitteln will durch meine Bücher, das Thema »Indigo«! Weil dieses eine Art Status Quo ist, der notwendig ist, um den scheinbar ewigen Kreislauf der Reinkarnation hier auf dieser Erde verlassen zu können!
Das Thema Indigo ist eigentlich von der Sache her das wichtigste Thema der Zeitgeschichte überhaupt! Denn was kann es Wichtigeres geben, als aus dieser Matrix herauszukommen? Aus einer Welt voller Leid und Schmerz? Indigos tragen die Christusenergie in sich und helfen anderen, zu dieser Energie zu gelangen! Es geht bei dem Thema Indigo also um göttliche Energie! Nun, leider gibt es nicht acht Milliarden Indigos auf der Welt, sonst sähe diese ja nicht so aus. Und dann bräuchten auch keine Indigos inkarnieren, um anderen zu helfen! Es gibt nach meinen neusten Erkenntnissen insgesamt 144 000 Indigos auf der ganzen Erde! Wovon rund 90 % noch tief schlafen! Einige der 144 000 sind auch »verkappte« Indigos, also derzeit noch Santiner, gar Plejadier! Es kommen jedoch auch neue Indigos hinzu als Geburten, um die Energien anzuheben hier! Aber die Indigos, die seit Bestehen der Menschheit auf der Erde sind und waren, das sind diese 144 000! Mir wurde mitgeteilt, dass ich der Anführer, also der höchste Indigo auf Erden sei! Und dies nicht nur einmal, sondern immer wieder auf meine Nachfragen, über Jahre hinweg! Weil ich es selbst nicht so recht glauben wollte! Ich war der Meinung, der höchste Indigo müsste ja mehr zu sagen haben, irgendwie wichtiger sein! Bin ich ja nicht! Ich bin ja nur ein Geistheiler, der auch noch versucht, zusätzlich Menschen aufzuwecken! Aber was habe ich an Macht im Vergleich zu einem Putin oder einer zitternden Merkel? Aber es scheint tatsächlich so, dass ich das höchste Indigo-Wesen auf Erden bin! Es gäbe noch zwölf weitere hohe Indigos auf der Erde, mit denen zusammen ich an der Spitze die anderen 144 000 zurückführen soll ins Himmelreich! Um nichts anderes geht es! Um die Rückführung der 144 000 zu Gott! Gott holt die seinen zurück! Und was ist mit den anderen 7,99 Milliarden Menschen? Das ist eine gute Frage! Darauf werde ich noch eingehender zurückkommen! Nur so viel vorneweg: Die meisten davon sind nicht an der Reihe, aufzusteigen!

Indigos strahlen aus wie eine Funkantenne, nur stärker und weiter! Sie sollen durch ihr Licht die Lichter der anderen anzünden, zum Leuchten bringen!
Es ist wie ein Dominoeffekt! Der Erste und Stärkste steht vorne und gibt sein Licht weiter an den Nächsten, und der wieder weiter an den Nächsten usw.! Und irgendwann in der Reihe stehen dann auch Santiner und Plejadier, die dann durch das Licht angesteckt werden und ihr Licht so wieder zum Leuchten bringen können!
Sieht man nun das Ganze aus der Sicht der Reptos, der Vertreter der Dunkelheit, dann ist diese Lichterkette natürlich eine Gefahr für sie! Denn dieses Licht bringt ja die Dunkelheit zum Erlöschen! Es vernichtet die Existenz der Dunkelheit! Wenn überall Licht wäre, gäbe es ja keine Dunkelheit mehr!
Was ist also das Böse dann eigentlich genaugenommen? Die Abwesenheit von Licht!
Also hat die Dunkelheit, die Reptos, das personifizierte Böse, im Prinzip nichts Wichtigeres zu tun, als das Licht zu boykottieren! Ist ja irgendwie auch logisch! Wenn jemand nicht will, dass eine Kerze den Raum erhellt, wird er versuchen, diese auszulöschen! Weil er lieber im Dunkeln ist!
Demzufolge jagen die Reptos die Lichtträger, um deren Licht zu löschen! Und je höher ein Lichtträger, umso mehr wird er gejagt!
Dieses »Jagen» ist das, was ich unter »Jesusweg» verstehe und beschreibe! Nur wer auf dem Jesusweg wandelt, kann zu Gott heimkehren, also aufsteigen! Und dieser Jesusweg existiert nicht nur in der Materie, also als Mensch, sondern auch in der Geistigen Welt! Es hört nicht einfach auf, wenn man stirbt! Bedeutet aber auch, dass man auch in der Geistigen Welt den »Aufstieg» vollenden kann! Nur dauert es dort nach Erdenzeit gerechnet mindestens zehnmal länger, den Aufstieg zu meistern!
Was ist eigentlich der »Aufstieg»? Alle (spirituelle) Welt redet von einem Aufstieg! Und dass die ganze Menschheit aufsteigen würde! Das ist absoluter Blödsinn und auch total unlogisch, und auch unmöglich! Wir sind Geistwesen, einige gar Lichtwesen, und manche sogar noch was darüber!
Alle Geistwesen wollen aufsteigen zu Lichtwesen! Dies funktioniert nur, wenn ein Geistwesen einen Lichtkörper »produziert» hat. Ohne Körper kann man nicht aufsteigen zum Lichtwesen! Einige hatten schon einmal einen Lichtkörper und müssen schauen, wie sie diesen zurückerobern können (verkappte Indigos), und die meisten aber hatten noch nie einen Lichtkörper!

Sie stammen aus der Evolution der Bewusstseinsformen ab. Also diese Geistwesen durchliefen die komplette geistige Evolution, über die Mineralien, Pflanzen, Tiere, hin zum Menschen! Diese Bewusstseine werden also »gemacht»! Es gibt sie also doch, die Evolution! Jedoch nur im Geistigen! Es geht bei allem nur um eines: Entwicklung des Bewusstseins! Die Menschen, die Tiere, die Pflanzen, die Steine, alles existiert nur aus einem Grunde: um sich weiterzuentwickeln! Der Stein möchte zur Pflanze werden, die Pflanze möchte zum Tier werden, das Tier möchte zum Menschen werden! Und der Mensch? Der denkt in seinem Hochmut, er sei schon die Krone der Schöpfung und müsse nichts mehr werden und meint, er sei der Herr über alle Pflanzen und Tiere! Dabei ist das »Menschsein« auch nur eine Stufe auf der Leiter zu höchstem Bewusstsein! Natürlich hat der Mensch eine besondere Rolle, eine entscheidende Rolle gar, im Plan der Götter!
Der menschliche Körper ist aber auch nur ein Körper eben! Der benutzt wird von Geistwesen, um sich zu entwickeln! Es geht also eigentlich gar nicht um die Menschheit, es geht um den Aufstieg des Bewusstseins!
Die Seele ist ein göttliches Hilfsmittel und auch eine Art Datenbank, Datenträger, oder auch Bewusstseinsträger! Je höher nun die Seele, desto höher das Bewusstsein oder umgekehrt!
Die Seele ist ein Begleiter der Geistwesen und eine Hilfe von oben! Welche Seele jemand bekommt, hat, oder ist, such es dir aus, hängt also vom Bewusstsein des Einzelnen ab! Und Bewusstsein wird gemacht, produziert durch Erfahrungen und Erkenntnisse! Es gibt keinen anderen Weg!
Manche brauchen viele Erfahrungen, um die richtigen Erkenntnisse zu gewinnen, andere weniger! Manche müssen auf eine Prüfung mehr lernen, andere weniger! Aber alle müssen die Prüfung bestehen, wenn sie weiterkommen wollen!
Bewusstsein wird also geformt durch Erfahrungen und Erkenntnisse. Man könnte auch sagen Einsichten! Jemand bekommt die Einsicht, dass sein Verhalten bisher dumm war, nieder, also falsch war! Und wenn er diese Einsicht nicht bekommt, dann muss er die nötigen Erfahrungen immer wieder machen, solange, bis er diese Einsicht eben bekommt! Ähnlich wie ein Schüler, der die Schulklasse immer wieder wiederholen muss, bis er versetzt wird in eine höhere Klasse! Schafft er die Prüfung immer wieder nicht, wird er in eine niederere Schule (Sonderschule) zurückversetzt! Der Mensch, der nicht zur Einsicht kommt, wird irgendwann halt in niederen Zonen inkarnieren müssen, um seinen Weg von vorne wieder zu beginnen! Er kommt einfach nicht weiter, solange er nicht das nötige Bewusstsein

hat! Dieses Bewusstsein äußert sich in Schwingungen. Frequenzen, Farben und Tönen!

Die Dimensionen nach oben, in die der Mensch, besser gesagt, das sich darin befindende Geistwesen gelangen will, aufsteigen will, öffnet sich für ihn nur dann, wenn er die nötige hohe Schwingung dafür besitzt, die richtige Farbe der Aura (Indigoblau) und die richtige Frequenz aufweist! Und dies alles muss der Mensch versuchen zu erreichen! Das ist seine Bestimmung, seine Lebensaufgabe! Viele meinen, eine Lebensaufgabe sei ein bestimmter Beruf, eine bestimmte Lebensweise usw.! Die einzige und wahre Lebensaufgabe eines jeden Menschen ist: aufzusteigen in die nächste mögliche Dimension! Und um das dafür nötige Bewusstsein zu erlangen, muss der Mensch sich läutern! In jedem Bereich! Der Weg zum Aufstieg, oder Ausstieg, führt also einzig und allein über die Läuterung!

Was ist nun die Läuterung?

Läuterung bedeutet, dass man sich total befreit von irdischen Bindungen! Die da wären: Gier, Habgier, Neid, Hass, Missgunst, Rachsucht, Selbstsucht, Eifersucht, Geiz, Intoleranz, niedere Instinkte, niedere Triebe, niedere Beweggründe, niedere Absichten usw.!

Nun, wie löst sich aber nun ein geiziger, neidischer, missgünstiger Mensch von diesen negativen Anhaftungen, die er wie in einem Rucksack von Leben zu Leben mitschleppt? Antwort: Nur durch Leid und Schmerz!

Man kann diese negativen irdischen Anhaftungen nicht einfach durch ein Gebet auflösen! Oder durch Wunschdenken! Jeder kennt solche Menschen, denen der Hass und der Neid aus dem Gesicht springen! Sie sind neidisch auf alles, was ein anderer hat, was sie nicht haben! Der Glatzkopf ist auf den dichten Haarschopf tragenden neidisch, der Kleine auf den Großen, der Dicke auf den Dünnen, der Arme auf den Reichen, der Hässliche auf den Schönen, der Nichterfolgreiche auf den Erfolgreichen usw.! Natürlich ist das nicht immer so! Es gibt ja auch weiterentwickelte Hässliche, Dicke usw.! Aber in der Regel ist das so! Meist merken es diejenigen selbst gar nicht! Es ist ihnen nicht bewusst! Sie reagieren unterbewusst! Wenn sie z.B. ein »dickes« Auto sehen! Sie verziehen dann kurz hasserfüllt das Gesicht! Und wenn man sie dann fragen würde, warum sie so verächtlich geschaut haben, würden sie sagen, das stimme nicht! Diese Neid- und Missgunstfrequenzen spielen sich meist unbewusst ab! Natürlich gibt es auch Menschen, die offen dazu stehen! Es gibt auch Menschen, die andere töten, aus Neid, Missgunst und Habgier! Möchte nicht wissen, wie viele Frauen ihre Männer schon vergiftet haben, um an deren

Erbe zu gelangen! Oder um eine Konkurrenz auszuschalten! Ich sage nur Aschenputtel!

Man kann aber an sich arbeiten! Wenn es einem einmal bewusst geworden ist, dass man noch Neid und Missgunst in sich hat und man hat die nötige Intelligenz und einen festen Willen, dann kann man an sich arbeiten! Indem man seine Denkungsweise ändert! Seinen Standpunkt ändert!
Es ist also nicht hoffnungslos! Wer es nicht schafft, seine Denkungsweise zu ändern, der wird nur den einen Weg gehen können, den von Leid und Schmerz! Manche versuchen ein Leben lang, über Seminare und Hilfe anderer zu erwachen! Sie machen alles aus Selbstsucht, mit niederen Absichten! Um zu Gott zu finden, braucht man keine Seminare, keine Kirche, keine Religion, keine Sekte, keinen Guru, niemanden! Ich habe Klienten, die haben 20 000 und bis zu 50 000 Euro ausgegeben in den letzten Jahren auf Seminaren!
Sie suchen immer im Außen, und immer bei anderen die Lösungen für ihre Probleme! Und wenn es dann nicht klappt, sind auch immer die anderen schuld!
Läuterung ist alles! Das hat nicht mal was mit Wissen zu tun! Es geht um die Formung der eigenen Herzqualität! Dass man den Weg zum eigenen Herzen findet! Sich befreit von all dem Übel auf dieser Erde, was man sich im Laufe der Inkarnationen angehäuft hat! Sich befreit von den Fesseln der niederen Energien, die einen hier festhalten!
Die Dunkelheit tut alles, um den Menschen immer noch mehr Fesseln anzuhängen! Sie will die Seelen und Geistwesen binden und zu sich hinunterziehen! Der Mensch muss aber lernen, diese Fallen zu erkennen und sich trotzdem zu befreien! Denn sich zu läutern, ohne die Möglichkeit, zu fallen ist ja sinnlos und einfach! Sinn macht es nur dann, sich läutern zu können, wenn man eine Wahl hat! Und die Dunkelheit bietet den Menschen eine Wahl! Jeder kann wählen, geht er in einen Swinger Club oder nicht! Geht er in ein Bordell oder nicht! Schlägt er einen anderen oder nicht! Raubt er eine Bank aus oder nicht! Braucht er alle paar Wochen einen neuen Partner oder nicht! Ist er freundlich und hilfsbereit zu anderen oder nicht! Schaut er jemanden aus Neid hasserfüllt und verächtlich an oder nicht! Äußert er sich negativ über Dritte oder nicht! Wichtig ist, um Läuterung zu lernen, dass man es sich quasi auferlegt, gut zu denken über andere! Man muss versuchen, sich ein positives Denken aufzuzwingen! Denn das positive Handeln folgt auf das positive Denken! Ich zitiere hier mal aus dem Talmud:

»Achte auf Deine Gedanken, denn sie werden Worte.
Achte auf Deine Worte, denn sie werden Handlungen.
Achte auf Deine Handlungen, denn sie werden Gewohnheiten.
Achte auf Deine Gewohnheiten, denn sie werden Dein Charakter.
Achte auf Deinen Charakter, denn er wird Dein Schicksal.«

Erst wenn ein Mensch komplett befreit ist von seinen niederen Anhaftungen, wozu auch niedere Triebe gehören, kann er diese Dimension hier auf der Erde, die 3D-Materie, und auch die Astralwelt, als Geistwesen (Tod) verlassen!

Nun, leider ist es so, dass die meisten Menschen nicht über ihren Hass und Neid auf andere hinwegkommen! Sie sind gefangen in ihren Emotionen und negativen Gefühlen! Andere sind gefangen in ihren Süchten und Trieben! Sie müssen ihren Körper, und auch ihre Besetzungen, dazu später noch mehr, ständig füttern und befriedigen! Sucht nach etwas oder jemandem ist immer auch Besetzung durch fremde Wesenheiten!
Es ist also nicht immer möglich, dass jemand aus eigener Kraft von einer Sucht loskommt, oder von einer Zwangsbefriedigung des eigenen Körpers, wie durch viel Essen, Sexsucht, Rauchen, Kiffen, Saufen usw.! Hier sind meist üble Besetzungen mit im Spiel, die dafür sorgen, dass es immer schwerer wird für den Besetzten, sich zu befreien! Hier kann fremde Hilfe nötig und auch angebracht sein! Aber der Mensch muss dann lernen, sein Verhalten und seine Einstellung zu überdenken! Denn er selbst hat sich ja in dieses Sucht- oder Triebverhalten gebracht! Und wenn er seine Denkungsweise nicht grundlegend ändert, dann wird er irgendwann wieder am gleichen Punkt stehen, Besetzungen werden wiederkommen! Der Weg hier heraus führt nur über den Aufstieg, und der Aufstieg führt nur über die Läuterung! Es gibt keinen anderen Weg!
Es nützt nichts, wenn du auf Seminare zur Öffnung des dritten Auges gehst, auf Bewusstseinsseminare, Workshops usw.! Es nützt auch nichts, wenn du über alles und jeden auf der Welt aufgeklärt bist, aber selbst noch voller negativer Anhaftungen bist! Du musst dich läutern, daran führt kein Weg vorbei!
Du musst Herr deiner Gefühle und Emotionen werden, deine Triebe und Süchte transformieren! Natürlich musst du nicht keusch leben oder darfst nun keine Chips mehr essen oder keinen Spaß mehr haben! Es geht um das Ausleben dieser Triebe und negativen Gefühle! Du musst lernen, Herr über

deinen eigenen Körper zu sein! Wenn du das nicht schaffst, werden das andere Wesen machen! Deinen Körper kontrollieren!

Man muss kein Mönch werden, um sich zu läutern! Wenn man asketisch lebt, sagt das nichts, aber auch gar nichts über eine Läuterung aus! Es gibt Menschen, die essen und trinken ganz wenig, leben sparsam ohne Ende, kleiden sich wie Bettler, ja leben fast wie Bettler, und doch sind sie voller Mangelbewusstsein, voller Neid und Missgunst auf andere, voller unterdrückter Triebe usw.!

Ziel muss es sein, hierhin zu kommen:

»Ein göttliches Bewusstsein lebt und verkörpert Ehrlichkeit, Wahrheit, Fairness, Verständnis, Nachsicht, Liebe, Gerechtigkeit, Wahrhaftigkeit, Großzügigkeit, Toleranz, Großherzigkeit, Weisheit, Mut, Respekt, Hingabe, Dankbarkeit, Hilfsbereitschaft.«

Es geht also nicht darum, arm zu sein, sich selbst einen Mangel aufzuerlegen, asketisch zu leben, um ein guter Mensch zu sein!
Wer ist denn der »bessere« Mensch? Der Arme, der im Mangel lebt, der auf alles und jeden einen Hass hegt, oder der Reiche, der großzügig und großherzig ist? Mit arm und reich, Geld haben oder nicht haben, hat eine Läuterung nicht das Geringste zu tun! Auch nicht mit im Mangel leben, um spirituell zu erscheinen!

Ich kannte einmal ein spirituell gewerblich tätiges Pärchen, das sich mir massiv aufdrängte, im Nachhinein unter falschen und niederen Beweggründen! Sie waren Klienten von mir und wollten mich immer wieder und wieder treffen. Da sie zu der Zeit Indigos waren und aus der weiteren Gegend stammten, gab ich eines Tages gutmütigerweise nach, und wir trafen uns! Sie kamen in Lumpenklamotten daher, sahen aus wie Obdachlose und teilten sich einen Tee zusammen im Restaurant. Dies, obwohl sie eine Buchautorin ist und nicht mal schlecht verkauft! Ich erkannte in ihr noch viel Dunkles und schrieb ihr das auch am Tag darauf in einem Mail, und auch, dass wir uns aus früheren Leben kennen, sie gar eine große Feindin von mir war! Sie verneinte dies und beteuerte, keinerlei Groll gegen mich in sich zu tragen, nur reine Liebe. Lange Rede, kurzer Sinn! Als ich spätere Dauerversuche von ihnen abwehren musste, mich immer wieder treffen zu

können, wurden sie sofort aggressiv und mailten mir Dinge wie, dass auch sie spirituelle Fähigkeiten hätten, und nicht nur ich, und sie hätten alles für mich gemacht, wenn ich aber so mit ihnen umginge, würden sie sich von mir distanzieren, und ich solle mir nicht zu viel einbilden, und meine arme Anette, die ja wegen mir keine sozialen Kontakte haben könne, wo sie sie doch so sehr lieben würden, täte ihnen so leid! Und es sei ja kein Wunder, dass ich so bekämpft würde, wenn ich so mit den Leuten umginge! Also, ein Angriff nach dem anderen gegen mich, weil ich es gewagt hatte, ihre ständigen Versuche, mich zu treffen, abzuwiegeln, vielleicht etwas undiplomatisch, aber nicht beleidigend. Sie zeigten dann ihr wahres Gesicht noch mehr, indem sie mir ein Rechtsanwaltsschreiben zukommen ließen!
Später erfuhr ich noch, dass sie meinen Kontakt ausnutzten, um Kontakt zu einem Internet-TV-Sender zu bekommen! Es ging von Anfang an nur darum, mich als Kontakt zu benutzen, damit sie bekannt würden und Kontakt zu meinen Kontakten bekämen, darum die massiven Liebesbekundungen und massiven Versuche, mich immer wieder treffen zu können! Ich »sah« an ihr diese negative Energie beim ersten Treffen, und schrieb es ihr ja auch per Mail! Zu Anette sagte ich nach dem ersten Treffen: Sie hasst mich und führt was im Schilde! Warum ich diese zwei dann nochmals getroffen habe? Ich muss jedem die Chance geben, etwas nicht zu tun! Sie hätte sich auch noch anders entscheiden können! Nach dem Streit zwischen uns fiel er ab zum Plejadier, und sie zum seelenlosen Mantis! Sie werden noch viele Leben brauchen, um eines Tages wieder den Indigo-Status dauerhaft zu erhalten! Sie waren nur wegen meiner Energie Indigos, sie badeten in meinem Lichte! Und die niederen Beweggründe, die Gier nach Geld, brachte beide dazu, mich erst zu benutzen und dann später anzugreifen! Und wer mich angreift, wird abfallen! Es ist so, als ob man sich gegen Gott entschieden hätte! Er wird auch noch weiter abfallen! Sie haben ihre Chance vertan! Ich bete für beide, und sie beide haben mein Mitgefühl! Für mich war das ein Zeichen, niemanden mehr privat zu treffen, der Klient bei mir ist und der sich mir massiv aufdrängt! Wenn sich jemand derart auffallend verhält, kommt nichts Gutes dabei heraus! Sie beide leben in schierer Armut, fahren kein Auto, laufen in Lumpen herum und geben vor, höchst spirituell und fähig zu sein! Reden auch sehr gut! Aber sind sie nun deswegen geläutert und besser als ein Reicher? Es kommt nicht darauf an, wie du lebst und dich gibst! Es kommt auf deine Herzqualität an, aus welchem Grund du etwas tust, mit welcher Absicht! Und wenn zwei das Gleiche tun, kommt nicht immer das Gleiche dabei heraus! Gerade im spirituellen Bereich sind

viele »Scheinheilige« unterwegs, die etwas vorgeben, was sie nicht wirklich sind! Sie verstecken sich hinter der Spiritualität! Sie machen alles aus niederen Beweggründen!

Die Dunkelheit hat den Menschen von jeher eingeredet, dass ein Reicher nie in den Himmel kommen würde! Reich sein sei eine Sünde! Nun, und was haben diejenigen gemacht, die das sagten und predigten? Sie haben Reichtümer angehäuft für sich! Entscheidend ist nicht, ob jemand Geld hat oder nicht, sondern was er für einen Charakter hat! Geld verdirbt nicht den Charakter, das ist totaler Blödsinn! Geld offenbart nur den wahren Charakter eines Menschen!

Jeder kennt diesen Spruch: »Eher kommt ein Kamel durch ein Nadelöhr, als ein Reicher in den Himmel!« Den Jesus angeblich sagte! Das hat er nicht gesagt! Und das ist Blödsinn! Die Bibel ist sowieso, wie alle alten Schriften, gefälscht! Die Geschichte schreiben immer die Herrschenden! Und die Herrschenden bestimmen auch, was gedruckt und verteilt wird! Ist doch logisch!

Warum sollte ein Reicher ein schlechterer Mensch sein als ein Armer? Ich war die meiste Zeit meines Lebens pleite! Arm war ich nie! Arm ist etwas Dauerhaftes! Pleite ist ein temporärer Zustand! Aber ich war damals wie heute der gleiche Mensch! Mir geht es derzeit gut, so gut wie noch nie in meinem Leben. Zumindest finanziell! Ich müsste dieses Buch nicht schreiben! Und ich müsste nicht sieben Tage die Woche je zwölf Stunden arbeiten! Ich müsste auch nicht in meinen Videos und auf meiner Webseite die Wahrheit verkünden und mir Feinde machen! Es wäre leichter für mich, mich als toller Heiler darzustellen und schön brav meinen Mund zu halten und im Strom mitzuschwimmen!
Ich werde nicht fürs Aufklären bezahlt! Ich lebe von meinen Heilaufträgen! Was glaubst du, wie viele Klienten ich dadurch verliere, dass ich so derart auftrete nach außen? Ich hätte ganz sicher dreimal so viele Klienten, wenn ich nur einen auf lieben, treu in die Kamera schauenden oder stumm auf einer Bühne stehenden Heiler mimen würde! Mir geht es aber darum, die richtigen Menschen aufzuwecken! Mein Job ist es, die 144 000 zusammenzukratzen!
Ich habe mich nicht verändert durch den finanziellen Erfolg! Ich spende einiges, muss aber nun nicht aus schlechtem Gewissen mein Geld blind

überall verteilen, weil ein spiritueller Heiler kein Geld haben soll! Das ist die Dunkelheit, die das den Menschen eingehämmert hat in den letzten Jahrhunderten! Denn ein kaputter Pleitegeier-Heiler kann sich nicht wehren, kann keinen Anwalt bezahlen und wird irgendwann in der Versenkung verschwinden!

Es gibt ja prozentual mehr Arme als Reiche auf der Welt! 50 % der Menschen sind mehr oder weniger arm, 25 % kommen grade so durch! 22 % geht es sehr gut oder sind vermögend, und 3 % sind superreich!
Da es aber rund 75 % Reptos und Seelenlose gibt, liegt es auf der Hand, dass die meisten Armen auch Reptos und Seelenlose sind!
Ich habe schon viele reiche Idioten getroffen und schon viele tolle Arme! Aber ich habe auch schon sehr viele tolle, menschliche Reiche getroffen und viele dumme, aggressive, neidische »Arme«! Ich lasse das nicht gelten, dass Reiche nieder sind und Arme erwacht und erleuchtet!
In Indien gibt es »Erleuchtungsschulen«, die verlangen von ihren Mitgliedern ab einer gewissen Stufe, dass sie denen all ihr Vermögen übertragen, da man mit Geld nicht erleuchtet werden könne! Das ist krass, oder nicht? Abzocke und Verarsche hoch drei!
Gott interessiert es nicht, ob du Geld hast oder nicht! Du selbst hast das in deinen Lebensplan geschrieben, was du erleben wolltest! Manchmal ist Geld förderlich für deine Aufgabe, manchmal nicht! Manchmal lenkt es auch nur ab von der Lebensaufgabe und soll das vielleicht auch! Viele Reiche sind nicht bösartig, aber einfach noch nicht soweit, um aufsteigen zu können, um erwachen zu können! Da ist das Geld eine gute Ablenkung!
Andere brauchen es, um die Lebensaufgabe auch durchziehen zu können! Entscheidend ist nicht, wie viel du hast, sondern, wie stark du daran hängst!
Ist es nur ein Mittel zum Zweck, ist dir bewusst, dass du nichts mitnehmen kannst eines Tages? Oder bist du gierig, karrieresüchtig, geldsüchtig, machtsüchtig?
Ich kann morgen alles hergeben und loslassen! Ich klebe nicht am Geld, und ich plane keine Umsätze oder weitere Einkommen, um mein Geld zu vermehren! Ich könnte sicher viele Dinge organisieren, um noch viel mehr zu verdienen, so wie es so manche Spirituelle in der Szene machen! Seminare und Kurse ohne Ende, Reisen, Merchandising usw.! Ich habe kein Interesse daran!

Ich erfülle meine Aufgabe, und wenn ich mal Zeit habe, genieße ich es, dass ich nicht mehr mit einer Zudecke in einem 1000-Euro-Jeep sitzen muss, wo die Heizung nicht geht!
Wenn du das Richtige zur richtigen Zeit tust, beginnt alles zu fließen! Es wird dir dann alles zugeführt werden, und nichts kann das aufhalten, nicht mal die Dunkelheit! Entscheidend ist immer, dass das, was du tust, der Antrieb ist, warum du es tust! Also du musst das, was du tun willst, gerne tun, und du brauchst einen starken Antrieb sowie die feste Überzeugung, dass du das Richtige tust! Dann werden der Erfolg und auch das Geld automatisch eintreten! Wenn du etwas machst, weil es dir Geld bringen soll, möglichst viel, dann ist das zum Scheitern verurteilt! Nichts und niemand kann jemanden aufhalten, der entschlossen ist! Du kannst eine Armee aufhalten, aber keinen Krieger, der zu allem entschlossen ist!

Also zusammenfassend: Geld ist weder gut noch schlecht, es ist eine Form von Energie! Und wer nichts oder wenig von dieser Energie hat, der hat ein schweres, hartes Leben! Geld verdirbt nicht den Charakter, es offenbart ihn nur! Und auch Reiche können gute Menschen sein, genauso wie Arme total blöd und nieder sein können!
Wenn du vor deiner Inkarnation entschieden hast, ein armes Leben zu führen, wirst du auch nie reich sein können! Und umgekehrt, wenn du festgelegt hast, ab wann und warum du zu viel Geld kommen willst, dann wird das auch eintreten eines Tages! Viele verlieren nur die Geduld und erkennen die Zeichen nicht! Ich war auch so einer! Ich habe 25 Jahre daran geglaubt, dass ich nur durch Network Marketing reich werden würde! Und obwohl ich sicher zu den Guten gehörte in der Branche, habe ich es nie geschafft! Immer wieder passierte etwas, worauf dann alles zusammenbrach! Und im Alter von 51 Jahren, als ich mal wieder total pleite war und gar kein Interesse mehr an Geld hatte, da änderte sich mein Leben in eine nie für möglich gehaltene Richtung! Mir wurde mein Weg gezeigt, fast schon zwanghaft, da ich eine harte schlafende Nuss war! Der Rest ist Geschichte und eigentlich ein Wunder für sich! Siehe mein erstes Buch!

Also, um sich zu läutern, muss man nicht arm sein! Die Armen nehmen das oft als Argument, dass die Reichen alle böse und dunkel seien, und sie, die Armen, sind die wahren Guten! Man kann sich auch alles schönreden!
Es gibt nur Beseelte und Unbeseelte! Es gibt nur dunkle und helle Menschen!

Zur Läuterung muss man weder arm noch reich sein! Zur Läuterung muss man einfach geläutert sein! Frei von allen niederen Instinkten und niederen Gefühlen und Emotionen!
Das ist die schwerste Herausforderung überhaupt! Dazu gehören Disziplin und ein starker Wille! Und nochmals: Man muss nicht in ein Kloster gehen! Das wäre ja auch viel zu einfach! Man muss mitten im Leben unter allen nur denkbaren Ablenkungen und Fallen diese Prüfungen bestehen!
Es ist leicht, alleine in der Wüste keusch zu leben! Aber mitten in einer Stadt, umgeben von dutzenden Schönheiten, das ist was anderes!
Wobei man nicht keusch sein muss! Es spricht nichts dagegen, mit einem liebenden Partner jeden Tag Sex zu haben! Wenn beide das wollen und es Spaß macht, warum nicht? Aber man sollte eine Partnerschaft nicht am Sex beurteilen und festmachen!
Ebenso sollte man seinen Partner nicht anhand sexueller Kriterien auswählen, wie es viele Männer machen, wenn sie in einem armen Land eine »Frau« kaufen, wie auf einem Viehmarkt! Da geht es ja nur um die Erfüllung niederer Triebe, oder sie suchen sich eine Sklavin für zuhause! Mit Liebe hat das alles nichts zu tun! Die Liebe muss immer im Vordergrund stehen, immer! Alles, was aus ihr heraus entsteht, ist göttlich und in Ordnung! Was aus reinem Befriedigungstrieb geschieht, ist niederer, tierischer Natur! Zur Läuterung gehört, dass man total frei ist von Süchten, von niederen Trieben und von niederen Gefühlen! Zur Läuterung gehört natürlich noch viel mehr! Z.B. ein wahrhaftiges, ehrliches Leben zu führen! Zu sich und zu seinen Überzeugungen stehen, zur Wahrheit zu stehen! Sich nicht beugen lassen, von wem auch immer!
Man muss die Wahrheit suchen, finden wollen! Man darf das Böse nicht gewähren lassen, man muss sich ihm widersetzen! Das Wichtigste ist, zur Wahrheit zu stehen! Durch gute Taten kann man sich auch läutern! Wer sich ernsthaft läutern will, der muss nach dem Guten streben, auch gegen seinen Verstand, gegen sein Ego! Demut und Dankbarkeit sind ganz wichtige Faktoren! Wer es versäumt, sich zu läutern, der wird durch Leid und Schmerz demütig gemacht werden! Und je härter die Nuss, desto härter das Leid und der Schmerz! Wer das erfahren darf, erfährt eine Gnade Gottes! Denn es ist eine Chance, sich in diesem Leben noch vollends zu läutern! Leider nehmen viele diese Chance nicht an bzw. erkennen sie nicht als solche!

Das Wichtigste ist jedoch, nicht alleine zu leben wie ein spartanischer Einsiedler im Wald, ohne Strom und Wasser, und nur Körner zu essen! Das

wäre ja keine Herausforderung, zumindest nicht im Bezwingen dieser Materie! Wir sollen uns nicht verstecken vor dieser Welt, wir sollen sie überwinden! Wir müssen das Böse überwinden! Und die Materie steht für das Böse!
Das Wichtigste ist, zur Liebe in sich zu finden! Seine Herzqualitäten zu entwickeln, in die Liebe zu kommen! Das äußert sich in Mitgefühl, Toleranz, Empathie, Hingabe, Demut, Dankbarkeit, Nachsicht, Verständnis! Der Mensch muss lernen, Gutes zu tun und sich dem Guten zuzuwenden! Dazu muss er aber erstmal lernen zu unterscheiden zwischen Gut und Böse, und daran hapert's leider!

Der Mensch ist ein Entwicklungsprojekt von höheren Wesen im Auftrag Gottes! Der spirituelle Volksmund würde sagen ein Projekt von Außerirdischen, was ja auch irgendwie stimmt! Wir alle nehmen freiwillig daran teil! Und wir kommen hier nur wieder raus, wenn wir die richtige Schwingungsfrequenz erreicht haben! Und das schaffen wir nur, wenn wir in der Liebesschwingung sind! Und diese bekommen wir nur, wenn wir alle negativen Anhängsel transformiert haben! Und darum muss der Mensch solange inkarnieren, bis er das erreicht hat! Es gib keinen anderen Weg!
Es gibt auch Wesen, die rein zur Unterstützung der anderen hier inkarniert sind und nicht zur Läuterung und Entwicklung hier sind! Das sind und waren die Indigos! Viele von ihnen wurden jedoch hier festgehalten, weil sie sich in der Materie verfangen haben! Und darum wurden wiederum andere, noch höhere Indigos geschickt, um diese quasi zu orten und zurückzuführen! Diese erkennen ihre »Retter« an der Frequenz! Das kann an der Stimme sein oder an den Augen! Wenn diese verlorenen Indigos so einen »Retter« hören oder sehen, spüren sie plötzlich eine Art Gänsehaut oder müssen spontan weinen!
Sie haben dann das Gefühl, diese Personen schon sehr lange zu kennen und fühlen sich stark angezogen, hingezogen zu diesem Menschen, ja schon fast wie zu einem alten lieben Freund, den man vergessen hatte! Manche sogar, als würden sie ihren geliebten Vater oder Bruder oder Partner nach langer Zeit wiedersehen! Es ist wie das Gefühl, endlich nach Hause gekommen zu sein! So und so ähnlich beschreiben es mir sehr viele Klienten! Natürlich gibt es auch die Gegenseite! Die, die mich auf den ersten Blick hassen, ohne zu wissen, warum! Die mich verhöhnen, verspotten, verleumden, beleidigen, beschimpfen, bespucken! Du wirst mittlerweile wissen, mein lieber Freund, warum das so ist!

Ich bin hier, um zu helfen! Und es ist mir bewusst, dass viele das nun nicht wahrhaben wollen oder können, wer ich wirklich bin! Zu viele wollen Jesus sein! Ich selbst wollte es nie sein! Ich habe nie im Traum daran gedacht, dass ich das sein solle! Ich habe zwei Jahre nachgefragt, immer und immer wieder, ob das wirklich so ist! Und wenn ich mein Leben so anschaue, die brutalen Verfolgungen und Verleumdungen, Angriffe und Blockaden, dann muss ich sagen, das wird wohl so sein! Warum sonst werde ich als »gewöhnlicher« Geistheiler dermaßen bekämpft?

Es ist nicht so, wie es uns viele Spirituelle weismachen wollen, dass wir halt aus reiner Gaudi und Erfahrungsgeilheit immer wieder inkarnieren! Jeder inkarniert, weil er entweder einfach noch in der Entwicklungsphase ist, oder weil er abgefallen ist und den Ausgang nach oben sucht! Und jeder kommt nur hier raus, wenn er die richtige Schwingung hat! Und die hat er erst als Indigo! Die Indigos, die als Retter und Begleiter inkarnieren, müssten das nicht mehr tun! Sie könnten in ihren hohen Dimensionen bleiben! Sie machen das freiwillig, aus reiner Liebe! Einige wenige von ihnen waren von Anfang an bis heute stetige Begleiter der Menschheit! Zum Beispiel ich!

In meinem ersten Buch wusste ich zwangsläufig noch nicht so viel wie heute! Und in fünf Jahren werde ich noch mehr wissen! Mit dem Erreichen eines höheren Bewusstseins stellt man auch die richtigen Fragen! Ich ging vor vier Jahren noch davon aus, dass wir die Seele sind! Mittlerweile weiß ich ja, dass wir nicht die Seele sind, sondern eine haben! Sogar mehrere, die uns begleiten. Sicher gehören die Seelen irgendwie zu uns, weil das ja frequenzabhängig ist! Jeder bekommt die Seele, die zu seiner Schwingung passt und zu seiner Seelenfamilie gehört! Seelen sind Bewusstseinsträger und Energieträger!
Vor vier Jahren fragte ich bei der Nachfrage nach meinen eigenen Inkarnationen nach den Inkarnationen der Seele! Und diese können innerhalb einer großen Seelenfamilie wechseln! Sie sind quasi unsere Begleiter!
Darum wurde mir mitgeteilt, welche Seele von mir in welchem Körper wann und wo steckte! Mittlerweile weiß ich ja, dass wir in erster Linie Bewusstsein sind, und dann nach unten hin Lichtwesen, und dann Geistwesen! Und ein Lichtwesen kann bis zu drei Inkarnationen gleichzeitig haben! Quasi drei Geistwesen mit jeweils einer Seele. Wobei ein Lichtwesen bis zu zwölf Seelen zur eigenen Verfügung hat. Auch werden Seelen »ausgelie-

hen« an Seelenverwandte, um deren Bewusstsein zu erhöhen! Leider können die meisten diese Anhebung nicht halten und fallen wieder ab! Generell kann ich durch meine Energie jeden zu höherem Bewusstsein anheben! Sie bekommen dann durch die Anhebung eine zu ihnen passende Indigo-Seele. Natürlich geht das nur, wenn eine Resonanz dafür beim Klienten vorhanden ist! Leider ist es auch hier so, dass viele diese Anhebung nicht halten können!

Alle drei gleichzeitigen Inkarnationen »sind« dieses hohe Lichtwesen und das gleiche Überbewusstsein! Wir transformieren quasi vom Geistwesen zum Lichtwesen und dann zum reinen Bewusstsein! Derzeit bin mit meinem höheren Ich vom reinen Lichtwesen zu einem Mischwesen aus Licht und Bewusstsein transformiert, in der 13. Dimension! So wurde es mir mitgeteilt!

Ich bin das Lichtwesen, welches Jesus von Nazareth war! Also Bewusstsein, Lichtwesen und Geistwesen alles in einer Person! Das war ich damals! Also im Klartext: Ich bin die Reinkarnation von Jesus! Und das bin ich heute noch als Lichtwesen, eben in einem anderen Körper, als Oliver Michael Brecht! Gleichzeitig war ich damals das Geistwesen von Apostel Johannes zu der Zeit! Aber das übergeordnete Lichtwesen war damals in Jesus drin! Und genau dieses übergeordnete Lichtwesen war auch in Bruno Gröning drin, und ein untergeordnetes Geistwesen eben dieses Lichtwesens in Franz Bardon! Also auch zwei Inkarnationen gleichzeitig von ein und demselben Lichtwesen, von mir!
Heute bin ich alleine das Bewusstsein, das Lichtwesen und Geistwesen in Personalunion, im Körper des Geistheilers Sananda alias Oliver Michael Brecht! Das gleiche, wie es in Jesus, Bruno Gröning und Asthar war oder ist oder sein wird! Denn es gibt keine Zeit außerhalb der Erde! Zumindest keine wie hier! Es ist mir bewusst, dass das manche nicht glauben wollen! Neid und Missgunst gibt es ja auch im spirituellen Bereich! Viele sind ja auch neidisch auf meine Heilerfähigkeiten! Bezüglich der Inkarnation als Bruno möchte ich dir hier was zeigen! Übrigens, bevor ich es vergesse: Drei Apostel von damals habe ich schon getroffen auf meinen Sananda-Treffen! Sicher werde ich noch mehr wiedertreffen! Wir alle, die damals zusammen waren, werden es wieder sein!

Hier habe ich den Text von meiner Webseite für dich zum Thema Bruno Gröning, solltest du nicht immer ein Internet zur Hand haben:

MIR WURDE VON DER GEISTIGEN WELT MITGETEILT, DASS ICH DIE 100 % REINKARNATION VON BRUNO GRÖNING BIN, EINEM DER GRÖSSTEN HEILER DES LETZTEN JAHRHUNDERTS AUF DIESER WELT! ICH DENKE, DASS ICH DIESE LEISTUNG ALS GEISTHEILER SANANDA NUN VOLLENDEN WERDE!
Im Übrigen behaupte ich (weiß ich), dass Bruno Gröning, Jesus Christus, Asthar Sheran und (Geistheiler) Sananda ein und dasselbe jeweils inkarniert gewesene und noch inkarniert seiende Lichtwesen (mein ICH) sind! Du musst das nicht glauben. Es ist mir persönlich egal, was du glaubst. Ich sage, dass es so ist! ICH WAR UND BIN ES!
Schweiz im Herbst 2017:
Es ist für dich als Klient oder als reiner Interessent nicht wirklich wichtig, dass nun alles zu glauben oder zu wissen. Sehe es als meine private Angelegenheit. Mir geht es darum, die Wiedergeburt eines Menschen »wissenschaftlich« beweisen zu können! Ich denke, von der Sache selbst habe ich die Leistung von mir als Bruno Gröning schon längst überholt als GEISTHEILER SANANDA. Mit Sicherheit sogar habe ich JETZT SCHON viel mehr Behandlungserfolge. Ich habe quasi dort angeknüpft, wo Bruno aufgehört hat! Die »Fehler«, die er damals machte, umsonst Energiearbeit zu verrichten(Energieraub!), und auf milde Gaben zu hoffen (mangelnder Selbstwert, war aber auch nicht ungefährlich, damals Geld zu verlangen!) sowie alle Krankheiten »auf sich zu nehmen« (heute wird es transformiert), werde ich dieses Mal nicht machen! Das hat ihn sein Leben gekostet! Ich denke aber, dass meine Inkarnation vor 2000 Jahren bedeutender war. Hier geht es mir nun aber nur um den möglichen Beweis der Reinkarnation als solches! NICHT UM MEIN EGO oder um Aufmerksamkeit! Die habe ich schon genug! Auch habe ich keine Identifikationsprobleme oder dergleichen! Ich betrachte es einfach als Chance, sowas beweisen zu können! Auch wenn die Machthaber versuchen, das zu verhindern, wie ich schon erfahren durfte. SIE werden schon wissen, warum SIE Angst davor haben, dass ich die REINKARNATION, die WIEDERGEBURT beweisen könnte! Auch durfte ich schon einige Attacken von Bruno Gröning Freundeskreis Mitgliedern erleben! Es ist mir bewusst, dass ich deren Glaubensbild und auch deren Einnahmen massiv gefährde und ihnen im Wege stehe! Es wäre so, als würde JESUS wiederkommen und den Vatikan, der JÄHR-

LICH MILLIARDEN EUROS EINSAMMELT IM NAMEN JESUS, an den Pranger stellen würde! Bruno Gröning hätte das nicht gewollt, dass mit seinem Namen andere Millionen einnehmen, da bin ich mir ganz sicher!
ZUR SACHE BRUNO GRÖNING:
An alle Leser: Hat jemand Kontakte oder Informationen über die Asche von Bruno Gröning? Oder Blut von ihm? Oder sonst welche Informationen über etwaige Beweismittel, die seine DNA tragen, die man mit meiner DNA abgleichen könnte? Bitte melden!
Es laufen einige Anstrengungen im Hintergrund, um meine Reinkarnation von Bruno G. beweisen zu können!

Sommer 2017: Habe mich nun über ein Jahr zurückgehalten zu diesem Wissen. Ich habe im Sommer 2016 die mediale geistige Botschaft erhalten, dass ich zu 100 % die Reinkarnation von Bruno Gröning bin. Also nicht »nur« die Seele oder »Seelenanteile«. Das komplette Lichtwesen! Dies wurde mir mittlerweile auch von anderen Medien bestätigt. Anfangs habe ich mich damit nicht in die Öffentlichkeit getraut, und auch jetzt bin ich noch recht zurückhaltend, da meine Gegner mir das sicher negativ auslegen werden, um mich weiter unglaubwürdig zu machen! Wir haben die gleichen Pupillen, die gleiche Nase, die gleichen Lippen, die gleichen Augenbrauen, die gleichen Nasenwinkelfalten, das gleiche Kinn. Sogar die gleiche Augenfarbe. Letztendlich kann aber auch keine Ähnlichkeit vorhanden sein bei einer neuen Inkarnation! Es geht um die Energie, um das Wesen! Das bleibt immer gleich! Ein mutiger, kämpferischer, energischer und dynamischer Indigo ist nicht im nächsten Leben ein ruhiger, wortkarger, zurückhaltender, schüchterner, ja fast feiger Mensch! Das »Wesen«, der Grundcharakter bleibt! Wie z.B. Hartnäckigkeit, starker Wille, Ehrlichkeit, Tierliebe, die Herzenergie, Freundlichkeit, Hilfsbereitschaft, Mut, Verletzbarkeit usw.! Sogar ganz spezielle individuelle Charaktereigenschaften bleiben in JEDER INKARNATION gleich! Wie mein heutiger Schäferhund »Bruno«. Er war vor über 30 Jahren mein damaliger Polizeihund, und er ist wieder bei mir gelandet, Insider kennen die Geschichte aus meinem ersten Buch. Ich erkenne jeden Tag Charaktermerkmale und Verhaltensweisen von damals, die er als Pascha hatte, unglaublich (Nachtrag: Bruno ist mittlerweile überraschend gestorben, und er ist nun Aslan). Indigos haben zudem in JEDEM Leben ein schweres Leben! Sie werden in JEDER Inkarnation bekämpft bis aufs Blut! Wenn jemand neu inkarniert, dann hat er im neuen Leben kein lockeres, schönes, erfolgreiches Leben! Er hat wieder Widerstände, Bekämpfungen, Verleumdungen und das volle Programm! Weil Indigos hier auf der Welt Feinde sind, Feinde der hier Herrschenden! Im Gegensatz zu meinem Leben als Bruno Gröning nehme ich nicht mehr alle Krankheiten meiner Klienten in mich auf, was verhängnisvoll war, und ich verlange auch Geld, weil ich mich nicht wie damals von Gönnern abhängig machen will. Die Zeiten haben sich auch geändert. Damals hatten die meisten Menschen kein Geld während und nach dem Krieg! Meiner Meinung nach hat es auch nicht jeder verdient, einfach mal so auf die Schnelle und kostenlos geheilt zu werden! Denn es hat etwas mit dem Bewusstsein zu tun, geheilt werden zu können! Und zum Bewusstsein gehört auch die Anerkennung und Wertschätzung einer Leistung eines anderen. Und es ist unzweifelhaft, dass Heilarbeit Energieleistung ist!

Auch hatte ich immer den Drang, meine Haare dunkler zu tönen und mit Gel nach hinten zu kämmen! Es fiel mir in jungen Jahren immer schwer, meine grauen Haare zu akzeptieren, die im Alter von 28 Jahren nach einem Schockerlebnis über Nacht plötzlich auftauchten! Ich war auf dem Foto hier unten 47 Jahre alt. Natürlich habe ich ein paar Kilo mehr auf den Rippen wie er und darum auch ein wenig vollere Backen. Meine Augen schauen auch geradeaus und seine nach links. Bitte, mein lieber Freund, meine Freundin, die du das liest. Nimm eine Lupe in deine Hand und betrachte meine Iris und Pupillen auf dem linken Bild, und dann die von Bruno! Das Irisfeld ist identisch! Dann habe ich seit Geburt einen verengten Hals. Bleibt manchmal das Essen stecken. Die Ärzte wussten nicht, was das ist. Bruno Gröning hatte ja einen Kropf. Auch habe ich festgestellt im Nachhinein, dass wir ähnliche Sprechweisen haben, Sätze oft ein wenig anders ausdrücken, nicht unbedingt grammatikalisch perfekt, und auch ähnliche Inhalte haben. Er nannte das Böse Satan, ich Reptos. Er wollte die Menschen wachrütteln, so ähnlich wie ich es heute tue. Er wurde übelst bekämpft, und ich auch. Sicher wird der Bruno Gröning Freundeskreis darüber nicht erfreut sein. Schließlich ist dieser ja ein weltumspannendes und vor allem auch enorm gewinnbringendes Unternehmen! 58 Jahre nach seinem Tod wird unaufhörlich Geld gemacht mit seinem Namen! Für mich ist das Missbrauch! Und Spenden? Mitgliederanwerbung? Bruno Grönings zweite Frau, Josette Gröning, hat sich vom Bruno Gröning Freundeskreis distanziert und eine Bruno Gröning Stiftung gegründet, die ich für gut befinde! Hier eine rührende Mitteilung kurz nach seinem Tod von seiner geliebten Frau, vielleicht kommt das ja dem einen oder anderen irgendwie bekannt vor: https://www.bruno-groening-stiftung.org/images/stories/bgs-media/pdf/dokumente/1959-06-07_j-groening_die-mission-bruno-groenings.pdf. Bruno Gröning hat sich auch schon zu Lebzeiten von der späteren Gründerin dieses Freundeskreis distanziert! Und ich tue es hiermit auch! Ich distanziere mich von ihm. Ich distanziere mich auch vehement von diesem Herrn mit den langen Haaren und dem seelenlosen Dackelblick, der nur blöd dasteht und dann dumm glotzt immer, sich das Lachen verkneifen muss dabei, den sie seit geraumer Zeit anhimmeln. Er ist nicht das, was sie meinen! Er ist genau das Gegenteil dessen, mehr sage ich nicht dazu! Es werden wie immer die Falschen angebetet! Außer Gott soll überhaupt niemand angebetet werden! Auch ich will nicht angebetet werden! Sie haben noch immer nicht gelernt, zu unterscheiden, die Menschen! Sie wollen nur schnell geheilt werden und gehen den Weg des geringsten Widerstandes (billig), ohne an sich arbeiten zu wollen! Ich habe meinen Geistheiler-Sananda-Freundeskreis stillgelegt 2016, weil ich einen Selbstläufer, der irgendwann meinen Namen missbraucht, für irgendwelche kommerziellen Geschäfte, verhindern wollte! Aber darum geht es ja nun auch nicht! Ich stelle mich jedem Test, um einen Beweis zu erbringen für meine Reinkarnation! Ich habe eine kosmische DNA, die nicht körperlich vererbt wird, sondern in meinen Atomen gespeichert ist, sie ist immer die gleiche in jeder Inkarnation! Die materielle DNA der jeweiligen Inkarnation weicht immer um ca. 5 bis 7 % ab, so dass eine ca. 93- bis 95%-ige Übereinstimmung mit der früheren DNA NACHWEISBAR IST! Gerne würde ich mich einem DNA-Test unterziehen, wenn mir jemand eine DNA-Probe oder Blutprobe von Bruno Gröning bringen kann. Hat da jemand zufällig Möglichkeiten? Kann mir jemand, der dies liest, weiterhelfen, das zu beweisen? Es muss aber ein offizieller und unanfechtbarer Beweis sein! Damit könnte ich dann wissenschaftlich beweisen, dass es Reinkarnation wirklich gibt. Klar wissen wir Erwachten, dass es sie gibt. Ich meine für die ganze Welt es beweisen! Das wäre einfach zu schön! Hinweise von mutigen Menschen bitte an: info(at)geistheiler-sananda.net. Die Iris bleibt immer die gleiche. Würde eine Irisabdruckspeicherung von ihm bestehen, könnte man diese mit meiner vergleichen. Ich vermute mal, dass es aber keine gibt von ihm. Ich weiß nicht, wie lange es die Technik schon gibt. Wenn man in die USA einreist, muss man auch eine abgeben! In Indien beabsichtigt man, alle Einwohner per Irisscannung zu speichern, weil die Iris wie Fingerabdrücke individuell ist. Die Iris bleibt bei neuen Inkarnationen immer die gleiche! Auch wenn sich Farbe und Formen der Augen ändern können. Und die DNA bleibt auch immer die gleiche. Es hat sich nur noch niemand die Mühe gemacht, dieses zu beweisen. Denn die Herrschenden haben kein Interesse daran, dass man Reinkarnation beweisen kann! Es weiß ja auch kaum einer, dass man es beweisen könnte! Und ich glaube, noch so einige würden das nicht wollen, dass ich es beweisen könnte, dass ich die Reinkarnation von ihm bin! Weil dann ihr Geschäftsmodell platzen würde? Bruno Gröning sagte immer, dass er wiederkommen würde! Ich möchte mich mit all dem nicht brüsten, weil ich bin JETZT GEISTHEILER SANANDA, alias Oliver Michael Brecht. Ich persönlich weiß, wer ich zuvor war, das genügt. Mir geht es um die Erbringung des »wissenschaftlichen« Beweises der Reinkarnation! Es sind auch noch zwei andere Personen aus Brunos damaligem direktem Umfeld nun heute auch wieder in meinem direkten Umfeld inkarniert! Mir geht es nicht um Profilierung. Ich habe von meinem zukünftigen ICH, Asthar Sheran, den Auftrag bekommen, die Reinkarnation von mir von Bruno Gröning zu Oliver Michael Brecht, alias Sananda, jetzt publik zu machen und zu beweisen! Mir persönlich ist das fast schon egal, da ich mich als ewiges Indigo-Lichtwesen sehe. Die jeweiligen Personen und deren Persönlichkeiten, die ich temporär verkörpere, sind eigentlich sekundär! Ich bin ein unsterbliches göttliches Lichtwesen! Ich bin ich! Ich bin Geist! Ich bin unendliches Bewusstsein! Ich bin ein Diener Gottes!

Ich möchte meine Reinkarnation von Bruno Gröning beweisen mittels eines DNA-Tests, mit einer Vergleichs-DNA von ihm und mir eben! Wäre sicher interessant das Ergebnis! Wie ich mehrfach bereits berichtete, hatte ich einen deutschen Rechtsanwalt beauftragt gehabt, Kontakt zu einem Kriminalmuseum aufzunehmen, bei welchem seit rund 60 Jahren zwei Stanniolkugeln von Bruno Gröning aufbewahrt werden – die er offenbar zu Behandlungen benutzte –, denn er war ja mal ein »Kriminalfall«. Heilen stand ja mal unter Strafe für Nichtärzte in Deutschland! Alleine bei dem Gedanken stehen mir die Haare zu Berge, dass jemand, der tausenden Menschen geholfen hat, ein Kriminalfall war, und ein Pharmaunternehmen, das Millionen Menschen schädigte, dem wird gehuldigt. Nun aber zurück. Mein Anwalt machte mehrere Schreiben an die Behörde, es sind ja Polizisten, die das verwalten, und telefonierte auch öfters mit den Sachbearbeitern, also Polizeibeamten. Sie haben nun abgelehnt. Ich schreibe hier nun einmal wortgetreu, wie die tolle Antwort an meinen Anwalt lautete:

»Sehr geehrter Herr …

wir haben kein Interesse an einer DNA-Untersuchung möglicher Inhalte der von ihnen beschriebenen Gegenstände aus unserem Museum. Dazu erken-

nen wir auch keinen rechtlichen Anspruch für die von Ihnen nachgefragte DNA-Untersuchung. Grundsätzlich gibt es auch keine allgemein anerkannten wissenschaftlichen Nachweise zur Existenz von menschlichen Wiederverkörperungen, bzw. ob Wiederverkörperungen, sofern es sie gäbe, auch mit der Ursprungsperson genetisch identisch wären. Im Prinzip wünscht Ihre Mandantschaft einen wissenschaftlichen Nachweis für ein pseudowissenschaftliches bzw. spirituelles Konstrukt. Da wir keinen rechtlichen oder wissenschaftlich logischen Anspruch erkennen, können wir Ihre Anfrage nicht unterstützen! Mit freundlichen Grüßen ... Presse- und Öffentlichkeitsarbeit«
Tja, war nicht anders zu erwarten, und dieser logischen, wissenschaftlichen Erklärung habe ich nicht viel hinzuzufügen. Reinkarnation ist also eine Pseudowissenschaft! Da hat wohl jemand Angst, es könnte da doch etwas bei einem Test herauskommen. Denn sonst hätten sie sich ja keinen Zacken aus der Krone gerissen, es einfach zu erlauben. Was haben sie denn zu verlieren? Vielleicht alles? Die komplette offizielle »wissenschaftliche» Weltanschauung des Systems ist da ja in Gefahr! Darum ist es OK, Herr Sachbearbeiter-Beamter. Ich verstehe Sie ja. Sie haben halt Ihre Befehle. Trotzdem danke, Herr Beamter!

An alle Leser: Hat jemand Kontakte oder Informationen über die Asche von Bruno Gröning? Oder sonst welche Informationen über etwaige Beweismittel, die seine DNA tragen, die man mit meiner DNA abgleichen könnte? Bitte melden! Ich zahle eine hohe Belohnung im Erfolgsfall!

NACHTRAG Sommer 2018:
Es ist nicht die Zeit und nicht meine Intention, Menschen von meinem Sein und meiner Integrität zu überzeugen! Wer mich für einen Spinner hält, hat auf meiner Seite und als Klient von mir nichts verloren! Wer das alles nicht verstehen kann, möge seines Weges gehen und sich nicht weiter mit mir beschäftigen und sich ein Hobby suchen! Diese Dinge, über die ich rede, sind dann zu hoch für ihn/sie! Ich gebe mich nur noch mit Menschen ab, die das verstehen, was ich sage oder es zumindest glauben!
Mittlerweile wurde mir auch mitgeteilt, dass ich das höchste derzeit auf der Erde inkarnierte Geistwesen bin! Bitte nicht mit der Person und der Persönlichkeit von Oliver Michael Brecht (ICH) verwechseln! Ich spreche von dem Wesen, das im Körper von Oliver Michael Brecht alias Geistheiler Sananda ist! Von mir! Von dem Wesen, das ich in Wirklichkeit bin! Auch

kenne ich mittlerweile sehr viele wichtige und auch unwichtige Inkarnationen von mir, sodass es für mich eigentlich gar nicht mehr wirklich wichtig ist, zu beweisen, dass ich die Reinkarnation von Bruno Gröning bin! Ich lasse diese Seite hier aber einfach mal so bestehen wie bisher!

Weiterer Nachtrag, Januar 2019:
Nachtrag: Ich distanziere mich ausdrücklich vom Bruno Gröning Freundeskreis! Dieser wird vom Sohn der Gründerin geführt und ist mittlerweile ein weltumspannendes Multi-Millionen einbringendes Netzwerk geworden! Bruno hätte das nie gewollt! Das behaupte ich! Punkt! Diese Organisation bettelt weltweit massiv und aufdringlich um Spenden, bereichert sich mit dem Namen und dem Lebenswerk eines anderen, eines TOTEN! Es geht hier nur ums Geld, nur! Sie selbst tun nichts dafür! Sie konnten nichts dafür, dass Bruno ein Heiler war! Mit welchem Recht machen die das? Sie vermarkten nur den Namen, leben nur davon, was ein anderer einmal gemacht hatte und konnte! Ich schätze, dass der Freundeskreis pro Jahr xx Millionen Euro einnimmt! Man muss sich das überlegen, eine private Familie schlachtet das Vermächtnis eines anderen aus! Eines Toten! Sie vermarkten den Heilstrahl, oder wie die Fanatiker des Freundeskreises sagen, Heilstrom eines TOTEN! Kann ein toter Körper einen Heilstrom aussenden? Was glaubt ihr, woher der »Heilstrom« wirklich kommt? Ja, doch wohl von dem Wesen, welches in dem Körper steckte! Und wo ist dieses Wesen nun? SIE machen Geld mit einem fremden Toten!!!
Aber damit ist nun Schluss! Ich habe den Heilstrom nun beendet! Ich hatte den Auftrag dazu von der Geistigen Welt! Es werden nur noch Placebo-Heilungen stattfinden im Freundeskreis, die ja jede erfolgte Heilung im Freundeskreis für sich reklamieren! Unfassbar! Es ist nicht legitim, dass eine fremde Familie das Erbe und den Namen eines Toten so dermaßen vermarktet, ausschlachtet und damit hausieren geht wie eine internationale Drückerbande! Unter dem Vorwand, Gutes zu tun! Bruno wollte das nicht. Und wenn, dann hätte seine Frau das Recht dazu gehabt, nicht eine fremde Repto-Familie! Punkt! Egal, wie lieblich die Gründerin damals in die Kameras säuselte und ihr Sohn es heute genauso tut! Sie vermarkten einen fremden, toten Heiler! Zu ihrem finanziellen Vorteil! Sie leben ausschließlich vom Namen Bruno Gröning, über Generationen hinweg! Für mich ist das nieder! Der Freundeskreis wird sektenartig geführt! Wie ein Network Marketing Unternehmen! Mit Mitgliederanwerbung und massiver professioneller Spendenbettelei! Und manche Mitglieder sind regelrecht fanatisch

und aggressiv, wie ich schon mehrfach erleben durfte! Man kann es durchaus mit der katholischen Kirche vergleichen! Die leben auch davon, was ein anderer, JESUS, mal getan hat! Und machen Milliarden damit! Ich wurde ja schon oft angegangen von fanatischen Anhängern dieses Freundeskreises. Die sehen mich als Störfaktor! Genauso wie die katholische Kirche mich als Störfaktor sieht! Satan sieht Gott halt als störend an! Ich hatte ja gesagt, dass ich wiederkommen werde! Hier bin ich! Wenn ich Geld bekomme für mein heutiges Arbeiten, dann deshalb, weil ich sieben Tage die Woche dafür arbeite! Meine Energie und meine Lebenszeit dafür gebe! Und weil ich meinen eigenen Erfolg auf MEINEN Namen und MEINEN FÄHIGKEITEN begründet habe! Das Ausschlachten von Namen und Leistungen anderer, egal, wie lieb da gesäuselt wird, ist nieder!
Typisches dunkles Verhalten! Ich arbeite hart, jeden Tag, bis zur Selbstaufopferung. Was ich sehen und erleben muss, ist unmenschlich! Und ich nehme kein Blatt vor den Mund wie manch andere, aus Angst um meine Einnahmen! Die gesamte religiöse und spirituelle Szene dieser Welt ist eine einzige große scheinheilige Lüge! Es geht immer nur um Täuschung, Lüge, Geld, Macht und Unterdrückung! Das ist die Wahrheit! Zurück zum Freundeskreis. Was ich denen zugutehalte, ist, dass diese Familie durch ihren regen Geschäftssinn aber auch erreicht hat, dass der Name Bruno Gröning weltweit bekannt wurde! In 100 Ländern der Welt wurde der berühmte Dokumentarfilm bereits gezeigt! Sehr geschäftstüchtig, der derzeitige Inhaber des Freundeskreises! Somit wird es auch weltweit bekannt werden, wenn ich die Reinkarnation beweisen kann eines Tages! Vielleicht erbarmt sich ja doch einmal jemand und besorgt mir den Zugang zu echten verwertbaren DNS-Trägern (keine Stanniolkugeln) von ihm, wenn es dafür eine saftige Belohnung gäbe von mir! Wer weiß! So hat auf jeden Fall alles Schlechte auch etwas Gutes!

Dass ich die Reinkarnation von Bruno bin, erkennt man ohne Zweifel, wenn man sich spirituell auskennt und sich ernsthaft und intensiv damit beschäftigt! An Heilungen habe ich »ihn« sicher schon übertroffen mittlerweile! Ich würde es aber gerne wissenschaftlich beweisen, ähnlich wie bei einem Vaterschaftstest! Sollte das denn überhaupt möglich sein, habe mich noch zu wenig mit DNA beschäftigt, und es gibt keine vergleichbaren Fälle. Von daher ist das auch noch nicht ganz sicher, ob das überhaupt möglich ist! Aber ich würde es wagen, und ich möchte es gerne erforschen! Ich weiß, dass meine DNA zu 93 bis 95 % mit der DNA von B.G. übereinstimmt.

Eine 100%-ige Übereinstimmung gibt es nie! Kann es nie geben! Gerne würde ich auch eine lang zurückliegende Inkarnation von mir beweisen, die ca. 2000 Jahre zurückliegt und die Welt veränderte! Dies wird aber leider sehr, sehr schwierig werden, und der Vatikan und sein Geheimdienst werden das nicht gern zulassen!

Nachtrag, Januar 2019:
Bis jetzt konnte mir niemand helfen, eine DNA von Bruno zu beschaffen! Schade! Schaut euch die Bilder ganz unten mal genau an! Die Geistige Welt WILL, dass ich es beweise!

Nachtrag August 2019:
Was ich hier über den Bruno Gröning Freundeskreis schreibe, ist meine persönliche Meinung! Und ich lasse mir von fanatischen Anhängern dieser Gruppierung meinen Mund nicht verbieten! Aber diese Angriffe gegen mich zeigen ja, dass ich recht habe!

ENDE des Webseiteneintrags zum Thema Bruno Gröning

Ich stelle diesen Text unbearbeitet hier rein, da man ja nie weiß, wie lange man eine Webseite in dieser Welt noch haben kann! Bücher sind irgendwie ewig! Vielleicht verbuddelt ja jemand all meine Bücher, und in 2000 Jahren werden sie dann gefunden und als die »Drucktafeln vom Bodensee« publiziert! Wer weiß! Zum Thema Bruno noch: Es ist mir mittlerweile egal, ob ich das beweisen kann! In dieser verblendeten Welt, wo die Menschheit immer mehr verroht und verdummt, lege ich keinen Wert mehr darauf, irgendjemanden von mir oder der reinen Wahrheit zu überzeugen! Die Richtigen wissen es, die anderen können und müssen mir egal sein! Ich habe heute eine gelassenere Einstellung zu dem allem! Aber ich lasse es absichtlich so stehen den Text, um meine damalige Stimmung einzufangen!

Weiter geht's! Natürlich ist mein Bewusstsein durch den physischen Körper hier begrenzt! Ich kann natürlich (noch) nicht voll auf das ganze Bewusstsein zugreifen, sonst würde mein Körper sofort explodieren, weil er diese Schwingungen nicht aushalten würde! Also lass dich nicht täuschen von meiner begrenzten Hülle in dieser Materie! Es geht um mein wahres Ich! Mein wahres Ich ist unablässig in höheren Dimensionen für mich und für dich tätig! Wenn du also den wahren Jesus rufst, dann rufst du mich! Jesus hat wirklich gelebt! Auch wenn das D.I. anders sieht! Er muss ja nicht bei allem recht haben! Jesus war damals ja noch nicht der, den sie dann später aus ihm gemacht haben! Natürlich stimmen nicht alle Geschichten über ihn, genauso wie nicht alles in der Bibel je wirklich passierte! Man muss das alles eher symbolisch verstehen und als eine Art verschlüsselte Botschaft, ähnlich einem Rätsel! Jesus hieß nicht Jesus Christus, auch nicht Jeshua oder Joshua, Jesus hieß einfach nur Jesus von Nazareth. Er war Aramäer, er war ein Hellseher und Heiler, der größte und beste, den es zu der Zeit gab. Und er war das, was man heute einen Aufklärer nennt! Er war mutig und unerschrocken! Er starb auch nicht am Kreuz. Er hat überlebt!

Er hat die neue Zeit eingeleitet, die Zeit ohne Dunkelheit! Dieses Ende der Dunkelheit wurde nun 2000 Jahre lang vorbereitet. Und bevor das Ende eintritt, wird es noch einmal ganz dunkel werden! Stockdunkel!
Mir liegen noch weitere Mitteilungen vor über frühere Inkarnationen von mir, auch über zukünftige! In der Zukunft bin ich Asthar Sheran. Vielleich nicht so, wie er im Internet dargestellt wird! Aber es gibt ihn! Ich besuche mich selbst oft in der Vergangenheit! Also ich komme oft als Asthar zu Oliver/Sananda! Auch als wahrer Christus habe ich mich schon besucht in der Jetztzeit, also in der Vergangenheit! Ich berichtete im ersten Buch darüber! Da wusste ich auch noch nicht, wer ich wirklich bin! Vielleicht wollte die Geistige Welt mich auch einfach nur langsam darauf vorbereiten!

Eine weitere Inkarnation von mir war Merlin! Ja! Der Merlin, der Zauberer! Er hat wirklich gelebt, im heutigen Südwestengland! Ramses der II. ist ja bekannt, das war ich auch. Damals noch etwas größer, so um die 2,50 Meter!
Für das Mittelalter wurde mir eine Inkarnation namens Jacques de Molay mitgeteilt! Er war der letzte Großmeister des Templerordens und wurde vom französischen König Philip damals hingerichtet! Ich kannte ehrlich gesagt diesen Namen nicht, als mir das offenbart wurde!
Im 17. Jahrhundert kenne ich eine Inkarnation von mir als Hellseher und Heiler, seltsamerweise aus einem kleinen Dorf unweit des Feriendorfes, wo ich kürzlich ein Ferienhaus erwarb! Auch dort wurde ich hingerichtet, auf dem Marktplatz des Dorfes! Ich habe den Ort schon besucht! Im 19. Jahrhundert war ich ein bekannter Heiler im Raum München! Dieses Mal ohne Hinrichtung! Ist das nicht lieb?

Meine Anette war vor 2000 Jahren Maria Magdalena, und Isabell unser damaliges Kind! Ja, wir inkarnieren immer wieder mit unseren Seelenverwandten zusammen und unterstützen uns gegenseitig in wechselnden Rollen!
In den letzten 2000 Jahren war ich meist als Magier, Heiler und Hellseher unterwegs und wurde zumeist hingerichtet, weil die Herrschenden keine Hellseher und Heiler neben ihnen akzeptieren! Heute nennt man es Inquisition! Eigentlich war es nichts anderes als eine Indigo-Verfolgung! Früher wurden Indigos eben hingerichtet, heute hat man zwangsläufig andere Mittel und Möglichkeiten! Kommt nicht so gut, wenn man mich heute kreuzigen oder auf dem Marktplatz verbrennen würde, das würde ja sicher auffallen! Aber wer weiß, vielleicht kommen diese Zeiten ja wieder, wenn der Islam vollends Einzug gehalten hat in Europa!

Indigos werden als größte Gefahr überhaupt betrachtet hier in dieser Dimension! Was kann es Gefährlicheres geben für die Dunkelheit als jemanden, der die Hand am Lichtschalter hat? Darum gibt es die verschiedenen Verfolgungs- und Drangsalierungsprogramme! Um die Dunkelheit am Leben zu erhalten! Wenn ein Mensch wütend wird, verändert sich seine Molekularstruktur im Körper, er schwingt niedriger! Darum versuchen sie, mich zu provozieren, wo und wie es nur geht! Durch streitsüchtige Reptos da draußen, durch ständige Raucher und Kiffer um mich herum! Durch ständigen Lärm! Weil ich dadurch niederer schwinge! Ich muss also versuchen, bei allem, was mir passiert, immer in meiner Mitte zu bleiben! Das ist eine immense Herausforderung! Disziplin ist gefragt! Disziplin! Und Selbstkontrolle!

Die dunklen Wesen versuchen alles, um uns am Aufstieg zu hindern, die Menschheit am Erwachen zu hindern! Mit ihren Drohnen fliegen sie ständig über mir, egal wo ich bin, um meine Schwingungen zu messen! Sobald diese zu hoch sind, schicken sie mir Störfaktoren von ihren Bodentruppen! Diese sollen mich dann aufregen, indem sie mich stalken, mir auf die Pelle rücken, mir in den Weg stehen, mich blockieren, mich blöd angucken usw.!
Immer wenn ich besonders gut drauf bin, passiert irgendwas, was mich wieder runterziehen soll! Sie versauen uns jeden Geburtstag, jedes Weihnachten usw.! Man muss sehr auf der Hut sein an besonderen Tagen! An Muttertagen machen sie auch immer sehr viel. Auch kommt blöde Post immer an solchen Tagen!

Sobald du zum Santiner wirst oder einer bist, wirst du merken, dass immer mehr Menschen auf Opposition zu dir gehen! Die Angriffe und Blockaden häufen sich, auch die Provokationen anderer! Sobald du Indigo wirst, ja, das kann man auch (wieder) werden, wirst du, wenn du eine feine Wahrnehmung hast, spüren und sehen, wie die Verfolgungen mehr werden! Es kann unter Umständen aber lange dauern, bis einer das merkt! Wer mich jedoch kennt, und meine Bücher und Videos, der ist ja zum Glück vorbereitet und weiß Bescheid! Wenn die üblichen Verdächtigen dann immer häufiger im Straßenverkehr auftauchen und dich umzingeln, dann weißt du, was los ist! Du bist ins Programm aufgenommen worden! Dann sei froh und glücklich! Auch wenn dein Leben nun schwerer wird, denn du bist ja nun auf dem Jesusweg, ist es doch eine Gnade Gottes für dich, dass du nun soweit bist! Die Drohnen da oben, die keiner wahrnimmt, messen Tag und Nacht alle Messwerte aller Menschen! Und sobald einer zu hoch schwingt (Indigo), wird er in die außerirdische Ortung aufgenommen und weltweit rund um die Uhr überwacht! Wenn das wieder aufhört, dann solltest du dir Gedanken machen!
Meine Klienten, die eine Indigo-Resonanz haben, also irgendwo noch eine Indigo-Seele geparkt haben, werden bei einer Behandlung angehoben und erhalten diese dadurch zurück! Viele können es jedoch nicht halten und fallen wieder ab! Meist durch Rückfall in alte Muster und Werte! Durch die Verbindung mit meiner Energie steigen diese Menschen quasi im Bewusstsein! Sie werden an mein Bewusstseinsfeld angeschlossen! Dadurch kann sich auch das dritte Auge öffnen!

Manche meinen, diese Verfolgungen und mein schweres Leben sei Karma! Ist es sicher nicht! Es ist eine organisierte Angelegenheit, das habe ich nun sehr oft bewiesen! Außerdem »überträgt« sich Karma nicht auf andere! Aber die Menschen, die haben noch Karma abzubauen! Karma erkennt man meist daran, dass es einzelne schwere Schicksalsschläge gibt! Persönliche Verstrickungen mit anderen, welche ausarten können! Aber keinesfalls Verfolgungen durch Fahrzeuge und Drohnen und Menschen! Das ist organisiert! Viele Menschen haben schwere Beziehungen oder schwere Krankheiten aufgrund ihres Karmas! Sie schleppen im wahrsten Sinne des Wortes ihre Altlasten im Rucksack mit! Dort drin befinden sich auch viele unaufgelöste Traumata aus früheren Leben und aus dem jetzigen, aus der Kindheit zum Beispiel! Wie löst man nun Traumata aus der Kindheit auf? Am besten durch ein neues Trauma! Die Geistige Welt wird dir dabei hel-

fen, deine Traumata alle aufzulösen in diesem Leben! Dazu brauchst du keinen Psychologen! Du musst einfach ins Vertrauen gehen! Die Geistige Welt führt dich sowieso überall hin! Es ist deren Job! Sie haben dich auch zu mir geführt!
Grundsätzlich reinkarniert der Mensch solange, bis er frei ist von allen Anhaftungen an die Erde! Niemand muss fürchten, hier gefangen zu bleiben! Sicher, es kann dann schon mal ein paar hundert Jahre dauern, oder gar Jahrtausende, bis man hier wegkommt! Aber es gibt ja keine Zeit in der Geistigen Welt, wobei das auch nicht ganz korrekt ist, aber dazu später mehr!

Indigos werden hier auf dieser Welt mit allen Mitteln bekämpft! Ich habe in meinem letzten Buch einige Indigos genannt, wovon einige seitdem abgefallen sind! Zwei Buchautoren sind nun Plejadier! Ein Fußballer Santiner. Alle, die ich erwähnt hatte im zweiten Buch, sind mittlerweile abgefallen, bis auf Mats Hummels! Ich bin ein wenig vorsichtig geworden, jemanden gleich als Indigo zu outen! Oft sind diese nur grade in dem Moment, wo ich sie checke, mit meiner Energie verbunden, und darum gerade ein Indigo! Bei dem Fußballer Christiano Ronaldo habe ich aber nun zwei Jahre gecheckt, und er war immer ein Indigo-Santiner! Er wird ja auch von vielen beneidet und darum auch oft und gerne verhöhnt! Dabei ist er ein herzensguter Mensch! Er ist eben der Beste in seinem Metier, und diese mag man nicht immer! Auch ihn will man mit aller Gewalt fertigmachen, und wenn es ein Vergewaltigungsvorwurf ist, der zehn Jahre alt und natürlich totaler Quatsch ist! Michael Jackson, Indigo-Venusier, wird ja selbst nach seinem Tod noch fertiggemacht! Auch die Vorwürfe gegen ihn entbehren jeglicher Wahrheit! Aber die Masse der Menschheit glaubt irgendwie alles, was in den Medien steht! Wenn es im Fernsehen kommt, dann muss das ja stimmen! Nach dem Motto: »Irgendwas wird schon dran sein!« Das wissen die Medien, dass die Leute so ticken! Und darum ist es ein Verbrechen, was die Medien mit ihren Vorverurteilungen machen! Die Medien sind das neue Schafott!

Dieser Tage war Michael Cromer bei mir! Als Geist! Er starb 2007. Er ist der Gründer der heute sehr erfolgreichen Marke MCM! Er war ein Indigo-Santiner! Er wurde total fertiggemacht, quasi enteignet, und in den Tod getrieben! Wer will, soll mal seine Vita lesen, es gibt sogar ein Buch über ihn! Er bat mich, ihn in meinem Buch hier zu erwähnen! Warum, habe ich nicht gefragt, ich empfand Sympathie und Mitgefühl, als er bei mir war, darum mache ich es hiermit!

Indigos werden vom System bekämpft und von Freimaurern! Diese wissen alles von jedem. Und wenn wo ein Indigo auftaucht, wird er in das Logenprogramm aufgenommen, also verfolgt und gestalkt! Sie werden dann suchen an allen Ecken, bis sie was finden, um diesen Indigo fertig zu machen! Darum muss ein Indigo doppelt und dreifach auf jeden Schritt aufpassen, den er tut! Da ich der höchste lebende Indigo bin derzeit auf der oberen Erde, kann sich jeder vorstellen, wie sehr ich aufpassen muss! Allerdings habe ich auch den höchstmöglichen Schutz! Und ich habe zwei inkarnierte Schutzengel in meiner Familie und ein inkarniertes Krafttier als Hund! Was soll mir also passieren?

Indigos sind die wahren Götter auf Erden! Und nur Beseelte können ganz große Leistungen vollbringen! Alle anderen klauen von den Beseelten! Die Reptos sind Meister der Täuschung, der Fälschung, aber auch des Ideendiebstahls! Sie können ja aus ihrer Dimension heraus unsere Gedanken sehen und benutzen so unsere Schöpferkraft für ihre Zwecke! Sie sind auch Meister des Kopierens! Siehe die Chinesen, die Japaner, die Asiaten, das »graue» Volk! Sie klauen alles und kopieren alles, was sie sehen! Schau dir die chinesischen und asiatischen Autos an, alles Abklatsche von meist deutschen Autos! Sie bauen auch alles nach, siehe Stihl-Motorsägen! Und sie machen das alles ganz offen und behaupten später, DU hättest sie kopiert! Sie benutzen uns für ihre Zwecke, ja, sie missbrauchen uns! So wie so manch ein Dunkler meinen Namen missbraucht, um Werbung für sich zu machen! Und dann später behauptet, ich hätte von ihm abgeschrieben! Sie sind dreist, und man kann und will es meist nicht glauben, mit welcher Unverschämtheit und Respektlosigkeit sie zu Werke gehen! Sie haben kein Gewissen, keine Skrupel und wähnen sich immer im Recht!

Indigos und Beseelte haben einen schweren Stand hier in dieser Welt! Das ist nun mal Fakt! Aber das wird sich eines Tages ändern! Darum sind sie ja hier, die Indigos! Um die Dinge zu ändern! Wer soll es denn sonst ändern?

Aktueller Eintrag:
11.07.2019 Tumulte beim Einkaufen in einem Shoppingcenter im nahen Österreich! Isabell und ich stehen an der Kasse, hinter uns steht eine Frau

mit einem Säugling auf dem Arm, der brutal schreit wie am Spieß! Anstatt sie den scheinbar frisch geborenen Säugling ihrer Mutter, die hinter ihr wartete, gab, ließ sie diesen Schreihals Isabell direkt ins Ohr schreien. Als diese sich beschwerte, kam es fast zu Tumulten an der Kasse, da alle Umherstehenden Partei für die nicht europäisch aussehende Frau, die in Lumpen dastand, ergriffen! Wir warfen die paar T-Shirts weg und mussten flüchten!
Bei der Gelegenheit muss ich einwerfen, dass die Mode generell immer lumpiger wird! Die Kleidungshersteller produzieren nur noch billigste Ware, vor allem für Frauen! Nur noch blasse Farben mit ekligen Mustern. Billigste Vorhangstoffe. So eine Art arabische Mode meine ich, kann es aber nicht genau bestimmen. Auf jeden Fall wird die Mode den Flüchtlingen angepasst! Wir müssen so wie die herumlaufen bald! Werden unsere Sachen nur noch im Internet ordern! Shoppen ist nicht mehr möglich! Außerdem nur noch Schrottklamotten überall! Die Menschen ziehen sich immer noch lumpiger an! Der Stil und das Niveau gehen verloren! Rennen alle langsam wie Bettler rum!

KAPITEL 9

Die Lügen dieser Welt!

Ist die Erde eine Kugel? Woher haben wir eigentlich unser »Wissen«? Wer vermittelt das Wissen? Und wer sagt uns, dass das die Wahrheit ist? Woher kommt die »Wissenschaft«? Was ist ein »Forscher«? Wer »schrieb« die Geschichte? Wer ist für den Inhalt der Lehrbücher in den Schulen und Universitäten verantwortlich, was denkst du? Was ist es denn, was wir von klein auf lernen in den Schulen? Es ist der Inhalt, den irgendjemand in diese Bücher hineinpressen ließ! Also bestimmen die, die das reinschreiben ließen, was wir anderen alle lernen! Oder nicht? Was ist, wenn die alten Märchen wahr sind, und das, was wir in der Schule lernen, Märchen sind?

Wir werden geboren, und als erstes übernehmen wir die »Programminhalte« unserer Eltern oder eben der Personen, die uns erziehen! Diese haben ihr Wissen aus den Büchern, die bestimmte Gruppierungen drucken ließen! Richtig? Internet gab es früher noch nicht! Fernsehen auch noch nicht so lange zuvor! Und selbst wenn! Wer ist verantwortlich dafür, was im Fernsehen gesagt wird? Wieder eine bestimmte Gruppe von Personen! Deine Eltern haben ihr Wissen wiederum von deren Eltern, die es wiederum von den gleichen Büchern haben, wie ihre Kinder es nun haben! Die ganze Gesellschaft wird »erzogen« oder geprägt vom gleichen »Wissen«! Von dem Wissen, was uns irgendjemand zur Verfügung stellt, in Lehrbüchern, in Fernsehprogrammen usw.! Also hat die komplette Gesellschaft eine Art »Schwarmintelligenz» oder Schwarmwissen!
Niemand kam je auf die Idee, dieses »Wissen« anzuzweifeln! Was ist, wenn diese Gruppe, die für all das Wissen verantwortlich zeichnet, es nicht gut mit uns meint? Wenn dieses Wissen gar kein echtes Wissen ist, sondern Lügen? Was ist, wenn hinter dieser Gruppe eine niederträchtige Macht steckt, die nur ihre eigenen Interessen im Blick hat und uns anlügt, Tag für Tag?
Was wäre, wenn alles, was du je geglaubt hast zu wissen, eine einzige große Lüge wäre? Was wäre, wenn alles gelogen wäre, was ist? Wenn alles, was uns je gelehrt wurde, wirklich alles, zu 100 % gelogen wäre?
Was wäre, wenn alles genau das Gegenteil von dem wäre, was man dir immer weisgemacht hat? Wenn alle Guten, die man dir als Gute verkauft hat, in Wirklichkeit die Bösen wären? Was wäre, wenn deine Regierung dich jeden Tag nur anlügt und in Wirklichkeit nur gegen dich arbeiteten würde?

Willkommen in der Realität!
Die Illuminaten und Freimaurer hatten Jahrhunderte Zeit, sich ihre Machtposition weltweit aufzubauen! Bis in den letzten arabischen oder asiatischen Kleinstaat hinein konnten sie ihre Tentakel hineinbohren!
Mach dir nichts vor, mein lieber Leser! Sie sind überall an der Macht und haben überall das Sagen! Sie manipulieren jedes Land, jedes! Es gibt nicht eines, das nicht von ihnen infiltriert ist! Nicht eines! Wer nicht mitzieht mit den Logen, hat keine Chance, in die Regierung zu kommen oder einen bedeutenden Posten in der Wirtschaft zu erhalten! Jeder Bankvorstand, jeder Wirtschaftsboss, jeder Kardinal oder Bischoff oder höher, jedes Vorstandmitglied irgendeines sozialen Hilfsdienstes, jeder, der irgendwo Entscheidungsträger ist oder an Schnittstellen sitzt, ist ein Freimaurer! Jeder! Es kommt kein anderer an diese Stellen! Ausgeschlossen!
Sie geben ihre Anweisungen mit Symbolen und Zeichen in die Kameras dieser Welt, auch durch bestimmte Ausdrucksweisen! Die obersten Freimaurer treffen sich regelmäßig, klar! Aber alle können sich ja nicht immer treffen, denn es gibt ja Millionen! Ja, es sind mehr, als du glaubst! Sie sind straff organisiert und verteilen sich bis in die Kleinstädte, in verschiedene Round Table Logen, 99er-Loge usw.! Rotary Club usw., Lions Club, alles untere Organisationen, dessen untere Mitglieder nicht mal eine Ahnung haben, wo sie da eigentlich gelandet sind! Alle werden nur auf Einladung hin aufgenommen, keiner kann sich selbst bewerben! Die unteren Ränge haben keinerlei Ahnung, um was es wirklich geht! Viele Handwerker und Architekten sind Freimaurer und in Gruppen organisiert. Sie schieben sich dann gegenseitig die Aufträge zu! Viele Ärzte, Lehrer, Wissenschaftler, Astronauten sind Freimaurer! Astronauten alle, wie fast alle US-Präsidenten bisher! Jeder weiß nur so viel, wie es sein Rang hergibt! Und was man nicht weiß, kann man nicht verraten! Und sie würden auch nie was verraten, weil man dann sie und ihre komplette Familie auslöschen würde! So wie sie die drei Kinder dieses Milliardärs neulich getötet haben, der zufällig in Sri Lanka war, als es zu »Bombenattentaten« dort kam! Er ist ein hoher Freimaurer und wollte bei zukünftigen Planungen nicht mehr mitmachen! So arbeiten die eben! Die bringen auch 5000 Leute um, nur um einen einzigen zu erwischen, der unter diesen 5000 ist gerade! Oder sie lassen Flugzeuge verschwinden, weil ein zu beseitigender Feind oder ein Verräter drinsitzt! Oder sie lassen die Titanic untergehen, weil dort drei Freimaurer an Bord sind, die der Gründung der Federal Reserve Bank, der heutigen US-Notenbank, im Wege stehen!

Sie organisieren brutale und skrupellose schlimme Ereignisse, um die eigentliche Absicht zu kaschieren! Niemand würde auch nur im Traum daran glauben, dass Freimaurer 1500 Menschen töten, den Untergang der Titanic verursachen, um drei Querulanten-Freimaurer loszuwerden! Gleich nach dem »Unglück« wurde die FED gegründet, die heutige US-Notenbank, die ja einer privaten Gemeinschaft von Bankern gehört und nicht, wie fälschlicherweise angenommen wird, den USA!

Niemand würde das je für möglich halten, dass die ein Schiff versenken, um eine Notenbank zu gründen! Und du? Sie sind skrupellos und zu allem entschlossen! Sie denken und planen über Generationen hinweg, über Jahrzehnte und Jahrhunderte hinweg! Ihre Machthaber, also die Herrscher über die Freimaurer, die Dracos und Reptos, werden ja bis zu 1000 Menschenjahre alt und mehr! Und auch diese planen noch länger, da sie ja meist wieder in ihren Kreisen inkarnieren! Das können sich die Menschen alles gar nicht vorstellen, geschweige denn, daran glauben! Da ist es doch einfacher, Leute wie mich als Verschwörungstheoretiker und Spinner abzutun! Oder gar als Betrüger und Lügner! Verstehst du, wie der Hase läuft? Die haben wirklich längst alles in der Hand! Die spielen mit uns Katz und Maus! Und die sind zu Dingen fähig, die wir uns nicht mal vorstellen können! Sie lassen gleich drei Hochhäuser in New York sprengen und töten 3000 Menschen, nur um im Irak einfallen zu können! Und sie schaffen es immer, das Volk an der Nase herumzuführen! Indem sie die Menschen, die die Wahrheit kennen und sagen, als Betrüger, Lügner, Terroristen oder Verschwörungstheoretiker brandmarken! Auch wenn es mittlerweile so ist, dass diese Verschwörungstheoretiker mehr Beweise für die angebliche Verschwörung haben als die Politiker für die reale Version!
Wir werden durch unsere Eltern, durch die Schule, durch die Gesellschaft geprägt und prägen wiederum unsere Kinder genau gleich! Wir lernen durch die Gesellschaft, dass es normal ist, manche Tiere zu küssen, zu streicheln, zu liebkosen und zu pflegen, als Freund zu halten, und andere Tiere brutal zu töten, zu schlachten und dann zu fressen! Das ist dann gesellschaftlich anerkannt und außerdem auch Kultur und Tradition! Und wer will schon gegen die geltenden Traditionen verstoßen und auffallen? Wer will schon aus der Gesellschaft ausgestoßen werden, weil er beim Fußballfest nichts vom Spanferkel essen will? Ich z.B.! Ich habe genau das getan immer! Nichts davon gegessen! Auch konnte ich nie Hähnchen essen, habe immer nur die Pommes gegessen! Von Schweineschnitzel musste ich mich

übergeben, als man mich mal dazu gezwungen hatte! Ich wuchs auf in einer Schlachterfamilie, ich schrieb darüber! Und trotzdem hatte ich eine angeborene Abneigung gegen das Essen von Tieren! Auch wuchs ich katholisch auf, und es war normal, immer in die Kirche zu gehen! Auch da hatte ich eine angeborene Abneigung! Ich hätte es mir am liebsten zum Spaß gemacht, immer in der Kirche zu pupsen während der Messe! Kleiner Scherz am Rande! Ich hielt nichts von dieser Kirche, und mir waren die Menschen, die da bigott auf den Knien umherrutschten, immer sehr unsympathisch! Sie taten immer so scheinheilig, und nach dem Gottesdienst waren sie wieder unfreundlich und feindselig!
Warum merkten alle anderen nicht, dass man keine Tiere essen soll? Warum gingen alle anderen gerne in die Kirche? Warum spürten die alle nicht, dass da was nicht stimmt? Wir werden geprägt, aber wir haben auch einen eigenen Willen, oder nicht?

Wenn ich da meinen Aslan anschaue, der hat mir nicht blind alles nachgemacht! Als er das erste Mal die Kellertreppe hinunter sollte, hat er oben gestoppt und sich verweigert! Auch wenn er sah, dass ich hinunterging!
Tiere haben einen Instinkt, der sie warnt und schützt! Menschen hingegen machen alles nach! Von Generation zu Generation! Traditionen werden übernommen und weitergegeben! Vor allem sinnlose, die einen an die alten Energien binden sollen!
Bei den Moslems ist es eben Tradition, Tiere bei lebendigem Leib zu schlachten, damit das Fleisch nicht tot ist! Frauen werden beschnitten, damit sie keine Freude am Sex empfinden können und sollen! Jungen werden beschnitten wegen der Reinlichkeit, angeblich! Das Gleiche gilt für die Juden!
In Jerusalem gibt es alte orthodoxe Traditionen, dass die Kinder nichts von der Existenz der westlichen Welt erfahren dürfen. Sie werden so erzogen und geschult, als gäbe es nur sie! Im Islam gibt es viele Schulen, wo die Kinder zu Islamisten erzogen und trainiert werden! Ihnen werden der Hass und die Wut gegen die westliche Welt eingeimpft! Bezahlt vom CIA, ganz nebenbei!

Was ich damit sagen will, ist, wir werden alle von klein an geprägt und dogmatisiert auf die Welt, in der wir dann leben sollen! Aber hätte man mich auf einer Koranschule zu einem Islamisten dressieren können? Nein! Sicher nicht! Indigos haben eine natürliche Intelligenz in sich! Keine Chance!

Darum inkarnieren auch nur Reptos und Mantisse in den ultraislamischen Gegenden!
Vielleicht mal ein paar Plejadier, um zu sühnen!

In der Schule lernen wir, dass wir auf einer Kugel leben, die mit rasender Geschwindigkeit durchs Weltall saust! Genaugenommen mit 108 000 km/h rast die Erde um die Sonne! Dabei dreht sie sich noch mit 1670 km/h um die eigene Achse! Und das ganze Sonnensystem rast mit 792 000 km/h innerhalb der Milchstraße umher! Und die Milchstraße, oder auch Galaxie genannt, rast mit 630 km pro Sekunde innerhalb anderer größerer Galaxien umher! Wird dir auch schon ganz schwindelig?
Als ich Anette kennenlernte, ist ja nun schon 30 Jahre her, da sagte ich zu ihr mal im Auto: »Ich finde es komisch, dass wir auf einer Kugel leben sollen, die sich dreht und durch die Gegend rast und keiner fällt runter!« Sie sagte dann, ich solle nicht so einen Quatsch reden! Tja, aber ich fand es immer komisch! Nur ging es mir wie dir, lieber Leser, ich habe auch alles übernommen von der Schule und kam nie auf die Idee, das in Frage zu stellen! Es gab ja kein Internet, und man glaubte eben, was die nette Frau Lehrerin, ich hatte eine hübsche Erdkundelehrerin, uns erzählte! Jeder glaubte ja, was man ihm in der Schule erzählte! Warum sollte man das auch nicht glauben?

Wer hat sich schon einmal folgende Fragen gestellt:
Woher wissen die Gelehrten das eigentlich alles? Wie können die denn überhaupt eine Geschwindigkeit einer Erde messen? Woher wissen die, wie schnell die Erde um die Sonne kreist und wie schnell die Galaxie ist? Woher wissen die überhaupt, dass es eine Galaxie gibt, wie groß die ist und wie schnell die sein soll? Wenn man heute geblitzt wird mit einem Radar, machen die 3 % Toleranzabzug, weil die Geräte nicht ganz genau seien! Aber sie wollen die Geschwindigkeit der Galaxie messen können?
Und wer war das nochmals, der die Entfernung zur Sonne berechnet haben soll, und wann war das? Copernicus und Kepler fanden also vor rund 400 Jahren, ohne technische Hilfsmittel heraus, wie weit die Sonne von uns weg ist und wer sich wann um wen dreht? Wie naiv muss man sein, um das zu glauben? Das Problem ist, dass sich keiner je diese Fragen gestellt hat! Wir nehmen alles als selbstverständlich hin, was man uns lehrt! Kaum einer zweifelt an der Existenz eines Weltalls! Oder an der Reise zum Mond 1969! Keiner fragt sich, warum die seit 50 Jahren nie mehr auf dem Mond waren!

Warum gibt es eine »Atmosphäre« um die Erde, die sich angeblich immer mitdrehen soll mit der Erdkugel? Wie wird die gehalten? Wenn sich die Kugel dreht, dann müssen wir ja alle irgendwann auf dem Kopf stehen? Warum wird mir dann nicht schwindelig? Wenn die Erdanziehung alles anzieht, warum dann keine Luftballons? Und warum steigen die Luftballons hoch, was ja dann von der Kugel ausgesehen zur Seite ist, obwohl er dann ja schräg nach oben ziehen müsste, nach Norden quasi! Warum fließt das Wasser auf der drehenden Kugelerde nach oben, wenn diese Kopf steht? Und geht das, dass Wasser rund und glatt ist auf den Globusbildern, wenn doch das Wasser immer zur Erde gezogen wird angeblich? Warum bauen die die Flugzeugfenster immer so, dass diese eine »runde Optik« verursachen beim Schauen? Warum kommt im Fernsehen mittlerweile alle zwei Minuten auf einem Kanal ein Bild von der Kugelerde im Hintergrund? Warum wollen die uns so sehr manipulieren? Warum streitet man offiziell die Flache-Erde-Theorie ab, macht sich darüber gar lächerlich und tut es als Verschwörungstheorie ab? Warum interessiert es die da oben nicht, was wirklich wahr ist? Was macht die so sicher, dass sie alles abtun, was eine andere Meinung vertritt? Warum will man diese Meinungen nicht prüfen? Warum denn nicht?

Wenn die Erde eine Kugel ist, dann müsste das Wasser ja rund sein in den Meeren und Seen! Ich habe mir eine Nikon P 900 gekauft, um selbst zu forschen! Warum kann ich von Kreuzlingen nach Bregenz sehen, obwohl es da einen »Hügel« von einigen Metern Höhe geben müsste bzw. die Erdkrümmung Bregenz verdecken müsste? Ich habe mir einen Hubschrauber gemietet und bin um den Bodensee geflogen, um zu sehen, ob es eine Erdkrümmung gibt! Sicher kann ich alles erfragen, kann Astralreisen machen, aber das ist anders, wenn man es selbst erforscht!
Erforsche du doch auch! Suche und finde die Wahrheit! Glaube gar nix mehr, was dir andere sagen. Auch mir sollst du nicht glauben! Ermittle und suche doch bitte selbst! Ich sage nur, was mir die Geistige Welt mitteilt und was ich selbst herausgefunden habe! Und das ist was ganz anderes, als es uns die Medien und die Geschichtsbücher mitteilen!

Was ist los mit den Menschen? Leider muss ich gestehen, dass auch ich mich nie damit auseinandersetzte! Also nie ernsthaft! Auch wenn ich immer unbewusst zweifelte, irgendwie interessierte es mich nie! Darum habe ich auch beim ersten Besuch der galaktischen Föderation des Lichts bei mir zuhause nicht nach der Form der Erde gefragt oder nach den Rotationen der Planeten usw.! Ich musste da erstmal verarbeiten, dass da unsichtbare Wesen bei mir in der Wohnung sind, die sich mit mir telepathisch unterhalten! Später, nach meinem ersten Buch, habe ich natürlich näher nachgefragt, inspiriert durch die vielen Internet-Videos über die flache Erde! Klar wollte ich das sicher wissen!

In meinem zweiten Buch wusste ich es schon, die Wahrheit, aber ich wollte sichergehen und fragte nochmals über ein Jahr lang immer wieder nach bei der geistigen Welt! Ich versuchte, planmäßige Astralreisen zu machen, aber ich kam nie richtig, zumindest nicht mit meinem Tagesbewusstsein bzw. so, dass ich mich erinnerte, ins »Weltall», um zu schauen!
Ich habe für mich herausgefunden und mir das von der Geistigen Welt bestätigen lassen, dass die Erde KEINE runde, sich drehende Kugel ist und nicht um die Sonne kreist und auch alle Planeten nicht gemeinsam in der Galaxie herumkreisen!

Ich habe mich immer gefragt, wie die Raumschiffe denn auf der Erde landen sollen, wenn sich doch alles ständig dreht! Dachte immer, die müssen aber genau zielen! Und wenn die Planeten so schnell drehen, kann es sein, die Raumschiffe finden die Erde gar nicht mehr! Und die Satelliten, die schweben da oben so rum, obwohl sich alles so rasend schnell wegdreht? Irgendwie alles sehr unlogisch, oder nicht?

Ich gehöre nun nicht zu der Sorte Aufklärer oder spiritueller Lehrer, die einfach nicht auf die Kugelerde eingehen, dieses Thema einfach weglassen in ihren Büchern und Videos, aus Angst, eigene frühere Fehler oder mangelndes Nachprüfen eingestehen zu müssen oder sich die Finger zu verbrennen oder Kunden zu verlieren! Vielleicht weißt du, was ich meine!
Ich bin anders! Das weißt du aber auch! Da bin ich ganz sicher! Wir lernen alle jeden Tag etwas Neues, wir sind nie fertig mit Lernen, nie! Und jeder, der sich spirituell entwickelt, der weiß, dass es nichts Älteres gibt als die Erkenntnisse von gestern, überspitzt ausgedrückt!
Ich habe nie behauptet, dass die Erde eine Kugel ist und sich um die Sonne dreht! Nie! Wenn ich ehrlich bin, glaubte ich immer an eine Art gequetschte Erdkugel und auch der Planeten. Aber ich ging immer von feststehenden Planeten aus, die auch im Innern bewohnt sind! Nie von kreisenden Planeten! Ich wusste nicht mal, dass die Planeten umherkreisten oder hatte

es vergessen! Muss ich leider eingestehen! Ich hatte mein ganzes Leben Überlebenskampf und keinen Kopf für solche Dinge! Das ist die Wahrheit! Eigentlich war das auch gut so, weil ich nun unvoreingenommen an die Sache ranging! Beide Varianten, die drehende Kugelerde und die flache Erde, waren Neuland für mich! Klar wusste ich von der Schule, dass wir auf einer Kugel leben sollen! Aber näher hat man sich nie damit beschäftigt. Vielleicht ging es dir ja auch so? Ich habe mich immer nur gewundert, warum nie einer runterfällt ins Weltall!

Hast du dich auch mal gefragt, warum der Himmel blau ist? Warum nicht schwarz oder hellgrau? Wenn das Weltall doch rabenschwarz ist, sein soll, warum haben wir dann einen blauen Himmel? Und warum ist der Polarstern immer im Norden? Immer? Warum wiederholen sich die Sternformationen immer wieder, wenn sich doch alles dreht? Drehen die dann immer mit? Mitsamt der Galaxie? Irgendwie bekommt man einen Krampf im Kopf, wenn man sich mal so einige Fragen stellt!

Ich denke, es ist die wichtigste Frage von allen! Ist die Erde eine Kugel und dreht sich um die Sonne oder nicht? Ich möchte es nun nicht zu lange hinausdehnen, dieses Thema! Du wirst dich sicher schon oft damit im Internet beschäftigt haben! Und wenn nicht, solltest du es noch tun! Unbedingt! Leider ist das Internet voll von Freimaurervideos zu dem Thema! Also sei vorsichtig! Ich habe einen guten Mann gefunden, er nennt sich »Mann vom Stamme der Ostfriesen«, kannst du sicher finden! Er kommt der tatsächlichen Form der Erde sehr nahe, und er erklärt es auch gut und nachvollziehbar, sehr verständlich! Nur, dass ich meine, dass hinter den Eisringen noch Land ist! Eine Art Puffer zwischen den Eisringen und der Kuppel! Die Sterne sind eine Energieform, die an der Kuppel irgendwie haften! Sie versorgen die Seelen mit ihrer Energie, göttlicher Energie!

Es liegen mir noch weitere Erkenntnisse vor mittlerweile, wir haben den 16.07.2019, aber darüber kann ich noch nicht schreiben, ich muss das erst genauestens überprüfen, bevor ich damit an die Öffentlichkeit gehe! Es geht darum, was direkt im Anschluss an die Erde kommt! Mir wurde das gezeigt in Bildern! Es ist zu unglaublich, als dass ich das ungecheckt hier schreiben kann. Vielleicht kann ich es noch vor Ende dieses Buches herausfinden, dann füge ich es am Ende ein! Auf jeden Fall ist die Erde kein rotierender, rasender, drehender Planet!

Eric Dubay hat ein Buch geschrieben: »200 Beweise, warum die Erde keine rotierende Kugel ist!« Es gibt auch Videos darüber! Egal, was man ihm vorwirft, er sei Freimaurer und lüge usw.! Ich habe mich auch damit beschäftigt und muss sagen, seine Beweise sind stichhaltig und nachprüfbar! Im Gegensatz zu den Kugelerde-Anhängern, die eigentlich gar keine Beweise für die Kugelform und für die Rotation haben! Keine! Es gibt keine Beweise für die Kugelerde! Keine! Aber es gibt 200 Beweise dagegen! Und wenn nur 10 % stimmen würde, wären es noch 20 Beweise!

Andere vertreten die Theorie, dass die Erde ein Hologramm sei! Also gar nicht wirklich bestünde! Das ist falsch und auch wieder richtig! Alles ist eine Art Hologramm! Auch wir Menschen! Wir sind verdichtetes Hologramm! Auch die Erde! Aber selbst bei einem verdichteten Hologramm gibt es eine Form!

Meine Erkenntnisse derzeit sind, dass die Erde flach ist! In dem Maße flach, dass es eben eine ebene Fläche ist, eine feststehende, unbewegliche ebene Fläche. Mit Bergen, Seen und Tälern eben! Sozusagen ist dann flach der falsche Ausdruck! Sie ist in den äußeren Abgrenzungen rund, also eine flache runde Scheibe, mit Bergen, Seen und Tälern! Und einer runden Abgrenzung eben! Es gibt eine innere Erde! Diese streckt sich quasi nach unten hin aus und macht die Scheibe zu einer Art Hamburger! Es gibt also Schichten nach unten! In diesen unteren Schichten gibt es genauso Leben wie bei uns oben!
Also, das bedeutet, es gibt Reptos da unten und menschenähnliche Wesen, genannt Agarther. Diese sind zwischen zwei und drei Meter groß, werden bis zu 800 Jahre alt und leben in der achten Dimension!
Die Reptos leben in der dritten und vierten Dimension und sind so groß wie wir ungefähr, aber auch größer! Sie kommen auch ab und zu hoch zu uns, manchmal auch mit zigarrenartigen Raumschiffen! Die Sklaven der Reptos, die Grauen, kommen auch oft hoch an die Oberfläche, mit großen runden Raumschiffen. Ebenso die Agarther, die haben aber silberne Ufos!
Es gibt noch andere Lebensformen in der inneren Erde! Verschiedene Rassen, vier bis fünf Meter große Riesen, die eine Art Steinzeitleben führen dort. Ebenso gibt es verschiedene Indianerstämme in der inneren Erde!
Aber es gibt auch noch niederere Entwicklungen als die Reptos! Eine etwa ein Meter große, menschenähnliche Rasse, die aber sehr aggressiv ist! Sie töten jeden Eindringling, der von oben in ihre Welt vordringen will! Sie le-

ben unter der Erde in Nordamerika! Unterhalb des Himalayas befindet sich Shambhala. Agartha ist mehr unterhalb Europas. Shambhala ist entgegen der Meinung von manchen nicht negativ! Totaler Blödsinn!
Es leben auch noch Wesen in der Erdkruste, die Zugänge sind über Höhlen zu finden. Z.B. die Yetis, oder auch Trolle, die bis zu 15 Meter groß sind. Diese kommen ab und zu an die Oberfläche im totalen Norden von Norwegen!
Durchschnittlich sind sie jedoch nur zwei bis drei Meter groß! Ebenso wie die Yetis und die Bigfoots! Die Erde ist ein vielbevölkerter flacher und hohler Planet. Es gibt schier unzählige Tier- und Pflanzenarten, ebenso Menschenarten! Und Mischwesen! Unterhalb des Sub-Kontinents Indien leben die Nagas, die Schlangenmenschen! Kennst du den Film »Die Zeitmaschine« von H.G. Wells? Der hatte Insiderwissen! Er hat auch vor 120 Jahren Dinge vorausgesagt, die mittlerweile eingetroffen sind! Er beschreibt in seinen Werken monsterartige Reptilwesen, die im inneren der Erde leben, die Menschen versklavt haben und diese Menschen fressen! 1895 hat er das Buch geschrieben! Er hatte Zugang zu Freimaurerwissen! Die ganzen Sagen und Legenden stimmen zu einem großen Teil! Vielleicht gibt es noch mehr mystische Wesen, ich habe nur diese aufgeführt, die ich persönlich überprüft habe!

Genaugenommen ist die Erde ein organisches Raumschiff! Die Erde ist ein materialisiertes Geistwesen mit Bewusstsein! Alle Körper der Materie stammen von ihr! Ihr gehört eigentlich unser Körper, den wir mit ihrer Hilfe manifestiert haben! Ein Schweizer Hellseher, der schon vier Bücher schrieb, beschrieb ja einmal, dass die Erde sich durch lose Planetenteile zufällig durch die Rotation zu einem großen runden Klumpen geformt habe und der Mond daraus herausgebrochen wurde durch einen Meteoriteneinschlag! Wie kann man als angeblicher Hellseher sowas schreiben?
Die Erde ist eine Manifestation des Schöpfers! Des einen wahren und allmächtigen Schöpfers! Die Erde ist doch kein zusammengepresster Steinklumpen! Es gibt auch kein Weltall, so wie man es uns in Filmen weismachen will!

Die Erde ist rund, das stimmt! Aber flach, mit Bergen und Tälern und Seen! Und innen bzw. nach unten hohl. Es gibt Leben im Erdmantelgürtel und darunter! Nach unten ist die Erde abgeschlossen durch Steine und Felsen! Der unter Teil ist genauso uneben wie der obere!

Der Nordpol ist zentral in der Mitte der Scheibe, ebenso der Polarstern! Der Südpol ist nicht unten, wie bei dem Kugelmodell, sondern der Rand der Erde! Die Antarktis umkreist die komplette Erde! Der Südpol ist also ein Kreis um die Erde herum, der sie auch gleichzeitig abgrenzt! Niemand kommt darüber hinaus! Jedes Flugzeug, welches diese Eismauern überqueren will, wird abgeschossen!

Nach oben hin und auch außen ist die Erde durch eine energetische Kuppel eingefasst! Diese Kuppel ist nach meinen Informationen 5000 Kilometer hoch! Kein Mensch und keine Maschine kamen jemals höher als 1500 Kilometer in die Höhe! Da es dort oben keine Atmosphäre und keinen Sauerstoff gibt, kann dort auch nichts umherfliegen! Die Sonne und der Mond sind an der Kuppel angebracht und kreisen dort in vorgegebenen Rotationen um die Erdoberfläche! Der Mond ist aus einer Art Plasma und eine Scheibe! Er kann weder betreten noch angeflogen werden! Er ist auch ein Dimensionstor für die dunklen Mächte, und er steht für den Minuspol! Die Sonne ist auch eine Scheibe und steht für den Positivpol! Sie ist aber kein Dimensionstor! Die Erde und die Sonne und der Mond sind ein geschlossenes »Sonnensystem«! Auch die innere Erde hat eine kreisende Sonne, aber keinen Mond!
Das Universum ist alles, was außerhalb der Kuppel ist! Das Weltall besteht aus Wasser! Es gibt viele unzählige andere ähnliche Planeten mit eigenen Sonnensystemen! Auch gibt es diese bekannten Planeten wie Merkur, Jupiter, Venus, Mars! Aber eben nicht als Kugel, und nicht wild durch ein endloses Weltall rasend! Sie sind ähnlich aufgebaut wie die Erde! Bei vielen spielt sich das Leben aber nur im Inneren ab, siehe mein erstes Buch! Wir sehen diese Planeten etwa so, als würden wir durch ein Aquarium mit einem Fernglas schauen! Der Himmel ist blau! Nicht schwarz und nicht grau! Wir sind umgeben von Wasser, darum auch der Name »Raum-Schiff!»

Es gibt Zugänge und Ausgänge zur Erde und von der Erde weg hinter den Eisringen der Antarktis! Es handelt sich um eine Art Schleusenzugänge von unten durch das Wasser, ähnlich wie man bei einem U-Boot von unten durchs Wasser über einen Vakuumraum ins Bootinnere gelangen kann! Diese Zugänge in der Antarktis sind verbunden mit den Weltmeeren! Viele Seen haben auch Zugänge und Ausgänge zur inneren Erde! Es gibt mehr Ein- und Ausgänge, als man denkt! Vor allem in den Bergen gibt es viele Eingänge!

Viele Berge sind ja nichts anderes als getrocknete Pyramiden! Es gab viele zehntausende, vielleicht gar hunderttausende Pyramiden einst auf der Erde, die alle zu Bergen und Hügeln wurden im Laufe der Zeit!

Natürlich kann ich das alles nicht beweisen! Ich sage auch nicht, dass es 100 % genauso ist! Es ist alles nur meine aktuelle Meinung aufgrund aktueller Informationen und Erkenntnisse! Nie würde ich behaupten, dass nur ich recht habe! Mach dir selbst ein Bild, dein eigenes! Ich kann auch nicht garantieren, dass ich immer alles richtig verstehe, was mir die geistige Welt mitteilt! Es kann auch hier mal dann und wann zu einer Art »Übertragungsfehler» kommen! Ich schreibe das alles hier einfach nieder, wie ich es in Gedanken und Bildern »reinbekomme!» Vielleicht bekomme ich in einem Jahr wieder neuere Erkenntnisse, dann werde ich das in einem Interview mitteilen, da ich keine Bücher mehr schreiben werde! Ich muss während dieses Buches immer wieder Tage der Pause einlegen, da mich das Schreiben psychisch und physisch sehr stark fordert! Ich bekomme täglich Kopfschmerzen durch die angespannte Sitzhaltung, und ich muss Tag und Nacht überlegen, was ich in das Buch reinpacken will, was noch fehlt und was ich besser nicht schreibe! Ich frage dann auch ständig die Lichtwesen, und auch das kostet enorm Zeit! Darum kann ich auch nicht alle Fragen über die Erde und das Universum abklären, die Zeit reicht einfach nicht!
Eines weiß ich auf jeden Fall zu 100 %! Die Erde ist keine Kugel, die sich um sich selber drehend um die Sonne dreht und mitsamt anderen Planeten rasend durch eine Milchstraße düst! Die Erde ist ein feststehender Organismus! Und sie ist durch eine Kuppel abgeschirmt von dem, was wir das Universum nennen! Es gibt viele weitere Planeten, und es gibt Leben auf ihnen! Teilweise auch in höheren Dimensionen, also für unsere Augen nicht sichtbar! Man kann zu uns auf die Erde gelangen über Dimensionstore oder über die Wasserschleusen! Wir haben auch Dimensionsportale in unseren Wohnungen und Häusern und sogar in unserem eigenen Körper!
Ebbe und Flut ist nichts anderes als das Atmen der Erde! Es hat nichts mit dem Mond zu tun! Nicht das geringste! Der Mond spiegelt auch nicht das Sonnenlicht, das ist einwandfrei bewiesen! Er hat eine eigene Strahlung!
Letztendlich ist es egal, welche genaue Form die Erde hat! Es ist für unsere Entwicklung nicht wichtig! Wenn wir bereits erwacht sind! Für die Schlafenden ist es die wichtigste Frage überhaupt! Und eines noch! Wer meint, erwacht zu sein und auf der Kugelerde und dem Weltall besteht, der hat irgendwelche Absichten! Denn ein erwachter Mensch, der spirituell sein

will und jetzt immer noch an der Systemvariante der Erde festhält, der ist mir persönlich nicht ganz koscher! Da stimmt dann ganz sicher was nicht! Vielleicht sehe ich alles in zwei Jahren anders, mag sein! Aber eine drehende, rasende Kugelerde haben wir sicher nicht! Definitiv nicht!

Gibt es dann überhaupt Lichtjahre? Nicht wirklich, denke ich! Alles, was irgendwo geschrieben steht, entstammt ja einem menschlichen Geist. Oft nicht mal einem menschlichen, eher einem reptiloiden Geist! Man übernimmt vieles unbewusst, ohne es ernsthaft zu hinterfragen! Ich denke, Lichtjahre sind ein Versuch, einem Menschen das Gefühl zu vermitteln, dass etwas eben diese oder jene Entfernung aufweist! Vieles hat auch seinen Sinn und seine Berechtigung! Denn wenn man mir z.B. vor fünf Jahren alles auf die Schnelle mitgeteilt hätte, wie es wirklich um die Erde und das »Weltall« steht, ich wäre wohl total überfordert gewesen und hätte abgeschaltet! Alles kommt zu seiner Zeit, wenn das Bewusstsein soweit ist!

Für viele ist diese Lüge der Kugelerde wohl ein Knackpunkt im spirituellen Wachstum! Viele sind schlichtweg überfordert, diese Beweise für die flache Erde zu akzeptieren! Es ist einfach zu viel für ihr Gehirn! Sie haften dann lieber an ihrem alten Weltbild und gehen entweder gar nicht auf das Thema flache Erde ein, oder sie verhöhnen und verspotten, bekämpfen gar das neue Weltbild! Es gibt so viele Beweise für die flache Erde und keinen einzigen für die rasende Kugelerde! Alle »wissenschaftlichen« Aussagen über die Planeten, die Erde, das Weltall, Entfernungen und Alter und dergleichen sind Behauptungen! Reine stupide Behauptungen! Es sind Theorien! Blanker Glaube! Niemand hat je einen Beweis für eine Kugelerde erbracht, niemand hat je bewiesen, dass sie sich dreht und dass die Sonne 149 000 000 Kilometer entfernt sein soll! Es gibt keine Beweise! Die komplette Wissenschaft ist eine Religion! Sie glauben alle daran!

Ich habe einmal mit einem bekannten Aufklärer gesprochen, bei dem ich mal ein Interview gab, der nur an die Kugeltheorie glaubt und die flache Erde vehement verneint! Ich fragte ihn nach ein paar Beweisen. Er meinte, weil die Atome ja auch kreisen würden und rund seien, sei es logisch, dass die Erde und alle Planeten auch rund seien. Rund sei eben göttlich! Und außerdem würde er in Australien andere Sterne sehen als in Deutschland! Und wenn es eine Kuppel gäbe, wie würden dann die Reptos reinkommen? Nun gut, das hat mich nicht überzeugt! Atome hat noch kein Mensch je wirklich gesehen! Niemand weiß, wie Atome wirklich aussehen! Es wird nur behauptet, dass sie rund seien! Und die Sterne? Ja, die sind an der Kuppel angebracht, eine Art Plasma-Energieform! Und die Reptos können von der vierten Dimension aus gesehen sowieso in der dritten agieren, wie sie wollen! Und es gibt ja auch Tore! Also, er hat keine Beweise geliefert, sondern anderes in Frage gestellt! Es ist und war eben einfacher für ihn, daran festzuhalten, weil dadurch die anderen Dinge nicht hinterfragt werden müssen! Es ist also einfacher, bei der Schulversion zu bleiben! Natürlich gibt es auch andere Gründe, an der Kugelvariante festzuhalten! Wenn du dem System dienst! Oder ein Freimaurer bist! Oder aus reiner Dummheit! Hüte dich vor Menschen und Webseiten, vor Büchern und Videos, wo die runde Kugelerde und das Weltall eine tragende, sichtbare Rolle spielen! Kein wahrhaftiger Aufklärer oder Spiritueller wird jetzt noch an die Kugelerde glauben! Wenn das so ist, dann stimmt zu 100 % was nicht mit dieser Person oder diesem Kanal!

Die Erde ist eine Schöpfung Gottes! Und genau das wollen DIE uns ausreden! Dass es einen Gott gibt, eine Schöpfung gibt! Dass es Wesen gibt, die auf uns schauen! Dass wir uns hier entwickeln sollen! Diese Computeranimationen, dass die Erde vor 4,5 Milliarden Jahren aus Asteroiden und Meteoriten zusammengeschmolzen ist und dann mit einem anderen Planeten zusammenstieß, daraufhin wurde der Mond abgespalten, der in Wirklichkeit Teil der Erde ist, ist geisteskrank! Dann habe sich durch die vielen Drehungen die Erde so abgeschliffen, und der Mond auch, dass diese nun schön rund sind. Warum schleift sich die Erde dann heute nicht mehr ab? Warum spüre ich keine Drehung? Und der Oberhammer! Nach diesem zufälligen Zusammenstoß der späteren Erde und diesem anderem Steinbollen hat sich dann die Erde plötzlich in zentimetergenauen Umdrehungen um die Sonne gedreht! Gleichzeitig drehen sich alle auch noch mit mathematischer Genauigkeit um sich selbst und um andere Planeten, und diese zusammen dann auch noch in der Milchstraße umher, mitsamt der Milchstraße. Mir wird ganz schwindlig! Dann kam irgendwie zufällig Wasser auf die Erde, also in und auf den Steinbollen, und zufällig noch Sauerstoff, und plötzlich bildeten sich Einzeller! Diese entwickelten sich dann zu Fischen und Dinosauriern, später zu Affen, und diese dann zum Menschen. Es gab dann noch ein paar Millionen Abspaltungen der Evolution, wie Löwen und Elefanten, Mücken und Mäuse usw.! Und heute fliegen wir zum Mond, auch wenn das letzte Mal lange her ist! Muss man nun ein Verschwörungstheoretiker sein, um an dieser Version zu zweifeln? Für wie dumm halten die Reptos eigentlich die Menschen? Meinst du, sie haben recht damit, sie für so dumm zu verkaufen? Warum hinterfragen das alles nicht mehr Menschen? Welche Theorien sind eigentlich die Verschwörungstheorien! Die Version des Systems oder die von uns »Verschwörungstheoretikern«? Wo sind denn die Beweise für die Kugelerde? Ich kenne nur Theorien!

Die Medien sind das Sprachrohr der Mächtigen! Sie sind keine Journalisten mehr! Sie verhöhnen uns, dass mir bald schlecht wird! Die Reptos bekommen Angst! Sie fürchten darum, dass die Menschheit sie durchschauen könnte! Dann wäre ihr Spiel vorbei! Darum zaubern sie nun eine Greta und eine Carola nach der anderen aus dem Hut! Und die »Kanzlerin« wird sicher reagieren! Sie muss sofort etwas tun gegen das Klima! Sie verbreiten eine Panik und Hysterie, die es so seit dem zweiten Weltkrieg nicht mehr gab! Diese Verhöhnung und Verarschung ist für Erwachte gar nicht mehr zu ertragen! Und die Schafherde trottet schön brav zum Schafott!

Die Erde ist ein feststehender, lebender Organismus! Und die Kuppel ist nötig, um die Zeit im Raum zu manifestieren! Zeit gibt es nur mit Raum, und Raum nur mit Zeit! Einzeln gibt es sie nicht! Die Erde ist ein in sich geschlossenes System! Und wer meint, der Schöpfer hat eine runde Kugelerde erschaffen, die durchs Weltall rast, der sollte sich mal fragen warum! Warum sollte sich ein Schöpfer so dermaßen den Kopf zerbrechen, um sowas Kompliziertes zu erschaffen? Die Wahrheit ist immer sehr einfach und verständlich! Jeder, der etwas sehr kompliziert darstellt, will etwas anderes damit vertuschen!

Es gibt nicht einen einzigen Beweis für die gängige Kugelerde-Theorie! Eigentlich ist diese offizielle Variante eine Verschwörungstheorie! Und nicht umgekehrt! Das System hat die »Wissenschaftler« erfunden als Allzweckwaffe gegen die Bürger! Du kennst ja die Sprüche: »Ich glaube nur, was ich sehe oder was wissenschaftlich bewiesen ist!« Und andere derartige Sprüche und Aussagen!
Niemand war je auf dem Mond! Ist gar nicht möglich! Oder hast du es selbst gesehen? Warst du denn dabei? Was hast du denn gesehen? Einen geschnittenen Film mit ein paar Idioten drauf, die ein wenig herumhüpfen! Warst du schon einmal im Weltall? Nicht? Warum glaubst du dann diesen Bildern, die man dir ständig zeigt, mit runden Kugelerden drauf?

Ist ein Bild ein Beweis? Man kann jeden Menschen und jeden Ort mit dem PC zum Bild zusammenschneiden!
Die Astronauten sind alles Freimaurer! Alle! So viele gibt es ja gar nicht! Wie viele Astronauten gibt es denn weltweit? Vielleicht sieben? Wenn es hochkommt zehn, zwölf? Diese kann man leicht ausbilden zum dauerlächelnden, in der künstlich organisierten »Schwerelosigkeit« umherschwebenden ISS-Teilnehmer! Sitzen alle in einem Studio, irgendwo in der inneren Erde, in einer riesigen künstlichen Stadt! Und lachen sich tot über uns! Vielleicht sitzen sie ja auch in den Universal Studios in Hollywood! Schau dir dazu auch bitte bei dem alternativen Internet Format KlagemauerTV den Beitrag über angebliche tote Astronauten an: »Angebliche tote Astronauten«! Die haben generell gute Berichte!

Die Medien lügen, wenn sie den Mund aufmachen! Sie können alles, wirklich alles behaupten! Wer prüft das alles nach, was die so von sich geben? Heute habe ich im Videotext gelesen: »Paris erwägt Gründung einer Weltraumarmee!« Was soll das? Das ist manipulative Suggestion! Von wem kommt diese Meldung? Die können ja alles schreiben! Einfach so! So wie sie auf einmal einen Trend kreieren und schreiben: »Kurze Hosen im Trend!« Oder: »Bitcoins scheinbar gefragt!« Sie steuern mit ihren Meldungen Finanzmärkte, Trends, Richtungen, geben Meinungen vor, erfinden »Reichsbürger«, manifestieren das »Weltall«! Zeigen immer wieder bei jeder noch so kleinen Gelegenheit die runde Kugelerde, schön am Computer kreiert! Damit es auch schön in die Köpfe der Menschen hineingeht! Wer fragt denn in einer Woche noch, ob Paris wirklich eine Weltraumarmee gründet? Es sind solche Schlagzeilen, die einfach so in den Raum geworfen werden! Das System hat erkannt, dass immer mehr Menschen an der Mondlandung zweifeln! Plötzlich kommen lauter Meldungen wie: »Indien plant eigene Mondlandung!« Oder: »China will bemannte Raumfähre zum Mond schicken!« Sie erkennen auch, dass immer mehr Menschen an der Kugelerde zweifeln! Was machen sie? Sie zeigen die runde Kugel 150 mal am Tag, auf jedem Sender! Das ist Mind Control durch die Medien! Diese Botschaften, Bilder und Schlagzeilen sollen sich im Unterbewusstsein der Menschen abspeichern!
Die Herrschenden bekommen Angst, dass ihr komplettes Lügengebäude einstürzt! Sie tun alles dafür, die Meinung der Masse noch mehr und noch intensiver zu manipulieren! Diejenigen, die schon aufgewacht sind, die bekommen sie nie mehr unter Kontrolle! Kein Erwachter wird wieder zum

Schläfer! Aber sie wollen die anderen beim Schlafen halten! Dafür tun sie alles! Das Problem ist: Die Anderen sind mehr!

Alles, was sie uns erzählen, ist gelogen! Alles! 100 %! Ob es um die Pyramiden geht, die Obelisken, die Geschichte der Menschheit, sie haben alles verfälscht! Was ist mit den ganzen Archäologen, den Wissenschaftlern, die uns ständig Lügen auftischen? Die Schlüsselpersonen sind eingeweiht und lügen uns absichtlich an! Viele andere glauben tatsächlich daran, was sie uns erzählen! Und diejenigen, die die Wahrheit kennen und sie verbreiten wollen, werden entweder mundtot oder ganz tot gemacht!
Es ist ein großes Lügenkomplott, indem wir uns alle hier auf dieser Welt befinden! Eine einzige große Verschwörung! Die so groß ist, dass die meisten sie nicht glauben können werden!

Die Menschheit hinterfragt nichts und glaubt alles, was in den Medien erzählt wird! Die Medien sind die mächtigste Waffe der Reptos!
Das Schulsystem lenkt und leitet uns alle ja auch in diese Lügen, und durch das tägliche Leben werden wir immer wieder tiefer und tiefer programmiert! Mit diesen Lügen! Und wenn wir dann aufwachen, also merken, da stimmt doch was nicht in dieser Welt, dann werden wir spirituell! Und tappen in die nächste Falle!
Die sagen uns dann, dass doch alles gut sei, wie es ist! Und jeder selbst schuld wäre an seinem Leben und alles nur Liebe und Licht sei! Es gäbe das Böse nicht, das sei alles nur Angstmacherei! Sei friedlich und lieb, mach alles und sag nichts! Kämpfe nicht, widersetze dich nicht! Sei lieb und sag ja zu allem, nimm alles dankbar an, so wie es ist! Du kannst ja eh nichts ändern! Usw.!
Sie lehren den Menschen dann jahrelang komplizierte Dinge, die keiner wirklich versteht, und man hat dann viel Geld und viel Zeit verloren!

Die Gegenseite weiß ja auch, wie die Menschen reagieren! Und wohin sie flüchten, wenn sie ein paar Wahrheiten erfahren haben! Sie flüchten zu spirituellen Lehrern oder in Religionen und Sekten! Weil sie immer jemanden brauchen, der ihnen sagt, was sie tun oder lassen sollen!
Wo kann man dann Erwachte oder eben Aufgeweckte besser auffangen und erneut manipulieren als in der Spiritualität? Außerdem ist dies ein gigantischer Markt, wo man die Hilflosen leicht aussaugen kann!
Ich habe einige Klienten gehabt, die mir erzählten, wie sie viele tausend

Euro, bis zu 50 000, ja selbst bis zu 150 000 Euro bisher ausgaben für Seminare, Workshops, Kurse und Reisen usw. in Verbindung mit einem spirituellen Lehrer oder etwas, was eben damit zu tun hatte!

Sie erzählen jedem was von einem Aufstieg und einem kommenden Goldenen Zeitalter! Jeder steigt auf, die ganze Menschheit steigt auf! Die ganze Menschheit würde einen gigantischen Bewusstseinssprung machen bald! Sie warten alle nur auf den hundertsten Affen! Wir sind alle gleich! Klar! Und wir steigen alle auf! Du musst nur viele Seminare besuchen, dann wirst du im Bewusstsein steigen!

Die Außerirdischen werden bald landen und alles in Ordnung bringen! Es wird einen großen Event geben! Manch einer meint gar, die Außerirdischen werden bald kommen und uns alle platt machen!
Wer von den ganzen Spirituellen, Heilern und Weisheitstrainern da traut sich denn so wie ich, sich mit der flachen Erde aus dem Fenster zu lehnen? Ich lebe von Klienten! Nicht von der Aufklärung! Das ist ein ganz wichtiger Punkt! Ich sage trotzdem das, was ich denke, fühle und glaube zu wissen! Ohne Rücksicht auf den Verlust von neuen Klienten! Die anderen reden den Leuten nur schön! »Du bist der Beste, du bist perfekt, du bist in vollkommener Harmonie! Du musst nichts werden! Du bist ein Gott, eine Göttin!» Nein! Die meisten Menschen sind keine Götter! Sie sind nicht in Ordnung! Sie unterlaufen ständig einem großen Irrtum über ihr Sein! Man muss sie wachrütteln, nicht ihnen Honig ums Maul schmieren!

Es gibt so viele falsche Propheten! Die Menschen rennen dahin, wo man ihnen schönredet! Sie wollen umgarnt und gehätschelt werden! Wenn ihnen einer die Wahrheit ins Gesicht sagt, dann rennen sie schreiend weg! Sie wollen nur Gutes über sich hören! Aber bringt sie das denn weiter?

Diese ganzen Erfolgstrainer und Positiv-Denken-Trainer! Die dir ständig erklären wollen, wie du schnell reich wirst, wie du nur noch Erfolg haben wirst, am besten ohne etwas dafür zu tun, wie du Karriere machen wirst! Usw.! Diese Menschen sind alle auf dem falschen Dampfer! Und auch deren Zuhörer! Sie alle wissen nicht, was wirklich wichtig ist! Sie werden eines Tages (vielleicht) merken, dass sie ihr ganzes Leben mit Sinnlosigkeiten verbracht haben! Die meisten merken leider nicht mal das!
Es geht hier um den Sinn unseres Daseins! Wie kann man ernsthaft glau-

ben, dass wir hier sind, um Karriere zu machen und reich zu werden? Wenn das ein System-Erfolgscoach predigt, dann verstehe ich das noch! Diese sind vom Bewusstsein her so weit unten, dass sie nicht anders können! Sie sind quasi Roboter! Aber wenn ich Videos sehe im Internet von sogenannten Bewusstseins-Coaches, spirituellen Lehrern usw., die dann von »schnell erfolgreich werden» und artverwandten Themen reden, dann kann ich nur den Kopf schütteln! Sie alle haben nichts kapiert, es geht ihnen nur um Populismus! Um Kundenfang! Wir sind sicher nicht hier, um Karriere zu machen in dieser Repto-Welt hier! Sicher mag es Indigos geben, die Karriere machen, die die besten in ihrem Metier sind. Dies ist auch gut so, Sie haben eine andere Aufgabe! Aber prinzipiell ist das nicht unser Lebensziel! Dazu später aber noch mehr!

Weiter mit den Lügen dieser Welt!
In der spirituellen Szene verkriechen sich 95 % dunkle Menschen! Teilweise wird vieles organisiert von den Logen, aber viele sind einfach auch nur des Geldes Willen drin! Es ist ein Markt, und der wächst rasant! Es kommen ja auch immer mehr Heiler, die versuchen, mich zu kopieren, ganze Webseitentexte abschreiben, und mich total nachzumachen! Sie haben nur ein Problem: Sie können nicht heilen wie ich!
Es gibt so viele Betrüger in dieser Branche, dass ich manchmal sogar Verständnis habe für Menschen, wenn sie mich auch für einen halten! Denn sie haben ja nicht den Durchblick wie ich! Sie sehen nicht, mit wem sie es zu tun haben! Sie können die Guten nicht erkennen! Sie scheren alle über einen Kamm! Darunter »leide» ich, und davon profitieren die 95 % wahren Betrüger in dieser Branche!
Ich möchte aber nicht zu sehr auf meine »Kollegen» hier schimpfen! Jeder muss seine Erfahrungen selbst machen! Und die Richtigen finden so oder so zu mir, dafür sorgt die Geistige Welt schon!

Die nächste große Lüge ist die Klimalüge! Den Menschen wird versucht, weiszumachen, dass die Erde sich aufgrund des Verhaltens der Menschen erwärmen würde! Als Totschlagargument wird der CO_2-Ausstoß der Autos, derzeit ist der Diesel dran, hergenommen! Weißt du eigentlich, dass der CO_2-Ausstoß von Autos lediglich 2 % vom gesamten Ausstoß weltweit ausmacht?
Sie schlagen also auf die 2 % ein, weil das die Masse ist! Die Autofahrer! Und die kann man melken! Die Industrie mit ihren Schornsteinen lässt man

in Ruhe! Und die Kreuzfahrtschiffe, die zehnmal mehr ausstoßen als alle Autos dieser Welt zusammen, die lässt man auch in Ruhe! Es geht ums Geld! Sie wollen eine CO_2-Steuer einführen, uns weiter abzocken! Federführend hier ist wieder einmal Deutschland! Deutschland hat in Europa eine Vorreiterrolle für die Zerstörung Europas, da Deutschland ja kein freies Land ist, sondern eine Besatzerzone der USA! Und der Franzosen und von Russland und England! Die Deutschen sind Personal der USA! Darum ja auch der Personalausweis! Darum wurde auch die Graue von der Leyen als neue EU-Chefin durchgesetzt, damit sie aktiv mithelfen kann, Deutschland an die Wand zu fahren! Und wenn Deutschland fällt, dann fällt Europa!

Das Klima ist nicht von Menschen beeinflussbar, nicht mal durch HAARP! Sie können maximal das Wetter temporär manipulieren und Chemtrails streuen, um uns zu vergiften! Aber das Klima ist, wie es ist! Seit der letzten Sintflut schmilzt das Eis und es wird wärmer! Das ist nun mal so! Es ist ein normaler Vorgang! Wobei es nicht einfach nur wärmer wird, es verändert sich eben, das Klima. Es wird im Winter kälter und im Sommer wärmer! Würde das Klima komplett wärmer werden, würde es im Winter nicht kälter werden! Wir werden lange, kalte, harte Winter bekommen in Europa in der Zukunft und heiße Sommer!
Die Erde braucht die Hilfe der Menschen nicht! Die Erde wird sich schon noch zur Wehr setzen! Ihr werdet es sehen! Die galaktische Föderation des Lichts, also diese Lichtwesen, die da oben das Projekt Menschheit seit immer verfolgen und überwachen, könnten die Erde innerhalb von Stunden von allem Abfall und Gift befreien! Die Erde kann sich auch selbst reinigen! Das macht sie auch ab und zu! Das letzte Mal vor rund 12 000 Jahren!

Was glauben denn die Reptos, dass sie ein Klima retten müssten? Wo sie es doch sind, die uns und die Erde zerstören! Das ist so pervers dieses ganze Verhalten dieser Monster! Und die Menschen kapieren nicht, was wirklich abgeht bei uns! Sie himmeln dann eine Greta Thunfisch an, deren Eltern Freimaurer sind und gehen jeden Freitag zu Demonstrationen! Für die CO_2-Steuer! Greta ist ein Satan und wird benutzt von den Herrschenden! Alle werden benutzt gegen uns! Auch diese Rackete da, die Flüchtlinge nach Europa schleppt und schleust, unter dem Vorwand der Seenotrettung! Es ist alles Teil des Systems, diese Welt an den Abgrund zu führen! Al Gore ist ein Ober-Repto! Dieses ganze Klimagerede ist irre! Alle, die in Sachen Klima unterwegs sind, sind Teil des dunklen Systems! Alle! Ausnahmslos!

Greta ist ein Repto, wie er im Buche steht! Hier habe ich einen interessanten Leserbrief des Enkels von Konrad Adenauer:
Der Kanzler-Enkel und Präsident des Kölner Haus- und Grundbesitzervereins schreibt im EXPRESS.
»Zur Zeit kann man dem Klimawahnsinn kaum entgehen. Ich meine nicht so sehr, dass wir unter der Junisonne so geschwitzt haben und auch noch heiße Julitage haben werden. Ich bin mir gar nicht sicher, ob das mit dem sogenannten Klimawandel zu tun hat oder ihn geradezu darstellt.
Nach den langfristigen Klimaaufzeichnungen haben sich die Mittelwerte nicht so sehr verändert. Wir brauchen etwas mehr Geduld, um aus unseren Beobachtungen die richtigen Schlüsse zu ziehen. Auf jeden Fall brauchen wir kühlen Sachverstand und nicht die gegenwärtige Aufregung, die an Massenhysterie grenzt. Vorschläge sind jeck! Statt Rationalität herrschen Emotionen vor, zu denen wir Deutsche neigen. Wir lassen uns ins Bockshorn jagen, von links nach rechts und von oben nach unten und umgekehrt. Gelassenheit muss her. Wenn wir ein Klimaziel nicht erreichen: so what? Der Himmel stürzt nicht ein, gut Ding braucht Weile. Im Moment überholen sich die selbsternannten Klimaschützer und Parteistrategen mit täglich neuen Sparvorschlägen, die ich als Kölner mit »jeck« bezeichnen möchte: keine Inlandsflüge, Verbot von Verbrennungsmotoren in Autos, sofortiger Kohleausstieg, Verbot von privatem Kaminfeuer und so weiter …« Konrad Adenauer legt Zahlen vor.
Wissen denn diese Leute überhaupt etwas von dem CO_2-Gehalt der Luft? Offensichtlich nichts. Sie besteht zu 21 % aus Sauerstoff und zu 78 % aus Stickstoff. So verbleibt für die Edelgase und CO_2 insgesamt gerade einmal 1 %. Das Kohlendioxid (CO_2) beträgt 0,038 % unserer Atmosphäre und ist daher zu vernachlässigen. Von diesem Kohlendioxid produziert die Natur selbst 96 %, also ohne menschliches Zutun. Der Mensch verursacht also nur 0,00152 % des Kohlendioxids. Daran ist Deutschland wiederum mit 3,1 % beteiligt, das sind 0,0004712 %.
Wenn wir an diesem Prozentsatz etwas ändern, hat das weltweit überhaupt keinen Effekt. Das würde auch gelten, wenn wir ab sofort überhaupt kein Kohlendioxid mehr produzieren würden. Wir sollen, und manche wollen, dass wir Steuerzahler dafür 50 Milliarden Euro pro Jahr ausgeben. Rein für nichts!
Das Klima über uns steht nicht still, die Erdumrundung mit Wind und Wetter sorgt für eine Verteilung von guter und schlechter Luft rund um die Erde. So ist es für uns eklatant wichtig, was die viel, viel größeren CO_2-Erzeuger

tun, nämlich China (9839 Millionen Tonnen CO_2), die USA (5270 Millionen Tonnen CO_2), Indien (2467 Millionen Tonnen CO_2) und Russland (1693 Millionen Tonnen CO_2) gegenüber Deutschland mit 799 Millionen Tonnen CO_2. Die drei erstgenannten Länder haben in den letzten Jahren ihren CO_2-Ausstoß gewaltig gesteigert, während wir unseren gesenkt haben.
Kanzler-Enkel an Greta Thunberg:
Also, liebe Greta Thunberg, fahr doch bitte nach China, Indien und die USA und sing dort dein Klagelied. Dann würdest du dir den sicheren Friedensnobelpreis wirklich verdienen. Unsere Bemühungen helfen weder der Welt noch uns.
Darüber hinaus ist gar nicht einmal sicher, ob das Kohlendioxid wirklich unser Klima verändert. Forscher sagen, dass die Steigerung des Kohlendioxids erst einem Erwärmungsplus folgt, nicht umgekehrt.
Steuergelder werden verbrannt.
Und: wie sind die früheren Klimaveränderungen mit Eiszeiten und Warmzeiten zu erklären, als der Mensch noch keine Industrien besaß? So meinen 2/3 der befragten Deutschen mit Recht, dass unsere CO_2-Bemühungen nur etwas bringen, wenn China und die USA mitmachen. Alles andere heißt teures Steuerzahlergeld sinnlos verbrennen.
Darum runter mit dem Hype und nachdenken! Ich habe das dumpfe Gefühl, dass die Dummheit immer mehr um sich greift und uns großen Gefahren aussetzt. Achten Sie, wie letzte Woche, auf die beginnenden Stromausfälle.«
Ende Leserbrief!

Die Impflüge ist die nächste große Lüge! Sie wollen uns alle zwangsimpfen, damit sie uns chippen können! Und bei Bedarf dann später »abschalten« können, wenn wir nicht spuren! Sie produzieren Krankheitsfälle, machen das dann publik in den Medien, um dann über eine Impfplicht zu diskutieren! Es ist das gleiche Prinzip wie beim »Terrorismus«! Sie produzieren Terroristen und Anschläge, um dann über strengere Sicherheitsvorkehrungen zu reden!
Es ist immer und überall das gleiche Prinzip: Sie schaffen selbst ein Problem, das nicht wirklich existiert und bieten dann den Schutz an, also die Problemlösungen! Dadurch erreichten sie bisher alle ihre Ziele! Siehe erster und zweiter Weltkrieg, Korea, Vietnam, Irak, Afghanistan usw.! Sie haben alles immer so eingefädelt, dass sie dann reagieren mussten, um ihr Land, ihr Volk »zu beschützen«!

Es ist alles von langer Hand geplant, wie Deutschland und dann ganz Europa zerfallen wird! Die Flüchtlingslüge ist da ein ganz wichtiger Baustein! Die »Flüchtlinge« sind eine Waffe der Freimaurer, um das Bewusstsein in Europa dramatisch abzusenken! Nicht nur hier! Auch in den USA, Australien, Neuseeland! Alle reicheren Länder werden überflutet mit niederem Bewusstsein, mit Gewalt und Hass! Die weiße Rasse soll vernichtet werden! Das Christentum soll vernichtet werden! Die ganze Welt wird zwangsislamisiert! Der Islam ist eine Waffe für die Freimaurer dieser Welt! Die »normalen» Gläubigen merken leider nicht, dass sie alle eine dunkle Religion anbeten und verkörpern! Sie alle, die Juden, die Moslems, die Christen, die Hindus, werden einfach nur benutzt, gegeneinander aufgehetzt!
Die Menschen sind zu unterentwickelt, um das alles zu merken!

Diese Welt wird von Satan und seinen Anhängern regiert, den Satanisten! Alle diese Religionen, das Judentum, das Christentum, der Islam, beten in Wirklichkeit den falschen Gott an: Satan!
Wir, die anderen, auch du, mein lieber Freund, der/die hier dieses Buch von mir liest, wir ertragen diese anderen niederen Menschen nicht mehr!
Mir geht es auf jeden Fall so! Wenn man den Durchblick hat, ist es sehr schwer, sich in dieser Welt noch zurechtzufinden!

Diese Welt ist eine einzige große Täuschung! Nichts, aber auch gar nichts, was offiziell als Wahrheit verkauft wird, ist es! Es ist alles eine große Lüge, alles! Wir werden zu 100 % angelogen, meine Freunde! Eine der größten Lügen ist die drehende Kugelerde! Je mehr man darüber nachdenkt, desto mehr kann man es nicht fassen, dass man das so lange geglaubt hat!
Es wird Zeit, dass die Menschen erkennen, wo sie hier leben! Für mich ist die Erde, diese Welt besser gesagt, ein Planet der Lüge und der Täuschung! Prüfe alles, egal was, auch mich! Ich sage die Wahrheit, nichts als die Wahrheit, aufgrund der Informationen, die mir bis dato zur Verfügung stehen! Aber ich denke, dass jeder, der meine Bücher alle gelesen hat, dies weiß! Sei vorsichtig, wo und von wem du deine zukünftigen Informationen beziehst! Die Pharisäer sind mitten unter uns! Sie sehen oft gut aus! Wenn sie jung sind! Lass nicht zu, dass du seine Seele verlierst! Versuche, den Nebel zu durchleuchten da draußen! Versuche, auf dein Herz, deine Intuition zu hören!

KAPITEL 10
Abnehmen mit Isabell

Zur Auflockerung hier eine kleine Abwechslung für dich, mein lieber Freund! Meine liebe Freundin! Ich habe hier einen kurzen Bericht von meiner Tochter Isabell! Ich hatte sie gebeten, aufgrund ihrer unglaublichen Veränderungen in den letzten 1,5 Jahren doch einen kurzen Bericht über ihre positiven Erfahrungen niederzuschreiben für meine Leser! Ich danke ihr sehr dafür! Hier ihr Bericht:

Mein Weg zur Erleuchtung
Von Isabell, Schweiz im Juli 2019

Ich beginne das Ganze mal ein Stück weiter vorne in meinem Leben. Es war grausam, kann ich nur sagen. Die Schulzeit musste ich mit bösen, neid- und hasserfüllten Mitschülerinnen verbringen, die auf der untersten Ebene der Bewusstseinsstufe waren und die keine Sekunde ausgelassen haben, mich zu ärgern und mich zu schikanieren. Ich war natürlich zu gut erzogen und zu anständig, um mich zu wehren und wollte mich auch nicht auf diese niedere Stufe hinabbegeben. Heute jedoch bin ich wie mein großes Vorbild, mein Vater (Sananda), und lasse mir nichts mehr gefallen. Da ich gelernt habe, dass es nichts bringt, Rücksicht zu nehmen auf die Seelenlosen und auf die Abgefallenen, denn sie sind nur darauf ausgerichtet, dir zu schaden.
An die Zeit, als ich meine Lehre abgeschlossen hatte in einer mehr oder weniger toten Apotheke am Bodensee, kann ich mich nur noch bruchstückhaft erinnern, wie grausam diese Zeit für mich war. Mein damaliger Chef schaute morgens früh um 8.30 Uhr schon sehr tief ins Glas, und auf die ständigen blöden Sprüche tief unter der Gürtellinie bis hin zu diesen speziellen Videos, die ich in seinem Notdienstzimmer entdeckt hatte, möchte ich weiter nichts sagen.
Daraufhin folgten weitere sieben Apotheken in der Bodenseeregion, die auch nicht mehr zu übertreffen waren. Angefangen bei einer sektenartig geführten Apotheke, die ihre Mitarbeiter/innen nach Feierabend noch damit drangsalierte, um Diktate, Referate, IQ-Tests und andere tolle Dinge in der Gruppe zu machen, auch nicht zuletzt, um selbst Führungskräfte vor versammelter Mannschaft bloßzustellen, wie viele Rechtschreibfehler die-

se doch hätten usw. Dies alles ging dann teilweise bis in die Nacht hinein für einen mageren Lohn, den man dann noch vorgehalten bekommen hatte. Denn man sollte ja froh sein, so einen tollen, festen Arbeitsplatz zu haben. Und während diesem ganzen Stress musste man sich noch mit missgünstigen und bösartigen Arbeitskolleginnen rumstreiten, die alles kontrollierten und nur Fehler suchten, statt sich auf Positives zu konzentrieren. Aber da sieht man mal, dass der Fisch am Kopf anfängt zu stinken, oder wie von oben, so nach unten. Solche netten Arbeitskolleginnen hatte ich meistens, die sehr hasserfüllt waren und nur Negatives suchten an mir. In einer anderen Apotheke wurde mir das Tragen meines Kreuzes am Hals verboten, und es wurde mir meine Kette runtergerissen vom Hals mit der Erklärung, dies sei hier nicht erwünscht, da die Inhaberin der Apotheke eine Muslime war. Sie kannte auch keine Namen, sondern alle hießen nur DU.
Durch eine weniger tolle Begegnung mit einem Mantis-Freund verschlug es mich dann durch einen Umzug über 70 Kilometer weg von meinem Zuhause in eine oberschwäbische Kreisstadt in eine dortige Apotheke. Dort fand ich dann zum ersten Mal einen Chef, der mich sehr gut angenommen hatte, und die Kolleginnen waren nicht eifersüchtig und auch nicht missgünstig. Jedoch sollte mir diese Arbeitsstelle dann auch vermiest werden, indem eine hasserfüllte junge Apothekerin dort eine Stelle besetzte und alles auf einmal auf den Kopf stellte und mich komplett ignorierte. Sie machte mich auf einmal bei allen schlecht, mit denen ich ein gutes Verhältnis zuvor hatte, und auch dieses Mal war mir nichts Gutes vergönnt. Daraufhin habe ich gekündigt, wobei sie selbst dann auch drei Wochen nach meiner Kündigung die Apotheke verlassen hat. Es machte den Anschein, als ob sie nur dagewesen wäre, um mir alles zu vermiesen und um dann selber wieder zu gehen, da sie ja ihren Job erledigt hatte, nämlich mich rauszumobben. Sie hatte ihren Auftrag damit sozusagen erfüllt, und keine der früheren Arbeitskolleginnen wusste, was mit ihr danach geschah, sie tauchte nirgendwo mehr auf, war nur da, um mich zu schädigen.
Nun zu meinem damaligen Freund, der sich nach meinem Umzug in seine Stadt, in die dortige gemeinsame Wohnung, so verhielt, als wäre ich nicht anwesend, er verbrachte weiterhin jeden Abend mit seinen früheren Kameraden und ließ mich alleine zuhause sitzen, er war gar nicht fähig, auf mich einzugehen. Ich war also ganz alleine in einer Stadt, in der ich niemanden kannte. Und als wir noch ein massives Schimmelproblem in der Wohnung hatten, war er nicht fähig, dies mit dem Vermieter zu besprechen. Nach ein paar Wochen beendete ich diesen Albtraum und zog aus, erstmal in ein

Hotel in derselben Stadt, bis ich eine Wohnung fand durch meinen damaligen Chef, der Mitleid mit mir hatte. Diese Wohnung war dann der nächste Albtraum. Im Keller wurden mir meine Kisten mit Kindheitserinnerungen geraubt und allerlei andere Dinge gestohlen, meine Waschmaschine wurde unerlaubt benutzt und kaputtgemacht, und mein Gartenstück wurde auch unerlaubt verwüstet von einer türkischen Mitbewohnerin, die ein kleines Kind hatte, welches jede Nacht ca. drei Stunden am Stück schrie, sodass ich morgens wie gerädert in die Apotheke ging, um meine acht Stunden abzusitzen wie in einem Gefängnis.
Vor dem Schlafzimmerfenster meiner dortmaligen Wohnung wurde regelmäßig bis nachts um halb zwölf geraucht und Krach gemacht, als ob jemand dafür entlohnt worden wäre, dies zu tun, so hat es sich für mich angefühlt. Die restlichen Bewohner nahmen alle keinerlei Rücksicht aufeinander, eine asoziale Gegend war das mit unanständigen Menschen um mich herum. Daraufhin zog ich noch ein viertes Mal um in einen Nebenort in eine Stadtwohnung, die mir aber auch kein Glück brachte, da der ADAC nebenan war und nachts immer ausgerückt ist und ich davon dann wach geworden bin, und viele andere Dinge auch noch passiert sind in und an der Wohnung.
In dieser Zeit lernte ich dann einen schnittigen Burschen kennen, einen Ingenieur eines bekannten, namhaften Automobilherstellers in Stuttgart. Dieser liebe Herr hielt mir jeden Cent vor. Immer, wenn ich mal bei ihm in Stuttgart in seiner Wohnung war am Wochenende, hielt er mir das vor, was ich gegessen hatte und wog z.B. die Himbeeren ab, die er gekauft hatte und ich gegessen hatte, um mir danach zu sagen, was ihn dies jetzt gekostet hätte. Er zeigte mir auch seine Nebenkostenabrechnung und meinte, ich sei der Verursacher von vermehrten Nebenkosten wie Strom usw., und wegen mir müsste er nun mehr bezahlen. So ging es die ganze Zeit. Auch die Ferienzeiten gestalteten sich sehr kompliziert. Und wenn wir in Urlaub gefahren sind, haben wir immer mein Auto genommen, damit er sich das Benzingeld gespart hatte und sein Auto geschont hatte, der Liebe. Er ging lieber nach Indien in eine Herberge, wo er sich das Denguefieber eingefangen hatte. Jedenfalls wurde alles, was auf den Tisch kam, penibel gesplittet und aufgeteilt. Nun ja, es ist besser, wenn ich die Erzählung hier mal beende und ein Stück weiterspringe in die Schweiz.
Als ich wieder in meine Mitte gefunden hatte und dadurch auch bewusster lebte, setzte ich mir im Dezember 2017 das Ziel, abzunehmen, meinen Körper zu entgiften und auch meine Seele zu reinigen. Wie gesagt, nach der Entgiftung des Körpers folgte die Entgiftung des Geistes. Ich ernährte

mich bewusst, und die Tiere taten mir immer mehr und mehr leid, bis ich kein Fleisch mehr essen konnte. Heute kann ich Fleisch nicht einmal mehr riechen. Wenn ich heute in der Schweiz essen gehe und am Buffet gibt es Pferdefleisch, dann dreht es mir den Magen um. Da ich nun auch weiß, da ich selber Pferde besitze, dass alle Pferde einen Equidenpass besitzen, in welchem drinsteht, ob man sein Pferd nach dem Tod zur Verwurstung und zum Verzehr freigibt, weiß ich auch, dass diese Pferde, die freigegeben werden zur Schlachtung, andere Medikamente erhalten als diese, die nicht freigegeben werden. Aber nicht nur kranke und verletzte Tiere werden geschlachtet, sondern auch junge Hengste, da die Aufzucht oft zu kostenintensiv ist. Wenn man bedenkt, was die Tiere dann alles an Krankheiten und Verletzungen in ihrem kurzen Leben durchmachen mussten, bis sie dann schlussendlich gegessen werden, das ist schrecklich.
Nun zu meinem Gewicht:
Im Dezember 2017 hatte ich ein Gewicht von 75 kg. Nach der Behandlung von Sananda wurde es jede Woche kontinuierlich besser, sodass ich dann im Frühjahr darauf schon ein Gewicht von unter 55 kg auf die Waage brachte. Bis zum heutigen Tag habe ich dieses Gewicht gehalten. Die ersten Kilos verlor ich sofort, danach begann die Ernährungsumstellung:

Umstellung der Ernährung auf vegane Kost, Milch habe ich auch weggelassen, dann auf laktosefrei umgestellt und statt Milch eben Kokosmilch oder Mandelmilch genommen. Ich kaufte mir eine Waage und eine Pulsuhr, die sich koppeln ließen, dadurch konnte ich alles genau überwachen und das Wunder dokumentieren:

19.12. 71,5 kg
29.12. 70,4 kg usw.
12.03. 58,9 kg

Ich begann dann mit Sport. Da ich nun leichter geworden war, fiel mir der Sport demzufolge natürlich auch leichter. Ich ging regelmäßig erst spazieren jeden Tag, setzte mir Ziele, jeden Tag ein Stück weiter laufen. Irgendwann hatte ich meinen Rhythmus und meine Runde, die ich dreimal in der Woche lief. Wie in dem Film Forest Gump, genauso ging es mir. Ich baute in dem Stück, das ich immer gelaufen bin, ein kleine Stück ein, in dem ich ca. 50 Meter gerannt bin. Irgendwann baute ich mehr Läufe ein, und irgendwann bin ich dann nur noch gerannt.
Daraufhin wollte ich wissen, wie schnell ich die Strecke schaffe. Anfangs schaffte ich sie in 50 Minuten, und in einem Zeitraum von sechs Wochen

lief ich die Strecke von fünf Kilometern in 28 Minuten. Wohlgemerkt basierte das Ganze auf den Verfügungen (Verfügung anbei weiter unten) und Unterstützungen von Sananda, meinem Vater, sonst hätte ich dies in dieser kurzen Zeit niemals geschafft.
Auf einmal hatte ich so viel Energie, was nicht zu beschreiben war. Nach jedem Lauf brach ich neue Laufzeiten. Seit diesem Jahr 2019 laufe ich nur noch auf Zeit und knacke neue Rekordzeiten bei 21 Kilometer Halbmarathon, und auch die 42 Kilometer habe ich nun im Juni geschafft. Wer es genau wissen möchte, ich bin nun unter 380 Läufern mit meiner Zeit auf Platz 3 aller Läufer die erste Frau, die ins Ziel kommt. Meine Energie scheint grenzenlos zu sein, und auch zuhause hebe ich zusätzlich 14 bis 16 kg mit 100 Wiederholungen täglich. Ich hatte keinen Fitnesscoach und auch kein Instagram und auch keinerlei Dopingmittel oder Ähnliches. Als Zusatzeinnahme verwende ich nur Magnesium, sonst nichts. Alles kommt nur durch rein pflanzliche Ernährung und durch die Unterstützung und die Verfügungen von Sananda. Mein Geist ist klar und mein Ziel ist vor Augen. Die Frage ist nicht, ob ich mein Ziel erreichen werde, sondern es ist die Aussage: Ich werde mein Ziel erreichen, so oder so. Weil du bist, was du isst. Heute bin ich so glücklich, einen so gesunden und topfitten Körper zu haben, welcher so gut funktioniert und so tolle Leistungen hervorbringt. Dies ist bei jedem Menschen möglich, kein Ziel ist zu weit oder zu schwer mit dem richtigen Weg und einem freien Geist, man muss es nur wollen. Als ich noch 75 kg hatte, war ich depressiv und krank, und ich ging nicht gerne unter Leute und fühlte mich nirgendwo wohl. Heute laufe ich durch alles einfach durch ohne irgendwelche Angst vor anderen oder vor mir selber. Auch nehme ich keinerlei Hormone mehr ein.
Alles Schlechte verweigerte ich meinem Körper. Ende 2017, kurz bevor durch Sananda mein Bewusstsein erweitert wurde, war ich nur noch beim Arzt aus verschiedenen Gründen, Brustschmerzen, Menstruationsschmerzen, Lymphknoten, Blasenentzündungen, Drüsenschwellungen, Magen- und Darmprobleme, Hautprobleme, Schlafstörungen, Haarausfall. Auch hatte ich immer wiederkehrende Zysten und Tumore, die dann auch entfernt werden mussten durch verschiedene Operationen.
Medizinisch sehr bemerkenswert war ein 5,5 Zentimeter großer Tumor an der Gebärmutter, den man mir eigentlich entfernen wollte, der dann aber auf einmal nach vier Wochen wieder verschwand. Ich hatte es meinem Vater erzählt, und er meinte, ich solle mir keine Sorgen machen, der wäre bald wieder weg, er würde sich darum kümmern! Und tatsächlich, nach vier

Wochen war alles weg! Ich habe darüber bereits ein Feedback geschrieben! Zur damaligen Zeit führte ich bei meinem Arzt eine Oberon-Analyse durch, da es mir damals nicht gut ging. Dieses Diagnosesystem wurde in Russland für das Militär entwickelt und steht nun für die Diagnose von Krankheiten zur Verfügung. Gesunde Körper und Organe schwingen dieser Analyse nach in einer bestimmten Frequenz, und kranke Körper schwingen anders. Das Oberon-System erkennt den Unterschied und kann die Messdaten eines Patienten den passenden Gesundheitszuständen der abgespeicherten Vergleichsmessung zuordnen. Mein Test ergab eine hohe Keim- und Entzündungsbelastung im Körper. Auch eine chronische Entzündung des Magen-Darm-Traktes wurde festgestellt, auch eine hohe Gefäßverschluss- und Thrombosebelastung wurden festgestellt durch dieses Analysesystem, welchem ich sehr dankbar bin und welches mich darauf aufmerksam gemacht hatte, dass ich nicht gesund war. Auch Skelett und Lendenwirbelsäule waren belastet, sodass ich früher oft bei Chiropraktikern und Osteopathen ausund einging, da ich starke Schmerzen beim Liegen oder Sitzen hatte. Ferner stellt man auch eine hohe Belastung von Kunststoff und Schwermetallen in meinem Körper fest. Histaminwerte und Homocysteinwerte waren stark erhöht. Mein damaliger Altersdurchschnitt war bei 45 Jahren. Dieser Test schockierte mich zutiefst und ließ mich umdenken. Diesen Test hatte ich nun in 2019 wiederholt machen lassen.
Das Ergebnis war sensationell. Mein Durchschnittsalter beschränkt sich jetzt auf 27 Jahre etwa und alle Symptome sind verschwunden. Dies beweist für mich, ich habe das Richtige getan mit Hilfe von Sananda, denn ohne seine Hilfe wäre alles nicht möglich gewesen und ich wäre noch immer krank. Er war es auch, der jahrelang versuchte, mich vom Fleischessen wegzubringen und mir immer wieder angeraten hat, meine komplette Ernährung doch umzustellen, um dadurch auch abzunehmen! Er hat nie aufgehört, mir das immer wieder mitzuteilen, bisweilen auch auf eine leicht uncharmante Art! Aber ich habe dies wohl gebraucht, da es mit sanften Worten nichts fruchtete bei mir! Vor drei Jahren ca., da habe ich einmal aus Unachtsamkeit eine Pizza mit Salami bestellt, da wollte Sananda aufstehen und das Lokal verlassen! Mir war das nicht mal bewusst! Er hat mich erleuchtet! Eigentlich verdanke ich alle meine positiven Veränderungen seiner Hartnäckigkeit und seiner Heilkraft! Denn ich war durch mein schweres Leben sehr verblendet und schon fast benebelt und konnte meine Schwächen und Fehler selbst nicht mehr erkennen! Indigos können wohl ganz schön tief schlafen! Hier nun meine Tipps! Was ich noch zum Abnehmen

sagen wollte, ist, ich habe keinen einzigen Dehnungsstreifen bekommen und habe trotz der minus 20 kg keine hängenden Hautstellen!

Abnehmen vegan:

27.12.2017	Gewicht 73,5 kg	Ziel: 60 kg
18.03.2018	Gewicht 57,6 kg	Ziel: 56 kg

Phase 1
Von 73,5 kg bis 60 kg
Wichtig:
½ Grapefruit täglich vor dem Essen
Viel trinken
1 TL Flohsamenschalen auf 1 Glas Wasser täglich
Magnesium 400 mg täglich
1 Zitrone (oder Vitamin C Pulver organisch)
Blutquick mit Eisen
B12 oder Orthomol vegan
Alles Essen mit Kokosnussöl anbraten
Apfelessig und Zitrone für Salatsauce

Diese Lebensmittel darf ich essen/trinken:
Wasser oder Tee
½ Grapefruit, 1 Zitrone, Maracuja
Salat, Gurke, Tomate, Paprika, Zwiebel, Knoblauch
Obst (alle Beeren, Ananas, Apfel)
Chili, Peperoni
Haferflocken, Nüsse
Phase 1 abgeschlossen bei 60 kg.
Diese Lebensmittel darf ich nicht essen/trinken:
Fruchtsäfte
Cola und sonstige zuckerhaltige Limonaden
Kaffee
Milchprodukte
Butter
Weizen (Nudeln, Brot)
Müsli, Müsliriegel
Süßigkeiten (Schokolade/Kekse/Kuchen)
Banane, Mango

Avocado
Fleisch, Fisch
Kartoffeln, Reis

Phase 2
Von 60 kg bis 56 kg:
Zusätzlich essen:
Naturreis, Quinoa
Chiasamen
Einmal pro Woche Kartoffeln
Avocado
Alles Obst (2 Portionen pro Tag)
Ziel erreicht am 27.03.2018 mit 55,7 kg, BMI 19,7, Fettanteil unter 20 %.

Nachtrag von mir, Sananda:
Isabell sieht nun zehn Jahre jünger aus! Sie hat sich in den letzten 1,5 Jahren unglaublich verändert, so dass ich sie manchmal gar nicht wiedererkenne! Sie ist mutiert zu einem lebensfrohen, unternehmungslustigen und verantwortungsvollen Menschen, der sich nicht mehr unterkriegen lässt von anderen und auch darauf achtet, was er tut und was er isst! Wirklich eine tolle Erfahrung, die ich da machen darf! Ich bin sehr stolz auf sie! Jeder kann etwas ändern an dieser Welt! Am besten gleich bei sich selbst anfangen! Heute noch! Es braucht nur Entschlossenheit und einen festen Willen! Und meine Verfügung vielleicht noch!

Verfügung zum Abnehmen!
»Mit meiner göttlichen Schöpferkraft verfüge hiermit, dass mein Körper, mein Geist und meine Seele gereinigt werden von allen negativen Anhaftungen, von allen alten Mustern befreit werden und alles Negative dauerhaft entfernt wird! Ich verfüge weiterhin, dass sich alle Zellen sofort erneuern und alte, kranke Zellen aufgelöst und sofort in göttliche Energie transformiert werden! Ich bitte meinen Körper darum mitzuhelfen, sein Gewicht zu reduzieren und unnötiges Fett schnell zu verbrennen! Ich bitte meinen Körper auch darum, sich umzustellen auf rein vegane Nahrung, es wird zu seinem Besten sein! Ich danke meinem Körper für seine bisherigen Dienste, und ich entschuldige mich bei ihm, dass ich ihm über so lange Zeit schädliche Nährstoffe zugeführt habe! Ich werde dies nun wie-

dergutmachen, indem ich ihn gesund und nahrhaft ernähre und für ausreichend Bewegung sorge! Ich danke meinem Körper für seine Geduld mit mir! Hiermit beauftrage ich meine Körperzellen, schneller zu verbrennen und mitzuhelfen, dass ich einen wohlgeformten, wohlgenährten und gesunden Körper erhalte! Ich danke meinem Körper für alles und freue mich auf meinen gesunden neuen Körper! Ich liebe meinen Körper! Ich danke Gott dafür, dass ich sein darf! So sei es! Jetzt!«

Diese Verfügung sollte man in den ersten vier Wochen, nachdem man angefangen hat, sich verändern zu wollen, jeden Tag morgens und abends in Gedanken aufsagen, am besten vor dem Spiegel!

KAPITEL 11

Seele, Körper, Geist, Bewusstsein, Partnerschaften, Familie

Körper, Geist und Seele, zumindest das gönnt uns der Vatikan! Wir wissen mittlerweile, dass wir im Optimalfall sieben Körper haben! Es gibt verschiedene Bezeichnungen für diese. Jede Religion, ja fast jeder Bewusstseinslehrer verwendet andere, eigene Namen dafür! Ich habe in meinem ersten Buch schon darüber geschrieben! Fakt ist, wir besitzen diese sieben Körper nicht einfach mal so, nur weil wir wieder wo inkarniert sind! Diese Körper bilden sich nach und nach, wenn wir mit dem Bewusstsein Schritt halten können! Oder andersherum, je höher das Bewusstsein, desto mehr Körper haben wir!
Den physischen kennt und sieht ja jeder! Das ist der, den du siehst, wenn du in den Spiegel schaust! Die meisten Menschen haben nur den physischen, den astralen und den emotionalen Körper. Die mentalen Körper, den Kausalkörper und den Lichtkörper müssen sie sich erst verdienen! Es gibt auch viele Menschen, die haben nur den physischen und den astralen Körper! Sie sind vom Bewusstsein her einfach ganz unten! Ich habe sogar schon Menschen gesehen, die nur einen physischen und einen ätherischen Körper haben! Eine Unterstufe des Astralkörpers! Körper müssen verdient werden! Man baut sie auf mit dem eigenen Bewusstsein! Leider sehe ich immer mehr Menschen, die keine Aura haben, also nur einen physischen Körper! Diese werden sterben in Kürze! Der Geist dieser Menschen wird abfallen zum Dämon!

Reptos haben nur einen physischen und einen astralen Körper! Ich rede von den Repto-Menschen! Die Aura ist schwarz bis grau, manchmal auch dunkelbraun! Man muss das ja differenzieren! Es gibt ja so viele Arten von Reptos! Die echten in der vierten Dimension, die echten in der dritten Dimension, die auch aussehen wie Reptos, und die Reptos, die als Menschen inkarniert sind!
Orion-Mantisse haben eine hellgraue, dunkelbraune, manchmal auch dunkelorange bis rote Aura. Plejadier haben eine orangene, gelbe, grüne oder so vermischte Aura! Santiner haben eine gelbe, grüne, orange und blau vermischte Aura! Oft ist bei den Plejadiern und bei den Santinern auch noch

ein Rot mit bei! Indigo-Santiner haben eine blaue Aura! Je höher der Indigo, desto violetter die Aura! Ganz hohe Lichtwesen haben dann auch oft eine goldene Aura!
Es gibt die Plejaden, Alpha Centauri, den Orion und die Venus, Arcturus und Andromeda usw.! Nur nicht so, wie wir es bisher gedacht haben aufgrund der brutalen Gehirnwäsche, die man uns verpasste! Auch sind diese Planeten nicht »Lichtjahre» entfernt! Es gibt kein Weltall und keine Lichtjahre! Wenn, dann gibt es ein Weltenmeer! Vielleicht gibt es ja Gedankenjahre! Gedanken sind schneller als Licht! Warum sollte man also in Licht messen und nicht in Gedanken? Es ist einfach eine Information, dass ein gewisser Ort eine gewisse Entfernung von uns entfernt ist!

Mir sagte man nun mehrfach von der Geistigen Welt, dass es diese Planeten tatsächlich gibt! Diese könnten aber auch in anderen Dimensionen sein! Zugänglich über »Sternentore«! Über Dimensionstore! Die Zeit ist zu knapp, dass ich das alles ganz genau erfragen kann im Moment! Es ist zu viel auf einmal. Was man da genau sieht, wenn man durch ein Teleskop in den Himmel schaut, das habe ich noch nicht erforscht! Ich vermute, dass es sich um eine Art Hologramm, eine Art Spiegelung handelt! Dieses Buch würde dann in einem Jahr fertig werden, wenn ich jede mögliche Frage genau erörtern müsste! Es ist ein immenser Aufwand, die Geistige Welt zu befragen! Viele stellen sich das so einfach vor! Ich pendle ja nicht, mache alles mit Meditation und Telepathie!
Es gibt Planeten, aber die sind nicht rund und kreisen nicht umher. Sie sind alle stationär und flach! Mit einer Kuppel! Planet bedeutet übersetzt ja auch flach! Das ist Fakt! Aber dazu habe ich ja bereits was geschrieben!

Wir kommen alle von anderen Planeten, anderen Orten, hier auf diese Erde! Die Erde ist ein Schulungs- und Entwicklungsplanet! Der derzeit in dunklen Händen ist! Wir alle wussten um die schwierige Aufgabe, hier zu inkarnieren! Aber diese Erde bietet gerade wegen dieser immensen Herausforderungen ein einzigartiges Entwicklungspotential! Es ist der Planet des Leids und des Schmerzes! Der Planet des Leidens! Es inkarnieren hier ganz hohe Lichtwesen zur Unterstützung, und ganz niedere Geister von den untersten Ebenen der Hölle! Dann inkarnieren hier Reptos und Graue und eben die Geistwesen von den Plejaden, Alpha Centauri usw.!
Alle, die inkarnieren, tun dies ja mit ihrem Geistkörper, sprich dem Astralkörper! Sie sehen vor der neuen Inkarnation noch so aus, wie sie während

ihres Todes ihres letzten Lebens aussahen! Wenn also ein Repto von da unten als Mensch inkarnieren darf, dann hat sein Geist noch die Repto-Form, und von daher drückt sich das dann in seinem neuen Menschenkörper im Laufe der Zeit immer mehr aus! Das ist das, was ich dann als Repto erkenne! Auch an der Aura erkenne ich die Reptos! Schwarz bis grau! Wenn nun ein Mantis inkarniert, sie hatten ja alle einmal eine andere Form früher, dann erkennt man das nach und nach am physischen Körper und an der Aura, das muss ich und will ich nun nicht immer wieder betonen!
Jeder Plejadier hat irgendwann einmal auf den Plejaden gelebt, jeder Santiner einmal auf Alpha Centauri usw.! Jeder hat irgendwo diese Seele von diesem Ort geparkt, wenn er sie gerade nicht hat! Ein Plejadier, der zum Santiner aufsteigt, bekommt dann seine alte Santinerseele von dort! Das hat mit den Schwingungen zu tun! Die Seele erkennt deine hohe Schwingung, jede Seele hat ja eine Energiekennung, ebenso wie jeder Geist eine Energiekennung besitzt! Wenn dein Körper dann die richtige Schwingung aufweist durch eine Anhebung deines Bewusstseins, dann klingelt es quasi bei der nächsten höheren Seele deiner Seelenfamilie, und die neue passende Seele kommt zu dir angeflogen! Du bekommst dann einen Walk In!
Wir sind also nicht die Seele! Das ist eine Desinformation! Wir haben eine Seele! Oder auch nicht! Wer zu tief schwingt, also unterhalb des Orion-Mantis, der verliert seine Seele! Oder er hatte noch nie eine, wie die Reptos!
Die Seele ist ein Bewusstseins- und Energieträger, von Gott gemacht und gesandt! Sie ist unser Begleiter und Helfer! Die Seele ist kein eigenes Lebewesen! Sie ist eine Art fühlende Energie! Sie ist die Verbindungsstelle von Geist und Körper! Wenn also jemand keine Seele hat, weil er zu nieder schwingt, dann hat der Geist keinen Kontakt zum Körper! Er kann also dann nicht mehr einwirken auf den Körper, und dieser macht dann irrationale Dinge, nicht nachvollziehbare Handlungen!
Es fehlt die Verbindung zum Herz! Der Mensch ist dann total von seinen wahren Gefühlen und wahren Emotionen abgeschnitten! Ähnlich wie bei einer Besetzung! Also ein schwer besetzter Plejadier macht genauso dumme und kranke Sachen wie ein Repto! Der Unterschied ist nur, den Plejadier kann man heilen und befreien, dann ist er in der Regel wieder normal! Das gilt auch für den Santiner und auch für den Indigo! Der Repto ist unheilbar! Den kann man ablösen, so oft man will, er wird immer bösartig und zerstörerisch sein und bleiben! Nur seine gute Erziehung und seine evtl. guten Manieren halten ihn dann davon ab, ein Monster zu werden!

Jedoch leben die guterzogenen Reptos sich dann meist heimlich aus, oder werden auf einmal dann ganz massiv und brutal! Ich denke da an die vielen »gebildeten» Politiker und Wirtschaftsbosse, die vielen wohlerzogenen feinen Reptos! Sie zeigen nach außen keine Regungen, keine Aggressionen! Aber wehe, sie treffen sich wo an einem heimlichen Ort, wo sie ihre okkulten Freimaurerrituale abhalten, Kinder foltern und missbrauchen und dann fressen! Das gleiche gilt für den Repto-Flüchtling! Er kann sich lange Zeit zusammennehmen, aber irgendwann platzt er! Dann muss es raus! Es folgen dann Gewalttaten wie Vergewaltigungen, Morde, Überfälle und Körperverletzungen!
Dies trifft auch auf den Nicht-Flüchtling zu! Nur bei den niederen Bewusstseinen ist es eben aufgrund der Bildung und der Intelligenz meist verheerender!
Bei diesen Reptos und auch bei den Mantissen fehlt die Anbindung an das Herz und an die wahren Gefühle! Diese Menschen haben kein Mitleid! Sie treten auf den Regenwurm drauf, laufen nicht dran vorbei wie ich z.B., sie haben keine Skrupel und sind uns daher in der Materie überlegen! Weil sie zu Dingen fähig sind, die wir andere nicht mal denken können! Sie haben kein Schamgefühl und denken auch nicht weiter! Sie denken nicht, wenn ich dem jetzt diesen Schlag verpasse mit der Eisenstange, dann ist das Mord und ich komme lebenslang in den Knast! Sie denken gar nichts! Sie wollen nur die Zerstörung des Feindes in diesem Moment! Sie sind daher eine Gefahr für die Allgemeinheit! Jeder Repto ist eine tickende Zeitbombe! Sie sind Monster, getarnt in Menschenkleidern! Ohne den menschlichen Körper würden sie über uns herfallen wie die Vampire! Lass dich nicht täuschen von den tollen Schauspieler- und Sänger-Reptos! Sie alle mögen eloquent sein, gut aussehen, wobei sie im Alter hässlich werden, und sie mögen viel Gutes tun nach außen! Im Innern sind sie Monster mit einem Riesenego! Alles, was sie tun, entspringt einer niederen Absicht! Egal, was sie tun, sie tun es aus niederen Beweggründen! Aus egoistischen Beweggründen! Es geht immer nur um sie! Andere interessieren sie nicht! Es ist ihnen egal, wer auf der Strecke bleibt! Sie sind die Erfinder der Ellbogengesellschaft! Sie sind die Kriegstreiber und Streithähne dieser Welt!
Und vieles mehr! Sie haben nur sich im Kopf und ihre eigenen Interessen! Es geht immer nur um Macht, Geld, Anerkennung und Verehrung! Sie wollen verehrt werden, und sie mögen es, wenn man vor ihnen Angst hat! Sie sind das Gegenstück des Guten! Der Gegenpol des Göttlichen! Wo sie sind, ist Unfrieden und Stunk! Sie sind die, die beim Familientreffen immer im

Mittelpunkt stehen wollen! Und wenn es nicht so läuft, wie sie es wollen, dann sorgen sie für Intrigen und Streit! Ein Repto kann eine ganze Familie von 30, 40 oder mehr Mitgliedern total auseinanderbringen und dafür sorgen, dass sich alle streiten! Sie haben eine angeborene Art an sich, sich selbst meist gut aussehen zu lassen dabei und die Schuld auf Unschuldige zu lenken!
Man kann sie nicht bekehren! Sie würden nie eine Schuld zugeben, vorher sterben sie! Und sie machen alles immer wieder! Immer wieder, wie ein Roboter! Sie haben kein Gewissen, und sie sind in Wirklichkeit dumm! Sie mögen Professoren sein oder Päpste, Bankvorstände und Ärzte, aber sie sind dumm! Dafür hinterlistig und abgeschlagen! Da sie nicht weiterdenken, sind sie so gefährlich! Sie können über Fachbereiche eine Doktorarbeit schreiben! Aber sie sehen nie das große Bild, das große Ganze! Weil sie dazu zu unintelligent sind! Darum schreiben sie gerne bei anderen ab, kopieren Vorhandenes, klauen anderen die Ideen usw.! Sie haben keine eigene Schöpferkraft! Sie leben von unserer Intelligenz und unserer Kreativität! Sie wären ohne uns einfach nichts! Sie würden ohne uns verhungern und verdursten! Reptos sind der Inbegriff von Neid und Missgunst! Sie hassen gerne und immer! Rache ist ein Wahnsinnsspaß für sie! Gier ist ihr zweiter Vorname, und um anderen etwas zu zerstören, tun sie wirklich alles! Es macht ihnen Spaß, anderen wehzutun, und sie freuen sich, wenn andere am Boden liegen! Sie kennen eigentlich keine Verwandten, und Freunde sind nur dann gut für sie, wenn sie zu etwas nützlich sind!
Sie halten Hunde und andere Tiere nur, wenn diese ihnen irgendeinen Vorteil bringen! Oder eine nützliche Aufgabe erfüllen können. Oder wenn sie davon leben können!
Wenn ihnen z.B. ein Hund im Wege steht wegen einem Urlaub, oder weil er zu alt ist und teure Tierarztrechnungen zu erwarten sind, dann wird der Hund oder die Katze im Wald ausgesetzt oder an der Autobahnraststätte angebunden zurückgelassen! Schlangen werden in den nächsten See geworfen oder das Klo runtergespült!
Sie haben kein Reuegefühl und kein Gewissen! Es ist ihnen egal! Und wenn man sie bei was erwischt, dann leugnen sie alles! Sie sind uneinsichtig und hart und würden alles immer wieder tun!

Wenn sie mit jemandem im Clinch liegen, überlegen sie nicht, wie sie eine Lösung finden können! Sie überlegen, wie sie den anderen fertigmachen können! Sie schauen nach Möglichkeiten der Zerstörung und Schädigung

des anderen! Sie interessieren sich auch nicht für Rechte und Gefühle anderer!
Das trifft alles auf alle Seelenlosen zu! Ein seelenloser Mantis verhält sich genau gleich wie ein Repto! Ein Mantis ist vielleicht ein wenig diplomatischer, freundlicher nach außen und einen Tick intelligenter! Sonst aber im Ergebnis genau gleich in der Handlungsweise!
In der spirituellen Szene spiegelt sich dieses Verhalten auch! Sie klauen anderen Videoinhalte, Geschäftsideen! Kopieren andere eins zu eins, reden anderen nach, verkaufen alles als ihres und bezichtigen den Beklauten dann als Lügner und Betrüger! Sie ziehen über andere her, beschimpfen sie, beleidigen sie! Und das alles aber nur für ihre eigenen Zwecke! Immer wird man irgendwann feststellen, dass es nur darum ging, jemanden zu benutzen, um für sich selbst einen Vorteil zu erlangen! Sie missbrauchen andere für ihre Zwecke! So wie sie eine Frau vergewaltigen zu ihrem Zweck, nämlich zur Befriedigung ihres Sexualtriebs! Sie haben immer nur ihre eigenen Ziele im Visier! Nie etwas anderes! Ihnen ist jedes Mittel recht, und sie glauben immer, dass man ihnen nichts nachweisen, nichts beweisen kann! Wenn man sie ertappt, greifen sie einen an und gehen auf volle Konfrontation!
Sie wollen die Aufmerksamkeit auf sich lenken, egal wie! Hauptsache, es geht um sie!
Reptos sind selbstsüchtig! Sie machen alles für sich selbst! Es ist ihnen egal, was aus den anderen oder gar aus einem Opfer von ihnen wird! Sie gehen immer von der Theorie aus, dass der Stärkere überlebt und der Schwächere eben Pech hatte! Dumm gelaufen eben! Wie bei der Werbung eines Bonbons: »Sind sie zu stark, bist du zu schwach!» Oder so ähnlich! Sie sind auch die, die die Nahrungskette »erfunden» haben! »Der Intelligentere frisst den Dümmeren!» Oder: »Der Stärkere frisst den Schwächeren!« Oder: »Der Schnellere frisst den Langsameren!«
Was ist, wenn es eine Rasse gibt, die intelligenter, stärker und schneller ist als der Mensch? Oder frisst dann Gott auch die Menschen? Denn Gott ist intelligenter, stärker und schneller als der Mensch! Vielleicht dieser dunkle Gott! Satan genannt! Er macht nämlich genau das! Er und seine Anhänger fressen Menschen! Sie beuten die Menschen aus und rauben deren Lebensenergie! Sie leben sogar von der Lebensenergie der anderen Menschen, weil sie keine Energie von der Quelle, von Gott dem Schöpfer erhalten! Weil ihnen etwas Entscheidendes fehlt: eine Seele!
Gott schenkt den Teufeln, den Dämonen, den Reptos und anderen niederen Wesen keine Seelen! Sie haben sich für den anderen Weg entschieden, den

Weg ohne Gott! Warum sollte er ihnen dann helfen? Seelen bekommen nur Menschen, wahre Menschen! Und den Menschen, die sich von Gott entfernen, wird die Seele dann wieder genommen! Sie sind dann dem geistigen Tod geweiht! Ewiges Leben gibt es nicht für jedes Wesen! Wer das glaubt oder verbreitet, irrt gewaltig! Nur wer zu Gott findet, wird ewig leben!

Warum schreibe ich nun so viel Negatives über die Dunklen, die Reptos, die Teufel, die Dämonen unter uns? Weil sie der Negativpol sind! Sie sind das Minus! Wir leben in einer Dualität! Es gibt zwei Arten von Menschen: positiv gepolte und negativ gepolte! Eigentlich gibt es noch eine dritte Art: die Indigos! Sie stehen außerhalb der Rivalität der beiden Pole, sind hier, um den Positiven zu helfen, zu Gott zu finden! Und den gefallenen Indigos zu helfen, zurückzufinden! Sie haben sich verirrt hier in der Materie!
Indigos sind genau das Gegenteil dessen, was ich jetzt ausführlich aufgelistet habe bei den negativen Punkten der Reptos! Sie leben und sind genau das Gegenteil! Die einen vertreten die Dunkelheit, die anderen das Licht! Und dazwischen ist die »normale Menschheit!«
Eigentlich geht es wie bei einem Tauziehen darum, wer die Menschen zu sich ziehen kann! Am einen Ende des Seils zieht der Teufel, und am anderen Ende des Seils zieht Gott. Das Seil, das ist die Menschheit! Der Teufel zieht nicht selbst am Seil! Er schickt seine Folterknechte, die Reptos! Gott schickte seine Indigos! Das Seil, das sind Mantisse mit Seele, Plejadier, Santiner! Die Mantisse befinden sich örtlich gesehen mehr beim Teufel, die Plejadier in der Mitte, und die Santiner näher bei Gott, also bei den Indigos! Und dementsprechend stehen sie unter dem Einfluss der ihnen näher gelegenen Kraft! Mantisse haben viel Dunkles an sich, Santiner mehr Helles! Plejadier liegen bei 50/50! So könnte man das plastisch in etwa darstellen! In dieser Endzeit ist es jedoch so, dass die beiden Kräfte, Licht und Dunkel, so stark sind, dass sie mit einem Ruck einen Santiner zur Mantis-Ebene ziehen können oder einen Mantis zur Indigo-Ebene! Plejadier können generell jederzeit in die eine oder andere Richtung gezogen werden! Es ist also alles offen! Es steht und fällt alles mit der Entscheidung des Menschen, wo er sich hinziehen lassen möchte! Durch seine aktive Mithilfe kann er dann dafür sorgen, dass die eine oder die andere Seite Oberhand gewinnt!
Wie, fragst du? Ganz einfach! Indem der Mensch sich entscheidet! Entweder für Gott, für die Liebe, für das Mitgefühl, für das Verständnis, alles akzeptiert, wie es für ihn ist, oder für das Materielle, für die Gier, den Neid

und die Missgunst, für seine persönliche Befriedigung!
Wer sich für Gott und die Liebe entscheidet, wird im Bewusstsein steigen und dadurch eine entgegensetzte Kraft für den Teufel werden, worauf er beim Seil dann in die Richtung der Indigos rutscht und zusammen mit diesen dann am anderen Ende des Taus plötzlich mitzieht!

Nun ist es nicht ganz einfach, sich mal eben so schnell für Gott und die Liebe zu entscheiden! Gesagt ist das leicht! Auch kann jeder beten! Denk an die vielen bigotten Kirchgänger, die lieblos diese Gebete und Rosenkränze gebetsmühlenartig herunterrasseln! Sie bewirken nichts! Weder im Außen, noch in sich selbst! Es kommt darauf an, wie du innerlich denkst!

Dein Denken wird zu deinem Handeln! Und dein Handeln zu deinem Charakter, und dein Charakter zu deinem Schicksal! Fang also an, dein Denken zu ändern, zu hinterfragen! Geh in Gedanken dein ganzes Leben durch, soweit du dich erinnern kannst! Achte auf die einschneidenden Situationen in deinem Leben! Es sind bei normalen Menschen ja nicht so viele! Geh in deinem Kopf durch, wo du der Meinung bist, dies oder jenes hat mein Leben massiv verändert oder auf den Kopf gestellt! Diesem oder jenem Menschen habe ich Unrecht getan! Hier oder dort habe ich vermeintlich falsche Entscheidungen getroffen! Dann überlege, ob es diese Menschen noch gibt, denen du Unrecht getan hast oder denen du sehr geschadet hast, und wenn ja, dann strebe nach Wiedergutmachung! Eine Entschuldigung ist unnötig, da sie nichts verändert! Sie hilft weder dir noch dem anderen. Sie ist nur ein Anfang!

Wir laden uns bei jeder schlechten Tat, die wir tun, negative Ablagerungen in den Zellen auf! Diese negativen Zellen bleiben uns auch bei neuen Inkarnationen erhalten! Sie verschwinden erst wieder, wenn wir sie abbauen durch Leid und Schmerz! Das ist eine Erklärung für Karma! So sind die göttlichen Gesetze! Alles, was der Mensch anderen, und auch den Tieren und Pflanzen antut, haftet sich in Form von negativen Atomen in den eigenen Zellen ab und zieht dann in der Zukunft, das kann auch in späteren Leben sein, Negatives an! So zieht der Mensch selbst das Dunkle, Leid und Schmerz, Krankheit und Siechtum an!
Wie kommt man da raus? Diese Gelegenheit hat JETZT jeder Mensch! In dieser Endzeit ist alles möglich, darum gibt es auch so viel Leid auf dieser Welt! So wie der Mensch seine Seele und seinen Geist reinigt durch Leid

und Schmerz, so reinigt sich die Erde durch Leid und Schmerz von allen Krebsgeschwüren auf ihr! Den dunklen Menschen!

Wie kannst du dich nun aktiv in diesen Reinigungsprozess deiner Seele und deines Geistes einbringen? Ganz einfach: indem du dich läuterst! Du hast nun herausgefunden durch Gedankenerinnerungen, wem du massiv geschadet hast! Nun willst du das wiedergutmachen! Du kannst nun denjenigen ausfindig machen und Kontakt aufnehmen und deine späte Einsicht mitteilen! Das ist aber keine Wiedergutmachung! Er hatte ja einen Schaden wegen dir, und der ist ja da gewesen! Du musst also aktive Wiedergutmachung betreiben. Entweder in Form von Geld oder in Form irgendeines Dienstes, einer Handlung, die den Geschädigten irgendwie entschädigt! Sollte das alles nicht mehr möglich sein, weil derjenige tot ist oder ausgewandert oder unauffindbar, oder weil er zu viel Hass gegen dich hegt und eine Kommunikation nicht möglich ist, dann überlasse das Gott und bitte um eine Chance der Wiedergutmachung für dich in der Zukunft! Ich habe dafür eine Verfügung für meine Klienten gemacht!
Wichtig ist, dass du es ernst meinst! Es muss eine wahre Reue sein, die du da spürst! Kaufmännisch und rational kannst du das nicht regeln! Die Geistige Welt weiß genau, ob jemand etwas von Herzen will oder aus Egogründen! Darum können auch viele nicht geheilt werden! Weil sie nur aus dem Ego, also aus der Angst heraus etwas wollen! Oder aus der Gier heraus! Es geht um die Läuterung! Um nichts anderes! Um das Erkennen von Fehlverhalten, die tiefempfundene Reue und den Willen der Wiedergutmachung!

Viele Geistwesen inkarnieren immer wieder zusammen auf der Erde, um sich gegenseitig zu helfen, alte negative Anhaftungen zu transformieren! Sie benutzen dazu immer die gleichen Seelen! Sie übernehmen dabei verschiedenste Rollen! Es geht bei allem immer nur um die Reinigung deines Geistes und deiner Seele!
Manche sagen, der Geist sei nicht krank oder unrein! Der Geist sei immer göttlich und immer gesund! Es sei nur der physische Körper, der fehlgeleitet und krank oder irre sei! Das stimmt nicht! Dann wären alle Reinkarnationen und alles Karma der Welt sinnlos! Sowas können nur Menschen sagen, die keine Einsicht in die Geistige Welt haben, nicht hellsichtig sind! Geister können sehr wohl krank und unrein sein! Die meisten Geister hier auf der Welt sind krank und unrein! Der Geist projiziert seine Gesinnung nach außen! Darum sehen Menschen so aus, wie sie aussehen! Je älter ein

Mensch wird, desto mehr zeigt sich dann die wahre Gesinnung im Körperlichen! Reptos werden oft im Alter richtig grässlich, bekommen eine Dämonenfratze! Sie sehen als Jugendliche und junge Erwachsene oft sehr gut aus! Wenn sie dann mal über 50 oder 60 sind, erkennt man sie kaum wieder! Die Härte und Kälte drückt sich dann im Gesicht aus! Sie sehen dann teuflisch, dämonisch oder verbissen und brutal aus im Gesicht! Alles Unschuldige und Schöne aus der Jugend ist wie weggeblasen! Manche Menschen haben im Alter dann auch diesen depressiven, verlorenen Blick! Sie sind traurig, weil sie ihre Seele verloren haben! Viele werden dann krank, bekommen Krebs, MS, Parkinson, Demenz, Alzheimer usw.! Die Seele hat den Körper längst verlassen, da ist nichts mehr drin! Es schaut einen dann ein verzweifelter Geist an, der in diesem Körper gefangen ist und miterleben muss, dass er keine Gewalt mehr über diesen eigenen Körper hat! Diese Gewalt haben nun andere Wesen, Besetzungen! Ich sehe das wahre Wesen in den Menschen! Auf den ersten Blick!

Wenn der Geist aus dem Körper herausritt, also wenn der Mensch stirbt, dann zeigt sich das wahre Aussehen des Geistwesens! Der Geist hat ja einen Geistkörper, den Astralkörper! Denn der Geist selbst ist unsichtbar! Niemand kann einen Geist sehen! Man kann immer nur den Geistkörper sehen als Hellsichtiger!
Wenn das Geistwesen den physischen Körper verlassen hat, zeigt sich das wahre Aussehen! Zum Glück sehen das andere Menschen nicht, es würde zu Panik und Hysterie führen weltweit! Die Reptos zeigen dann ihr wahres Ich!
Sie sind ja als Menschen in einem Körper gefangen, der sie ja im Zaum hält und uns andere vor ihnen schützt! Ihre ganze Wut, ihr Hass und Neid, ihre Gier und auch Fresssucht auf Menschen wird durch den menschlichen Körper begrenzt! Sie sind wie in einer Zwangsjacke gefangen. Sie würden uns sonst auf der Straße auf der Stelle zerreißen! Ihre negativen Kräfte sind ruhiggestellt für die Dauer der Inkarnation! Sie sollen und dürfen quasi lernen, sich vernünftig zu benehmen! Aus göttlicher Sicht! Aus der Sicht des Teufels, des Ober-Reptos, sollen sie sich aber schlecht benehmen und die Menschen verführen und schädigen!

Genauso ist es bei den Indigos und den noch höheren Lichtwesen, also den hohen Indigos! Sie verfügen über jegliche Kraft und Macht, die es geben kann! Durch das Einsperren im menschlichen Körper haben sie jedoch kei-

nen oder nur beschränkten Zugriff auf ihre magischen Kräfte! Es findet quasi ein Kampf Dunkelheit gegen Licht, Teufel gegen Gottes Helfer in Menschenkörpern auf der Erde statt! Gleichzeitig ist alles eine Sache der Entwicklung! Es geht Gott darum, dass sich die Menschen weiterentwickeln zu perfekten göttlichen Wesen! Und dem Teufel, den Reptos, geht es darum, genau dieses zu verhindern!
Sie wollen die Seelen der Menschen, sprich unsere Lebensenergie! Nur zu diesem Zweck haben sie diese jetzige Welt erschaffen, bzw. die Menschen haben sich diese jetzige Welt selbst erschaffen! Oder es eben zugelassen, dass es so weit kommen konnte!
Die Reptos machen immer nur eines: Sie verführen uns! Sie stellen uns Fallen! Und wenn man das akzeptiert, was sie einem anbieten, dann stimmt man dem wortlos zu! Und gibt somit sein Einverständnis!
Beispiel: Die Reptos haben das Töten von Tieren eingeführt, damit die Menschen sich dadurch fester an die Materie binden und auch nach dem Tod nicht aufsteigen können durch die vielen negativen Anhaftungen! Sie haben es den Menschen schmackhaft gemacht, das Fleisch, weil es roh keiner essen würde! Sie preisen es an als überlebenswichtig und erklären uns, dass wir doch Jäger waren einst! Nun, wir haben es in der Hand als Menschen, das nun einfach so hinzunehmen und zu glauben oder nicht! Wer glaubt, er würde an Eisenmangel sterben, weil er kein Fleisch isst, der möge das eben glauben! Broccoli hat 20-mal mehr Eiweiß und Eisen als ein Rindersteak!
Das Fleischessen brachte die Krankheiten und den Abfall von Gott. Gott hat keine Tiere erschaffen, damit wir Menschen sie fressen! Nicht eines! Du fragst nun, warum jagen und essen dann Tiere Tiere? Weil sie Tiere sind und nicht unser Bewusstsein haben, nicht selbst entscheiden können, was sie essen sollen und was nicht! Sie haben Instinkte und sind von daher unschuldig! Der Mensch kann entscheiden und selbst handeln! Das Tier nicht! Es ist darauf angewiesen, was es zum Fressen gibt! Mein Hund isst liebend gerne vegan! Dem Hund ist es egal, wie er sein Eiweiß bekommt, ob tierisch oder pflanzlich! Davon abgesehen waren die Raubtiere einst alle Veganer, in Zeiten vor Atlantis! Der Mensch hat die Raubtiere durch seine Bösartigkeit und seinen Hass dazu gemacht, was sie heute sind!

Aber zurück zum Thema anbieten und Fallen! Die Reptos wollen uns was verkaufen, damit sie an unsere Seelen gelangen und uns an die Materie binden können! Damit sie uns aussaugen und melken können! Wie Vieh!

Sie stellen uns verschiedene Fressströge hin, wo wir dann aussuchen können, was wir gerne haben! Sie bauen Bordelle, damit man dort seine Sexsucht befriedigen kann! Sie bauen Swinger Clubs für denselben Zweck! Musst du deswegen hingehen? Musst du nicht! Musst du Fleisch essen? Musst du nicht! Du hast doch die Wahl! Stell dir vor, alle Menschen würden keine Tiere mehr fressen und keine Milch für Kuhsäuglinge mehr konsumieren, was würde passieren? Es würden keine Tiere mehr geschlachtet werden und keine Kühe mehr zwangsgeschwängert und dauergemolken werden! Die Kälber dürften bei ihren Müttern bleiben!
Es würde keine Metzger und keine Schlachthäuser geben! Es würde kein Leid und keinen Schmerz mehr geben bzw. weniger, und die Reptos hätten weniger Energie, und viele Reptos müssten sterben! Sie wären dann einfach weg eines Tages! Also, wer tötet nun die Tiere, und wer nimmt den Kühen ihre Kälber weg? Der Metzger? Nein! Es bist du! Du, der das grausame Spiel erst ermöglicht! Der Verbraucher ist der Mörder und Tierquäler! Wenn keiner mehr etwas kauft, wird es aussterben!
Das Problem ist nur, diese weltweiten Verbraucher sehen das anders als ich und vielleicht du! Sie glauben fest daran, dass es normal ist, Tiere zu töten und zu fressen! Es gibt ja auch Stämme von eingeborenen Indianern in Brasilien, Indonesien und sonst wo, die töten und fressen immer noch Menschen! Manche essen auch Leichen der Verstorbenen, weil sie glauben, dass die Kraft und Energie des Toten auf sie übergeht dann! Also primitives Repto-Denken!
Ich bin mal gespannt, wann das Menschenessen den Bürgern als normal verkauft wird. Nach dem Motto: »Schade um das tolle Fleisch, der ist ja eh schon tot, also was soll's!«

Wenn die Menschen nicht so konsumgeil wären, würde es weniger Fabriken und weniger Schadstoffe in der Luft geben! Wären die Menschen nicht so geil auf Fortschritt, auf immer schneller und besser usw., würde es keine Handymasten und Funkmasten geben! Wären alle Menschen dagegen, wären alle Masten innerhalb kürzester Zeit verschwunden! Das Problem hier wieder: Den meisten Menschen ist das schlichtweg egal oder sie erkennen die Gefahren nicht!
Ich könnte das nun ewig fortsetzen! Für die Erwachten ist das natürlich ein Albtraum, dass alles mit wachem Verstand mit ansehen zu müssen, was sich da entwickelt an Negativem, und nichts, oder wenig dagegen ausrichten zu können! Dazu aber später noch mehr!

Es gibt verschiedene Seelenherkünfte, und jeder bekommt immer die Seele aus seiner Seelenfamilie, die zu seinem aktuellen Bewusstseinszustand passt. Also zu seiner Schwingung! Wenn nun ein Mensch sich zu sehr mit der Materie beschäftigt, also mit den Fallen der Dunklen, dann fällt er in der Schwingung ab, worauf sich diese Seele dann verabschiedet und eine Seele mit geringerer Schwingung kommt! Natürlich geht das nicht mal so schnell! Es braucht schon vehemente Verstöße gegen die göttlichen Gesetze! Dazu gehören eben wie immer die üblichen Verdächtigen! Neid, Missgunst, Hass, Gier, Selbstsucht usw.! Wer in diesen negativen Gefühlen verankert ist oder zurückfällt, der verliert seine Seele!

Der Mensch ist hier, um sich zu läutern! Um sich zu befreien von eben diesen niederen Gefühlen, und seinen Charakter zu ändern, zu verbessern, ein besserer Mensch zu werden! Wer sich dann aber verfängt in diesen dunklen Mustern, der muss immer wieder inkarnieren! Oft ist dann eine erneute Anhebung nur durch massives Erleben von Leid und Schmerz möglich!
Wenn also ein Mensch ein schweres Leben hat, gezeichnet durch harte Schicksalsschläge und viele Krankheiten, dann ist das ein klares Zeichen, dass dieser Mensch dabei ist, sich zu läutern und zu reinigen! Es ist sogar eine Gnade Gottes! Gott ermöglicht es dir, auf deinen Weg zurückzufinden! Im Gegensatz dazu gibt es viele Reptos, die ein supertolles Leben führen, ohne jegliche Probleme und meist sehr erfolgreich, mit großem Wohlstand! Sei nicht neidisch! Habe Mitgefühl! Sie haben keine Chance zur Läuterung und Reinigung bekommen! Sie werden weiter abfallen, zum Dämon! Und eines Tages nicht mehr sein!

Die dunklen Mächte wollen nicht nur das Leben von Beseelten zerstören! Sie denken viel weiter! Sie wollen dich in der Dunkelheit der tiefsten Hölle festhalten, um von deiner Energie zu leben! Darum wollen sie dich an sie binden, hier auf der Erde! Hierfür haben sie viele Möglichkeiten erschaffen! Unter anderem die Religionen! Durch die Religionen binden sie die Menschen an diese dort herrschenden unwahren Glaubenssätze! Und dadurch werden diese zu Gefangenen dieser Reptos, auch und gerade in der Astralwelt dann später, nach dem Tod! Das bedeutet, du kannst dann nicht aufsteigen, bist ein gefangener Geist einer unteren Astralebene und verbunden mit den Götzen, den Reptos, die du fälschlicherweise zu Lebzeiten angebetet hast! Denn das ist nicht Gott, den die Katholiken, die Protestanten, die Moslems und Juden da anbeten! Gott will keine Kriege in seinem

Namen! Gott will nicht, dass ihr Tiere fresst! Ich benutze das Wort fressen mit Absicht so oft im Zusammenhang mit Tieren! Gott will, dass ihr alle seine Geschöpfe achtet und in Liebe miteinander zusammenlebt! Wie kann ein Jude denn ernsthaft glauben, Gott fordere die Juden auf, alle Nichtjuden zu betrügen und zu hassen, nach Möglichkeit zu töten? Und das Gleiche gilt für den Islam! Meinst du wirklich, Gott will, dass alle Nicht-Moslems, die »Ungläubigen«, sterben sollen?
Ich hatte letztes Jahr ein interessantes Gespräch mit einem islamischen Möbelverkäufer! Er war streng muslimisch erzogen und glaubte an den Koran! Er meinte, Allah hat schon recht, er wird schon wissen, was recht ist und was nicht! Auf Gegenfrage gestand er dann aber, noch nie den Koran gelesen zu haben! Die Menschen sind alle mind-controlled! Sie wissen nicht mal, warum sie etwas tun oder nicht tun! Sie tun es eben, weil es alle in ihrer Gruppe tun!

Das, was auf der Welt passiert seit langer Zeit und immer schlimmer wird, ist nicht von Gott gewollt und nicht von Gott gemacht! Das ist von den Menschen gewollt und gemacht! Aufgrund der »Angebote« der Reptos! Die Menschen betrachten es als Fortschritt, wenn sie 5G haben! Und TV und Smartphone usw.! Für die Masse der Menschen ist die Technik der Fortschritt der Menschheit! Sie nehmen die Angebote der Reptos gerne an! Und greifen diejenigen an, die sie aufklären wollen!

Wenn ein Geistwesen zu Lebzeiten sexsüchtig war, viel in Swinger Clubs war, also seine niederen Triebe ausgelebt hat, dann wird er nach seinem Tod in diese geistigen Sphären der Astralebene kommen, wo lauter Sexsüchtige sind! Sie werden dann dort Sex machen bis zum Abwinken! Das wird jetzt vielleicht einige erstaunen! Aber das ist nicht wirklich schön, Jahrzehnte oder gar Jahrhunderte immer nur Sex zu machen! Sie können sich erst davon befreien, wenn es ihnen bewusst geworden ist, wie sinnlos das ist! Diese Menschen sind in ihrer Sucht gefangen! Manche brechen dann aus und suchen unter den Lebenden gleichgesinnte Menschen und heften sich an diese (Besetzungen), um dann durch den Menschen diese Gefühle immer wieder miterleben zu können! Dies ist nicht erlaubt und wird das Geistwesen weiter zurückwerfen in der Entwicklung und im nächsten Leben eine schlechtere Ausgangsbasis erschaffen! Der Besetzte wird dadurch seine Sucht steigern und nach seinem Tod ebenfalls in diese niederen Astralebenen abfallen!

Ein Geistwesen kann auch in der Geistigen Welt aufsteigen! Der sogenannte Aufstieg ist nicht auf das Menschsein beschränkt! Nur dauert es rund zehnmal länger als Geist! Was ein Mensch in 50 Jahren erreichen kann, dazu braucht das nichtinkarnierte Geistwesen rund 500 Jahre, in Erdenzeit gerechnet! Es gibt auch in der Astralwelt so etwas Ähnliches wie Zeit! Nur nicht auf einer Uhr, mehr in Entfernungen!
Der Vorteil ist in der Geistigen Welt, dass man es nicht so lange empfindet! Aber der Schmerz und das Leid sind dafür genauso intensiv wie als Mensch! Es stimmt nicht, dass es in der Geistigen Welt kein Leid und keinen Schmerz gibt!
Absoluter Blödsinn!
Wer z.B. ein Verbrecher war und andere Menschen tötete, kommt in eine zu ihm passende niedere Astraldimension, wo er dann nur solche Verbrecher antrifft! Und diese überfallen dann ihn, rund um die Uhr, immer wieder muss er das erleben!

Wenn ein Mensch ein Folterer und Quäler war und zu Lebzeiten gerne andere Menschen geplagt hat bis aufs Blut und zum Schläger und Vergewaltiger wurde, der wird in der untersten Astralebene genau das dann für lange Zeit am eigenen Leib verspüren müssen, immer und immer wieder! Es gibt überall einen da unten, der noch brutaler, noch gemeiner und noch unmenschlicher ist! Der wird sich dann um solche Leute kümmern! Es ist generell so, dass es für jeden noch so üblen Verbrecher auf der Welt da unten einen niederen Geist gibt, der auf ihn wartet dann! Und auch wenn Astralkörper bei uns in der Materie durch Wände gehen können und durch uns Menschen, in den Astralebenen sind die Körper sich gleich! Das bedeutet, man fühlt das so wie hier als Mensch. Sie können nicht durcheinander durchgehen!
Die Körper werden sogar als noch schwerer und härter empfunden!

Wenn ein Selbstmörder in die Astralwelt kommt, kommt er zu seinesgleichen! Sie töten sich dann dort in ihrem Sektor immer wieder! Bis zum Abwinken!
Die Hölle gibt es tatsächlich! Es gibt Astralebenen, wo es Wesen gibt, da ist der brutalste Horrorfilm ein Kindermärchen dagegen! Und jeder kommt zu seinesgleichen! Nur ist es nicht so, dass jeder in der Hölle ewig schmoren muss! Jeder schafft sich seine Hölle selbst zu Lebzeiten! Jeder sieht und erlebt die Hölle auf andere, auf seine Art! Je nachdem, was für ein Leben er führte!

Er ist noch meilenweit entfernt vom »Licht«!
Andere können nicht ins Licht, weil sie an Beziehungen, an Menschen oder an der Materie hängen, gebunden sind! Oder weil ein noch lebender Mensch zu sehr an ihnen hängt! Nicht loslassen kann! Oder weil er nicht verbrannt wurde, sondern beerdigt! Er ist dann über eine Astralschnur mit seiner Leiche im Grab verbunden!
Es gibt unzählige niedere Astralebenen in der Geistigen Welt, für jeden ist was da! Das Leiden geht dann also weiter dort! Ein Selbstmord nützt nichts!

Was auch zu beachten ist, ist, dass man sich nicht emotional bindet an einen Feind! Die Reptos sind ja Weltmeister im Fallen bauen! Sie schicken uns hier oben ständig bösartige Folterknechte von ihnen, damit wir uns mit diesen herumprügeln oder jahrelang vor Gericht ziehen oder uns gar noch umbringen! Wie z.B. im Krieg! Wenn wir uns dann zu sehr verbinden mit einem Feind, negativ meine ich, dann sind wir mit seinem Energiefeld verbunden. Und wenn dieser Feind, Nachbar, Ex usw. dann einmal stirbt, reißt er uns dann nach unserem Tod mit zu sich in seine Ebene!
Ebenso kann es sein, dass er nach seinem Tod, wenn wir dann noch leben, von der Astralwelt aus weitermacht, uns zu plagen! Und die haben schon Möglichkeiten dazu! Die magischen Kräfte, die ja jedes Geistwesen mehr oder weniger hat, kann er nun voll zur Entfaltung bringen, wenn er nicht mehr im Menschenkörper eingesperrt ist!
Also, lasse dich nicht ein auf Provokationen und langanhaltende Streite! Gehe nicht in den Kampf mit einem niederen bösartigen Menschen! Meide ihn, lasse los! Überlasse es den Gerichten oder Gott! Aber fang nicht an mit ihm zu kämpfen und zu hassen! Zu starke negative Gefühle wie Hass und Rachsucht schaden nur dem, der sie hat!
Lerne loszulassen und alles einer höheren Macht zu überlassen! Rache und Hass sind niedere Gefühle, die bei einem hohen Geistwesen nichts verloren haben! Es wird dir nur zum Schaden sein! Der andere lacht sich einen, wenn er dich dann in die niederen Höllen hinuntergezogen hat!
Wenn du dich in die niederen dunklen Sphären des Hasses und der Rachsucht begibst, kannst du nur verlieren! Denke einfach, der wird seine Strafe schon bekommen!

Was ich auch noch festgestellt habe, ist, dass die Geister nach ihrem Tod, wenn sie den physischen Körper verlassen haben, oft aussehen wie Monster! Ihr Gesicht sieht dann verzogen aus irgendwie! Das Kinn wird länger, die Nase länger, die Augen schlitziger usw.! Viele sehen einfach furchtbar aus. Bei einigen sieht man ein angstverzerrtes Gesicht, bei anderen ein wütendes! Sie sehen aus wie ihr Geisteszustand! Die Tarnung des Menschenkörpers kann sie nicht mehr schützen und andere täuschen! Das nur noch am Rande!

Die dunklen Mächte haben ein System aufgebaut auf der Erde, das ihnen immer wieder neue Energie liefert! Ich berichtete mehrfach darüber! Die niederen Geister in den untersten Ebenen warten nur darauf, nach oben kommen und Menschen besetzen zu dürfen oder gar ganze Menschenkörper übernehmen zu dürfen! Immer, wenn irgendwo Hass, Wut, Gewalt, niedere Instinkte usw. ins Spiel kommen, dürfen diese brutalen niederen Reptowesen, Dämonen und Vampire nach »oben« kommen und diese Menschen besetzen! Gleiches zieht Gleiches an! Das gilt aber nicht für Indigos. Diese werden aus anderen Gründen immer attackiert!
Wenn nun so ein wütender, niederer, hasserfüllter Mensch seine Seele früher oder später verliert aufgrund seiner niederen Schwingungen, übernimmt der niederere Repto oder Dämon oder Vampir diesen Körper! Satan wohnt nun in seinem Menschenkörper! Und je mehr Menschen ihre Seele verlieren, desto mehr Fremdübernahmen! Das sind dann die schwarzen ausdruckslosen Augen, die einen beim Vorbeilaufen so hasserfüllt anstarren, dass es einen friert!
So wie jeder Beseelte Mensch mit Gott verbunden ist, so ist jeder seelenlose Mensch und jeder Repto mit Satan verbunden! Wenn du so einem Seelenlosen in die Augen schaust, kann das sofort Besetzungen bei dir hervorrufen! Je höher eine Seele, desto mehr schaust du Gott in die Augen! Je niederer ein Mensch ohne Seele, desto mehr schaust du dem Teufel in die Augen!

Besetzungen sind übrigens auch ein Grund, warum Menschen nach ihrem irdischen Ableben nicht ins Licht können und gefangen in der Astralwelt umherirren!
Allerdings ist es nicht so, dass ein Geistwesen für alle Zeit verloren ist! Jeder Mensch hat einen persönlichen Geistführer! Die Seelenlosen haben Reptos und Graue als Geistführer! Denn die Seelenlosen sind Eigentum der Dunkelheit, Sklaven! Und durch diese Abhängigkeit und Versklavung, die auch nach dem Tod weiterbesteht, ist man denen ausgeliefert! Sie bestimmen dann, wo und wann du als nächstes inkarnieren darfst und sollst, um irgendwelche Zwecke von ihnen zu erfüllen!

Es gibt aber in jeder niederen Ebene einen Chef-Geist, eine Art Diktator, der das Sagen hat! Und der ist verpflichtet, einen Engel, einen hohen Geistführer von oben zu rufen, wenn einer seiner niederen Sklaven zur Besinnung kommt, Einsicht und Reue zeigt! Dann wird er befreit aus seiner Gefangenschaft und steigt auf in höhere Geistebenen, wo dann echte beseelte Geistführer da sind, die ihn ab dann betreuen!
Jeder hat es also in der Hand, wohin er nach seinem Tod kommt und wann und wie er dann aus den niederen Ebenen sich befreien kann! Einsicht und Reue sind das Schlagwort! Es muss demjenigen bewusst werden, was er falsch gemacht hat, er muss Reue zeigen, und er muss anderen niederen Geistwesen, die noch schlechter dran sind als er, helfen, dort wieder herauszufinden! Also er muss anderen Gutes tun und dabei Opfer bringen, also was riskieren! Und er muss dann neu inkarnieren, um sich erneut zu beweisen! Sicher, müssen tut niemand was! Jeder kann auch 5000 Jahre irgendwo in einem dunklen Schlammloch in einer Hölle verweilen! Niemand wird gezwungen! Es geht um die Entwicklung eines jeden! Und jeder gibt sich selbst die Zeit vor! Die nächste Inkarnation nach so einem Abfall kann dann also durchaus in Bangladesch sein, in einer Hütte unter einer Autobahn!

Leichter ist das alles zu Lebzeiten zu regeln, wenn noch etwas offen ist! Darum sollte jeder bemüht sein, alles noch während seines jetzigen Lebens zu klären und notfalls wiedergutzumachen! Nachher wird es ungemein schwerer!

Wer als Neidhammel stirbt, wird in einer Welt voller Neidhammel aufwachen! Er wird erst gar nicht merken, dass er nun tot ist! Er wird in einem Haus an einer Straße z.B. wohnen, wo lauter Neidhammel leben! Viele vegetieren so vor sich hin, bis sie eines Tages von selbst erkennen, wo sie hier eigentlich sind und warum sie dort sind, was sie lernen sollen! Wenn das der Fall ist, dass sie Reue fühlen und zeigen, sie Bewusstsein erlangen, dann schlafen sie dort ein und werden weggeholt von den Geistführern und höheren Geistwesen! Sie »sterben« dann schon wieder, nur dieses Mal, ohne den Körper wechseln zu müssen! Sie wachen dann in einer höheren Ebene auf, wo eine schönere Energie herrscht! Von dort aus können sie sich Stufe für Stufe dann emporarbeiten durch Erlangung von Erkenntnissen! Dies kann unter Umständen viele Jahrzehnte, gar Jahrhunderte dauern nach unserer Zeitrechnung! Wer will, und wenn ein geeigneter Platz frei ist in einem neuen Menschenfötus, darf dann auch neu inkarniert werden.

Indigos gehen nach dem Tod ins Licht und kommen dann in einer hohen Geistigen Ebene an, wo sie nichts zu befürchten haben. Meist auf dem »Planeten«, von dem sie stammen, dessen Seele sie tragen! Ebenso Plejadier und Santiner, die normal sind, auch die kommen zu ihresgleichen. Also, wenn sie keine Verbrechen begangen hatten, keine Süchte haben und kaum Neid und dergleichen! Sie »landen« in einer ihnen gerechten Ebene! Viele haben Angst vor einem »falschen« Licht! Das ist absoluter Quatsch! Wir alle haben Geistführer, und die passen auf, dass da nichts schief läuft nach dem Tod und keiner an den falschen Ort gerät!

Bewusstseinserlangung als Mensch geht viel einfacher und schneller! Und man kann durch Leid und Schmerz viel Karma abbauen! Manche Geistwesen mit ganz viel »Dreck am Stecken«, also Karma, erklären sich auch bereit, als hungerndes Kind in Äthiopien zur Welt zu kommen, als Beispiel jetzt, um ganz schnell dann zu sterben, nachdem sie arg leiden mussten! So können sie ganz schnell ganz viel Karma abbauen!
Die Geistwesen entscheiden über jede Inkarnation selbst! Auswählen tut das der Geistführer. Es gibt da gewisse Dinge zu beachten! Jeder kann nur in einem Umfeld inkarnieren, das seinen Schwingungen gleicht! Darum kommen immer mehr Reptos auf die Welt, da Reptos nur bei Familien geboren werden können, wo mindestens einer der Eltern ein Repto ist! Meistens die Mutter! Darum ist das System sehr darum bemüht, dass es viele ungewollte Schwangerschaften, unglückliche Paare, zerstrittene Paare usw. gibt! Reptos brauchen dieses negative Umfeld! Indigos können überall inkarnieren, da sie jede Schwingung aushalten können!

Plejadier und Santiner brauchen mindestens auch einen Plejadier oder einen Santiner als ein Elternteil, meist die Mutter! Mantisse brauchen mindestens einen Mantis als ein Elternteil, meist die Mutter! Die Mutter ist das entscheidende Kriterium, welches Niveau bei Babys geboren wird! Ist ein Elternteil drogensüchtig oder nikotinsüchtig oder alkoholsüchtig, dann ziehen sie ein Geistwesen an, welches niederer schwingt und früher ebenfalls eine der Süchte hatte!

Wenn jemand zu Lebzeiten davon überzeugt ist, dass es nach dem Tod vorbei ist, es da nichts mehr gibt, nur noch Dunkelheit, also nichts, dann wird er in der absoluten Dunkelheit erwachen! Er wird dann dort solange verbringen, bis er erkennt, dass er lebt und nichts sieht und um Hilfe schreit!

Dies kann auch 100 oder 200 Jahre dauern! Grundsätzlich muss jedes Geistwesen selbst zu Bewusstsein gelangen und von sich aus um Hilfe bitten!

Was auf keinen Fall geht, ist, so wie manche das sagen, dass man dorthin kommt, woran man glaubt! Also, nach deinem Willen soll dir geschehen! Das kann ich so nicht stehenlassen! Wenn ein Freimaurer, der Babys frisst und deren Blut trinkt, glaubt, dass er in eine wunderschöne Welt voller schöner Berge und Seen (und vielen spielenden kleinen Kindern ohne Aufsicht) kommt nach seinem Tod, dann irrt er gewaltig! Er wird in der untersten Höllenabteilung der dunkelsten Wesen aufwachen! Dort wird er dann täglich gegrillt und gefressen werden, immer und immer wieder! Solange, bis er erkennt, was er getan hat! Die Illuminaten und Freimaurer glauben ja, dass sie nach ihrem Ableben privilegiert seien und von den Reptos bevorzugt werden würden! Aber da habt ihr euch getäuscht! Bis auf wenige der ganz Oberen, die wieder neu in dunklen Hüllen inkarnieren dürfen, um das Werk fortzuführen, werden alle in der Hölle landen! Nochmals: Das Erleben und Empfinden in der Geistigen Welt als Geist ist genauso real wie das Empfinden als Mensch in der Materie! Es schmerzt und man leidet, wenn man zu tief fällt!
Einzelne Geister erhalten manchmal die Erlaubnis, Angehörige zu besuchen! Ihnen wird dann von der Geistigen Welt ein Medium vermittelt! Es kann also schon vorkommen, dass Tote die Angehörigen besuchen, um ihnen etwas Wichtiges noch mitzuteilen! Aber niemand der Lebenden muss sich darum sorgen und kümmern! Die Geistige Welt macht das alles, wenn es sein soll!
Wichtig ist auf jeden Fall, dass man zu Lebzeiten erkennt, was man falsch gemacht hat und dann Wiedergutmachung betreibt und umdenkt, sein Verhalten ändert! Jeder bekommt zurück, was er sät! Wer Hass, Tod und Verderben sät, wird genau das ernten! Wer Wind sät, wird Sturm ernten!
Wer wieder in alte Verhaltensmuster zurückfällt, verliert seinen hohen Seelenstatus oder gar seine Seele! Und nur wer eine Seele hat, wird von Gott geschützt nach dem Tod und in lichte Welten geholt! Die anderen alle müssen Umwege über niedere Dimensionen machen! Die Hölle gibt es, aber diese ist quasi personalisiert! Und jeder kann diese wieder einmal verlassen! Eine ewige Verdammnis gibt es nicht!

Bei den Partnerschaften, um wieder zu den Lebenden zurückzukommen, ist es so, dass es immer auf die Seelenherkunft und den jeweiligen Bewusst-

seinszustand der beiden Partner ankommt, ob sie zusammenpassen oder nicht! Natürlich spielen die Energien bei der Geburt eine Rolle! Astrologische Gründe sind entscheidend! Ob jemand ein Wassermann ist, ein Stier usw.! Noch wichtiger ist die Energieform des chinesischen Horoskops! Ob jemand ein Tiger oder ein Affe ist z.B. Dann spielt die Numerologie eine Rolle, ob jemand ein 6er ist oder ein 7er! Und das Wichtigste zum Schluss! Welche Planetenherkunft hat jemand! Ist er ein seelenloser Repto vom Orion oder gar ein Indigo? Dies alles unter einen Hut zu bekommen, ist sehr schwer! Aber es ist eine der wichtigsten Entscheidungen im Leben von jungen Menschen! Die richtige Partnerwahl!
Das wichtigste Kriterium ist die Seelenherkunft! Danach das chinesische Horoskop, und ganz ferner liefen dann das europäische Horoskop! Ich meine nun nicht das Horoskop, wo man dir sagt, wie es derzeit läuft bei dir usw.! Ich meine die Energie, die bei deiner Geburt vorherrschte!

Ob nun diese Häuser im Saturn und Merkur und Jupiter so wirklich stimmen, ich habe es noch gar nicht überprüft! Was ich weiß ist aber, dass das chinesische Horoskop das genauste der Welt ist! 2,50 Meter große Arier haben das vor 5000 Jahren in China geschrieben! Die heutigen Chinesen kamen erst später nach Asien, durch Genkreuzungen mit den Grauen! Davor haben blonde und rote Riesen in Asien gelebt! Es gibt ja heute noch die 1500 Hügel auf den Philippinen, wo die Riesen alle begraben wurden! In China gibt es über 50 000 Hügel dieser Art! Auch Pyramiden gab es in China! Die Chinesen haben alles zuwachsen lassen! Man sieht sie kaum mehr die Pyramiden! Es gab tausende davon! Von den außerirdischen Göttern der damaligen Vorzeit!
Das nur am Rande!

Man kann im Internet suchen, welches chinesische Zeichen zu wem passt und welche nicht zusammenpassen! Das Gleiche gilt bei der Numerologie! Anette und ich machen seit 25 Jahren Numerologie und Sternzeichen, rein für uns! Ich kann nach 25 Jahren sagen: Es trifft zu 100 % zu! Aber ein Kriterium schlägt alle anderen: Die Planetenherkunft! Anette ist die 2 und eine Ratte, ich bin die 8 und ein Tiger! Passt super! Beide sind wir Aszendent Schlange! Da kommen die Hartnäckigkeit und das Durchhaltevermögen her! Aber wir sind beide Indigos! Und wir haben vor der Inkarnation vereinbart, dass wir uns beide gegenseitig retten werden, wenn der eine die Orientierung verliert! Isabell ist die dritte Absicherung! Sie ist auch eine

Ratte und ein Indigo! Ansonsten bin ich noch Wassermann und Waage, ein Luftzeichen!

Entscheidend für das langfristige Zusammensein ist die Planeten- und Seelenherkunft! Die meisten Geistwesen inkarnieren immer wieder seit unendlicher Zeit zusammen auf der Erde! Sie haben eine gemeinsame Seelenfamilie! Ein Indigo passt immer zu einem anderen Indigo, egal, was es sonst für Kriterien hier gibt! Ein Indigo passt auch zu einem Santiner und evtl. auch zu einem Plejadier, wenn die anderen Faktoren stimmen!
Zu einem Mantis oder einem Repto passt ein Indigo nicht! Ein Santiner passt zu einem Indigo, einem Santiner und einem Plejadier! Ein Plejadier passt zu einem Indigo, wenn die anderen Kriterien stimmen, und zu einem Santiner und zu einem Plejadier. Ein Mantis passt zu einem Plejadier, einem Mantis oder einem Repto! Ein Repto passt zu einem Repto und einem Mantis! In erster Linie passen zwei zusammen, wenn sie die gleichen Planetenherkünfte haben! In allen anderen Fällen ist das chinesische Horoskop entscheidend. Sollte ein Partner aufsteigen oder abfallen, gibt es ein Problem! Dann passt das Bewusstsein nicht mehr zusammen! Außer, der andere Partner zieht nach! Aber das merkt man dann nach ein paar Monaten schon, wenn sich da etwas verschoben hat! Generell kann ein Walk In alles verändern, ins Positive und auch ins Negative!

Nach diesen Kriterien kommt die Überprüfung des chinesischen Zusammenpassens und dann das der Numerologie! Unterschätze das alles bitte nicht! Was denkst du, warum es so viele Scheidungen und Beziehungsdramen gibt?

Natürlich spielt sexuelle Anziehungskraft eine Rolle, damit man sich überhaupt kennenlernt! Das regelt die Geistige Welt über Elementalwesen und über das Senden von Sexualenergie! Sonst würden sich ja keine Paare kennenlernen! Allerdings kann das auch die dunkle Macht manipulieren! Darum muss man immer abwarten, ob diese sexuelle Anziehungskraft auch in zwei oder drei Monaten noch da ist. Die dunkle, manipulierte Sexualenergie hält meist nur rund vier Wochen! Sie wollen so Menschen in Fallen locken! Mit Verkuppelung von Hellen und Dunklen, über gesteuerte Elementalwesen!
Liebe hat bis hierher noch gar nicht stattgefunden! Die kommt erst später ins Spiel! Die Hormone spielen erstmal eine Hauptrolle!

Aktuell 18.07.2019. War um 22.45 Uhr Gassi mit Aslan! Mir ist aufgefallen, dass man mir ständig rauchende Jugendliche schickt! Es ist egal, wie spät ich rausgehe! Sie kommen immer und überall! Laufen auf einmal entgegen oder kommen von der Seite und laufen dann vor einem. Verrauchen und verqualmen einem den Weg, ständig und überall! Heute Nacht waren es sechs einzelne Jugendliche, immer rauchend und einem den Atem nehmend! Es scheint, ich solle keine gute Luft mehr bekommen!
Zuhause werden wir zugeraucht und zugekifft von einem Mieter ganz unten, der Tag und Nacht kifft! Wir haben schon Lungenprobleme und Atemprobleme, und wir bekommen Kopfschmerzen davon! Nachts wachen wir auch auf wegen dem Gestank! Wir werden zugekifft! Kifft oder raucht denn bald jeder? Was ist das nur für eine Entwicklung!

Zurück zur Partnerschaft! Sicher wirst du, wenn du jemanden siehst und Feuer und Flamme bist, nicht gleich an Seelenherkünfte und dergleichen denken! Solltest du aber! Du solltest nicht deinen niederen Trieben das Kommando überlassen! In der Tierwelt mag das angebracht sein! Doch uns Menschen hat Gott die Fähigkeit gegeben, nachzudenken, bevor wir handeln!
Der Sexualtrieb ist für das Überleben und die Fortpflanzung der Menschheit gedacht! Sicher ist es schön, sich mit einem liebenden Partner körperlich zu vereinigen! Und es ist auch nichts Schlechtes daran! Aber das Stichwort ist Liebe! Ohne Liebe ist Sex einfach nur ein niederer Trieb und dient zur Befriedigung deines Egos! Es ist wie wenn jemand den Hals beim Essen nicht vollkriegt und sich bis zur Adipositas vollfrisst! Kann man ja dann nicht mehr von essen reden! Man sollte nur essen, um nicht zu sterben! Viele essen aus reiner Völlerei und Sucht!

Warum ich über Sex und »Fressen« schreibe? Weil beides zur reinen Sucht werden kann! Viele Menschen denken den ganzen Tag nur an Sex und oder an essen! Es sind Süchte wie Rauchen und Alkohol! Und die dunklen Mächte arbeiten ja fleißig daran, die restlichen Seelen dieser Welt noch zu ergattern, indem sie die Moral verrohen lassen! Überall nur noch nackte Frauenleiber, schon morgens um 07.00 Uhr auf einigen Kanälen! Ich muss aus beruflichen Gründen zappen! Schauen kann ich nicht mehr, nur noch ganz kurz zappen, damit ich weiß, auf welchem Level sich die Menschen da draußen gerade befinden! Sex, überall Sex! Partnershows, Dating Shows, nackte Penisse, nackte Vaginas, kopulierende Menschen! Es ist widerlich und erbärmlich, auf welches Niveau die Menschheit hinsteuert! Warum ist das so? Die Reptos sind alle sexuell abartig! Für sie zählt nur das rein Köperliche! Ich meine die Menschen-Reptos! Die echten Reptos, die Weibchen, töten ja ihre Sexpartner, essen sie ja manchmal sogar auf, ihre männlichen Sexpartner, nach dem Sex! Sie sind tierisch im Trieb und haben sich nicht mehr im Griff während der Ekstase! Darum haben auch Repto-Menschen einen ausgeprägten Sexualtrieb! Die Illuminaten und ihre Handlanger, die Freimaurer, machen ja auch ständig Rituale, immer an Voll- und Neumonden, wo sie ihre Opfer, meist junge Babys, erst missbrauchen, dann quälen, wegen dem Adrenochrom, dann töten, dann das Blut trinken und zum Schluss das Fleisch essen! Sie verfallen dann in totale Ekstase! Auch dann, wenn sie gefolterte junge Frauen auf Altären vergewaltigen und danach töten! Diese Rituale werden meist in Kirchen abgehalten, in dortigen unterirdischen Hallen! An diesen Treffen zu den Ritualen nehmen auch Politiker und Schauspieler teil! Musiker, Ärzte usw.! Sie werden gefilmt und dann später erpresst, sollten sie auspacken wollen!

Die Reptos wollen aus uns Menschen niedere Tiere machen! Wir sollen nur noch arbeiten, Befehle ausführen, dumm wie Brot werden und uns mit Sex, Essen und Trinken und Kiffen bis zum Abwinken beschäftigen! Sie wollen uns degenerieren! Und darum schreibe ich darüber!

Esse normal nur so viel, wie dein Körper tatsächlich braucht! Esse nur Bio, und nur vegan! Am besten das meiste als Rohkost! Und mache nur Sex mit deinem Partner oder demjenigen, den du liebst, und wenn der Sex mal nicht mehr im Vordergrund steht, warum auch immer, aber die Liebe noch da ist, dann verzichte eben auf Sex! Du wirst auch ohne Sex alt und glücklich werden! Und es ist keine Pflicht, Sex zu haben! Die Medien und die Gesellschaft wollen uns das so verkaufen! Wenn du keinen Sex mehr haben willst oder kannst, dann bist du nichts mehr wert! Und dann ist deine Beziehung nichts mehr wert! Und sie geben Kurse und machen Seminare, wie man sich wieder sexuell anziehend finden kann, wenn nichts mehr geht im Bett! Auch die spirituelle, esoterische Szene macht da mit, bei dem blöden unnötigen Spiel! Was soll das? Sex ist ein Trieb! Nichts anderes! Es wäre so, als würde man Ratgeber schreiben, wie man lernt, adipös zu werden, also viel und gut zu essen! Vor allem im Alter! Das ist doch alles irre! Wenn ein Paar 20, 30 oder 40 Jahre zusammen ist, ist es normal, wenn das sexuelle Verlangen eines Tages abbaut! Man muss keinen Sex haben! Die Liebe ist doch deswegen nicht gegangen! Oder nicht? Sex und Liebe haben nichts miteinander zu tun! Wenn man Glück hat, kommt beides zusammen! Viele

suchen sich aber ihren Partner nur nach dem Äußeren und der sexuellen Anziehung aus oder nach dem Kontostand! Von Liebe wird gar nicht mehr geredet! Die neuen Dating Shows machen es uns vor! Es ist ein Kampf gegen die Liebe, der da stattfindet!
Ich liebe meinen Hund doch auch, obwohl wir keinen Sex haben! Und mit unserem Zwerghamster habe ich auch keinen Sex und liebe sie, die Bianca!
Du meinst, das wäre eine andere Liebe? Nein! Es gibt nur die wahre Liebe zu allem, was ist! Es gibt keine verschiedenen Arten von Liebe! Nur wer seelenlos und nieder ist, kann das nicht verstehen! Liebe ist bedingungslos und daher nicht gebunden an Sex! Und wer Sex zur Bedingung macht bei seinem Partner, der liebt nicht! Sicher, in jungen Jahren ist der Sexualtrieb eben stärker ausgeprägt! Aber der Mensch muss lernen, seine Triebe zu kontrollieren! Sonst mutiert er zum Tier zurück!
Durch das Ausleben von Süchten werden die Menschen besetzt von niedersten Geistern der niederen Astraldimensionen, und dadurch wird die Sucht noch verstärkt! Nach und nach übernimmt die Besetzung dann den Körper und es kommt zur Besessenheit! Die Seele geht, der Mensch fällt nach seinem Tode ab in die untersten Dimensionen! Darum geht es bei all dem! Sie wollen dich fallen sehen!
Die Seelenlosen suchen den Liebesersatz in der Ekstase! Sie brauchen immer wieder Befriedigung und Ekstase! Und sie müssen sich dann immer wieder Neues einfallen lassen, damit sie Lust bekommen! Sie können nicht einfach kuscheln, sich umarmen, zärtlich sein! Es geht immer nur um die reine Befriedigung! Die Ekstase ist das Gegenteil der göttlichen Liebe! Diese Menschen sind nicht fähig, zu lieben! Sie suchen daher einen Ersatz in der Ekstase! Darum gibt es auch diese Rituale, das ist nichts anderes als ein Ersatz für die Anbetung eines wahren Gottes! Liebe ist verbunden sein mit Gott! Und diese dunklen Menschen sind dazu nicht fähig und huldigen so mit ihren Ritualen ihrem Gott: Satan! Das Gegenteil der Liebe! Sie leben das Gegenteil von Gott! In den oberen Dimensionen gibt es keinen Sex! Dort haben die Menschen, Wesen, auch keine Geschlechtsteile! Es gibt eine Art Geschlechtsverkehr durch Verschmelzung der beiden Energien. Dagegen ist ein menschlicher Orgasmus nichts, einfach nichts! Ich durfte das schon einmal spüren und erleben!

Wenn mir Klienten schreiben, sie finden nicht den richtigen Partner, was sie tun sollen oder falsch machen, dann schreibe ich oft, dass alles zu sei-

ner Zeit eintreten wird, wenn es sein soll! Wenn der richtige Partner kommen soll, dann wird er kommen. Er wird dir dann zugeführt werden, da musst du nichts dafür tun! Und wenn das nicht so ist, dann soll es nicht sein! Die Menschen müssen mehr ins Gottvertrauen kommen! Wir sind nicht inkarniert, um uns zu vermehren wie die Karnickel und um Karriere zu machen und eine Familie zu gründen! Was soll das? Das ist Mind Control und das sind Prägungen, nichts anderes! Vielleicht bist du hier, um zu dir selbst zu finden? Vielleicht musst du keine Familie gründen! Vielleicht bist du hier, um eine Aufgabe zu erfüllen?
Die zwanghafte Suche nach einem Partner ist krank! Sie zeugt von Unreife und niederem Bewusstsein! Diese Menschen haben noch nicht zu sich selbst gefunden! Im Prinzip suchen sie nach Gott! Sie suchen die Liebe zu Gott wiederzufinden, und darum brauchen sie einen Partner! Sie fühlen sich allein und einsam, verloren und ungeschützt! Weil sie den Kontakt zu Gott verloren haben, kein Gott-Vertrauen mehr haben!
Eine Partnerschaft ist eigentlich ein Training für die Menschen, die Liebe zu Gott und zu allem, was ist, wieder zu lernen! Oder überhaupt zu lernen! All die vielen Tierpaare, Menschenpaare! Jeder braucht jemanden, den er lieben kann! Oder mit dem er ständig Sex haben kann! Es gibt ja auch Sexpuppen für Männer, die brauchen dann keinen Partner mehr! Wie nieder ist das denn?

Die Paare sollen lernen, zu lieben! Darum geht es bei den Partnerschaften! Dies ist eine sehr weitreichende Erkenntnis von mir! Das wirst du noch merken! Sicher, keiner will immer alleine durchs Leben gehen! Jeder hat gerne jemanden an seiner Seite! Aber es ist eben nicht jedem bestimmt! Vielleicht brauchst du das schon gar nicht mehr! Vielleicht musst du lieben gar nicht mehr lernen? Hab einfach Vertrauen in das Göttliche!

Als ich Anette kennenlernte, da war ich in einem Tanzlokal am Bodensee in Meersburg! Ich wollte schon gehen, da begegnete sie mir auf der Eingangstreppe! Ich blieb abrupt stehen und sagte zu ihr, dass sie auf keinen Fall an mir vorbeigehen dürfte, ohne mir ihre Telefonnummer zu geben! Sie meinte, sicher würden wir uns mal wieder hier drin sehen! Ich sagte dann, und schwindelte dabei, dass ich sehr selten hier sei! Sie nahm dann plötzlich meinen Kugelschreiber aus meiner Hemdtasche, ich hatte damals Hemden an, war ja in der Finanzbranche, und notierte mir ihre Nummer auf meiner Hand! Sie war in Begleitung ihrer Freundin!

Nun, daraus wurden bis jetzt 30 Jahre! Ich hatte nie zuvor eine Frau so spontan angesprochen! Es war wie ein Muss! Ich konnte irgendwie nicht anders! Später stellte sich heraus, dass sie oder ihre Freundin eigentlich schon länger weg waren und umdrehten, weil die Freundin die Handtasche im Lokal vergessen hatte! Ist das nicht ein Zufall? Hätte sie die Handtasche nicht vergessen, hätten wir uns vermutlich nie kennengelernt! Aber ich bin heute sicher, dass die Geistige Welt dafür gesorgt hätte, dass wir uns auf jeden Fall kennengelernt hätten, egal wie!

Anette und ich, wir haben alles durch, was es an Trennungsgründen überhaupt geben kann! Und nichts konnte uns je dauerhaft trennen, nichts! Es gibt ein Band zwischen uns, das uns zusammenhält! Die Liebe! Wahre bedingungslose Liebe ist unzerstörbar! Das war und ist alles Fügung und Schicksal gewesen! Sie ist mein Schutzengel und hat mich einige Male gerettet, sodass ich überhaupt (wieder) zu Sananda werden konnte und meine Aufgabe erfüllen kann, warum ich hier inkarniert bin! Und sie war immer da, auch in den Zeiten, wo ich nichts hatte und am Boden war! Sie und Isabel sind mein Backup, meine Schutzschilde, meine treuen Helfer, und sind selbst doch auch Königinnen! Wir sind vom gleichen Stamme!

Die Menschen müssen lernen, ihrem Schicksal zu vertrauen! Die Menschen und auch Tiere, die wichtig für dich und dein Schicksal sind, werden dir zugeführt werden! Wer es nicht alleine aushält, soll sich ein Hobby suchen, ein Tier kaufen, lesen, was auch immer! Aber nimm nicht einfach irgendeinen Partner, um halt einen zu haben! Und wenn es mit dem Sex mal nicht mehr so geht, redet drüber, erforscht die Gründe! Und wenn es halt einfach am Alter liegt, an der mangelnden Lust, an Krankheiten, dann ist das zu akzeptieren! Wer sich wirklich liebt, der wird keine Bedingungen setzen, keine Zeitlimits und auch deswegen seinen nicht Partner verlassen! Wenn dein Partner gehen will, weil er zu wenig Sex von dir bekommt und sich beklagt, dann lass ihn gehen!
Ich habe viele Feedbacks von Klienten, die mir schreiben, dass ihre Partnerschaft nach meiner Behandlung viel harmonischer und liebevoller geworden ist! Besetzungen spielen beim Sexualtrieb eben auch eine große Rolle! Wie bei allen Trieben und Süchten!
Viele Menschen glauben auch, sie bräuchten einen Partner, damit dieser sie glücklich machen müsse! Sie suchen das Glück im Außen, nicht in sich! Sie verlangen vom Partner, dass er so ist, wie sie es gerne haben! Am liebsten

würden sie sich einen backen! Auch haben viele Menschen eine falsche Vorstellung von einer glücklichen Partnerschaft! Sie verstehen unter Glück, dass alles so läuft, wie sie es gerne hätten! Und dementsprechend suchen sie einen Partner aus, der diesen eigenen Wünschen und Zielen am nächsten kommt! Sie suchen den Handwerker, den liebenden Windelwechsler, den gutverdienenden Manager, den tollen Liebhaber, den ruhigen Schläfer, den Jasager, der nie aufmuckt usw.! Am liebsten alles in einer Person!
Was ist denn eigentlich eine glückliche Beziehung? Ist es diejenige, wo immer Liebe und Frieden und Harmonie herrschen? Was haben sich solche Partner eigentlich dann noch zu sagen? Was soll der eine vom anderen dann noch lernen?
Der richtige Partner ist auch ein Spiegel! Eine Reizfigur, ein Neinsager, ein Fragender! Der Partner zeigt dir, wo deine Schwachstellen sind, kann dich zum Schreien oder zum Weinen bringen! Kann dich ärgern und dich wütend machen! Er kann dich provozieren und herausfordern. Das alles ist möglich, wenn die Liebe stark genug ist! Und daran wächst man dann und erkennt im Partner seine eigenen Fehler und kann sie dann korrigieren!
Mit nur Friede, Freude und Eierkuchen, wo ist da deine Entwicklung? Nur an Reibung kann man wachsen! Ich meine jetzt sicher nicht, dass es immer laut zugehen muss! Oder dass es auch mal gewalttätig sein darf! Sicher nicht! Die Liebe hält vieles aus! Und doch muss man aufpassen! Was ich sagen will, ist, dass Glück relativ ist! Wer diese Erwartungshaltung an einen Partner hat, er soll mich glücklich machen, der wird immer enttäuscht werden!
Glück muss jeder in sich selber finden! Ein Partner soll ein Wegbegleiter sein, der dich weiterbringt in deiner Entwicklung, dir zur Seite steht, wenn es drauf ankommt! Fundament dafür ist die Liebe! Wenn dein Partner eklig ist zu dir, dann spiegelt er dich vielleicht nur! Bist du vielleicht immer eklig zu ihm gewesen? Wichtig ist, dass man immer den Respekt und die Achtung vor dem anderen behält und dass am Ende des Tages, bevor man ins Bett geht, immer eine Versöhnung stattfindet!

Man sollte einfach darauf achten, dass man respekt- und liebevoll miteinander umgeht! Sonst braucht man ja keinen Partner! Wenn man nur streitet, dann stimmt was nicht! (Besetzungen?) Und wenn es beim Streit nicht um konstruktive Lösungen geht, die beide weiterbringen, sondern nur darum, den anderen zu dominieren und zu unterdrücken, dann ist das die falsche Partnerschaft!

Die richtige Partnerschaft ist die, wenn man ohne den anderen nicht mehr sein will und man miteinander über alles reden kann, es aber auch mal krachen kann! Viele Menschen sehen in einer Partnerschaft nur Kinder, Auto und Haus und genug Geld! Mit wem man das erreicht, das ist sekundär! Die richtige Partnerschaft ist die, dass man gar nichts denkt und plant, einfach mit dem anderen zusammen sein will, egal, was kommt! Auch wenn der Kinderwunsch sich nicht erfüllen sollte! Wer nur einen Partner will, damit er Kinder haben kann, der liebt nicht und will nur sein eigenes Ego befriedigen!
Zu viel Streit ist natürlich ungesund, und wenn man sich dauerhaft unglücklich fühlt, dann sollte man reden, und wenn das nichts ändert, sich trennen! Egal, welche »Rolle» der Partner nun spielt in der Beziehung, ob dominant oder devot, entscheidend ist immer die Liebe! Wie stark ist der Drang, mit dem anderen für immer zusammen sein zu wollen? Sich ein Leben ohne den anderen nicht vorstellen zu wollen?

Wenn sich zwei ebenbürtig sture Partner genug gespiegelt und aneinander gerieben haben, dann wird das eines Tages ein unschlagbares Team! Aber alles steht und fällt mit dem persönlichen Lebensplan! Der eine braucht Hilfe vom Partner, um sich entwickeln zu können oder um gerettet zu werden, der andere braucht das alles nicht, weil er noch nicht so weit ist in der Entwicklung und von daher eine glückliche und vielleicht auch langweilige Beziehung haben darf oder soll! Ja, du hast richtig gehört! Wir sind nicht hier, um ein glückliches, ruhiges und schönes Leben zu haben mit viel Party und Fun und allem drumherum! Das wäre ein total sinnloses Leben! Wir sind hier, um Karma abzubauen, um Lebenspläne endlich zu erfüllen, um wieder nach Hause kommen zu können! Und dabei brauchen wir entweder einen Partner, der uns dabei hilft, auch einmal auf uncharmante Art vielleicht, oder besser keinen! Dann lieber einen Hund! Ich bin also kein SM-Fan, bitte nicht falsch verstehen! Man muss und soll sich nicht die Köpfe einschlagen! Aber es muss Bewegung und Reibung in einer Beziehung sein, das Salz in der Suppe! Alles andere ist für Unterentwickelte, die noch nicht an der Reihe sind! Die dürfen dann ein ruhiges, schönes Leben haben, wo nichts passiert! Also sollte man dankbar sein, wenn man einen Partner hat, der einen fordert und nicht nur kuscht! Aber vielleicht gehe ich ja auch nur von mir aus! Mag sein! Ich habe das Glück, mit meinem Seelendual zusammen zu sein! Was Schwierigeres kann man sich gar nicht vorstellen! Aber gleichzeitig auch nichts Schöneres! Man ist verbunden mit einem unsichtbaren Band! Das sind die Beziehungen, wo man nicht miteinander, aber auch nicht ohne einander kann! Aber mit dem Alter besserte sich das! Und vor allem wurde das viel besser seit meinem Erwachen und den täglichen Ablösungen und Reinigungen, die wir an uns durchführen! Was für ein Zufall! Auf jeden Fall zieht der eine den anderen immer wieder hoch, wenn er unten ist, und umgekehrt! Man weiß, dass der andere immer für einen da ist, egal was war oder ist! Wir würden uns nie im Stich lassen, nie! Unter keinen Umständen!

Besetzungen machen aber leider sehr viel aus, und viele Beziehungen zerbrechen, gehen kaputt wegen Besetzungen! Gerade die üblen Kräche und Streite, wo es laut wird, da sind immer Besetzungen mit am Werk! Oder wenn der eine Partner nicht mehr will plötzlich, negative Gefühle auf einmal hat, ohne triftigen Grund! Besetzungen sind sehr oft das Übel! Ich kann es aus den Feedbacks der Klienten herauslesen, wie oft Beziehungen nach einer Behandlung von mir wieder viel harmonischer und friedlicher sind! Und sogar der Partner wieder zurückfand, der eigentlich gehen wollte! Wenn du willst, auch eine Art Partnerrückführung! Besetzungen sind für so vieles verantwortlich! Wenn doch nur die Menschen mehr wüssten und mehr glaubten!

Entscheidend ist immer, wie stark die Liebe ist, oder ob gar keine da ist, wie in den meisten Partnerschaften! Die meisten haben nur einen Partner, damit sie eben einen haben! Und ihre Kinder und ihre Familie gründen können und ihr Haus bauen können! Wegen ihren eigenen Ego-Zielen! Und um der Gesellschaft gerecht zu werden, weil die das ja erwarten!
Für viele wäre es besser, alleine zu leben! Der Sinn des Lebens ist ja auch nicht, eine Familie zu gründen, sondern sich weiterzuentwickeln! Und nicht bei jedem stehen eine glückliche Partnerschaft und eine neue Familie auf dem Lebensplan! Die Menschen müssen lernen, mehr Selbstliebe zu entwickeln und das Glück nicht immer in anderen Menschen zu suchen! Wenn es sein soll, wird es eh passieren! Auch ohne dein Dazutun! Lernt, mehr auf Gott zu vertrauen, auf die Fügungen und eigenen Intuitionen! Nichts selbst erzwingen immer! Loslassen und ins Vertrauen gehen!

Was natürlich eine immer größere Rolle spielt beim Thema Partnerschaft, ist, dass sich die Rolle der Frau vehement verändert hat in den letzten 30 bis 40 Jahren! Sie will sich emanzipieren! Natürlich ist das nicht wirklich

von den Frauen gewollt und initiiert! Auch hier stecken wie überall wieder die üblichen Mächte dahinter! Sie wollen das Frauenbild nachhaltig und für immer verändern! Es geht um die Entweiblichung der Menschheit! Leider sehen das auch viele Frauen falsch! Sie meinen, wenn die Frauen emanzipierter seien, sei das ein Fortschritt! Dem ist aber nicht so! Die Frau soll Führungspositionen einnehmen, soll zum Militär, soll boxen, soll jeden Männerberuf einnehmen! Jeden! Im Sinne der Emanzipation! Aber ist das wirklich gut für die Frauen? Und für die Zukunft der Menschheit? Die Rolle der Frau soll umgeschrieben werden! Weg von der Mutterrolle, weg von der fürsorglichen, liebevollen Frau, die immer zuhause ist, die Kinder, den Haushalt und den Mann versorgt, die Familie zusammenhält! Die Frau war immer die Stütze der Familie und das eigentliche Familienoberhaupt! Was ist denn so Schlimmes daran, wenn eine liebende Frau zuhause warte, schön gekocht hat und dem Mann ein wohliges Heim bereitet? Die neue Gesellschaft hat es allen Menschen eingeredet, dass das eine niedere Tätigkeit sei, den Haushalt zu machen und einen Mann und seine Familie zu versorgen! Und dass gefälligst der Mann seine Wäsche doch selber machen solle und selber kochen soll! Die Frau soll auch Karriere machen dürfen! Und boxen! Und in den Krieg ziehen! Sie will emanzipiert sein! Warum eigentlich? Ich bin nicht der Typ, der ein Heimchen am Herd als Frauenrolle fordert! Nein!
Ich bin auch nicht islamisch angehaucht, im Gegenteil! Was ich verdeutlichen will, ist, dass die heutige Frau, das frühere Weib, heute dadurch immer schutzloser und angreifbarer wird! Früher war ein Weib das Weib von Herrn Müller und somit unantastbar für andere! Das Weib stand unter dem Schutz des Mannes! Heute sind viele Frauen auf sich gestellt und sollen in einer knallharten, brutalen Männerwelt bestehen! Sicher, für einige Repto-Frauen ist das ok! Die zeigen den Männern die Zähne und erobern die Politik weltweit! Deutschland wird von einer Repto-Frauengilde geführt! In den Untergang!

Aber das ist jetzt nicht das Thema! Die Frau soll mithalten müssen in allen männlichen Domänen und kann es logischerweise nicht, nicht die beseelte Frau! Sie steht somit ständig unter enormem Leistungsdruck und ist das ganze Leben am Kämpfen um Arbeitsstellen! Später kämpft sie dann um ihre Rente!
Gut, wenn eine Frau unbedingt Karriere machen will, dann soll sie es tun! Aber dann soll sie bitte keine Familie nebenbei haben wollen und Kinder!

Und darum geht's! Die Herrschenden wollen die Familien schwächen und somit mehr Einfluss auf die Erziehung der künftigen Generationen von Kindern bekommen! Denn wenn die Frau gleich nach der Entbindung wieder arbeiten geht oder nach einem Jahr, dann werden die Kinder ja abgeschoben in die neuen Kitas, weil der Mann ja auch Karriere macht! Beide müssen verdienen, damit man sich einen guten Lebensstandard leisten kann, zwei schöne Autos, und das Haus oder die Wohnung abzahlen kann! Es geht nur um Karriere, Geld und Ansehen! Die Frau wird zum Mann, der Mann aber nicht zur Frau! Ein Kind braucht eine Mutter in den ersten sechs Jahren, besser immer! Den Kindern der Zukunft wird die Mutter gestohlen! Und das wird gravierende Folgen haben für die zukünftigen Generationen! Die Kinder, die ohne Mütter aufwachsen, werden alle gefühlsgestört werden. Und dann kommt hinzu, dass der Staat sich dann ganz früh in die Erziehung der Kinder einmischen und die Mutter- und gar Vaterrolle übernehmen wird! Diese Kinder werden später alle nicht fähig sein, gesunde Beziehungen zu führen, werden kalt und herzlos sein. Es wird eine kalte, herzlose Zukunft geben mit diesen Kindern ohne Mütter!
Die Mischehen tun noch das Übrige dazu! Homosexuelle werden Kinder adoptieren, Transsexuelle, Bisexuelle, Metrosexuelle, Ohnesexsexuelle, was es da so alles gibt! Die Reptos lassen ja nichts aus, um nur dafür zu sorgen, dass es keine normalen Familien mehr geben wird! Und keine liebenden Mütter, die immer da sind für ihre Kinder! Ein Mann kann keine Mutter ersetzen! Es geht halt nicht! Ich rede jetzt nicht von den Müttern, die unfähig sind, Kinder zu erziehen! Die gibt es auch, das weiß ich! Ich rede hier vom Normalfall einer Familie!

Früher war alles einfacher und natürlicher! Die Frau versorgte den Haushalt und alles, was damit zusammenhängt, und der Mann bringt das Geld nach Hause! Und ich behaupte, das war gut so!
Einen Haushalt mit zwei Kindern zu führen, ist Knochenarbeit! Das weiß ich! Ich bin da lieber der Mann, der rausgeht und arbeitet, ganz ehrlich!
Das ganze Problem ist nur, dass der Staat das nicht als Knochenarbeit anerkennt! Und das müsste geändert werden! Jede Frau, die ein Kind erzieht und sechs Jahre zuhause bleibt, müsste dafür zwölf Jahre als Angestellte eingestuft werden in der Sozialversicherung, zu einem Tarif eines mittleren oder höheren Angestellten! So eben, als habe sie zwölf Jahre beim Staat gearbeitet zu einem vollen Monatslohn! Immer das Doppelte an Jahren, wie sie für ein Kind da ist! Bei zwei Kindern das Dreifache usw.! Bei zwölf

Jahren zuhause sein 24 Jahre je Kind angerechnet für die Rente usw.! Damit die Frau und die Kinder und die Familie geschützt sind! Das wäre ein Vorschlag von mir, wenn ich König der Welt wäre! Außerdem würde ich als König einführen, dass eine Mutter, die ein Kind erwartet, sich verpflichtet, bis zum 14. Lebensjahr nicht zu arbeiten und für das Kind immer zuhause da zu sein und es zu versorgen! Das Kindergeld würde ich verfünffachen dafür. Und zwar nur für Mütter, die schon mindestens zehn Jahre im Land leben! Und sollte die Mutter einmal verlassen werden vom Mann, würde ich eine nichtrückzahlbare Geldleistung von mindestens 2000 Euro monatlich, nach heutigen Werten, bezahlen, bis das Kind 18 Jahre alt ist! Danach würde ich, wenn das Kind erwachsen ist und nicht mehr bei der Mutter (oder bei der Familie) lebt, mindestens weiterhin diese 2000 Euro/Monat zahlen, damit die Frau nicht hilflos dasteht dann! Als Dank für diese Aufopferung! Das würde helfen, dass die Ureinwohner der deutschsprachigen europäischen Länder wieder mehr Kinder bekommen, die Frauen nicht mehr hilflos dastehen würden ohne Mann und wir wieder gut erzogene, glückliche Kinder hätten und angstfreie Familiengründungen!
Das Geld wäre da! Es fließt nur in andere Kanäle! In illegale Flüchtlinge aus aller Herren Länder! In die Nato, die UNO, nach Afrika und sonst wo hin! Die Politiker missbrauchen die Steuergelder der Bürger für andere Zwecke! Wenn das eine Firma machen würde, wäre das Betrug! Dem Staat liegt nichts an seinen Bürgern! Im Gegenteil, der Staat agiert menschenunwürdig und ist sogar der Feind der Bürger mittlerweile! Jedem müsste da doch mal ein Licht aufgehen!

Man sieht am Umgang mit Müttern, von z.B. Deutschland, dass dieser Staat frauenfeindlich ist, menschenfeindlich gar und keinerlei Verantwortung übernimmt für seine Zukunft! Die Frau wird im Prinzip durch die Emanzipation ausradiert! Wenn eine Frau unbedingt Karriere beim Militär oder in der Bank machen will, ok! Warum nicht? Aber dann Finger weg von Kindern! Kinder brauchen eine Mutter! Nichts kann eine Mutter ersetzen, nichts!
Ich würde nie wollen, dass meine Frau arbeiten gehen muss! Nie! Wenn ich nicht fähig bin, sie zu ernähren, dann muss ich an mir die Fehler suchen! Es kann nicht sein, dass Frauen sich abrackern neben Männern!
Es ist doch nicht göttlich, die Weiblichkeit so zu erniedrigen! Die Mutterrolle ist die Wichtigste in jeder Familie! Man soll eher dahin gehen, dass man die Vorteile der Frauen, die Diplomatie, das Weiche, das Mütterliche

usw. nutzt, dann ist das ok! Aber nicht in die Männerdomänen eindringen! Das ist irre und verrückt und nicht göttlich! Frauen sind liebliche zarte Geschöpfe und Mütter der Kinder der Zukunft, und das sollten sie auch bleiben!
Frauen in Berufen, ja, wo es angebracht ist! Emanzipation, nein! Wenn Gott nur Männer hätte wollen, hätte er keine Frauen erschaffen! Die Familie ist göttlich! Die Rolle einer Mutter ist göttlich! Und Mutter sein ist einer der schwersten Berufe, die es überhaupt gibt! Nur sollte es von den Männern, der Gesellschaft und dem Staat entsprechend gewürdigt werden! Und das wird es leider nicht!

Die Mitmenschen sind die Schlimmsten! Mir fällt da eine Geschichte von Anette ein. Als sie noch im Hegau in dem Hexenjagddorf nähe Engen lebte, wo man auf schöne, alleinerziehende Mütter vereint losging, da traf sie sich einmal mit zwei »Freundinnen« zum Essen! Vereinbart war, vor dem Lokal sich zu treffen. Anette wartete 15 Minuten draußen und rief dann an, warum die nicht kommen würden. Diese saßen aber schon drin im Lokal! Auf die Frage von Anette, warum sie dann kein SMS geschrieben hätten wenigstens, sagte die eine Freundin sowas Ähnliches wie, ob sie denn zu blöd wäre, drinnen nachzuschauen! Später am Tisch, bei einem anderen Thema, sagte diese Freundin dann zu Anette, dass sie als Hausfrau da ja wohl nicht mitreden könnte! Nun, das war das letzte Treffen, welches Anette mit dieser tollen Freundin machte! Neid und Missgunst erkennt man immer und überall! Lustig war, dass diese tolle Freundin selbst zuvor 20 Jahre »nur Hausfrau« war, keinen Beruf erlernt hatte und erst seit Kurzem eine kleine 400-Euro-Stelle innehatte! Und schon wollte sie sich über Anette stellen! Und Anette, die Abitur hat und studierte, eben zu der Zeit nicht mehr arbeiten musste, weil ich ja da war und ihr helfen konnte, dass sie das nicht mehr muss! Sie wurde wie ich überall drangsaliert immer! Anette hatte sich auch von Anfang an dafür entschieden gehabt, immer für Isabell da zu sein! Isabell wollte nie in den Kindergarten, ihr war es dort zu langweilig! Sie arbeitete dann später nur halbtags, während der Schulzeiten von Isabell, und machte danach den ganzen Haushalt noch, kochte mittags immer, und abends nochmals für mich! Und das über viele Jahre hinweg!

Der Neid dieser Freundin kam daher, da diese einen griesgrämigen, geizigen, viel älteren, langweiligen Mann zuhause hatte, der ihr nicht mal ein eigenes Auto bezahlt hatte in den letzten 25 Jahren! Anette hingegen hatte ein eigenes Haus, brauchte keinen griesgrämigen Mann dazu, und sie hatte ein eigenes Auto. Und das als »Hausfrau« und alleinerziehende Mutter! Übrigens: Ca. eine Woche nach diesem Vorfall wurden alle Katzen dieser tollen Freundin vor deren Haus überfahren! Und kurze Zeit später bekam sie Brustkrebs! Sie war strenge Katholikin! Habe heute Nacht mal astral geschaut, was sie ist. Sie ist eine seelenlose Mantisse! Und sie hat nur noch eine Brust! Sie hat wohl die Botschaft des Krebses nicht verstanden! Wie auch! Die Menschen verstehen ja gar nichts! Sie kennen die Zusammenhänge nicht, da sie nicht wirklich an Gott glauben und die göttlichen Gesetze nicht kennen! Würden sie das tun, würden sie anders mit sich und ihren Mitmenschen umgehen!

Hier hatten wir einen Fall von Neid und Missgunst und mangelndem Respekt! Es fehlt generell der Respekt in der Gesellschaft für die Leistung einer »Hausfrau»! Einen Haushalt zu führen ist Schwerstarbeit, Knochenarbeit! Wer das selbst einmal erlebt hat, sieht das mit anderen Augen! Normal sollte man den Begriff Hausfrau austauschen mit Home Manager oder was in der Art! Das Problem ist die fehlende Anerkennung und der fehlende Respekt vor dieser wichtigsten Aufgabe überhaupt! Es gibt keine wichtigere Aufgabe auf dieser Welt, als Kinder gut und richtig und liebevoll zu erziehen!

Also, die Emanzipation ist eine Falle! Die dunklen Mächte haben das schon in den 60/70er Jahren des letzten Jahrhunderts begonnen einzufädeln! Die Frauen haben sich selbst vermeintlich befreit aus der scheinbar schlimmen Rolle der Mutter und Haushälterin! Sie haben sich selbst ein Grab damit geschaufelt, und ihren Kindern und Enkeln auch! Und deren Kinder und Enkel! Sie haben selbst die Beerdigung bezahlt und die Totengräber! Das Projekt Mutter, Kind, Familie ist begraben! Die Dunkelmächte wollten immer nur eines: einen ganz frühen Zugriff auf die Kinder von morgen, und zwar über den Staat! Am besten schon gleich nach der Geburt in die Kita! Da können sie dann in aller Ruhe die Kinderlein impfen, chippen, die Kinderlein ganz nach ihren Vorstellungen schulen, manipulieren, erziehen, hirnwaschen. Und nebenbei noch die sexuelle Früherziehung praktizieren! Früh übt sich, wer einmal ein herzloser, hirnloser, ferngesteuerter, nicht mehr nachdenkender und geschlechtsloser Roboter werden will! Denn diese späteren Erwachsenen werden nie mehr dumme, unbequeme Fragen stellen, alles glauben, was man ihnen erzählt, und alles tun, was man ihnen sagt! Auf die Emanzipation der Frau! Zum Wohl!

KAPITEL 12

Besetzungen, Wesen, Gebete, Heilungen, Seele, Bewusstsein

Ja, ich habe nun viel geschrieben über die Eingriffe und Manipulationen der Dunkelheit! Wer die Dunkelheit ist, das dürfte und müsste dir nun klar sein! Es gibt da eine Rasse, die anders ist als wir! Diese Rasse existiert, daran gibt es keinen Zweifel! Auch wer sie nicht wie ich sehen kann, dem muss das klar sein! Die Geschichte, die Bibel, es gibt so viele Hinweise darauf, die kann niemand einfach so erfunden haben in den letzten 2000 Jahren! Die echten Reptos sind das, was wir den Teufel nennen! Es gibt ihn! Es gibt Reptos in der vierten Dimension, die alles überwachen und kontrollieren, manipulieren! Die von unserer Energie leben und sich hier eine Welt speziell für ihre Bedürfnisse bauen gerade! Es gibt die Reptos, die als Geistwesen in Menschenkörpern leben, in ihnen inkarnieren! Und dann gibt es noch Reptos in der inneren Erde! Und zu guter Letzt gibt es noch ein paar wenige Reptos, die als Menschen getarnt herumlaufen, also Formwandler! Und wenn sie kein Babyfleisch und Blut mit Adrenochrom bekommen, dann müssen sie diese dritte Dimension verlassen und können ihre Täuschung durch die Formwandlung nicht länger aufrechthalten! Darum züchten sie diese Menschen selbst mittlerweile! Sonst wären die Babys dieser Welt schon längst alle gefressen!

Es ist eine grausame Welt, oder wie würdest du das alles bezeichnen? Ich empfinde es als schrecklich, unter Monstern leben zu müssen, aber ich habe gelernt, es zu akzeptieren! Da Gott es zulässt, muss es einen Grund dafür geben! Und da ich weiß, dass alles zu unserem Besten geschieht und Gott die Allmacht ist, muss ich das auch respektieren! Vielleicht kann ich den Grund in diesem Buch noch erklären!

Die Reptos haben die Menschen dazu gebracht, sich von Gott zu entfernen! Ob das nun von Anfang an gewollt war im Zuge des Experiments Menschheit, oder ob sich das eben so entwickelt hat, wir werden sehen! Es ist nun mal so jetzt! Die Menschen sind von Gott abgefallen und entfernen sich immer weiter, nach unten! Sie degenerieren! Sie werden zu Monstern! Oh Mensch, wie konntest du so tief sinken und deine eigene Herkunft verleugnen?

Die Menschen sind vergnügungssüchtig, abenteuersüchtig, erlebnisgeil, sexsüchtig, fresssüchtig, alkoholsüchtig, drogensüchtig und anderes! Sie haben eine ungesunde und ungöttliche Lebensweise angenommen! Ihr Geist ist benebelt und unzurechnungsfähig! Es regiert das Ego! Sie haben alle ihr Bewusstsein verloren! Sie verdummen und verblöden! Aber es gibt auch noch andere! Die sich nur verirrt haben, den Ausgang nicht mehr finden! Durch Besetzungen temporär vom Weg abgekommen sind! Denen zu helfen und den Weg zu weisen, darum bin ich hier! Den Indigos und verkappten Indigos, aber auch allen Beseelten zu helfen, sich orientieren zu können, aus der Verblendung aussteigen zu können!

Besetzungen sind das eigentliche Übel dieser Welt! Die Menschen haben sich selbst Dämonen und niedere Wesen geschaffen durch ihren Abfall von Gott, durch ihre unlautere Denkungsweise, durch ihren ungöttlichen Lebensstil! Es zählt nur noch das Materielle, die Technik und die persönliche Befriedigung! Reine Selbstsucht ist Trumpf! Sie machen alles nur noch für sich oder um eigene Ziele zu erreichen! Sie setzen sich nicht mehr fürs Gemeinwohl ein, für andere, und sie lassen die Politiker willfährig walten! Sie haben ihre Stimmen abgegeben an diese und nun nichts mehr zu sagen!

Durch diese ganze niedere Lebensweise der Menschen wurden Tore zu niedersten, bösartigsten Wesen geöffnet! Die Menschen haben die Hellsichtigkeit irgendwann verloren und sind nun leichte Beute für die Besetzer! Die Verstorbenen sind durch die negative Lebensweise dann nach ihrem menschlichen Tod nicht mehr in der Lage, aus diesem Gefängnis Erde auszubrechen! Sie hängen dann in den unendlichen Astralschichten der Geistigen Welt fest und sind dann Sklaven der Dunkelheit! Sie müssen dann immer und immer wieder inkarnieren, um ständig neue Fehler auszubügeln!
Es scheint ein ewiger Kreislauf zu sein! Aber er kann und soll durchbrochen werden!
Das Erste, was ein jeder dazu machen muss, ist, erstmal sich und seine Seele zu reinigen von Besetzungen und Blockaden, die die Menschen daran hindern, überhaupt aufwachen zu können!
Die vielen erd- und ortsgebundenen Geister, kann auch Seelen dazu sagen, auch wenn sie gar keine mehr haben, schwirren in der Astralwelt herum und versuchen, sich zu orientieren! Sie wissen nicht, wo sie sind und wer sie sind! Sie klammern sich dann an Menschen fest, um Orientierung zu erlangen, und aber auch in voller Absicht, um ihren früheren menschlichen

Süchten zu frönen! Sie schädigen so die besetzten Menschen, die aber ihrerseits auch dazu beitragen, besetzt zu werden durch ihren schlechten Lebensstil und durch niedere Gedanken! Dadurch werden diese Geister eingeladen, zu kommen! Gleiches zieht Gleiches an! Die Besetzten werden dann immer noch süchtiger, noch aggressiver, noch dunkler, und nach dem Tod sind sie dann vereint mit ihrem Besetzer, irgendwo da unten, in den niederen Astralschichten!
Es kann aber auch schon zu Lebzeiten passieren, dass eine langanhaltende Besetzung zur Besessenheit wird! Der niedere Geist, es muss nicht immer ein Repto sein, übernimmt dann den Körper und kann diesen dann auch vollkommen steuern! Das vorherige Geistwesen, welches in seinem Körper lebte, ist dann machtlos gefangen und muss zusehen, wie es nichts mehr tun und sagen kann durch den Körper! Dies führt dann meist sehr bald, innerhalb zwei Jahren, zum Tod, wenn es niemand schafft, diesen Besetzer zu entfernen!

Oft werde ich gefragt, was denn die eigentliche Ursache einer Krankheit sei! Und warum jemand denn besetzt würde! Alle Krankheiten entstehen zunächst geistig! Der Geist ist außerhalb des Körpers zu sehen! Also entsteht die Krankheit außerhalb des Körpers! Wenn die Aura nicht mehr geschlossen und fest ist, können negative Energien eindringen und den Menschen besetzen! Diese Besetzungen, sei es durch Verstorbene oder Dämonen oder Elementalwesen, Schwarzmagiere, Reptos, Milabs oder sonstige Entitäten und Wesenheiten, blockieren dann den Energiefluss des Menschen. Dadurch entstehen Blockaden und Energiemangel! Dieser Energiemangel führt zu Krankheiten aller Art! Je nachdem, wo der Mensch seine Schwachpunkte hat!
Nun ist aber die Grundsatzfrage: Warum ist die Aura geöffnet? Denn wäre diese geschlossen und undurchlässig, würde nichts und niemand eindringen können! Also müssen wir die wahren Gründe suchen und finden! Diese liegen in der Verhaltensweise und Denkungsweise des Menschen! So einfach ist das!
Natürlich spielen Gifte, Umwelteinflüsse und Ernährung eine Rolle! Aber selbst da hat man einen Schutz! So wie ich bestrahlt werde, müsste ich längst tot sein! Also habe ich einen Schutz, der geistiger Natur ist!
Gegen tödliche Gifteinnahme kann aber auch ich nichts ausrichten! Gehen wir einmal davon aus, jeder hat Gründe wie schlechte Ernährung, Gifte, Umwelteinflüsse ausklammern können als Ursache, und es ist nicht offen-

sichtlich, warum nun jemand Krebs hat auf einmal oder sonst eine Krankheit! Krebs ist eine Mutation der Zellen und kann ganz leicht ausgehungert werden! Aber das ist ja nicht das Thema! Frage war ja, warum hat jemand Krebs bekommen! Also, warum war der Schutz der Aura weg?

Die Aura öffnet sich z.B., wenn man Fleisch isst! Wenn man raucht! Wenn man Alkohol trinkt, muss nicht viel sein! Wenn man Stress hat! Wenn man unglücklich ist! Wenn man sich ärgert! Wenn man Wut bekommt! Wenn man lügt! Wenn man gegen seine Lebensaufgabe lebt! Wenn man sexsüchtig ist! Wenn man niederschwingende Nahrung zu sich nimmt! Wenn man aggressiv wird! Wenn man andere niedermacht! Wenn man in alten Mustern und Energien gefangen ist und immer wieder die gleichen Fehler macht! Wenn man böse denkt über sich und/oder andere! Wenn man Hass, Neid und Missgunst in sich hat! Wenn man gierig ist, wenn man niedere Instinkte lebt!
Wenn man vom Weg abgekommen ist! Wenn man chemische Medikamente zu sich nimmt! Wenn man geimpft wird! Und einige andere Gründe, mir fallen nun aber gerade keine mehr ein! Der wichtigste Punkt sind die Süchte, die Triebe, die Gier, Hass, Neid und Missgunst und niedere, böse Gedanken! Wenn man schlecht über sich oder andere denkt, dann verändert sich die Molekularstruktur des Körpers! Ebenso bei Wutanfällen! Wir bringen dann die Zellstrukturen durcheinander, verändern unsere Zusammensetzung! Es gibt ja keine Materie an sich! Alles ist Schwingung! Alles! Ohne Ausnahme! Und wenn wir uns danebenbenehmen oder denken, dann verändern wir die Schwingung unseres Körpers und öffnen dadurch die Aura! Diese wird nun durchlässig, und fremde Wesen und negative Energien können eintreten!
Der Weg zur Krankheit ist geebnet!

Wenn nun jemand jammert auf die böse Krankheit, dann hat derjenige nichts im Leben verstanden, nichts! Er selbst hat der Krankheit die Tore geöffnet! Niemand anderer! Und nur er selbst kann sie wieder dauerhaft schließen!
Ich kann z.B. eine Krankheit beseitigen durch meine Heilkräfte, aber ob diese dauerhaft wegbleibt, liegt an jedem selbst! Wenn derjenige sein Verhalten nicht überdenkt und dementsprechend ändert, wird die Krankheit wiederkommen!
Die Besetzungen sind natürlich eine schwere Blockade für den Menschen, weil sie ihn daran hindern, sein Verhalten ändern zu wollen! Sie geben Gedanken und Gefühle ein, die den Menschen davon abhalten sollen! Sie

schaffen es sogar, gegen mich als Heiler negative Gedanken einzugeben! Weil diese Wesen und Entitäten, Geister und Dämonen, Reptos und Graue, die wissen ja, wenn ich »ihren« Menschen behandle, ist ihre Zeit um, die Tankstelle wird dann geschlossen und renoviert und umgebaut! Es ist dann keine mehr!
Darum werden die Besetzungen alles daran setzen, dass der Mensch nicht von mir behandelt wird. Oder dass der Mensch sein Verhalten nicht ändert, seine Süchte nicht loswird! Sie geben den Menschen alles in Gedanken und Gefühlen! Die besetzten Menschen sind regelrecht abgeschnitten von ihren wahren Gefühlen und von guten Gedanken, die ihnen geschickt werden von der Geistigen Welt, die aber nicht bei ihnen ankommen!
Krankheiten und Leid und Schmerz generell sind Chancen, um Karma abzubauen! Wie sonst sollte man Karma abbauen? Es gibt göttliche Gesetze, an denen kann keiner vorbei, ich nicht, du nicht, und die Reptos auch nicht! Wer negative Energien gesammelt hat in seinen Leben, der muss diese irgendwie abbauen! Das geht durch das Gewinnen von negativen Erkenntnissen, Reue, Verhaltensänderung und der damit einhergehenden Bewusstseinserhöhung, oder eben durch Leid und Schmerz! Je nachdem, wie schwer jemand von Begriff ist! Die Besetzungen versuchen, das alles zu verhindern, was ihnen bei den meisten Menschen auch gelingt! Deswegen inkarnieren hier hohe Lichtwesen (Indigos und höher), die diesen armen Menschen helfen wollen, aus diesem Kreislauf ausbrechen zu können!

Darum ist eine Behandlung gegen die Besetzungen als erstes wichtig, bevor die Heilbehandlung gemacht wird! Exorzismus nennt man das! Hört sich so hart an, kann auch hart sein! Es ist nicht so angenehm, mit diesen niederen, teils sehr bösartigen Wesenheiten und Energien zu tun zu haben! Wenn ich Behandlungen mache, habe ich diese ganzen Wesen bei uns zu Hause! Sobald ich den Namen eines Klienten denke, mit seinem Geburtsdatum, verbinde ich mich mit seinem Energiefeld und kann sehen, was er an sich hat, was er für eine Seele (oder auch keine) hat, was ihm fehlt usw.! Alles eben! Die Besetzungen sind natürlich nicht erfreut über meinen Besuch und attackieren mich sofort! So manche Bisswunde habe ich schon davongetragen! Wenn ein Wesen besonders aggressiv ist, zeigen sich die Bisswunden auch in der Materie! Ansonsten tut es nur sehr weh, aber man sieht nichts!

Die meisten sind von erdgebundenen Seelen, also Verstorbenen besetzt! Oft sind es ehemalige Angehörige, die nicht loslassen können! Manche wol-

len auch ihre ehemaligen Partner kontrollieren und attackieren dann den neuen Partner! Sie können nicht loslassen! Sie sind wie hypnotisiert, und man muss sie regelrecht zwingen, zu gehen! Einige verstehen es, wenn ich ihnen sage, dass sie demjenigen schaden! Aber ich muss ehrlich sein! Ich habe keine Lust mehr, zu diskutieren mit denen! Ich schicke sie ins Licht und Ende! Sollen sich die Engel da oben um sie kümmern! Ich bin nicht hier, um die Toten aufzuklären! Sicher hat jeder seinen freien Willen! Und grundsätzlich entscheidet die verstorbene Seele, ob sie ins Licht will oder nicht! Aber der Besetzte hat ja auch einen freien Willen! Und der zählt in dem Fall mehr!
Und da ich einen Auftrag des Besetzten habe, habe ich das Recht und die Macht, diese Seele ins Licht zu schicken! Die Macht habe ich, weil ich ein hohes Lichtwesen bin! Wenn dies ein Plejadier oder ein Mantis oder auch ein Santiner machen will, klappt das nicht. Bei Reptos sowieso nicht!
Es sei denn, sie alle hätten eine Vollmacht von mir! Darum gibt es so viele erfolglose Geistheiler und Exorzisten, auch und gerade bei der katholischen Kirche! Sie haben schlichtweg die Macht nicht dazu! Ich bin der wahre Vertreter Gottes auf Erden, zumindest einer der wahren! Und darum kann und darf ich das tun, was ich tue! Der Erfolg von mir ist der beste Beweis. Viele meiner Klienten waren zuvor bei anderen Geistheilern, die es offenbar nicht fertigbrachten, die Besetzungen der Klienten zu entfernen!

Bei Besessenheit ist es noch viel gravierender! Meist sind die Besetzer noch zusätzlich mit Voodoo-Energien besetzt, was dann einen Dämon zu einer Furie werden lassen kann, aber auch einen ganz normalen erdgebundenen Geist!
Die Besetzten geben dann grausame Laute von sich, die einem das Mark in den Knochen gefrieren lässt! Leider kommen die meisten zu spät zum Exorzisten! Wenn der Geist oder Dämon die Kontrolle des besetzten Körpers bereits voll übernommen hat, ist nichts mehr zu machen! Das ist das Todesurteil des Besetzten! Darum ist vorbeugen auch hier besser als heilen! Wer sich rechtzeitig behandeln lässt, befreien lässt, reinigen lässt und dann mit meinen Verfügungen täglich vorbeugt, indem er sich dann selbst reinigt immer, der kann sicher sein, dass er nicht mehr übernommen werden kann! Aber auch eine normale Besetzung von einer erdgebundenen Seele kann und wird unbehandelt zum Tode führen! Nur nicht so schnell, das kann dann schon 30 oder 40 Jahre dauern! Darum sterben dann eben viele mit 50 oder 60 schon! Ich will keine Angst machen! Bitte versteh mich nicht

falsch! Es ist eine Warnung, und es ist leider die Wahrheit! Es gibt keine Krankheit ohne Besetzung! Das ist Fakt! Und diese muss erst weg, vorher kann keine Heilung und keine Bewusstseinserhöhung eintreten!

Viele werden derzeit auch von Fremdelementalwesen besetzt! Das sind die Manifestationen der Gedanken anderer! Wir produzieren mit unseren täglichen Gedanken ständig neue Welten in der Astralwelt, die wir dann später einmal bewohnen müssen! Wir sind tatsächlich Schöpferwesen, aber die meisten schöpfen nur Negatives! Alle Gedanken, die ähnlich sind, bündeln sich dann irgendwann zu einem Elementalwesen! Es gibt eigene, aber auch fremde! Diese fühlen sich von unseren Gedanken, wenn diese ähnlich schwingen, angezogen und besetzen uns! Diese Wesen sind keine Lebewesen! Es sind energetische Gebilde, die sich aber zu Wesen zusammenschmelzen können und eines Tages leben wollen! Sie können dann zu richtigen Lebewesen werden, wenn sie genug Gedanken sind! Sie können dann selbständig denken lernen und kreieren dann gar einen eigenen Lebenswillen mit der Zeit! Sie sehen aus wie so Schlossgespenster-Bettlaken! Wenn sie zu bösartig werden, werden sie zum Dämon! Wir selbst schöpfen diese Dämonen, die uns plagen! Oder andere plagen! Die Reptos können aber auch Dämonen produzieren, das sind dann künstliche Wesen mit Intelligenz, aber ohne Seele! Sie setzen diese Dämonen, wie auch die Milabs, eine Art Minidämonensoldaten, gegen uns ein. Diese können unsere Gedanken manipulieren und uns schlechte Gedanken geben! Außerdem sind sie eine Art Wanze! Sie können Bilder und Gedanken der Menschen an die nächste Repto-Zentrale weiterleiten in Sekunden! Darum wissen die auch immer, wo ich bin und wo ich hinwill! Ich habe ja Verfügungen gegen sie gemacht!

Schwarzmagier sind derzeit auch oft im Spiel bei Besetzungen! Das ist ganz übel! Es handelt sich hier um verstorbene Menschen, die nun als niedere Geistwesen in den untersten Ebenen leben und von den Reptos gezwungen werden, gegen bestimmte Menschen vorzugehen! Es waren meist zu Lebzeiten Freimaurer! Sie haben magische Fähigkeiten und können enormen Schaden anrichten! Sie besetzen dich und sorgen dafür, dass alles schiefläuft in deinem Leben, was nur schieflaufen kann! Meist werden nur Santiner und Indigos von ihnen besetzt! Ich habe auch hier, wie bei allen Besetzungen, Verfügungen und Ablösegebete gemacht! Sie sehen aus wie Kapuzenmänner, oder auch wie Rochen, wenn sie fliegen! Sie führen meist einen Stock mit sich, das Gesicht sieht man nie. Vielleicht haben sie ja auch keines! Sie können jeden deiner Gedanken hören! Sie senden einem oft Bilder in den Kopf, die einen erschrecken sollen! Es sind Zauberer und Quäler! Aber sie müssen sofort gehen, wenn ich sie verjage! Sie kommen immer durch die Wand, meistens eine Seitenwand, und hinterlassen dann an der Stelle einen ca. drei Zentimeter großen, grauen Abdruck, als hätte jemand ein dreckiges, rußiges 2-Eurostück an die Wand gepresst! Man bekommt das kaum wieder weg!

So wie es draußen Parasiten gibt, Zecken, Viren und Bakterien aller Art, die von unserem Blut leben, so gibt es eben auch in der Astralwelt Parasiten, die von unserer Energie leben! Wir spüren das oft, indem wir auf einmal sehr müde werden! Apropos Parasiten! Ich habe eine Verfügung gemacht, die ich gerne jedem zur Verfügung und Verwendung überlassen möchte hier: Hiermit segne ich jeden Leser dieser Verfügung mit reinster göttlicher Liebe und bevollmächtige jeden, die folgende Verfügung anzuwenden!

Verfügung Nr. 52
»Hiermit verfüge ich mit meiner göttlichen Schöpferkraft, die ich bin und habe, dass alle Parasiten, Zecken, Viren und negativen Bakterien, die mir oder anderen Schaden zufügen können, aus mir und von mir, und aus und von … (evtl. Name Hund, andere Familienmitglieder) entfernt, aufgelöst und mit Hilfe von Mutter Erde in positive göttliche Energie transformiert werden! Außerdem verfüge ich, dass ich und … ab sofort von diesen Parasiten, Zecken, Viren und negativen Bakterien geschützt sind! So sei es! Jetzt! Danke!«

Diese Verfügung mache ich jeden Morgen! Der Schutz dauert einen Tag, habe ich festgestellt! Seit sich das täglich mache, hat Aslan nie mehr Zecken gehabt!

Ja, weiter geht‘s! Es gibt viele Astralwesen und Parasiten, die uns benutzen! Spinnen und Schlangen z.B. Sie verstecken sich gerne bei uns in den Gedärmen und verursachen Magen- und Darmprobleme! Auch hierfür gibt es bei mir Verfügungen!

Graue und Reptos besetzen uns auch! Archonten ebenso! Dracos weniger, warum, weiß ich nicht! Die übelsten Besetzer sind die Archonten! Sie ha-

ben eine Energie, dass man meint, man könnte auf jeden losgehen wie eine Furie!
Sie verursachen brutale Panikgefühle in einem und unheimliche Angst!
Die Reptos verursachen Aggressionen in einem! Und bringen einen dazu, Gegenstände an die Wand zu werfen! Und andere ungute Dinge! Die Grauen sind hinterlistig! Sie geben dir das Gefühl von Traurigkeit und Depressionen, ähnlich wie Dämonen! Und sie spielen gerne Schabernack, zumindest mit mir!

Indigos und verkappte Indigos werden von all den Wesen geplagt, absichtlich! Um uns zu Fall zu bringen! Es sind aber auch Prüfungen, wie weit man manipulierbar ist und wie schnell man vom Glauben abfallen kann!
Alle anderen bekommen diese Besetzungen aufgrund ihres Lebenswandels! Süchte! Falsche Nahrung! Zucker! Fleisch! Alkohol, Tabletten, Kaffee! Drogen! Wut! Aggression! Hass! Depressionen! All das zieht diese Wesen an, diese werden zu Besetzern und verschlimmern dann das Ganze! Darum ist vorbeugen wirklich besser als heilen!
Nach dem Exorzismus kommt die eigentliche Behandlung von mir! Warum ich das hier erzähle? Weil es überlebenswichtig für dich ist! Es gibt nichts, was wichtiger für dich sein könnte für deine Zukunft, als das zu wissen! Betrachte es als Gnade Gottes, dass du mich kennenlernen durftest und dieses Buch in Händen halten darfst! Es ist auch eine Gnade Gottes, von mir behandelt werden zu dürfen! Das hat nichts mit Arroganz zu tun von mir! Ich hoffe, du wirst das eines Tages noch erkennen! So wie viele tausend Menschen es schon erkennen durften! Sicher gibt es auch viele Klienten, die das anders sehen! Für sie tut es mir leid, sie sind noch nicht soweit!

Eine Behandlung von mir ist sehr günstig! So, dass wirklich jeder sich eine leisten kann, der es ernsthaft will! Entscheidend für den Erfolg ist, dass ein Interessent es wirklich will und nicht anfängt zu vergleichen, was er nun für 250 oder 500 Euro sonst noch alles kaufen kann! Diese Zahlen sind nur ein Beispiel!

Wie verläuft ein Heilungsprozess? Nicht bei jedem wird einfach irgendwas mal schnell geheilt! Vielleicht bei Tieren, bei Behinderten und bei sogenannten Schwachsinnigen! Oder bei Menschen, die schon eine lange Leidenszeit hinter sich haben und nun eine Art Gnade erfahren dürfen! Normal geschieht der Heilungsprozess aber meist anders! Es kommt oft zu sogenannten Erstverschlimmerungen, die auch massiv ausfallen können, und oft zu starken und auch mehreren Rückfällen! Symptome können verstärkt auftreten und den Klienten dazu zwingen, etwas nicht mehr zu tun, zu unterlassen, oder etwas zu tun, was er sonst nie tat. Oder ihn einfach zur Ruhe zwingen! Dabei kann die Schmerzbelastung auch mal sehr ansteigen. Ein Heilungsprozess ist fast immer unangenehm, und man möchte ihn am liebsten einfach stoppen, beenden. Manche betäuben sich dann mit Alkohol, Tabletten oder Sonstigem, oder wenden sich vom Heiler, also von mir, ab gedanklich, sehen den Heiler dann negativ oder die Symptome als Zeichen, dass es ja »noch schlimmer wurde» sogar anstatt besser! Aber nochmals: Es muss erst schlimmer werden, bevor es besser werden kann! Dies trifft auf Beziehungen zu, auf Partnerschaften (diese können auch auseinander gehen oder auch wieder zusammenkommen!), auf Umstände jeglicher Art, und eben auf Heilungsprozesse! Es kann zu Trennungen, Loslösungen und Veränderungen jeglicher Art kommen! Alles wird geheilt, und darum kann es auf allen Ebenen erstmal schlimmer werden, Schmerzen, Dinge, Umstände oder aus Beziehungen sich loslösen oder auch wieder zusammengeführt werden! So ein Heilungsprozess kann nur ein paar Tage dauern, ein paar Wochen oder auch viele Monate!

In schlimmen Fällen, bei sogenannten unheilbaren Krankheiten, oder wenn die Krankheit schon sehr lange besteht, auch mal ein bis zwei Jahre! Generell verändert sich etwas, und diese Veränderungen werden oft als negativ betrachtet und dann unterbunden! Und dann kann keine Heilung geschehen! Heilung bedeutet oft Schmerzen und Veränderungen! Alte Muster sollen beendet werden! Alter Schmerz zeigt sich, Alpträume können kommen, alles ist möglich! Es ist also positiv, wenn es schlimmer wird! Ein Heilungsprozess ist immer individuell, und man kann daher kein Zeitlimit festlegen! Auch kann es notwendig sein, mehr als nur einen Auftrag zu geben! Manches löst sich erst beim zweiten Auftrag auf! Wer sich gegen den Heilungsprozess wehrt, die Symptome künstlich unterdrückt und nicht auf die Zeichen und Botschaften hört oder sie nicht wahrnimmt, dem ist dann leider nicht zu helfen! Und wer das Geld an erste Stelle setzt und daran spart, dem ist sowieso nicht zu helfen. Da sind die Prioritäten des Klienten dann ganz klar definiert! Wer nicht verstanden hat, dass seine Bewusstseinsentwicklung das Wichtigste überhaupt in seinem Leben ist, der hat gar nichts verstanden, dem ist ganz sicher nicht zu helfen, und derjenige ist nicht heilbar in diesem Leben!

Es geht bei allen Behandlungen aller Menschen und Tiere um zwei Dinge:
1. Die Beseitigung der Symptome und Schmerzen und der Wiederherstellung des göttlichen Originalzustandes des Körpers.
2. Um das Erkennen der Ursachen und das Beseitigen derer! Und diese sind alle immer geistiger Natur. Es steckt immer eine geistige Ursache und Absicht hinter einer Krankheit, auch hinter einem Unfall. Und wenn diese Absicht, diese Botschaft nicht verstanden wird, artet es in unsägliches Leid aus! Es muss dann schlimmer werden, damit es wahrgenommen werden kann, verstanden werden kann. Bei kranken Tieren ist es so, dass sie meist ein Spiegel für das Herrchen oder Frauchen sind! Und wenn man den Besitzer heilt, wird oft auch gleich das Tier mitgeheilt! Aber nicht immer! Tiere bekommen oft die Krankheiten, die sein Besitzer eigentlich hätte bekommen müssen! Sie opfern sich also für uns auf! Und wir Menschen merken es nicht mal und wissen es nicht zu schätzen! Auf jeden Fall behandle ich Tiere umsonst, und wenn es 200 Kühe sind auf einem Bauernhof!

Ich habe bisher viele zehntausend Menschen geheilt, besser gesagt, Gott hat sie geheilt! Ich bin nur ein Diener Gottes! 125 000 Menschen habe ich bisher behandelt, also muss ich irgendwas richtig gemacht haben, sonst würden nicht so viele Menschen aus aller Welt meine Hilfe suchen! Und irgendwas muss ich wohl schon mit den Heilungen zu tun haben, sonst würde es Gott auch ohne mich tun! Sagen wir mal, ich bin so eine Art Prüfer, wer an der Reihe ist!

Neulich wurde ich gefragt, ob ich PSI-Kräfte habe! Natürlich habe ich welche! Ich bin ein Weißer Magier, und klar kann ich Dinge tun, die andere nicht tun können, nicht mal eine geringste Ahnung davon haben, geschweige denn davon wissen! Ich kann mit meinen Gedanken Dinge bewegen, verändern und auch manifestieren! Auch kann ich krumme Rücken begradigen, nur mit meinen Gedanken! Und Zellen regenerieren! Und Krankheiten heilen, wenn der Klient bereit dafür ist! Leider ist das nicht jeder! Ich kann Tote sehen und mit ihnen kommunizieren! Wenn du meine Bücher und Videos kennst, dann kannst du daraus schließen, was ich »kann!« Ich muss hier auch keine PSI-Werbung für mich machen! Klar habe ich noch viel mehr Fähigkeiten! Aber damit gehe ich hier nicht hausieren!

Es heilt die göttliche Kraft! Wer dieses Buch hier liest, der kennt mich und die vielen Feedbacks von glücklichen Klienten sowie die vielen Klientenfilme mit Originalaussagen von Klienten! Alles zu finden auf meiner Webseite! Das ist der Beweis für meine Fähigkeiten! Was ich als Hellseher und Heiler und Magier sonst noch für Kräfte habe, ist Berufsgeheimnis! Ich möchte nicht damit öffentlich auftreten! Es ist doch nur allzu offensichtlich, dass da gewisse Fähigkeiten in mir sind!

Wer einen Auftrag für eine Behandlung geben will, der benutzt bitte das Kontaktformular auf meiner Webseite und folgt den Anweisungen! Auch bei Wiederholungsaufträgen! Viele machen zwei und drei Aufträge und mehr, um immer in meiner Energie baden zu können! Die kommenden Zeiten werden sehr hart!
Wichtig ist, dass der Klient die täglichen Ablöseverfügungen macht und sich täglich, nach Möglichkeit eben, um 21.30 Uhr gedanklich mit mir verbindet!
Jeder Klient bekommt ja zur Behandlung (derzeit) 87 Seiten (!) PDF-Anhang mit Tipps, Hinweisen und Erläuterungen, die es ihm ermöglichen, sehr schnell im Bewusstsein zu steigen! Dies aber erst mit dem Abschlussmail, nach drei bis vier Monaten! Die über 50 Gebete, Verfügungen und Affirmationen aber, die bekommt jeder Klient ja sofort nach Bezahlung des Honorars! Und zwar in Form eines kostenlosen Download-Zugangs! Das alles ist umsonst! Jeder zahlt nur die Behandlung als solche! Ich möchte aber, dass die Klienten an sich arbeiten, mitarbeiten und sich dann später selbst reinigen und schützen können!

Hierzu passend habe ich einen schönen Spruch im Internet gefunden:

»Im frühen Buddhismus bestand die Vorstellung, dass ein Mensch, der mit der Wahrheit übereinstimmt und diese ausspricht, Heilung von Krankheiten bewirken kann: Wenn ein in diesem Sinn authentischer Mensch eine von ihm als solche erlebte Wahrheit ausspricht, vermag er sich und andere zu heilen oder andere außergewöhnliche Wirkungen hervorzurufen.«

Ich denke schon, dass ich ganz besondere und einmalige Fähigkeiten habe! Ich möchte aber nicht zu sehr darauf eingehen, weil mich das auch angreifbar macht!

Hier eine Zusammenfassung meiner Leistungen! Wer das kennt, einfach ein wenig vorblättern! Aber es gibt ja auch neue Leser, die noch nicht Klient bei mir sind! Bitte daher um Verständnis, dass ich mein eigenes Buch verwende, um das zu publizieren!

Nun gut, hier erst mal ein Überblick für dich, was meine Arbeit an dir und an jedem zu behandelndem Mensch und Tier alles beinhaltet:

- Drei Monate oder auch länger andauernde bioenergetische FERNBEHANDLUNG deines gesamten Körpers/Organismus! Beginnend sofort nach Bezahlung. Du bezahlst aber nur einmal und nicht wie bei vielen immer wieder!
- Aktivierung deiner Selbstheilungskräfte, auch der von Tieren im Haushalt
- Einleitung des geistigen, energetischen Heilungsprozesses bei allen zu behandelnden Menschen und Tieren, bei wem es funktioniert, entscheidet aber eine höhere Macht, nicht ich!
- Segnung mit »Glück« und Erfolg, und Senden von Leucht- und Lebenskraft mit Hilfe des Universums
- Loslösen und Entfernen von Besetzungen/Anhaftungen von erdgebundenen und ortsgebundenen Seelen, Dämonen, Mantis, Großköpfen, Schlangen, Magier, Reptiloiden und anderen reptilartigen Astralwesen, außerirdischen Grauen, erdgebundenen Astralwesen, Astraldreck, Seelenfragmenten u.ä.
- Löslösen eigener und fremder Seelenanteile und Körperseelen aus früheren eigenen und fremden Inkarnationen (oft sehr belastend, man spürt das oft nachts als Krabbeln auf seinem Körper, manche sehen auch sogenannte schwarze Kutten, das sind DEINE negativen abgespaltenen Seelenaspekte, sie reagieren auch auf deine Gedanken)
- Auflösen und Entfernen verschiedenster negativer Energien und Blockaden, auch der Schemen und Larven
- Energetische Grundstücks-, Haus-, Wohnungs-, Garagen- und Autoreinigung von negativen Energien und Wesenheiten
- Energetische Reinigung aller deiner (mehrdimensionalen) Körper und deiner Aura und Chakren sowie Schutz und Abschirmung
- Auflösung von negativen alten karmischen Belastungen und Verstrickungen
- Auflösen des eigenen alten Schattens, Schattenarbeit
- Geistiges Auflösen von Traumata
- Zusenden von spezieller Heilenergie aus dem Kosmos

- Zusenden von spezieller Schutzenergie für die Aura
- Geistiger Schutz vor zukünftigen Krankheiten
- Geistiger Schutz vor Bestrahlungen aller Art
- Entfernen von negativen feinstofflichen Implantaten, fremden DNAs, negativen Nanos, Morgellons u.a.
- Entfernen aller exterritorialen Besetzungen und negativen Implantate derer
- Schutz vor zukünftigen Wiederbesetzungen durch Selbstermächtigung von dir
- Reprogrammierung, Löschen alter dunkler Programme, neue positive Programmierung des Lichts durch das Licht
- Rückholung von verlorenen eigenen Seelenanteilen und Körperseelen, Seelencheck
- Befreiung von Anhaftungen fremder Seelenanteile und Körperseelen und deren Rückführung zur zugehörigen Seele
- Seelencheck, evtl. Rückgängigmachen von Seelentausch, Walk Ins, oder umgekehrt Bewusstseinsanhebung durch Frequenzerhöhung, also Seelenupdate
- Auflösen von Flüchen, schwarzmagischen Energien und Angriffen, Voodoo-Energien, Verwünschungen, Verträgen u.a.
- Haustiere in der Familie lebend, befreie/erlöse UND behandle ich KOSTENLOS mit bei einem Auftrag!!
- Willst du wissen, ob du mit deiner Dualseele, Zwillingsflamme, (eigentlich nennt man das Seelenduale; Zwillingsflamme oder Dualseele ist eigentlich falsch) zusammen bist oder nicht? Gilt als Frage in meinem 3er-Kulanzangebot!
- Ebenso kannst du von mir erfahren, welches dein Krafttier ist! (Kulanzfrage)
- Kulante Abklärung, ob du ein Indigo bist oder nicht (ist immer INKLUSIVE, ist keine zusätzliche Kulanzfrage), oder ob du eine Sternensaat bis, von welchem Planeten du ursprünglich stammst, was also dein Heimatplanet ist! Warum du hier bist! Zur Läuterung, oder zur Unterstützung! Welchen Entwicklungsstand deine Seele hat! Das alles kann ich herausfinden! Dies dürfte die wohl entscheidende Frage überhaupt sein in deinem Leben!!! Du solltest wissen, 1. wer du bist, 2. woher du kommst, und 3. warum du hier bist! Die Abstammung ist auch ein wichtiger Punkt bei Problemen mit Partnern und/oder Bekannten und Verwandten! Weil oft verschiedene Sternenvölker als Menschen miteinander leben und da-

rum nicht harmonieren können! Diese Fragen hier, 1 bis 3, beantworte ich auf Kulanz immer automatisch! Du kannst dir es einfach so merken: Alles, was Informationen und Mitteilungen sind, ist auf Kulanz von mir. Du bezahlst rein für die bioenergetische Behandlung, inkl. der immensen Leistungsangebote, die ich hier in der Aufstellung beschreibe!

- Beantwortung von drei weiteren Fragen je Auftrag (je Paket) beantworte ich aus Kulanz, soweit es die Geistige Welt zulässt, (ist also nicht im Preis mit drin, sondern reine Kulanz und ohne Anspruch! Natürlich werde ich mich bemühen, ALLE deine Fragen zu beantworten, wobei die meistgestellten Fragen, wie, wo komme ich her, wer bin ich, und warum bin ich hier, und wie ist der Entwicklungsstand meiner Seele und meines Bewusstseins sowieso von mir IMMER kostenlos beantwortet werden!). Telefonate und/oder eine evtl. Nachbetreuung sind auch reine Kulanz, da nicht nötig!
- Diese drei zusätzlichen Fragen können auch über Verstorbene gestellt werden oder über deine Partnerschaft oder deine Zukunft, oder ob dein Tier eine hochentwickelte Indigoseele vom Sirius ist, oder du willst deine genauen Besetzungen wissen (die meisten wollen es gar nicht wissen), das wäre dann auch eine Kulanzfrage, je Person eine Kulanzfrage! Wenn also zwei Personen ihre Besetzungen nachträglich wissen wollen, sind das zwei Kulanzfragen. Ich teile mit, wie viele Dämonen, Seelen Verstorbener am Körper oder im Haus hängen, und wie viele Reptiloide und wie viele Graue an jemandem hängen! Bitte die Kulanzfragen präzise, kurz und knackig! Nicht allgemein oder »was gibt es zu berichten über mich« oder »was hast du mir mitzuteilen« oder »wie wird mein Leben so verlaufen« oder »was habe ich so zu tun hier« oder »wie kann ich erfolgreich werden« oder »wie werde ich reich« oder ähnlich verschwommen! Danke! Ich sende bis zu drei VERSTORBENE Seelen kostenlos ins Licht für dich! Brauche dann aber auch alle Daten wie bei den lebenden Menschen auch! (Vorname/Nachname, Geburtsdatum). Mehr als drei ins Licht zu schicken zählt dann wieder zu den Kulanzfragen je Paket. Ich kann mit manchen Verstorbenen kommunizieren, mit manchen nur Kontakt herstellen. Sollten sie bereits im Licht sein oder neu inkarniert, kann ich das zwar feststellen, aber nicht mit ihnen kommunizieren.
- Hinreichend viele spirituelle Tipps und Hilfestellungen für deine Zukunft und deine Bewusstseinserweiterung
- Ausführliche Hinweise und Tipps, um deinen Lebensweg zu finden und deinen Seelenplan besser zu verstehen!

- Tipps für ein gesünderes Leben
- Alle meine schriftlichen Ausführungen, Erklärungen, Tipps und Hinweise, persönlichen Mitteilungen und Aufklärungen (werden EINMALIG AN NUR DICH ALS AUFTRAGGEBER PER MAIL gesandt, DU entscheidest dann, ob und wem du diese Infos weitergibst aus deiner Gruppe, solltest du nicht alleine behandelt werden), die ich für dich und evtl. für mitzubehandelnde Menschen im Rahmen deiner Behandlung machen werde, SIND REINE KULANZ VON MIR, also eine Zugabe zur Behandlung, und entstammen aus meinem geistigen Kontakt und persönlich erlangtem Wissen aufgrund meiner Lebens-Erfahrungen und Erlebnisse. Über 87 DIN A4 Seiten beim Ausdrucken, je nach Auflösung (plus die PDF-zum-Download-Dateien, über 50 Stück, die du ja sofort nach dem Bezahlen bekommst). Sie sind universell und gelten für JEDEN, der im Auftragspaket mit angegeben ist SINNGEMÄSS MIT, sind also nicht individuell! Nur die Feststellungen, woher jemand kommt, was er ist und warum er hier ist und die Fragen beantworten natürlich, sind individuell, alles andere ist universell verwendbar und nutzbar für jeden Teilnehmer im Paket! Wer MEHR braucht, muss ein 10er-Fragenpaket buchen danach! Bei diesen günstigen Preisen kann ich nicht extra für jeden im Paket 87 Seiten individuell und persönlich anfertigen, das versteht jeder! Ist ja auch alles eine freiwillige Zugabe von mir, um dich und evtl. weitere Menschen noch mehr zu unterstützen. Die Bezahlung als solche beinhaltet essentiell »nur« die bioenergietherapeutischen Behandlungen (Reinigungen, Ab-, Auf-, und Erlösungen, Energiearbeiten)! Ich erwähne das explizit, um Missverständnissen vorzubeugen! Nur der Auftraggeber ist mein Ansprechpartner! Abwicklung ist nur und ausschließlich über ihn!
- All dies mache ich aus der Distanz! Du musst nicht durch die Gegend fahren!
- Die Behandlungen, Reinigungen, Erlösungen und dergleichen, was ich hier aufgeführt habe, sind ein Prozess! Es ist eine dreimonatige Arbeit von mir. Du bekommst ALLES an Informationen, um dich und deine Familie selbständig zu schützen und zu reinigen! Keine Abhängigkeiten! Mein »Job« ist nach den Behandlungen dann erledigt! Du bist dann absolut nicht mehr auf mich angewiesen! Das ist mir wichtig zu sagen!

Ich bin auf eine der wichtigsten negativen Beeinträchtigungen der Menschheit gestoßen: Ich sehe – und/oder kann sie aus der Ferne feststellen – die astralen Reptiloiden- und Grauenbesetzungen (außerirdische Graue, kleine und große Graue) in den Menschen sowie astrale Magier und weitere astrale Besetzungen, deren Existenz du mir sicher nicht glauben würdest! Ich denke, dass mein Wissen erst in vielen, vielen Jahren richtig verstanden wird. Weil die meisten Menschen einfach nicht das richtige, dafür notwendige Bewusstsein haben. Sie KÖNNEN es einfach nicht verstehen, und sie WOLLEN es auch NICHT glauben! Ich bin der Zeit voraus, da ich Informationen aus der Zukunft bekommen kann.

Auch kann ich verlorene Seelenanteile und Körperseelen von dir zurückholen (mach ich immer), oder Seelenaustausche, Walk Ins feststellen und mit deinem Einverständnis zurückholen, sollte das in deinem Seelenplan vorgesehen sein (Kulanzfrage). Wenn du unbedingt wissen willst, wie lange du lebst, kann ich dir auch das auf deine Verantwortung hin mitteilen. Wäre auch eine Kulanzfrage, darf ich aber nicht immer sagen. Ebenso kann ich negatives Karma und deren Verstrickungen in alle Bereiche auflösen. Ich habe die Befähigung dazu erhalten! Das mache ich immer, musst du nicht extra wollen. Neues Karma gibt es ab jetzt nicht mehr auf der Erde. Wenn alle Besetzungen entfernt sind, auch die außerirdischen, und alle negativen Energien und Blockaden jeglicher Art transformiert wurden, kommt ALLES nach und nach wieder ins Fließen und der Normalzustand kann eintreten. Dies betrifft alle Bereiche und Ebenen, körperlich, geistig, seelisch, finanziell, Beziehungen, Beruf usw.! Bedenke jedoch, je länger die Blockaden da waren, desto länger dauert es zum gewünschten Gesamtzustand! Es ist auch durchaus möglich, dass versteckte Fähigkeiten von dir ans Licht kommen, wenn die Blockaden weg sind!

Wenn ich nun so nach über 125 000 Behandlungen (nicht Aufträgen) einen Durchschnitt ausrechnen müsste, würde ich sagen, der gewöhnliche Klient ist von zwei Dämonen, einer erdgebundenen Seele eines Verstorbenen, von einem Reptiloiden und einem kleinen Grauen besetzt. Und in seiner Wohnung/seinem Haus halten sich zwei erd- oder ortsgebundene Seelen Verstorbener (Geister) auf! Er hat schwarzmagische Anhaftungen und mehrere eigene und fremde Elementalwesen an sich sowie alte karmische Verstrickungen und energetisch verstrickte Familienbelastungen! Die Wahrscheinlichkeit, dass du auch besetzt bist, ist hoch, zumal du ja bei mir gelandet bist und JETZT diese Zeilen liest … Aber nochmals: Es geht primär um meine Behandlungen, unabhängig davon, ob und wenn ja von was genau jemand besetzt ist! Es will ja auch nicht jeder genau wissen, wie viel Kilogramm Dreck er wöchentlich staubsaugt und welche genaue Konsistenz dieser hat … Meine Behandlungen sind so oder so etwas Unglaubliches, auch für mich selbst immer wieder unglaublich wundervoll und spannend mitzuerleben! Ich möchte keine Klienten durch Angstmachen bekommen. Du sollst das unbändige Verlangen haben, es einfach zu wollen, meine Behandlungen! Wobei, Angst ist immer subjektiv. Wovor der eine schreiend wegrennt, darüber lacht ein anderer. Wenn du deine genauen Besetzungen wissen willst, ist das je Mensch eine Kulanzfrage! Also bei z.B. zwei Menschen wären das zwei Kulanzfragen.

Die Paket-Preise beinhalten ALLE von mir weiter oben angebotenen und dargelegten Leistungen jeweils für JEDEN MENSCH im Paket! Die »Fernbehandlungs-Pakete« sind ein einmaliger Gesamtpreis, ohne jegliche Zusatz- oder Folgekosten und mit inkludiertem Schutz für die Zukunft (gebe dir was Schriftliches an die Hand, damit du unabhängig wirst für alle Zeiten; du kannst den Schutz und das Reinigen NACH deiner Behandlung von mir dann auch stellvertretend für andere Menschen, für Tiere und Räume in deinem Umfeld anwenden)! Ich bin sicher, wenn du genau hinschaust, dass du den immensen Umfang meiner Arbeit und den eigentlich unbezahlbaren WERT meines Angebots erkennen und auch respektieren wirst! Abwicklung dieses Auftrages hier ist immer über dich, den Auftraggeber. Niemand anderes außer dir ist mein Ansprechpartner! Nur du bekommst ein Behandlungsmail, und nur du entscheidest, ob und wem der anderen zu Behandelnden du das weitergibst! Du kannst insgesamt drei FRAGEN stellen JE PAKET! Also für alle Teilnehmer des Paketes zusammen! (Bei Buchung mehrerer Pakete hast du dann aber für jedes Paket drei Kulanzfragen gut.) Bitte definiere die Fragen in deinem Auftragsmail gleich mit! Die Beantwortung der drei Fragen ist reine Kulanz von mir und nicht im Paketpreis inkludiert! (Ich muss das begrenzen und explizit darauf hinweisen, weil manche mich schon mit 30 Fragen bombardiert haben, und Kulanz deswegen, weil es mal vorkommen kann, dass ich eine Frage nicht beantworten darf und du dann keine Antwort erhältst!) Die Fragen bitte klar, KURZ und prägnant und so, dass ich es kurz und prägnant beantworten kann! Danke! Fragen, für die ich zu viel Zeit benötige, wie z.B. was deine beruflichen Aussichten, deine Talente sind oder wer du in einem früheren Leben warst usw., oder Fragen, die in sehr langen Sätzen verpackt sind, beantworte ich aus Zeitgründen NICHT und kann sie nur im Rahmen des zusätzlichen Fragenpakets beantworten. Ich brauche für eine leichte Frage im Schnitt 20 Minuten Meditation, für eine schwere Frage bis zu einer Stunde! Ich beantworte nur für mich »leichte» Fragen, aus Zeitgründen, alle anderen verweise ich auf das Fragenpaket! Bisher war aber noch jeder zufrieden mit meinen Antworten! Hinweis: DU MUSST KEINE FRAGEN STELLEN, das ist nur eine freiwillige Zugabe von mir. Viele Fragen beantworte ich sowieso in meinem Behandlungsmail! Habe festgestellt mittlerweile, dass 80 bis 90 % aller von den Klienten gestellten Fragen die Antworten schon in meinem Mail mit drin sind! Wie die Fragen, woher du kommst, also welches dein Heimatplanet ist, wer du bist und warum du hier bist und welchen Entwicklungsstand deine Seele und dein Bewusstsein haben! Beantworte ich ja sowieso! Viel mehr Fragen braucht es wohl gar nicht mehr extra von dir! Was du als Kulanzfrage noch stellen kannst, ist, ob du bei deiner Geburt auch den jetzigen, aktuellen Herkunftsplaneten (Bewusstseinszustand) hattest, also ob du evtl. schon mittlerweile einen positiven Seelentausch bekommen hast, die aktuelle Seelenherkunft nun von einem anderen Planeten stammt, oder ob du evtl. abgefallen bist seit Geburt. Solltest du kein Indigo ein, was du ja jetzt noch nicht weißt, kannst du vorsorgehalber auch eine Kulanzfrage stellen, ob du in dieser Inkarnation noch aufsteigen wirst oder kannst zur Indigo-Seele! Ich kann dir das nämlich sagen! Du kannst NACH der Behandlung auch noch ein kostenpflichtiges 10er-Fragenpaket bestellen, wenn spezielle Themen noch zu beantworten wären. Näheres dazu dann im Behandlungsmail NACH deiner Behandlung.

Die Preise gebe ich mit dem Antwortmail auf eine kostenlose und unverbindliche Kontaktanfrage bekannt! Sie sind aber sehr moderat, nicht so teuer, wie man mich fälschlicherweise im Internet schlechtmacht! Je nach Paketwahl, also abhängig von der Anzahl der Personen, sind es im schlechtesten Fall 500 Euro und im günstigsten Fall 130 Euro je Person.
Zu bedenken ist, dass eine Behandlung für dieses Geld ja drei Monate dauert und bis zu 90 (!) Einzelbehandlungen umfasst! Wenn man nun bedenkt, dass im »schlimmsten« Fall 500 Euro fällig sind bei nur einer Person, was höchst selten gebucht wird, auf drei Monate, dann sind das im Monat 166 Euro, bei 90 Behandlungen (die ich mache!), 5,55 Euro je Behandlung. Und beim günstigsten Angebot, beim Familienpaket, sind es 130 Euro je Person, und auf den Monat dann 43 Euro je Person und 1,44 Euro je Behandlung! Bei Wiederholungsaufträgen, da dauert die Besendung mit Heilenergie ja zwölf Monate, da sind es dann nochmals viermal weniger! Also nicht mal 10 Euro je Person im Monat beim Familienpaket! Dazu gibt es derzeit noch 87 Seiten zum Lesen als Anhang beim Abschlussmail und über 50 Gebete

und Verfügungen über einen immerwährenden Downloadzugang, der immer aktualisiert und erweitert wird! Noch Fragen? Von Abzocke kann da wohl keine Rede sein! Eher werde ich abgezockt, weil ich für so wenig Geld arbeite!

Also, das ist für jeden machbar! Und keiner soll glauben, ich arbeite umsonst! Würdest du umsonst 12 bis 14 Stunden am Tag, sieben Tage die Woche arbeiten? Aber das Geld soll und darf bei DIR nicht im Vordergrund stehen! Es gibt »Heiler«, die verlangen das Fünffache für nur eine Behandlung und können nicht mal was, und die Leute bezahlen das auch noch! Und es gibt Leute, denen sind schon 50 Euro zu viel! Jeder muss selbst entscheiden, auf wen er sich einlässt und was ihm sein Leben, sein Wohlbefinden und sein Seelenheil wert sind! Ich habe meine Preise auch die letzten fünf Jahre nicht erhöht! Prinzipiell ist eine Diskussion über Geld sinnlos! Dem einen sind fünf Euro zu viel, der will alles umsonst, alles! Und die andere fliegt sechsmal nach Brasilien zu einem Betrüger und Repto-Heiler und zahlt insgesamt 30 000 Euro dafür! Und ist erst nicht geheilt und kommt dann zu mir!

Ein Energieausgleich muss stattfinden! Und wer soll den Wert und die Höhe bestimmen? Wem das zu billig ist, was ich verlange, der kann mir gerne noch zusätzlich spenden! Auf jeden Fall ist das fair und gerecht, klar und deutlich, wie es bei mir abläuft! Im Gegensatz zu so manch angeblichem Heiler, bei dem man pro Person an seinem »Wallfahrtsort«, den er sich selbst gebaut hat, 100 Euro in einen Kübel reinwerfen muss, damit man ihn drei Minuten anglotzen und anbeten darf, während er erhoben auf einem Podest in einer selbsterbauten Grotte steht! Die Leute werden mit Bussen dorthin gekarrt! Das nur am Rande! Und dann sagen die Leute noch, der verlangt ja nichts für Behandlungen! Wie verdreht ist das denn? Niemand sollte sich selbst zum Götzen machen und sich selbst erhöhen! Viele Menschen wollen einfach verarscht werden! Sie wissen offene, ehrliche und direkte Kommunikation gar nicht zu schätzen! Viele können mich auch nicht unterscheiden von scheinheiligen Repto-Heilern! Dabei müsste man doch an meinen Augen und meiner Aura erkennen, mit wem man es zu tun hat bei mir! Und auch an den unzähligen positiven Feedbacks, die wohl einmalig in dieser Häufung sind in Europa, vielleicht weltweit! Es gibt wohl keine Krankheit und deren Heilung, die da nicht drunter zu finden ist! Stelle ich mich in Hallen auf Podeste? Lasse ich mich auf Bühnen anbeten?

Nein!

Warum ich hier in diesem Buch über meine Preise und Geld schreibe? Du meinst auch, das habe ich doch gar nicht nötig! Ja, das hast du genau richtig erkannt! Ich wollte einfach die Gelegenheit nutzen, und mit einigen Beleidigungen und Unwahrheiten in Foren im Internet und mit Falschmeldungen über mich aufräumen, wo erzählt wird, ich würde abzocken und würde 2500 Euro und mehr verlangen für eine Behandlung! Überhaupt finde ich das Wort Abzocke fehl am Platze und eine Unverschämtheit! Das, was meine Arbeit wirklich wert ist, könnte gar keiner bezahlen! Aber gegen die bornierten Idioten im Internet kommt man eh nicht an! Und gegen die neidischen Missgünstigen da draußen auch nicht! Die sind einfach alle nieder gestrickt! Wobei, wenn man Fantasiepreise von mir im Internet erwähnt, muss ich auch annehmen, dass das getürkte Kommentare sind! Nichts konnte mich jedoch bisher aufhalten! Auch die Schweizer Presse nicht! Die satanische Systempresse! Die ja dafür da ist, die Unwissenden und die Schwachmaten bei der Stange zu halten! Die Heilungen sind nicht aufzuhalten! Die ganzen massenhaft organisierten Verleumdungen gegen mich konnten nichts aufhalten, nichts! Sie haben vielleicht den einen oder anderen gegen mich manipuliert! Aber das ist auch gut so! Sollen sie zu den Repto-Heilern gehen, die Windfähnchen, die sich von jeder Fake-Meldung über mich vertreiben lassen!

In letzter Zeit häufen sich die Berichte von Klienten, dass Haare wieder wachsen würden, wo keine mehr waren oder nur sehr wenige! Haarausfall stoppte, Löcher in den Haaren bzw. in der Behaarung verschwanden. Dass Menschen wieder Sport machen konnten nach nur zwei Behandlungen, obwohl sie zuvor auf eine Gehhilfe angewiesen waren. Dass die ursprüngliche Haarfarbe wieder zurückkam, generell die Bewegungsfreiheit wieder hergestellt werden konnte, Zähne plötzlich nachwachsen und kranke Zähne zuvor schmerzlos ausgefallen sind. Usw. usw.! Ich könnte nun sicher Dutzende Beispiele aufführen. Diese Wunder werden oft nicht gleich wahrgenommen. Gehen sogar oft unter, weil andere Schmerzen oder Probleme vielleicht vorrangig sind! Aber es sind schlichtweg Wunder! Aufgrund der Häufung solcher Fälle habe ich meine Geistigen Freunde gefragt, da ich einen Verdacht hegte! Und es ist tatsächlich so! Durch die Besendung mit meiner Heilenergie werden die Zellen in der DNS umprogrammiert! Krankheiten und Schwächen werden langsam ausradiert und ersetzt durch neue göttliche, kosmische Programmierungen! Man könnte auch sagen: Der göttliche Originalzustand wird wiederhergestellt, oder ein wenig platt ausgedrückt: Es wird ein Verjüngungsprogramm installiert! Ist das nicht ein Wunder? Alles ist in unserer DNS gespeichert, alles! Sie alleine ist der Schlüssel zu allem, was wir in Wirklichkeit an Möglichkeiten besitzen! Gott hat jede Pflanze, jedes Tier und jeden Menschen mit einer perfekten DNS ausgestattet! Wir müssen nur lernen, sie zu benutzen! Nach unserem Willen! Ich darf also ohne Übertreibung sagen, dass meine Fernbehandlungen ein Verjüngungsprogramm beinhalten! Laut meinen medialen Ermittlungen haben meine Besendungen die Kraft, evtl. eine Verjüngung von bis zu 30 % pro Jahr zu erreichen! Bei einer Behandlung von zwölf Monaten (Wiederholungsauftrag) Besendung! Bei drei Monaten Besendung (Erstauftrag) sind es immerhin noch 10 % Verjüngung, die erreicht werden können! Für mich persönlich ein Wunder! Mit Sicherheit könnte das irgendwann sogar wissenschaftlich bewiesen werden! Bisher hat das nur noch keiner erforscht! Auf jeden Fall werden es andere sehen können, wenn man sich positiv verändert! Es wird quasi unübersehbar sein!

Immer wieder werde ich gefragt, wie das geht, dass während meiner Behandlungen wie von Geisterhand spontane oder auch langsame, aber stetige Heilungen in diesem Ausmaß geschehen können, ohne dass ich physisch anwesend bin! Selbst krumme Knochen, Wirbelsäulenbegradigungen, schiefe Hüften usw. werden aus der Ferne repariert! Ja, ich könnte nun sagen »Berufsgeheimnis«! Wer sich mit Astral- und Bewusstseinsreisen sowie mit Energieübertragungen und Energieverbindungen ein klein wenig auskennt, der kennt die Antwort! Ich kann mich mit jedem Lebewesen, egal, wo es sich befindet und wo ich mich befinde, verbinden und alles sehen! Meine Fähigkeiten nehmen stetig zu. Mehr möchte ich aber dazu nicht sagen hier an dieser Stelle. Es ist jedoch so, dass es niemanden auf der Welt gibt, der das kann, was ich kann! Dies sage ich nicht, um meinem Ego zu schmeicheln, sondern weil es Fakt ist. Es ist eine Kunst der Heilung, die so kein anderer nicht einmal im Ansatz nachahmen kann, weil sie von Gott kommt! Ich schreibe dies deshalb, weil ich unfassbar vielen tausenden Menschen und Tieren in allen Lebensbereichen und in allen Symptombereichen bisher schon helfen konnte, und die Welt bekommt es nicht mit, was da für immense Wunder geschehen Tag für Tag! Viele trauen sich nicht einmal, mir ein Feedback zu schreiben, weil sie Angst haben, ihr Arzt könnte das lesen, der sie jahrzehntelang ergebnislos behandelt hat! Wie funktionieren denn nun meine Behandlungen und Heilungen, auf einen kurzen Nenner gebracht? Es sind Wunder, nichts als Wunder Gottes! Sie erzählen von der Gegenwart Gottes! Viele Menschen haben vergessen, dass es Gott gibt! Gott wirkt in der Materie durch seine Engel und Erzengel. Und so wie es Teufel in Menschengestalt gibt, Reptos, so gibt es auch Erzengel/Götter in Menschengestalt! Indigos! Und auch da gibt es Unterschiede. Solche, die von »oben» kommen, immer Indigos waren, und solche, die es werden! Die einen sind gekommen, hierher in die »Hölle«, um den anderen den Aus-Weg zu zeigen! Dazu braucht der Aufstiegs-Aspirant einen gesunden Körper und ein hohes Bewusstsein! Und wer sich mit meinem Bewusstsein verbinden kann, es dankend annimmt, der erhält eine andauernde »Aufstiegs-Hilfe»! Wer mich ablehnt oder mir nicht dauerhaft und bedingungslos zu 100 % vertraut, ist noch nicht bereit dafür! Dann wird auch keine Heilung stattfinden! Letztendlich geht es jedoch NUR ums Bewusstsein! Um DEIN Bewusstsein! Ich habe es schon! Um nichts anderes! Bewusstsein ist Liebe! Wenn alles weg ist, nichts mehr da ist, dann wird allein die Liebe noch da sein! Wir sind die Adler, die ÜBER ALLEM schweben! Und die da UNTEN, die wollen uns mit dem Lasso runterziehen, damit wir im gleichen Dreck sudeln müssen wie sie selbst! Lasst euch nicht runterziehen!

Nach Lourdes pilgern jedes Jahr fünf Millionen Menschen! Es gibt pro Jahr aber lediglich 50 gemeldete Heilungen beim medizinischen Dienst von Lourdes! Und in den letzten 150 Jahren wurden gerade mal 70 Heilungen offiziell als »Wunder« eingestuft! Leiten und managen tut das alles der Vatikan, also die Katholische Kirche! Beteiligt sind der Malteser Hilfsdienst, das Rote Kreuz und andere »Wohltätigkeitsorganisationen«! Der Vatikan und diese Dienste setzen in Lourdes geschätzt pro Jahr 1 Milliarde Euro um! Durch Spenden vermutlich noch einiges mehr. Nur in Lourdes! Eine Reise nach Lourdes kostet pro Nase mindestens 500 Euro mit Aufenthalt und Verpflegung. Mindestens! Zum Vergleich: Bei mir gab es in den letzten fünf Jahren VIELE TAUSEND dokumentierte Heilungen. Und ich habe lediglich 20 000 bis 25 000 Behandelte pro Jahr! Tendenz steigend. Und bei mir kostet im großen Familienpaket eine Behandlung umgerechnet 132 Euro pro Nase! Ohne Stress! Niemand muss wo hinfahren, nicht einmal davon wissen! Also Placebo schon mal ausgeschlossen! Wer ist denn nun der erfolgreichste Wallfahrtsort der Welt? Meint ihr, man muss wo hinfahren, um Gott zu finden? Um Heilung zu finden? Um sich selbst zu finden? Und warum machen der Vatikan und das Rote Kreuz und Co. Milliarden

Umsätze mit Kranken? Wo sie doch Milliarden Euro jedes Jahr an Spenden einsacken! Wo gehen all die Milliarden hin? Warum kann es sein, dass da noch irgendjemand auf der Welt Hunger leiden muss? Warum ist der Vatikan das reichste Land der Welt? Wie kann das sein, dass eine Institution mit Spendengeldern dermaßen reich wird? Warum ist das Deutsche Rote Kreuz nach der Katholischen Kirche der größte Grundbesitzer in Deutschland? Wie kann das alles sein? Darf das denn überhaupt sein? Ist das denn göttlich?

Hier noch die aktuellen Seelenherkünfte nach meinen jetzigen Erkenntnissen!

INDIGO-VENUSIER (MIT SEELE)
INDIGO VON DER VENUS = ALLERHÖCHSTES BEWUSSTSEIN, MEHR GEHT NICHT AUF DER ERDE; ÄHNLICH WIE DIE SANTINER-INDIGOS VON METHARIA UND DIE ARKTURIANER-INDIGOS UND DIE ANDROMEDANER-INDIGOS, JEDOCH NOCH MÄCHTIGER; ZUR UNTERSTÜTZUNG HIER, ABSOLUT POSITIVE STERNENSAAT, DU BIST SCHON IM LICHT, SIND WIE DIE ANDROMEDANER, ARKTURIANER UND DIE SANTINER-INDIGOS GANZ HOCH ENTWICKELT, HABEN NUR EINE ANDERE ENERGIE, NOCHMALS EINE DIMENSION HÖHER UND NOCHMALS MEHR FÄHIGKEITEN, MUSS NICHT MEHR AUFSTEIGEN, IST SCHON OBEN, KAM NUR RUNTER, UM ZU HELFEN, SIE SIND AUCH GÖTTER AUF ERDEN WIE ALLE INDIGOS, DIESE SEELENSTUFE IST DIE VORERST LETZTE UND HÖCHSTE STUFE, DIE EIN MENSCH AUF DER ERDE ERREICHEN KANN. Natürlich hat nicht jede Seele vom gleichen Planeten das 100 % gleiche Bewusstsein! Auch hier gibt es Unterschiede, die hauptsächlich in der Häufigkeit der Inkarnationen zu finden sind! Es gibt Seelen mit 50 Inkarnationen auf dem Buckel und welche mit 3500! Siehe dazu auch meine Ausführungen im Anhang! Und bitte verwechsle deine Persönlichkeit und deinen Charakter samt deinem Tagesbewusstsein NICHT mit deinem Bewusstsein deines Höheren Selbsts! Wenn ich von Bewusstsein spreche, meine ich nur und ausschließlich das Bewusstsein deines Höheren Selbsts, dein kosmisches Bewusstsein! Geistführer sind die Lichtwesen.

INDIGO-ANDROMEDANER (MIT SEELE)
INDIGO VON ANDROMEDA = ALLERHÖCHSTES BEWUSSTSEIN, ÄHNLICH WIE DIE SANTINER-INDIGOS VON METHARIA UND DIE ARKTURIANER-INDIGOS, ZUR UNTERSTÜTZUNG HIER, ABSOLUT POSITIVE STERNENSAAT, IST SCHON IM LICHT, ZUR ABSOLUTEN UNTERSTÜTZUNG HIER, SIND WIE DIE ARKTURIANER UND DIE SANTINER-INDIGOS GANZ HOCH ENTWICKELT, HABEN NUR EINE ANDERE ENERGIE, NOCHMALS EINE DIMENSION HÖHER UND NOCHMALS MEHR FÄHIGKEITEN, MUSS NICHT MEHR AUFSTEIGEN, IST SCHON OBEN, KAM NUR RUNTER, UM ZU HELFEN, SIE SIND AUCH GÖTTER AUF ERDEN, WIE ALLE INDIGOS, DIESE SEELENSTUFE IST DIR VORERST LETZTE UND HÖCHSTE STUFE, DIE EIN MENSCH AUF DER ERDE ERREICHEN KANN. Natürlich hat nicht jede Seele vom gleichen Planeten das 100 % gleiche Bewusstsein! Auch hier gibt es Unterschiede, die hauptsächlich in der Häufigkeit der Inkarnationen zu finden sind! Es gibt Seelen mit 50 Inkarnationen auf dem Buckel und welche mit 3500! Siehe dazu auch meine Ausführungen im Anhang! Und bitte verwechsle deine Persönlichkeit und deinen Charakter samt deinem Tagesbewusstsein NICHT mit deinem Bewusstsein deines Höheren Selbsts! Wenn ich von Bewusstsein spreche, meine ich nur und ausschließlich das Bewusstsein deines Höheren Selbsts, dein kosmisches Bewusstsein! Geistführer sind die Lichtwesen.

INDIGO-ARKTURIANER (MIT SEELE)
INDIGO VOM ARKTURUS = HEIMATPLANET DER ARKTURIANER, ALLES INDIGOS, SIND ALLE HEILER UND HABEN MIT DEN INDIGO-SANTINERN UND DEN INDIGO-ANDROMEDANERN DAS AM HÖCHSTEN ENTWICKELTE BEWUSSTSEIN, DAS MAN ALS WESEN IN UNSEREM UNIVERSUM HABEN KANN, POSITIVSTE STERNENSAAT, DIE ES GIBT, ZUR ABSOLUTEN FÜHRUNG UND UNTERSTÜTZUNG HIER, ARKTURIANER SIND MITUNTER DIE HÖCHSTENTWICKELTEN SEELEN, DIE ES GIBT IN UNSEREM UNIVERSUM, MUSS NICHT MEHR AUFSTEIGEN, IST SCHON OBEN, KAM NUR RUNTER, UM ZU HELFEN, SIE SIND DIE MIT DEN ANDEREN INDIGOS DIE MÄCHTIGSTEN SEELEN AUF DER ERDE UND WERDEN AM MASSIVSTEN BEKÄMPFT, HABEN ABER AUCH DEN MASSIVSTEN SCHUTZ UND DIE GRÖSSTE MACHT, DIE MAN HABEN KANN ALS SEELE, SIE SIND GÖTTER AUF ER-

DEN, WIE ALLE INDIGOS. Natürlich hat nicht jede Seele vom gleichen Planeten das 100 % gleiche Bewusstsein! Auch hier gibt es Unterschiede, die hauptsächlich in der Häufigkeit der Inkarnationen zu finden sind! Es gibt Seelen mit 50 Inkarnationen auf dem Buckel und welche mit 3500! Siehe dazu auch meine Ausführungen im Anhang! Und bitte verwechsle deine Persönlichkeit und deinen Charakter samt deinem Tagesbewusstsein NICHT mit deinem Bewusstsein deines Höheren Selbsts! Wenn ich von Bewusstsein spreche, meine ich nur und ausschließlich das Bewusstsein deines Höheren Selbsts, dein kosmisches Bewusstsein! Geistführer sind die Lichtwesen.

INDIGO-SANTINER (MIT SEELE) GEBORENER SANTINER
INDIGO, SANTINER ODER AUCH ALPHA CENTAURIER GENANNT, VON METHARIA AUF ALPHA CENTAURI, DIE MEISTEN SANTINER SIND INDIGOS, ABER NICHT ALLE, ABER ALLE TOTAL HOHES BEWUSSTSEIN, INDIGOS HABEN JEDOCH DAS ALLERHÖCHSTE, POSITIVE STERNENSAAT, ZUR ABSOLUTEN UNTERSTÜTZUNG HIER, SIND WIE DIE ARKTURIANER UND ANDROMEDANER ABSOLUT HOCH ENTWICKELT, HABEN NUR EINE ANDERE ENERGIEFORM, MUSS NICHT MEHR AUFSTEIGEN, IST SCHON OBEN, KAM NUR RUNTER, UM ZU HELFEN, SIE SIND GÖTTER AUF ERDEN, WIE ALLE INDIGOS. Natürlich hat nicht jede Seele vom gleichen Planeten das 100 % gleiche Bewusstsein! Auch hier gibt es Unterschiede, die hauptsächlich in der Häufigkeit der Inkarnationen zu finden sind! Es gibt Seelen mit 50 Inkarnationen auf dem Buckel und welche mit 3500! Siehe dazu auch meine Ausführungen im Anhang! Und bitte verwechsle deine Persönlichkeit und deinen Charakter samt deinem Tagesbewusstsein NICHT mit deinem Bewusstsein deines Höheren Selbsts! Wenn ich von Bewusstsein spreche, meine ich nur und ausschließlich das Bewusstsein deines Höheren Selbsts, dein kosmisches Bewusstsein! Geistführer sind die Lichtwesen.

SANTINER (MIT SEELE)
KEIN INDIGO, ABER EIN MITTEL- BIS HOCH ENTWICKELTER SANTINER VON METHARIA, MANCHE NENNEN SIE AUCH ALPHA CENTAURIER; STERNENSYSTEM ALPHA CENTAURI, DIE MEISTEN SIND INDIGOS, ABER NICHT ALLE, ABER ALLE MIT SEHR HOHEM BIS HÖCHSTEM BEWUSSTSEIN, INDIGOS DAS

HÖCHSTE, ABSOLUT POSITIVE STERNENSAAT, ZUR UNTERSTÜTZUNG HIER, IST SCHON IM LICHT, AUF DEM LETZTEN WEG ZUR INDIGO-WERDUNG UND ZUM AUFSTIEG, KANN ABER BEI UNBEWUSSTER WEITERENTWICKLUNG UND WENN MAN IN FALLEN DER DUNKLEN TAPPT, AUCH WIEDER ABFALLEN, VORSICHT: WIRD NACH DEN INDIGOS AM MEISTEN VERFOLGT UND DRANGSALIERT, HARTE PRÜFUNGEN MÜSSEN BESTANDEN WERDEN, UNBEDINGT IMMER IN DER MITTE BLEIBEN UND NIE DEN GLAUBEN AN GOTT VERLIEREN, IMMER DEM LICHT DIENEN, NIE WANKEN! WENN DU IN DER LIEBE UND DEINER MITTE BLEIBST, KANN DIR NICHTS PASSIEREN, LASS DICH NICHT IN KÄMPFE VERWICKELN UND GREIF ANDERE NICHT AN, DANN WIRST DU SIEGEN UND REICHLICH BELOHNT WERDEN! DU HAST UNGLAUBLICHE GOTTÄHNLICHE MACHT, NUTZE SIE, INDEM DU AN DICH SELBST GLAUBST UND AUF GOTT VERTRAUST, SANTINER SIND HALBGÖTTER AUF DEM WEG ZURÜCK ZUR GOTTWERDUNG, SANTINER SIND GEFALLENE INDIGOS AUF DEM RÜCKWEG, IST IN DIESEM LEBEN MÖGLICH, WIEDER ZUM INDIGO ZU WERDEN, ABER NICHT ZWINGEND, KÖNNEN AUCH WIEDER ABFALLEN. Natürlich hat nicht jede Seele vom gleichen Planeten das 100 % gleiche Bewusstsein! Auch hier gibt es Unterschiede, die hauptsächlich in der Häufigkeit der Inkarnationen zu finden sind! Es gibt Seelen mit 50 Inkarnationen auf dem Buckel und welche mit 3500! Siehe dazu auch meine Ausführungen im Anhang! Und bitte verwechsle deine Persönlichkeit und deinen Charakter samt deinem Tagesbewusstsein NICHT mit deinem Bewusstsein deines Höheren Selbsts! Wenn ich von Bewusstsein spreche, meine ich nur und ausschließlich das Bewusstsein deines Höheren Selbsts, dein kosmisches Bewusstsein! Geistführer sind die Lichtwesen.

PLEJADIER (MIT SEELE)
KEIN INDIGO, VOM STERNENSYSTEM DER PLEJADEN = ZUR LÄUTERUNG, ABER AUCH ZUR WEITER-ENTWICKLUNG ZUR INDIGOSEELE HIER, UND AUCH ZUR UNTERSTÜTZUNG DER ERDE HIER, MITTLERES BEWUSSTSEIN, POSITIVE STERNENSAAT MIT EINIGEN NEGATIVEN ASPEKTEN, DIE GELÄUTERT WERDEN MÜSSEN, VOR ALLEM DISZIPLIN , DEMUT UND VOR ALLEM VERTRAUEN AUF GOTT, AUF DEM KLAREN DIREKTEN WEG INS

LICHT, ZURÜCK ZU GOTT, KANN IN DIESEM LEBEN AUFSTEIGEN UND ZUM INDIGO WERDEN, ABER AUCH WIEDER ABFALLEN, IMMER WEITER DEM LICHT ENTGEGEN UND ALLES WIRD POSITIV WERDEN, DISZIPLIN IST NÖTIG UND IMMER IN DER LIEBE BLEIBEN, NICHT ABWEICHEN VOM GÖTTLICHEN PFAD, KEINE ANGST HABEN, VERTRAUEN AUF GOTT BITTE, UND DIENE NUR DEM LICHT! DU WIRST REICHLICH BELOHNT WERDEN, WENN DU DURCHHÄLTST! WIDERSETZE DICH DEINEN DUNKLEN GEFÜHLEN IN DIR, WERDE DIR DEINER STÄRKE BEWUSST, DANN WIRST DU WIEDER ZU DEM WERDEN, WAS DU EINMAL WARST, EIN GOTT, ZIEL IST ES, IM BEWUSSTSEIN ZU STEIGEN, DIES IST IN DIESEM LEBEN MÖGLICH. Natürlich hat nicht jede Seele vom gleichen Planeten das 100 % gleiche Bewusstsein! Auch hier gibt es Unterschiede, die hauptsächlich in der Häufigkeit der Inkarnationen zu finden sind! Es gibt Seelen mit 50 Inkarnationen auf dem Buckel und welche mit 3500! Siehe dazu auch meine Ausführungen im Anhang! Und bitte verwechsle deine Persönlichkeit und deinen Charakter samt deinem Tagesbewusstsein NICHT mit deinem Bewusstsein deines Höheren Selbsts! Wenn ich von Bewusstsein spreche, meine ich nur und ausschließlich das Bewusstsein deines Höheren Selbsts, dein kosmisches Bewusstsein! Geistführer sind die Plejadier.

ORION- MANTIS HELL MIT SEELE (DERZEIT) UND BEWUSSTSEIN KEIN INDIGO, VOM ORION = ZUR LÄUTERUNG HIER, DERZEIT NUR MAXIMAL MITTLERES BEWUSSTSEIN, MIT LEIDER NOCH GRÖSSEREN NEGATIVEN ASPEKTEN, LERNAUFGABE IST, ZU GOTT ZURÜCKZUFINDEN, ZU GLAUBEN, IM BEWUSSTSEIN ZU WACHSEN, DIE CHANCE IST JETZT DA, INNERHALB DIESES LEBENS ALLES WIEDERGUTZUMACHEN UND ZUM LICHT ZURÜCKZUGEHEN, DIE ENTSCHEIDUNG FÄLLT IN DIESEM LEBEN, MAN HAT ES NUN SELBST IN DER HAND, LIEBEN, VERZEIHEN UND NACHGEBEN, LERNEN IST ANGESAGT UND VOR ALLEM DEMUT VOR GOTT, ABER AUCH SIE HABEN DIE CHANCE ZU GOTT ZURÜCKZUFINDEN UND AUFZUSTEIGEN, JEDER HAT IN DIESER ENDZEIT JEDEN TAG DIE CHANCE, UMZUKEHREN UND SICH DEM LICHT ZUZUWENDEN, JEDER; ES BESTEHT IMMER HOFFNUNG, GOTT HAT DIR DIE CHANCE GEGEBEN, ZU IHM ZURÜCKZUFINDEN; JETZT! STEIGERE DEIN BEWUSSTSEIN UND

HANDLE NUR NOCH IN UND MIT LIEBE, DANN WIRD ALLS GUT WERDEN UND AUCH DU WIRST IM BEWUSSTSEIN WACHSEN UND EINE SEELENANAPASSUNG ERHALTEN KÖNNEN. Natürlich hat nicht jede Seele vom gleichen Planeten das 100 % gleiche Bewusstsein! Auch hier gibt es Unterschiede, die hauptsächlich in der Häufigkeit der Inkarnationen zu finden sind! Es gibt Seelen mit 50 Inkarnationen auf dem Buckel und welche mit 3500! Siehe dazu auch meine Ausführungen im Anhang! Und bitte verwechsle deine Persönlichkeit und deinen Charakter samt deinem Tagesbewusstsein NICHT mit deinem Bewusstsein deines Höheren Selbsts! Wenn ich von Bewusstsein spreche, meine ich nur und ausschließlich das Bewusstsein deines Höheren Selbsts, dein kosmisches Bewusstsein! Geistführer sind die Plejadier.

ORION-MANTIS DUNKEL OHNE SEELE UND NIEDERES BEWUSSTSEIN
KEIN INDIGO, VOM ORION = UNGELÄUTERTES, SEELENLOSES, NIEDERES GEISTWESEN MIT INSEKTOIDEM URSPRUNG, WENIG BEWUSSTSEIN MIT FAST AUSSCHLIESSLICH NEGATIVEN ASPEKTEN, KEIN AUFSTIEG MÖGLICH, NUR HIER, UM ALLE ANDEREN AM AUFSTIEG ZU HINDERN, DIENT DER DUNKELHEIT, VERLORENE SEELE, EINZIGE CHANCE IST DIE GNADE GOTTES : DURCH DEN ERHALT SEINER ALTEN SEELE KANN ER AUFSTEIGEN UND ZURÜCK INS LICHT FINDEN!! Natürlich hat nicht jede Seele vom gleichen Planeten das 100 % gleiche Bewusstsein! Auch hier gibt es Unterschiede, die hauptsächlich in der Häufigkeit der Inkarnationen zu finden sind! Es gibt Seelen mit 50 Inkarnationen auf dem Buckel und welche mit 3500! Siehe dazu auch meine Ausführungen im Anhang! Und bitte verwechsle deine Persönlichkeit und deinen Charakter samt deinem Tagesbewusstsein NICHT mit deinem Bewusstsein deines Höheren Selbsts! Wenn ich von Bewusstsein spreche, meine ich nur und ausschließlich das Bewusstsein deines Höheren Selbsts, dein kosmisches Bewusstsein! Geistführer sind die Reptiloiden.

ORION-REPTO DUNKEL (REPTILOID DRIN IM KÖRPER) OHNE SEELE UND NIEDERSTES BEWUSSTSEIN
KEIN INDIGO, VOM ORION = UNGELÄUTERTES, SEELENLOSES, NIEDERES GEISTWESEN MIT REPTILOIDEM URSPRUNG, WENIG BEWUSSTSEIN MIT FAST AUSSCHLIESSLICH NEGATIVEN AS-

PEKTEN, KEIN AUFSTIEG MÖGLICH, NUR HIER, UM ALLE ANDEREN AM AUFSTIEG ZU HINDERN, DIENT DER DUNKELHEIT, VERLORENE SEELE, EINZIGE CHANCE IST DIE GNADE GOTTES: Neubeginn der seelischen Evolution als Mineral! Geistführer sind die GRAUEN.

Ich wurde schon oft gefragt, wie ich das denn alles schaffen würde, so viele Menschen und auch Tiere zu behandeln! Und das alles auch per E-Mail zu regeln usw.! Die ganzen Informationen, die man von mir bekommen würde, die ganzen Gebete, das alles ist eine enorme Arbeit! Wie ich das schaffen würde!

Nun, ich wurde speziell für diese Aufgabe »ausgebildet« durch meinen Lebenslauf! Als früherer Polizist lernte ich Verantwortung und Disziplin! Später als Finanzberater und dann Network Marketer lernte ich, mit vielen Menschen zu sprechen, vor Menschen zu sprechen! Mir war es damals schon zu anstrengend, immer alles am Telefon zu machen, darum entwickelte ich im Network ein System, das es mir erleichterte, Mitarbeiter anzuwerben über das Internet! Schon damals wurde ich oft kopiert von Kollegen, die meine Ideen einfach klauten und alles nachmachten!

Ich war sowas wie ein Talent, effiziente und einfache, erfolgreiche Strategien im Internet zu entwickeln, um Geschäfte von Zuhause aus machen zu können, und das sehr erfolgreich!

Leider wurden mir ja immer wieder Steine in den Weg gelegt, und andere profitieren dann später von meinem Know-how, während ich dann wieder pleite war aus nun hinreichend bekannten Gründen!

Nun, heute kommt mir diese Fähigkeit zugute, und es hat wohl so sein sollen! Ein Geistheiler, der keine Ahnung von Marketing und Internet hat, der wird heutzutage verhungern!

Ich habe immer alles alleine und selbst gemacht als Geistheiler Sananda! Selbst meine Buchhaltung! Ich betreue jeden Klienten selbst und persönlich, und das ist bei im Schnitt 1500 zu Behandelnden je Monat nicht einfach!

In den ersten zwei Jahren arbeitete ich 365 Tage durch, Tag und Nacht, auch an Weihnachten und im Sommer! Dann entwickelte ich Systeme, die mir vieles an Arbeit vereinfachten und abnahmen!

Mittlerweile arbeite ich »nur« noch im Schnitt zwölf Stunden am Tag, aber meist nur noch sechs Tage die Woche! Und nachts schlafe ich nun meist! Ist das nicht schön?

Meine technischen Arbeitsschritte sind dermaßen hochentwickelt, dass diese keiner nachmachen könnte, keiner! Ich habe diese Abläufe und Prozesse so verinnerlicht und beschleunigt, dass ich sie, wenn ich müsste, nicht mal einem anderen erklären könnte! Es geschieht alles automatisch ohne nachzudenken!
Ich selbst könnte es mir nicht mal mehr erklären! Ich kann es einfach! Wofür ich vor fünf Jahren einen Tag brauchte, das mache ich heute in einer Stunde!
Nur die Heilungen, die mache ich immer noch sehr aufwendig und einzeln, das kostet immer noch viel Zeit und Energie. Vor allem auch die Besetzungen der Klienten, die dann oft zu mir kommen! Ich bin halt auch sowas wie der Müllmann meiner Klienten! Und viele wissen nicht mal, was ich alles für sie tue, weil sie keine Ahnung haben! Aber das ist ok, dafür bin ich ja da! Mit Geld kann man das nicht bewerten, was ich tue! Es wäre unbezahlbar, glaub mir! Das Honorar ist eigentlich eine kleine Spende für meinen Zeitaufwand! Mehr nicht! Was ich leiste, ist schwerste Energiearbeit! Und dadurch, dass ich oft erstmal alles abbekomme, auch eine immense Beeinträchtigung meiner Lebensqualität! Von den Verfolgungen und Drangsalen will ich hier gar nicht sprechen! Aber ich mache das gerne, was ich tue! Es bringt mir Freude und Genugtuung, anderen zu helfen! Keiner könnte wie ich diese vielen Klienten so bewältigen, keiner! Für die Arbeit, wo ich einen Tag brauche, würde ein Nachahmer zwei Wochen benötigen! Davon abgesehen hat auch keiner meine Heilkraft! Ohne die Hilfe von Anette hätte ich es wohl nicht geschafft, da sie immer für mich da ist und ich immer mit ihr reden kann! Sie und Isabell tragen sehr dazu bei, dass ich das alles so meistern kann!

125 000 Behandelte, persönlich Behandelte, und das in fünf Jahren alleine bewerkstelligt, das ist wahrlich eine Meisterleistung! Da darf ich mir dann doch auch mal selbst auf die Schulter klopfen! Anette meint oft, ich sei ein Genie! Mittlerweile kann ich mir auch mal die eine oder andere Auszeit gönnen! Leider muss ich mir auch die eine oder andere Auszeit geben, da Energiearbeit ungemein anstrengend ist, körperlich und mental, und ich mich eben oft hinlegen muss ein bis zwei Stunden am Tag, da ich dann einfach kaputt bin. Ich fühle mich oft, als hätte ich tagelang auf dem Bau geschuftet, und ich bekomme auch oft Kopf- und Rückenschmerzen vom immer am PC sitzen! Ich habe mir nun ein Heimrudergerät gekauft, um meinen Rücken zu trainieren! Und es ist gut, dass ich meinen Hund habe!

So muss ich dreimal am Tag raus in den Wald, habe Bewegung und »frische« Luft und kann auch noch Energie tanken bei meinen Freunden, den Waldfeen und den Gnomen! Insgesamt ist es schon eine Knochenarbeit, was ich tue! Eigentlich ist es eine Aufopferung, die ich da mache! Ich kann wahrlich sagen, ich arbeite hart für mein »Schmerzensgeld»! Aber ich mache es wie gesagt auch sehr gerne. Wer soll es denn sonst machen? Es kann es ja keiner außer mir!

Es gibt für mich halt keine Feiertage, keine Wochenenden und keinen Urlaub! Ich arbeite immer durch, das ganze Jahr! Jeder Tag ist für mich gleich! Ab und zu kann ich mal einen Tag ein klein wenig ausspannen, insofern ich nicht aus dem Haus gehe! Denn dort geht dann ja ein anderer Stress weiter! Aber das weißt du ja! Was mir halt auffällt, ist, dass die Zeit so rasend vergeht! Die Monate und Jahre fliegen richtig dahin! Manchmal ertappe ich mich in Gedanken in Situationen und Erinnerungen, die vermeintlich erst neulich waren und muss dann erkennen, dass das schon zwei oder drei Jahre her ist! Und ich hatte das Gefühl, das war doch erst neulich! Die Zeit rast an mir vorbei! Geht es dir auch so? Übrigens: Egal, in welchen Wald ich gehe, es fliegen immer zwei bis drei Drohnen von der Größe einer 737 über mir und machen einen Heidenlärm!

Aktuell: Ich nehme dich mal kurz mit in meine Gegenwart!
23.07.2019 Wir waren heute im Edeki in Konstanz zum Einkaufen! Es arbeiten fast mehr Aushilfskräfte dort, als es manchmal Kunden hat! Auf dem Gang musste ein Schwarzafrikaner, der dort offensichtlich arbeitete, sich an mir vorbeiquetschen! Ich schaute ihm kurz nach, weil mich das nervte, dass er so nah an mir vorbeilief und mich berührte, da sprang mich eine erdgebundene Seele mit Rasta-Zöpfen an, auch ein Schwarzafrikaner, der besetzt war von Voodoo-Energien! Er saß auf dessen Rücken und ritt auf ihm! Als er kurz in mein Energiefeld geriet, bekam ich sofort weiche Knie und musste mich am Einkaufswagen festhalten, ansonsten wäre ich gestürzt! Ich musste mich ca. fünf Minuten ausruhen und ablösen, danach ging es wieder! Diese fremden Kulturen bringen auch fremde Energien mit nach Europa!

23.07.2019 Wir finden viele Lebensmittel nicht mehr, die uns gutgetan haben! Es ist sehr auffällig, dass alles, was wir oft und gerne essen wollen, irgendwann einfach nicht mehr da ist! Auf Nachfragen heißt es dann, dass die

Produktion eingestellt wurde! Das Gleiche gilt für spezielle Tiernahrung, die wir mühsam ausfindig gemacht haben! Ob das nun für Bianca (Hamster), unsere Katzen oder für Aslan ist! Alles, was die Tiere gerne mochten, wo sie keinen Durchfall bekamen, es gut vertrugen, ist auf einmal nicht mehr zu kaufen! Das Gleiche habe ich bei einigen Nahrungsergänzungsmitteln festgestellt, auch bei Toilettenartikeln! Genau das, was wir mühsam als gut identifiziert hatten, ist auf einmal nicht mehr erhältlich! Zufall kann das nicht mehr sein! Dazu ist es zu augenfällig! Es scheint, dass eine Macht nicht will, dass es uns gutgeht! Denn es ist so schwer heutzutage, etwas zu finden, was man verträgt, gesund ist und auch noch schmeckt! Eigentlich die Herausforderung des Alltags schlechthin!

23.07.2019 Es wird keine Anklage gegen Christiano Ronaldo (Indigo) erhoben! Ich habe so lange für ihn gebetet! Ich freue mich sehr für ihn! Sein Ruf hat sicher darunter gelitten, was ja auch die Absicht war! Und das liebe Geld natürlich! Möchte nicht wissen, wie viele Millionen das angebliche Opfer von TV-Anstalten und Presse erhalten hat für Interviews! Man muss ja nur einmal fünf Minuten mit einem Weltstar alleine sein, dann kann man alles behaupten, und man hat ausgesorgt fürs Leben! Und der Ruf eines Menschen wird einfach mal so ramponiert! Aber das ist bei Rufmord generell so! Man behauptet einfach was, und irgendwas bleibt immer hängen bei den Systemmenschen! Das wissen die (Ruf)Mörder auch! Das ist ihre Waffe! Siehe auch bei dem anderen Weltstar Neymar (Plejadier)! Ich möchte nicht in der Öffentlichkeit stehen. Das ist heutzutage zu gefährlich! Aber Gefahr ist ja mein zweiter Vorname!

Weiter mit dem Thema des Kapitels!
Manche Klienten werden nicht sofort geheilt durch eine Behandlung! Was für Gründe kann das haben? Wir schon öfters erwähnt, ist Gott der Heiler! Ich bin nur ein Prophet Gottes, ein Kanal Gottes! Vielleicht ein »Wunderkanal«, mag sein! Sicher hat jede Heilung auch mit mir zu tun, mit meiner Energie! Sonst würde man mich ja nicht brauchen! Da fällt mir die Geschichte aus meinem letzten Buch wieder ein! Als bei Hochwasser die Überlebenden, auf dem Hausdach sitzend, sich vor den Fluten rettend, warten auf Hilfe! Sie haben zu Gott gebetet und um Hilfe gerufen! Es kam ein Hubschrauber und dann ein Boot, alle Hilfe haben sie abgelehnt, weil sie ja auf Gottes Hilfe hofften! Sie sind dann ertrunken und haben sich im Himmel dann bei Gott beschwert, warum er ihnen nicht geholfen habe!

Gott meinte dann, er habe ihnen doch einen Hubschrauber und ein Boot geschickt!
So ähnlich komme ich mir auch vor! Ich bin der Hubschrauber, ich bin das Boot! Leider erkennen das einige Menschen nicht und fühlen sich von Gott alleingelassen! Gott ist immer hier. Aber in Gestalt von Engeln und dem, was wir Götter nennen! Gott hat mich geschickt, euch zu helfen! Ich bin die Hilfe! Ich bin nicht Gott! Auch wenn manche in dieser Branche meinen, sie seien Gott selbst! Nein! Wir sind nicht Gott! Wir sind seine Kinder!
Und manche sind Engel und andere Erzengel, Meister! Sie sind näher dran an Gott als alle anderen, aber auch sie sind nicht Gott!
Gott ist nicht greifbar für unseren menschlichen Verstand! Niemand kann behaupten, er wisse, was Gott ist! Gott ist aber in jedem Menschen enthalten! Ein Funke von ihm, sonst würdest DU z.B. nicht leben! Dieser Funke kann ausgebaut werden durch Liebe und Güte, Toleranz und Mitgefühl! Und je mehr wir davon besitzen, desto größer wird der Funke! Und wenn der Funke zu einem Feuer wird, können wir andere damit anzünden, damit auch diese eines Tages zu lodern beginnen! Ich bin jemand, der ein loderndes göttliches Feuer in sich trägt! Es gibt auch in der göttlichen Ebene eine Hierarchie! Nenne es eine Pyramide! Ganz oben ist Gott! Darunter das obere Management, die Erzengel, dann das mittlere Management, die Engel, und dann die Menschen unterhalb der Mitte! Und ganz unten sind die Teufel und Dämonen! Natürlich gibt es bei den Menschen mehrere Ebenen! Nicht alle sind logischerweise auf der gleichen! Diese Ebenen hängen mit den Herkunftsplaneten und der jeweiligen Seelenqualität der Menschen zusammen! Mehr dazu später noch!

Ich bin, wenn du magst, vom obersten Management mit allen Vollmachten ausgestattet! Nun könnte man wie im Network Marketing sagen, jeder kann ganz nach oben kommen! Und genauso ist es auch hier! Jeder kann und soll auch zum Engel werden, vielleicht auch zum Erzengel! Und wenn man es weiterdenkt, vielleicht auch zu einem Gott! Vielleicht bin ich ja auch schon eine Stufe höher, als ich es mir selbst zugestehen mag? Wer weiß! Man sagt mir oder teilt es mir mit, und zwar jetzt gerade (!), ich sei der Erstgeborene Sohn Gottes! Während ich das gerade schreibe, muss ich weinen! Und es durchzuckt mich innerlich, wie wenn ich von einem warmen Blitz durchflutet werde! Ich sage immer die Wahrheit! Mache nie jemandem etwas vor! Es ist so, dass es so ist! Auch wenn mein eigener Verstand das nicht recht glauben mag! Unser Verstand ist unser Gegner in der Materie! Er ist manipulierbar! Unser Herz nicht! Unser Herz kennt die Wahrheit, die volle Wahrheit! Manchmal gibt es uns Zeichen und bringt uns zum Weinen! Wie sonst soll sich dein Herz dir verständlich machen?

Aber es geht hier um dich! DU sollst die Stufen hinaufklettern! Im Prinzip ist es wie in der freien Wirtschaft im Network Marketing! Viele sagen ja auch Pyramidensystem dazu! Ist gar nicht so verkehrt! Nur ist es so, dass dort an der Spitze immer die größten Idioten sitzen, wie in der politischen Pyramide auch! Die oberen Plätze werden immer im Voraus vergeben. Irgendwelche Typen haben das immer schon im Vorfeld untereinander aufgeteilt, das ist meine Erfahrung im Network! Dort oben, wo das ganz große Geld verdient wird, da sind die Plätze schon vergeben, bevor das Fußvolk anfängt zu arbeiten! Von ganz unten schafft es selten einer aus eigener Kraft nach ganz oben! Wie ist es bei der spirituellen Pyramide? Und überhaupt scheint die Pyramide eine wichtige Rolle auf der Erde zu spielen! Warum sonst gibt es denn so viele? Es gibt noch zehntausende unentdeckte Pyramiden! In jedem Gebiet auf der Erde sind sie gewesen, die meisten zugewachsen!

Auf der spirituellen Pyramide kann man sich auch nach oben schaffen! Um nichts anderes geht es eigentlich im Leben! Es geht darum, auf der Leiter nach oben zu kommen! Sich aus den vielen Ebenen des Menschseins herauszukatapultieren! Hinein in die nächste Ebene, die der Engel!
Viele Engel und auch Erzengel steigen auf der Leiter herunter, um den Menschen zu helfen, nach oben zu gelangen! Gleichzeitig ziehen die Reptos, die Teufel und Dämonen von unten, um die Menschen unten zu halten! Wir sehen, es wiederholt sich alles! Immer geht es um diese zwei Kräfte! Gut und Böse! Der scheinbar ewige Krieg! Aber kämpft Gott wirklich? Muss Gott denn kämpfen? Gott ist jenseits von Gut und Böse! Gott ist alles! Gott ist darüber! Gott ist neutral! Gott überlässt den Menschen die Entscheidung, ob sie die Treppe nach oben oder nach unten gehen wollen! Darum hat er den Menschen einen freien Willen gegeben!

Wenn nun jemand sich bei mir behandeln lässt, dann ist das übertrieben dargestellt eine (vielleicht) unbewusste Entscheidung, die Treppe nach oben zu nehmen! Die Geistige Welt führt die Interessenten ganz zeitgemäß per Internet auf meine Webseite! Und jeder, der da »zufällig« landet, hat die Chance, Heilung im ganzheitlichen Sinne, im göttlichen Sinne zu erfahren!

Erlösung zu erfahren! Gott will den Klienten Erlösung zukommen lassen durch mich, den Hubschrauber, den Bootfahrer!
Erlösung in dem Sinne, dass ich den Menschen helfe, sich selbst aus den eigenen Fesseln zu befreien! Aus den Fesseln, die die Menschen an die Materie binden und sie immer wieder aufs Neue binden!
Jeder kann sich nur selbst befreien und erlösen! Aber wir leben in der Endzeit! Und es gibt so etwas wie eine Gnade Gottes nun! Gott gibt jedem in dieser Phase der Zeitgeschichte die Gelegenheit, dieses ganze Spiel der Mächte ein für alle Mal zu beenden!
Wenn nun jemand mir einen Auftrag erteilt, dann ist das eine wohl lebenswichtige Entscheidung gewesen. Nein! Überlebenswichtige Entscheidung! Durch diesen Auftrag äußert jeder Klient, dass er zurück zu Gott will! Heil werden will! An Körper, Geist und Seele! Seelenlose melden sich nicht bei mir! Die bringen das nicht fertig, mich zu beauftragen! Hatte in fünf Jahren noch keinen Repto als Auftraggeber! Für mich faszinierend, das festzustellen! Je nach Entwicklung des Bewusstseins erfährt ein Klient sofortige Heilungen, genannt Spontanheilung, oder Wunderheilung!
Viele aber werden erst nochmals an alte Energien herangeführt, um mit der Vergangenheit aufzuräumen! Das sind dann sogenannte Erstverschlimmerungen! Und da beginnt sich schon die Spreu vom Weizen zu trennen! So manch einer ist dann sofort überfordert! Dann kommen Mails wie: »Aufhören! Das wird ja alles noch schlimmer!« Und in manchen Foren schreibt dann einer: »Sananda ist kein Heiler! Das ist ein Betrüger! Bei uns im Paket wurde es bei allen sogar noch schlimmer!« Ja, was soll man dazu sagen? Wunderbar! Es tut sich was! Was kann es Besseres geben? Der Beweis, dass sich etwas verändert! Nur lesen viele meine Mails nicht, und meine Bücher noch weniger! Viele wollen einfach schnell geheilt werden, warum und von wem und wie, ist denen egal!

Die geistige Welt und das Höhere Selbst wollen aber, dass der Klient vom Bewusstsein her steigt! Die Krankheit, das Problem, das man dem Menschen geschickt hat, ist ja eine Botschaft! Und wenn der Mensch diese Information fehlinterpretiert, also nur schnell gesund werden will und nach ihm die Sintflut, dann klappt das nicht! Darum schreibe ich so lange Mails, die man lesen sollte! Das tun nicht alle! Einige wenige schreiben dann nach ein oder zwei Wochen, sie seien noch nicht gesund, ich sei wohl ein Betrüger! Für sie seien 250 Euro oder 500 Euro viel Geld! Was soll ich mit so Leuten anfangen? Was soll Gott mit so Leuten anfangen? Haben die je

meine AGB gelesen? Oder ein Buch von mir? Oder mehr als ein Video von mir angeschaut? Oder meine Antwortmails ausgedruckt? Machen die täglich die Ablösegebete? Auf Nachfrage wissen sie dann nicht, was ich mit Ablösungen meine! Die haben nichts kapiert, nichts! Die müssen noch sehr oft neu inkarnieren!
Wer mir einen Auftrag gibt, darf nicht ans Geld denken! Man sollte die Verfügungen und Ablösungen täglich mindestens dreimal machen! Jede Nacht um 21.30 Uhr sich mit mir gedanklich verbinden! Nach Möglichkeit eben! Nun gut, das sind nicht viele, die so einen Mist schreiben nach kurzer Zeit! Aber es gibt auch welche, die nach drei Monaten offenbar nicht geheilt sind!
Sie rennen zwar schon 10, 20, 30 Jahre zu den Ärzten, von denen hat sie nie einer geheilt, aber von mir erwarten sie nach drei Monaten eine komplette Heilung? Wer sagt denn, dass etwas, was 20 Jahre schon Probleme macht, nach drei Monaten verschwindet? Vielleicht sind zwei oder drei Behandlungen nötig? Was ist das gegen 20 Jahre? Und was sind 500 Euro gegen ein neues Wohlbefinden? Wenn die Leute einen neuen Fernseher brauchen, dann haben sie die 500 Euro! Es hat eben alles mit Bewusstsein zu tun! Jemand, der ein höheres Bewusstsein hat, der mailt mir ja auch nicht so einen Müll!
Das Problem ist eben, dass die mit niederem Bewusstsein meine Bücher und auch diese Zeilen hier nicht lesen! Und die, die es lesen, die brauchen es nicht zu lesen, wenn du verstehst!
Aber nochmals, das sind die Ausnahmen! Aber diese Ausnahmen sind oft sehr aggressiv und unverschämt und wollen einem dann den ganzen Tag versauen, wollen ihren ganzen Lebensfrust, den Frust auf all die Ärzte und früheren Heiler, die nichts brachten, an mir rauslassen!
Ich stelle dann immer fest, dass diese Klienten abgefallen sind! Seelenlos wurden! Ich bin sowas wie ein Barometer, eine Benchmark! Wer mich angreift, massiv, meine ich, der ist seelenlos! Ein bewusster Geist weiß ja, dass alles seine Zeit braucht und dass Gott entscheidet, nicht ich!
Im Prinzip ist ein Angriff gegen mich ein Angriff auf Gott! Sie haben einen Hass und einen Frust, dass Gott sie nicht einfach mal so schnell geheilt hat! Und sie brauchen immer einen, an dem sie ihre dreckigen Schuhe abputzen können!

Die überwiegende Mehrzahl der Klienten wird nach einer Behandlung sehr schnell Fortschritte spüren! Einige brauchen zwei, manche auch drei Behandlungen! So ist das nun mal! Davon abgesehen würde ich jedem raten, immer in meiner Energie sein zu wollen! Es wird eine Zeit kommen, wo ihr froh darüber sein werdet! Darum habe ich die Wiederholungsaufträge eingeführt! Was sind 130 Euro je Person im Jahr beim Familienpaket? Oder auch 500 Euro für zwei Personen auf zwölf Monate? Musst du darüber lange nachdenken?

Die Seelenqualität ist der entscheidende Faktor für deine Heilung und für deinen Aufstieg! Je höher die Seele, desto schneller und umfangreicher die Heilungen! Und um aufsteigen zu können, man könnte auch sagen, um aussteigen zu können hier, muss man mindestens Indigo-Santiner sein!
Eine neue höhere Seele bedeutet, einen Walk In erhalten zu haben! Dies geschieht meist über Nacht! Viele spüren das auch, da sie ja durch eine Behandlung feinfühliger, manche sogar hellsehend geworden sind! Das dritte Auge kann sich bei manchen Klienten öffnen, da sie ja in meiner Energie sind!
Leider können manche diese Energie nicht halten und fallen wieder ab, bekommen die alte Seele wieder! Die hohe Seele erträgt nur hohe Schwingungen! Und wenn jemand abfällt, dann geht sie wieder! Nun werde ich oft gefragt, warum man abfällt! Meist fällt jemand ab, wenn er in alte Denk- und Verhaltensmuster zurückfällt! Zum Beispiel wieder raucht und trinkt oder wieder Drogen nimmt oder wieder Tiere isst! Schlimmer wiegt jedoch, wenn jemand wieder Neid- und Hassgefühle entwickelt! Missgunst und Gier wieder Einkehr halten! Triebe und niedere Instinkte wieder ausgelebt werden! Dies geschieht unmerklich und langsam! Diese Rückverwandlung geht langsam und unmerklich für den Menschen vonstatten! Die Dunkelheit flößt den Klienten ständig negative Gedanken ein, meist sogar gegen mich als Heiler! Ich bin eben sowas wie eine Messlatte! Sie wollen die Klienten gegen mich aufhetzen, gegen Gott aufhetzen! Nach dem Motto: Der hat dich nur abgezockt! Der ist ein Betrüger! Glaub dem ja nichts! Der kann nichts! Usw.! Das sind Prüfungen und Tests! Fall nicht drauf rein! Es hat alles einen Grund, warum du bei mir Klient geworden bist! Oder wenn du es noch nicht bist, warum du bis hierher gelesen hast! Unterschätze die Geistige Welt nicht, weder die positive noch die negative!

Wer darauf hineinfällt, wird abfallen! Eine Falle bedeutet, dass man hineinfallen kann! Da fällt mir ein gutes Beispiel ein! Ein Klient hat sich beschwert, dass seine ganze Familie vom Santiner zum Plejadier abgefallen sei! Ich hätte es mir da zu leicht gemacht, was das solle! Das könne er seinem (6-jährigen) Sohn ja nicht erzählen, dass er nun »nur noch« Plejadier sei, wo der mich doch so lieben würde! Er sei nun sehr enttäuscht und würde nun vom Glauben abfallen! Nun, wer sich näher mit meinen Arbeiten beschäftigt, der weiß mittlerweile, dass es derzeit in der Endzeit ständig auf und ab gehen kann bei den Seelenherkünften! Ich habe nicht wenige Fälle, wo ein Santiner erst abfiel zum Plejadier, um dann ein Jahr später wieder Santiner zu sein, und wieder ein Jahr später Indigo-Santiner! Alles ist derzeit möglich! Viele baden in meiner Energie und können das Level halten, bis es sich von alleine bei ihnen festigt. Andere können es eben nicht halten, alte negative Eigenschaften kommen wieder zum Vorschein, alte Denk- und Verhaltensmuster werden plötzlich wieder gelebt! Die Reaktion des Klienten zeigt ja schon für sich, dass mit dem Herrn was nicht stimmt! Da sind Wut, Verzweiflung, Trotz und auch mangelnde Selbstreflektion mit im Spiel! Einfach ein Mangelbewusstsein! Der Aufstieg wird hart werden für diesen Klienten!

Wenn wir nun das Bild der Pyramide uns vor Augen führen, dann klettert jemand eben eine Ebene nach der anderen hoch bzw. wieder runter! Und das Spiel kann sich oft wiederholen! Es ist erst vorbei mit dem Tod! Es ist entscheidend, welchen Seelenzustand jemand beim Tod hat, um zu wissen, in welche Astralebene er dann kommt! Und dann ist es ja nicht vorbei, dann geht es weiter! Es wird dann aber schwerer, aufzusteigen! Auch in der Geistigen Welt geht es um Aufstiege! Es geht immer nur um Aufstiege, um nichts anderes! Oder nenn es Entwicklung! Und es ist viel leichter, als Mensch aufzusteigen denn als Geist!

Diese »Beschwerden« an mich, über die ich hier schreibe, sind sicher Einzelfälle. Aber es gibt garantiert eine Dunkelziffer! Klienten, die unzufrieden sind, es aber nicht mitteilen oder es im Internet schreiben! Das ist dann Mangelbewusstsein! Es geht darum, zu akzeptieren, was die Geistige Welt entschieden hat, das Höhere Selbst entschieden hat! Und wer das annimmt und im Vertrauen und in der Liebe bleiben kann, der wird dafür bald belohnt werden und geheilt sein!
Es gibt aber auch eine Dunkelziffer von Geheilten, die das entweder gar nicht wahrnehmen wegen ihrem Alltag oder sich schon daran gewöhnt haben. Oder es gar nicht mehr mit meiner Behandlung verknüpfen!

Sicher hätte ich noch mehr positive Feedbacks, als ich eh schon habe! Jeden kann ich nicht heilen, weil nicht jeder an der Reihe ist, geheilt zu werden oder es noch nicht verdient hat eben, ganz einfach! Wenn jemand noch keine Einsicht zeigt in sein früheres Fehlverhalten, keine Reue fühlt und keine Erkenntnisse gewinnen kann, warum sollte er dann geheilt werden? Das wäre ja eine Sinnlosigkeit jeder Krankheit, die wir von der Geistigen Welt erhalten!

Es gibt auch eine Dunkelziffer von Klienten, die zu mir kamen, obwohl sie gar nicht krank waren, die aus anderen Gründen Hilfe suchten! Viele Probleme wurden schon beseitigt nach einer Behandlung, auch und vor allem finanzielle Probleme. Es scheint, ich bringe manchen Glück! Aber was ich eigentlich meine, ist, dass wenn ich Menschen und Tiere von Besetzungen befreie, diese das gar nicht wussten und Krankheiten erst gar nicht entstehen können! Diese Klienten waren quasi sehr verantwortungsbewusst und haben unbewusst vorgesorgt! Wenn sie dann dieses unbewusste Nichtwissen in Bewusstheit transformieren können, dann können sie diesen Gesundheitszustand auch halten! Auf Deutsch: Man kann auch gesund zu mir kommen und Krankheiten vorbeugen durch eine Behandlung!

Wer krank ist, sollte anfangen, über sein Leben nachzudenken! Selbsterkenntnis ist der erste Weg zur Besserung! Es geht darum, dass der kranke Mensch erkennt, dass er auf dem falschen Weg ist! Und sich über den richtigen Weg Gedanken macht! Schon alleine, dass er sich darüber Gedanken macht, kann etwas verändern! Wer nur zuhause sitzt, auf den Kalender schaut, wann die drei Monate Behandlung um sind und dann erwartet, dass er vollkommen gesund ist dann, der hat leider die Prüfung nicht verstanden! Der hat noch gar nichts verstanden! Nichts! Meine Ablösegebete und meine Verfügungen helfen dabei, im Bewusstsein zu steigen! Ebenso die Lektüre meiner Bücher! Der einzige Weg, um nachhaltig im Bewusstsein zu steigen, ist aber sich zu läutern!

Aktuell: Ich nehme dich schnell mit in meine Gegenwart!
24.07.2019. Morgens um 09.00 Uhr, im Wald wird gesägt, dass man davonrennen möchte! Habe gemerkt, dass ich alle 14 Tage den Wald wechseln muss! So lange dauert es immer, bis sie einen gefunden haben, der Krach macht! Die ersten 14 Tage habe ich immer Ruhe!

Danach zwei Mordanschläge! Auf der Landstraße kommt mir ein großer LKW einer großen Baufirma entgegen, die unweit von meinem Wohnsitz ihr Depot hat! Bei ihm auf der Fahrbahn liegt eine Getränkedose! Der Fahrer entscheidet sich dafür, diese zu schonen und nach links über die Fahrstreifenbegrenzung hinauszufahren und mich in den Graben zu drängen! Der Graben war zum Glück befestigt, sodass es keine Schäden gab bei mir! Leider war keine Zeit, die Nummer zu merken, und da von dieser Firma sicher über 20 ständig in der Gegend hier herumfahren, ist eine Anzeige sinnlos!
Gleich danach, Ortseingang Kreuzlingen, nächster Anschlag! Eine Autofahrerin kommt mir entgegen und fährt ohne ersichtlichen Grund über die Fahrbahnbegrenzung und bringt mich dazu, wieder mal nach rechts auszuweichen! Ich schaue nach links zu ihr und sehe nur schemenhaft eine Dämonenfratze auf ihrem Gesicht! Im gleichen Moment bremst der Fahrer vor mir, weil er Mutter Theresa sein will und ein wartendes Auto aus einer Hofausfahrt rausfahren lassen will! Ich kann nicht mehr bremsen und muss nach links in den Gegenverkehr ausweichen. Da kommt zum Glück grade keiner! Ich war abgelenkt gewesen von der entgegenkommenden Autofahrerin! Das nennt man einen schwarzmagischen Angriff! Hier waren, wie zuvor, dämonische Kräfte am Werk! Ich erinnere an eine Szene in dem Film »Odd Thomas«, wo man auch sieht, wie diese Dämonen ins Lenkrad greifen, um einen Fahrer dazu zu bringen, jemanden umzufahren! Voll krass! Und die anderen sehen das nicht und glauben es nicht! Wäre ich nun in ein entgegenkommendes Auto reingefahren, wäre ich schuld gewesen! Sie schädigen einen, wo und wie sie nur können! Und es ist ihnen am liebsten, wenn man dabei draufgeht! Da ich einen großen SUV habe, schicken sie nun vermehrt LKW! Immer auf der Hut sein und nie schnell fahren, dachte ich mir heute! Sie erhöhen die Angriffe!

24.07.2019. Heute lese ich über einen widerwärtigen Fall eines Mordes! Ein marokkanischer LKW-Fahrer nimmt eine deutsche Tramperin mit, vergewaltigt sie dann, schlägt sie danach mit einer Eisenstange tot und verbrennt sie dann! Tja, geht es eigentlich noch menschenverachtender? Nun, dieser Mann wurde wahrhaftig vom Teufel geritten! Er wohnt in ihm! Man nennt diese Menschen auch Reptos! Sie sind nicht alle so! Aber viele! Wenigstens ist die arme Seele gleich frei geworden durch das Verbrennen! Somit hat der Repto auch noch etwas Gutes getan in seiner Abscheulichkeit! Liebe Frauen, warum vertraut ihr fremden Männern euer Leben an?

Nachtrag: Habe ermittelt, dass dieser Mord etwas mit Schlepperbanden und Flüchtlingsrouten zu tun hat! Und das Opfer da irgendwie involviert gewesen sein soll! Ist trotzdem ein Mord, aber scheint einen anderen Hintergrund zu geben!
Weiter beim Thema Heilung, Läuterung, Seele und Bewusstsein! Viele fragen mich, was genau Läuterung ist! Läuterung ist, wenn man dankbar und demütig wird! Das, was viele Menschen, die meisten sogar, nicht sind! Läuterung bedeutet, dass man gereinigt ist von Neid, Missgunst, Hass, Wut, Rachsucht, Eifersucht, Gier und niederen Instinkten!
Das bedeutet nun nicht, dass man keusch sein muss oder keinen Spaß haben darf, kein schönes Auto fahren darf, nur noch beten soll usw.! Es bedeutet ganz einfach, dass man dankbar und demütig wird! Der mangelnde Respekt vor anderen Menschen, so, wie die Reptos und Seelenlosen mit uns Beseelten und Indigos umgehen, das ist mangelnde Demut, Demut vor Gott! Im Gegenteil! Sie hassen Gott und darum auch alles Göttliche! Alle Beseelten Menschen, alle Tiere, die Pflanzen!
Was macht nun jemand, der aber voller Neid und Missgunst ist? Kann man das so einfach transformieren? Meist nicht! Denn diese Menschen sind Narzissten und sehen nur sich! Alle anderen sind für sie Gegner, Feinde, Schwache! Die Ihnen im Wege stehen, eine Konkurrenz sein könnten, also eine Gefahr darstellen! Sie haben dann nur ein Ziel: diese Gefahr auszuschalten! Bedeutet, in den Krieg gegen diese Gefahr zu ziehen! Mit allen Mitteln, bis der andere tot oder aus den Augen ist, keine Gefahr mehr darstellt!
Solche Menschen können sich nicht läutern in diesem Leben! Wenn sie viel Glück haben, dürfen sie noch oft neu inkarnieren und müssen viele harte Schicksale erleben! Ganz viele und ganz harte! So viele und so lange, bis sie Reue zeigen, weich werden! Über sich nachdenken lernen! Das können Reptos und Seelenlose leider nicht! Sie suchen immer die Schuld bei anderen, nie bei sich! Wenn diese Menschen Pech haben, dürfen sie vielleicht auch gar nicht mehr inkarnieren, weil es keinen Platz mehr auf der Erde und anderswo für sie gibt! Sie müssen dann in der »Hölle« ihre Läuterung vollziehen! Das ist dann noch härter wie als Mensch hier und kann viele Jahrhunderte, gar Jahrtausende andauern! Aber es gibt immer Hoffnung! Gott ist kein Mörder!

Wer eine Seele hat, kann sich unter Umständen noch in diesem Leben läutern, sich reinigen! Dazu muss man sich erstmal von allen Besetzungen

und negativen Energien trennen! Dann muss man anfangen, aufzuräumen mit seinem jetzigen und auch seinen früheren Leben! Das geht ganz gut mit meinen Verfügungen! Dies alles ist ein Prozess! Das kann ein Jahr, drei Jahre oder auch zehn Jahre gehen, je nach Intelligenz und aktuellem Bewusstsein! Viele werden es leider nicht in diesem Leben schaffen, die allermeisten nicht!
Arbeite dein Leben auf! Gehe in Gedanken zurück, was hast du wem angetan? Ich kann es nur immer wieder wiederholen! Es geht alles nur über Wiedergutmachung! Reue ist der Anfang! Diese muss aber echt sein! Deine Geistführer kannst du nicht täuschen! Die sehen dein Energiefeld, ob du es ehrlich meinst! Wenn jemand nicht mehr lebt, dem du geschadet hast, dann bitte Gott um Hilfe! Dann wirst du eine Chance bekommen, es bei jemand anderem wiedergutzumachen, oder du bekommst aus Gnade eine Krankheit, an der du sehr leiden wirst!
Man kann Karma abbauen durch Leid und Schmerz oder durch Erlangung von Bewusstsein! Leid und Schmerz ist klar, das kennen wir alle zur Genüge! Dies ist eine Gnade Gottes, um Karma abzubauen! Bewusstsein bedeutet, dass man sich seiner früheren und auch aktuellen »Fehler« bewusst wird, sie wiedergutmacht und/oder sein Verhalten ändert! Meist geht es ja um Schädigungen anderer durch eigenes respektloses Verhalten! Man hat andere verletzt und wird nun selbst verletzt! Gehe in deine Vergangenheit und räume auf! Betreibe Wiedergutmachung an den Geschädigten, bitte um Verzeihung und Vergebung!
Wenn es geht, mach es mit Geld gut. Wenn nicht, bitte Gott um eine Chance! Mach dann bei anderen Gutes! Es geht darum, Gutes in die Welt zu bringen!

Zeig Reue und Demut! Werde demütig! Wenn du arm bist, sei dankbar, dass du laufen kannst, beide Arme, Beine und Augen hast! Sei einfach dankbar! Für jeden lieben Menschen, den du um dich herum hast! Für jedes liebe Tier, das bei dir ist! Während der Läuterung werden viele Tränen fließen bei dir! Das ist der Prozess der Transformation! Es werden viele Tränen fließen bei dir in den nächsten Jahren!
Es geht darum, dass du erkennst, warum du hier bist, wer du bist und wohin du mal gehen wirst! Die meisten Menschen denken, wir sind hier, um Karriere zu machen, eine Familie zu gründen, Kinder zu zeugen und dann zu sterben, und das war's! Sie haben keine Ahnung von sich selbst, was für Kräfte in ihnen stecken, zu was sie alles fähig sind! Sie glauben nicht mehr

an einen wahren, liebenden Gott! Sie haben den Kontakt zu ihrem Herzen verloren! Sie glauben nicht an das Leben nach dem Tod, an die Ewigkeit! Der meistgesagte Lügenspruch der Welt ist: »Man lebt nur einmal!« Also lassen wir die Sau raus! Oder nicht? Das System hat die Menschen total übernommen! Niemand muss die Menschen mehr aufhetzen gegen die Verschwörungstheoretiker, gegen Geistheiler usw.! Wobei ich keinen anderen Geistheiler kenne, der wie ich verfolgt wird! Aber es geht darum, dass die Menschen nicht mehr an eine Geistige Welt glauben! Sie negieren diese gar! Oder ignorieren sie! Kognitive Dissonanz nennt man das! Sie sind alle falsch programmiert und kommen aus diesen Fesseln nicht mehr heraus! Im Gegenteil, sie verteidigen dieses dunkle System noch, ihre Sklavenhalter! Sie beten ihre Folterer gar noch an!

Läuterung bedeutet, dass man sich erkennt und seine Fehler erkennt, Reue zeigt, Wiedergutmachung betreibt, ein besserer Mensch wird! Das bewirkt dann eine Bewusstseinserhöhung! Durch das Erkennen der Wahrheit findet man den Weg zu seinem Herzen zurück! Und wenn man dann wieder in seinem Herzen wohnt, nicht mehr in seinem Verstand, dann wird man wieder demütig und dankbar sein! Und wer diesen Weg zu seinem Herzen nicht findet, der wird in seinem Verstand weiterleben und mit diesem dann eines Tages sterben, ohne je zu wissen, dass er gelebt hat!

Läuterung bedeutet, ein besserer Mensch zu werden! Bewusstsein bedeutet, sich zu läutern durch Erkenntnisse! Ein höheres Bewusstsein bekommt man, indem man also ein besserer Mensch wird! Darum geht es in der gesamten Geistigen Evolution: ein vollkommener Mensch zu werden! Zur Demut gehört auch, dass man Umstände annimmt, akzeptiert und sich in die Hände Gottes hingibt! Hingabe ist das Zauberwort! Nicht alles erzwingen wollen, bestimmen wollen! Wer alles bestimmen will, der stellt sich ja über Gott!

Wer ein hohes Bewusstsein hat, verfügt über Heilkräfte! Je höher das Bewusstsein, desto höher die dazugehörende Seele! Je höher die Seele, desto höher die Heilkräfte und andere Kräfte! PSI-Kräfte, übersinnliche Kräfte usw.! Viele »Übersinnliche, Seher und Heiler«, die im Internet auftreten, sind dunkel! Sie sind keine Indigos! Sie täuschen es vor! Wer genau hinschaut, in die Augen, erkennt es! Da ist nichts drin! Sie sind nur gute Verkäufer! Und sie sind eiskalt und abgebrüht! Redegewandt und schlagfertig!

Geistheilung ist nicht erlernbar! Man kann nicht mal eben so Geistheiler werden! Es gibt Geistheilerschulen, die verkaufen aber nur ein Geschäftsmodell, meist im Franchise-System noch! Sie brauchen gewisse Techniken und machen Rituale! Ich habe darüber bereits in meinen zwei früheren Büchern geschrieben! Aber eine Technik gibt es nicht für wahrhaftige Geistheilung! Nur wer die geistige und seelische Macht hat, kann beim anderen etwas bewirken! Alles andere ist reiner Placebo-Effekt! Ich habe auch viele Tiere geheilt und viele Menschen, die gar nichts wussten von der Behandlung! Ich brauche auch keine Rituale, meine Gedanken genügen! Ich brauche auch keinen Zauberstab oder sonstige Utensilien! Es genügen meine Gedanken!
Je mehr Hilfsmittel jemand braucht, desto weniger machtvoll ist er!
Je reiner das Herz, desto schneller erfolgt Heilung! Wir leben in der Endzeit, und in dieser Zeit ist alles möglich! Jeder Plejadier kann noch zum Indigo werden oder umgekehrt! Ein geborener Indigo kann nicht mehr abfallen!

Dein Ziel muss sein, Indigo zu werden! Das geht nur über Läuterung! Du musst also daran arbeiten, ein besserer Mensch zu werden und Gutes in die Welt zu bringen! Stellvertreter Gottes auf Erden zu werden! Indigo wird man nicht durch beten und vegane Lebensweise! Indigo wird man durch Erkenntnisse, durch Läuterung, durch Reue und Einsicht! Durch Demut und Dankbarkeit!
Durch Wiedergutmachung und gute Taten!
Wenn wir hoch schwingen mit der Indigoseele, können wir den Frequenzbereich der dritten Dimension UND der vierten Dimension verlassen, wir müssen also nicht mehr neu inkarnieren! Wir gehen dann in eine bzw. mehrere bessere Welten! Es steht uns dann etwas Besseres bevor! Darauf können wir uns freuen! Also geht es letztlich darum, unsere eigene Schwingung zu erhöhen! Durch die Erhöhung der Eigenschwingung erreichen wir Läuterung und Bewusstsein! Und genau das will die dunkle Macht verhindern! Genau darum investieren sie so viel, um uns in der Schwingung unten zu halten! Sie streuen Chemtrails, vergiften uns, bestrahlen uns, jagen uns, lärmen uns zu, rauchen uns zu usw.! Damit wir unten schwingen! Die größte Angst, die die Dunklen haben, ist, dass wir alle aufwachen könnten! Darum haben sie ein unvorstellbares Komplott aufgebaut, das so groß ist, dass man es nicht glauben kann und will! Es ist für den normalen Menschenverstand einfach nicht mehr fassbar, welche gigantische Verschwörung da um uns alle herum in den letzten Jahrtausenden aufgebaut wurde!

Aktuell: Ich nehme dich nochmals mit in meine Gegenwart!
24.07.2019. Ich habe ja letztes Jahr ein Ferienhaus für uns gekauft. Die Frau des damaligen Verkäufers war nun plötzlich bei mir am Abend! Sie war gestorben, die Arme! Leukämie! Sie wurde nur 71 Jahre alt! Sie bat mich, dass ich sie nach Hause schicke, sie fand den Ausgang nicht mehr! Sie war dann gleich weg!

25.07.2019. Es kommen vermehrt Bussarde im Tiefflug in den Wald geflogen, fliegen ganz tief zwischen den Bäumen durch, kreischen ganz schrill und laut, immer ein paar Meter vor mir! Außerdem zeigen sich immer mehr Rehe und Füchse vor mir. Kommen am helllichten Tag aus dem Dickicht, bleiben stehen, schauen mich eine Weile an und rennen dann weiter!
Einmal sah ich ein Lichtwesen bzw. eine Lichtkugel zuvor an der Stelle! Bin mir nicht sicher, ob das Reh eine Materialisation war! Auch hatte ich noch keine Zeit, die Botschaft hinter den vielen Tiersichtungen abzuklären!

KAPITEL 13
Die Überwindung der Materie

Es gibt keine Materie! Alles ist Geist! Aus der Quantenphysik wissen wir mittlerweile, dass es keine Materie gibt! Die Atome sind immer in Bewegung, stehen nie still! Dies ist »wissenschaftlich« bewiesen! Es gibt immer nur einen Aggregatzustand! Wasser kann flüssig sein, gefroren oder Dampf! Aber es ist immer das gleiche Wasser! Je nach Temperaturen eben! Genauso ist ein Goldklumpen nach entsprechender Erhitzung flüssig und kann dann in eine andere neue Form gegossen werden! Es gibt unzählige Beispiele für diese Tatsachen!

Die Menschen sind Energiewesen, Geistwesen, manche Lichtwesen! Alle sind jedoch Bewusstsein! Sie verkörpern ihr Bewusstsein in einem menschlichen Körper. Und der Bewusstseinszustand drückt sich dann im Außen im jeweiligen Körper aus! Ich erkenne an der Körperform, der Aura und den Augen, welches Wesen und welche Seele in einem Menschen stecken! Dies kann ich auch durch mein mentales Sehen aus der Ferne! Jederzeit!

Gott und seine Erzengel haben den Menschen erschaffen, um den Geistwesen eine Möglichkeit zu geben, sich auszudrücken und sich weiterzuentwickeln!
Der menschliche Körper ist kein eigenständiges Wesen! Der Mensch ist eine Art Behälter, der eine gewisse Form hat, um sich in der Materie zurechtzufinden! Wir sind ja eigentlich nicht für die Materie geschaffen! Wir sind Geist, wir sind Licht, wir sind Schwingung, wir sind Frequenz, wir sind Klang, wir sind Farben! Und das alles zusammen und gleichzeitig! Und am Ende reines Bewusstsein! Wir wollten die Erfahrung in der Dichte der Materie selbst machen! Wobei auch die vierte Dimension zur Materie zählt! Selbst die siebte Dimension noch! Die Materie geht hoch bis zur Plasmadimension! Selbst Licht ist noch Materie! Wir erleben die Materie in der dritten Dimension am intensivsten! Und am abwechslungsreichsten! In keiner anderen Dimension können wir alles so am eigenen Leib erleben! Wir können den größten Schmerz und die größte Freude ganz intensiv spüren und wahrnehmen! Es tut ungemein weh, wenn man dir mit dem Hammer auf den Kopf haut. Und es ist angenehm, wenn dich ein liebender Partner zärtlich streichelt! Du spürst Schmerzen und Leid, Freude und Spaß

in allen seinen Facetten in der Materie! Du kannst deinen Hunger stillen, deinen Durst löschen, deinen Süchten frönen, wenn du magst! In der vierte Dimension, oder auch Jenseits genannt, spürst du auch Schmerzen und Leid, nur bist du dort in deinen Emotionen, Gefühlen und vor allem Süchten gefangen! Du kannst deinen Durst und deinen Hunger nicht stillen, deine Süchte nicht befriedigen! Darum besetzen Verstorbene Lebende, damit sie sich mit diesen energetisch verbinden und dadurch ihre Süchte und Gefühle ausleben und befriedigen können! Sie haben keinen physischen Körper mehr und benutzen die Körper der Lebenden! Sie nutzen die Menschen quasi aus, klauen deren Energie und leben sich an ihnen aus! Die Geister in der vierten Dimension sind ja nicht gerade hochentwickelt, sonst wären sie ja nicht in dieser Dimension! Hochentwickelte Seelen halten sich nach dem Tod in höheren Sphären auf! Die Geister der vierten Dimension sind nicht sehr wohlwollend zu den Menschen, haben nur ihre eigenen Interessen im Kopf, wenn man es so nennen kann!
Sie sind aus irgendeinem Grund gebunden an die Materie und können oder wollen nicht loslassen! Sie haben keine Orientierung und keinen Plan!
Sie leiden sehr, fühlen Schmerzen und haben Sehnsucht nach Befriedigung ihrer Süchte! Sie kleben an der Materie!

Und das ist nicht normal! Die Reptos haben ein System erschaffen, das die Menschheit nicht nur während der Lebzeiten an die Erde bindet, an sie, sondern auch nach dem Tod! Sie wollen die Seelen der Menschen in ihren Besitz bringen, weil das ihre Energiezufuhr garantiert! Und das dürfen sie dann, wenn der Mensch durch eigenes Verschulden, durch eigene Fehler und Schwächen seine Seele verliert! Alles, was die Reptos machen, ist, den Menschen Fallen zu stellen! Jeder kann aber selbst entscheiden, ob er deren Angebote annimmt oder nicht!
Selbst dann, wenn sie Gift in die Nahrung mischen oder uns bestrahlen oder uns vom Himmel her mit Gift bestreuen! Die Menschen könnten es verhindern, wenn sie sich dafür interessieren würden, sich darum kümmern würden und es gemeinsam ändern würden! Nun, wir wissen alle, dass das nicht funktioniert! Weil die meisten Menschen Systemlinge sind! Sie vergöttern ihre Mörder noch und helfen zu diesen Mördern! Sie greifen diejenigen an, die ihnen helfen wollen! Sie wollen in dieser Welt leben, weil sie ihnen gewisse Vorteile und Vorzüge bringt! Und um das Ganze verstehen zu können, fehlt den meisten leider die Intelligenz! Natürlich sind das alles auch Prägungen und Programmierungen durch die Dunkelheit! Und es ist eben

eine Schule! Die Menschen sind alle in einer Schule in verschiedenen Klassen und lernen wie die Kinder in der Schule auch! Sollten sie zumindest!

Die Materie ist aber eigentlich nur zu einem Zweck für die Menschen da! Um neue Erfahrungen in der Dunkelheit zu machen! Und um sich zu läutern! Läuterung geschieht am schnellsten durch Leid und Schmerz! Und diese Welt ist definitiv eine Welt des Leidens! Auch wenn das viele Spirituelle nicht wahrhaben wollen, alles schönreden usw.! Weil sie selbst ja nicht leiden auf dieser Welt! Leiden tun ja nur die Beseelten! Und je höher ein Mensch beseelt ist, desto höher ist das Leidempfinden!

Einmal hat mich ein Repto angeschrieben, ein Repto-Heiler, dass er so hoch schwingen würde, dass die Dunkelheit ihm nichts anhaben könne hier! Er habe keinerlei Probleme hier, mit nichts und niemandem! Er wollte mir durch die Blume eben sagen: »Du wirst nur angegriffen, weil du so ein niederes Bewusstsein hast!« Ich ging dann auf seine Webseite, um zu sehen, wer er ist und erschrak ob dem Bild von ihm! Ein Voll-Repto, wie er im Buche steht, mit schwarzen Augen!
Er ist aber ein Heiler, und offenbar gibt es Kunden, die ihm vertrauen! Aber es gibt ja auch mehr Dunkle wie Helle, darum haben dunkle Heiler meist mehr Kunden als Helle! Wäre ich ein Dunkler, hätte ich sicher fünf Millionen Klienten und würde um die Welt fliegen und überall auf Bühnen stehen und mich feiern lassen!

Hier in der Materie werden lichtvolle Menschen bekämpft! Je lichtvoller jemand ist, desto stärker die Angriffe! Die Materie selbst ist nämlich dunkel! Es ist die dunkelste, niederste, niederschwingendste Form des Seins! Es gibt nichts, was dunkler ist und niederer schwingt als diese unsere Dichte hier, auf der die Menschen leben! Diese Welt ist dunkel! Nicht nur wegen den meist dunklen Menschen, sondern weil die Materie dunkel ist! Der Widersacher, der Antischöpfer, ist der Verwalter der Materie! Der Teufel, die Reptos, sind die Herren der Materie!
Wir leben hier also in einer dunklen, niederen Sphäre, genannt Materie oder 3D! 3D steht für dritte Dimension! Und nun kommt ein Wesen wie ich, von der 13. Dimension, wo reines Bewusstsein zuhause ist, und verkörpert sich als Mensch in der dritten Dimension, wo der Teufel der Hausherr ist! Wie soll das bitteschön gutgehen? Es ist doch logisch, dass die Reptos etwas dagegen haben, dass ich hierherkomme, hierbleibe und ihnen die ganzen

Seelen wegnehme, die sie für sich wollen! Und darum bekämpfen sie mich, damit ich keinen Erfolg mit meiner Mission haben werde! Und alle anderen hochentwickelten Lichtwesen, Indigos und verkappte Indigos, werden auch behindert, blockiert, bekämpft! Je höher der Seelenstatus, desto höher der Gegenwind!

Es ist also reine Dummheit und Dreistigkeit, zu sagen, ich schwinge zu hoch für die! Dieser Typ wird deswegen nicht angegriffen, weil er zu ihnen gehört! Zu den Reptos!
Und auch die ganzen spirituellen Schönredner, die da behaupten, das Leben sei doch so schön, die Welt sei so toll, und man solle doch immer lieb und nett sein und die anderen einfach nicht beachten! Genau solche Aussagen sind schuld daran, dass das Leid und das Elend auf der Welt zunehmen werden, und zwar exorbitant! Wer tatsächlich erwacht ist, der redet nicht so ein Blech daher! Die Erde sei kein Strafplanet, kein Gefängnis! Natürlich ist die Erde ein Gefängnis! Unser Körper ist ein Gefängnis! Jede Zelle ist ein Gefängnis für unseren Geist! Wir sind hier in der Materie eingesperrt, in jeder Zelle, in jedem Körper, und natürlich dadurch auch auf der Erde in einem Gefängnis! Wir sind definitiv alle auf einem Gefängnisplaneten! Du glaubst das nicht? Dann geh doch mal hin und versuche, die Erde zu verlassen! Du wirst ja schon abgeschossen, wenn du die Eiswand in der Antarktis überqueren willst!

Du kannst nicht fliegen mit deinem materiellen Körper! Um mit anderen zu sprechen, brauchst du ein Telefon! Um andere an anderen Orten sehen zu können, brauchst du eine Kamera! Die Materie ist schwer und bindet die Menschen an sie! Du kannst ihr mit deinem physischen Körper nicht entfliehen, und wenn du mit deinen Emotionen und Gefühlen zu sehr an der Materie haftest, kommst du nicht mal als Geist hier weg und gurkst dann ewig als Poltergeist umher, da dich keiner der Lebenden wahrnimmt! Also, wenn das kein Gefängnis ist, was dann? Und wenn das keine Strafe für einen Geist ist, was dann? Der Geist will Raum, er will frei sein! Es ist das Schlimmste, was einem Geist passieren kann, wenn er eingesperrt wird! Nur ist die eine Frage: Wurden die Menschen verurteilt, hier zu sein, oder sind sie alle freiwillig hier? Diese Frage werde ich noch klären!

Alles ist Geist, habe ich zuvor geschrieben! Also woraus besteht denn dann die Materie? Gibt es sie wirklich? »Der Körper, in dem Fall das Gehirn,

erschafft den Geist!« Das war die These des verstorbenen Reptos Stephen Hawkins! Du weißt schon, der Behinderte, der an einem Apparat angeschlossen war, welcher seine Gedanken auf einen Bildschirm brachte! Schon eine phänomenale Erfindung, oder nicht? Was wäre, wenn die Reptos längst im Besitz einer Technik wären, die alle Gedanken aller Menschen aufzeichnen kann?
Hawkins sagte ja vor seinem Tod, es gibt mit an Sicherheit grenzender Wahrscheinlichkeit nach keinen Gott! Und er hinterließ der Menschheit die These, dass das Gehirn des Menschen so phänomenal ist, dass es imstande sei, den Geist zu erschaffen! Damit stellt er die Wahrheit auf den Kopf und prägt dadurch das materialistische Weltbild der Systemlinge! Und solche Lügner und Fallensteller werden von der Menschheit verehrt und hochgelobt!
Er hat nur unnütze falsche Dinge von sich gegeben! Er war ein Voll-Repto!

Der Geist erschafft die Materie! Der Geist formt die Materie! Wie? Durch die Gedanken! Wir erschaffen uns unsere eigene Realität durch unsere Gedanken!
Je intensiver die Gedanken, desto schneller erschaffen wir unsere Realität! Wir haben uns diese Welt also durch unsere früheren Gedanken als Menschheit im Kollektiv erschaffen! Wir leben jetzt in der Welt, die wir selbst so gemacht haben! Durch unseren Geist! Die Gedanken sind das Bindeglied zwischen unserem Geist und der Materie! Sie erschaffen dann unsere Realität! Hier in der Materie brauchen wir dazu Hilfsmittel! Wir brauchen Beton und Holz, Metall und Wasser usw., um ein Haus zu bauen! Aber ein Architekt hat die Gedanken des Bauherrn umgesetzt in einen »Plan» und daraus dann mit einer Baufirma ein Haus gebaut! Angefangen hat alles mit den Gedanken des Bauherrn! Wenn es nur die Gedanken des Architekten waren, dann lebst du in seiner Welt, nicht in deiner! Die Menschen der heutigen Zeit überlassen es immer mehr anderen, für sie zu denken! Und das führt in den Untergang!

Wir waren zuerst als Lichtwesen auf der Erde, dann wurden wir zu Geistwesen, dann zu Menschen, bzw. wir mussten in menschliche Körper! Wir sind also degeneriert! Und es geht immer weiter! Wir befinden uns nun fast am tiefsten Punkt hier in der Materie! Fast, weil es noch übler werden kann! Die Menschen haben die Welt selbst so gestaltet, wie sie heute ist! Natürlich kam irgendwann der Beelzebub ins Spiel! Satan war irgendwann da, kam von irgendwo daher und hat die Geistwesen mit seinen niederen Gedanken infiltriert und animiert! Dazu, immer mehr in der Materie leben zu wollen und sich von Gott zu entfernen! Die Menschen haben sich auf dieses Spiel eingelassen! Es hat ihnen gefallen! Irgendwann haben die Menschen den Überblick verloren, wer sie eigentlich sind, woher sie kamen und wohin sie einmal gehen! Sie denken nun, sie sind dieser Köper, den sie da im Spiegel sehen! Sie sind abgefallen vom Geist in die Materie! Ihr Geist ist immer noch da, aber er ist für sie unerreichbar geworden, da der Körper ihn eingesperrt hat! Der Geist ist nun verwirrt und irritiert, kann nichts mehr bewirken, ist in Ketten gelegt! Die Dunkelheit hat das Zepter übernommen auf der Erde! Sie herrscht über den Geist der Menschheit!

Die dunklen Wesen haben es geschafft, den Geist der Menschen, das Bewusstsein der Menschen zu vernebeln! Und es geht weiter! Da die Reptos es geschafft haben, das Kommando auf der Erde zu übernehmen, manipulieren sie die Gedanken der Menschen weiter, indem sie uns einen niederen, stupiden, tierischen Lebensstil aufdrücken! Sie organisieren die Verrohung der Menschen, der Sitten und der Moral! Sie degenerieren die Menschen immer mehr zum Tier, zum einfachen, blöden, obrigkeitshörigen Vollidioten, der alles macht, was man zu ihm sagt! Und der von alleine auf diejenigen losgeht, die ihn aus diesem Gefängnis heraushelfen wollen! Ich habe bemerkt, dass die meisten Menschen freiwillig dem dunklen System dienen! Wenn man sie aufklären will oder drauf anspricht, werden sie oft gehässig und greifen einen verbal massiv an! Als hätten sie Angst, dass man ihnen etwas wegnehmen wolle! Es macht absolut keinen Sinn mehr, andere Menschen aufwecken zu wollen, die jetzt noch voll schlafen! Wer jetzt noch nicht wahrnimmt, dass auf dieser Welt was nicht stimmt, der ist verloren! Also spart euch die Mühe, anderen helfen zu wollen! Ich spreche niemanden mehr auf irgendwas an! Und wenn ich merke, dass jemand dem System treu ergeben ist, nehme ich sofort Abstand und meide diese Person zukünftig!

Die Reptos haben die Religionen eingeführt, die Wettbewerbe, die Spiele, die Wissenschaftler, die Politiker usw.! Sie haben Banken gegründet als neues Macht- und Kontrollinstrument! Sie geben uns das berühmte Zuckerbrot und die Peitsche! Brot und Spiele! Teile und herrsche! Sie sorgen dafür, dass die Menschen ständig abgelenkt sind! Es gibt für jeden Nasenbär eine Sportart!

Ich weiß nicht, wie viele Sportarten es gibt! Hunderte? Tausende? Wie viele Vereine gibt es? Vereinsarten? Hunderte? Tausende? Wie viele Fernsehkanäle gibt es? Hunderte? Tausende? Das Ablenkungsangebot ist unerschöpflich! Die Menschen sind gierig nach Unterhaltung, Vergnügung, Sport, Party, nach Festen und Feiern jeglicher Art!
Jedes Dorf macht sein eigenes Weinfest, auch wenn es gar keinen anbaut! Jedes Dorf macht ein Feuerwehrfest, ein Schützenfest, ein Erntefest, ein Kuhfest, ein Milchfest, ein Fischerfest, ein Vollmondfest, ein Dirndlfest, ein Volksfest, ein Oktoberfest, ein Festfest usw.! Ich kenne alle Festnamen nicht, aber ich sehe an jedem Ortseingang immer nur Schilder mit Hinweisen auf die nächsten Feste! Die Gier der niederen Menschen nach Fun und Völlerei, nach Unterhaltung und Abwechslung scheint unendlich! Ebenso wie die Dummheit vieler! Jedes Fest wird dann gefeiert mit einem Feuerwerk! Jedes Dorf hat sein eigenes Feuerwerk! Da die Menschen ja alles nachmachen, was man ihnen vormacht, gibt es nun schon Stadtviertelfeste, Blockfeste und Stockwerksfeste! Sie müssen alle immer feiern, trinken und grillen! Der Mensch will ständig essen und trinken, ständig feiern, ständig unterhalten werden! Was ein Feuerwerk für die Astralwelt und die Tierwelt bedeutet, muss ich hier ja wohl nicht mehr erläutern!

Der Mensch ist ein Nimmersatt, der ständig unterhalten werden will! Er ist abenteuerlustig, muss immer Berge hochklettern, von Klippen herabstürzen, auf Wellen reiten, Kreuzfahrten machen! Es scheint, der Mensch ist ein Depp, der mit sich selbst nichts, aber auch gar nichts anfangen kann! Er braucht immer einen Vortänzer, einen, der auf einem Podest steht, den sie anbeten können, oder der ihnen sagt, was sie zu tun haben! Der Mensch ist ein degenerierter Geist, der total abgefallen ist! Weiter nach unten geht fast nicht mehr! Fast!

Aktuell: Nehme dich kurz mit in meine Gegenwart!
25.07.2019. Waren mit Bekannten auf einem Boot zum Baden auf dem Bodensee! Ich musste einmal drei bis vier Stunden Auszeit nehmen! Mitten auf dem See, nahe des Ufers, wo wir ankerten und badeten, kam dann auf einmal die Wasserschutzpolizei mit ihrem großen blauen Schiff, fuhr ganz langsam und ganz nah an unserem Boot vorbei! Sie schauten ständig zu uns rüber, umfuhren uns und fuhren dann erhaben schauend weiter, rammten dann vor lauter zu uns Glotzen fast ein Segelboot!

Nachts: Laufe mit Hund an einem bekannten Discounter vorbei! Alarm wird ausgelöst! Alle Lichter gehen an! Als ich dran vorbei bin, geht der Alarm wieder aus und alle Lichter auch! Meine Schwingungen werden wohl immer stärker!

26.07.2019. Morgens um 07.45 Uhr. Parke vor einem Wald, um mit Aslan zu laufen. Als ich rauskomme, steht neben mir ein Polizeiauto. Ein Polizist steht neben meiner Fahrertüre und blockiert mich! Ich frage, ob ich falsch geparkt hätte. Er meinte, nein, sein Kollege sei mit dem Hund im Wald! Alles klar! Solche Zufälle gibt es eben! Oder nicht?

Weiter im Thema! Die Menschen sind abgefallen! Sie töten und fressen ihre Brüder und Schwestern, die Tiere und sogar auch ihresgleichen! Sie töten Delfine, Wale, Robben, Bären, Tiger, Löwen, Elefanten! Essen Hunde, Meerschweinchen, Zebras, Kühe, Schafe, Kälber, Lämmer, menschliche Babys!
Der Mensch vernichtet die Wälder, die Natur, die Tiere in der Natur! Es ist ein Krieg gegen Gott, gegen alles Göttliche, was hier auf der Welt passiert! Du sagst nun, aber das sind doch nur die Mächtigen, die Herrscher oder die Reptos, die das tun! Nein! Es sind die Menschen, die die Tiere fressen, die man ihnen schmackhaft macht, es sind die Menschen, die das Elfenbeinpulver zu sich nehmen, damit sie einen besseren Penis bekommen! Es sind die Menschen, die die Orang Utans als Sklaven halten und vergewaltigen! Es sind die Menschen, die das Fleisch des Schlachters fressen! Es sind die Menschen, die das Holz der Tropen wollen in ihren Wohnzimmern! Es sind die Menschen, die die Milch trinken! Es sind die Menschen, die ins Bordell gehen! Es sind die Menschen, die alles tun, was ihnen die Reptos anbieten! Verstehst du? Der Mensch ist zum Monster mutiert! Der Mensch ist ein Raubtier sondergleichen! Dagegen ist ein Löwe ein kleines Kätzchen! Der Schlachter hat nur darum Arbeit, weil die Menschen das konsumieren! Würden wir den Schlachter dazu bringen, aufzuhören, würde der nächste an seine Stelle treten! Würden wir den Elefantentöter festnehmen, würde der nächste an seine Stelle treten! Es ist überall das Gleiche! Es ist der Mensch, der Verbraucher, der Konsument, der Kunde, der für alles verantwortlich ist! Es bringt daher nichts, vor einem Schlachthaus zu demonstrieren oder Pelztiere freizulassen in der Nacht! Es nützt nichts! Auch eine Demonstration gegen oder für was nützt nichts! Das ist alles vergebene Liebesmühe! Solange Menschen Pelze gerne tragen, wird es Pelztierzüchter geben! So-

lange die Menschen Tiere fressen, wird es Jäger, Züchter und Schlachter geben! Solange Menschen Kuhmilch trinken, die für die Kälber bestimmt ist, wird es Bauern geben, die Kühe züchten, missbrauchen und ausnutzen! Es bringt also nichts, den Bauern zu beschimpfen! Er bedient nur eine Nachfrage! Wenn viele kleine Bauern aufhören, kommen viele große Bauern nach, die alle kleinen aufschlucken!

Wenn es keine Drogensüchtige gäbe, gäbe es keine Dealer und keine Anpflanzer! Wenn es keine Raucher mehr gäbe, gäbe es keine Zigaretten mehr! Wenn keiner mehr Alkohol trinken würde, würde keiner mehr produziert werden! Wenn keiner mehr Fleisch essen würde und keiner mehr Lederartikel verwenden würde, würde es keine Schlachthäuser mehr geben! Es bringt also nichts, gegen die Lieferanten und Produzenten zu gehen! Nichts! Jeder ist ersetzbar, und für jeden, der aufhört, kommt ein anderer!

Natürlich ist alles initiiert! Die Reptos animieren uns zu Drogenkonsum, indem sie insgeheim über die CIA und andere Organisationen dafür sorgen, dass die Menschen drogensüchtig bleiben! Die Reptos sorgen dafür, dass die Menschen Fleisch essen wollen, durch die Medien und die Presse, durch Werbung usw.! Sie sorgen dafür, dass es in ist, Tropenholz besitzen zu wollen! Sie sorgen für alles Üble dieser Welt! Für alles! Aber wer sagt denn, dass DU da mitmachen musst? Niemand zwingt dich, Fleisch zu essen! Niemand zwingt dich, zu rauchen! Niemand zwingt dich dazu, Alkohol zu trinken! Niemand zwingt dich, Pelze zu tragen! Niemand zwingt dich dazu, Kuhmilch zu trinken! Niemand zwingt dich zu irgendetwas! Von den Gesetzen mal abgesehen!
Natürlich werden die Menschen programmiert und geprägt! Aber der Mensch hat doch einen freien Willen! Warum macht er denn alles mit? Warum weigert er sich denn nicht, Fleisch zu essen, und, und, und! Warum nicht? Warum wehrt der Mensch sich nicht gegen die Chemtrails? Gegen die Unterdrückung durch die Politiker, gegen die Lügenpresse? Warum nicht? Ich habe doch die gleiche Prägung und Programmierung erhalten hier! Ich habe sogar noch Traumata ohne Ende bekommen als Kind, es noch viel schwerer gehabt als viele andere mit einem Elternhaus! Und trotzdem war ich nie so wie diese Horde der Menschheit! Warum war ich nicht so? Ich habe nicht mitgemach bei den dummen Spielen, die die Gesellschaft da betreibt! Mir war schon früh klar, dass da was nicht stimmt! Ich habe mich intuitiv geweigert, Fleisch zu essen als Kind! Warum machen das andere

nicht? Als ich Polizist war, habe ich oft erfahren müssen, dass es nicht darum ging, anderen zu helfen, sondern anderen ein Ei zu legen! Der Spruch: »Die Polizei, dein Freund und Helfer« gibt es heute ja gar nicht mehr! Als ich merkte, dass ich dort fehl am Platze bin, habe ich gekündigt, kurz vor der Ernennung zum Beamten auf Lebenszeit, trotz Frau und Kindern! Ich habe es nicht mehr ausgehalten! Warum machen das andere nicht und sagen immer, sie können nicht einfach kündigen, sie hätten Frau und Kind, müssten das Haus abbezahlen, bräuchten die Rente mal usw. usw.! Ausreden über Ausreden! Feiglinge! Oder Systemlinge! Für mich das Gleiche! Ich hatte eben den Mut, andere haben ihn halt nicht!
Warum helfen andere nicht, wenn einer am Boden liegt? Ich vergesse das nie, in meinem ersten Buch steht es, als ich nachts um 2 oder 3 Uhr durch Ludwigshafen am Bodensee fuhr und eine leblose Person, eine Frau mittleren Alters auf dem Gehweg lag und der Kopf auf der Straße! Sie war betrunken! Mir kamen mindestens fünf Autos entgegen, die einen Bogen machten! Warum haben die nicht geholfen? Warum ich? Ich habe die Frau sogar nach Hause gefahren und dann in ihre Wohnung getragen, in den 2. oder 3. Stock eines Hauses! Warum tun das andere nicht?

Warum helfen andere nicht, wenn ein Tier Hunger hat, verletzt ist? Warum helfen andere nicht, wenn eine Person in der Fußgängerzone zusammengeschlagen wird? Warum laufen zehn Personen dran vorbei, tun so, als wäre da nichts, und ich als Einzelperson gehe dazwischen, schreie alle an und vertreibe sie alle? Auch wenn ich wie in diesem Fall kein Dankeschön bekam, nicht mal erwartete, so habe ich es doch getan! Ohne zu überlegen, was das für mich für Folgen haben könnte! Also spontan, von innen heraus! Warum habe ich diesen Drang zu helfen, und andere nicht? Ich habe sicher viele Fehler gemacht in meinem Leben, sicher viele Menschen unbewusst verletzt bzw. geschädigt, beleidigt usw.! Du weißt, was ich sagen will! Ich war auch oft besetzt früher, habe getrunken und geraucht! Mein Leben war so brutal schwer, ich ertrug es früher kaum! Aber ich habe nie meine Menschlichkeit verloren! Oder sollte ich sagen, meine Göttlichkeit? Ich habe immer zu meinen Fehlern gestanden, sie eingesehen, mich entschuldigt, wenn ich erkannte, was ich falsch gemacht hatte! Ich war immer auf Wiedergutmachung aus! Immer wollte ich alles wiedergutmachen! Ich habe erst neulich noch 25 Jahre alte Schulden bei jemandem zurückgezahlt, freiwillig! Er konnte es nicht fassen! Ja, ich habe diesen Drang, zu helfen und Schwächeren beizustehen! Man kann es angeborenen Instinkt nennen!

Oder einfach göttlich!
Und das ist es, was den meisten anderen fehlt! Sie sind nicht mehr göttlich! Sie haben kein Herz mehr! Sie sind feige! Ihnen fehlen der Mut und die Entschlossenheit! Sie haben kein Mitgefühl mehr! Sie denken nur noch an sich und an ihre Ziele und Pläne! Die anderen sind ihnen egal! Sie fahren noch drüber, wenn einer am Boden liegt! Sie sind voller Angst und Zweifel, voller Hass und Missgunst, voller Gier und Selbstsucht! Ja, so ist es leider, mein Freund! Auch wenn du nun denkst, ich bin zu hart! Nein! Es ist nur die nackte Wahrheit! Der Mensch ist schlecht! Und die Guten sind die absolute Ausnahme! Das ist die Wahrheit! Die Menschen haben sich einfangen lassen! Und es war nicht mal schwer für die Reptos! Menschen sind leicht manipulierbar! Sie glauben alles, was die Oberen ihnen sagen, was ihnen ein Arzt im weißen Kittel sagt, was ihnen ein Anwalt sagt! Ein Politiker im Anzug sagt, ein Banker sagt! Sie glauben alles, was ihnen ein Professor sagt, ein Wissenschaftler sagt! Warum tun sie das denn? Ich habe doch auch alles hinterfragt! Ich habe doch auch immer alles angezweifelt und überprüft! Selbst als ich 25 Jahre jünger war, habe ich Seminare gemacht und das Finanzsystem angerprangert, die Menschen gewarnt vor der drohenden Rentnerarmut! Sie haben mich alle ausgelacht damals! Haha! Die Rente soll nicht sicher sein? So ein Idiot! Heute lachen sie mich wegen anderer Warnungen aus! Sie lachen mich aus, wenn ich sage, ich würde Tote sehen! Sie lachen mich aus, wenn ich sage, es gibt da eine Rasse, die uns knechtet und ich kann sie sehen! Sie lachen mich aus, wenn ich sage, ich bin Geistheiler! Sie lachen mich aus, wenn ich sage, Adolf Merkel führt Deutschland in den Abgrund! Sie lachen immer noch alle, wie früher, als ich sie vor der kommenden Armut der deutschen Rentner warnte! Warum ist der Mensch so ignorant? So arrogant? Mittlerweile müsstest du es ja wissen, warum!

Warum wird die Kassiererin an der Supermarktkasse sofort unfreundlich und barsch, macht alles auf einmal im Eiltempo, wo sie doch zu dem Menschen vor mir ganz freundlich war und sich schön Zeit ließ? Warum erstarren viele Menschen bei meinem Anblick, werden sofort ungehalten, nervös, hektisch, unfreundlich? Natürlich nicht alle! Es gibt auch Reaktionen, die sind genau umgekehrt, aber das sind die Ausnahmen! Ich bin zu jedem Menschen freundlich und kommunikativ! Egal, wie er aussieht und was ich an ihm sehe! Warum können andere das nicht bei mir sein? Oder bei Anette oder bei Isabell? Warum ist alles, was wir wollen, so schwer zu bekommen? Warum mögen uns andere nicht, sind neidisch, missgünstig, nicht wohlwollend?

Du weißt es! Wenn du so weit gelesen hast, musst du es nun wissen, warum!

Einmal saß ich in einem Lokal in Konstanz nahe der Toilette! Es liefen ständig Menschen an mir vorbei, starrten mich kurz an, zogen eine dämonische Fratze und gingen weiter, als hätten sie mich nicht gesehen! Ich hatte danach mehrere Besetzungen, oder Umsetzungen besser gesagt, und spürte, wie mein Blutdruck oder Puls, oder beides, hochschnellten. Es war sehr unangenehm, diese Energien und Wesen zu sehen und zu spüren! Was ich damit sagen will, es ist das Licht in mir, was diese Wesen nicht ertragen! Diese Wesen in den Menschen drin, diese Wesen, die die Menschen besetzen!

Die Dunkelheit fühlt sich nicht vom Licht angezogen, sie fürchtet das Licht! Das Licht ist eine große Gefahr für die dunklen Wesen! Und diese erkennen mich, mein Licht, in der Sekunde und werden sofort aggressiv gegen mich, ohne dass der Mensch selbst das in dem Moment merkt, geschweige denn bewusst macht! Wenn ich diese Menschen danach angesprochen hätte, warum sie mich so bösartig angefaucht haben, würden sie nichts davon wissen und mich sicher noch beschimpfen, was ich von ihnen wolle usw.!
Die Motten gehen zum Licht! Aber die Motten gehen darum zum Licht, weil sie es angreifen wollen, attackieren wollen! Beobachte mal in der Nacht Beleuchtungen! Diese ganzen Viecher, die da am Licht herumschwirren, die attackieren unablässig die Lampen! Und irgendwann verbrennen sie daran und sterben! Fallen dann zu Boden oder werden vom Licht absorbiert!
Das Licht ist der Feind der Dunkelheit! Wenn das Licht kommt, ist es aus mit der Dunkelheit! Darum gehen dunkle Menschen, oder schwer besetzte Menschen, auf Menschen wie mich los! Sie wissen selbst nicht mal, warum! Ich bin eben ihr Feind! Das Licht muss bekämpft werden! Und je heller und größer das Licht, desto mehr Motten und Viecher!
Licht ist eine Waffe! Wenn jemand eine Augen-OP hatte und einen Verband um die Augen hatte, dann darf man den nicht einfach so abmachen! Man muss die Augen erst langsam wieder an das Licht gewöhnen! Zieht man den Verband einfach so runter, kann es sein, dass die Iris nachhaltig geschädigt wird, man kann sogar blind werden!
Darum ist Licht für die Bösen, für die Dunklen, für die Reptos gefährlich! Sie, und auch die Besetzungen, die Entitäten, die Dämonen usw., sie alle

greifen mich sofort an, wenn sie mich sehen oder wahrnehmen! Sie haben quasi Angst um ihr Sein! Und daher muss das Licht abgedunkelt werden oder getötet, zerstört werden! Darum auch die vielen Verleumdungen! Sie wollen mein Licht auslöschen!
Das ist auch bei Moderatoren so, wo ich mal war, bei Produzenten, bei anderen Spirituellen usw.! Sie können mein Licht nicht ertragen, darum attackieren sie mich! Das ganze System attackiert mich, alle Systemlinge, alle Besetzten, alle Reptos! Darum funktioniert auch das Lichtschwert, wenn man es im Geiste einsetzt! Licht ist eine Waffe gegen die Dunkelheit, gegen das Böse!

Das Leben in der Materie ist sicher die größte Herausforderung für jedes Geistwesen, für jedes Lebewesen! Aber in keiner anderen Daseinsform können sich die Geistwesen im Bewusstsein schneller entwickeln!
Der Geist erschafft die Materie durch die Gedanken! Die heutige Materie ist das Ergebnis dessen, was wir früher gedacht, getan und gesagt haben! Und was wir heute denken, wird in der geistigen Welt von uns erschaffen! Wir bilden also jetzt die Orte und Umstände für unser Sein nach diesem Leben, also nach unserem Tod! Jemand, der immer nur böse Gedanken hat, wird nach seinem Tod dann in seine von ihm selbst erschaffene Gedankenwelt eintauchen. Er darf dann dort alle bösartigen Wesen treffen, die er Zeit seines Lebens erschaffen hat durch seine Gedanken! Jeder bekommt das, was er sich wünscht und vorstellt! Darum sorgen die Reptos dafür, dass die Menschen immer gefrustet, schlecht drauf, überfordert, wütend, gierig usw. sind! Die denken ja weiter! Sie wollen dich ja auch nach deinem Tod noch als Sklaven erhalten! Darum: Achte auf deine Gedanken! Denke nie schlecht über andere und wünsche keinem was Böses! Es kommt alles auf dich zurück! Wenn nicht in diesem Leben, dann im nächsten oder in der Astralwelt!

Alles Göttliche ist der Feind des Bösen! Darum werden die Reptos versuchen, alles zu zerstören, was Gottes Schöpfung ist! Die Natur, die göttlichen Tiere! Die Menschen! Sie nehmen auch Kollateralschäden in Kauf, dass ihresgleichen auch mit draufgeht dann! Die Dunkelheit scheut das Licht! Darum wollen die Reptos auch ewig leben! Darum wollen viele Menschen sehr alt werden! Was ist es, warum manche »Wissenschaftler« am ewigen Leben arbeiten? Pillen verkaufen, durch die man steinalt werden soll? Warum will jemand ewig leben in der Materie? Warum soll ich in dieser Welt

200 Jahre alt werden? Oder 300? Mir wird übel! Das würde ich nicht mehr so lange aushalten! Es gibt Menschen, die tatsächlich an sowas arbeiten und damit Geld verdienen! Sie sind Okkultisten! Das ist nicht göttlich! Gottes Reich ist nicht von dieser Welt! Diese Menschen haben Angst zu sterben! Sie ahnen, was dann passiert mit ihnen! Ein lichtvoller Mensch will hier in dieser 3D-Welt sicher nicht so uralt werden! Denn für uns ist diese Materie eine Qual! Wir lichtvollen Menschen werden geplagt hier, verfolgt und drangsaliert! Warum sollten wir das nochmals 100 Jahre wollen? Die Menschen, die sich an die Materie klammern, an das irdische Leben klammern, mit allen Tricks und Ritualen, Pillen und Säften, und mit dem Töten von Babys, deren Blut sie dann trinken, die alle haben Angst vor dem Tod! Weil sie dann keine Macht mehr haben! Dann sind sie einer anderen Gerechtigkeit ausgesetzt! Und das wissen die alle! Darum klammern sie sich mit aller Macht an das irdische Leben! Hier stehen sie unter dem Schutz des Teufels!

Hast du schon mal überlegt, wie schwer doch alles ist in der Materie? Gehe doch mal zum Einkaufen! Wie oft musst du eine Ware in der Hand halten, hin- und hertragen, einpacken, auspacken, transportieren, schleppen usw., bis du es dann endlich essen kannst! Und dann musst du Geschirr abräumen, spülen, putzen, und dann gehst du auf die Toilette und alles ist wieder weg! Das meiste! Denn die Qualität der Lebensmittel ist mittlerweile so gering, dass kaum was verwertbar im eigenen Körper zurückbleibt! Ist das nicht ungemein anstrengend, nur um zu essen? Manche schwenken daher um auf Lichtnahrung! Vorsicht! Mach das nicht! Lichtnahrung bedeutet, dass man keine feste Nahrung mehr zu sich nimmt! Der Körper soll sich nur vom Licht alleine ernähren! Das geht nicht! Das führt in der Materie zum Tode! Zu 100 %!
Lass das also! Wir haben einen materiellen physischen Körper, und der braucht nun mal materielle Nahrung! Akzeptiere das! Achte nur darauf, dass du ihm qualitativ gute Nahrung zuführst! Nicht die Menge macht es, die Nährstoffe! Das Gleiche gilt auch für Nahrungsergänzung! Achte auf die Qualität! Leider werden wir ja alle vergiftet durch Chemtrails und durch das Besprühen der Lebensmittel, um sie haltbarer zu machen! Normal sollte man nur Lebensmittel zu sich nehmen, die in der eigenen Region wachsen, nicht irgendwo in Übersee! Die Natur hat das so eingerichtet! Rohkost ist sicher die beste Art der Ernährung. Noch besser sind Früchte, Beeren, Pilze und Kräuter! Wir lichtvollen Menschen waren Sammler, die anderen Jäger! Wir waren noch nie Jäger! Die Tiere sind unsere Freunde! Warum

sollten wir diese jagen? Die Natur hat uns immer ausreichend mit Lebensmittel versorgt! Wir brauchen kein Fleisch! Wir brauchen kein gekochtes Essen! Dadurch werden lebenswichtige Enzyme abgetötet, die der Körper dann ausgleichen muss, was diesen dann Energie kostet! Darum sind viele nach dem Essen immer so müde! Falsche Lebensweise!

Das Leben in der Materie ist ein schweres Leben! Es ist geprägt von Leid und Schmerz, von Unterdrückung und Versklavung, von Abhängigkeiten jeglicher Art! Die Materie ist aber vergänglich! Alles, was entsteht, wird eines Tages nicht mehr sein, verfallen! Alles! Materie ist an Zeit und Raum gebunden! Und die Zeit ist bekanntlich vergänglich! Jede Materie, die existiert, wird zerfallen! Nichts und niemand kann diesen Zerfall aufhalten! Es ist nur eine Frage von Zeit!

Alles ist Geist! Alles! Selbst unser physischer Körper ist materialisierter Geist! Unsere Organe sind Geist! Bedeutet: Jedes Organ ist ein einzelner, materialisierter Geist! Die Leber, die Nieren usw.! Alles manifestierter Geist! In Form einer Leber! Mit eigenem Bewusstsein! Ähnlich dem einer Pflanze! Du kannst mit deinen Organen sprechen! Kannst sie um einen Gefallen bitten oder sie positiv manipulieren! Gesund zu werden z.B.! Leider hören sie dich meist nicht! Weil sie voll sind mit Giften!

Ihr seid alles Geistwesen, manche Lichtwesen! Manche Geistwesen werden zu Lichtwesen, das ist der Sinn des Lebens! Sich zu entwickeln zu einem höheren Wesen! Dies geht, indem man ein vollkommener Mensch wird! Keiner ist vollkommen, ist so ein Spruch! Aber du sollst es werden! Ein vollkommener Mensch! Wie kann man denn vollkommen werden, fragst du? Fang an, indem du ein besserer Mensch wirst als der, der du jetzt bist!

Die Erde ist auch ein Geistwesen! Sie rast nicht als Kugel, weder in runder Form noch in Kartoffelform, durchs Weltall! Warum auch? Gott hat die Erde erschaffen als Schule für die Menschen! Die Menschen sind aber in Wirklichkeit keine Menschen, sondern Geister in Menschenkörpern! Auch Reptos sind ja unter der Hülle Geistwesen! Es gibt ja keine Materie! Es gibt nur Geist! Alles Physische ist eine körperliche Ausdrucksform des jeweiligen Bewusstheitszustandes!
Die Erde ist ein eigenständiges Geistwesen, welches zum Lichtwesen mutieren wird! Sie kann dann die unteren Schwingungen nicht mehr bei sich

beherbergen eines Tages und wird alle abschütteln, die ihrer neuen Schwingung dann nicht entsprechen!
Die Sonne und der Mond sind von Gott geschaffene Lichtquellen! Der Mond ist negativ geladen, die Sonne positiv! Gott hat den negativen Pol erschaffen und den positiven Pol! Einen Polsprung gibt es nicht, das nur am Rande! Die verschiedenen Pole befinden sich auch in den Menschen, den Tieren und den Pflanzen! Wir erinnern uns? Mein letztes Buch! Negative Menschen, Tiere und Pflanzen ohne Seele! Das Negative ist das Gegenteil des Positiven! Wir leben hier die Polarität. Diese kann nur in der Materie gelebt werden!

Gott hat jedem Geistwesen einen freien Willen gegeben! Dieser ist unerschütterlich verankert in den göttlichen Gesetzen! Damit ein Wesen sich für oder gegen was entscheiden kann, braucht es ja eine Auswahl an Möglichkeiten! Wenn es nur eine Möglichkeit gäbe, bedürfte es ja keines freien Willens! Einige Wesen haben sich für den Negativpol entschieden, warum auch immer! Sie betrachten diese Materie, das Reich der Negativen, nun als die Realität! Es ist ihre Realität! Und diese wollen sie nun um keinen Preis mehr hergeben! Sie haben vergessen, wer Gott ist, wer sie sind, woher sie kamen und wohin sie eigentlich sollten! Sie sind gefangen in der Materie, in der Dunkelheit! Und es gefällt ihnen hier so gut, dass sie alle bekämpfen, die sie und die Menschen aus dieser Dunkelheit herausholen wollen!

Einst war alles ein Spiel, ein Experiment! Aus diesem Spiel wurde nun Ernst für die dunklen Wesen! Sie haben das Göttliche in sich vergessen und hassen es nun sogar! Sie hassen Gott und alles andere Göttliche! Sie hassen sogar sich selbst!

Sinn des Lebens ist die Evolution! Und zwar die des Bewusstseins! Die dunkle Abteilung sieht den Sinn des Lebens in der Entwicklung der Materie! Der Technik! Sie versuchen nun, alles Göttliche zu zerstören und durch eine künstliche Welt zu ersetzen! Sie wollen keinen Gott mehr haben! Sie halten den Negativen-Herrscher für einen Gott, obwohl er keiner ist! Weil es nur einen geben kann, den, der alles erschaffen hat! Satan ist kein Gott, und er hat auch keine göttliche Macht! Er möchte nur so sein wie Gott und versucht seit Langem, alles Göttliche zu kopieren! Leider schaffen sie es nicht, ihre Kopien zu beseelen! Weil nur Gott Seelen erschaffen kann! Und nur göttliche Wesen eine von ihm erhalten! Wer sich für die Dunkelheit entscheidet, dem wird die Seele genommen werden!

Der Sinn des Lebens ist, sich zu einem vollkommenen Menschen zu entwickeln. Um dann aufzusteigen in höhere Dimensionen. Dies geht nur dann, wenn man den Status eines Indigos hat!
Gott gibt jedem eine Chance, auch den Dunklen, sich über die Inkarnation und den Abbau von Karma weiterzuentwickeln! Die Reinkarnation ist also keine Strafe Gottes, sondern eine Gnade Gottes! Auch wenn die Reptos der Dunkelheit dienen, dem Kommando von Satan unterstehen, so haben sie trotzdem als Mensch die Chance, sich doch anders zu entscheiden!
Manche nutzen diese Chance und erkennen wieder den Keim Gottes in sich! Viele leider nicht! Sie werden wohl oder übel in der Dunkelheit ihr Sein fristen, solange, bis sie sich aus eigenen Stücken zum Licht hocharbeiten wollen! Und wenn sie das nicht tun, werden sie in der Dunkelheit bleiben müssen!
Gott wird nicht in dem Maße eingreifen, dass er jemanden begnadigt! Wo wäre da die Entwicklung? Er würde dann ja aktiv die Evolution manipulieren, die des Bewusstseins! Er gibt lediglich jedem die Chance, sich selbst zu befreien!

Jedes Wesen hat die Macht, sich selbst aus diesem materiellen Gefängnis Erde zu befreien! Unabhängig davon, was auf der Erde passiert! Indem man ein besserer Mensch wird, frei wird von den Anhaftungen der Materie, sich lossagt von der Materie! Indem man ein freundlicher Mensch wird, der freundliche Gedanken hegt, der anderen hilft, der für andere da ist! Indem man Neid, Missgunst und Hass ablegt. Ebenso Gier, niedere Instinkte und andere niedere Triebe! Es geht nur mit Hingabe, Selbstdisziplin, Mut, Demut und Dankbarkeit!

Wer nicht lernt, dankbar und demütig zu sein, der wird es durch das Leben lernen müssen. Vielleicht braucht er aber noch viele Leben, um von selbst diese Erkenntnisse zu erlangen! Denn Gott zwingt niemanden, und jeder muss selber die nötigen Erfahrungen sammeln, um die richtigen Erkenntnisse zu gewinnen! Niemandem kann das abgenommen werden! Auch ich kann es dir nicht abnehmen! Ich bin nur der Leuchtturm, der am Ufer für dich leuchtet, während du auf hoher See um dein Überleben kämpfst! Ich kann dir den Weg leuchten, wo du hinschwimmen musst! Aber du musst selbst die Arme bewegen und schwimmen lernen! Du musst selbst den Weg gehen!

Die Devise lautet: Durch die Dunkelheit ins Licht! Wenn du zum Licht willst, musst du durch die Dunkelheit! Wenn du zu Gott willst, musst du das Böse bezwingen! Das heißt: Wenn du zu Gott willst, musst du die Materie überwinden! Die Dunklen wollen Herr der Materie sein! Du sollst aber nicht Herrscher über die Materie sein, sondern sie überwinden! Du sollst also hier wieder herauskommen, und zwar geläutert, als entwickeltes Bewusstsein!
Nicht hierbleiben und auf der Materie reiten! Es nützt auch nichts, wenn du dich im Wald versteckst irgendwo oder auswanderst, um der Materie, also deinem Schicksal entfliehen zu können!
Einige sagen, es braucht der Dunkelheit, um zu erkennen, dass man Licht ist! Ich frage aber: Wieviel Dunkelheit brauchst du? Ich brauche keine Dunkelheit mehr! Mir reicht es schon lange! Aber offensichtlich gibt es da ein paar Milliarden Menschen, die haben noch nichts verstanden! Die brauchen die Dunkelheit noch, und zwar recht viel!
Wären alle wie ich, gäbe es jetzt schon keine Dunkelheit mehr! Also müssen wir nun den Bösen gar noch dankbar sein? In gewissem Maße ja! Denn ohne das Böse hätten wir alle die Erfahrungen hier in der Materie nicht machen können! Es gäbe die Materie gar nicht ohne das Böse! Die Materie ist, wenn du so willst böse, dunkel, niederschwingend! Wir können das Böse nicht ändern! Es gibt es nun mal! Wir müssen uns also irgendwie damit arrangieren! Und wir müssen uns alle bessern! Wenn wir uns alle bessern, gibt es das Böse eines Tages nicht mehr! Aber dann gibt es auch die Materie nicht mehr! Und genauso wird es auch eines Tages sein!

Die Reptos haben die Menschheit an den Rand der totalen Zerstörung gebracht! Sie haben es geschafft, dass fast keiner mehr weiß, dass er ein Geistiges Wesen ist, dass er Bewusstsein ist, dass er ewiglich ist!
Sie haben uns (fast) alle getäuscht, uns diese Illusion hier auf Erden für Realität verkauft! Die Menschen glauben, sie seien ihr Körper! Sie glauben, dass wir hilflos durchs All schweben, jederzeit der Vernichtung durch bösartige Aliens ausgeliefert, die hinter der nächsten Galaxie schon warten, um hier einfallen zu können! Nach deinem Glauben wird dir geschehen!

Durch die ständig voranschreitende Pervertierung der Menschheit wird alles noch viel schlimmer werden! Die sogenannte Neue Weltordnung ist in vollem Gange, nicht mehr aufzuhalten! Die Menschheit wird immer mehr versklavt werden, entrechtet werden, in der Bewegungsfreiheit ein-

geschränkt werden! Die ganze Welt wird islamisiert werden, mit Ausnahme der USA unter Trump! Sollte er nicht mehr Präsident werden, wird auch die USA islamisiert werden!
Durch die illegale Flüchtlingspolitik werden die Staaten von innen heraus zersetzt werden! Der Krieg findet unsichtbar im Land statt! Die Menschenrechte der Ureinwohner der Länder werden mit Füßen getreten, und die illegalen Zuwanderer werden geschützt und protegiert!
Die Sitten und die Moral werden nie für möglich gehaltene Ausmaße annehmen! Die Gewalt in den von illegalen Flüchtlingen eingenommen Ländern wird exorbitant zunehmen! Hass und Gewalt werden Europa regieren, verpackt in einem Kopftuch! Es wird eine Zeit kommen, da wird alles zerfallen und nur noch Chaos herrschen! Die Menschen werden verrückt, irre werden!
Die Bevölkerung wird durch gefakte Amokläufe mehr und mehr entwaffnet werden, damit sie den dunklen Herrschern machtlos ausgeliefert sind eines Tages! Die Schafherde wird auf Zuruf zum Schafott marschieren, ohne geringsten Widerstand!
Wer denkt, die Menschheit würde erwachen, der irrt gewaltig! Das habe ich auch mal geglaubt! Aber das ist vorbei! Es ist entschieden! Diese Menschheit wird zerfallen! Da das Böse immer mehr Oberhand nimmt, kommen immer mehr Parasiten und dunkelste Geistwesen von der tiefsten Hölle zu uns nach oben und übernehmen immer mehr Menschenkörper! Wir laden diese Dämonen durch unser Verhalten dazu ein! Sie können nur kommen, wenn die Schwingungen ganz unten sind! Und die Reptos sorgen dafür, dass die Menschen immer noch tiefer, noch tiefer schwingen! Und die Menschen lassen es mit sich machen! Sie können nicht aufwachen! 75 % der Menschheit hat keine Seele mehr! Also gibt es derzeit 75 % Menschenkörper, die von dunklen Wesen besetzt sind! Von den restlichen 25 % schlafen 99,999%! Also 0,01% sind erwacht oder teilerwacht! Das sind 800 000 Menschen von acht Milliarden!
Schau dir die Welt an! Viele rennen noch mit Speer und Pfeil und Bogen umher! Andere sind noch in Säcke gekleidet und steinigen Menschen. Andere fressen noch Menschen, ganz offiziell! Andere fressen und töten sie inoffiziell!
Die Menschen sind degeneriert! Sie entwickeln sich rückwärts! Der technische Fortschritt ist eine Täuschung! So wie die ganze Welt eine einzige große Lüge ist! Wir werden belogen und getäuscht, und zwar zu 100 %!

Denke an die spirituelle Pyramide in einem vorherigen Kapitel! Die Dunklen haben die frühere göttliche Pyramide auf den Kopf gestellt! Was oben war, ist nun unten! Was unten war, ist nun oben! Die Reptos, Teufel und Dämonen sitzen auf dem Thron! Dann kommen die Menschen. Die Engel, Erzengel und Gott sind nun unten! Das Göttliche wird nun in dieser Welt angesehen als der Teufel! Darum halten mich einige bigotte Verfolger ja auch für den Antichristen! Sie haben da gar nicht so unrecht! Nur eben umgedreht!

Die wahren Illuminati sind wir, die Indigos! Sie haben alles auf den Kopf gestellt, alles! Sie geben sich als die Erleuchteten aus! Ist das nicht ein Hohn? Erleuchtete, die die Erde zerstören wollen? Und die Menschen versklaven?
Ja, alles ist irgendwie ein Witz geworden, alles!

Die Dunkelheit spielt das Licht! Die Dunkelheit will Gott sein! Sie beten Satan an und glauben, das ist ihr Gott! Der wahre Gott! Und auf den wahren Gott, da spucken sie! Ja, es tut mir leid, mein Freund, ich kann es nicht anders sagen, wie es ist! Die Reptos haben die Welt auf den Kopf gestellt! Wir erleben nun das Gegenteil des Göttlichen!

Leider ist es so, wenn in eine hochschwingende Gesellschaft viele niederschwingende Wesen infiltriert werden, dass dann nicht die Hochschwingenden die Niederschwingenden mit nach oben ziehen, sondern die Niederen ziehen die Höheren hinunter! Die Menschheit wird nun weltweit infiltriert durch niederstes Bewusstsein, was das Gesamtbewusstsein der Menschheit um mindestens 1000 Jahre zurückwirft!

Die Erwachten sind nicht gefährdet! Wer einmal erwacht ist, ich meine geistig erwacht ist, der kann nicht mehr abfallen! Geistig erwacht bedeutet erleuchtet!
Das hat nichts mit Wissen und Aufklären zu tun! Viele gebildete, wissende Aufklärer sind gar seelenlos! Es hat etwas mit der Seele zu tun, mit der Liebe! Mit der Läuterung! Wer geläutert ist, ist geschützt, so kann man es am besten ausdrücken! Für die Beseelten wird eine schlimme Zeit kommen! Weil die Idioten, die Schlafenden und Seelenlosen, die Puppen, die merken ja nichts! Leiden tun ja immer die anderen! In dem Fall wir! Wir werden noch eine harte, schwere Zeit durchstehen müssen, in einer Welt voller ge-

fühlskalter, herzloser, skrupelloser Psychopathen! Gewisse Vorkehrungen und bestimmte Verhaltensweisen sind angebracht für die Zukunft!

Ist der Mensch nun ein Monster, nur unintelligent, oder einfach nur unterentwickelt? Und ist er nun freiwillig hier oder nicht?
Nun, nach all meinen Erkenntnissen ist der Mensch zum Teil ein Monster, objektiv betrachtet, und zum Teil einfach nicht intelligent genug und definitiv unterentwickelt! Wir haben hier verschieden hoch- bzw. niederentwickelte Menschen, verstreut auf der ganzen Erde und sogar in der Erde! Und alle sind sie freiwillig hier! Alle! Niemand wird gezwungen, hier zu inkarnieren! Es ist ein Geschenk Gottes, hier sein zu dürfen, um sich zu läutern, Wiedergutmachung zu betreiben oder anderen helfen zu dürfen! Jeder Mensch, der hier ist, darf stolz sein! Denn es ist eine Auszeichnung, als Mensch leben zu dürfen! Eine Gnade Gottes! Und je schwerer das Leben für jemanden ist, desto dankbarer muss er sein! Denn es zeugt von Rehabilitation und Aufstieg! Wer ein schweres Leben hat, viel Leid und Schmerz hat, der ist auf dem Karmatripp! Baut negative Energien ab und kann danach vielleicht aufsteigen und aussteigen hier! Diese Erde ist jedoch so ein wunderschöner Ort, dass selbst diese vielen Dunklen ihn mir nicht versauen können! Man muss lernen, das Schöne zu genießen, trotz der Dunkelheit! So wie die Rosen wachsen lernen müssen, trotz Unkraut! So müssen wir Menschen lernen, zu wachsen, trotz dem Bösen! Oder gerade WEGEN dem Bösen! Einige wenige wachsen daran, andere sind Teil des Bösen!

Diese Menschen werden verrohen und verdummen! Wir leben in einer Party- und Kiffergesellschaft, in einer islamischen und herzlosen Welt in der Zukunft! Die Traditionalisten werden das Ruder übernehmen! Die Menschen werden ferngesteuert in Lumpen herumlaufen und uns andere als ihre Feinde betrachten! Wer nicht mit dem dunklen System mitschwimmt, ist ein Feind! Die Herrschenden müssen nicht mal mehr etwas dafür tun! Das ist schon zum Selbstläufer geworden! Die Menschen da draußen glauben selbst, dass alles gut ist, wie es ist! Sie sind überzeugt, dass sie zu den Guten gehören! Es ist ja alles verdreht worden! Die Könige sind nun das Fußvolk, und die Teufel die Könige! In dieser Welt! In der richtigen Welt, da, wo wir herkamen und wieder hingehen werden, da werden wir wieder die Könige sein! Dort wird es auch keine Teufel und Dämonen mehr geben dann!

Wir müssen lernen, uns nicht an die Materie zu binden! Wir sind nicht dieser Körper, und diese Teufel können uns nichts tun! Sie haben keine Macht über uns! Mit uns meine ich dich und mich! Sie können uns nur Angst machen! Sie arbeiten mit Angst und Gewalt! Sie können uns aber nicht daran hindern, hier zu verschwinden! Alles, was wir machen müssen, ist, in der Liebe zu verweilen! Hoch zu schwingen! Sich nicht vergiften lassen durch Neid und Missgunst, Gier und Triebe! Läuterung ist das Stichwort! Werde ein besserer Mensch, egal, was die Reptos da draußen für ein Feuerwerk veranstalten werden! Du musst nur nach dir und nach deinen Lieben schauen! Und wenn du diese versorgt hast, kümmerst du dich um andere, die sich nicht selbst helfen können! Die Tiere und die Pflanzen!

Anderen, fremden Menschen zu helfen, ist eine Sache für sich! Jeder hat Karma abzubauen, und wenn man einem fremden Menschen nun finanziell hilft, dann kann es sein, dass man seinen Lebensplan stört! Derjenige wird dann wieder alles verlieren! Oder wenn man einem Junkie Geld gibt, dann wird er nur hingehen und Stoff dafür kaufen! Es ist leider so, man kann nicht jedem helfen! Wir können auch die Welt nicht wirklich retten! Wozu auch? Es hat ja alles einen Grund! Die Welt ist ja so, wie sie ist, damit die Menschen auf ihr sich entwickeln können! Und Leid und Schmerz gehören zum Heilungsprozess dazu! So wie der Mensch durch Leid und Schmerz geläutert wird, so wird auch die Menschheit durch Leid und Schmerz geläutert werden!
Und je schwerfälliger von Begriff, desto stärker müssen das Leid und der Schmerz sein, damit es der Mensch wahrnimmt! Und genauso ist es mit der Zukunft der Welt! Sicher willst du nun von mir wissen, wie das ausgeht! Das weiß ich! Es wird immer gut ausgehen für dich! Am Ende wird alles gut sein! Und wenn es das noch nicht ist, ist es noch nicht das Ende! Ganz einfach! Das ist so! Jedoch bis alles zu Ende ist hier, wird es wie schon erwähnt noch einmal richtig dunkel werden! Es wird noch ganz übel werden! Es kann erst besser werden, wenn es zuvor noch schlimmer wurde!
Oder anders gesagt: Es muss erst schlimmer werden, bevor es besser werden kann! Die Reptos werden uns nach Strich und Faden an der Nase herumführen!
Alles, was es gibt und was ist auf dieser Welt, ist ein Fake, ist gelogen, ist eine Täuschung! Sie haben alles ins Gegenteil verkehrt! Wenn du also die Wahrheit suchst, dann glaube am besten das Gegenteil von dem, was man dir offiziell mitteilt! Alle Schulbücher sind gelogen, alle Wissenschaften,

selbst beim Wetter lügen sie! Sie wollen Gott sein, sind jedoch Dämonen! Sie predigen Liebe, und leben Hass! Sie lachen dir ins Gesicht, möchten dich aber zerstören! Sie sind nun mal böse, nieder! Die Regierungen sind unser Feind! Das System ist unser Feind! Sie wollen alle nicht unser Bestes, sie wollen unseren Untergang! Sie wollen uns am Boden sehen! Und dann helfen sie uns nicht auf, sondern sie treten auf uns drauf! Je eher du verstehst, in welcher Welt du lebst, desto besser für dich! Wer jetzt noch schläft, wird mit dem System eines Tages untergehen! Wird bald sterben! Du kannst dich schützen durch Abgrenzung! Du musst dich als Erwachter von Systemlingen trennen! Es geht nicht mehr mit ihnen zusammen! Sie werden zu unseren Feinden werden! Sie werden offen auf uns losgehen! Sie hassen uns, und sie wollen uns zerstören! Du kannst die Welt nicht retten! Ich dachte das auch mal! Es gibt die Galaktische Föderation des Lichts! Sie sind immer da, wachen über uns! Sie könnten, und können, die Erde binnen Minuten reinigen, von allem Dunklem, von allen Parasiten! Sie könnten die Umwelt, die Meere usw. binnen Minuten säubern, reinigen! Aber das wäre ein Eingriff in die geistige Evolution der Menschen! Jeder Mensch muss sich selbst und alleine entwickeln! Ich kann es noch oft sagen! Der menschliche Körper ist ein Transportmittel, ein Behälter, ein Körper eben! Die Menschen müssen lernen, dass sie nicht der Körper sind! Sie sind viel mehr! Sie müssen lernen, dass man ihnen nicht wirklich etwas anhaben kann und dass die eigentliche Welt von uns nicht diese hier ist!
Dieses ist eine Schule! Und wenn die Schüler noch nicht bereit sind für eine höhere Klasse, dann müssen sie eben wiederholen!

Hier habe ich noch einige Tipps für dich!

- Wenn du von hier gehst, also stirbst, geh bitte ins Licht, sofern sich dir eines zeigt! Nur wer aufsteigt, sieht ein Licht! Alle anderen, in der Regel Seelenlose, müssen ja den Umweg über die Astralebenen gehen! Oder sind eben aus den bekannten Gründen an die Erde gebunden, weil sie es nicht zu Lebzeiten schafften, sich zu läutern! Es wird oft von einem »falschen Licht« geredet! Das gibt es nicht! Es gibt nur ein Licht! Geh dort hinein, wenn es soweit ist!

- Sorge zu Lebzeiten dafür, dass du keine Organe spendest nach deinem Tod! Du kannst nicht ins Licht, wenn noch Körperteile von dir in der Materie existieren!

– Sorge vor, dass dein Leichnam verbrannt wird nach deinem Tod! Sonst bist du noch an die Erde gebunden für eine Weile!

– Mach dein Testament, jetzt schon!

– Lebe so, dass du jederzeit sterben könntest! Lebe aber auch so, dass du noch sehr lange leben kannst!

– Lege dir einen Vorrat an Essen und Trinken an im Keller, ebenso an Gas und Gaskocher, Kerzen usw.!

– Versuche vorausschauend zu planen! Gehe den Widerständen und möglichen Blockaden aus dem Weg!

– Versuche dir bewusst zu werden, wer du wirklich bist und warum du hier bist! Versuche den wahren Sinn deines Lebens zu ergründen!

– Versuche deine Fehler aus deinem jetzigen Leben zu korrigieren, betreibe Wiedergutmachung!

– Suche dir Gleichgesinnte!

– Widersetze dich der Obrigkeit, aber kämpfe nicht gegen sie!

– Dulde das Böse nicht, sonst wirst du Teil davon!

– Achte auf deine Gedanken! Sie werden zu Taten!

– Tue Gutes! Aber opfere dich nicht auf! Helfe nur, wenn du es kannst! Helfe in deinem Umfeld! Nicht in Afrika oder sonst wo!

– Verteidige dich und andere nur dann, wenn es nicht anders geht! Versuche dem Kampf immer auszuweichen!

– Wende nie Gewalt an, nie! Nur bei Notwehr! Werde nie laut!

– Zeige Zivilcourage, helfe, wenn es angebracht ist! Setze dich ein für die Wahrheit! Zeige der Lüge, dass sie bei dir keine Chance hat!

- Trenne dich von Systemlingen. Sie werden dich eines Tages verraten und sogar auf dich losgehen!

- Stehe immer zur Wahrheit und lebe danach! Egal, was es für Folgen für dich hat!

- Streite mit niemandem, über nichts! Entferne dich, wenn jemand streiten will mit dir!

- Wenn du Klient bist von mir, mach meine Ablösungen jeden Tag mindestens dreimal! Die Nr. 3, 4 und 52. Alle anderen nach Bedarf oder Lust und Laune!

- Helfe den Tieren und Pflanzen!

- Sei nett zu den Menschen, die dich lieben und immer für dich da sind!

- Werde ein besserer Mensch!

- Achte auf Sicherheit! Gehe nachts nicht alleine auf die Straße! Als Frau nicht alleine in den Wald zum Joggen usw.! Lass deine Kinder nie alleine aus dem Haus, wenn sie noch keine zwölf Jahre alt sind!

- Wenn du angegriffen wirst draußen, dann schreie sofort um Hilfe, so laut du kannst und schlage um dich!

- Sichere deine Wohnung, dein Haus! Die Zeiten werden rauer!

- Verzeihe, vergebe und begnadige die Menschen, die dir wehgetan haben! Du kannst ihnen dadurch helfen, nicht mehr so sein zu müssen, wie sie es sind! Und es hilft dir, selbst höher zu schwingen und dich von negativen Energien zu befreien! Sei göttlich und vergebe!

- Fang heute noch damit an, ein besserer Mensch zu werden und höre nie damit auf!

- Du musst nicht umziehen oder dich verstecken, das Schicksal findet dich überall!

- Versuche dich voll und ganz der Göttlichkeit hinzugeben und zu vertrauen!

- Bleibe immer ruhig und sachlich, lass dich nicht wütend machen! Jede Form von Wut und Aggression ist nicht göttlich! Bleib immer in deiner Mitte! Lass dich nicht provozieren und in Fallen locken! Muss man nun keusch leben, darf keinen Spaß mehr haben, nie mehr ein Glas Wein trinken, nie mehr Autoscooter fahren? Natürlich nicht! Grundsätzlich ist alles erlaubt zu tun, wo man keinen anderen schädigt! Solange du nur dich selbst schädigst, ist das ok! Und natürlich darf man Spaß haben! Sollst du sogar! Genieße dein Leben, jeden Tag, wenn du kannst! Habe Freude an der Materie! Fahre ein schönes Auto! Esse gut und gerne, mache Urlaub! Aber bete die Materie nicht an! Sei immer bereit, alles loszulassen! Wenn alles vergeht, nichts mehr da ist, dann ist nur noch eines existent! Die Liebe! Darum widme dein Leben der Liebe! Tue alles, was du tust, aus reiner Liebe und mit reiner Liebe! Wenn du nur in Liebe handelst, dann kannst du nichts falsch machen! Leider verstehen das die meisten Menschen nicht! Und leider gibt es zu viele Dunkle auf der Welt! Es hat leider überhandgenommen! Die Dunkelheit regiert diese Welt!

Wenn die Erde zu sehr verseucht wird durch das Böse, wenn also das Böse so immens überhandgenommen hat, dass die echten, göttlichen Menschen nicht mehr von sich aus dagegen ankommen können, dann greifen die himmlischen Heere ein! Dann kommen die Erzengel und deren Gefolge ins Spiel und machen eine Generalreinigung der Erde! Dann wird das ganze dunkle Pack hinweggefegt an einem einzigen Tag! Das nennt man dann Kataklysmen!

Und dieses Mal wird richtig durchgewischt werden! So tief unten können die sich alle gar nicht verkriechen, dass sie nicht gefunden werden können! Die Dunklen werden dann alle mitsamt den seelenlosen Menschen in Astralwelten weiterleben, wo sie dann unter sich sein werden und sich dann jahrtausendelang immer wieder umbringen können! Andere werden auf andere Planeten verbracht werden, wo ihr Inkarnationskreislauf von neuem beginnen wird!

Und die Indigos, alle, die aufsteigen werden, werden zurückgehen in ihre Heimatplaneten oder Heimatdimensionen! Wie du willst! Such es dir aus!

Wir leben ja alle gleichzeitig noch in anderen Welten, in sogenannten Parallelwelten! Unsere Mission ist nach dieser jetzigen Inkarnation, oder Inkarnationen, beendet! Alle Indigos und derzeitigen verkappten Indigos werden abgezogen! Das Leid und der Schmerz haben dann ein Ende! Wir sind nicht gekommen, um zu bleiben! Wir waren nur da, um zu helfen! Einige sind abgesackt in der Materie, darum werden sie nun befreit! Die anderen müssen noch ein paar Ehrenrunden drehen! Aber die Liebenden werden sich alle eines Tages wiedersehen! Das ist sicher! Die Erde wird dann nach der Reinigung in ein neues schönes, friedliches Zeitalter eintreten, in die fünfte Dimension, mit neuen, lieben, freundlichen Menschen und lieben Tieren!

Die Indigos und die Beseelten werden sehr einsam werden! Der Alltag wird immer schwerer zu meistern sein! Die Anderen werden offen gegen uns gehen!
Ab 2021 werden viele Menschen sterben. 5G wird seinem Ruf gerecht werden, die SmartMeter der Stromwerke tun ein Übriges, und HAARP, die Chemtrails und die ELF-Wellen den Rest! Die Gentechnologie verändert die Gene der Menschen, macht diese unfruchtbar und verursacht Krebs! Die Krebsrate wird exorbitant steigen! Alzheimer, Demenz und Parkinson werden überhandnehmen! Die Menschen werden sterben wie die Fliegen! Durch alle Gesellschaftsschichten hindurch! Ab 2026 werden die kleinen Kataklysmen heftiger werden! Sie sind Vorboten der einen großen Welle! Alles bis 700 Meter Meereshöhe (Stand derzeit) wird unter Wasser stehen! Einige Kontinente werden sinken, andere frühere wieder auftauchen! Bis 2036 ist dann alles gelaufen! Die Erde wird dann leergefegt sein! Es wird dann einen Neubeginn geben, die Karten werden dann neu gemischt! Die Zeit der Dunkelheit ist dann vorbei! So oder so! Es werden maximal 3 % der Menschheit überleben! Aber du musst dir keine Sorgen machen! Für uns göttliche Menschen wird gesorgt sein! Wir werden ein schöneres, besseres Leben haben danach! Wir werden auch alle vereint sein dann! Ewiges Leben gibt es, aber nur für die Beseelten! Wir sterben nie! Wir leben immer! Und wir sind Individuen und werden uns immer und überall wiederfinden und erkennen! Es gibt keinen Grund zur Furcht! Es wartet eine schöne neue Welt auf uns, mit allen Menschen und Wesen an unserer Seite, die wir je geliebt haben oder diese uns! Alle Tiere, die uns je liebten und die wir je liebten, werden auch da sein! Wir werden alle vereint sein! Zuhause beim Vater!

Die jetzige Menschheit wird von Reptos und Mantissen und von Grauen geführt! Das heißt, ein überwiegender Teil der Menschen hat Reptos und Graue als Geistführer! Sie sind noch nicht soweit, um sich selbst zu führen, die Menschen! Eines Tages wird das wohl der Fall sein! Bis dahin ist aber noch ein langer Weg! Man muss das akzeptieren, es ist so zugelassen von Gott!

Dies sind meine jetzigen Informationen! Ich hoffe, ich irre mich bezüglich der Kataklysmen! Oder dass ich mich um 10 oder 20 Jahre vertan habe! Es ist der Stand JETZT! Du weißt ja, ich kann alle Fragen der Welt beantworten! Aber es geht immer nur um den Stand jetzt! Jeder spirituell Tätige wird das bestätigen, wenn er auf der lichten Seite arbeitet! Man bekommt von der Geistigen Welt immer nur die Zukunft mitgeteilt, die sich aufgrund der jetzigen Situation ergibt! Und diese Situation kann sich ja ständig ändern! Leider bekomme ich diese Informationen nun schon seit zwei Jahren immer wieder so! Also hat sich leider noch nichts zum Besseren gewendet, was die Zukunft der Menschheit auf der Erde betrifft!

Aber egal, wie es kommt, wir müssen lernen, auf Gott und die Geistige Welt zu vertrauen! Jeder Mensch hat mehrere Schutzengel und Geistführer! Und diese wachen über uns und sorgen dafür, dass wir nicht zu weit vom Weg abkommen! Wir müssen in Gott vertrauen! Wir müssen unser Leben und unser Sein in seine Hände legen, müssen Hingabe und Demut üben! Und Dankbarkeit! Wir müssen dankbar sein, dass wir sind! Dass wir das alles nun erfahren und leben dürfen! Und wir müssen erkennen, dass es eine Macht gibt, die alles leitet und lenkt! Gott wird seine Gründe haben, warum alles so ist, wie es nun ist! Wir müssen vertrauen und loslassen! Es wird für uns gesorgt sein, so oder so! Gott will unser Bestes! Und wenn wir uns ihm anvertrauen, dann wird er uns in seine Obhut nehmen!

SCHLUSSWORT

Ja liebe Freunde, Freundinnen, Brüder und Schwestern! Nun ist es soweit! Das dritte Buch ist fertig! Wir haben nun den 27.07.2019! Das sind knapp acht Wochen seit Beginn! Einige Tage musste ich aussetzen wegen zu starker Kopf- und Rückenschmerzen! Einige Tage konnte ich auch nicht schreiben wegen meiner anderen Arbeit, meiner eigentlichen Arbeit! Sind dann effektiv rund sieben Wochen für das Buch hier, was du gerade gelesen hast! Ich bin nun ehrlich gesagt froh, dass ich es geschafft habe! Ich habe teilweise 16 Stunden am Tag gearbeitet wegen der Doppelbelastung! Die Angriffe waren in den letzten zwei Monaten enorm stark, und auch die sonstigen Attacken waren nicht ohne!

Es war definitiv mein letztes Buch. Es ist zu anstrengend für mich. Auch musste ich einiges nochmals durchleben, was auch sehr hart war für mich! Auf der anderen Seite ist es auch reinigend, alles nochmals hochzuholen und dann weglegen zu können! Man transformiert es eigentlich dadurch! So ein Buch zu schreiben wäre sicher eine gute Traumata-Therapie für jeden! Sicher habe ich einiges vergessen zu schreiben, das wird mir dann irgendwann wieder einfallen!

Ich hoffe, es hat dir gefallen, es zu lesen! Ich würde dir empfehlen, es mindestens zweimal zu lesen und auch das Hörbuch dann zu kaufen, wenn es herauskommt, ca. drei Monate nach dem Buch! Es würde mich freuen, wenn dich meine Erlebnisse und Mitteilungen, meine Erkenntnisse und Informationen weiterbringen in deiner persönlichen Entwicklung!

Wenn ich meine eigene Entwicklung betrachte, wie ich vor fünf Jahren dachte und was ich heute denke, dann ist das für mich nicht ein Quantensprung, sondern dutzende! Vor nicht mal fünf Jahren dachte ich, mein Leben ist zu Ende! Ich wollte nicht unter Monstern leben, die ich astral sehen kann! Sie alle machten mir zu Beginn eine Heidenangst und ich hatte keine Lebensfreude mehr!

Heute habe ich gelernt, damit zu leben, mit dem, was ich sehen und fühlen kann! Die Wesen und Seelen machen mir keine Angst mehr! Sie können mir ja nichts tun, und im Grunde genommen suchen sie ja nur meine Hilfe!

Auch wenn es einige gibt, die mich einfach nur zerstören wollen! Aber auch diese machen mir keine Angst mehr! Es ist tatsächlich so, was dich nicht umbringt, härtet dich ab! Offenbar habe ich die Fähigkeiten und die Stärke, damit umgehen zu können! Ich bin stärker als je zuvor, und nichts kann mir noch was anhaben! Der Alltag gestaltet sich zuweilen schwierig, und ich muss im Verkehr total auf der Hut sein. Es gab da ja schon einige »Vorfälle»! Und nicht nur im Alltag! Sie versuchen es halt immer wieder, meine Familie und mich zu schädigen oder gar mehr!

Die Verfolgungen und Drangsale lassen mich heute kalt! Es interessiert mich nicht mehr, was sie alles gegen mich tun! Ich beachte es so gut es geht nicht mehr! Sie können mir nichts anhaben, wenn ich aufpasse und vorsichtig bin und in meiner Mitte bleibe! Ich weiß heute, wer ich wirklich bin, und nur das zählt! Ich bin unzerstörbar, unkaputtbar! Ich werde meinen Job hier durchziehen, und auch wenn es sehr schwer und energieraubend ist, ich mache es für die Richtigen, um diese zu finden! Für die Masse bin ich nicht hier! Und für die Dunklen werde ich immer ein Feind bleiben! Ich habe trotz allem Freude am Leben und erfreue mich jeden Morgen aufs Neue an allem, was ich sehe! Ich habe mir meine Lebensfreude und meinen Lebensmut nicht nehmen lassen! Und wenn die Attacken der finsteren Gesellen kommen, dann lache ich nur noch! Aber nur, wenn ich Zeit habe! Sie sind mir egal geworden! Sie können mich nicht mehr aus meiner Mitte bringen! Und ich versuche so oft wie möglich zu entspannen und auch ganz normale Dinge zu tun, um die Bodenhaftung nicht zu verlieren! Auch genieße ich gerne mal mein Leben, so gut es eben aus Zeitgründen geht! Und wenn nicht allzu viele Menschen und Tote um mich herum sind! Die meiste Ruhe finde ich mitten in einem tiefen Wald oder auf einem Boot, mitten auf dem Bodensee! Da können sie fast nur von oben was machen, mit Drohnen!

Durch das Böse habe ich aber gemerkt, dass ich anders bin! Dass ich ein guter Mensch bin! Ich habe erfahren, wer ich wirklich bin! Durch die Dunkelheit habe ich erfahren, dass ich Licht bin! Durch die Verleumdungen habe ich einen Ansporn erhalten, noch mehr nach vorne zu gehen! Ich danke der Dunkelheit, dass sie mir gezeigt hat, wer ich wirklich bin! Ich hatte es fast vergessen! Auch, warum ich lebe! Meine Aufgabe als Geistheiler ist es, die Richtigen zu heilen und den Richtigen beim Aufstieg zu helfen, also sie zurückzuholen! Diese Aufgabe werde ich mein Leben lang ausführen!

Nichts und niemand wird mich daran hindern können! Die Geistige Welt hilft mir, und Gott steht mir bei!

Eigentlich wollte ich ja der größte, bekannteste usw. Heiler der Welt werden! Mittlerweile ist mir das gar nicht mehr wichtig, es ist mir schon egal! Ich möchte mit niemandem in Wettbewerb stehen! Das habe ich nicht mehr nötig! Da Gott durch mich heilt, bin ich ja sowieso der beste Heiler der Welt, aller Welten! Denn besser als Gott kann man ja nicht sein! Also wie sollte dann irgendeiner »besser» sein als ich? Wenn Gott nicht helfen kann, dann kann keiner helfen! Es ist also sinnlos, nach einer Behandlung von mir von einem Heiler zum anderen zu hüpfen, wenn eine Behandlung nicht sofort was gebracht hat! Dann braucht es vielleicht eine zweite oder gar dritte! Oder der Klient muss sein Verhalten einmal genau überdenken, sein Leben, seine Vergangenheit! Offenbar stimmt da was nicht, sonst gäbe es ja keine Krankheit!

Warum habe ich nun in drei Büchern so viel über mich erzählt? Über meinen Alltag, meine Erlebnisse und auch über meine Erkenntnisse? Nun, einmal darum, weil du dich vielleicht in mir wiederfindest! Und dadurch dein eigenes Leben besser einschätzen und bewerten kannst! Ich fungiere also als eine Art Vorreiter! Du siehst an dem, was mir passiert, was in deinem eigenen Leben los ist! Ich wäre froh gewesen, wenn ich vor fünf Jahren mein Leben in Büchern gefunden hätte! Es hätte mir viel Geld, Zeit und Nerven erspart! Leider konnte mir damals keiner genau sagen, was bei mir los war! Alle winkten ab, sowas würden sie nicht kennen! Noch nie von solchen Verfolgungen gehört! Und solche »Sichtungen« von solchen Wesen schon gar nicht! Geister? Reptos? Alles klar!

Mein Wunsch ist es, dass du durch meine Arbeit geheilt werden kannst und dein Bewusstsein sich weiterentwickelt! Einige werden schon alleine durch das Lesen dieses Buches geheilt. Andere durch das Lesen der anschließenden Feedbacks! Mein Job ist es, dir zu helfen! Egal wie! Wenn du noch kein Klient bist, solltest du es, denke ich, werden! Denn zufällig hast du dieses Buch sicher nicht gelesen! Es sei denn, du bist ein Kritiker, einer der anderen, der nach Fehlern und Schwächen bei mir sucht, um mich dann im Internet zu verleumden! Aber auch das macht mir nichts mehr aus! Es ist mir egal, was eine Mücke sagt und tut!

Dieser Tage feiere ich fünf Jahre Geistheiler Sananda! Also im August 2019. Für die Leser, die das Buch hier erst in ein paar Jahren lesen werden! Es war am Anfang nicht abzusehen, dass ich so erfolgreich werden würde! Erfolg im Sinne von vielen geheilten Klienten! Wenn es so weitergeht, dann habe ich nach zehn Jahren vielleicht 300 000 Menschen behandelt? Wer weiß, was noch kommt! Vielleicht auch mehr! Ist auch nicht wichtig. Wichtig ist nur, dass die Richtigen zu mir finden! Derzeit sind es 125 000 Behandelte, die bei mir Hilfe suchten in den letzten fünf Jahren! Und ich kann mich nur wiederholen! Es ist ein Wunder, dass ich noch lebe, und dass ich es so weit geschafft habe! Ich saß vor fünf Jahren noch auf der Wartebank des Sozialamtes in Will, Kanton St. Gallen, um mein Augustgeld abzuholen! Und heute bin ich Bestsellerautor, habe drei Bücher geschrieben und 125 000 Menschen behandelt! Habe zehntausenden nachweisbar zu einem besseren Leben verholfen! Mir selbst geht es auch besser! Meiner Familie geht es gut! Und das haben wir auch verdient! Ich selbst hatte 51 Jahre lang nur Existenzkämpfe, aber das ist nun vorbei! Im Gegenteil! Heute helfe ich anderen! Auf vielfältige Art und Weise!

Ich bin der Beweis, dass alles möglich ist im Leben und man nie aufgeben darf! Niemals darf man an sich zweifeln und sich aufgeben! Ich stehe immer einmal öfters auf, wie ich hinfalle! Egal, wie oft das sein wird! Die Geistige Welt wacht immer über uns, über dich! Und wenn du endlich deinen Weg gefunden hast, dann wird auch die Belohnung folgen! Wenn du zur rechten Zeit am rechten Ort das Richtige tust, dann wird alles fließen! Und du weißt, wann es soweit ist! Wenn es fließt! Dann bist du richtig! Wenn nicht, breche ab nach einer Weile! Wenn die Blockaden von außen kommen, dann will die Dunkelheit etwas verhindern! Wenn die Blockaden von innen kommen, dann soll es nicht sein! Mit innen meine ich, wenn es zwischen den Beteiligten immer wieder Blockaden gibt!
Beispiel: Du willst mich beauftragen, aber das Internet spinnt auf einmal, oder die Bank macht Probleme. Das sind fingierte Blockaden der Dunkelheit! Wenn du eine Frau triffst, die du kennenlernen möchtest, und sie beantwortet deine Fragen nicht oder nur widerwillig, und sie schaut dir nicht in die Augen, es passt irgendwie nicht, dann ist das von innen, die Blockade!

Du musst lernen zu unterscheiden, was verantwortlich ist, wenn es nicht funktioniert in deinem Leben! Oft stellt sich dann hinterher raus, dass es gut war, dass etwas nicht sofort klappte mit bestimmten Personen! Es kamen dann meist später die Richtigen in mein Leben! Alles Nichtfunktionieren hat einen Grund! Du musst nur den richtigen herausfinden!

Die Dunkelheit hat eine künstliche Welt voller Blockaden für uns erschaffen! Sie wollen alles Natürliche und Göttliche zerstören, eine komplett künstliche Welt aufbauen, mit den Menschen als willenlose, ungebildete, stupide, obrigkeitshörige Sklaven, die sie jederzeit und überall unter totaler Kontrolle halten können! Sie entscheiden dann auch durch die geplanten Impfungen und Nanochips über Leben und Tod. Wer nicht spurt, dem wird der Geldhahn zugedreht werden, weil das Bargeld abgeschafft werden soll! Wer dann immer noch nicht spurt, der bekommt per Fernsteuerung Krankheiten und wird dann, wenn es sein muss, abgeschaltet werden, also getötet!

Es nützt aber nichts, zu sagen: Haut ab, ihr Pack! Verschwindet, Reptos! Packt eure Sachen zusammen und geht! Das ist purer Populismus! Wenn die Mächtigen dieser Welt, die Schattenmänner, abhauen würden, würden neue nachrücken! Weil es die Menschen selbst sind, die zu viele dunkle Anteile in sich haben! Es ist ja nicht so, dass es nur ein paar hundert oder ein paar tausend sind, die für alles verantwortlich sind! Es ist die Masse der Menschheit, die für diese Welt verantwortlich ist! Und wenn jemand sagt, haut ihr Bösen doch alle ab, dann ist das sehr naiv und deutet auf unteres Bewusstsein hin! Es müsste heißen: Menschen dieser Welt, werdet zu besseren Menschen! Denn dann würden die Dunklen von selbst verschwinden! Und zwar das Dunkle in den Menschen! Wie soll der Teufel abhauen, wenn er IN DEN MENSCHEN lebt und wohnt? Dann müssten ja sieben Milliarden Menschen die Koffer packen und gehen! Wer weiß, vielleicht passiert das ja auch! Es ist aber so, wenn man sagt, haut ab ihr Bösen, dann ist das so, als stünde man als Kranker vor dem Spiegel und würde sagen: Hau ab, du Krankheit, du blöde, ich will dich hier nicht! So macht man nur eines: Man sucht Schuldige! Man lenkt ab von sich selbst! Wir haben es zugelassen, dass die so viel Macht über uns haben! Wir! Die Menschen! Die Menschen müssen sich ändern, bessern, läutern! Das ist die Wahrheit! Und da die Menschen meist nieder gepolt sind, werden sie die Dunklen weiter unterstützen und alles mit sich machen lassen! Wer ist es denn, der gegen UNS geht? Die Politiker? Die Schattenmacht? Klar ist es die Dunkelheit! Aber diese ist doch in den Menschen drin! Oder sie lassen es zu, lassen sich benutzen und aufhetzen! Es sind doch der Neid und der Hass und die

Missgunst unserer Mitmenschen, die diese gegen uns gehen lassen! Es sind doch die Menschen da draußen, die gegen uns gehen, die dunkel sind! Und wenn sich die Menschheit nicht sofort ändert in den nächsten Monaten, bis 2021, dann ist nichts mehr zu machen! Dann wird Mutter Erde das Krebsgeschwür, die vielen dunklen Menschen, abschütteln! Der Zustand der Welt ist das Ergebnis, was die Menschen gesät haben, zugelassen haben! Und darum ist die Welt ok! Es muss so sein und so werden! Weil es der göttlichen Ordnung entspricht! Und weil die Menschen nichts wahrhaben wollen, den Knall nicht hören! Darum wird der Knall lauter werden! So laut, dass jeder ihn hören muss!

Das Böse hat eine Aufgabe! Daher verachte und hasse das Böse nicht! Akzeptiere es, aber weise es von dir! Jeder hat eine Wahl, zu welcher Seite er gehören möchte! Und um eine Wahl zu haben, muss es mindestens zwei Seiten geben! Offenbar haben sich sehr viele für die dunkle Seite entschieden! Jeder muss die Konsequenzen seines Handelns jedoch tragen! Die göttlichen Gesetze gelten für jeden!

Die Reptos haben eine künstliche materielle Welt erschaffen, mit unsinnigen, nutz- und sinnlosen Inhalten und Zielen! Sie haben dabei wie immer nach der Methode »Probleme erschaffen, die es zuvor nie gab, und dann Lösungen anbieten mit dem Zweck der Freiheitseinschränkung und Versklavung». Genauso arbeitet ja auch die Pharmaindustrie! Es werden Krankheiten geschaffen durch Vergiftungen und Bestrahlungen aller Art und dann die teuren sinnlosen Medikamente verkauft. Das komplette Gesundheitssystem ist so aufgebaut! Der Mensch wird nur benutzt für deren Zwecke! Die Hintermänner und Hinterwesen lachen sich bald tot über die Naivität der Menschen! Und darum muss es zum Supergau kommen! Weil es der Menschheitsentwicklung dienlich ist! Es ist alles zu deren Besten! Die Menschen müssen raus aus ihrer Starre, aus ihrer Angst! Sonst verharren sie weiterhin darin! Bis zum Sanktnimmerleinstag! Ihr dürft nie vergessen, dass es eine Geistige Welt gibt, die alles überwacht, die mehr Macht hat als alle Dunklen des gesamten Multiversums! Alles unterliegt einem göttlichen Plan! Wir Menschen können das mit unserem materiellen Gehirn nicht erfassen! Darum bleibt nur eins: Gottvertrauen!

Die Welt wird von Okkultisten, Satanisten und Schwarzmagiern geführt! Und die haben offensichtlich das Volk unter Hypnose! Indigos können sie nicht manipulieren! Sie werden die Welt in den Abgrund führen! Das alles, was ich hier nun beschrieben habe, wird eintreten, sollte kein Wunder geschehen, was ich nicht glaube! Denn es ist die gewollte Entwicklung der Menschheit! Man erntet, was man sät! Man kann nicht jahrtausendelang Kriege führen, Mord und Folter säen, 1,5 Milliarden Tiere pro Jahr töten und dann ein Goldenes Zeitalter erwarten! Das ist ja dummdreist! Dieses neue Zeitalter werden nur wenige erfahren, 3 %! Die anderen 97 % nicht! Sie wollen die Kriege und den Kampf, den Tod der Tiere, der Bäume! Sie wollen es so! Sie verteidigen gar noch ihre Sklavenhalter! Also sollen sie es auch so haben! Für uns Erwachte ist das ein Horror! Mitansehen zu müssen, wie die Menschen zugrunde gerichtet werden, sich selbst zerstören, pervertiert werden, degenerieren, sterben! Es ist aber ein Entwicklungsprozess! Und es ist im Großen wie im Kleinen! Wie oben, so unten! Wenn ein Mensch vom Lebensweg abgekommen ist, wird ihm eine Botschaft in Form einer Krankheit geschickt! Beachtet der Mensch das nicht, wird die Krankheit übler. Beachtet er es immer noch nicht und ändert sein Verhalten und seine Denkungsweise immer noch nicht, wird er sterben!

Mit der Masse der Menschheit verhält es sich gleich! Sie bekommen ständig Botschaften in Form von Unwettern, Katastrophen, Unglücken, Krankheiten, Seuchen, Nöten usw.! Aber sie ändern nichts! Also muss es schlimmer werden! Und noch schlimmer! Und muss dann zwangsläufig zum Supergau führen! Gott wird die Reset-Taste drücken müssen, um das Böse hinwegzufegen von dieser Welt! Die, die nicht überleben, werden in anderen Sphären neue Chancen bekommen! Es ist ja nur Materie, die vernichtet wird! Aber Materie ist ja Energie, und diese kann gar nicht vernichtet werden, nur der Aggregatzustand wird verändert! Wobei man eher von einer Generalreinigung sprechen muss! Wir sind die siebte Menschheit! Schon sechsmal wurde die Reset-Taste gedrückt! Es scheint, dass es immer gleich endet!

Die Erde ist ja auch nur eine Durchgangsstation für Geistwesen mit dem Ziel der Bewusstseinsentwicklung! Es fängt an mit den Mineralien, den Pflanzen, den Tieren, bis hin zum Menschen! Das Bewusstsein entwickelt sich so! Über immer neue Körperformen der Materie! Wer alle Entwicklungen gemacht hat und die erforderliche Schwingung erreicht hat (Indigo), verlässt diesen Ort und steigt auf in eine höhere und schönere Lebensform in einer anderen höheren Dimension, in eine andere Welt! Dorthin, wo er einst herkam! Die Erde ist ein Seelenreinigungsplanet, ein Entwicklungsplanet, eine Schule des Seins! Sie ist unser Gastgeber und unsere Mutter! Sie will nur unser Bestes!

Der Sinn des Lebens ist nicht Karriere zu machen, einen tollen Beruf zu haben, reich zu sein, ein schönes Leben zu haben! Nein! Wir sind nicht hier, um einfach ein Leben zu genießen! Wir sind hier, weil wir etwas zu erledigen haben, etwas zu klären haben! Vielleicht kannst du es leichter ohne Geld klären, dann wird die Geistige Welt dafür sorgen, dass du keines hast! Vielleicht ist es aber einfacher, deinen Job mit Geld zu erledigen! Dann wird die Geistige Welt dafür sorgen, dass du zur rechten Zeit Geld hast! Indigos und Beseelte erkennt man meist daran, dass sie ein schweres Leben hatten und meist erst spät zu Geld und Anerkennung kamen! Selten kommt ein Indigo reich auf die Welt, eigentlich nie! Aber sie können sehr reich werden, weil sie Genies sind! Aber es geht im Leben nicht um Karriere! Du bist hier, um deine Lebensaufgabe zu erfüllen, dich zu läutern oder zu helfen! Wenn du dich läutern musst, wirst du viel Leid und Schmerz erleben müssen! Wenn du zum Helfen hier bist, wirst du verfolgt werden! Aber wir haben nun mal unseren Job zu tun! Karriere und gesellschaftliche Anerkennung brauchen wir nicht! Das ist was für die Ego-Reptos! Der Sinn deines Lebens ist, den Sinn herauszufinden! Irgendwann wirst du ihn finden, indem du nach der Wahrheit suchst!

Was die Reptos uns verkaufen als Sinn des Lebens, ist eine große Lüge! Das sind die Ablenkungen der Dunkelheit! Sie prägen uns, damit wir ihren gewollten Weg einschlagen und ein Schlafschaf werden, wie alle anderen vor uns! Sie lehren uns Lügen und künstliche Unwahrheiten! Alles, was man in der Schule lernt, ist Bullshit! Nichts davon stimmt, und nichts davon braucht man später im Leben! Nichts! Es sind alles nur Auswahlverfahren, damit sie die Richtigen für ihre Zwecke bekommen! Die neuen Systemmenschen! Und alle, die das durchschauen und in Frage stellen, sind für sie eines Tages Terroristen! Systemgegner! Wir sind ja schon mittendrin im Krieg! Sie werden uns eines Tages vorschreiben, was wir zu glauben und zu denken haben! Sie betreiben immer mehr Gehirnwäsche durch die Medien! Es nützt auch nichts, wenn wir Erwachten das ignorieren! Uns kann man eh nicht umbiegen! Die Schlafschafe sind denen ausgeliefert! Sie schwenken sogar über zu den Folterknechten und Sklavenhaltern und werden sich gegen uns andere stellen!

Es kommen harte Zeiten auf uns alle zu! Satan wird immer mehr sein Gesicht zeigen! Die Minderheiten werden uns eines Tages auf den Kopf spucken! Die Ureinwohner der Staaten werden zu Indianern werden, die vertrieben und unterdrückt werden! Der Teufel hat das Sagen und wird das bald offen zeigen! Und die Masse wird ihm huldigen! Sie beten ihn an! Sie haben sich entschieden! Die Spreu trennt sich vom Weizen!

Dir muss das egal sein! Du musst nur an deiner persönlichen Entwicklung arbeiten, damit du hier rauskommst! »Lebend» kommst du hier eh nicht raus! Entscheidend ist ja, wo du nach diesem Leben hingehen wirst! Und damit du deine Folterknechte und die vielen Schlafschafe dann nicht wiedertreffen musst da unten, solltest du dafür sorgen, dass du trotz allem ein besserer Mensch wirst! Um dann eines Tages, ich hoffe, es dauert noch sehr lange für dich, nach deinem Tod aufzusteigen! Du nimmst ja deinen jetzigen Körper mit, eben als Astralkörper. Er sieht ja aber genau gleich aus wie dein physischer Körper! Und in der anderen Welt ist der Astralkörper für dein Empfinden auch materiell! Du bist dann kein schwebender Geist oder ein Kugelblitz, du bist dann nach wie vor ein »Mensch«, mit einem Körper in der jetzigen Form! Du wirst dann nur fitter und schöner aussehen, als du es jetzt schon bist! Aber es ist dann nicht vorbei! Darum braucht niemand Angst haben vor dem Tod! Es geht ja dann weiter! Eigentlich fängst es dann erst richtig an! Denke immer daran, dass dein ganzes Sein überwacht wird von der Geistigen Welt! Du bist nie allein! Alles unterliegt einer göttlichen Ordnung! Gott allein hat die Macht! Die Dunkelheit hat keine Macht über das Licht! Sie wollen uns das nur glauben machen über die Angst! Das Licht ist immer stärker als die Finsternis! Die Finsternis wird eines Tages einfach nicht mehr sein! Dunkelheit für immer gibt es nicht! Nur die Liebe ist ewig! DU!

Genieße dein Leben, so gut du kannst! Erfreue dich an denen, die dir nahestehen! Sorge für sie und stehe ihnen bei! Ich freue mich jeden Tag, wenn ich meinem Aslan in die Augen schaue, wenn ich Bianca im Hamsterrad sehe, wie sie sich erfreut an der Bewegung oder wenn sie ein Salatblatt genüsslich in ihren winzigen Händen hält. Ich freue mich, wenn mich die Katzen einfach nur anschauen! Ich freue mich, wenn ich im Wald laufen darf mit meinem Hund! Wenn ich sehe, wie meine Familie und ich zusammenhalten! Ich freue mich, wenn ich Anette sehe oder Isabell oder auch ihren Freund! Es ist einfach schön zu sehen, dass sie alle da sind! Ich bin dankbar für ihr Sein! Jetzt laufen mir gerade Tränen über meine Wangen!

Schaue, was dir Freude bringt! Tue Gutes! Werde ein besserer Mensch! Werde fair und gerecht! Zeige Mitgefühl und Verständnis! Sei nachsichtig mit denen, die noch nicht soweit sind wie du! Verzeihe und vergebe denen, die dir wehgetan haben, dir Unrecht angetan haben! Es wird dich selbst befreien! Hilf den Hilflosen, den Tieren! Achte auf deine Familie, auf die eben, die du liebst und die dich lieben! Lege jegliche Form von Rachsucht und Hass ab! Neid und Missgunst sind dunkel! Habe keinen Frust, wenn andere mehr haben als du! Das ist nur Materie, das ist alles nur geliehen! Du bist ein göttliches Wesen und hast es nicht nötig, dich mit anderen zu vergleichen! Vor allem aber: Werde dankbar und demütig! Du musst niemandem etwas beweisen!

Ich möchte mich an dieser Stelle bei meinem Schutzengel Anette bedanken, die mich schon so oft gerettet hat und die als Absicherung für mich inkarniert ist, wo sie doch selbst eine Göttin ist! Sie war und ist mein Anker! Ich danke dir, und ich liebe dich! Du hast immer an mich geglaubt und immer zu mir gehalten, zu allen Zeiten! Ebenso möchte ich mich bei Isabell bedanken, einer weiteren Göttin, die als zweite Absicherung inkarnierte! Auch sie ist ein lebender Schutzengel und unser Sonnenschein, der uns schon so oft zum Lachen brachte! Ich liebe dich! Unser Leben war und ist nicht einfach! Aber zusammen werden wir alles überstehen! Dann möchte ich mich bei Pascha/Bruno/Aslan bedanken, meinem inkarnierten Krafttier! Ich liebe dich, mein Freund! Du warst immer für mich da und hast dich für mich aufgeopfert und bist immer noch stetig an meiner Seite! Und bei Bongo, Bibbele und Bianca möchte ich mich auch bedanken! Was wäre ich ohne euch alle! Und ich möchte mich bei allen Menschen und Klienten bedanken, die immer zu mir gehalten haben und immer an mich geglaubt haben! Trotz aller üblen Verleumdungen! Ich liebe euch! Und ich möchte mich bei den nichtinkarnierten Lichtwesen und der Geistigen Welt bedanken sowie bei der Galaktischen Föderation des Lichts! Ich liebe euch alle, und ich weiß, dass ihr immer da seid!

Der Sinn des Lebens ist es, sich zu einem vollkommenen Menschen zu entwickeln, zu einem liebenden, fürsorglichen und verständnisvollen, dankbaren und demütigen Menschen! Wenn du diese Dunkelheit hier überwunden hast, wirst du wieder im Lichte sein! Vertraue dich Gott an, indem du den Jesusweg gehst! Der Weg des Jesus ist der Weg nach Hause! Er ist der Weg der Wahrheit! Er ist steinig und schwer, aber er führt dich nach Hause!

Dorthin, wo du einst herkamst! Du hast immer und überall Begleiter, die dir beistehen, du bist nie allein! Ich liebe dich. mein Freund, meine Freundin, meine Schwester, mein Bruder! Ich bin immer für dich da, wenn du mich rufst! Rufe im Geiste dreimal meinen Namen »Geistheiler Sananda» und teil mir deine Sorgen mit! Ich werde da sein! Friede über alle Grenzen! Gott ist bei dir! In ewiger Liebe! Ich segne hiermit alle Leser im Namen Gottes! Und denke immer daran: Wenn noch nicht alles gut ist, dann ist es noch nicht das Ende!

Sananda alias Oliver Michael Brecht
Schweiz, Sommer 2019

FEEDBACKS

Lieber Leser, liebe Leserin! Ich habe hier noch einen ganz kleinen Ausschnitt von positiven Feedbacks für dich! Es sind nur ein paar hundert! Wie viele Feedbacks ich im gesamten habe, weiß ich nicht genau, es sind aber viele tausend! Bei 10 000 musste ich das letzte Mal löschen, aus Speichermangel! Und da man nie weiß, wie lange es das Internet noch gibt, finde ich es sinnvoll, in meinen Büchern welche zu verewigen! Es wurden wohl wirklich alle Krankheiten und Leiden, die es gibt, aufgeführt. Es gibt wohl nichts, was nicht geheilt wurde! Und es gibt ja auch kein Unheilbar! Selbst krumme Rücken werden wieder gerade! Auch für mich oft unfassbar, was da so alles passiert! Vielleicht findest du ja in einem der Feedbacks, die ich rein willkürlich kopiert habe, also nicht mal ausgewählt oder ausgesucht habe, deine eigene Geschichte wieder? Deine Krankheiten oder Probleme? Auf jeden Fall kann es passieren, dass du alleine durch das Lesen Heilung erfahren wirst! Wenn nicht, melde dich bei mir und gib mir einen Auftrag! Es wird in der Zukunft nichts Wichtigeres geben, als in meiner Energie sein zu dürfen! Glaub mir!
Ich wünsche dir viel Spaß. meine Schwester, mein Bruder! Und vielleicht sehen wir uns ja mal auf einem Sananda-Treffen! Ich wünsche dir ein schönes und glückliches, erkenntnisreiches Leben!
Ich habe die Feedbacks alle im Originalzustand belassen, also auch keine Schreibfehler korrigieren lassen! Zu deiner Information!

Dein Sananda!

»Lieber Sananda, du Schatz der Schätze, du Juwel – meine Gedanken für höchste Wertschätzung.
Ich habe gestern eine großartige Erfahrung mit der Verfügung 27.Spezielle Entfernung von Elementalwesen gemacht.
Ich erhielt einen Anruf von einer lieben Bekannten – ich war – nach langer Zeit – mal wieder beim Stricken. Sie hatte die letzten Tage vor Schmerzen das Bett gar nicht alleine verlassen können und wir sprachen eine Weile miteinander. Nach dem Gespräch tat mir ein Brustwirbel weh, der mir noch nie weh getan hat. Ich führte es auf meine ungünstige Sitzhaltung beim Stri-

cken zurück. Als ich aber am nächsten Morgen mit Mühe und Schmerzen an besagtem Brustwirbel aufstand, dachte ich »Mir geht es ja genau so wie … .« Als mir einfiel, dass es Fremdenergien sein können, machte ich 2 mal die Verfügung 27. und die Schmerzen waren weg.
Danke danke danke lieber Sananda für deine große Hilfe, die mir schon sehr oft zuteil wurde. Ich danke Gott, dass ich dich finden durfte bzw. du zu mir geschickt wurdest und dass ich sofort deine Stärke positive, heilende Energie spürte, so dass ich den Behandlungsauftragim Mai 2016 gab. Habe im Juni diesen Jahres einen Wiederholungsauftrag an dich gegeben und ich bin sehr glücklich und froh darüber, in deiner Energie sein zu dürfen. Fühle deine Hilfe, die Hilfe der Geistigen Welt – Gottes Hilfe – täglich und bin froh und dankbar dafür.
Alles erdenklich Gute, weiterhin Kraft und Mut für all dein Tun wünsche ich dir.
Auch alles liebe für deine Familie und deine lieben Tiere. Mögen sie noch lange dich begleiten und unterstützen …
Herzlichst Ursula, 70, Thüringen«

Franziska aus Oberösterreich, (54 Jahre), seit Behandlungsbeginn merke ich jeden Tag, dass mein Körperbewusstsein sich stark verbessert hat. Mein krummer Rücken beginnt sich zunehmend aufzurichten und ich fühle mich sehr befreit und glücklich darüber. Ich merke täglich, dass an mir gearbeitet wird, ich spüre es an meinem Rücken als eine kribbelnde Energie. Ich spreche täglich die Gebete und spüre dabei, wie stark ich werde und wie viel Last jedes mal von mir abfällt. Meine Heilenergie wird zunehmend stärker und ich werde zunehmend kontaktiert, um den Menschen zu helfen ihre Schmerzen zu lindern, oder sie davon zu befreien. Ich sehe die Strahlung meiner Hände in grünem und weißem Licht, je nachdem. Und ich sehe, dass ich einen hellen Lichtbogen spannen kann, und ich bin sehr glücklich darüber.
Mein Vertrauen in meine Fähigkeiten wird zunehmend stärker. Ich wurde um sehr viel Geld betrogen und trotzdem habe ich keine Existenzängste, sondern weiß tief in mir, dass ich gut versorgt bin. Bei meinem Bruder, der im Programm dabei ist, hat sich Positives in Sachen Arbeit und Spannungsfeld Exfrau getan. Danke Dir und dem universellen Liebegeist, danke, danke, danke«

»Liebster Sananda. Es ist mir, Bernadette, 51 J. jeden Tag bewusst, in was für einer Welt wir leben. Dank deiner Aufklärung, den Gebeten und der Liebe lässt es sich hier leben. Wir DANKEN Dir und den lichtvollen Helfern von ganzem Herzen. Nach dem 1. Behandlungsauftrag im Frühling2017 hatten ich und mein Sohn,18 J. keinen Heuschnupfen mehr,den ich seit Pupertät hatte. Das Zittern im li. Arm, das ich seit 30 J. hatte,war nach wenigen Wochen weg.(dies war manchmal so stark , dass ich nur mit der re. Hand Essen konnte).Meine Tochter,17J. hat eine unglaubliche innere Stärke erhalten. Ihre Klarheit, Schönheit, Achtsamkeit und Mut zum Anders Sein bringt sie jetzt zum Ausdruck. Die Personen um sie staunen nur noch. Vor der Behandlung, war sie sehr scheu, ängstlich und kommunizierte kaum mit Menschen.
Nach dem 2.Auftrag vor drei Monaten, im Frühling 2018.erlebte ich in der 1. Woche ein Wunder. Ich hatte den Einstieg in meine Wunsch-Tätigkeit geschafft. Von der Krankenpflege in die Pädagogik, das nach über dreissig Jahren Bemühungen! (Wollte nie in der Pflege arbeiten) Meine Tochter erhielt in der 2. Woche ihre »Traumstelle«!
Auch ich umarme dich mit meiner Liebe, Bernadette Aargau«

»Lieber Sananda,
Ich hatte einen Wiederholungsauftrag und bin unendlich dankbar für Deine Behandlungen und noch laufenden Energiebesendungen durch Dich; ausserdem für Deine Gebete und die vielen Informationen in »Aktuelles«. Ich habe erfahren, dass mein Mann meine Dualseele ist und unser ohnehin schon gutes Verhältnis hat sich noch einmal verbessert.Meine Bandscheiben- und Magenprobleme sind so gut wie verschwunden.
Das schwierige Verhältnis zu meinem Bruder, der auch mit im Behandlungspaket war, hat sich deutlich verbessert. Die Warzen meiner Tochter sind verschwunden. Ich esse kein Fleisch mehr (es wiedert mich inzwischen an, weil ich nur noch an die Armen Tiere denken kann) und arbeite daran, auch meine Familie davon abzubringen. Ich bin total glücklich darüber, Dich, Sananda, gefunden zu haben. Ich habe eine Anregung von Dir aufgegriffen und mich im Tierheim zum Hundeführkurs angemeldet, damit ich dort Hunde ausführen kann. Ich bin dankbar für mein Leben und arbeite daran, noch dankbarer und demütiger zu werden.Ich wünsche allen liebenden Menschen und vor allem Dir, Sananda, alles Gute und viel Kraft für die Zukunft . In Liebe, Claudia, 50, Karlsruhe«

»Lieber Sananda,
dein Abschlußbericht kam genau an meinem 50. Geburtstag.Ich hab mich so gefreut, es war das allertollste Geschenk.Schon wenige Tage nach meinem Auftrag an dich bekamen meine Augen ihren natürlichen Glanz und die Ausstrahlung zurück die sie jahrelang zeitweise nicht mehr hatten. Mein Spiegelbild war manchmal richtig fremd und böse. Das tiefe Ekzemim Gesicht an dem ich seit ca 18 Jahren wirklich litt verschlimmerte sich die erste Zeit moch, ist aber nach ca 2 Monaten bis heute fast vollständig abgeheilt. Körperlich hat sich sonst nichts verändert aber mein Bewußtsein für die Menschen, die Natur und vor allem für die Tíere hat sich stark gebessert. Schon am Anfang der Behandlung hatte ich überhaupt kein Verlangen mehr nach Fleisch oder Wurst. Insgesamt hat sich durch deine Behandlung, deine Bücher, deine Videos und deineWebseite mein ganzes Leben zum positiven verändert. Du bist der spirituelle »Lehrer» nach dem ich seit meiner Jugend suche.Bei der Behandlung waren mein Mann und der Sohn, (unwissend) und die Tochter dabei. Es war zur Vorsorge, sie sind gesund.
Ich wünsche dir alles gute und Gottes Segen. In großer Dankbarkeit und Liebe Gerlinde 50 Bayern«

»Lieber Sananda,
Du bist unbezahlbar. Ich (seit Jahren EBV, offiziell chronisches Müdigkeitssyndrom, mit Schwerbehinderung und nur langsamer Besserung)habe deutlich mehr Kraft und Energie als noch vor drei Monaten, kann länger gehen, mehr tragen und habe viel mehr Ausdauer, kriege wieder gut Luft, bin beweglicher und habe kaum noch Schmerzen. Ich merke, dass ich gesund werde. Auch meine fortgeführten heilpraktischen Behandlungen schlagen seit Deiner Behandlung alle wunderbar an, bekomme seit den letzten Monaten schrittweise spürbare Energieschübe.
Bisherige Behandlungsblockaden oder -erschwernisse sind weg.
»Zufällig» verlangt mein Körper auch gar kein Fleisch mehr, obwohl mein Speiseplan durch Unverträglichkeiten sehr eingeschränkt ist. Es geschehen auch bestärkende Dinge, die mir zeigen, dass ich beruflich wieder einsteigen kann. Mein Mann (unwissentlich behandelt, seit Jahren depressive Phasen) hat eine wunderbare Wandlung vollzogen, hat angefangen das Leben zu genießen, auf sich selbst zu hören und bekommt ein Auge für die Natur. Er benutzt außerdem, obwohl nicht bewusst spirituell, immer mehr spirituelles

Vokabular! Die Situation meiner Eltern und meiner Oma (mittlerweile im Heim) hat sich geklärt und entspannt, meine Oma (94) steht tagsüber wieder auf und isst sogar im Speisesaal (alle unwissentlich behandelt). Meine beste Freundin (unwissentlich behandelt) hat beruflich mehr Luft und mich nach eineinhalb Jahren aus dem Ausland besucht. Ich bin froh und dankbar, dass meine verstorbenen Großeltern im Licht sind. Gerade in den letzten Wochen habe ich so viele Geschenke bekommen, dass ich meine große Freude darüber mit Dir teilen möchte! Seit Auftragserteilung habe ich mich beschützt und behütet gefühlt, ein Gefühl, das ich schon lange nicht mehr kannte, ich musste gerade in den letzten Jahren immer kämpfen (war am ersten Behandlungstag übrigens völlig zermatscht).
Auch meine Kreativität fließt jetzt ungehindert, ich spüre viel mehr Freude und mein Bewusstsein ist gestiegen. Die Ablösungen und Reinigungen mache ich 2x täglich und spüre immer einen Unterschied!
Lieber Sananda, ich danke Dir und Gott von ganzem Herzen dafür und für alle Deine Informationen, wünsche Dir und Deiner Familie alles Liebe und schreibe Dir künftig noch weiteres Feedback!
Herzlich, Deine Susanne (37), Raum Köln«

»Lieber Sananda, 1000 Dank für deine Fernbehandlung. und Schutz ! Es fühlt sich alles so viel leichter an. Depressionen und ein Gefühl von Hoffnungslosigkeit sind wie gelöscht. Allgemein ein leichtes, helles Leben.
Auch bei meinem Mann – Reinhard – ist so viel Klarheit im Kopf seit langer Zeit . Er kann sich viel besser orientieren, ist mehr in der Gegenwart und emotional auch erreichbar und zeigt in den Alltagkompetenzen sehr gute Entwicklungen. An die Gebete denkt er jetzt von sich aus und setzt sich jeden Abend hin, um sie lebendig werden zu lassen. Das ist so wunderbar zu erleben, dass es Möglichkeiten gibt, wo bereits Ausweglosigkeitsgefühle vorherrschten.
Allerdings muß ich anmerken, daß die Angriffe wieder vehement sind, seit der Beendigung deiner Behandlung. Es ist ein großer Unterschied , sich unter Schutz zu fühlen und wenn dieser wegfällt, ist äußerste Aufmerksamkeit vonnöten …
Alles Liebe von Chrissa aus Berlin mit ewiglicher Dankbarkeit im Herzen«

»Lieber Sananda! Ich möchte mich bei Dir herzlichst für deine Behandlung bedanken.Meine Schulterschmerzen die ich öfter hatte, sind seit deiner Behandlung erst schlimmer geworden und dann bis jetzt verschwunden.Selbst nach längerer Belastung keine Schmerzen.Meine ganze Familie ist harmonischer und bewusster geworden.Ich habe schon immer über den Sinn und das Leben auf der Erde nachgedacht und schon länger recherchiert.Als ich dein Buch gelesen hatte, kam mir dir Erleuchtung.Endlich hat sich mein Kreis geschlossen.Endlich ergibt alles einen Sinn!Ich bin Dir sehr dankbar dafür.Ich wünsche Dir und deiner Familie alles Liebe! Absender: Vorname: Anja«

»Lieber Sananda,
seit Mitte Juni 2018 bekomme ich, Birgit, 51 Jahre aus Münster, die 3. Behandlung von dir, die erste war Anfang Juli 2017. Seit dem hat sich vieles zum positiven geändert:
– ich bin viel entspannter und ausgeglichener
– meine Intuition verstärkt sich gerade enorm
– meine Existenzängste sind nahezu vollständig verschwunden
– seit der 3. Behandlung heilen meine damals sehr verhornten Fingerkuppen ab. 2 Finger waren wie eingepackt von einer Hornschicht, diese ist nun fast vollständig verschwunden!
– . Ich arbeite in der Hauswirtschaft und Betreuung bei einem Pflegedienst. seit der 3. Behandlung habe ich nur noch liebe Kunden und die Arbeit ist so aufgeteilt, dass ich sie mit meiner Körperbehinderung gut machen kann. Ich bekomme nur noch positives Feedback!! Früher wurde, egal wo ich gearbeitet habe meine Arbeit niewertgeschätzt.
– an meiner rechten Hüfte (Hüftgelenkarthrose und Fehlbildung) wird gearbeitet, dass spüre ich ganz deutlich. Die Tendenz geht deutlich zu mehr Bewegung und längeren schmerzfreien Zeiträumen beim Laufen. hier ist meine Fortsetzung des Feedbacks (Birgit, 51 Jahre aus Münster)
– das Gefühl, das mein rechtes Bein wächst (derzeit Längendifferenz von ca. 4 cm) ist derzeit ganz stark. Ich weiß schon seit vielen Jahren, dass ich 2 gleichlange Beine haben werde)
– ich kenne kaum noch Wut, und wenn welche kommt, mache ich Ablösungen und dann geht sie sofort weg.
– Meine finanzielle Situation bessert sich langsam, ich bin wieder in der

Lage, für meinen Lebensunterhalt aufzukommen.
Lieber Sananda, ich danke dir von ganzem Herzen für deine wundervolle Arbeit. Birgit«

»Lieber Sananda,
unsere Hündin (Indigo) hatte einen Herzfehler und war auf Medikamente eingestellt, sie war panisch und hysterisch , sobald ein Hund in der Nähe war. Jetzt braucht sie keine Medikamente mehr, sie hat keine Wassereinlagerungen mehr und bellt nur noch bei manchen Hunde-Begegnungen. Das Herz wirkt stabil. Danke von Herzen.
Meine jüngere Tochter hatte eine schlimme Schulsituation, zu Beginn der Behandlung gab es einen gewaltsamen Übergriff auf sie, wir als Eltern hatten plötzlich Vertrauen, Kraft und Mut uns gemeinsam zu widersetzen und haben sie aus dieser schlimmen Klasse genommen. Es geht ihr viel besser jetzt. Wir danken Dir.
Meine große Tochter hatte schlimme Depressionen, sowie starke soziale Ängste. Jetzt war sie mit uns im Urlaub, sowie auf eine großen Party und macht wieder Pläne für ihre Zukunft. Vielen liebsten Dank.
Meine Mutter hat mich immer verbal stark angefeindet, jetzt sagt sie ähnliches, aber es hat nicht mehr diese verletzende Wirkung!
Mein Vater hat MS und hat nochmal neuen Schwung erhalten.
Das Verhältnis in unserer Familie ist liebevoller und tragender geworden!!
Von Herzen danke ich Dir !!!! Corinne G. aus Deutschland»
»Guten morgen lieber Sananda! Ich möchte dir nochmals von Herzen Dankeschön sagen (und nicht immer in Gedanken, wie ich es schon oft gemacht habe). Und schon fliegt lautstark ein Hubschrauber an unserem Haus vorbei))). Wir waren bei dir in Behandlung dieses Jahr vom Märzbis Juni. Dankeschön für deine Aufklärungsarbeit, Dankeschön dafür, dass du erzählt hast, wer Michael Jackson in Wirklichkeit gewesen ist, Dankeschön für all die Links zu den Filmen und Aufklärungsvideos. Dankeschön für die Fußball-Info. Immer wenn du eine Repto- Plejader- oder Indigopersöhnlichkeit benennst, schaue ich mir Videos über diese Menschen an. Ich möchte lernen, zwischen Gut und Böse zu unterscheiden. Deine Energie, Güte und Herzenwärme ist sehr zu spüren. Am Anfang der Behandlungszeit habe ich eine sehr deutliche Erleichterung im Straßenverkehr gemerkt. Ich war erstaunt, bin ein Santiener, und Schwierigkeiten und Deformierung gewohnt. Aber auf ein-

mal gab es einen positiven Fluss im Straßenverkehr. Eine innere Harmonie hat sich eingestellt. An unserer Hündin kann ich die Ausgeglichenheit auch stark erkennen, sie schaut mich jetzt oft ganz friedlich an. Dankeschön, dass du unsere verstorbene Katze Coco ins Licht geführt hast. Meine Mutter hat die Katze nach ihrem Tod oft Nachts am Fenster jämmerlich Rufen gehört. Die Katze wurde von einem Auto tödlich angefahren. Nachdem ich dir geschrieben habe, ist Ruhe eingekehrt. Dankeschön vielmals, ich könnte noch sehr vieles aufführen, aber möchte die Mail nicht zu lang werden lassen. Ich-wünsche dir alles Gute, viel Kraft, viel Liebe um deine Lebensaufgabezu meistern. Fühle dich ganz doll umarmt, Danke dass du da bist. Durch dich fühle ich die Liebe und die Güte des wahren himmlischen Vaters. Gott möge dich und deine Liebsten beschützen. Liebe Grüße Elena (41) NRW«

»Hallo lieber Sananda,
Ich möchte dir mitteilen dass mein Mann nun seit 2,5 Wochen nicht mehr raucht !
Mein übersteigertes Verlangen nach Sex ist weg ! DANKE Ein dritter Auftrag an Dich steht fest ! Nach unserem Kurzurlaub !
Danke für ALLES
Wir lieben Dich
Deine Daniella 49 Jahre aus dem Raum Höxter«

»Lieber Sananda,
herzlichen Dank für deine Behandlung. (15.11.2017) Unser Sohn Nils hatte 7 Jahre Asthma. Es war eine sehr schwere Zeit. Viele Anfälle oft Atemnot. Waren in Behandlung beim Lungenarzt und Heilpraktiker. Alles hat nicht viel gebracht. Heute hatten wir einen Termin beim Lungenarzt. Der Lungenfunktionstest hat eine gesunde Lunge ergeben.
Kein Asthma . Die Lunge von Nils ist schon länger wieder gesund. Aber nur ein mal im Jahr ist dieser Test. Wir sind überglücklich und Gott unendlich dankbar. Das ist die schönste Nachricht meines Lebens.
Sananda, du bist ein ganz besonderer Mensch. Vielen Dank, dass du füruns da bist. Das Verhältnis in unserer Familie ist liebevoll geworden!! Von Herzen danke ich Dir !!!! Brigitte aus dem Raum Hannover. Deutschland«

»Lieber Sananda, wie kann ich mich für all das Gute, das durch dein Wirken in mein Leben getreten ist, angemessen bedanken? Der Beginn deiner Behandlung liegt nun ca.8 Monate zurück und seitdem hat sich in meiner Familie vieles zum Positiven verändert: Wir fühlen uns wohler und sind ausgeglichener geworden. Unsere Haltung ist besser und meine Mutter hat weniger Rückenschmerzen, die durch einen doppelten Bandscheibenvorfall bedingt sind und 10 Jahre lang oft heftige Schmerzen verursacht haben. Zudem hat sich ihr Hautbild verbessert.
Mein Vater, der an Altersdiabetes leidet, hat viel bessere Blutzuckerwerte (Verbesserung um ca.150 Werte). Bei meiner Schwägerinhat sich ein normaler Blutdruck eingestellt. Mein Tinnitus ist oftsehr leise, ich spüre keine Unterleibsprobleme mehr und meine Augenlider sind wieder gleichmäßiger geworden. Zudem hat sich meine Verdauung stark verbessert und ich habe seltener und weniger starke Kopfschmerzen. Es hat mich auch mit großer Freude erfüllt, als ich erfahren habe, dass mein Bruder, der nichts von der Behandlung weiß, zum Glauben gefunden hat.Ich danke von ganzem Herzen,dass ich dich kennen darf u.wünsche dir u.deiner Familie alles erdenklich Gute!!
Absender: Vorname: Sabine«

»Lieber Sananda,
Ganz liebe Grüße aus Berlin. Heute möchte ich nochmal ein Feedback schreiben auf die letzte Behandlung. Trotzdem diese schon etwas zurück liegt, gibt es immer wieder neue Heilungserfolge. Meine Gedanken werden immer klarer. Auch die Konzentrationsfähigkeit hat sich immer mehr verbessert. Die abendliche innere Unruhe ist seit einer Woche ganz verschwunden, sowie die damit verbundenen Ängste und Depressionen. (ich litt seit 15 Jahren sehr stark darunter und dachte schon es nicht mehr aushalten zu können) Das Bedürfniss Fleisch oder Alkohol zu konsumieren ist jetzt gar nicht mehr da. Das ging über einen langen Zeitraum bis ich ganz von den schädlichen Sachen loskam. Der Drang mit etwas Alkohol am Abend zu entspannen, und dem nicht nachzugeben, ist seit knapp 2 Monaten ganz weg.
Es ist ein ganz neues Lebensgefühl ohne Depressionen zu leben.
Lieber Sananda, ich danke Dir von ganzem Herzen.
Barbara, 56«

»Lieber Sananda, vielen lieben Dank für deine erfolgreiche Behandlungmeiner Familie bis zum 9.07.2018. Du hast meinen Schwiegersohn von schwersten Besetzungen befreit, die sich in einer bipolaren Störung geäußert hatten. Nun hat er die Chance und darf an sich arbeiten.
Meine Tochter hatte während der Behandlungszeit einen körperlichen und seelischen Zusammenbruch. Dieser war wohl notwendig, damit sie aus dem Arbeitsprozess für einige Zeit rausgelöst wird, um in die Läuterung zu gehen. Es geht ihr aber täglich besser, da sie jetzt mit ihrem Kleinkind bei mir lebt.
Meine Kinder und ich pflegen wieder einen sehr liebevollen und harmonischen Umgang miteinander. Mein geistiges Erwachen wird täglichmehr und ich komme immer mehr in meine Stärke. Deine Behandlung hat bewirkt, dass mein Anwalt nach 2,5 Jahren nun endlich Klage beim Arbeitsgericht eingereicht hat, damit ich meine mir zustehenden Bestandsprovisionen erhalte. Es gab immer wieder Blockaden und Aufschiebungen.
Exakt am letzten Tag deiner Behandlung ist die Klage rausgegangen.
Dies habe ich ausschließlich dir zu verdanken und es ist für mich ein Wunder. Zur Gesundheit später mehr. Liebe Grüße Sonja, 59 J, Raum Berlin«

»Sei gegrüßt und umarmt lieber Sananda,
ich möchte mich bei Dir recht herzlich bedanken, stellvertretend für alle Menschen, die Du durch die Aufträge bioenergetisch behandelt hast.
Meine Tochter (29 J.) hatte seit Behandlgs.ende Dez.2017 kaum noch Anfälle, die Sie als Halluzinationen oder Lähmungen der linken Hand aussteigend bis zur Gesichtshälfte bezeichnete. Das fing mit 16 Jahren in der Berufsschule schon an. Die Bilder waren nicht Ihre, wurden seit über 10 Jahren unregelmäßig bewusst stark wahrgenommen und liefen innerlich vor Ihren Augen ab. Sie konnte den kommenden Anfall, schon bevor er überhaupt kam, spüren. Sie blieb immer stark in Ihrem Herzen und hatte immer Vertrauen zu mir, da ich Ihr immer sagte,…(nun habe ich wieder Tränen in meinen Augen)…der Tag wird kommen an dem Du gewinnst. Sie hat gewonnen, mit Hilfe vom Schöpfer von Allem was ist,mit Geistheiler Sananda und Ihren Herztugenden die Sie weiter entwickeln wird. Wir wissen heute, nach so vielen Jahren der Suche nach Heilung, das das richtiger Weg war zu Dir zu gehen Sananda. Danke !!! Danke !!! Danke !!! Für alles…
Es grüßt Dich Thomas aus Berlin Karow«

»Lieber Sananda !
Es ist ein Monat her , das ich und meine Schwester in Deiner Behandlung sind! (Ferne)Und ich möchte Dir ganz herzlich Danken,für Deine großartige , unbezahlbare Hilfe !!!!!!!!!!! In die erste Nachthat mich etwas unangenehmes verlassen (Ich war im halbschlaf , aber sehr deutlich gespürt!) Spannung im Kopf sind verschwunden !!! Habe viel mehr Energie , jeden Tag !!!!! Habe keine Angst mehr , nachts ohne kleines Licht zu schlafe !!! Schlafe jetzt viel tiefer , viel ruhiger viel ...viel besser ---und ds ist große Klasse !!!!! Meine Schwester -hat jetzt eine neue Arbeit !!!!!Sie fühlt sehr stark und überall dein Schutz !!!! Das ALLES ist großartig !!!! Danke !Danke!Danke ! Wir ,Ich und Schwester lesen deinen Buch »Schokirende Enthülung» !! Danke für alle Wahrheiten die Du dort schreibst , es ist wirklich schokirend !Dein ersten Buch , den wir zuerst lesen sollen, ist komischer weiße nicht zu bestellen und nicht zum kaufen vorhanden!
Aber das 2-te Buch - ist schon bombastisch !!!!! Wie man sich richtig ernähren soll und die Gebete- KLASSE !
Danke lieber Sananda !!! Gott behüte Dich überall !!! Absender:
Vorname: Tatjana«

»Grüß Gott lieber Sananda!
So kurz und präzise als möglich: Innerhalb zwei Wochen war das Schnarchen von meinem Partner extrem gebessert, er hatte über Jahrzehnte sicher einige Regenwälder »abgeholzt» und das war mehr alsdeutlich zu hören. Jetzt nur noch ab und zu ein leises und dezentes »Schnorcheln».
Sein ständiges und heftiges Schneuzen ist vollständig weg!
Meineimmensen Ängste und innere Wut hat sich nahezu aufgelöst und für all das sind wir sehr, sehr dankbar!
Über drei Jahre plagte mich immer wieder ein geschwollener Oberkiefer- und auch das ist fast vollständig zurück gegangen.
Da noch andere gesundheitliche Einschränkungen bestehen, die aber bereits über Generationen hinweg, werden wir sobald als möglich einen Folgeauftrag stellen, denn es wird wohl hierfür etwas länger brauchen um geheilt zu werden.
Wir haben nur mit einem unserer Kinder über den Auftrag an Dich gesprochen und zwar nur deshalb, weil sie gefragt hat, ob wir etwas besonderes machen, da sie bei sich – ohne im Auftrag aufgeführt zu sein – grosse psy-

chische Verbesserungen spürte. Die Gebete und Verfügungen sprechen wir natürlich auch in ihrem Namen und Sinn. Danke auch dafür, sie sind uns sehr kostbar. Danke Absender: Vorname: Andrea«

»Lieber Sananda,
Deine Behandlung liegt nun etwas über 2 Jahre zurück und seither habe ich eine kontinuierliche Verbesserung in allen Bereichen.
Nachdem ich die erste Anfrage-mail gesendet hatte, wachte ich morgens gegen 5 Uhr plötzlich auf und fühlte ein angenehmes Gefühl der Geborgenheit. Außerdem war plötzlich aller Kalk aus meinem Wasserkocher gelöst.
Meine Hautbeschwerden (Juckreiz, Verschorfungen), die ich schon seit über zehn Jahren hatte, sind deutlich besser geworden.
Bei meinem Vater ist der ärztliche Befund gut und frei von Krebszellen.
Ich beschäftige mich mit spirituellen Themen, habe viele neue Erkenntnisse und verfolge stets deine Aktuelles Seite. Ich bin dir sehr dankbar.
Herzliche Grüße, Silja aus Deutschland«

»Lieber Sananda!
Herzlichen Dank für dein Abschlussmail!
Hier nun ein erstes Feedback von mir. Erstes deshalb, weil ich es, an manchen Tagen, noch mit Erstverschlimmerungen zu tun habe. Da ich aber ein sehr mühsames Leben hinter mir habe, wundert mich das nicht wirklich.
Mit Sicherheit kann ich derzeit sagen, dass meine Wechselbeschwerden, unter denen ich seit 8 Jahren sehr gelitten habe, verschwunden sind. Etwa 4 Wochen nach Behandlungsbeginn »konnte» ich plötzlich kein Fleisch mehr essen. Erst wollte ich noch aufessen was im Kühlschrank gewesen ist, aber auch Wurst und Schinken haben irgendwie komisch gerochen, obwohl alles frisch war. Eigentlich wollte ich Fleisch schon als Kind nicht essen, aber auf dem Bauernhof meiner Großmutter musste gegessen werden, was auf dem Teller war …
Ganz besonders will ich dir dafür danken, dass ich jetzt sicher sein kann, dass mein Vater nun im Licht ist!!!
Vielen Dank und alles Liebe!
Brigitte, 52, Wien«

PS:
Mir ist es sehr viele Jahre so ergangen, dass ich gar nicht wissen wollte, wer ich bin und warum ich mir dieses Leben ausgesucht haben könnte. Man wird/wurde so erzogen, dass man sowieso denkt, alles verdient zu haben … Schon überhaupt, wenn man in einer sehr katholischen Familie aufgewachsen ist. Ich glaube nicht, dass ich der einzige Mensch bin, der das so erlebt hat«

»Liebster Sananda, im Namen meiner Familie wollte ich dir meinen Dank aussprechen. Du riskierst sehr viel mit deinen Veröffentlichungen, und ich kann mir durchaus vorstellen, dass sich so manch ein neuer Kunde durch dein Aktuelles, sowie auch durch deine Videos und Bücher aus Unwissenheit abgeschreckt fühlt. Sicherlich wäre dein Auftragsbuch noch voller, wenn du wie alle anderen Heiler allen schön reden würdest, ihnen nach dem Mund reden würdest, anstelle so offen und direkt die Wahrheit zu verkünden, ohne Rücksicht auf eigene finanzielle Verluste! Dieses kann man gar nicht hoch genug bewerten. Für uns bist du der einzig wahre Aufklärer, der wahrhaftigste von allen! Wir bewundern deinen Mut und deine Wahrhaftigkeit. Trotz allen Anfeindungen lässt du dich nicht einschüchtern und vollendest deine göttliche Aufgabe hier auf Erden! Dir gebührt unser Dank und unser Respekt! Familie A.Seidel, Würzburg«

»Lieber Sananda,
Nun sind schon mehr als zwei Monate seit meiner zweiten Behandlung vergangen. Wenn ich zurückblicke auf die Zeit seit ich Dich kenne (erste Behandlung vom 11.09.–11.12.2017; zweite Behandlung vom 24.02.2018–24.05.2018), kann ich sagen dass sich mein Leben enorm zum Guten gewendet hat.
Ich bin und lebe gesünder, bewusster, leichter, habe viel mehr Verständnis meinen Liebsten gegenüber und sehe alles mit anderenAugen, da mein Bewusstsein gewachsen ist. Manchmal erlebe ich, wie mich Liebe und Glück durchströmen, was sich schon beinahe ekstatisch anfühlt.
Das Sprechen Deiner Verfügungen und Gebete sind ein unverzichtbarer Teil meines Alltags geworden, ebenso das Lesen Deines »Aktuelles«. Ich

fühle mich Dir sehr verbunden und bin Dir und Gott zutiefst dankbar. Bei meinem Freund, den Du ohne dessen Wissen behandelt hast, war auch bei der zweiten Kontrolluntersuchung wegen eines diagnostizierten Leberkrebses (Anfang 2018) nichts mehr nachzuweisen, nach einer Verödung Anfang dieses Jahres. Er ist seit Deiner Behandlung lebevoller Und rücksichtsvoller zu mir und ist, so sieht es für mich aus, auf dem Weg, sein Gleichgewicht zu finden.
Dank Deiner Hilfe, für die ich Dir unendlich dankbar bin, ist es für mich leichter, diese Welt und den oft mühsamen Alltag zu ertragen undmich auf Distanz zu halten.
In grosser Dankbarkeit und Liebe Grüsse ich Dich von Herzen,
Silvia, 77 jährig, Schweiz«

»Hallo lieber Sananda!ich hatte starke hüftschmerzen links..seit deiner behandlung geht es mir wieder super..bin schmerzfrei..auch den restlichen behandelten geht es wieder gut..obwohl einer davon nix wusste..das ich ihn durch dich behandeln liess..mach bitte weiter so..und danke für alles..und auch alles gute für dich und deine familie..lg thomas«

»Lieber Sananda,
Herzlichen Dank für deine 3-monatige Behandlung an mir und meinem Bruder.
Er ist sehr erstaunlich wie sich mein Leben verändert hat! Jetzt bin ich Veganerin, habe eine Kuh-Teilpatenschaft auf dem Lebenshof ZuKUHnft in Wald übernommen und war dort schon 2x zu Besuch so liebe Menschen hab ich dort kennengelernt. Und die Nähe zu den Kühen ist toll!!! Nie wieder werde ich Fleisch oder tierische Produkte essen! Nur noch vegan.
Ich bin aus der Kirche ausgetreten und bin voller Gottvertrauen. Ich ruhe in mir und deine Gebete begleiten mich durch den Tag. Ich fühle mich beschützt und geleitet. Liebe duchströmt mich und macht mein Herz weit.
Ich denke jeden Tag an die armen Tiere die so leiden müssen und ich will Beispiel und Hoffnung sein für eine liebevollere Welt.
Ich umarme dich und bin dir ewig dankbar,
Deine Andrea aus Bruchsal, Deutschland«

»Lieber Sananda,
dank deiner Heilbehandlung fühle ich mich endlich wieder richtig im Leben angekommen.
Alles fühlt sich innerlich nicht mehr so schwer an.
Was man heute als Depression bezeichnen würde, ist bei mir verschwunden. Ich habe oft das Gefühl gehabt das etwas nicht stimmt und war auf derSuche nach mehr Sinn und Wahrhaftigkeit. Ich habe nach etwas gesucht das echt ist.
Du hast mein Leben nicht nur wieder ins fließen gebracht, sondern du hast mir so viel Hoffnung geschenkt und in mir wieder ausgelöst. Du hast mir mit deinem Wissen und deiner Aufklärungsarbeit einen Weg gezeigt der echter nicht sein kann.
Es ist so unfassbar befreiend den richtigen Weg zu gehen, zu sehen und nicht mehr im Dunkeln zu tappen. Ich kann jeden nur empfehlen den Sananda einen Auftrag zu geben wenn sich einfach zu viel nicht stimmig anfühlt. Deine Leistung die du vollbringst für so wenig Geld istwirklich erstaunlich.
Für jede Seele ist es sicher mit das größte auf dich gestoßen zu sein.
Ich wünschte dir würde mehr Gerechtigkeit zu kommen, Liebe Grüße Chris 18 Jahre, aus Eisenach.«

»Lieber Sananda! Ich möchte mich auf diesem Weg bei Dir bedanken, da ich durch Dich ein schmerzfreies, ja völlig neues Leben genießen kann. Täglich spüre ich diese körperliche und seelische Veränderung in mir und kann immer wieder nur sagen, daß ich Dir unendlich dankbar bin. Seit Jahren litt ich nach einem Zeckenbiss unter Gelenkschmerzen und Lebensunmut. Ich möchte hier nicht von meiner Krankheit sprechen odermeinem Leidensweg, nur eines möchte ich hinausschreien, ich fühle mich voller Lebenskraft, empfinde Freude und Liebe in mir. Meine Angehörigen sprechen von einem Wunder, sind erstaunt und beglückt über meinem Tatendrang und die Umsetzung meiner Lebensziele. Ich wünsche Dir alles Gute, vor allem die nötige Kraft und Energie, um weiterhin noch tausenden von Menschen zu helfen. In Dankbarkeit, Bärbel«

»Lieber Sananda
auch ich will mich hiermit bei Dir bedanken.
Wie hat sich in den letzten Wochen so vieles zum Guten verändert.
Ich kann wieder ohne vibrieren durchschlafen :) Auch das Kopfweh ist weg. Ich bin so unentlich dankbar. Bei den anderen die nichts wissen, bewegt sich auch einiges zum Positiven. Einfach nur schön. Auch lebe ich wieder viel bewusster und seelisch fühle ich mich von Tag zu Tag stärker. Zu wissen, was und wie dass alles läuft und dass ich nicht alleine bin, gibt mir Halt und grosse Zuversicht. Zusammen schaffen wir es.
Auch auf Deine »Aktuell- Seite« gehe ich immer wieder gerne.
Ich wünsche Dir und Deinen Liebsten, Alles Gute und weiterhin viel viel Kraft für Dein wunderbares Wirken. Sei umarmt MIt liebem Wink aus der Schweiz, Anna, 57 :)«

»Lieber Sananda!
Ich,Walpurga 51 Jahre, aus der Steiermark, möchte mich herzlichst beidir bedanken, dass du diese großartige Arbeit für uns göttliche Menschen machst. Danke auch, für dein »Aktuelles» jeden Monat, bin begeistert über diese Info. Gab dir den Auftrag am 19.12.2017. (Famillienpaket)
Meine Situation vor der Behandlung:
– Durch einen Wirbelsäulencheck im Juli 2017: danach,14 Tage extremer-Muskelkater,starke Verspannungen Hals u. Schulterbereich, eigenartiges stilles knacken beim Gähnen (Kiefer), beim Kopf hatte ich das Gefühl als wären Schrauben locker, konnte Kopf nicht lange halten, mußte mich oft am Tag hinlegen, eine ideale Position zwischen weichen Polstern suchen, um mal schmerzfrei zu sein. Ab Ende August vermehrtes stechen in den Kopf bei Bewegung.(Dauerschmerz)
– Beim re. Handgelenk (Sturz 2011) bildete sich ein Überbein, vermehrte Schmerzen,danach Dauerschmerzen (Herbst 2017)
– Schmerzen re.Fuß,Verletzung der Nerven, durch Behandlung passiert (Juli 2016)
– Schmerzen im Lendenwirbelsäulenbereich,durch zugeführtenSturz passiert(ca.vor 13 Jahren)
– Weiteres: oft große Gedankenflut, meist über Negatives, versch. Ängste, Müdigkeit, Antriebslosigkeit, Während und nach der Behandlung: Erste Reaktion bemerkte ich am 25.12.2017: angenehme Müdigkeit, innere

Ruhe, keine große Gedankenflut mehr, Gottvertrauen. Nach einigen Tagen der Erstverschlimmerung (starke Kopfschmerzen, Schwindel, Herzschmerzen, leichte Grippe, Müdigkeit) wurde ich nachts öfters geweckt durch angenehmes Kribbeln im Kopfbereich und am re. Handgelenk ... und das schönste Geschenk fürs neue Jahr war ... am morgen als ich erwachte, war dieser Dauerschmerz im Kopf und Handgelenk weg. Es wurde Woche für Woche besser Beim Kopf, Hals, Schulter, Handgelenk,Fuß
Konnte wieder alle Arbeiten gut bewältigen. 1000 Dank lieber Sananda, hatte wochenlang immer wieder Freudenstränen vor Dankbarkeit über diese Heilung. Habe jetzt großes Gottvertrauen, keine Zukunftsängste, freue mich über jeden neuen Tag, mehr Energie. Deine Gebete, Verfügungen, Ablösungen sind fix in meinem Tag integriert ... danke für ALLES. Bei meinen Partner wurden Schulterschmerzen besser. Und bei allen behandelten veränderte sich die Strahlung der Augen ins posetive. Lieber Sananda ich umarme dich,wünsche dir und deiner Familie göttl. Schutz u. ein schönes Leben. herzliche Grüsse Walpurga«

»Lieber Sananda Jesus
Ein längst überfälliges Feedback
1. Ich beauftragte dich das 1. Mal im Jahr 2015. im Jahr 2003 liess ich mir eine Grippeimpfung verabreichen, die dazu führte, dass ich meinen Beruf aufgeben musste. Diese Impfung enthielt u.A. Formaldehyd, was mir ständige jahrelange Nervenwurzelentzündungen zw. 6. u. 7. Halswirbel bescherte und auch wie elektrisch in meinen li. Arm bis zum kl. Finger ausstrahlte.
Jahrelange medikamentöse Behandlungen u. Therapien brachten wenig bisnichts, es besserte sich zwar im Laufe der Zeit durch meine eigenen Übungsprogramme, die ich mir erstellte, weg ging dies aber nicht. Nach deiner 1. Behandlung verschlimmerte sich der Zustand – Regelungen – nach 3 Monaten aber war alles wie weggeblasen. In der Behandlungszeit hatte ich mich bemüht, die Medikamente auf ein Minimum zu reduzieren.
2. Im Zinshaus meines Lebensgefährten befindet sich eine Bar uh. seines Schlafzimmers,jahrelange Prozesse wegen unerträglichen Lärms u. bösartigen Aufsässigkeiten seitens des Mieters zerrten an seinenNerven.Nach Deiner Behandlung ging dieser Mieter Pleite u. konnte hinausgekündigt werden.

3. Meine Angst vor Schmetterlingen hat sich gewaltig verbessert, kann mich im Freien aufhalten, ohne in Panik zu verfallen, toll.
4. im Jahr 2016 stiess ich zufällig auf eine Wahrsagerin, die mir mitteilte, ich würde eine ihrer wenigen Klienten sein, die in einer gr. Lotterie soviele Mio gewinnen würde, dass ich für mein Lebenausgesorgt hätte. sSie sagte, sie würde mir 7 geheime Schlüssel zukommen lassen , darin seien die Anweisungen genau zu befolgen u. ich würde ih. kürzester Ziet ein 2. Gesicht bekommen u. würde mir die Zahlen für die Lotterie zukommen lassen. Knapp bevor ich ihr zusagte,wachte ichin der kommenden Nacht auf u. mir wurde schlagartig klar, dass ich knapp davor war meine Seele an die Dunkelheit zu verkaufen. Ich machte alles rückgängig, schriftlich. Daraufhinverspürte ich einen brennenden Schmerz vo Rücken bis zum Brustbein, sodass ich Mühe zum Atmen hatte.
Ich war komplett durch den Wind u. beauftragte dich ein 2. Mal. Sofort ging es mir besser u. Ich konnte wieder ruhig schlafen.
Sananda Jesus, du bist in vielerlei Hinsicht mein rettender Engel, ich kann dir schwer ausdrücken, was du mir bedeutest, danke, danke, danke, ich liebe dich
Katharina MM«

»Lieber Sananda, mein lieber Freund,
es ist mir ein Bedürfnis, dir zu danken für deine promte Hilfe – bereits jetzt ist eine riesengroße Last von mir abgefallen – und ich kann wieder tiefen Frieden und Freude empfinden, trotz dieser turbulenten Zeiten … wie oft hast du mir schon das Leben gerettet, meine Dankbarkeit kennt keine Grenzen … ich freue mich auf die weitere Behandlung und sende dir eine liebe Umarmung wenn du es möchtest! In unendlicher Liebe, Dankbarkeit und Freundschaft deine Michaela«

»Ich, Susanne aus Erftstadt (52 Jahre) hatte dir im April einen Auftrag für mich und meine Tochter erteilt.
Bei mir selber dauert es noch, da ich doch einige »Baustellen» hatte. Aber warum ich schreibe: Wir habe zwei Wellensittiche. Einer flog uns zu und den zweiten holte ich aus einer Auffangstation. Er war ein Vogel der sehr

schlimm aussah, weil er mal in die Fänge einer Katze gekommen war, sagte man mir. Ich nahm ihn, weil ich wusste, ihn will sonst niemand. Er sah total zerzaust aus. Er konnte nicht mehr fliegen und einige seiner Krallen waren total weg, er hatte teilweise nur noch Stummel ohne Krallen und konnte sich deshalb auch nicht so gut auf den Stangen halten und fiel immer wieder runter.
Wir haben ihn nun seit vorigem Jahr im Mai und nichts an seinem Zustand hatte sich bislang verbessert.
Heute auf einmal, ich traute meinen Augen nicht, die Krallen an den Stummeln wachsen alle auf einmal! Und das nach fast weit über einem Jahr. Ich nehme die Vögel/Haustiere auch immer mit ins Gebet, so wie von dir angegeben und denke, dass es zum einen an deiner Mitbehandlung der Haustiere liegt und an den Gebeten, wenn man diese regelmäßig macht. Vielen Dank für diese Hilfe!«

»Hallo lieber Sananda,
kurz nachdem ich das Geld an Dich überwiesen hatte, durfte ich ein Wunder erleben. Ich habe für ca. 20 Sekunden einen unglaublichen Energieschub erhalten (als hätten 1000 Volt meinen Körper durchströmt). Anschließend habe ich einen angenehmen Impuls an meiner chronischen Fisur im Darmbereich gespürt. Mir war irgendwie sofort klar, dass diese Wunde, durch die ich schon seit über 10 Jahren leiden musste, zugewachsen ist. Es sind jetzt schon einige Monate vergangen und ich habe seither keine Probleme mehr. Eigentlich wollte ich Klient bei Dir werden um zu erfahren wer ich wirklich bin und woher ich komme.
Ebenfalls habe ich meinen Vater (ohne sein Wissen), der starker Alkoholiker ist, in Auftrag gegeben. Er trinkt tatsächlich viel weniger und scheint viel glücklicher zu sein.
Ich bin Dir so unendlich dankbar und sehr froh, dass ich Dich finden durfte. Mein Leben hat sich zum Positiven verändert. Vielen Dank für Deine Arbeit die Du täglich vollbringst und danke für die vielenGebete, Rituale sowie das Abschlussmail. Flo M. 31 aus dem Raum Aschaffenburg»
»Lieber Sananda, wo soll ich anfangen und wo aufhören?? Ich war nun zum 2. Mal in deiner Behandlung (13.05.–10.08.). DANKE! Ich gehöre auch zu einer der Wirbelsäulen Klienten. Die letzten Tage wurden die oberen Bauchmuskeln nach und nach gerade unter der Brust »liebevoll zurecht ge-

rückt». Unendlich viel Dank für dieses WUNDER! Es vor wurde vor etwa 15 Jahren eine Skuliose diagnostiziert (Wirbelsäule sah auf Rgt. Bild aus wie eine Wendeltreppe). Die 2. Person hat endlich beruflichen finanziellen Erfolg. Sie kämpft seit Jahren immer weiter und jetzt in den letzten Wochen gab es Abschlüsse en masse. Ich bin dir unendlich dankbar, bin jedoch recht gefasst mittlerweile, da ich ja weiß wer du bist! Sie nannten dich DEN Sohn Gottes und ich nenne dich auch heute so! Ich lebe seit 1. Behandlung (2017) vegan, frei von Alkohol, Nikotin, Koffeein, Fleisch, Gluten, Laktose … in LIEBE und gesund. Habe jetzt in 10 Monaten ungezwungen etwa 20 Kilo abgenommen und bin jetzt sehr schlank, War zuvor auch nicht dick, jedoch sehr grobstofflich und hatte immer ein Völlegefühl. Ich bin so froh, dass ein Familienmitglied ebebfalls sehr lichtvoll ist und nicht dunkel. Ich liebe dich. Karim, 27, Hessen.«

»Hallo, ich bin Martina (48) und ich wohne in Thüringen .Ich hatte jeden Morgen Probleme aufzustehen , mein Rücken schmerzte und ich musste regelmäßig aus dem Bett kriechen . Grade laufen ging erst nach einigen Minuten. Und plötzlich, konnte ich ohne Schmerz und mit einerLeichtigkeit aus meinen Bett springen. Das war das Schönste was ich gleich merkte. Danke Sananda, du hast eine wunderbare Gabe. Magenschmerzen und Leberprobleme hatte ich auch immerzu . Jetzt kann ich mich nicht mehr daran erinnern. Ich esse jetzt auch bewusster ,ich liebe alle Tiere und esse nie wieder Fleisch .

Mein Ehemann kommte abends immer nicht einschlafen. Jetzt schlägt er sofort . In unserer Familie ist es liebevoller geworden, kein streiten, schimpfen und anschreien mehr. Meine Mam hat sich den Arm gebrochen. Der ist super verheilt. Danke !!!

Ich verspüre nicht mehr so viel Neid, Hass und Eifersucht. Das finde ich toll und dadurch bin ich auch Glücklicher. Mein Leben ist schöner und liebevoller geworden. Danke Sananda dass ich dich finden durfte und das es dich gibt ! Du bist für uns immer da und bereicherst unseraller Leben . Alles Gute für dich und deine Familie !

In liebe deine Martina«

»Lieber Sananda,
ich (57) habe einen Wiederholungsauftrag gemacht. Ich habe meinem Mann (54) nichts von Deiner Behandlung erzählt, da er sich nicht vorstellen kann, wie das funktionieren soll. Er hat seit längerer Zeit an beidenHüften immer wieder Schmerzen und manchmal kann er sich kaum richtig bewegen.
Nun, 2,5 Monate nach Behandlungsbeginn, sagte er, völlig überrascht und hocherfreut: »Letzte Nacht hat es in meiner rechten Hüfte geknackst und es hat sich was eingerenkt. Jetzt ist sie wieder völligin Ordnung. Ich habe auf der rechten Seite überhaupt keineSchmerzen mehr, das ist ja komisch.»
Das von ihm zu hören, grenzt für mich an ein Wunder. Jaaa, so schnell kann es gehen !!! Es ist wirklich wahr. Vielen vielen Dank.
Liebe Grüße
Karola aus Hessen«

»Lieber Sananda,
nicht nur bei meinem Mann (54) war Deine Behandlung erfolgreich, sondern bei mir (57) auch. Ich wachte morgens auf und hatte urplötzlich am ganzen Körper solche Schmerzen. Ich krümte mich, war soo erschrocken und fragte mich, was das sein kann und dachte überhaupt nicht an Deine Behandlung. Diese Schmerzen dauerten eine Weile an und waren dann genauso schnell wieder verschwunden, wie sie gekommen waren. Ich kann leider nicht so gut beschreiben, was da passierte; ich fühlte nur, daß da »was begradigt wurde». Irgendeine Fehlstellung wurde behoben. Am Fuß, an der Hüfte, an der Wirbelsäule, ich kann es mit Worten nicht genau erklären, aber ich fühle und weiß es und das ist für mich das Wichtigste. Vielen vielen Dank für Deine unglaubliche Hilfe. Karola aus Hessen«

»Liebster Sananda,
von Herzen möchte ich Dir noch mehr unserer Entwicklung mitteilen.
Ich konnte eine Beziehung beenden, die mir lange nicht mehr gut getan hat. Wir haben eine neue , passende Schule für unsere kleine Tochter gefunden und meine große Tochter, die seit Jahren eine Schulphobie hatte öffnet sich gerade auch, um einen Schulabschluss zu machen und macht Pläne für die Zukunft. Meine Eltern haben einen liebevolleren Umgang miteinander und

mein Vater trinkt jetzt alkoholfreies Bier!!!
Wirkliches Vertrauen stellt sich ein und entspannt uns mehr und mehr. Ich danke Dir aus vollem Herzen und wünsche mir für alle beseelten Wesen die totale Transformation in Gottes Gnade.
Ich liebe Dich !!!! Herzlichst Corinne aus RLP.«

»Liebe Sananda
vielen lieben Dank dir für deine geistig und energetische Unterstützung! Wir erfuhren im 5 Schwangerschaftsmonat bei der Ultraschalluntersuchung, dass das kindliche Herz nicht mehr schlägt.
Wir waren geschockt (Mein Mann und unsere 4 jährige Tochter), da es ansonsten keinerlei Anzeichen einer Fehlgeburt gab. Am Abend des gleichen Tages beauftragte ich dich und schrieb dir eine Nachricht.
Die Geburt wurde künstlich eingeleitet und alles fügte sich und ich spührte deutlich die Unterstützung der Lichten Welt und deine Energetische Übertragung. Es gab sehr viele glückliche Fügungen und zufällige Unterstützung von Freunden, womit wir nicht gerechnet hatten. Auch in der Verarbeitung des Verlustest spührte ich deutlich die Energieübertragung, so dass uns die Schwinungs Erhöhung gut durch die schwierige Lebensphase trägt. Ohne Deine Unterstützung könnten wir die Herrausforderung nicht so einfach beweltigen, wofür ich dir und der Lichten Welt sehr dankbar bin!
Ich wünsche Dir und Deiner Familiealles erdenkliche Gute!
Herzlichst N. K. & Familie«

»Lieber Sananda,
ich danke Dir herzlich für Deine Behandlung und Deine Energie! Ich hatte seit Jahren immer wieder sporadisch Rückenschmerzen. Mal in einem Maß, dass sie eben lästig waren, mal so, dass ich eben gewisse sportliche Tätigkeiten nicht durchführen konnte, mal so, dass ich von Sanitätern per Krankenwagen vom Herrenausstatter abgeholt werden musste, weil ich den Haltegriff in der Umkleidekabine nicht loslassen konnte. Meine Physiotherapeutin konnte zwar immer wieder eine Besserung bewirken, es kam aber immer wieder. In Ärzte habe ich kein Vertrauen. Aufgrund deiner Behandlung sind die Schmerzen seit ca. 1,5 Jahren nachhaltig weg. Selbst nach

mehreren Stunden Tennisspielen habe ich, bis auf altersgemäßen Muskelkater (bin 54) keine Probleme mehr mit meinem Rücken. Guter Job! Super! Wegen einem anderen Wehwehchen bin ich jetzt noch in einem Familienpaket bei Dir in Behandlung.
Halte durch!
Liebe Grüße
Achim W. aus der Region Hannover«

»Lieber Sananda !!
Ich bin Ingrid aus Österreich bin 60 Jahre jung und möchte dir vom ganzem Herzen Danken für deine Behandlung . Ich fühle mich wieder stärker ,ruhiger und bin wieder in meiner Mitte. Ich war schon so schwach als hätte mich alles nach unten gezogen dank deiner Behandlung geht es wieder berg auf .
Ich kann wieder mehr arbeiten und fühle mich freier . Danke für alles was du tust und leistest für uns Menschen auf dieser Welt . Ich wünsche dir alles Gute und für deine Familie .
Ganz liebe Grüsse aus Krems«

»Vielen Dank, Sananda, für Deine täglichen Worte an uns.
Gestern Abend las ich noch einmal in »Aktuelles» und muß Dir heute gleich ein Feedback schreiben. Du hast mir mit Deinen Worten sehr viel Mut gemacht, seine Ziele nicht aufzugeben, auch wenn es so scheint, als würde nichts mehr gelingen, trotzdem weiter zu gehen und auf Gottvertrauen. Aus den Steinen die uns in den Weg gelegt werden, ein Schloß aufbauen.» Dieser Satz von Dir, gibt mir besonders viel Kraft.Es bedeutet für mich, durch negative Erfahrungen, das Licht erkennen und darauf bauen, dass die Erde wieder heilen kann.
Viele liebe Grüße aus Berlin, Uta«

»Lieber Sananda,vor drei Tagen ist etwas sehr schönes passiert.Ich lag morgens im Bett und merkte,wie ein Heilstrahl erst von der einen Seite auf meine Zirbeldrüse gerichtet wurde und dann auch von einer anderen Seite. Es war ein wunderschönes Gefühl.Es dauerte so 5 bis 10 Minuten.Gegen Abend habe ich mich dann verbinden wollen und ,als hätte man ein Fenster weit aufgemacht war mein Kopf einfach freier,offener und hell.Ich bin in einem rasantem Tempo nach oben gezogen worden und schwebte lange in einer wohltuenden Höhe.Ich mußte vor Glück weinen danach.Es klappt jetzt jedes Mal .Viel besser als vorher.Ich bin so dankbar.Es ist ein Wunder.1000 Dank dafür.:) Angelika,59 aus Deutschland«

»Lieber Sananda,
ich habe Dich aufgrund mehrerer Anliegen im Februar d. J. kontaktiert. Zum einen wegen der stark ausgeprägten Akne meines Sohnes (21 J.). Innerhalb von einigen Tagen, nachdem ich den Auftrag erteilt habe, bekam ich Impulse, konkrete Veränderungen in der Ernährung vorzunehmen. Schon nach ein paar Wochen verbesserte sich das Hautbild sichtlich und jetzt nach einem halben Jahr ist die Akne so gut wie verschwunden. Danke von Herzen! Meine Tochter (19 J.) leidet seit ihrem 8. Lebensjahr an Pollenallergie. Die Symptome haben sich in der heurigen Pollensaison verbessert, sind allerdings noch nicht ganz verschwunden. Eine unserer Katzen hatte seit einer Operation im September 2017 eine Wunde, die nicht heilte. Im Behandlungszeitraum ist die Wunde komplett ausgeheilt. Eine weitere Katze hatte offensichtlich Schmerzen im Bewegungsapparat, wo wir nicht wussten, was sie hatte. Auch diese Auffälligkeiten sind verschwunden und der Gang zum Tierarzt ist uns erspart geblieben. Seit ich Deine Bücher gelesen habe, kann ich kein Fleisch mehr essen. Danke für Deinen Mut und alles Positive, das wir durch Dich erfahren durften und dürfen!!!
Maria Elisabeth, 48 Jahre, Steiermark«

»Lieber Sananda,
ich schreibe Dir nun ein Feedback im Namen meiner Tochter Anja (20), die im Wiederholungsauftrag auch mit dabei ist. Anja hatte in den letzten Jahren unglaubliche Probleme mit Neurodermitis, es war so eine Tortur. Im Gesicht, am Rücken, im Nacken, Arme, Beine, Kniekehlen, Armbeugen, alles war völlig aufgekratzt und so blutig, unerträglich, nervlich völlig am

Ende, keine Ruhe Tag und Nacht. Selbstwert Null. Sie studiert, macht zur Zeit ein anstrengendes Praktikum und ist sehr erstaunt, daß ihre Haut sich seit dem Wiederholungsauftrag so gebessert hat. Keine Symptome durch Streß, eine gesunde Haut und was noch überraschend ist: Sie »vergißt» sogar, in den Spiegel zu schauen, ob sie so unter die Leute gehen kann. Das ist alles so unfaßbar !!!!
Es ist für mich als Mutter selber alles noch so unwirklich, nachdem, was wir hinter uns haben. Vielen vielen Dank. Ich gebe Dir am Ende der Behandlung nochmal ein abschließendes Feedback. Liebe Grüße Karola«

»Liebster Sananda,
ich danke Dir aus tiefstem Herzen. Meine Tochter konnte jahrelang nichts fühlen und war nur schwer und lebensmüde, sie kommt zurück ins Gefühl und lebt auf, ich habe endlich meine Tochter zurück in ihrer Ursprungsenergie. Wir sind Dir unendlich dankbar. Außerdem habe ich dank Deines Gebets die Liebe meines Lebens getroffen und mein Herzraum ist weit geöffnet und es fließt und fließt, endlich kann ich fühlen was Liebe wirklich ist, so frei und herrlich leicht, tief und ergreifend. Ich danke Dir!!! Ich komme zudem Stück für Stück in meine Lebensaufgabe und kann loslassen, was mich die letzten Jahre gebremst hat. Ich beginne durch das Leben zu fließen wie ein Kind mit hohem Bewusstsein und einer ungeahnten Mühelosigkeit … bald habe ich mehr Geld und ich werde dir mehr und mehr Menschen zum Behandeln senden, es ist das Beste was je geschehen ist in meinem Leben !!! In tiefer Liebe und Hochachtung vor Deinem Wirken und dem Zusammenhalt in Deiner Familie- wirklich alles alles Gute und möge es auch für Dich- Euch leichter werden zu leben hier auf der Erde!!!
Von ganzem Herzen
Corinne aus Rheinlandpfalz«

»Scarlett, 55 J,Hessen
Lieber Sananda,
ich schreibe jetzt schon mal ein 1. Feedback, da meine Behandlung erst Anfang August bekonnen hat.
Geistig: es ist unglaublich, ich bin im Bewußtsein dermaßen gestiegen …

ich fühle mich ca. 2 Stufen höher (weiß ich natürlich nicht wirklich) kann jetzt Sachen von den göttlichen Gesetzen und wiealles göttl. sein soll erspüren. Auch das wir alle aud dem »wir»kommen, ein Teil vom ganzen Kosmos sind.
Zum körperlichen: da hat sich auch schon einiges getan.
Ärzte nennen mein Leiden Kleinhirnatrophie, es sind Zellen im Kleinhirn kaputt oder fehlen. Das bringt neben Koordinationsschwierigkeiten auch viele andere Lebenseinschränkungen mit sich (Ähnlich MS) jedenfalls bin ich sehrstark gehbehinder.
Jetzt zum positiven: Es knackt und knirscht überall, Blockaden lösen sich, Gottes Heilenergie und auch Deine Lieber Sananda,fangen an zu fließen.
Es zieht täglich an einer anderen Stelle, jetzt wo ich das schreibe habe ich Tränen in den Augen vor Dankbarkeit. Danke das ich dich kennlernen durfte.
Aber wir sind ja erst am Anfang, ich weiß da kommt noch mehr.
Für andere:Sanandas Energien sind stark und für mich spürbar, umso mehr wenn man auch selbst mitmacht.«

»Hallo lieber Sananda!
Mir ist aufgefallen, dass mein linkes Auge nicht mehr so weit unten steht und sich dem anderen anpasst, d.h. Beide Augen sind bald gleich!
So wie sie als Kind waren! Vor der Behandlung ab 26 Jahren wurde ich nun immer mehr angesprochen dass die Augen unterschiedlich sind (beim genauen Blick in den Spiegel fiel es mir dann selbst auf! Oder auf Fotos!) Dachte mir, es hat sich verformt über die Jahre des Seitenschlafs! Daran lag es aber ja offensichtlich nicht!
Ich spüre sehr oft deine Energiewelle die du mir sendest! Vielen lieben Dank dafür! Meine alte Katze (16) ist um die Zeit auch öfter aus dem Häuschen. Das familiäre Verhältnis mit Mama hat sich auch gut gebessert, es wird nun häufiger gelacht und nicht mehr oft gestritten.
Ich bin sehr froh und dankbar, dass deine Energie mich noch eine Weile begleitet! Auch durch die schwere Zeit, nachdem letztes Jahr November mein Papa gestorben ist.
Mögest du noch vielen lieben Menschen die Kraft senden und Gesundheitbringen! Und selbst die Stärke und die Liebe nie verlieren!Danke!
Sandra (27 aus Südbayern)«

»Lieber Sananda ich grüsse Dich
Ich bin Reto, 74, aus der Schweiz. Ich muss Dir unbedingt berichten was sich bei mir ereignet hat!
Bei einer kürzlichen geschäftlichen Besprechung erzählte mir einer der Anwesenden vom schicksalhaften Tod einer Angehörigen. Ich empfand grosses Mitleid und spürte tiefe Empathie mit der mir unbekannten Verstorbenen. Als ich dann das Besprechungszimmer verliess, fühlte ich mich ganz komisch, konnte aber überhaupt nicht verstehen warum, denn das Geschäftliche war gut gelaufen. Mein Befinden und mein körperlicher Zustand verschlechterten sich dann am Abend und in der Nacht ziemlich dramatisch. Anfänglich dachte ich natürlich an eine erneute vorübergehende Verschlimmerung im Verlauf Deiner Heilung.
Am anderen Morgen dauerten der schlechte Zustand und die Beschwerden unvermindert an. Bei den Morgengebeten bat ich Dich und die Geistige Welt um Hilfe und um Hinweise wo ich den Grund für meinen Zustand suchen müsse. Wenige Stunden später traf mich die Erkenntnis wie ein Blitz: ich wurde schwerst besetzt! Ich machte sofort die Ablösungen, aber es besserte sich nicht so recht. Erst als ich die zusätzlichen GEBETE (Spezielle Entfernung/Hartnäckige Fälle/Vertreibung dunkler Wesen und Verbannung) machte – Volltreffer! Innert weniger Stundenwaren meine Atmungsschwierigkeiten, Bauchschmerzen, Genickkrämpfe etc. wie weggeblasen!
Und das Ganze war kein Zufall. Ähnliche Vorkommnisse habe ich in den letzten Wochen schon mehrmals erlebt. Meine wunderbare Seelenentwicklung, meine Herzöffnung und meine Bewusstseinserweiterung machen das möglich. Auch stelle ich fest, dass Dinge die ich denke, viel rascher geschehen als früher.
Das alles habe ich Dir zu verdanken lieber Sananda. Jetzt weiss ich auch, warum Deine vielen wunderbaren Zusatzleistungen (die Gebete, die PDFs, Aktuelles, die Videos) GRATIS sind – sie sind nämlich UNBEZAHLBAR. Die meisten sog. Geistheiler schaffen sich Abo-Kunden, die immer wieder kommen und bezahlen müssen. Du, lieber Sananda, machst auch Abos, aber die sind gratis und werden mir lebenslang helfen mir selbst zu helfen. LEBENSLANG UND WEIT DARÜBER HINAUS.
Danke, danke, danke ist mir deshalb nicht genug, ich werde Dir zum Zeichen meiner Dankbarkeit eine weitere SPENDE schicken.
Ganz liebe Grüsse Reto«

»Lieber Sananda! Ich danke Dir von ganzem Herzen für Dein Wirken! Es haben sich bisher folgende Verbesserungen eingestellt: Meine hartnäckigen Hustenanfälle sind seit dem zweiten Behandlungstag schlagartig und dauerhaft verschwunden. Nach Behandlungsende stellte ich fest, dass meine chronischen Kniebeschwerden weg sind, ich bin seither völlig schmerzfrei. Vor zwei Wochen löste sich eine ständig wachsende Geschwulst in meinem linken Waden innerhalb weniger Tage vollständig auf. Ich hatte jahrelang unter unglücklichen Verliebtheiten gelitten, auch davon bin ich nun endlich frei! Eine mitbehandelte Freundin hat ihre Depression überwunden, mein vormals chronisch pessimistischer Kollege zeigt sich weicher und mitfühlender, die Rückenschmerzen meines Vaters haben sich verbessert (sie alle wussten nichts von der Behandlung!). Meine Schwester öffnet sich immer mehr den geistigen Welten und hat mehr Kraft und Glück. Ich habe insgesamt viel mehr Energie und Zuversicht, meine Verzweiflung angesichts der Dunkelheit auf der Welt ist einem klaren Bekenntnis zum Licht gewichen, von wegen: Jetzt erst recht, und volle Kraft voraus!
In Liebe und Verbundenheit, Marlies, 38, Waldviertel/Ö«

»Lieber Sananda,
seit meinem Auftrag an Dich im Mai 2018 sind nun dreieinhalb Monate vergangen und ich möchte Dir gern mein erstes feedback senden.
Für den Auftrag entschied ich mich etwa eine Stunde, nachdem ich Dichim Internet spontan, ohne jegliche Absicht, gefunden hatte. Auch wenn mein Kopf ein wenig kritisch und zögerlich war, hatte ich doch in jeder Zelle gespürt, dass Du Wahrheit gesprochen hast.
Als ich den Auftrag abgesendet hatte, war da eine riesige Erleichterung und ein unumstößliches Vertrauen. Seitdem hat sich sehr Vieles sehr zum Besseren verändert.
Eines meiner Herzensanliegen war, dass ich einen jahrelangen Konflikt mit meiner Tochter erlösen wollte, was mir bis dato nicht gelungen war. Es dauerte eine Woche, bis eine Nachricht von ihr kam, die vollkommen anders klang, als all die Jahre zuvor und sie wieder Kontakt zu mir möchte und dass ich Ihr fehle. Das war das schönste Geschenk!!!
Weiterhin habe ich die Gebete und Verfügungen sehr regelmäßig gemacht und dabei so viele Erkenntnisse und Erlebnisse gehabt, dass ich sie nicht aufführen kann. Absender: Vorname: Barbara«

»Lieber Sananda!
Keine Krankheit die mich quält und keine Süchte, die mich hindern auf meinem Weg – von dieser Ausgangssituation habe ich meinen Auftrag an dich letztes Jahr erteilt. Ein Impuls rein aus dem Herzen und mein Bauchgefühl haben mich zu dir geführt. Ich bin bei dir »gelandet» und du hast mir ein nie geahntes Tor gezeigt, es geöffnet und mich durchgeschickt. Überwältigt stehe ich nun hier, an diesem neuen Platz. Erst langsam wird mir die Dimension, die neue Dimension in die ich durch dich eintreten durfte, bewusst. Dankbarkeit ist das einzige irdische Wort das ich dafür finden kann. Du bist in meinem Leben mit deiner Kraft, Weisheit und Liebe präsent,ganz so, als wärst du hier direkt neben mir, ich brauche dich nur zu rufen. Und bin ich auch noch so verzweifelt und ratlos, nach einer kurzen Zeit des wieder Sammelns, ist mir völlig klar, warum, wieso ich genau das zu lösen habe, warum es genauso sein muss, wie es eben ist.
In nie enden wollender Liebe, Marion (Österreich, Spital am Pyhrn, 45 Jahre)«

»Lieber Sananda, seit Deiner Behandlung, genauer, seit ein paar Wochen habe ich bei meinem Pflegepferd Tiro keinen Anfall von »headshaking» mehr wahrgenommen, was mich unendlich glücklich macht!! Und mir hilfst Du sehr, nicht zu verzweifeln, weiter zu machen, mir, dem Leben und meiner Kraft immer mehr zu vertrauen, das spüre ich sehr deutlich, es kommt immer mehr Gutes in mein Leben! Danke, daß ich Dich gefunden habe!! Deine Sabine, 57 J., aus dem Raum Esslingen a. N.«

»Lieber Sananda,
es ist für mich so wundervoll, bei Dir wieder einen Auftrag nach über zwei Jahren eingereicht zu haben. Heute morgen war wohl der Start als Du DIch mir vor meinen verschlossenen Augen Dich zeigtest.
Du hattest mir sgar etwas mitgebracht, gezeigt, einen schönen goldenen zumindest hellfarbenen strahlenden Kelch. Was ich von heute an bei mir deutlich spüre ist eine Verbesserung meiner Druckgefühle in den Fußkehlen. Da hatte ich vor einer guten Wochen am vergangenem Sonntagwohl mein Jogging etwas übertrieben da ich nicht allzu oft laufe und sodann aus

meinen vollen geschöpft hatte. Der Rücken hatte sich nach etwa drei Tagen wieder erholt. Ich hatte aber bis gestern mehr oder weniger heftig wirkende chronischen Schmerzen in meinen Fußgelenken so dass mir auf einmal das Laufen anfing schwer zu fallen! Nun ist es fast wieder richtig gut. Danke, danke, danke vielmals dafür, leieber Sananda!
Ich merke jetzt erst wie wichtig Du bist. Ich hatte meinen Auftrag ja erst vorgestern soweit startklar gemacht und ich bin gespannt was noch so folgen wird! Ich werde es Dir dann bei passender Gelegenheit mitteilen und einfach erstmal sammeln.
In liebe und Verbundenheit Detlev, 56, Kassel«

»DANKSAGUNG!
Lieber Sanandan, wegen meines »Ausgestoßen seins» hatte ich vor ca. 4Wochen einen Antrag gestellt, habe aber wegen der Kosten diesen nicht realisieren koennen. Vor ca zwei Wochen erlebte ich, dass mich unter Schmerzen aus meinem Solarplexus irgendetwas verlassen hat. Mein Test hat ergeben, dass Du mich von einer Besetzung befreit hast. Ich möchte mich dafür herzlich bedanken und habe Dir gern gestern eine Spende überwiesen. Wenn mir diese Befreiung hilft, dass ich nicht mehr »ausgestoßen bin» , dann kann ich meine progressiven Projekte als Heilpraktiker ohne Widerstände mit Erfolg umsetzen und meine finanzielle Basis verbessern und mich dann wieder mit einem Antrag bei Dir melden und diesen dann auch finanziell realsieren. Ich schätze die Wichtigkeit Deiner Arbeit sehr hoch ein und freue mich, dass Du in dieser Zeit des Wandels uns gerade hier im deutschsprachigen Raum Deine Unterstützung anbietest.
Herzlichen Gruß und eine gute Zeit Heilpraktiker Dipl.-Ing. Karl XXXXXXXX«

»Lieber Sananda, ich war vor der Behandlung ein agressiever Kolleriker, hatte drei Jobs, keine Zeit, aß fast ausschließlich nur Fleisch, besaß ein riesiges Ego, hatte Angst Schwäche zu zeigen,machte vielen mir nahestehenden Menschen »die Hölle heiß» ohne Skrupel, war immer sehr angespannt, ich brauchte viele Statussymbole, habe vier Berufe erlernt (u.a. Metzger) um niemals arbeitslos zu werden und um nie finanziel zurrückstecken zu müssen. Ich tötete in meinem Beruf als Metzger unzählige Lebewesen. Nach der Behandlung binich ein neuer Mensch. Oder der ursprüngliche der ich bin. Ich kümmere mich in erster Linie um die Familie, bin die Ruhe selbst, habe dem materiellen abgeschworen, gehe liebevoll mit meinen Mitmenschen um, bin aus der Kirche ausgetreten, habe meine Frau neu kennen gelernt, lebe mit der Natur, angagiere mich erenamtlich, habe mein Ego abgebaut, bringe den Menschen, Tieren, Pflanzen Energie und esse seit Behandlungsbeginn … kein Fleisch mehr!!! Danke mein Freund. Kevin, 36, Deutschland«

»Lieber Sananda,
ich möchte dir ein Feedback dalassen, was ich vor kurzem erlebt habe. Ich hatte plötzlich einen Schwindelanfall und musste mich sofort hinlegen. Ich habe dich in Gedanken um Hilfe gerufen und keine zwei Sekunden später warst du da!
Wow, das ging aber schnell. Ich habe eine starke Energie um mich herum gespürt.
Es hat mir geholfen und mich tief berührt. Es ist schön, dich als Freund zu haben.
Der Schwindelanfall ist zurückzuführen auf ein Problem mit meiner Halswirbelsäule, das schon seit längerem besteht. Ich dachte mir, es wäre schön, wenn dieses Problem auch endlich wegginge. Und erneut hast du mir geholfen.
Du bist mir im Traum erschienen und wir haben uns unterhalten. Du hast mich darauf aufmerksam gemacht, dass ich besser auf meine Haltung achten solle, weil ich oft so krumm dastehe und meinen Rücken verkrümme. Ich muss besser auf meine Wirbelsäule aufpassen. Das ist mir selber nie so bewusst gewesen, aber tagsüber habe ich gemerkt, dass es stimmt. Jetzt versuche ich mich umzuerziehen und eine bessere Haltung (beim Sitzen oder Stehen) für meine Wirbelsäule zu finden.
Ein weiteres Feedback zu der letzten Behandlung folgt bald.
Liebe Grüße. Sandra, aus München«

»Hallo lieber Sananda.
Durch deine Behandlung sind folgende Erfolge bei mir eingetreten. Zuerst das körperliche. Hals und Nacken.. Rücken abwechselnd erstverschlimmerungen ständiges hoch und runter … jetzt einen Zustand der Erleichterung ja der Befreiung ums besser zu sagen das immer weiter und tiefer in die Heilung geht. Schweren Beine enorm leichter es ist wie auf Federn ich fühl mich leicht und kraftvoll.Ichfühle mich körperlich leichter,reiner,innerlich sauberer,enorm Energie stark.
Hautbild hat sich sehr verbessert.Haare unfassbar … wachsen fühlbar nach das ist mein sichbares empfinden!GEISTIG bin ich wie erweckt wurden von Dir. Ich spürte die ersten Tage eine unglaubliche Befreiung in MIR! Ich fühlte mich endlich alleine mit MIR! Mein Feld der Aura alles um mich an mir fühlte sich befreit!Frei von der Dunkelheit und den Unrat an mir. Ich spürte wie nach vier Tagen zum Mittagsschlaf mein Reptosklavertreiber aus mir heraus gerissen wurde von Dir ich bebte regelrecht fühlte mich wie durchgeschüttelt.später bekam ich das Bild in den Kopf wie ein grüner Repto aus mir heraus gerissen wurde.
Die Ängste die Blockaden das immer klein gehalten werden war weg. Ich bin befreit bis jetzt in dieser Minute. Ich fühlemich so stark und erwacht es ist wie du sagst ein Quantensprung im Bewusstsein den ich habe. Eine Freude eine Gnade ein Geschenk. Ich lerne meine tiefe meines Seins kennen.Empfinde immer mehr und tiefer Liebe … Mitgefühl … Demut … Lebensfreude! Es ist wie ein ins Gott erwachen.Die Gebete und Verfügungen sind ein Geschenk. Ich empfinde sie als so hoch Kraft und Wirkungsvoll!In der Anwendung Sie sind reine Magie!!!Es ist mir so ein kraftvolles Werkzeug geworden in meinen Leben und Alltag.Die Gebete bringen absoluten Schutz. Sie ermöglichenmir auch ständig im Bewusstsein zu werden und zu wachsen. Sananda durch dich bin ich erst zu dem gewachsen der ich jetzt bin.Und danke für die wohl wichtigsten Fragen in diesem Leben … WER MAN IST.WARUM MAN HIER IST.UND WOHIN ICH GEHEN WERDE. Und ich werde weiter zu dem wachsen und werden … der den Weg nach Hause zu Gott geht. Ich werde mich dabei an deinen Werk auf Erden beteiligen und meinen Teil erledigen.
In tiefster Dankbarkeit und Liebe für mein Wunder das ich erfahre … was Du Sananda mir gegeben hast.Du bist mir ein Freund und Meister!
Tibor,39,Dresden «

»Lieber Sananda,
ich danke dir von gaaaanzem Herzen für deine Behandlung/Unterstützung. Nachdem ich 6 Monate so gut wie bettlegerig war, bin ich nach den ersten Gebeten aufgestanden und am nächsten Tag war ich mit dem Fahrrad einkaufen!!!!! Seit dem bin ich durch viele Prozesse und Aufs und Abs gegangen und nun, nach zwei Dritteln der Behandlungszeit geht es nur noch bergauf!!! Das Schönste für mich ist, dass ich mich selbst wieder spüren kann, mich wieder bewegen kann und fast schmerzfrei bin. Und die Aussicht, deine Gebete für den Rest meines Lebens als Begleiter bei mir zu haben, lässt mich tiefenenspannt in meine Zukunft schauen …
es ist ein großes Geschenk, was du uns allen machst mit deiner Anwesenheit auf diesem Planeten und das muss hier mal gesagt sein!!
Grüße aus Berlin, Jeanne«

»Hallo lieber Sananda ,seit deiner Behandlung hat sich vieles zum Besseren gewendet .
Vor der Behandlung sind mir häufig dumme Sachen passiert , ich hab einen Auffahrunfall verursacht oder was wichtiges vergessen ,eigentlich selbst verursachte Missgeschicke ,aber immer mit finanziellem Schaden ,was mich richtig unter Druck gebracht hat, noch mehr arbeiten zu müssen .
Diese Missgeschicke bleiben jetzt aus ,Gott sein Dank .
Meine Gesundheit hat sich auch verbessert und stabilisiert . Bin HIV + und vieleicht krieg ich das Virus auch noch los ,wenn Gott will .
Mit dem ersten Tag der Behandlung hab ich aufgehört Fleisch zu essen ,auch kaum mehr Milch und wenig Brot und Zucker lasse ich mehr und mehr weg .Ganz ohne Entbehrung .
Mein Glaube und Vertrauen in Gott ist gewachsen ,er hat mich schon immer geführt durch mein schwieriges Leben und auch zu dir .
Sananda ich danke dir von ganzem Herzen .
Mitbehandelt wurde auch mein Sohn Florian ,20 Jahre alt . Er macht eine Ausbildung und hat wache Freunde gefunden .
Wir danken Dir ! Absender: Vorname: Dagmar«

»Barbara,55 aus Saarbrücken.
Lieber Sananda, ich möchte Dir von Herzen danken, nach der ersten Behandlung von dir 2015 sind meine Blasenentzündungen weg.Sie sind auch nicht mehr bis heute zurückgekommen.Mein Husten ist auch komplett weg und meine Kehlkopfentzündungen haben sich auf ein Minimum reduziert. Eine Druckstelle an meiner rechten Zehe ist auch nicht mehr da und meine großen Ängste, die ich immer im Bauchbereich ,als riesen Brockenspürte,sind auch verschwunden, wie auch bei der Freundin meines Sohnes. Bei meiner letzten Behandlung vor zwei Wochen habe ich wieder in einer Nacht gespürt, dass du gerade bei mir warst.Ich litt zu diesem Zeitpunkt am ganzen Körper seid mehreren Wochen an einem Hautausschlag auch der Hautarzt wußte nicht mehr weiter.Am nächsten Morgen nach deiner Behandlung war alles verschwunden?
Meine Familie und ich sind überglücklich, du hast außergewöhnliche Kräfte.Es hat sich so viel zum Positiven bei uns verändert und das war ,wie wir von Tag zu Tag mehr spüren, nur der Anfang;))Danke Danke Danke lieber Sananda Gott beschütze Dich, Deine Familie und Deine Tiere herzlichst Barbara«

»Lieber Sananda, einen Artikel zum Geistigen Heilen und ein Feedback von mir auf meinem Blog:
www.hildegard-leben.de/2018/09/03/geistiges-heilen/
Susanne, 57 Jahre aus Hannover«

»Hallo Sananda,
seit der letzten Behandlung durch dich hat sich einiges getan: Immer wiederkehrende Depressionen, Angst- und Panikattacken sind verschwunden. Ich bin jetzt selbstbewusster und habe viel mehr Lebensfreude. Ich habe angefangen, mir große Ziele zu setzen, was mirfrüher nie in den Sinn gekommen wäre. Noch vorhandene Traumata konnte ich aufarbeiten und eine tiefe Trauer loslassen, die mich seit einem Jahrzehnt begleitet hat. Durch deine höhere Energie war ich fähig, durch diesen Schmerz zu gehen. Probleme mit Rücken und Halswirbelsäule (Schmerzen, gelegentlicher Schwindel) haben sich stark verbessert. Am allerschönsten ist für mich persönlich,

dass ich mich Gott näher fühle als jemals zuvor und immerzu das Gefühl habe, beschützt und begleitet zu sein von ihm.
Und noch etwas möchte ich dir nicht vorenthalten: Vor einiger Zeit habe ich abends meditiert und plötzlich erschien mir Jesus. Damit habe ich nun wirklich nicht gerechnet. Ich habe in seine Augen geblickt und es war mir als blickte ich in DEINE Augen. Ich dachte mir nur aufgeregt: »Aber du bist es ja wirklich!» Lieber Sananda, ich danke dir von Herzen für deine unbezahlbare Hilfe!
Viele Grüße. Sandra«

»Johann, 52 aus der Steiermark. Hallo Sananda. Vielen Dank für deine Hilfe. Ich habe dich beauftragt, da ich große Probleme mit Nahrungsmittelunverträglichkeiten und mit immer wiederkehrenden Attacken von Vorhofflimmern hatte. Schon während dem ersten Auftrag bemerkte ich eine wesentliche Veränderung. Ich konnte immer mehr Nahrungsmittel zu mir nehmen, ohne eine negative Reaktion zu verspüren. Den Fleischkonsum habe ich total eingestellt. Auch meine Herzprobleme wurden immer besser. Der Durchbruch war dann der Wiederholungsauftrag. Derzeit kann ich bis auf Schokolade wieder alles essen und meine Herzprobleme sind zu 95% verschwunden. Ein ganz neues Lebensgefühl. Ich kann wieder unbeschwert Sport machen und das Leben genießen. Vielen, vielen Dank.
Als zweite Person wird auch meine Frau behandelt. Bei ihr dauert der Heilungsprozess anscheinend etwas länger. Sie spürt zwar auch Verbesserungen, aber der Durchbruch bei ihren körperlichen und mentalen Problemen steht noch aus. Wir sind aber zuversichtlich, dass es auch bei ihr klappen wird. Wenn notwendig erteilen wir dir noch einmal einen Auftrag für sie. Vielen Dank auch für deine aktuellen Beiträge auf deiner Homepage. Liebe Grüße«

»Ich,Gabriele,52 Jahre,aus Norwegen,danke Dir von ganzem Herzen für Deine Behandlung.
Nachdem ich Deine Bücher las,wurde mein gesamtes Weltbild auf dem Kopf gestellt und zum ersten mal konnte ich all meine Fragen nach der w Wahrheit über Uns als Menschen und die Welt, die uns umgibt beantwor-

ten. Nun weiss ich ,wer ich bin und wohin ich wieder gehen werde. Seit Deiner Behandlung fühle ich mich viel ausgewogener,auch die zwischenmenschliche Beziehung zu meinem Mann ist viel harmonischer geworden , wir streiten uns nicht mehr und wenn mal ein Streit aufkommen sollte,setzte ich sofort Deine Gebete und Lichtschwert ein und alles ist wieder gut. Meine Blasenschwäche ist verschwunden auch eine alte Narbe an Stirn,die immer geschwollen war ,ist schön glatt und kaum noch sichtbar.
Deine Gebete beschützen meine Familie und mich ,sie sind ein tägliches Muss um überhaupt jeden Tag überstehen und überleben zu können . Sie sind sehr kraftvoll . Ich danke Dir für die vielen Tips im PDF Anhangaus Deiner Abschlussmail und für die monatlichen wertvollen Infos aufDeiner Webside.
Alles Liebe für Dich und Deine Familie und ich danke Gott, dass ich den Weg zu Dir fand !
In Liebe Gabi«

»Lieber Sananda, vielen tausendfachen Dank für dieses wunderschöne Gebet. Ich fühle mich total erhoben seitdem. Meine Frau hat sich auch sehr positiv verändert. Ansonsten wird an uns gearbeitet. Meine chronischen Entzündungen – Nasennebenhöhlen und Zahnfleisch – bessern sich, ich habe kein Krankheitsgefühl mehr. Meine Gelenkschmerzen sind bis auf ein paar Zipperlein im rechten Knie verschwunden. Und mein Stuhlgang hat sich normalisiert. Altersmässig fühle ich mich (mindestens) zwanzig Jahre jünger.
Bei meiner Frau hat sich die Wirbelsäule fast vollkommen begradigt – entsprechend hat sie keine Kopfschmerzen mehr. Sie hat mehr Kraft und Ausdauer seitdem. Lediglich ihre Herzschwäche (angeborener Fehler der Mitralklappe) besteht weiterhin. Altern tut sie nicht. Sei ganz lieb bedankt auch dafür, dass wir an Deinem Werk hier auf diesem irren Planeten teilnehmen dürfen
Dietmar / 73 J. / aus der Puszta«

Lieber Sananda, vor lauter Begeisterung über das neue Gebet und weil ich keine wirklich passenden Worte fand, die meine Freude darüber treffend auszudrücken vermögen, habe ich vergessen Dir Folgendesmitzuteilen: Wir – meine Frau und ich – hatten kürzlich ein Problem mit einer Behörde. Sie waren stur: Ein Draco (der Abteilungsleiter), ein Repto (die Sachbearbeiterin), eine Graue (? die Praktikantin) und eine Mantisse (die Übersetzerin – wohl teilweise noch beseelt). Meine Frau legte unsere Sicht der Dinge noch einmal dar und ich machte zweimal das Lichtschwert – und schon waren wir » aus dem Schneider ».
So stark sind die Gebete. Zwei Stunden hatten wir mit denen verhandelt und dann löst sich alles fast im Handumdrehen auf. Einfach total super !
D A N K E !
Wir geniessen Deine Gebete auch immer mehr
Dein Dietmar / 73 J. / aus der Puszta»

»Lieber Sananda
ich grüße Dich aus dem hohen Norden. Hab Dich im Internet enteckt und sofort war mir klar, Du bist der Richtige und ehrlichste. Hatte sofort 100% Vertrauen und gab Dir sofort einen Auftrag.
Seit Deiner Behandlung am 17.04.2018 sind folgende wunderbare Dinge passiert.
Meine Erschöpfungszustände sind wie weggeblasen,Deine Energie ist überwältigent, meine Ängste sind auch verschwunden. Fühle mich viel fitter, ausgeglichener und freier, mein Kopf istklarer.
Deine Gebete, Affirmationen, Fügungen, Ablösungen mache ich Morgens und Abens.
Deine Bücher lese ich nun schon zum dritten mal voller Begeisterung.
Danke für diese wunderbare Aufklärung, bin schbrachlos In tiefer Dankbarkeit und Demut und Verbundenheit und Liebe Gott beschütze Dich und Deine Familie F.64 Jahre Norderstedt«

»Positives Feedback
Lieber Sananda, Was Pariser Klinikärzten nicht gelungen ist, meinem im Anfangsstadium befindlichen Nagelbettgeschwür des Mittelfingers Heilung

zu bringen, im Gegenteil, ihn zu einem unansehnlichen un schmerzhaften Monstrum hat entwickeln lassen, hat Deine göttlich geführte Behandlung möglich gemacht. Der augenblickliche Stand: Die schweren Entzündungen meiner 2 untersten Fingerglieder haben sich zurückgebildet. Mein Nagel ist nachgewachsen. Hingegen ist das obere,das 3.Glied (der Entzündungsherd) noch leicht zur inneren Handfläche geneigt und bildet eine Art Wölbung auf seiner Oberfläche. Diese Stelle ist noch sensibel, aber nicht mehr entzündet … Möchte hoffen auch sie wird sich noch zurückbilden.
Von Dir erfahren zu dürfen, dass meine derzeitige Inkarnation die eines Santiners ist, ist mir ja eine soo grosse Hilfe für ein besseres und höheres Verstehen meiner derzeitigen Inkarnation mit all ihren Herausforderungen und all die wundersamen Hilfen, die ich dabei erfahren durfte. In Liebe und Dankbarkeit! Surya, 78 Jahre, Paris«

»Lieber Sananda, von Herzen Danke für dein Sein und dein Wirken in dieser schweren Zeit. Ich bin so froh zu wissen, dass ich ein Santiner bin und hoffe sehr, dass ich mein Bewusstsein noch weiter anheben kann. Mein Freund ist seit der Behandlung viel fröhlicher, klarer undtatkräftiger. Ich kann nach anfänglichen Erstverschlimmerungen endlich wieder ruhig Schlafen, ohne dass dauernd jemand an mir rum krabbelt. Meine Depressionen sind weg und ich kann endlich leichter aufstehen, nach 20 Jahren! Ich danke Gott und dir dafür.Die Ängste werden auch besser. Insgesamt fühle ich mich vitaler. Ich habe auch ziemlich vielabgenommen und das Gefühl weniger Essen zu brauchen. Das war immer ein Schutzpanzer für mich.Wünsche mir noch mehr Mut und Selbstvertrauen, Veränderungen anzugehen. Ich wünsche dir und deiner Familie alles Glück der Welt und weiterhin viel Mut und Kraft. Es ist sehr mutig sich so offen zu zeigen bei all den Angriffen. Ich wünsche uns allen,dass wir den Mut haben unseren Weg zu gehen und unser Licht leuchten zu lassen. Ich bitte um Gottes Gnade für die Transformation des Egos.Tolle Gebete.Danke dafür. Von Herz zu Herz und alles Liebe, Verena, 41, aus München«

»Lieber Sananda, gestern ist die Abschlussmail nach meiner dritten Behandlung gekommen und ich bin so unendlich glücklich und dankbar!
Ich bin nun Santinerin! und das spüre ich auch in meinem täglichen Leben. Ich bin viel liebevoller, gelassener und habe eine immer stärker werdende Anbindung zu Gott. Ich kenne jetzt mein Krafttier und es passt soooo gut zu mir! Auch bin ich sehr dankbar, dass auch mein Freund, den ich in diesem Paket intuitiv mitbehandeln lassen habe auch Santiner ist. Er ist auf mich zugekommen, als ich dein Gebet fürmeine große Liebe in meinem Leben gebetet habe. Deine Gebete und Verfügungen sind einfach ein großes Geschenk, dein neues Gebet Nr. 45 spricht mich so stark an, es hat eine ganz starke Kraft. Ich bin so froh und dankbar, dass ich dich gefunden habe und das ich mit Hilfe deiner Gebete und Verfügungen vieles in mir in Liebe transformieren konnte und mit deiner Unterstützung setze ich diesen Weg fort. Ich danke dir für dein Sein hier auf der Erde. Alles liebe für dich und deiner Familie, Birgit, 51 aus Münster«

»Lieber Sananda, herzliche Dank für Ihre Arbeit! Am meisten aufgefallen ist uns, dass wir alle friedlicher und freundlicher miteinander umgehen. Besonders unserem (noch verbliebenen) Sohn tut Ihre Behandlung augenscheinlich gut. Unsere chronischen Beschwerden heilen so, wie sie gekommen sind. Wir wohnen leider auf einem teilweise negativen Kraftort. Da sind Ihre absolut kraftvollen Schutzgebete ein Segen für uns. Endlich ist nachts Ruhe im Haus. Unser Schlaf wird nur noch selten gestört. Das ist so großartig, dass ich Ihnen gar nicht genug danken kann. Dabei sind wir ganz »normale» Leute und nicht einmal hellsichtig o.ä. Im übrigen kann ich Ihre Aussagen über den Zustand unserer (Um)Welt und Mitmenschen nur bestätigen, sie sind absolut wahr. Ich wünsche Ihnen und Ihrer Familie genug Kraft für Ihre Arbeit und trotz der vielen Widerstände ganz viel Lebensfreude!
Viele Grüße aus Sachsen!
Annette, 44 Jahre«

»Lieber Sananda,,nach der Geburt meiner Kinder ist deine Behandlung das allerbeste was mir je im Leben passiert ist und ich habe sehr vieles ausprobiert !!! AUS TIEFSTEN HERZEN DANKE!!! DEINE HILFE IST UNBE-

ZAHLBAR!!! Du hast in mir brennende Fragen über das Leben beantwortet ,die ESSTÖRUNG/Magersucht geheilt ,mein Selbstwertgefühl ist zurück meine Schamgefühle sind endlich weg .Unglaublich aber wahr !!!Mein Sohn der nichts von der Behandlung weiß hat mich nicht mehr angegriffen(es war nicht er, sondern die Besetzungen oder ein Dämon)sein Verhalten ist insgesamt positiver und er ernährt sichgesünder,ich liebe ihn und auch Dich!Beim beten fühle ich eine Verbundenheit mit Dir und das Du uns(Klienten) das alles zusätzlich zur Verfügung stellst,den Schutz die Gebete im Downloadbereich. AN ALLE MITMENSCHEN DAS IST KEINESFALLS EINE SELBSTVERSTÄNDLICHKEIT!!!
Es ist mit Geld nicht zu ermessen und ein ganz GROßES GESCHENK!!!I
Ich weiß irgendwann einmal im Leben kann ich Dir das persönlich sagen und ich bin immer noch so überwältigt das mir die Tränen herunterlaufen.
Aus tiefster Nächstenliebe, umarme ich Dich gedanklich lieber Sananda von Sandra Müller aus Baden Würtemberg
DANKE«

»Lieber Sananda, liebe Leser,
ich hatte ein Wiederholungsauftrag. Mein Vati könnte theoretisch nicht mehr laufen, so die Prognose, damals; er läuft und ist auch kein Raucher mehr. Ich fahre mit meinem Vati einkaufen und sie kommen sonst wieder gut allein zurecht. Er hatte nur noch 10 Prozent Sehleistung vor kurzem, einen Tag später, bei der Kontrolle hatte er doch plötzlich auf der einen Seie 60 Prozent und die andere Seite 40. Die Augenärztin kann sich das auch nicht erklären, mein Vatinauch nicht.
Tja, ich schon. Ich selbst sollte eine Weißheitszahn-OP bekommen, da der Zahn nach unten wächst und den Nerv irgendwann durchtrennen könnte. Bin nie zur OP gegangen, weil die »OP-Seite« ca. 1/4 Jahr denTrigeminusnerv schädigen könnte und die Seite solange dann auch runterhängt. Also sabbernd durch die Gegend laufend! Mein Zahn ist nun herausgewachsen!
Übrigens, als ich zur Bank gefahren fuhr, auf dem Hinweg zur Bank, umden Auftrag für Sananda zu überweisen, war der lästige dumpfe Herzdruck bei mir plötzlich weg. Da hatte ich mich schon gefreut.
Ich danke dir, wie immer mein lieber Sananda und dir, die Urquelle,
Gott den Allmächtigen.
GLG Annett aus Schönebeck, 42 Jahre«

»Hallo lieber Sananda, hier unser Feedback: Ich aß kein Fleisch mehr. Die Schmerzen in meinen Fingergelenken gingen weg, die Knoten bildeten sich zurück. Mein Herz rumpelte eines nachts ganz stark, in meinem Gaumen löste sich etwas. Am nächsten Morgen waren meine Nasennebenhöhlen frei. Nach einiger Zeit war mein re. Ohr (war nach einem Hörsturz wie verklebt) wieder freier. Die vergrößerten u. schmerzenden Lymphknoten an meiner re. Halsseite waren nicht mehr zu tasten u. ohne Schmerzen. Mein Herzstolpern verschwand. Bei meiner Tochter wuchs eine ständig offene, blutende Stelle an ihrer Brustwarze sofort zu. Ihre jahrelange Traurigkeit ging weg. Sie setzte ihre Schilddrüsen-tbl. ab u. ist ohne diese beschwerdefrei. Mein Schwager blieb beim Absteigen mit der Profilsohle am obersten Trittbrett seines LKW´s hängen u. sprang ab. Sein Bein verdrehte sich dabei, es knackte im Kniegelenk. Ab da waren seine Knieschmerzen weg u. das Knie wieder beweglich. Meine Schwester machte eine Rohkostdiät über mehrere Wochen u. ihre Blasenschmerzen gingen weg. Ihr Hund rennt heute durch den Garten, vorher lag er trübsinnig in einer Ecke. Wir danken Dir.
Astrid, 56, aus Berlin«

»Lieber Sananda.
ich Gabi 68 Jahre alt wohnhaft im Frankfurter Umland, möchte mich von ganzem Herzen bei Dir für Deine Besendung bedanken. Ich habe ein ganzes Jahr an Schwindel und Gleichgewichtsstörungen gelitten, was auch immer mit Ängsten verbunden war. Dieser Zustand wurde allmählich immer besser und ist nun vollends verschwunden.Mein Mann hat schon viele Jahre unter Rückenschmerzen gelitten ,die auch erheblich besser geworden sind.Mein großer Herzenswunsch die Verbindung zu unserem lieben Herrgott herzustellen hat sich auch ganz wunderbar verändert.Ich finde nun immer öfter Kontakt zu meienm höheren Selbst und habe das Gefühl nach Hause zu kommen. Was auch sehr erfreulich und verwunderlich ist,ist die Beziehung zu meinem Mann,die voller Liebe ist.Wir sind nun schon 47 Jahre glücklich verheiratet und dürfen noch mal die innige Verbindung spüren,was uns beide sehr freut. ES gelingt mir immer mehr ins Vertrauen zu gehen,auch was meine wundervollen Kinder betrifft.Ich danke Dir und unserem lieben Vater für die Führungen und Hilfen. Ich segne Dich und Deine Familie und wünsche Dir weiterhin Schutz und die ganze Kraft für Deine Aufgaben«

»Lieber Geistheiler Sananda ich schreibe aus dankbarem Herzen . Ich bin derzeit zwar in der Uniklinik Köln in der Psychiatrie da mir die Erdung fehlte . Doch durch dich habe ich viel gelernt mich zu schützen und zu befreien. Meine behandelnden Ärzte haben alle jetzt raus das du ein Gottes Heiler bist. Selbst die Pflege bestellt sich deine Bücher. Es ist unfassbares passiert ich werde nicht mehr als phychotisch angesehen. Es geht ganzheitlich weiter. Morgen spreche ich mit dem Chef der Klinik der dich auch kennt. Ich bin befreit und unendlich dankbar. Keine Knochen mehr verschoben geheilt von Aids. UnD von allen Traumatas. Danke danke danke Gott und Sananda ich liebe dich . Deine Heike aus Köln 37 Jahre. Ich bin frei frei frei frei frei. Und kann mein leben aufräumen.«

»Geliebter Sananda,
noch vor ca. 4 Monanten wusste ich nicht einmal von deiner Existenz und deiner wundervollen Heilkraft. Und heute, gut 3 Monate nach Behandlungsbeginn, komme ich aus dem Wundern gar nicht mehr raus! Ich bin völlig überglücklich und unendlich dankbar, was in dieser doch recht kurzen Zeit geschehen ist. Seit über 7 Jahren konnte ich nicht länger als 10 Minuten (!) aufrecht stehen bleiben. Danach ging meine Kraft u. mein Kreislauf den Berg runter und wenn ich mich dann nicht schnell hingesetzt oder hingelegt habe, dann konnte man mich wieder »aufsammeln», oder den Notarzt rufen. Ich konnte eigentlich nicht mehr am normalen Alltagsleben draußen teilhaben. Die Angst umzufallen war unbeschreiblich groß! Ich hatte zu fast nichts mehr Kraft und konnte meinen Arbeitsalltag nur noch mit Mühe und Not durchstehen. Es war ein schrecklicher Kampf. Täglich!! Keiner konnte mir eine Ursache nennen.
Für alle war ich ein Rätsel. »Steh-behindert« ohne klinischen Befund?!?
Schon kurz nach Behandlungsbeginn ging es mir viel besser.
Seit ein paar Wochen bin ich nun stabil und kann wieder ohne Probleme stehen. Ich LEBE wieder !!! GOTT SEI DANK !!
Bärbel (51), Bodensee, Santinerin«

»Lieber Sananda,
nach reichlich 4 Jahren, hat meine, mittlerweile 18 jährige Tochter, ganz plötzlich Kontakt zu mir aufgenommen.
Damit habe ich gar nicht mehr gerechnet. Endlich sehen wir uns wieder und können uns wieder in den Armen liegen. Wie lange hab ich darauf gewartet. Ich danke Dir für all Deine Energie und Kraft, die Du den Menschen mit Herz und Seele zukommen lässt, die dafür bereit sind, solche Wunder erleben zu dürfen. Hoffentlich bleibst Du uns noch lange erhalten.
LG Madeleine 42 aus Berlin«

»Lieber Sananda,
seit meinem ersten Feedback nach Behandlungsende ist 1. innerhalb zwei Wochen nach Besendungsschluss mein schmerzhaftes Hühnerauge verschwunden, das ich Jahrzehnte hatte, und die Haut ist jetzt (zwei Monate später) ganz normal! 2. Als Zeichen meiner weiteren wunderbaren Besserung (von EBV mit Schwerbehinderung) hatte ich jetzt körperlich erstmals genug Kraft, drei Tage ans Meer zu fahren, da konnte ich nämlich VIER JAHRE LANG NICHT HIN!!! Das hat meiner Seele so sehr gutgetan, und es geht stetig weiter bergauf mit meinem Immunsystem, meiner körperlichen und seelischen Kraft u. Ausdauer beim Gehen u. Stehen! Für mich war/ist das ein Neubeginn. 3. Außer zu lesen arbeite ich spirituell auch weiter an MIR selbst (mit Hilfe), ich find's auch einfach spannend, und kriege jedes Mal Geschenke/Einsichten und spürbare Erleichterungen. Durch Deine Behandlung u. den jetzigen Schutz fließt alles. Habe bald einen größeren Wiederholungsauftrag zusammen.
DANKE und LIEBE zu Dir und Deiner Familie,
Deine Susanne (38), NRW«

»Lieber Geistheiler Sananda,
es passieren Wunder. Seit wenigen Wochen bin ich in deiner 4. Behandlung. Seit Kleinkindalter, litt ich bis vor kurzem an einer Tremorbelastung (Zitterei/Tatrig, was ich von meiner Mutter vererbt hatte).
Seit wenigen Tagen fällt mir auf, dass diese Zitterei, nur sehr geringfügig oder kaum zu merken ist, an meinen Händen, wenn ich einen Löffel halte.

Es ist ein deutlicher Beweis, dass du vollkommen Recht hast, dass zum Beispiel deine Heilenergie, wahrhaftig Wunder bewirkt.
Lieber Sananda, du bist ein Geschenk des Himmels und es ist mein sehnlichster Herzenswunsch, dass es alle Menschen hier auf der Erde auch nicht nur wissen, sondern dich und deine unermüdlichen göttlichen Taten auch wertschätzen.
Auch wenn ich oft herausfordernde Situationen (gesundheitlich noch habe) gegenüberstehe, bin ich aber frohen Mutes, dass noch weitere Heilungen bei mir greifen. Wie du immer sagst, was man Jahrzehnte mit sich herumschleppt, kann nicht in wenigen Monaten weg sein. Nur mein Unterbewußtsein, darf den Schalter auf Heilung, gelegt bekommen. Lieber Sananda, sei du und deine Familie und deine Tiere mehrfach gesegnet, Dein Bruder Frank, Danke, Danke, Danke«

Lieber Sananda, es ist erstaunlich. Die Verbesserungen seit der Behandlung bei dir sind folgende: Meine Wahrnehmung für die Schönheit der Natur sind wieder viel feiner geworden. Ich bin den Sommer über an jeder Blume stehengeblieben und habe gestaunt über die Schönheit, die vielen Farben die zarten Blätter. Schmetterlinge, Vögel, Insekten und fröhliche Menschen bewegen mich sehr. Es ist ein bischen so, als wäre ich grade erst »wieder in Freiheit entlassen worden». Ich habe eine tiefe Ahnung davon bekommen wie meine Mitmenschen und ich sein könnten, wären wir frei von Besetzungen und wären alle unsere Ahnen erlöst. Langsam werde ich wieder zu dem Menschen der ich als Kind einmal war und ich spüre eine unerschütterliche Liebe zum Leben und Vertrauen in Alles. Zeitweise war das alles sehr verschüttet und Medikamente wie Ritalin hatten meiner Wahrnehmung und Motorik dermaßen zugesetzt, dass ich glaubte für immer »geistig und motorisch verkrüppelt» zu sein. Es fehlten Farben, Details, Zwischentöne. ich durfte auch erkennen, dass es »hochsensible» Menschen gibt, die leider doch keine Freude fühlen. Vielen Dank. Deine Arbeit ist sehr besonders. Astrid, 35 aus Niedersachsen«

»Lieber Sananda, ich danke Dir herzlich für Deine Behandlung. Nach meinem Auftrag an Dich, hatte ich in der drauffolgenden Nacht, nach langer

Verstopfung endlich Verdauung. Ach, war das eine Wohltat! Die ganze Nacht durch durfte ich endlich stuhlen. Nach einem Skiunfall, wurde mir im Mai 17, bei einer Operation ein Kreuzband eingesetzt und der Miniskus operiert. Das gerissene Innenband und die Brüche mussten selber heilen. Alles schmerzte stark, besonders nachts. Bald wurde mein linkes Bein wieder sehr stark, ich knickte weniger ein und hatte nachts keine Schmerzen mehr! Seit meiner Kindheit fühlte ich mich minderwertiger als die kleinste Person auf Erden! Ich litt zeitlebens darunter. Kurse, um meine Selbstsicherheit zu schulen brachten nichts. Plötzlich durchzog es mich wie ein Blitz: ich wusste, dass ich genauso viel Wert bin, wie jeder Andere auch. Nur schon das, lieber Sananda, war der Auftrag wert! Heutzutag bin ich viel ruhiger, stehe zu meiner Meinung und kann sie auch vertreten. Ich schäme mich meiner nicht mehr. Es ist so schön! Mein Kopf schmerzt sehr viel weniger als früher. meine Schwester & ihr Mann waren plötzlich nett zu mir. Herzlichen Dank! Monika, 59, CH«

»Lieber Sananda
Ich wollte Dir nur kurz mitteilen, dass ich als ich heute auf Deine Seite ging, von Bruno Gröning und Dir gelesen habe..
Nun bevor ich bei Dir eine Anfrage für eine Behandlung gemacht habe, war ich eine Zeit lang in der Gemeinschaft von Bruno Gröning in Bern.Und jetzt kommt es: Auf einem Gestell (eine Art Altar in meinem Schlafzimmer, sind ein Foto von Dir auf der eine Seite und auf der anderen das von Bruno Gröning!. Mein Unterbewusstsein muss das irgendwie gewusst haben.
Ich hatte Gänsehaut.. Alles Liebe Dir ,viel Schutz und vielen Dank im-Namen der Menscheit für Deine Anwesenheit hier auf diesem Planeten!!!.
Herzlich Doris«

»Lieber Sananda, ich hatte dir einen Auftrag erteilt für meinen Bruder, der von nichts weiss.
Folgende sehr erfreuliche Mitteilungen habe ich aus seinem Umfeld bekommen: Ihm geht es psychisch viel besser, auch seine Schmerzen auf der Lunge sind weg. Er hat auch die Kraft wieder, für seine Kinder dazu sein.
Er hat sogar ein Wohnwagen gekauft für seine zwei kleinen Kindern, und

verbrachte mit ihnen tolle Ferien.
Ich bin so erleichtert und dir so dankbar, dass es ihm wieder besser geht.
Vielen herzlichen Dank für dein Tun.
In Liebe Bernadette (54) Schweiz«

»Ich habe mein ganzes Leben lang große Probleme mit meinen Zähnen. Hatte am rechten Schneidezahn schon sehr früh eine Wurzelbahandlung. Woraus10 Jahre später eine Entzündung entstand, die meinen Knochen angegriffen hat. Dadurch starb der linke Schneidezahn ebenfalls ab. Die Wurzeln worden gekappt, um die Entzündung zu entfernen, was nichtrichtig half, da ich auch weiterhin Schmerzen hatte.
Es belastete mich wahnsinnig! Ich wusste nicht weiter und mein Zahnarzt sagte sie müssten raus. Ich war verzweifelt und so habe ich Sananda im Oktober'17 beauftragt. Ich merkte einen Tag später als ichdas Geld überwiesen habe, starkes kribbeln in den dem Bereich. Spürte das tiefe Vertrauen, dass es nun endlich heilen würde. Etwa ein halbes Jahr später, kamen leider vermehrt wieder Schmerzen und besorgten mich. Ich beschloss mich für einen Wiederholungsauftrag und merkte wieder sofort das kribbeln und die Schmerzen sind wieder viel seltener und leichter geworden. Ich bin mir sicher, dass es ausheilt. Zudem hat sich mein Bewusstsein sehr verändert. Ich spüre feinfühliger, welche Menschen nicht gut für mich sind. Sowie Zeichen der geistigen Welt.
Zudem hatte Ich ein sehr großes Problem mit Blasenentzündungen, die einfach nicht verschwinden wollten. Mittlerweile habe ich gar keine mehr! Ich bin Sananda und der geistigen Welt unendlich Dankbar! Es ist ein unbezahlbares Geschenk! Die Verfügungen und Gebete wende ich täglich an und spüre sehr deutlich, dass sie wichtig sind. Ich wüsste auch nicht was ich ohne diese tun würde.
Gott schütze dich und deine Familie. Unendlichen Dank, Julia 24 aus der Nähe von Hamburg«

»Lieber Sananda,
schon lange ist es mir ein Bedürfnis »Danke» zu sagen. Heute tue ich es. Ich kann mich gar nicht mehr genau daran erinnern wie du in mein Leben

getreten bist. Plötzlich warst du da und begleitest mich. Wunderbare Dinge passieren seitdem.
Z.B. hatte sich die letzten fünf Jahre ein finanzieller Engpass bei mir aufgebaut und das, obwohl ich sehr gut verdiene. Die äußerenUmstände waren einfach so, dass ich immer wieder »finanziell einspringen» musste.
Während einer Behandlungsphase erreichte mich dann plötzlich über Nacht ein unerwartetes Geschenk: 20000.- €! Damit konnte ich viel Nützliches und Gutes tun. Am meisten freute es mich, dass ich meine Mutter zu einem Urlaub ans Meer einladen konnte. Durch deine Behandlung und auch durch diese schönen Erlebnisse am Meer hat sie neue Lebenskraft geschöpft, hat Selbstvertrauen gewonnen und sprüht vor geistiger Schaffenskraft. Das Schönste aber ist, dass wir beide uns wieder näher gekommen sind auf eine Art, die ich so bisher noch nicht kannte.
Lieben Dank dafür! Renate, (54) Münsterland«

»Lieber Sananda, zuallererst – vielen herzlichen Dank dass du mich und meine Familie behandelst! Unser Sohn, 11 Jahre, hatte jahrelang eine Gräserallergie mit ständig laufender Nase, täglich arges Nasenblut, juckende rot geschwollene Augen. Seit deiner Behandlung hatte er so gut wie KEINE Symptome mehr!! Tausend Dank! Auch geht er wieder gerne zur Schule und hat neue Freunde gefunden! Die aggressive Stimmung zwischen meinen Schwiegereltern ist weg! Alles harmoniert viel besser!
Es ist alles viel liebevoller. Ich fühle einen inneren Frieden, habe mehr Freude am Leben. Auch beruflich habe ich eine innerliche Gewissheit dass ich auf dem richtigen Weg bin. Was meinen Mann betrifft bin ich sicher dass der Tumor nicht wieder zurückkommt. Was unsere Wohnsituation anbelangt – es fühlt sich so an dass sich auch hier bald was ändern wird und wir aufs Land ziehen werden. Es ist keine Stillstand mehr – es tut sich was. Ich danke dir von ganzem Herzen für das was du tust!! In Liebe, Iris, 36 aus Oberösterreich«

»Lieber Sananda du bist ein Gottesgeschenk für uns und ich bin unendlich dankbar. Dies ist mein 1. Feedback nach dem ich deine Abschlussmail erhalten habe. Das Bewusstsein, dass nun nochmals intensiv Befreiung und

Heilung stattgefunden hat und ich nun weiß, eine Santinerin zu sein, erfüllt mich voller Liebe, Freude und mit einem Gefühl des »angekommen Seins«. In den 3 Monaten deiner Behandlung, dem eintauchen in deine so hohes Lichtenergie habe ich Tagebuch geführt. Es war eine Zeit der Erkenntnis und viele kleine Schritt die mich in mehr Bewusstsein brachten. Heftige Träume mit Erkenntnissen auch Verarbeitung von Vergangenheit, Hinweise im Außen die ich erkennen konnte, Impulse derReinigung, die Gebete von dir anzunehmen, hier kann ich besonders die Energie bei Lösung der erdgebundenen Seelen spüren, es ist jedes mal eine Wohltat. Selbst mein Hund hat Nachts auf einmal Wohlbehagen-Tönevon sich gegeben, die ich so noch nicht gehört hatte.
Nach der Abschlussbehandlung war er total schmusig und wollte ständig gestreichelt werden. Die von dir erwähnte DNS Korrektur habe ich auch wahrgenommen, ich habe gespürt das in meinem System etwas in Ordnung gebracht wurde, so wie es sein soll und das sehr intensiv.
Ich bin jetzt sehr verbunden mit meiner Herzenergie und nach der Abschlussbehandlung kamen auf einmal einige Menschen auf mich zu, wunderbar. Soviel Liebe in mir hatte ich schon lange nicht mehr gespürt. Ich weiß, dass sich meine Seele, mein Bewusstsein nun immer mehr entfalten wird.
Körperlich hatte ich nichts angegeben, aber meine Schmerzen am Steißbein die jahrelange immer wieder kamen, sind verschwunden. Noch ganz wichtig: negative Gedanken in mir, wo ich genau wusste die sind nicht von mir, sind komplett verschwunden!
Von ganzem Herzen DANKE lieber Sananda
Petra, 56 Jahre, Nähe Flensburg«

»Lieber Sananda,
ich möchte mich von ganzem Herzen bei dir bedanken. Es hat sich seit deiner Behandlung so viel getan bei mir. Ich kehre Schritt für Schritt zurück ins Leben. Bis vor kurzem war mein Alltag geprägt von Ängsten, Schwindel, Übelkeit und am ganzen Körper schmerzen … ich konnte kaum mehr arbeiten gehen und nicht mehr Auto fahren … es war eine Qual für mich … dann hatte ich ganz schreckliche Gedanken und wolle wenn ich ehrlich bin nicht mehr auf der Welt sein. Jetzt erst spüre ich mich wieder … und stehe nicht mehr völlig neben mir … und habe wieder Freude am Leben.

Mein Umfeld bemerkte auch die Veränderungen … endlich kann ich wieder lachen … und mein Aussehen hat sich verändert … ich sehe wieder gesund aus … und das ist sehr schön.
DANKE lieber Sananda … ich kann es kaum in Worte fassen wie es sich anfühlt für mich.
Ich wünsche dir und deinen lieben ganz viel Kraft … schön das es dich gibt … Umarmung Heike, 41 aus Vorarlberg«

»Hallo lieber Sananda,
ein großes Dankeschön für all Dein Tun und Wirken an und in mir und in der Welt.
Nach 2 Jahren habe ich nun den Wiederholungsauftrag im Juni 2018 an dich erteilt und ich bin sehr glücklich darüber. Fühle mich sicher und geborgen in deiner Energie. Es hilft mir täglich, mich in Deinem Schutz, im Schutz und in Begleitung der Geistigen Welt, in Gottes Schutz zu sein.
Deine Gebete und Rituale, die ich morgens und abends bete, sind mir ein Bedürfnis und helfen mir sehr, in meiner Mitte zu sein bzw. wieder in meine Mitte zu kommen, wenn ich mich einmal habe »herausziehen» lassen.
Auch unterwegs ist die Blitzverfügung mein ständiger Begleiter – im Zug, Bus, an den Haltestellen … Auch das Lichtschwert hat mir (und meinem Mann) bereits öfter sehr geholfen.
Mit deiner Hilfe ist es für mich wesentlich leichter, den Herausforderungen des Lebens zu begegnen.
Danke danke danke für alles.
Folgendes hat sich in letzter Zeit gesundheitlich verbessert:
• Das Zischen im Kopf ist oft weg.
• Auch eine Ordnungs- und Sauberkeits-Blockade hat sich letzthin gelöst.
• Sogar meine oberen mittleren Schneidezähne, die Mutter und Vater symbolisieren, sind seit dem ins Licht schicken meiner Eltern von dir sehr nahe gerückt.
• Symptome, die ab und zu wieder auftauchen, verschwinden sofort oder in kürzester Zeit, sobald ich in meinen Gedanken an die Körperstellen gehe.
• Meine Brille(n), die ich 57 Jahre den ganzen Tag getragen habe, trage ich zuhause und auch teilweise unterwegs nicht mehr. Es verändert sich etwas an meinem Sehvermögen …
• Trotz seit 20/30 Jahren Konten im Halsbereich und inhomogenem Gewebe

und dringender Schilddrüsen-Operationsempfehlung meiner Ärzte, ist der obere Teil der Schilddrüse in Ordnung (evtl. neu gebildet, da sie stark vergrößert ist). Meine Schilddrüse arbeitet zu 100 % lt. Befund im April 2018.
• Auch meinen Essensdrang habe ich jetzt besser im Griff. Esse wieder vegetarisch, was mir relativ leicht fällt (habe bereits mal 12 Jahre vegetarisch gegessen, als ich einen spirituellen Weg ging).
Auch Verfügungen habe ich schon geschrieben – mit Erfolg.
Es ist sooo wunderbar und ich danke dir von Herzen für Deinen Mut in den »Aktuelles», Deine Kraft, Deine Energie, die du in den Interviews ausstrahlst. Dass du trotz des vielen Stresses, dem du da ausgeliefert bist, immer weiter machst.
Danke für alles lieber Sananda.
Ich wünsche dir weiterhin Stärkung deiner wunderbaren göttlichen Energie und alles liebe – auch für deine Wegbereiterinnen. Herzlichst Ursula, 69, Thüringen«

»Lieber Sananda,
mein Behandlungsauftrag an Dich kam v.a. deswegen zustande, weil ich mich in der Vergangenheit emotional sehr oft so ausgesprochen unausgeglichen und von »meinen» Emotionen so oft so gebeutelt gefühlthabe, dass ich sehr oft regelrecht »ausgerastet» bin, was ich leider sehr oft an meinen Lieben und meinen Mitmenschen gegenüber ausgelassen habe.
Mit Deiner Behandlung, lieber Sananda, hast du mir zu einem viel höheren Bewusstsein verholfen und mich von all meinen Besetzungen befreit, was ich unmittelbar nach Beginn Deiner Fernbehandlung in einer bis dato nicht gekannten »emotionalen Leichtigkeit» zu spüren bekommen habe, als ob eine zentnerschwere Last von meinem Emotionalkörper genommen worden wäre, was durch keine andere Behandlung/Therapie zuvor erreicht werden konnte.
Ich habe mich plötzlich »ums Herz herum» so wunderbar »leicht» gefühlt, unbeschreiblich schön- und Dank Deiner Verfügungen und weiteren Instruktionen kann ich diese Leichtigkeit nun aufrechterhalten und weiter ausdehnen.
In unendlicher Dankbarkeit und Liebe und mit Schutz und Segen für DICH und DEINE LIEBEN, Christine (42 Jahre, Santiner) aus der Region Stuttgart/BaWü/Deutschland»

»Hallo Sananda!!
Vielen, lieben Dank für die Behandlung! Ich schrieb dir schon einmal,das der Grund warum ich dich gefunden habe, viele Gebete an Gott waren, da ich große Probleme mit meiner Energie hatte. Ich war sehr kraftlos, antriebslos und total müde ohne Ende.
Nach den 3 Monaten Behandlung bei dir, ist alles weg!!! Ich fühle mich so leicht, als könnte ich fliegen, als hätte damals die ganze Welt auf meinen Schultern getragen. Ich habe jetzt so viel Kraft und positive Energie das ich fast garnicht mehr weiß wo hin damit;) ich muss dadurch mein Alltag ändern so das ich auch ausgelastet(Sport) und gefördert(kreativ sein) bin. Ich suche mehr Kontakt zu Menschen … Das geht für mich unter die Kategorie »Wunder»! Meine Mitmenschen kriegendas auch mit. Ich bin wieder der Wirbelwind, der ich immer war.
Zudem bin ich auch viel positiver und gelassener geworden. Den nachdem ich ALLE deine Videos gesehen habe, dein 2 Buch gelesen habe und deine Abschlussmail, bin ich viel mehr im vertrauen und habe den aller größten Teil meiner Angst verloren.
Also viele vielen Dank Sananda für alles. Du bist wirklich ein Geschenk für die Menschheit und den ganzen Planeten. Schön das es dich gibt und ich freue mich jetzt schon auf dein nächstes Video/Interviewbzw. neues von dir zuhören.
Liebe Grüße Leila Al-Roubaie«

»Lieber Sananda.
Ich möchte mich für deine Behandlung und Besendung von Energie aus ganzem Herzen bedanken. (Wiederholungsauftrag) Ich spüre, dass es in meinem Energiefeld immer lichter und leichter wird. Und ich dadurch immer mehr Kraft habe. Ich fühle auch dass viele Dinge aus der Vergangenheit sich emotional nochmals zeigen. Mein Körper reagiert und es fühlt sich an wie eine Reinigung nach einer Erkrankung und ein Loslassen und eine Klärung von alten Energien und Mustern. Ich habe durch deine Behandlung Tag um Tag mehr Vertrauen ins Leben, und dass alles in der göttlichen Ordnung ist. Immer wenn es anstrengend ist, denke ich an deine Ermutigungen die du auf deiner Internetseite schreibst und dass mir nichts und niemand mehr Angst machen kann, weil ich ja weiß was hier auf der Erde läuft. Danke für deine wunderbare Arbeit. Silvia, 52, Wr. Neustadt«

»Lieber Geistheiler Sananda ich bins wieder die Heike aus Köln 37 Jahre. Diese wertvolle Zeit auf Erden werde ich nie in meinem Dasein vergessen. Du bist nicht nur ein Glücksbringer sondern der Erlöser von allem. Ich kann nur staunen.War vom Weg abgekommen. Hatte mich in der Geistigen Welt verlohren seid meiner ersten Behandlung . Da konnte ich die Gebete nicht mehr sprechen. Und hatte 1 Jahr einen total Ausfall.
Zum Glück buchten meine Eltern die 2. Behandlung. Die sogenannte Phychose war so heftig das alles zusammen brach. Ab dem Zeitpunkt wo ich die Auftragsbestätigung der 3. BEHANDLUNG bekam ; wie auf Knopfdruck blieb Alles stehen . Der Weg zurück ins Licht war da und alles sortiert sich neu. EIN RIESEN NEUBEGINN IN MEINEM LEBEN.
TAUSENDFACH DANKE LIEBER SANANDA .DU BIST DER ERLÖSER DER MENSCHHEIT …
Du verdienst den höchsten Respekt für dein Wirken auf allen Ebenen.Solche Wunder habe ich noch nie erlebt …
Bin jetzt klar und wachsam. Sehe Alles genau mit dem dritten Auge. So kann ich mich jetzt mit den Gebeten schützen. Ich bin ruhig und gelassen, glücklich und dankbar . Habe endlich gefunden wo ich immer nach suchte. Den Halt und Liebe …
Danke Asthar Sheran . NAMASTE SANANDA«

»Lieber Sananda,
ich möchte erneut Fortschritte in unserer Familie mitteilen. Meine Tochter war die letzten 5 Jahre schwer krank, mit sozialer Phobie, Ängsten und Depressionen, regelmäßige Schulbesuche und Freunde treffen und Hobbies gab es nicht mehr. Jetzt beginnt sie kommende Woche ein Langzeitpraktikum und trifft sich mit Menschen und war sogar in Berlin. Das ist der absolute genialste Megahammer, ich danke dir so zutiefst und ja ich halte meine Sinne im Himmel seit deiner Behandlung, es ist gut jetzt. Herzensdank Du wirkst wirklich Wunder !!!! Keep on shining ;-)!! LOCE Corinne aus RheinLand Pfalz 40 J«

»Lieber Sananda, bei meiner Brüder Mladen B. es hat sich sehr verbessert, seine kemo terapije ist jetzt gestoppt,es wirkt es andere Mensch, ganz posi-

tiv zu sein! Vielen Herzlichen dank! Bei mir ist irgendwie alles anders; gut, glücklich (obwohl ist alles gleich), meine Reuma ist viel besser!
Ich Danke Gott das ich bei dir gelandet habe ! Gott schütze dich, und gibt dir Viel Kraft , ich liebe dich von ganzem Herzen! Bei Tochtern auch, und allen anderen!
Es freut mich sehr von dir zu hören was du uns schreibst, ich bin sehr neugierig! Danke vielmals- tausend mal DANKE! DANKE! DANKE!
Ich fülle deine Kampf, und es tut weh, Gott schütze dich immer! Es ist zwei Monaten von Anfangs unsere terapije, und es geht bergauf!
Ich bin unendlich dankbar dich zu haben! Wir lieben dich, bis ich das schreibe fülle ich deine Anwesenheit, wirklich!
Herzlichen Gruß j. Dobler«

Lieber Sananda, herzl. Dank für die 3. Behandlung u. Beantwortung derKulanzfragen. Möchte ein zusammenfassendes Feedback geben. Zu Beginn der 1. Behandl. hatte ich das Gefühl noch eine Prüfung bestehen zu müssen. Eins meiner Kaninchen, welches zum Zeitpunkt krank war, starban Organversagen sehr leidvoll. Die Tierärztin erkannte nicht, dass es todkrank ist und verweigerte es einzuschläfern. So schlimm es auch war, sah ich es als einen Reifetest für mich, ob mein Glaube zu Gott schon stark genug sei, welchen ich ja gerade erst durch dich gefunden hatte. Mein Herz sagte mir jedoch, es ist so vorgesehen, es wird einen Grund dafür geben es zu akzeptieren. Dennoch habe ich die große Gnade u. Gabe Gottes erfahren u. verinnerlichen dürfen, dass Bewusstsein, Dankbarkeit u. Demut der Schlüssel zur Heilung ist. Für mich ist es ein Segen den Alltag ohne Kopfschmerz/ Migräne u. sämtliche Ängste/Panik durchleben zu können.
Des Weiteren stellte sich sofort DER Bewusstseinssprung ein, für mich das Wichtigste was passiert ist … sofortiges Erkennen des verheerenden Tierleides mit gleichzeitiger Nahrungsumstellung, kein Fernsehen, Radio, Zeitung, absolute Empfindlichkeit gegen Lärm, Knallerei u.ä. mit Fauna u. Flora stärker verbundenals jemals zuvor.
Vor ein paar Wochen kam mein Krafttier auf wundersame Weise in mein Leben, es bereichert mich ungemein! Meine Tochter bekam nach erster Absage doch noch ihren Ausbildungsplatz. Die Nierenwerte meines Vaters,er hat nur eine, verbesserten sich sehr. Finanzen haben sich stabilisiert, Tiere sind gesund u. glücklich, habe durch deine Energiebesendung noch genug

Kraftreserven, trotz Schichtarbeit u. fühle mich stark, verjüngt und extrem beweglich. Es geschehen so gut wie keine negativ belastenden u. sonderbaren Dinge mehr, bei denen ich mich früher oft fragte, warum nur mir sowas passiert.
Die göttliche Bewusstwerdung u. damit verbundenen Erkenntnisse sind zu meinem wichtigsten Lebensinhalt geworden. Bedingungslose Liebe habe ich in Jesus, verkörpert durch dich Sananda, gefunden. In tiefster Dankbarkeit für das alles, dass du immer noch das Kreuz für uns trägst und für deine unendliche Liebe (und Energie) zu allen göttlichenWesen.
Herzlichst, Katrin (49), Erzgebirge»
»Lieber Sananda, ich bins nochmal. in Deinen Oktober-News habe ich gelesen, dass der Status jeder Person in dieser Zeit oft hin un herspringen kann. So ist das wahrscheinlich auch bei meiner Familie denke ich. Seit letzter Woche ist ein großes Überbein an meiner linken Hand von heute auf morgen fast verschwunden. Echt ein Wunder. Ich habe mich Jahre damit herumgequält. Danke von ganzem Herzen. Ich hoffe ja,dass noch einiges passiert. Vielen Dank und liebe Grüße Kerstin , Vogtland«

»Lieber Sananda.
Ich danke dir für deine tollen unglaublich wirksamen Gebete. Ich mache sie mittlerweile täglich. Ich spüre sofort starke posutuve Energie. Ixh merke wie mein Bewusstsein sixh förmlich weiter entwickelt aber ich bin noch nicht am Ende angekommen.
Ich danke dir für deine Hilfe. Ich übeelege noch einen zweiten Auftrag zu geben Weil ich spüre das nur dies der richtige Weg ist und sein kann.
Du hast mit allrm Recht was du sagst und schreibst. Ich danke dir für deine Hilfe. Meine Launen Agressionen sind deutlich zurück gegangen. ich arbeite täglich an mir und bekomme soviel positibmved feedback von meinem mich liebenden Umfeld. Ich habe mich von Menschen entfeent die mir nicvt gut tun und mir Eneegie rauben. Ich danke dir für all das was du tust Ich bete für die Rettung unserer Erde. Es wird alles gut werden.
Danke Sananda Absender: Vorname: Eva«

»Lieber Sananda, mir ist gerade wieder so sehr bewusst geworden aus welcher lebenslangen tiefsten Dunkelheit du mich durch deine Behandlungen heraus geführt hast. Dich gefunden zu haben im Juli 2017hat mir mein Leben gerettet, das soll jetzt nicht pathetisch klingen, aber ich könnte meine jetzige Situation, Pflege meiner sterbenskranken Mutter und meiner alten Hündin niemals wuppen, wenn du mein Leben nicht von Grund auf verändert hättest, geistig, körperlich und finanziell. Ich kann rückwirkend zu meinem alten Behandlungsfeedback noch hinzufügen, das sich kein heuschnupfenbedingtes Asthma mehr gezeigt hat (dieses hat mir mein Leben immens erschwert), mein Körperfühlt sich immer noch leicht und locker an (nach extremen Verspannungen und Verkrampfungen in Schultern und Rücken, Gefühl einer tonnenschweren Last und extremsten Erschöpfungszuständen), die 22 kg die ich abgenommen habe (durch Entfernen von schwersten Besetzungen – nur eine Vermutung) konnte ich bei 3 kg umwandeln in Muskelmasse und befinde mich jetzt nicht mehr im Untergewicht, sondern habe mein absolutes Wohlfühlgewicht durch mein Fitnesstraining erreicht (das erste Mal in meinem Leben, dass ich Sport machen kann, war aufgrund schwerster Depressionen nie möglich). Die Trainerin war total erstaunt, dass ich das in nur 3 Monaten geschafft habe. Ich bin auf dem Weg zum Veganer, rauche nicht mehr und habe meine größte Sucht »das Seriengucken im TV» total überwunden und schäme mich fast für meine vergangene Abhängigkeit. Außerdem hatte ich überhaupt keine Wechseljahrbeschwerden. Momentan werde ich von meiner Seele und der geistigen Welt von einem wunderbaren Buch zum anderen geführt, dass mir hilft mehr und mehr ins Fühlen und so in mein Herz zu kommen, in meine Mitte und dadurch noch mehr und stabiler ins Vertrauen in Gott und die göttlich Energie und das für mich gesorgt ist und das ich geführt werde, wenn meine Situation sich hier verändert. Ich danke dir für dein Sein, für dein Aktuelles (deine kostenlose Flut an Infos macht mich immer wieder fassungslos) und einfach dafür, dass du DA bist, hier unter UNS und uns beistehst. Deine Ausstrahlung in deinem Video hat mir wieder Mut gegeben und du strahlst in deinem Video, obwohl die Entstehung so ein Kampf war. Auch deinen persönlichen Krieg, den du mit deiner Familie durchstehen musst wundert mich nicht, du bist eine Bedrohung für die Dunkelheit, aber du bist und bleibst das strahlendste, hellste und wärmste Licht, dass auf dieser Mutter Erde leuchtet. Dafür meine tiefste Dankbarkeit und Liebe, möge dein Schutz unendlich sein. Es ist eine Gnade Gottes für mich, dass ich dein Licht finden durfte. Anna 56 aus Bad Staffelstein«

»Lieber Sananda, mein Auftrag liegt jetzt zwei Jahre zurück. Ich möchte Dir gerne berichten, dass ich gestern bei einem anderen Neurologen war aufgrund des M. Parkinson. Mir geht es mit den Tabletten (nur noch eine sehr geringe Dosis) nicht gut, aber wenn ich sie weglasse geht es mir auch schlecht. Ich merke noch eine Restsymptomatik vom M. Parkinson. Der neu gewählte Neurologe rät mir nun zu versuchen die Medikamente ganz abzusetzen. Er schlägt dann einDaTSCAN vor, um seine Meinung nach seiner Untersuchung gestern zu bestätigen, nämlich dass KEIN Parkinson mehr vorliegt!!! Wie ich es nun schaffe die Medikamente abzusetzen weiß ich noch nicht. Es ist sehr schwierig. Ich hoffe mein Gehirn / Körper erholt sich noch weiter. Somit wäre es doch super, wenn ich Dir bald sogar einen Beweis durch die DaTSCAN Aufnahmen liefern könnte, dass durch Deine Behandlung auch Parkinson nach (jetzt) 16 Jahren geheilt wurde. Vielleicht bleibt kein irreparabeler Schaden durch die langen Besetzungen zurück, wie Du es auf Deiner Seite erklärst und Du kannst auch in diesem Bereich Wundervollbringen! Wie siehst Du das ganze? Ich würde mich sehr über eine Antwort freuen, wenn Du die Zeit dafür findest. Im tiefsten Vertrauen und herzlichste Grüße Beate U. geb. 1975«

»Hallo Lieber sananda Mir und meiner Tochter ging es nach drei tagen schon fiel besser Ella damals 2 klagte über Knie schmerzen (halbes Jahr) auf beiden Seiten , ich habe auch beobachtet das ihr gang etwas schief war . nach 3 tagen klagte die kleine Ella nie wieder über schmerzen ! ! ! Sie hatte auch keinen schiefen gang mehr .Auch ich hatte schmerzen in der Hüfte und in den Knien das verschwand auch in kürzeste Zeit Ich danke dir ! ! ! Absender: Vorname: Katharina«

»Hallo Lieber sananda
Nach der Geburt meiner Tochter hatte ich schreckliche Gedanken die sich immer wider wiederholten im 2 Stunden Takt das ich mein Kind (aus dem Fenster runter fahlen lasse) Das zu mir das Jugendamt kommt und die kleine mit nimmt) (3 Monate lang) so wie ich dir davon geschrieben habe merkte ich am gleichen Tag noch das diese Gedanken nicht mehr kommen. Ein absullutes wunder ! ! ! So wie der Rest deiner Behandlung !!! Ich hatte

ganz schlimme Zahn schmerzen im Unterkiefer und 4 Tage nach dem absenden des Auftrages hatte ich keinen schmerz mehr ! ! so ist mir auch ein Loch in meinem Zahn teilweise zugewachsen das bemerkte ich am ende der Behandlung (mit denn Zähnen hatte ich schon seit der Kindheit meine prblemme …

Ich war auch nicht mehr in der Lage einen deutschen Satz zu schreiben(vormoliere) ich war absolut ferwiert und besetzt mir ging es einfach schrecklich hatte auch schreckliche Bach Krämpfe die mich jeden Tag nach der Geburt platt machten gluttenunferträglichkeit Du bist für mich mein Held Und mein Retter in der wohl schlimmsten Zeit in meinem Leben. Ich möchte dir auch von meiner Hunde Dame erzählen Sanny(10 Jahre)sie hat eine Verletzung im Knie Gelenk und könnte nur mehr auf drei Beinen hüpfen Seit die Behandlung angefangen hat kann sie wider mit 4 Beinen gehen sie hebt immer wider das Bein hoch doch es grenzt an ein wunder das es ihr so gut geht nach einer so kurz Behandlungswegezeit 13 Tage ich danke dir Ich hoffe das sie wider glücklich wird und laufen kann. In Verbundenheit Katharina Ich wünsche dir und deiner Familie von ganzem Herzen alles erdenklich gute Katharina 28 Jahre«

»Lieber Geistheiler Sananda

Ich bin dir wirklich dankbar das du mich von meinen negativen Energien befreit hast.

Ich verlor meine Ausbildung. Hatte schwere konzentrationsstörungen, Anzeichen von Demenz.

Angst in Gegenwart von anderen Menschen. Konnte mit keinen Menschen mehr richtig sprechen vor Blockaden. Wendete mich von allen Menschen ab. Machte nur noch Fehler, sah keinen Ausweg mehr. Mein Schlaf wurde immer schlechter und ich wachte frühs oft mit extrem schlechten Gefühlen und Gedanken auf. Seit deiner Behandlung fühle ich mich Woche für Woche besser und bin wieder geistig vitaler. Ich fühle wieder positive Emotionen und mein schlaf wird immer besser und erholsamer.

Ich kann endlich wieder besser mit Menschen reden und spüre ganz klar keine blockaden mehr. Ich kann mich endlich wider vernünftig verständigen!! Positiv verständigen! Ich bekomme endlich wieder positive Emotionen, ansporne, Gefühle und Gedanken rein. Ich werde Woche für Woche glücklicher!! Ich danke dir das du mich von meiner schweren depression befreit hast und ich endlich wieder glücklich sein kann. Wieder in einen lebenswerten Moment eintauchen kann. Ich bin dir unendlich dankbar LG Chris, 20 Jahre«

»Lieber Sananda,
es geschehen unglaubliche Dinge in meinem derzeitigen Leben und ich könnte sie gar nicht alle aufschreiben, da ich sonst Bücher schreiben müsste, wovon es ja bekanntlich schon unzählige gibt. Deine Energie ist wirklich phänomenal und ich kann das voll spüren!
Du bist tatsächlich zur Zeit weltweit der stärkste Heiler und ich weiß was ich sage,da auch ich ein Indigo bin.
Lass uns gemeinsam dem Licht zum Sieg verhelfen. In tiefer Verbundenheit Stefan zur Zeit irdisch aus Trier«

»Lieber Sananda, ...immer wieder DANKE, es ist sehr wundervoll und einmalig, was du in meinem und meiner Familien Leben bewirkt hast.
Deine Schutzgebete die ich täglich anwende sind Schlüssel zum Glück und zur Freiheit. Das alle ist mit Geld nicht zu bezahlten! Der zweite Auftrag an dich ging am 25.05.2018 raus. Ich war schon immer stark depressiv, traurig und energielos. Hatte sehr viel mit Schmerzen zu tun. War früher sehr blockiert. Es ist alles weg. Bin eine sehr ausgeglichene und selbstbewusste Frau. Es ist ein ganz anderes Leben was ich führen darf. Habe viele Muttermale die immer kleiner und heller werden, bis sie verschwunden sind. Ich habe gar keine Schmerzen mehr. Die Schulmedizin konnte mir in den 25 Jahren nicht helfen. Vom Arzt bekam ich entweder Schmerzmittel oder Antibiotika. Was auf die Dauer nichts gebracht hat. Meine Blutwerte sind top. Ich bin belastbar. Es sind tausend kleine, schöne und positive Dinge und Geschenke die mir jeden Tag passieren. In unserer Familie herrscht pure Harmonie. Es ist herrlich. Zu wissen wer ich bin ist großartig.
Ich verneige mich in Dankbarkeit und Demut. Danke, liebe Grüße,
Brigitte aus dem Raum Hannover (46 Jahre)«

»Hallo Sananda,
danke, für alles was sich in den letzten 3 Monaten positives getan hat.
Es gibt positive Veränderungen auf allen Ebenen:
Beruflich: Durch eine Standortschliessung musste ich den Job wechseln.
Und es ist genau so eingetereten, wie ich es mir vorgestellt habe:
Ruhiges Umfeld, Mittagspause im Grünen, Nette Kollegin u. Kollegen und ich bin in meinem Wunschstandort und Wunscharbeitsfeld gelandet. Da ich bisher immer unheimlich viel Energie in die Verwirklichung meiner beruflichen Ziele habe stecken müssen, ist das mehr als aussergewöhnlich für mich, denn es ging wirklich reibungslos.
Körperlich:
Meine Achillessehne, mit der ich seit Jahren Probleme bzw. Schmerzen hatte, wird immer besser. Meine Spannungskopfschmerzen, die ich regelmässig hatte, sind nahezu weg.
Geistig:
Die energetischen Angriffe nachts (am Kopf und im Brustbereich) sind weg ... Und die Gestalten, die ich bei geschlossenen Augen gesehen habe sind weg. bzw. wenn dann nur eine, die ich dann wegschicken kann. Meine Katze (11 Jahre) hatte körperlich ziemlich abgebaut, jetzt wird sie immer kräftiger und fitter.
Lieben Dank dafür, dass du dich für uns in den Sturm stellst. Ingrid, 44 Reutlingen«

»Lieber Sananda,
ich habe jetzt den Impuls bekommen Dir zu schreiben und tue es mit voller Freude Seit ca. 5 Wochen bin ich in Behandlung bei Dir und habe schon vom ersten Tag an positive Veränderungen gespürt,erfahren.
Deine Starke Energie vor allem im Bereich Herzen und Rücken, ist wie Balsam für meine Seele (die viel ertragen musste). Eine große Erleichterung (Herzbereich) habe ich in einer Nacht gespürt bevor ichschlafen wollte, war soo schön!!! weil ich erst dann erkannt habe wieschwer es bei mir vorher war! Was ganz erstaunliches ich nach ein paar Tagen an meinem Hals entdeckt habe ist, das meine 2 tiefen Falten um meinen Hals, um mehr als 70% geglättet sind!! Toller Anti Aging Effekt Und natürlich das wichtigste ist, ich habe immer mehr Energie, wasdie letzten Jahre wenig da war (Burn Out, Depress.) und ich lange um Gnade Gottes gebeten habe, weil es nicht

mehr zu ertragen war, vor allem weil ich weiß wer ich in Wirklichkeit bin (Lieblingsfilm früher Ghostbusters und wurde zu Dir geführt! Du bist ein Geschenk Gottes:) Ich wertschätze Deine lichtvolle Arbeit,Wahrhaftigkeit und Große Kraft. In unendlicher Liebe und Dankbarkeit, Sofia aus Müllheim«

»Erika 65 Jahre Raum Bodensee
Lieber Sananda, ich war in Behandlung von Dir von Dez.17–März 18, wollte Dir nur noch folgendes berichten, wir haben ganz in der nähe einen Bauernhof und da sind ca. 100 Milchkühe, wenn die Tiere am gebären waren, konnte ich viele Nächte nicht schlafen, weil sie so geschrien haben, auch am Tag, ich bin bald wahnsinnig geworden, mir wurde es so übel und schlecht und es tat mir unsagbar weh, wie die Tiere litten, Deine Kraft hat soviel bewirkt, das es so enorm besser wurde, das es höchstens noch 3–4 mal war, dann aber ganz kurz. Ich kann Dir gar nicht sagen wie dankbar ich Dir bin, das ich die schrecklichen schreie nicht mehr hören muss und das in dem Stall ruhe und frieden eingekehrt ist.Danke Danke für alles was Du für die Menschen und besonders für die Tiere tust, denn das sind die ärmsten auf dieser Welt.«

»Lieber Sananda,ich möchte dir nun sagen das meine Behandlung nun einvoller Erfolg ist.Es ist nun schon die fünfte,vieleicht war ich jasoein schwerer Fall :D.Ich hatte ja auch wirklich extrem schwere Gedankliche Störungen,ich konnte KEINEN klaren gedanken mehr fassen und das über Jahre und 24stunden am Tag,ich hatte immer wieder die selben gedanken in bestimmten Situstionen,immer und immer wieder,teilweise auch sehr schreckliche Gedanken die dann alles immer nur noch schlimmer gemacht haben.Wollte mich garnicht mehr in bestimmte Situationen begeben,weil ich Angst hatte wieder was Negatives zu denken.Nun aber sind alle diese Bedenken weg,auch aus dem Grund weil ich diese schtecklichen Gedanken nicht mehr habe.Mein Geist ist nun total frei und ich so unglaublich Glücklich darüber !!! Ich bin vollkommen davon geheilt!Dank dir Lieber Sananda.Ich danke dir von ganzem Herzen dafür ! DANKE ! Dein Fabian,31,aus Brandenburg an der Havel.«

»Lieber Geistheiler Sananda da die Verbesserungen meines Befindens jeden Tag besser werden. Und ich zahlreiche Veränderungen wahrnehme schreibe ich direkt ein Feedback. Sonst bekomme ich das alles nicht mehr unter in einem Feedbackfomular. Habe keine empfindlichen Zähne mehr. Kann wieder heiss und kalt essen. Spüre keine WurzelSchmerzen mehr. Überhaupt haben meine Zähne sich verbessert. Keine neuen Löcher mehr und keine Schmerzen mehr. Habe das Gefühl das Zahnfleisch geht nicht mehr zurück. Hatte Parodontose. Im Allgemeinen ist mein Gemütszustand sehr positiv. Angstfrei, Depressionfrei und Gelassen.
Um mich kann ich tanzende Lichter sehen. Und mich umgibt ein kristalliner Schutzmantel . Eine EnergieWolke egal wo ich bin. Meine Hellsichtigkeit ist ganz enorm gestiegen. Ich sehe auch dunkle Energien .Meistens beim Beten weghuschen. Danke Gott für diese Gnade und alle Heilungen die ich schon erlebt habe. Das bedeutet mir die Welt. Endlich frei sein zu dürfen. Den richtigen Weg zu finden. Mögest du lieber Sananda noch mehr Seelen erreichen. Du bist ein Juwel von Gott in dieserWelt. Welch Gnade. Und das dürfen wir erleben. Danke Sananda Alles Gute auch deiner Familie. Heike aus Köln.«

»Lieber Sananda !
Der Schlaganfall meines Vaters (83 J, 2.Beh.) liegt nun 1 Jahr und 4 Monate zurück. Die Medikation von ursprünglich gut 10 Medikamenten hat er schon bald begonnen, zu reduzieren. Seit April dieses Jahres nimmt er nur mehr 2 Medikamente in Minimaldosierung. Heuer im Urlaub hat er sich ohne jegliche Beschwerden auch auf eine Höhe von 1800 m begeben (ab 900 m kann bei Schlaganfallpatienten ein Problem sein). Die Verspannungen, die er schon sehr lange auf der linken Seite im Hals-Nackenbereich hatte (er konnte den Hals gar nicht mehr ganz nach links drehen, wenn er ihn bis zum »Anschlag» drehte, verkrampfte sich alles) sind viel besser geworden. Mein Bruder (49 J, 2.Beh.) und seine Partnerin (52 J, 1.Beh.) sind wesentlich ruhiger und gelassener geworden. Ich (2.Beh.) habe einiges abgenommen einhergehend mit einem gründlichen Ausmisten (Kleiderschrank und anderes). Alles Gute für dich und deine Familie ! Und ich wünsche dir eine hohe Spendenbereitschaft als Würdigung für dein außerordentliches Wirken hier auf der Erde ! Liebe Grüße Grete (50 J), aus dem Wiener Raum«

»Lieber Sananda, ich bin seit 11 Wochen in deiner Behandlung, ich möchte dir jetzt schon ein Feedback schreiben, es hat sich vieles ins Positive entwickelt. Körperlich hatte ich Rückenbeschwerden, die sich schon deutlich gebessert haben, ich fühle mich wieder kräftiger,stabiler.
Meine Nervenschmerzen bilden sich ebenso zurück, mein Becken kommt wieder in die richtige Position. Ich weiß, dass alles in seinen göttlichen Originalzustand kommt. Mein Bewusstsein hat sich enorm erweitert, ich bin seit der 2. Behandlungswoche Vegetarier, spüre stark die Verbindung zur geistigen Welt, ich spüre immer deine Besendungen, die einfach nur Balsam für meine Seele sind. Ich freue mich auf die Abschlussmail und Masterbehandlung und auf meinen weiteren Heilverlauf, auf körperlicher, geistiger und seelischer Ebene. Ich werde definitiv noch einen Folgeauftrag für mich und meine Familie machen. Ich bin dir von ganzem Herzen dankbar, für deine Aufklärung & Arbeit, die du für alle Menschen leistest.
Im Vertrauen und Liebe Nadine, 27 Jahre aus Bayern«

»Lieber Sananda,
es ist nicht einfach, für das was du für mich und meine Familie vollbracht hast, in Worte zu fassen.Ein Danke ist nicht genug für das was du für uns und für all die Menschen machst, die deine Hilfe suchen. Mein Mann und ich haben eine schwierige Zeit durchlebt.Für uns gab es zu dieser Zeit keine Aussicht darauf als Familie noch zusammen zu bleiben.Dann wurden wir zu dir geführt und Alles hat sich geändert.Wir haben wieder lieben gelernt und viele scheinbar unlösbare Konflikte lösten sich quasi in Luft auf.Tief sitzende Fragen über das Leben wurden beantwortet und das Leben fühlt sich wieder lebenswert an. Körperliche (Hüft- und Schulterschmerzen) und Geistige Blockaden waren weg, als wären sie nie da gewesen.
Im Namen meiner kleinen Familie sagen wir Danke!Du bist mit allem Guten gesegnet und ich spüre du wirst in deiner Kraft bleiben und bis zum Schluss kämpfen für das Licht..Ich wünsche dir sehr das du in deinem Alltag mal hin und wieder liebenswerte Menschen trifft, die leuchten und dir auch etwas von dem zurück geben was du gibst. Liebe … Viel Gesundheit für dich und deine Familie von Herz zu Herz Franzi 32 aus Deutschland«

»Lieber Sananda
Heute Nacht träumte ich, ich liege mit einen Kranken Haus Bett, angeschlossen an vielen Kabeln in der Dachgeschoss Wohnung meiner Tante Brigitte unter einen schrägen Fenster. Plötzlich kamen Sonnenstrahen rein und leuchteten auf mich. Ich fühlte mich super und bat meine Tante, sie solle sich auch hinlegen. Sie meinte, sie hätte heute schon genug Sonne gehabt.
Ich wachte auf und musste auf Toilette. Mit meinen Sauerstoff Schlauch in der Nase ging ich aufs Klo.
Danach fühlte ich mich sehr gut und schaltete mein Sauerstoffgerät (das bei mir seit meinen Koma im Februar dieses Jahres mindestens 20 Stunden am Tag lief) aus. Es war ca. 2.30 Uhr heute morgen. Seit dem ist mein Sauerstoff Gerät aus und ich kann wunderbar atmen. Ohne dass ich eine Enge in den Atemwegen spüre oder sonstiges.
Mittlerweile ist es gleich 14 Uhr Und ich kann es kaum glauben, dass es mir so gut geht. So einen luftfreien Tag hatte ich seit bestimmt 3 Jahren nicht mehr und ohne irgendwelche Hilfsmittel. Ich musste heute vor Freude und Dankbarkeit weinen. Mein Atmnen fühlt sich an, so alsob ich kerngesund bin.
Du musst wissen, dass ich im Endstadion der COPD war und mich alle schon aufgegeben haben.
Ich bin im Moment noch sehr verwirrt , sodass ich mich nur auf das herzlichste bedanken kann.
Ich wünsche Dir einen schönen Sonntag und das dich alle finden werden, die deine Unterstützung dringend benötigen.
Vielen Dank Deine Karin«

»Lieber Geistheiler Sananda ich bins wieder die Heike aus Köln.
Diesmal möchte ich mich dafür bedanken das ich wieder richtigen Kontakt zu meiner mitbehandelten Schwester habe. Dieser hat ein Jahr brach gelegen. Nur oberflächlich.Ich kann an ihr sehr viele Veränderungen im Bewusstsein wahrnehmen. Ich bin erstaunt über ihren Wandel in der letzten Zeit. Sie ist offener, fröhlicher und mir ganz liebevoll gegenüber. Da sie 2× unwissend von dir behandelt wurde.
Betet sie die Gebete nicht selbst. Sondern ich und meine Mutter beten für Sie mit.Dadurch alleine funktioniert es schon. Sie verfolgt im Moment neue

Wege. Ist suchtfrei geworden. Sie raucht keine Cannabis mehr und ist von einer schweren Tablettensucht befreit. Alles in allem ein guter Start für einen Neuanfang. Ihre Narbe vom Darmdurchbruch kann man nicht mehr sehen. Sie interessieret sich im Moment für Ihren Traumberuf Betreuer für behinderte Kinder. Ich kann nur staunen.Bin dankbar ohne Ende. Lieber Sananda dein Wirken sei alle Ehre. ALLES LIEBE DIR UND DEINER FAMILIE VON HERZEN … Ich bin so dankbar und froh das wir dich gefunden haben … Möge Gott dir Alles 10.000 fach zurück geben in Liebe …«

»Hallo Lieber Sananda.
Ich möchte dir jetzt hier noch einmal ein Feedback schreiben, weil ich einfach denke das ich ohne dich verloren wäre. Seit meinem Ausbildungsbeginn mit 16 Jahren ging es mit mir immer mehr Berg ab.
Ich war sehr unordentlich, lethargisch und extrem abwesend in Gedanken und hatte gar extasische abwesende Zustände in denen ich nur mit hohlen Abwesenden Blick aus dem Fenster oder sonst wo hinschaute. Ich bekam sehr starke beklemmungsgefühle und kam nicht wirklich klar in der gegenwart von Menschen (und so wahrscheinlich auch nicht). Ich weiß das das Zeug das damals an mir hing wirklich übel war und es schon länger da war. Ich war zu keinem normalen klaren geistigen Zustand mehr fähig und hatte sogar Burn Outs und Panikzustände wenn mich Menschen nur was fragten. Es war wirklich übel und ich bin wirklich traurig über diese Zeit. Es war aus rein menschlicher Sicht einfach nur noch einer Qual für mich und andere Menschen. Seit deiner ersten Behandlung die im August endete geht es mir Stück für Stück besser und ich komme mit der Zeit immer mehr klar im Geiste, bin mehr anwesender präsenter und auch glücklicher, weil ich mich so fühle als könnte ich mich endlich richtig Verständigen mit anderen Menschen. Du hilfst mir aufjedenfall ungemein aus diesem fatalen Zustand heraus.
Ich könnte jetzt noch mehr negative Dinge sagen über meinen alten Zustand, den du auch geheilt hast! Ja mir geht es jetzt auf jeden Fall schon viel besser und ich merke langsam wie ich immer moralischer, ordentlicher, lebensfroher, glücklicher, freudiger und gelassener werde. Deine Tipps sind für mich wie Gold und es war das erste wo ich angesetzt habe. Ich esse kein Fleisch und Milch mehr seit dem ersten Tag deiner ersten Behandlung. Und

mein Soziales Umfeld habe ich mich jetzt entschieden auch aufzuräumen. Ich entferne mich von Menschen die mich scheinbar nicht verstehen und ständig nur was von mir wollen und wo ich merke bei dem Kontakt das ich nur ins negative Ausschweife. Ich merke wirklich Tag für Tag das ich immer klarer im Kopf werde und habe mehr Selbstbewusstsein und konzentriere mich immer mehr auf mich und meine Emotionen das ich sie in den Griff bekomme. Langsam kommt alles wieder ins fließen wie du es auch einmal sagtest. Danke das es dich und deine hilfsbereiten Freunde und Liebe gibt.
Denn ich weis nicht wo ich jetzt ohne dich stehen würde.
Ich weiß nicht was ich sagen soll außer das ich dich wirklich von Herzen liebe. Chris 18 Jahre aus Eisenach«

»Lieber Sananda! Hier mein Feedback zum 1.Whlgsauftrag im März 2018, der im Juni endete. Der Grund des Auftrages war, dass mein Enkelkind wieder gesund wird. Ihr körperlicher Zustand nahm Formen an, die lebensbedrohlich waren, bes. ihre Blut(zucker)werte machten große Sorgen. Nach 2x Untersuchungen im KH in Abständen von 3 Monaten haben sich diese halbiert, sind weitgehenst stabilisiert und beinahe im gesunden Bereich. Besonders freut uns, dass sie heute wieder ein lebenslustiges und selbstbewusstes Mädchen geworden ist. Sie hat alles gut verarbeitet und weiß, dass sie beschützt ist..Dieser Vorfall führte dazu, dass ich mich eingehend mit gesunder Ernährung und Nahrungsergänzungsmittel beschäftigt habe. Habe heuer mit großer Dankbarkeit die Gaben in meinem Garten wahrgenommen und die vielen Früchte, Blumen (Honig) und Kräuter verarbeitet. Mein Schwiegersohn, der im Mai einen Herzinfarkt hatte, geht wieder seiner Arbeit nach und ist rasch, dank deiner Hilfe, genesen. Deine tiefgreifenden Gebete milderten manchen Schmerz und halfen immer wieder! 1000 Dank dafür! Auch für das Bleiben in deiner Kraft gibt mir und meiner Familie Halt. Gottes Segen! In Liebe Brigitte (aus OÖ)«

»Lieber Sananda
Ich möchte dir hiermit einen ersten für mich unglaublichen Behandlungserfolg, den ich während deiner sehr geschätzten ersten Behandlung machen

durfte, zurückmelden. In meinen Dreissigerjahren hat sich bei mir plötzlich eine Höhenangst »eingeschlichen». Eine Angst, die mir in meinen jüngeren Jahren völlig unbekannt war. Mein Verstand hat dies dann einfach meinem steigenden Alter zugeschrieben. Die Angst wurde mit den Jahren immer stärker, so dass ich z.B. in einer Gondel oder auf einem Sessellift richtig verkrampft, mit Angstschweiss an den Händen, jeweils kurz vor einer Panikattacke stand. Es hat mich unglaublich viel Energie und Kraft gekostet, solche Standardsituationen überhaupt noch zu meistern. Das hat dann dazu geführt, dass ich angefangen habe, solchen Situationen aus dem Weg zugehen und mich meiner Angst mehr und mehr zu beugen. Mein Körper reagierte zuletzt sogar bereits mit kaltem Angstschweiss an den Händen, zusammengekniffenen Gesässbacken und unkontrollierten Zuckungen, wenn ich im TV eine Szene sah, wo jemand z.B. an einem Gebäude hochkletterte! Nun habe ich nach ca. 1.5 monatiger Dauer deiner Behandlung beim Wandern im Südtirol zufällig festgestellt, dass sich diese Angst, welche mich nun rund 15 Jahre begleitete, einfach in Luft aufgelöst hat. Ich konnte plötzlich wieder an einem Abgrundstehen und voller Vertrauen runterschauen, ohne dass sich irgendetwas negatives in mir gerührt hätte! Mir war zu diesem Zeitpunkt sofort klar, dass dies auf dein wundersames Wirken zurückzuführen war! Die Besetzung, die mir diese Angst verpasst hatte, wurde wohl von dir abgelöst und ins Licht geführt. Diese selbst erfahrene Erkenntnis hat bei mir eine grosse Dankbarkeit und Demut ausgelöst und mein Vertrauen in dich, in Gott und die geistige Welt weiter gestärkt. Gestern habe ich nun die ultimative Bestätigung für mich erhalten. Ich habe einem lieben Freund geholfen, das Dach von seinem Wohnhaus abzudecken und habe mich sicher und voller Selbstvertrauen in luftiger Höhe als Dachdeckergehilfe prima bewährt. Liebster Sananda, ich danke dir von ganzem Herzen für dein Sein. Dein Pascal, 47, aus dem Raum Zürich.«

»Lieber Sananda, ich bin so froh und dankbar dafür, daß ich Dichgefunden habe!! Jetzt nach 3 Mon. Behandlungszeit geht es mir sehr viel besser: meine lang ertragenenen Depressionen und Migräne sind fast verschwunden!! Athroseschmerzen in Hüfte und Knien sind wie weggeblasen! Auch meine Nasennebenhöhlen sind frei und immer wiederkehrende Schmerzen an einer Narbe im Nacken sind auch weg!
Sofort nach Behandlungsbeginn verspürte ich schon eine unbeschreibliche

Leichtigkeit verbunden mit Zuversicht und mehr Freude am Leben! Auch mein Mann (im Beh.paket) ist jetzt noch liebevoller und mein Sohn (im Beh.paket), der sehr unglücklich war, ist jetzt viel ausgeglichener und zufrieden. Auch meine Schwester (im Beh.paket) hat sich sehr zum Positiven verändert, sie klagt auch nicht mehr über Probleme mit ihren Atemwegen. Meinem Bruder (im Beh.paket) geht es nach seiner Diagnose Osteoporose auch wieder besser,ohne starke Medikamente nehmen zu müssen. Ich bin Dir zutiefst dankbar für Deine heilenden Energien und Deine Liebe! Möge Gott Dich noch lange für uns Menschen wirken lassen und Dich reichlich belohnen dafür!! Adelheid, 66 aus NRW«

»Lieber Sananda,
es ist wunderbar, dass du für die Menschen hier bist. Viele Menschen wissen, wer du bist und du sagtest mal, wer du in 1000 Jahren bist – das ist einfach wunderbar. Die Richtigen glauben oder wissen es. Ich bin sehr glücklich dabei zu sein, mitzuwirken, mitzuarbeiten, dass das Licht, Liebe und Harmonie hier immer mehr zunimmt. Zugegeben, zwischendurch kommen auch schwierige Tage. Eines Tages spürte mein Mann seinen linken Arm nicht mehr, dank deiner Hilfe hat es sich dies nach vier Tagen von sich aus wieder normalisiert. Ich danke, dass er noch hier geblieben ist. Ich bin beim Schlittschuhlaufen (nach 20 Jahren Pause) auf dem Rücken gefallen, ich hatte Schmerzen, aber keine blauen Flecken, konnte mich normal bewegen und Gott sei Dank keine Gehirnerschütterung, echt ein Wunder. Deine wiederholte energetische Hilfe bringt uns im Aufstieg immer höher. Ich bin so dankbar, Gnade Gottes zu spüren. In Licht und Liebe Marcela, 65 J., Süddeutschland«

»Lieber Sananda schon wieder bin ich nur am staunen welch Wunder von dir ausgehen.Dank deiner mächtigen Energie, welche ich sehr stark bei mir wahrnehmen kann, funktionieren Dinge die Unmöglich sind. Das Staunen meiner Phychaterin inklusive!!!SIE SAGTE MIT IHREN WORTEN:
DAS IST JA EIN WUNDER!!! Diese Phychose war das heftigste was meine Ärztin je bei mir erlebt hatte. Und jetzt nach Buchung der dritten Behandlung.Ging es von 100 auf 0 runter damit Innerhalb 7 Tagen wurde ich

ganz klar. Vorher war ich 1 Jahr total daneben. BUCHTE DIE DRITTE BEHANDLUNG UND SCHLOSS SIE AB. UND WAR WIEDER NORMAL.Mit der geringsten Dosis Tabletten. UND DAS BESTE IST: DAS BETREUUNGSGERICHT LÄSST SEIN URTEIL FALLEN!!! UND MICH ENDLICH IN RUHE.
FREIHEIT FÜR DIE SEELE.TAUSENDFACH DANKE FÜR DEIN WIRKEN.UNGLAUBLICH ABER WAHR : ICH BEKOMME NEUE HAARE GESCHENKT!!! SIE WAREN FAST KOMPLETT AUSGEFALLEN ALSO SEHR AUSGEDÜNND.JETZT WACHSEN GANZ VIELE NEUE HAARE. DAS FÜR MICH EIN PHÄNOMEN!!!.
MIT DEINER BEHANDLUNG GEHT ALLES VIEL LEICHTER ,SCHNELLER ,BESSER UND WIRD ALLES GUT. ICH LIEBE ES. TAUSENDFACH DANKE DANKE GOTT FÜR SOLCH EINE GNADE DIE WIR IN UNSERER FAMILIE ERLEBEN DÜRFEN.
Danke lieber Sananda. Heike aus Köln«

»Positives Feedback! Lieber Sananda! Bärbel, 57Jahre alt, aus Wandlitz Ich muß Dir heute schreiben, denn meinen Glücksschrei kannst Du nicht hören. Ich danke Dir jeden Abend im Bett für den wunderbaren vergangenen Tag. Vom ersten Tag an,als ich von Dir erfuhr und ich mich einem Gemeinschafspaket am 14.Februar2018, dem Tag der Liebe, anschloß, fühlte ich in mir etwas ganz Besonderes. Während meiner Meditation Floß plötzlich soviel Energie durch meinen Körper, daß ich zunächst erschrak und dachte, ich hebe vom Boden ab. Zuvor habe ich noch nie solch einen Zustand gespürt.. Und ich wußte, da passiert etwas mit mir! Seit Jahren litt ich unter chronischen Rückenschmerzen.
Auslöser war ein Bandscheibenvorfall, der sofort operiert werden sollte. Dies lehnte ich zum Glück ab. Es folgten Schmerztherapien, Physiotherapien, Spritzen, Medikamente, Chiropraktiker, Osteopathen … Alles blieb erfolglos und ich sah oft keinen Sinn mehr in meinem Leben, also Psychotherapie. Jahrelange Schmerzen und wir verkauften unseren Hof, auf dem ich Schafe und andere Tiere liebte, pflegte, verwöhnte … Schafe gehörten zu meinem Leben. Nun zogen wir nach Wandlitz, wo ich noch 2Hühner mitnehmen konnte. Aber in mir war Unglück, Unruhe und die Schmerzen. Nun erfuhr ich von Dir und ich las Deine Texte. Ich wußte, ich war voller Vertrauen, daß Du mir helfen kannst und betete täglich und änderte mei-

ne Eßgewohnheiten und um es kurz zu machen, ich habe hier ein kleines Naturschutzgebiet gepachtet, auf dem meine 4Schafe grasen, ich betreibe Landschaftspflege, mein Körper funktioniert. Ich kann alles wieder bewältigen, bin wieder selbstsicherer, muß nicht stets um Hilfe bitten, ich kann wieder Bäume pflanzen! Die Menschen um mich herum sind liebenswert und freuen sich über meinen Einsatz und die reizenden Tiere. Meine Freunde und die Angehörigen reden tatsächlich von einem Wunder! Und so empfinde ich es jeden Tag und ich will Dir Dank sagen, danke, danke, danke! Ich danke
Dir und ich liebe Dich, Deine Bärbel«

»Lieber Sananda,
vor einigen Monaten konnte ich dich für meine Mutter und mich beauftragen, über die tollen Erfolge und Veränderungen habe ich dir bereits geschrieben Nun ein tierisches Feedback: Ein ca. 14 jJahre alter Hund einer Freundin, hat zwar ein sehr kaputtes Vorderbein/keine Gelenkstabilität (vermutlich misshandelt, kommt aus dem Tierschutz), aber er humpelte immer so gut er konnte ein paar Meter, den Rest wird er in einer Karre geschoben. Übrigens einer der liebsten, sanftesten Hunde überhaupt! Vor ca. 2 Monaten stand er nicht mehr auf, keine Kraft in den Hinterbeinen. Frauchen hat vieles versucht, nix half. Er lag sich 5 Wochen lang wund und sollte bereits eingeschläfert werden. Ich schloss ihn schließlich in meine täglichen Ablösungen von dir mit ein. Und was soll ich sagen, der Hund steht wieder auf (Tierärzte haben dafür keine Erklärung), er humpelt mir entgegen und ich bin so verblüfft und sooo dankbar. Leider kann ich dem Frauchen davon nicht erzählen, aber es zeigt wie machtvoll deine Ablösungen selbst für »Dritte» sind. Ich danke dir und schicke dir ganz viel Liebe aus dem hohen Norden, Karoline, 31 J.«

»Lieber Sananda,
es sind erneut Wunder geschehen. Mein Vater, der mich früher jahrelang misshandelte (aufgrund von Besetzungen), scheint sich total geändert zu haben. 2016 hatte ich ihn in die Behandlung mit einbezogen. Wir hatten jahrelang keinen Kontakt mehr. Jetzt hat er sich bei mir gemeldet. Er hat zu

Gott gefunden und sogar Dein Buch gelesen! Ich hatte die Hoffnung fast schon aufgegeben, dass er sich jemals ändern wird.
Das zweite Wunder betrifft meinen geistig behinderten Bruder (Santiner), den ich im Wiederholungsauftrag dieses Jahr mitbehandeln ließ. Mein Vater schrieb mir auf Rückfrage folgendes:
Es wurde noch im September eine schwere Schilddrüsenunterfunktion bei ihm diagnostiziert (TSH-Wert war > 100!). Dieser Wert darf nur maximal 4.2 sein. Auch die Werte für das freie T3- und T4-Hormon waren extrem stark außerhalb dem Normbereich. Gut er nimmt seine L-Thyroxin-Tabletten (1x täglich). Bei der letzten Blutentnahme wurden die Werte nochmals gemessen. Der Arzt hat mir gesagt, dass jetzt alle 3 Werte GENAU in der Mitte des Normbereichs sind – sowas hat er auch noch nicht gesehen, dass sich das auf 4 Wochen so »normalisiert«!
Liebe Grüße. Sandra, 34, aus München«

»Liebster Sananda, ich möchte Dir hiermit Dankeschön von ganzem Herzen sagen! Mein Leben hat sich durch Dich um 180 Grad zum Positiven gewandelt. Ich bin im Juli letzten Jahres durch ein Interview mit Dir auf Dich aufmerksam geworden und habe mich damals spontan entschlossen, meine erste Behandlung zu beauftragen. Seitdem ist mein Dasein wieder erfüllt. Ich weiß woher ich komme (Santiner) und warum ich hier inkarniert bin … vor allem weiss ich nun, dass nicht ich! der seltsame Mensch bin, für den mich viele hielten/ halten. Mein schwerstes Asthma, unter welchem ich seit meiner frühen Kindeheit litt, ist gänzlich verschwunden, meine Vorhaben (ich wollte seit meiner Kindheit eigentlich immer etwas für und mit Tieren berwerkeln, hatte mich jedoch über lange Jahre im TV-Business verfangen, was mich jedoch niemals wirklich erfüllt hat) gelingen, denn ich vertraueerstmals nur mir selbst und meiner Kraft. Ich fühle mich beschützt durch Deine Gebete und Verfügungen und bin endlich glücklich. Oftmals »grundlos«, was ich am meisten liebe, weil ich das vorher nicht kannte. Du bist ein Segen!
Herzensgrüße aus Garmisch!
Andrea Kempter, 50 , ehemalige TV-Moderatorin«

»Lieber Sananda, du Schatz der Schätze, du Juwel – meine Gedanken für höchste Wertschätzung.
Ich habe gestern eine großartige Erfahrung mit der Verfügung 27.Spezielle Entfernung von Elementalwesen gemacht.
Ich erhielt einen Anruf von einer lieben Bekannten – ich war – nach langer Zeit – mal wieder beim Stricken. Sie hatte die letzten Tage vor Schmerzen das Bett gar nicht alleine verlassen können und wir sprachen eine Weile miteinander. Nach dem Gespräch tat mir ein Brustwirbel weh, der mir noch nie weh getan hat. Ich führte es auf meine ungünstige Sitzhaltung beim Stricken zurück. Als ich aber am nächsten Morgen mit Mühe und Schmerzen an besagtem Brustwirbel aufstand, dachte ich »Mir geht es ja genau so wie …» Als mir einfiel, dass es Fremdenergien sein können, machte ich 2 mal die Verfügung 27. und die Schmerzen waren weg.
Danke danke danke lieber Sananda für deine große Hilfe, die mir schon sehr oft zuteil wurde. Ich danke Gott, dass ich dich finden durfte bzw. du zu mir geschickt wurdest und dass ich sofort deine Stärke positive, heilende Energie spürte, so dass ich den Behandlungsauftragim Mai 2016 gab. Habe im Juni diesen Jahres einen Wiederholungsauftrag an dich gegeben und ich bin sehr glücklich und froh darüber, in deiner Energie sein zu dürfen. Fühle deine Hilfe, die Hilfe der Geistigen Welt – Gottes Hilfe – täglich und bin froh und dankbar dafür.
Alles erdenklich Gute, weiterhin Kraft und Mut für all dein Tun wünsche ich dir.
Auch alles liebe für deine Familie und deine lieben Tiere. Mögen sie noch lange dich begleiten und unterstützen …
Herzlichst Ursula, 70, Thüringen«

»Hallo, lieber Sananda, ich möchte dir gerne wieder neues mitteilen. Vor einem guten Jahr (2017) habe ich eine Behandlung bei dir angefragt für mehrere Personen. Vieles hat sich im Nachhinein zum Positiven gewendet. Als ich in Behandlung war, konnte ich nachts viel besser schlafen. Ich habe wieder durchgeschlafen. Ich habe mich innerlich sehr glücklich gefühlt, so eine innerliche Freude. Ich ernähre mich jetzt auch bewusster, lese sehr viel, schaue kein TV mehr (manchmal 1 Film), höre kein Radio mehr. Ich vermisse das auch nicht (TV und Radio). Ich bin so froh zu dir geführt geworden zu sein (obwohl ich nicht gesucht habe). Ich danke sehr dafür Bei

meiner Nichte (Joyce/Plejadier) hat sich sehr viel zum positiven geändert. Sie war viel und lange krank. Viele Depressionen, hier und da Schmerzen am Körper, Nahrungsmittelunverträglichkeiten. Sie verlor ihre Mutter früh (Krebs), hatte einen Busunfall, brach die Schule ab. Nichts ging mehr.
Hier und da Therapien aber nichts half. Bis auf dich. Du warst unsere letzte Hoffnung. Schon in der Behandlungszeit fing sie wieder an so langsam mehr unter uns zu kommen. Vorher lag sie viel schlafend im dunkelen in ihrem Zimmer, ging fast nicht raus. Aber jetzt ist sie wie ausgewechselt. Sie ist jetzt viel offener geworden, gesellt sich wieder zu uns, hilft meinen Mutter im Haushalt, redet wieder mit uns über alles. Einfach nur toll, richtig positiv gestern teilte ich ihr mit, dass das durch dich Sananda kommt. Sie hat das sehr positiv aufgenommen und sich bedankt dass wir bei dir angefragt haben. Ich und meine Mutter haben dann ein bisschen von dir erzählt. Ich habe ihr auch deine webseite gezeigt und ein paar Ausschnitte von deinen Videos. Sie wusste vorher nichts von dir und deiner Behandlung.
Gestern war der Moment gekommen ihr das mitzuteilen. Es hat sie sehr gefreut. Sie sieht ja auch Wesenheiten, und die die sie sah sind alle weg. Und es waren viele … Noch nimmt sie aber Medikamente. Sie kann noch nicht ganz loslassen davon. Doch sie fühlt sich aber auf dem guten Weg. Es geht ihr sehr sehr viel besser. Und wir freuen uns sehr darüber. Alles dank dir Sananda«

Ich hatte noch Behandlungspakete angefragt für andere, und bei meiner-Schwiegermutter (Santiner, wusste von der Behandlung), wurde plötzlich Diabetes Typ 2 diagnostiziert. Vorher wusste sie nichts dergleichen.
Sie musste halt ihre Ernährung umstellen, verlor Gewicht und hielt sich strikt nach Ernährungsplan. Kurze Zeit später. War nicht sehr lange. War der Arzt überrascht, dass so schnell der Zuckerspiegel runtergegangen ist. Der Arzt dachte nicht, dass das so schnell geht. Sie muss aber noch immer regelmässig zur Kontrolle zum Arzt, aber derZucker ist weg.
Alle Menschen, die ich in den Behandlungspaketen von dir hatte, sind alle sichtbar positiver geworden. Viele essen jetzt kein Fleisch mehr. Ernähren sich vegetarisch/vegan. Auch kein (fast) Weizen mehr. Ich selber habe etwas abgenommen. Hatte lange schwierigkeiten für paar Kilos abzunehmen. Und jetzt plötzlich ging es wie fast vom selben. Ich esse fast keine tierischen Produkter mehr. Sehr wenig noch.

Lieber Sananda, ich danke dir von ganzen Herzen für alles. So vieles ist besser, positiver im Nachhinein geworden. Ich bin sehr glücklich zu dir gefunden zu haben. Ich freue mir sooo sehr. Du hast uns allen so viel geholfen, ich danke dir. Vielen vielen Dank.
Sehr liebe Grüsse an dich und deine Familie, und viel Kraft
Sandra aus Luxemburg«

»Lieber Sananda,
schon seit langer Zeit hatte ich sehr starke schmerzen während der Zeit in der ich meine Periode hatte. Ich konnte es nie ausgehalten ohne 3 Schmerztabletten am Tag und zahlreiche Tassen Kamillentee. Selbst dann spürte ich noch Schmerzen die aber einigermaßen auszuhalten waren. Nach deiner Behandlung habe ich immer wieder versucht die Schmerztabletten wegzulassen was manchmal besser oder schlechter geklappt hat. Die letzten drei Monate habe ich meine Periode Schmerzfrei überstanden ohne jegliche Schmerztabletten. Ich konnte alles erledigen was ich sonst auch tue. Dafür bin ich dir sehrdankbar.
In Liebe Emelie, 21 Jahre«

»Lieber Geistheiler Santana, deine Behandlung ist nun fast seit 2Monaten beendet. Fazit :Rückenschmerzen sind fast weg, das schon beängstigende Knacken im Nacken ebenfalls, die Fingernägel werden zusehends besser, das linke Knie (auf welches ich immer wieder mal stürze) ist besser geworden und das Einschlafen klappt wunderbar.
Alles andere wird auch »heil»werden! !! Das war das Körperliche, was im Bewusstsein geschehen ist ist phänomenal. Wahrheit,die ich lange schon suchte fand ich nun endlich bei dir Sananda. Möglich geworden durch deine Behandlung, die Ablösungen, die Gebete, deine Bücherschätze, und deine Aussagen im Netz. Affirmationen habe ich nie länger durchgehalten als 3 Wochen. Seit 5 Monaten ist dies zum Bedürfniss geworden. Dafür tiefste Dankbarkeit vom ganzen Herzen.
Mögen noch viele Menschen durch dich mit der Gnade unseres Gottvatersund seinen Lichtwesen geheilt werden. Körperlich und im Bewusstsein.
Das wünsche ich dir und jedem Einzelnen. Danke und alles liebe für dich

deine Familie und deinen Tieren. In Liebe Petra PS Deine Behandlungsmail, die mein Sohn mir schicken wollte, hatte noch keine Emailadresse wurde vor seinen Augen gelöscht .»
»Positives Feedback Lieber Sananda, ich habe heute das Bedürfnis Dir zu schreiben, obwohl mein erster Behandlungsauftrag erst im Juni diesen Jahres war. Seit dem hat sich aber vieles in meinem Leben zum Positiven verändert! Meine Tochter die seit 15 Jahren an schwerer Neurodermitis und Asthma litt ist so gut wie Beschwerdefrei. Vorher war es ein langer Leidensweg mit Kuraufenthalten, Krankenhaus und ALLEN möglichen alternativen Heilmethoden die es gibt … ohne Erfolg.
Sie ist auch allgemein besser drauf und hat ihre Lebensfreude wieder gefunden. Endlich kann sie ihr Teenager Leben genießen! DANKE!
Mein Freund, mit behandelt (»Lebemensch» mit eigener Wohnung, Kumpels und Fußball extrem wichtig!) hat sich sehr verändert. Er kümmert sich vermehrt um sein Kind und mich, ist fürsorglicher geworden, hat eine Arbeit gefunden und unterstützt mich finanziell und auch im Haushalt.Er ist über 50 Jahre und niemand hätte es für möglich gehalten, dass er sich in dem Alter nochmal so sehr verändert. Doch ich weis, dass er sehr besetzt war und er im inneren Kern ein »Guter» (Santiner) ist und immer war! DANKE! Sananda für Deine wundervolle Arbeit! Alles Gute Dir und Deiner Familie«

»Lieber Sananda, ich grüße dich, ich liebe dich!
Die 2. Behandlung ist nun seit gut zwei einhalb Monaten abgeschlossen. Die Entwicklung ist seither eigentlich nicht in Worte zu fassen. Du sagtest einmal vor ein paar Wochen, dass zur Heilung der Zähne erst die ungesunden rausfallen müssen. Schwups fielen mir kurz darauf Reststücke von kaputten Zähnen schmerzfrei raus.
Ich brauche kaum noch Essen (ca. 800 kcal am Tag) ich entwickle mich immer mehr in Richtung pure göttliche Liebe. Danke danke danke! Ich merke immer mehr wie Gott das Kommando über mich übernimmt in Gesprächen mit anderen Menschen. Ich halte dich auf dem Laufenden. Ich werde dich auf immer lieben, mein Heiland.
In tiefer Liebe und Demut Karim, 27, Hessen.«

»Lieber Sananda! Ich denke, jeder Mensch der ein Herz mit Seele hat, fühlt nach Deiner Behandlung und den Ablösunsgebeten, dass Du echt und wahrhaft bist. Ich habe Herzens- Menschen für mich wieder getroffen im Behandlungszeitraum, die mir sehr wichtig sind und dass wäre ohne Deinen Gebeten schon nach 10jährigem Bruch nicht möglich gewesen. Ich kenne ähnliche Erfahrungen, der dunklen Mächte, die auch Du gemacht hast und ich will Dich nur bestätigen in Deiner Arbeit und Dir ehrlichen Herzens danken! Alles was Du sagst und schreibst ist die WAHRHEIT aber es ist auch gerade für Menschen mit Herz und Seele UNFASSBAR, bis NICHT zu ERTRAGEN!
Jeder braucht seine Zeit um zu Heilen und hat auch so Einiges mitgemacht, wie Du ja auch sagst.
Ich bitte Gott um Heilung für alle Tiere, Naturwesen und Pflanzen und wenn Gott noch Zeit hat für die Menschheit, die sich über alles stellt. Danke lieber Sananda für eine Echtheit und Wahrhaftigkeit!
Petra Veronika«

»Erika 43, aus Würzburg
Lieber Sananda, es sind nun acht Monate vergangen seit meiner Behandlung bei dir. Seit guten zehn Jahren leidete ich unter dem chronischen Bluthochdruck. Ärzte konnten mir nicht helfen. Ich setztealle Medikamente nach und nach ab und suchte selber nach den Lösungswegen für mich. Im Februar schickte mir eine Freundin das Interview-Vidio mit dir. In den ersten 5 Minuten war mir klar, dass du, lieber Sananda, meine Retung bist. Außer Bluthochdruck leidete ich auch unter weiteren Problemen, auch Psyche. Mein ganzes Leben ist eine Achterbahn. Nach deiner Behandlung hat sich alles radikal zum Guten gewendet. Erste Zeit war es noch schlimmer mit meinem Blutdruck, aber schon bald stabilisierte er sich wie schon lange nicht mehr. Bis heute bin ich tablettenfrei und habe normale (bis auf paar Außnahmen in derZeit) Blutdruckwerte. Familienleben ist schön wie noch nie. Ich selber habe mich verändert und alle um mich herum haben sich auch zum positiven verändert. Nach der 3-monatigen Behandlung von dir erlebte ich in den nächsten drei Monaten alle Erkrankungen, die ich in meinemLeben hatte.
Sie kamen unangekündigt und unerwartet, immer abwechselnd und immer von Dauer von 3–4 Tagen. So plötzlich wie sie kamen, so plötzlich

gingen sie auch: Bluthochdruck, Mandelentzündung, Rückenschmerzen, Frauenbeschwerden, Lähmungserscheinungen in den betroffenen Gliedern, Angstzustände, Unterleibschmerzen.
Heute bin ich eine glückliche und angstfreie Persönlichkeit. Heute bin ich in der Lage jede Situation und jede Begegnung, egal wie gut oder schlecht sie ist, dankend anzunehmen und zu analysieren. Meine Psyche ist viel stabiler geworden. Ich erfreue mich an jedem Tag meines Lebens und all das verdanke ich DIR, lieber SANANDA.
Ich danke GOTT für die Begegnung mit dir. Ich wünsche mir und meiner Familie und DIR und deiner Familie von ganzem Herzen viel Kraft und GOTTES SEGEN diese dunklen Zeiten zu überstehen. Ich danke DIR SANANDA für alles was DU für mich und meine LIEBEN getan hast!!!
DANKE! DANKE! DANKE!
In Liebe und Dankbarkeit Erika«

»Lieber Sananda,
gerade bat ich den Schöpfer von allem was ist um Hilfe und Wegweisungwg des unruhigen Schlafes meines Sohnes Oskar (hat Down-Syndrom), der uns alle gerade sehr mitnimmt. Da bekam ich einen ganz starken Impuls, endlich mein versäumtes Feedback Schreiben an Dich zu schicken. Und so sah ich jetzt gerade auch die neue Verfügung wg der elektr. Strahlen.Danke danke danke!!! Danach hatte ich gesucht. Die Geistige Welt ist so mächtig. Dankeschön!
Bei meinem Sohn nehme ich eine tolle Entwicklung war seit der Behandlung. Er spricht besser, fährt sogar jetzt Fahrrad (6 Jahre aber mit Behinderung) und ist nun ohne Windel Tag und Nacht, was eine irre Entlastung darstellt. Auch bin ich zur Reittherapie geführt worden, was ein Segen ist. Bei mir bemerkte ich immer mehr Bewusstsein und auch Bekämpfungen von Außen. Wahrscheinlich über meinen Sohn wg der unruhigen Nächte. Aber das bestätigt mir nur, dass ich auf dem lichtvollen Weg bin! Ich ess kein Fleisch oder Wurst, Käse mehr.
AuchMilch vermeide ich. Mit Weizen will ich demnächst starten es wegzulassen. Ich sehe vermehrt Krähen und kann Töne in meinem Kopf besser wahrnehmen. Daniela 39, Süddeutschland«

»In unserem Haus, was wir vor 5,5 Jahren gekauft und renoviert haben, kann ich keinen modrigen Geruch mehr feststellen. Vorher hing oft beim Eintreten ein modriger Duft in der Luft, den aber nur ich bemerkte, nicht mein Mann! Deine Abschlußmail mit all den Verfügungen und Gebeten und Empfehlungen sind essenziell. Oft werde ich durch Unruhen der Kinder daran gehindert diese zu sprechen. Die wichtigsten habe ich mir nun ins Gedächtnis gerufen und kann sie abrufen. Herzlichen Dank!!!! Mein Mann ist seit der Behandlung nicht mehr cholerisch. Er bleibt jetzt ruhig und ist verständnisvoller. Meine Freundin Matina (ja genau ohne r) fängt gerade an ihr Haus zu reinigen und auszumisten. Sie fühlt sich dadurch immer besser und befreiter. Vorher hatte sie alles gehortet aber nie mehr gebraucht, wie ein Messie.

Meine Tochter (9) war im Behandlungsmail über meine Schwester behandelt worden. Sie ist ausgeglichener und die Hausaufgaben klappen viel harmonischer. Sie hatte vorher oft extreme Wutanfälle, die beängstigend waren. Vielen Dank Sananda für deine liebevolle Aufgabe an den echten Menschen und Gottes Segen für Dich und deine Familie.

Alles Liebe! Daniela, 39 aus Süddeutschland«

»Mein Leben erschien mir oft sinnlos,hatte die Hoffnung schon aufgegeggben,bis ich Dich gefunden habe.

Seit Deiner Behandlung, lösen sich die alten belastenden Energien auf,die sich abgespeichert haben.Ich lasse die Tränen fließen,sie sind halt mein Reinigungskanal.

Die schmerzhaften Verklebungen in den Nervenfasern haben sich teilweise wie Knoten aufgezogen.auch mein Schlafproblem hat sich verbessert.

Ich habe das erste Mal in meinem Leben das Gefühl,daß alles wieder in die Ordnung kommen kann,in der es sein soll und bin voller Vertrauen unfd Zuversicht.

Ich bin Gott unendlich dankbar,daß er mich zu Dir geführt hat.

Möge er Dich und Deine Familie beschützen,so daß noch viele Menschen den Weg zu Dir finden und Deine Hilfe annehmen können.

Wer noch zweifelt,sollte auf sein Herz hören,es sagt dir immer die Wahrheit.

In tiefer Liebe und Verbundenheit Deine Birgit 51Jahre ,aus Katzwinkel«

»Lieber Sananda, ich grüße dich ganz herzlich. Seid der 2. Behandlung im Mai 2018 haben sich nun endgültig meine Ängste und Paniken verabschiedet. Ich kann dir gar nicht sagen wie glücklich ich darüber bin. Du bist der Beste, der mir außerhalb meiner Familie je begegnet ist. Nicht physisch sondern auf geistiger Ebene. Auch ich habe dies einige Tage vor der jeweiligen Abschlussmail gespürt.
Ich kann nur jedem Behandelten empfehlen die Ablösungen und Gebete regelmäßig zu sprechen. Es gibt derzeit nichts machtvolleres. Meine Schwester (Plejaderin) hat sich wieder mit meinen Eltern ausgesöhnt und sucht nun wieder den Kontakt zu einigen Familienmitglieder, obwohl sie nicht zu den Behandelten zählte. Ich danke dir so sehr für Dein »Aktuelles«.
Dadurch werden Viele von uns für so manches was wir nicht sehen bzw. nicht wahrnehmen wie Du sensibilisiert. Ich hoffe es werden noch viele Menschen auf dich aufmerksam werden. Gott schütze dich. Liebe Grüße Petra aus dem Raum Baden-Baden.«

»Lieber Sananda,ich will mich kurz mal melden,um mich für die energetischen Behandlungen,die Lichterlebnisse,die Visionen in Vergangenheit,Gegenwart und der Zukunft,die wunderschönen Bi lder,die Hilfestellungen,die meine negativen Bestahlungsangriffe angeht(herzlichen Dank für Gebet Nr.46 im Downloadbereich), die Klarträume und deine allgegenwärtige Hilfe bedanken. Ich weiß jetzt, dass ich niemals alleine bin, die Geistwesen sind immer da. Ganz herzlichen Dank auch für die Hilfe an meinen drei Kindern.
Alle Drei sind glücklicher, haben, Depressionen, Ängste und Furcht überwunden,sind im hier und jetzt angekommen, lieben das Leben, können sich vor Negativität abgrenzen und schützen, sind selbstbewußter geworden und wachsen manchmal über sich hinaus ;). Da nur ein Kind von deiner Behandlung wußte, haben auch die beiden Anderen unbewußt mächtige Fortschritte gemacht. Jedes Kind in seinem Konfliktbereich, was alles seelischer Natur war. Dafür kann man gar nicht genug danken. Also von ganzem Herzen riesigen Dank an Dich, deine Arbeit, dein Wirken für Licht und Liebe. In tiefer Dankbarkeit, Angelika,60J,D.«

»Lieber Sananda,
Nachdem nun in meinem langen Leben mit vielen (interessanten) Irrwegen, vielem Leid, vielen Heilungsversuchen bei Heilpraktikern/rinnen, Geistheilern/rinnen, nur mässige Erfolge zu verzeichnen waren, habe ich nun endlich die Zuversicht eine vollständige Heilung zu erfahren.
Die letzten 12 Jahre litt ich des nachts unter massiven schwarzmagischen Angriffen, z. T. habe ich diese Wesen gesehen, aber überwiegend energetisch schmerzhaft enorm kräfteraubend wahrgenommen. Niemand konnte mir mehr helfen. Dieses Negative ist nun von mir gewichen, es sind deine kraftvollen Gebete, die dies bewirkt haben.
Ich bin zu 100% überzeugt von deinen Heilkräften, Placebo-Efektespielen da nur eine untergeordnete Rolle. du hast Fähigkeiten in mir geweckt, es sind wahre Wunder. Ich kann gut mit Einhandrute/Tensor umgehen und die positiven Ergebnisse z. B. bei Nahrung oder Gegenständen sofort feststellen. Ich danke Gott und dir von ganzem Herzen dich gefunden zu haben.
Dieter NRW 77 Jahre alt.«

»Lieber Sananda
Als erstes möchte ich mich ganz herzlich bei Dir bedanken für die letzte Verfügung. Wir wohnen hier in einem Testgebiet für G5 Antennen.
Seit Herbst 2017 merkte ich, dass die Strahlung stärker wurde. Damals wußte ich noch nichts davon. Vor einem Monat haben Sie dann in meiner Straße, drei Häuser weiter von mir, eine neue riesige Antenne installiert. Seit letzter Woche, nachdem ich Deine Verfügung gemacht hatte, konnte ich ganz deutlich spüren, dass die Kopfschmerzen, das Gefühl total durcheinander zu sein, weg ist. Ich kann wieder viel klarer denken. Das innere Zittern ist weg. Ich bin zwar manchmal sehr aufgeregt, wegen der vielen positiven Veränderungen, welche durch Deine Kraft passieren, aber innerlich bin ich jetzt ruhig und ausgeglichen. Zwei Jahre lang hatte ich eine eitrige Tonsille. Diese ist seit gestern ganz zurückgegangen. Als wär da nie etwas gewesen.
Ich bekomme wieder viel besser Luft durch die Nase, den Rachen und auch die Lunge schmerzt nicht mehr. Mein gesamter körperlicher und seelischer Zustand verbessert sich täglich. Danke, Danke, Danke, lieber Sananda Meinen Weg kann ich immer klarer sehen. Ganz liebe Grüße, Uta aus dem Raum Berlin«

»Lieber Sananda,
wie von Dir gewünscht, sende ich Dir jetzt ein zweites Feedback. Ich möchte gerne eine ganz wichtige Botschaft mit den Menschen teilen, die ebenso wie ich früher nur gesagt bekamen, das sei nicht heilbar.
Es geht um Asthma, Heuschnupfen und Neurodermitis. Als Baby, Kind und junge Erwachsene war ich daran »erkrankt». Immerzu hatte ich Medikamente um mich herum. »Hast Du auch ein Spray dabei für alle Fälle?« war eine stete Frage. Das ist nun nicht mehr so. Ich kann blühende Wiesen in vollen Zügen genießen – und meinen Staub zuhause quasi als die Nebensache nehmen, die er ist. Es ist weg. Niemand soll mir mehr etwas anderes erzählen. Auch beim Arzt gebe ich das nicht mehr an.
Also: die sogenannten »unheilbaren» Krankheiten sind es nicht. Dank Dir, lieber Sananda, Deiner Behandlung (sie war ab November 2016) und dem großen Schöpfer bin ich diese langjährige Sache losgeworden. Ich danke Euch sehr dafür. Die Veränderungen sind bei mir noch nicht abgeschlossen und ich halte Euch bestimmt weiter auf dem Laufenden mit den wunderbaren Neuigkeiten.
In Liebe, Kristina, 41, aus Ostfriesland«

»Liebster Sananda,
ich könnte unsere ganze Wohnung mit Dankbarkeit und Nächstenliebe zu Ihnen tapezieren. Behandlung;Aug bis Sep.2018 von zwei Menschen.
TIERE SIND GRATIS IN JEDEM PAKET DABEI !!! Unsere 11jähriger Hund hatte einen Tumor direkt im Auge und gestern hatte es unerklärlich heftig geblutet, danach war der Tumor um 3/4 verschwunden. ES IST EIN WUNDER!!!Es ist durch SIE GESCHEHEN!!! DANKE!!! Seid dem Auftrag an sie (ganz nach ihrer Empfehlung) füttere ich unsere beiden Hunde vegetarisch/vegan. Auch unser kleiner Hund hat keine Aggressionen mehr und ist ausgeglichen (er wurde vom Vorbesitzer geschlagen). Meine heftigen Schamgefühle die ich seid Kind an hatte sind nach wie vor weg. Mein seid je her schlechtes Selbstwertgefühl hat sich in ein gutes verwandelt. Ich kann wieder Essen ohne schlechtes Gewissen (hatte zweimal Magersucht in meinem Leben) und lebe nun auch vegan mit Normalgewicht. Hab alle Antidepressiva abgesetzt ganz am Anfang der Behandlung. Bete konsequent täglich zweimal ihre Gebete. DIE WUNDER DURCH SIE SIND MIT GELD NICHT ZU ERMESSEN!!!

Voller Dankbarkeit und höchster Nächstenliebe an Gott und Geistheiler Sananda von Sandra;35J.aus Baden Württemberg«

»Hallo lieber Sananda!
Ich bin begeistert von deiner geistlichen Behandlung, denn um gleich mal auf den Punkt zu kommen habe ich viel Alkohol getrunken das heisst ausnahmslos jedes Wochenende und später auch noch gekifft und das beinahe täglich. Ich habe jeden Morgen meinen Kaffee gebraucht und mein tägliches Fleisch gegessen und was soll ich sagen »alle» diese Dinge gehören der Vergangenheit an! Ich hatte auch immer öfter mal mit Rückenproblemen zu kämpfen und auch andere kleine Zimperlein die ich mir vom jahrelangen Kraftsport zugezogen habe. Auch diese Probleme sind Geschichte! Meine schlechten launen und schlechten Gedanken habe ich ebenfalls besser in den Griff bekommen. Um es zum Abschluss zu bringen, ich danke dir vom ganzen Herzen für deine Hilfe und werde auch weterhin deine Gebete in mein Leben einbringen.
Ganz liebe Grüsse von Eduard B. Aus Wolfsburg«

Lieber Sananda,
seit 3 Jahren litt ich an einem Polypen im Kieferhöhlenraum, der immer wiederkehrte und für chronische Erkältungen sorgte.
Angeblich war dieser Polyp schon seit meinem 8. Lebensjahr da. Meine Mutter ließ ihn immer wieder operativ entfernen. Ein Entzündungsherd für meine chronische Bronchitis und mein damaliges Asthma. Ich war als Kind regelmäßig im Krankenhaus. Nach einer extremen Erstverschlimmerung während der ersten 2 Behandlungswochen (2.Wiederholungsauftrag)musste ich nun feststellen, dass es noch weitere Polypen in meinem Nasen- Kieferhöhlenraum gab.
Bestimmt 3 an der Zahl! Mein Kopf schien jeden Moment zu platzen und einer dieser Polypen zeigte sich mir in meinem Rachen in seiner ganzen Pracht! Jedenfalls spukte ich dann plötzlich über mehrere Tage Blut und Polypenreste und eine ziemliche starke Entzündung im Kieferhöhlenraum begann zu heilen und eiterte aus. Da ich wusste, dass dies der Anfang meiner grundlegenden Heilung war, betete ich weiter und hielt die Schmerzen

tapfer aus. Früher wäre ich panisch zum Arztgerannt. Jetzt weiß ich, dass Gott seine schützende Hand über mich hält und Gnade walten lässt. ICH HEILE! Danke Sananda Es fühlt sich außerdem an als würden 34Jahre Dreck und Schmerz(ein Gefängnis!) in Liebe transformiert werden. Aus diesem Grunde musste ich auch eine der vielleicht wichtigsten Entscheidungen in meinem Leben treffen:
Mich von meiner Mutter trennen, die mich mein Leben lang abgesaugt hat. Der Kontaktabbruch zu meinen Eltern ist nun endgültig. Solch schmerzhafte Wege hätte ich mit meinem früheren Bewusstsein nicht beschreiten können. Der 3. Behandlungsauftrag war also mehr als nötig!
Ich fühle ich mich von Gott gehalten, geschützt und kann den Wegsorglos weiter gehen!
Ich liebe dich und danke dir jetzt schon von ganzem Herzen. Ich danke Gott jeden Tag dafür, dass er dich zu mir geführt hat!
Ellen, 34 Jahre, Berlin«

»Lieber Sananda, vielen lieben Dank für deine Hilfe!!
Meine Tochter, hatte aufgrund ihrer Lernschwäche immer Schwierigkeiten während der Klassenarbeiten und konnte das Gelernt sehr oft unter dem nervlichen Druck nicht mehr abrufen. Dies ist nach der 2. Beh. wesentlich besser geworden. Sie ist viel ruhiger & ausgeglichener, während der schriftlichen Arbeiten. Mein Sohn (1.Beh.) war vorher sehr oft aggressiv und unzugänglich.
Nach einem sehr einschneidenden Erlebnis, hatte er Angst neue Freundschaften zu gründen & sich zu verabreden. Nach deiner Behandlung habe ich wieder einen glücklichen Sohn, der seine Aggressionen kpl. abgelegt hat & auch wieder Kontakte im Außen sucht. Auch mein Mann hat sich sehr stark zum positiven verändert. Vor deiner Beh. waren Unsicherheit, Desinteresse & körperliche Auffälligkeiten vorhanden. Unser Familienleben hat sehr darunter gelitten! Dies gehört heute – Dank Dir– der Vergangenheit an!! Ich war vor deinen zwei Beh. eine sehr starke Allergikerin. Doch nun, während der 2. Beh. kann ich nach 26 Jahren!!! endlich wieder Obst essen. Wir sind Dir für Alles sehr, sehr dankbar!!
LG Melanie (42) & Familie aus Niedersachsen«

»Lieber Sananda,
ich möchte mich ganz herzlich für Ihre Arbeit bedanken, Ich bin völlig baff, da bei der jetzigen Bioscann-Messung heraus kam, dass sich die Strahlungsbelastung in den Zellen auf NULL (also um das 10fache)! verbessert hat. Auch bin ich völlig aus dem Häuschen wg. Ihrer neuen Verfügungen Nr. 46-48. Sie wirken sehr stark. Auch wir haben in ca. 150 Meter Entfernung unseres Wohnhauses eine Mobilfunkantenne, über die wir gar nicht froh sind. Es macht mich total glücklich, mit IhrenVerfügungen auch endlich selbst aktiv etwas gegen diesen »Umweltkrieg« gegen die Natur und uns Friedfertige unternehmen zu können. Das ist ein sehr guter Weg, um mit vereinten Kräften den Dunklen die Grenzen aufzuzeigen. Viele Grüße auch an Ihre Familie,die diesen Wahnsinn tapfer mit erträgt. Viele Grüße aus Deutschland, Annette, 44 Jahre«

»Lieber Sananda, von ganzem Herzen möchte ich dir danken, dass du so vielen Menschen und Tieren bereits geholfen hast und helfen wirst und du durch deine Heilungen, Bücher und Botschaften die Menschen aufwecken möchtest und tust. Vielen lieben Dank, dass du das alles mit soviel Mut und Beharrlichkeit machst. Seit 1 Jahr hatte ich Zellveränderungen im Unterleib, die sich bis zu einer Vorstufe von Krebs entwickelt hatte.
Am 24.10.18 hatte ich nochmals einen Arzttermin bei dem eine Biopsie gemacht wurde und bei dem mir nahegelegt worden war unbedingt das befallene Gewebe so schnell wie möglich zu operien.
Am 30.10.18 rief mich der Arzt an und teilte mir das Ergebnis meiner Biopsie mit; meine Zellen seien gesund bzw.normal!!!!!! Der Arzt konnte es kaum glauben! Ich schon, denn für mich war klar, dass ich durch deine Heilenergie gesund geworden bin, auch wenn das erst 7 Tage her war seit Auftragserteilung. Auch hatte ich bereits Interviews von dir gesehen, die einiges in mir bewirkt haben. Ich bin und werde dir unendlich dankbar sein, für das was du bereits für mich getan hast und ich danke Gott, dass er dich und deine Familie beschützt.
Claudia, 48 J, Schweiz«

»Lieber Sananda! Mir hats gerade im wahrsten Sinne des Wortes gerade fast die Sprache verschluckt! Wenige Sekunden bis Minuten nachdem ich auf deiner Seite gesehen habe, dass du mein Feedback zwecks heilenden Zähnen veröffentlicht hast fiel mir direkt ein weiterer Füllungs-/ Zahnrest raus. Ich bin relativ gefasst. Ich weiß ja wer du bist, mein Heiland. Ich wurde kürzlich durch dich zu einer Schlüsselseele zwecks meiner Lebensaufgabe geführt. Er hat dich auch erkannt! Ich weiß, dass er und ich 2 Essener waren bzw sind. Halte dich auf dem Laufenden. In ewiger Liebe Karim, 27, Hessen.«

»lieber Sananda,
im Juli hast du mich vom Sterbebett geholt (Organversagen und kaum noch Blut im Körper), wo ich durch Borreliose 6 Monate lag, mein Haut war zerfressen von bakteriellen Wunden. Heute sind die Wunden weniger und meistens geschlossen, die Entzündungen in den Gelenken und Muskeln klingen ab, ich danke dir von ganzem Herzen 1000x! Deine Gebete sind der große Segen meines Alltags und ich lerne dadurch Angriffe abzuwehren und mein Feld sauber zu halten. Immer besser kann ich dunkle Wesen erkennen und alte dunkle Verbindungen lösen. Zum ersten Mal in diesem Leben bin ich nicht mehr auf der Flucht. Mein Herz und Leben ruht in der LIebe meines Schöpfers, mein Herzchakra ist offen und stabil … mehr noch als alle körperliche Heilung wertschätze ich dieses Angebundensein und die Freiheit meiner Seele … Tränen der Freude fließen und wenn es so weit ist, werde ich mit heiterem Lachen alles loslassen, bis dahin heilen, lernen, dienen … danke, danke, danke, … für den Frieden der nun zu mir zurück gekehrt ist! Mögen du und die Deinen immer gesegnet sein! Jeanne (50 Jahre, Mutter und Oma aus Berlin)«

»Lieber Sananda,
ich bin unendlich froh und dankbar den Weg zu dir gefunden zu haben. Mein Leben und das meiner Tochter (15) hat sich enorm verbessert und gewandelt. Vor der Behandlung bestimmten Depression, bleierne Schwere, Dunkelheit, Verzweiflung, Todessehnsucht usw. unser beider Leben. Meine Tochter war 9 Monate in einer Kinderpsychiatrie wegen massivem selbst-

verletzendem Verhalten und schwerer Depression. Sie hatte keinen Lebenswillen, keine Energie, konnte sich kaum noch mitteilen und hatte keinen eigenen Willen od Meinung. Sie war fast tot. Unsere familiäre Situation war extrem schlimm. Es hat mich fast zerrissen. Nach der Behandlung verbesserte sich ihr/unser Leben enorm. Die Dunkelheit um sie/mich herum ist weg. Die Selbstverletzungen haben (fast) aufgehört.
Sie ist fröhlich, selbstständig und geht wieder zur Schule. Mir persönlich geht es super, super gut. Ich fühle mich frei und leicht wie noch nie in meinem Leben. Ich mache jeden Tag zwei mal deine Reinigungen und Verfügungen. Über die neuen bin ich sehr dankbar.
Sananda, ich danke dir aus meinem tiefsten Herzen für die Heilung.
Auch im Namen meiner Tochter Pia. Viele liebe Grüße. Simone«

»Lieber Sananda, ich muss und darf dir nach nur zwei Tage nach Behandlungsbeginn hocherfreut Mittteilen, dass meine Tochter Nadja nach über einem Jahr, nach absetzten der Pille, heute das erste mal wieder die Periode erhalten hat. Wir sind sehr glücklich.
Hat sie doch mit Hilfe der Frauenärztin und anschliessend mit mehr als 2 monatiger Akupunktur kein Erfolg gehabt.
Wir danken dir von Herzen, schön dass wir uns an dich wenden durften.
Vielen vielen Dank.
In liebe Bernadette, 54, Schweiz«

»Liebes hohes Lichtwesen Sananda, ich möchte mich als ein Teil der Quelle das ich bin, bei dir mit all meiner Liebe bedanken! Danke dafür, dass du uns Lichtträgern hier auf Erden hilfst zu erkennen wer wir wirklich sind und uns mit deiner bedingungsloser, liebenden Heilenergie hilfst, wieder in unsere Schöpferkraft kommen zu dürfen!
Ich möchte dich und alle wissen lassen, dass ich unendlich dankbar bin für deine Arbeit die du hier auf Erden machst! Danke für die neuen Verfügungen!!! Sie sind ein göttlicher Segen für uns Behandelte von dir! Ich hoffe als bald möglich meine Familie dir anzuvertrauen, damit auch sie das Wunder der Göttlichkeit in sich spüren zu beginnen und in ihre Kraft kommen können. In Liebe zu dir und allen Brüdern und Schwestern die hier inkarniert

sind! Wir sind Liebe! Mögen alle Wesen in allen Universen erfüllt sein mit Liebe und Licht! Dir alle Kraft und Ausdauer für dein neues Buch und Danke mal unendlich! Stefan,35, Schweiz«

»Lieber Geistheiler Sananda Danke das Gott dich auf der Erde hat inkarnieren lassen. Ich habe dank dir so viel geschafft in meinem Leben. Vor 1,5 Jahren konnte ich mich aus einer Beziehung retten. Wo er sehr gewaltätig war. Er würgte ,schlug und misshandelte mich. Ich habe es dank deiner Energiebehandelung geschafft frei zu werden. ALLE KNOCHEN DIE SCHIEF STANDEN DADURCH SIND WIEDER IN DER RICHTIGEN POSITION. Ich habe keine Schmerzen mehr beim gehen und sitzen.
Du bist der Weg zur Freiheit. Auch von Süchten. Ich habe jetzt meine nächste Baustelle entlarvt „ die Geltungssucht». Werde jetzt daran gehen und das nächste Thema lösen mit Hilfe deiner 3. Behandlung. Ich habe immer wieder Schübe der Heilung. Ich lese täglich dein Aktuelles und dann könnte ich nur weinen . Alleine deine Zeilen bringen starke Heilung in Gang. Du befreist nicht nur in Behandlungen und mit Hilfe deiner Wertvollen Gebete sondern auch mit deiner Energie beim Schreiben. SANANDA dein wirkliches Wesen in dir habe ich meines Erachtens erkannt. Deine Energien sind die selben wie bei meinen Jesus Erfahrungen. Danke Gott für den einzigsten echten Heiler auf Erden. Die Kraft und Liebe Gottes sei mit und deiner Familie. Heike aus Köln«

»Hallo Lieber Geistheiler Sananda, hiermit möchte ich dir ein Feedback schreiben über die dinge die sich so verbessert haben bei mir und meiner jetzigen Ehefrau damals unverheiratet und natürlich unser Indigo Hund Timi.
1. Hatte plötzlich keine lust mehr auf Fleisch bin jetzt Vegetarier.
2. Konnte mit den Zigarretten bzw. mit dem Rauchen aufhören ohne Schwierigkeiten.vorher 30 Stück pro Tag.
3. Fühle mich befreiter weniger Angst.
4. Frau sagt ich bin ruhiger und gelassener.
5. Kann mich auf Arbeit besser Konzentrieren.
6. Ich und meine Frau Streiten nicht mehr (vorher heftige Auseinandersetzungen) wir sind Seelenduale und beide Santiner.

7. Meine Frau Aneta hat mir berichtet das Sie von einer Operation an ihrem schmerzendem Tauben Bein geträumt hat (wusste nicht von deiner Behandlung).Jetzt schmerzfrei und wieder Gefühle im Bein.
8. Mutter von meiner Frau bzw. meine Schwiegermutter hat am Telefon zu Aneta gesagt das sie spürt Ihr Fluch der auf der Familie lastete wohl gebrochen sei .Sie Fühle das. Ich und Aneta wussten von dem Fluch von xxxxxxxxxx einem Medium aus xxxxxxxxxxx. Das was beeindruckend für mich war ist Sie wusste auch nichts von der Behandlung.
Alexander,42,Schweiz«

»Hallo Sananda,
tausend Dank, Du hast mir sehr geholfen – durch Dich habe ich einiges verstehen und fühlen gelernt.
Die Körperfeldmessung »Nesh« zeigt, dass bei mir alles in Ordnung gekommen ist – ich bin zwar 68 Jahre auf dieser Erde, aber biologisch nun 44 Jahre (75 % alles in Ordnung, 52 % Reserve):
– Augen sind besser
– Zahnfleischtaschen geheilt
– weiße Flecken auf der Haut verschwunden
– keine Rückenbeschwerden mehr
– das erste Mal in meinem Leben habe ich locker Gewicht reduziert (30 kg in 8 Monaten!)
– Diphia-Fraktur-Platte + 6 Nägeln spüre ich kaum mehr – Gewebe sehr weich geworden
– Überbein und Fußnagel heile
– Taubheit am Fuß fast weg
ich bin davon überzeugt, dass es weiterhin immer wieder besser werden wird und bin froh nun endlich leben zu dürfen.
Gott segne Dich und Deine Familie!
Maria aus Baden-Württemberg«

»Hallo lieber Sananda
Ich melde mich nun nochmal, hatte dir vor ende der Behandlung schon ein sehr positives Feedback geschrieben.Dann aber vor ende der Behandlung

ist noch etwas passiert womit ich nicht gerechnet hätte.Ich habe bemerk wie an meiner Linken Körperseite unter der Brust (Im Körper) auf ein mal »gearbeitete» wurde,an einer stelle wo ich sonst immer beim schlafen auf dieser Seite immer Probleme hatte und nicht einschlafen konnte auf der Seit,es war immer recht unangenehm,ich hatte da immer meinen Herzschlag gespürt durch eine große Ader die da entlang lief. Mich hatte vor Jahren auch schon mal eine geistig begabte Frau darauf aufmerksam gemacht, auf diese Stelle. Bin mir jetzt natürlich sicher das es was ernstes gewesen ein muss was du das Weg gemacht hast. Jedenfalls spürte ich ein paar Tage lang das daran immer mal wieder gearbeitet wurde (Ganz angenehm) und dann setzte später schmerz ein,wie nach einer Operation, der was auch sehr unangenehm, es legt sich dann aber nach einiger Zeit.Auf meiner ander Körperseite war es dann auch so. Lieber Sananda, was es auch war was du da weg gemacht hast, es ist nun weg und dafür danke ich dir ! Ich bin so froh !
Fabian,31, aus Brandenburg«

»Hallo lieber Sananda, nach Deiner Abschlussmail steigt der Energiepegel in mir rasand an! Alles ist so befreit, weit, klar und kraftvoll, besonders in Kombination mit dem Gebet 14! Ich habe seit Deinen Behandlungen endlich wieder mehr Geld zur Verfügung und mein Selbstwert hat sich enorm gesteigert! Aber der absolute Ober-Knaller sind die neuen Schutzgebete Nr. 46 bis 48! Ich leide schon seit dem Einbau mehrerer Smartmeter bei uns an Schwindel, Tinitus, Konzentrations-, Gedächtnis- und Schlafproblemen sowie unter gezielten Bestrahlungen von ELF und HAARP-Wellen. Ich hatte wirklich alles versucht um mich dagegen abzuschirmen und wollte ausziehen, aber Nr. 46 ist der absolute Hammer! Es fiept nicht mehr in meinen Ohren und ich habe keine Kofschmerzen mehr und kann endlich in Ruhe durchschlafen- das ist wahrlich auch ein so großes Geschenk von Dir, wirklich unglaublich! Und mit Nr. 48 habe ich endlich mehr Ruhe vor den ganzen Quälgeistern, Reptos um mich herum, die mir in letzter Zeit richtig auf die Nerven gegangen sind. Ich danke Dir aus tiefstem Herzen dafür, dass ich nun endlich wieder weiter durchstarten kann!
Danke Dir sehr Sananda!
Bis gleich Gerrit, 49 Jahre aus Wiesbaden«

»Lieber Sananda,
gerne möchte ich erneut über positives berichten, was sich nach Beginn deiner Behandlung bei mir und meinem Sohn (12) geändert hat. Mein Gemütszustand ist leichter, positiver als die vielen Jahre voller Depressionen, Ängste, Wut, Aggressionen, Starke Stimmungsschwankungen.
Ich war die letzten Jahre im Burn Out und musste stundenlang am Tag mich immer wieder hinlegen, was jetzt fast zu 99% weg ist. Ich stehe morgen mit besserer Laune auf,viel leichter und brauche nicht mehr so viel Schlaf wie mein ganzes Leben! Ich hatte starke Stimmungsschwankungen viele Jahre und jetzt fühle ich mich mehr in meiner Mitte und ausgeglichener, ich war früher wenig zu ertragen für mich und meine Mitmenschen! Vergebt mir war nie meine Absicht, war mein ganzes Leben wie eine Marionette und auch so gehandelt. Mit Besetzungen wurde ich schon seit meiner Jugend (vielleicht Kindheit, habe wenig Erinnerungen) konfrontiert wie Vorfall von Epilepsie meines älteren Bruders was mich erschreckt hat. Mein Sohn wurde die letzten Jahre in den Schulen gemoppt und jetzt wurde er in der neuen Schule sofort angenommen und fühlt sich sehr wohl.
Er hatte auch durch das Mobbing und die Angriffe der Dunkelheit (die wir seit 3 Jahren verstärkt erlebt haben) sehr in der Schule nachgelassen und jetzt geht es für ihn wieder aufwärts.Wir haben uns auch oft gestritten, jetzt ist mehr Harmonie zwischen uns. Mir wurde vor Tagen bewusst, das ich Anzeichen von Demenz hatte, weil ich Konzentrationsmangel und Vergesslichkeit hatte mehr als es normal ist, mein Sohn sagte mir etwas und ich vergas es immer!
Ich habe seit meiner Kindheit Essstörungen (Magersucht/Bulimie) und die haben jetzt nachgelassen, was mich natürlich sehr freut, denn das kann sehr unangenehm werden. Die Rückenschmerzen im unteren Bereich sind weg, oftmals konnte ich mich vor lauter Schmerzen nicht mehr bewegen.
Ich habe 41 Jahre in allen Bereichen meines Lebens Mangel und Schmerz erlebt und Vertraue, das sich alles Schritt für Schritt zum Besten verändert wird. Ich war auch bei Heilern, sie haben mich ein Stück begleitet aber der Beste bist Du! Vielen Dank für deine kostenlosen Gebete und Verfügungen,(vorallem Nr. 46-48) haben eine starke Wirkung!
Viel Kraft und Leichtigkeit für Dich und Deine Familie!!! In unendlicher Liebe und Dankbarkeit, Sofia C. 41, Raum Freiburg.«

»Lieber Sananda … Gott segne Dich und deine Familie für dieses wunderschöne Geschenk es gibt nichts vergleichbar Göttlicheres wie dich … Du gibts ein ein Gefühl von unbeschreiblicher Freiheit,Leichtigkeit und Glückseligkeit !!!! Ich gebe zu,das ich zu erst sehr skeptisch war, weil am Anfang von meiner Behandlung es mir sehr schlecht ging, … aber das hat sich dann mit der Zeit, zu einer unglaublichen stärke und Kraft umgewandelt … das es ich nicht in Worte fassen kann..Deine Gebete sind die Medizin der unglaublichen Heilung … soooo wirkungsvoll …!!! Ich kann mich nur mit meinem ganzen Herzen bei dir Sananda bedanken!!!! Ich empfehle es jedem diese Behandlung zu machen. DANKE DANKE DANKE«

»Lieber sananda .Danke vom ganzen Herzen für all die wertvollen Infos, diese Arbeit ist unbezahlbar . Ich und auch mein Partner essen kein Fleisch mehr . Ich habe deutlich mehr Energie und Kraft dieses Leben zu meistern .bleib so wie du bist denn leider sind ehrliche Menschen die gerade raus sagen wie es ist Mangel auf dieser Erde. Deine Bücher habe ich ebenfalls verschlungen und aktuell lese ich gerne auf deiner Seite. Ich danke Gott oft dich gefunden zu haben. Ich wünsche dir und deiner Familie alles erdenklich Gute. Du verbesserst die Welt .ich werde mich bemühen auf meinem weg . Ich drücke dich . Liebe Grüsse Ulla aus Köln«

»Lieber Sananda,
erst einmal vielen lieben Dank für die Hilfe die meine Familie, Haustiere und ich durch Dich erfahren durften. Dankeschön auch an die Lichte Welt und Gott. Das alles ist mit Geld gar nicht zu bezahlen. Nach meiner 1. Behandlung im Oktober 2017 waren meine Depressionen und Angstanfälle sehr schnell verschwunden. Und das ist nach wie vor noch so. Ich fühle mich befreit und glücklich. Bei meiner Tochter entwickelte sich eine massive Unverträglichkeit gegen viele Lebensmittel, hauptsächlich Weizenprodukte. Meine Tochter ernährte sich furchtbar ungesund. Mit Behandlungsbeginn litt sie Monate lang unter Übelkeit, Würgereiz, Bauchkrämpfe und Durchfall. Diese Zeit war für alle schwer, wir versuchten immer wieder ihr begreiflich zu machen, dass ihr Körper ihr eine Chance geben will, damit sie etwas verändert. Nach vielen Gesprächen und Monaten beruhigte sich

der Magen Darm Trakt meiner Tochter. Sie stellte ihre Ernährung um und bemerkte das es ihr jetzt deutlich besser geht.
Im Juli 2018 erteilten wir den 2. Behandlungsauftrag und meinem Kind geht es seit dem phantastisch. Alle Symptome weg. Jetzt zeigt sich, dass ihr Körper ähnlich reagiert wenn sie mit den »falschen Menschen»(Lebewesen) befreundet ist.
Bei mir veränderte sich die Form meiner Halswirbelsäule. Ich hatte eine Art Buckel oben im Schulterbereich auf der Wirbelsäule. Der Buckel verkleinert sich ich hab das Gefühl alles wird besser durchblutet. Der Schwindel ist weg, die Nackenmuskulatur ist weicher und nicht mehr knochenhart. Meine Hals Form im Bereich der Schilddrüse verändert sich ebenfalls. Mein Hals war vorher dick. Jetzt wird er dünner und man kann die Hals Muskulatur links und rechts erkennen. Meine Ohrenschmerzen sind im Moment etwas stärker, ich habe aber das Gefühl das hier Heilung der Grund dafür ist. Meine Abgeschlagenheit und Traurigkeit ist weg. Ich hatte seit ca. 1 Jahr immer wieder eine blutige und schmerzende Naseninnenwand alles wieder gut. Meine Gelenkschmerzen und Gliederschmerzen haben sich mit starken Schmerzen verabschiedet.
Meinen Onkel habe ich auf Grund seines kranken Herzens mit behandeln lassen. Er wusste nichts davon. Mein Mann und ich hatten das Gefühl ihm das sagen zu müssen um ihm etwas aufzubauen. Leider wurde ich von meiner Tante beschimpf und ausgelacht. Das war sehr traurig, ich bin davon überzeugt, dass die Behandlung ihm geholfen hat. Er war sehr schwach konnte kaum laufen nach seiner Herz OP. Und jetzt geht er mit seinem Rollator durchs Dorf.
Allen lieben Menschen und Dir Sananda und Deiner Familie schöne Weihnachten und einen guten Rutsch ins neue Jahr.
Silke, 46 aus dem schönen Schlaubetal«

»Sananda, du bist unser Nordstern, durch dich wissen wir den Weg. Ich danke Gott dafür, dass wir dich gefunden haben. Mittlerweile 3. Behandlung und immer noch so viele Veränderungen im Innen wie im Außen. Ich leite ein Restaurant. Meine üblen Reptochefs, die nurbetrügen, lügen und verleumden, haben seit Behandlunmgsbeginn »plötzlich« Probleme wegen Steuerhinterziehung, ihre Firma bricht jeden Tag mehr zusammen. Die Arabische Großfamilie mit denen sie zusammenarbeiten kommt nicht mehr zu mir in den Laden und bedient sich. Tja, ihre berühmte Melk-Kuh, ein berühmter Berliner Rapper, packt seit kurzem vor Gericht gegen sie aus … Zufall? Ich habe gekündigt und sofort drei neue Angebote bekommen. Meine Reptochefs versuchen mich mit allen Mitteln und allen Lügen zum Bleiben zu zwingen aber sie haben das Ringen schon lange verloren, ich weiß wer sie sind. Meine Frau und ich sind wie neu verliebt seit der dritten Behandlungswoche circa. Vorher war es schwer geworden, mein Herz war so verschlossen. Jetzt öffnet es sich. Ich schaue die vielen Videos auf deiner Seite und weine. Früher konnte ich nicht mehr weinen, so sehr hatte ich das Vertrauen verloren. Danke, Sergej 35, Berlin«

»Lieber Sananda,
Ich heiße Daniela bin 33 Jahre alt und komme aus Vorarlberg. Ich möchte mich recht herzlich bei dir bedanken. Ich hatte große Probleme, mein großer Sohn wollte nicht mehr in die Schule. Und mein Kleiner hatte Wutausbrüche wollte nicht in den Kindergarten. Meine Ehe war schon fast am Ende. Wir hatten nur noch Streit. Ich selber hatte Depressionen und wollte so nicht mehr weiter machen. Ich konnte in der Nacht nicht mehr schlafen, war ständig wach. Grübelte über die Zukunft nach. Ich las am Abend die Gebete und auf einmal konnte ich schlafen. Meine Rückenprobleme waren weg, diese trage ich schon seit ich 24 bin mit mir herum. Ich bin nicht mehr den ganzen Tag traurig habe Energie.
Habe mein Übergewicht in den Griff bekommen. Als ich das Letze mal traurig war, warst du bei mir das habe ich gespürt, ich bin nicht alleine!!!! Der Große geht wieder gerne in die Schule. Er hat keine Angst mehr im dunklen und keine Alpträume. Beim kleinen sind die Anfälle weg. Er geht in den Kindi ohne Weinen. Wir sind wieder ein Team. Danke Lg«

»Lieber Sananda, eine erstaunliche Geschichte ist passiert, die keiner glauben will. Letzte Woche wurde bei meiner 80-jährigen Mutter eine schwere Herzinsuffizienz diagnostiziert. Die Ärzte machten meiner Mutter klar, sie sei schwer Herz krank und in einigen Tagen würde eine Angiographie gemacht. Das Ergebnis der Untersuchung soll die Entscheidung bringen, zwischen Stents einsetzen oder Bypass-OP! 2 Tage vor dieser Angio habe

ich dir lieber Sananda einen Behandlungsauftrag erteilt. Meine Mutter weiß aber nichts davon. Gestern war dann diese Untersuchung – mittags rief mich meine Schwester an, die auch Ärztin in diesem Spital ist: Sie können sich das nicht erklären, aber bei unserer Mutter ist das Herz in bester Ordnung!! Die Ärzte konnten keine Herzinsuffizienz mehr feststellen! Ziemlich doof und ratlos dürften die Ärzte geschaut haben,weil sie keine Erklärung dazu haben! Mir ist es sonnenklar, dass du lieber Sananda, als Kanal Gottes, diese schnelle Heilung bewirkt hast. Bei Gelegenheit werde ich es meiner Mutter mitteilen.Ich danke dir von ganzem Herzen dafür! DANKE!
Fortsetzung folgt … Edith 48, NÖ«

»Heute endlich mein »Bericht», ich hatte vor der Behandlung oft Blasenentzündungen, jetzt keine mehr, ich hatte oft kalte Hände und Füße, jetzt nicht mehr, ich war sehr kalt vom Gefühl her, jetzt bin ich viel mitfühlender geworden, ich gebe jetzt gern von Herzen und es kommt viel zu mir zurück, ich hatte viele Jahre einen finanziellen Mangel, jetzt beginnt »es» wieder zu fließen, ich hatte viele Ängste, jetzt gehen sie nach und nach, uuuuuuund JETZT ziehe ich in eine »eigene» Wohnung, was ich mir schon eine Weile gewünscht hatte, wo jedoch die Angst im Hintergrund war, ob ich es alleine schaffe, finanziel, ich weiß jetzt, dass ich es hinbekomme. Ich habe ein inneres Glücksgefühl, dass ich nicht beschreiben kann, es passiert im Moment so viel schönes, als ob »ALLES« nur darauf gewartet hat, dass ich mich endlich entscheide, mutig bin, und das bin ich jetzt! Ich habe eine schöne Wohnung gefunden, diese Woche erst und ziehe noch im Dezember mit meinen beiden Katzen, die ich aus dem Tierheim geholt hatte dort ein. Danke für Deine WUNDERBARE göttliche Energie, die Gebete, die sooooo kraftfoll sind, in Liebe Marina, 60, Sachsen«

»Lieber sananda. Ganz herzlichen Dank für deine Behandlung! Ich bin jetzt Vegetarierin geworden, weil ich dank dir darauf aufmerksam wurde, daß die Tiere unsere Brüder und Schwestern sind … Wir sind so falsch aufgewachsen, daß Fleisch wichtig wäre und so n Quatsch!! Alle sollten es wissen … Meine Tochter Luna ist 13, und sein 1 Jahr schon, will sie kein Fleisch mehr essen! Sie sagt, sie ißt ihre Freunde nicht! Seit deiner Behand-

lung will sie jetzt vegan leben! … Ich hatte immer Depressionen, jetzt geht es mir viel besser … Mein Kopf ist richtig befreit … Und ich denk hauptsächlich an Lösungen.... Ich bin sehr glücklich, daß ich auf deine Seite bei Youtube gestoßen bin … Ich wußte sofort daß du mir helfen kannst!.!
Ich hab es gespürt....... Danke danke danke..... Ich versuche noch viel disziplinierter zu werden, bei den Gebeten.. Sigrid aus Nordrhein-Westfalen«

»Lieber Sananda,
Es ist bekannt wenn die ersten grauen Haare auftauchen, geht es rasant weiter mit grauen Haaren. Aber die Haare werden dünner schwerer kämmbar und folglich kommt es zu Haar- Ausfall. Nun bemerkte ich, dass es immer weniger graue Haare sind. War mir nicht sicher.. ist es Wunschdenken? Nein die Haare werden kräftiger und mehr und mehr die Ursprungsfarbe, geschmeidiger und weicher.
Beim Kämmen merkt man es besonders gut, kein Haarausfall mehr. Es sind nur noch vereinzelde graue haare zu sehen. Und diese werden auch noch verschwinden.
Ich habe auch seit zwei Wochen keine Verstopfung mehr.
Ich bin dankbar, dass ich noch eine Verlängerung von 12 Monate erhalte. Es gibt mir Sicherheit und ein sehr gutes Gefühl, ich bin fröhlicher, die Leute mit denen ich Kontakt habe sind sehr nett, der Rest meidet mich. So bekomme ich langsam aber sicher ein Gefühl für Menschen die es ehrlich meinen und auch gut tun.
Vielen herzlichen Dank Sananda. Gabriela, 57 Jahre aus Bauma CH«

»Ich bin Gerda,77J. aus dem Raum Hamburg. Meine Blasenschwäche hat sich sehr gebessert, kein so häufiges Aufstehen des Nachts mehr und keine Probleme tagsüber. Den Aussagen von Feunden nach sehe ich viel gesünder und in mir ruhender aus als noch vor einigen Monaten. In der Tat fühle ich mich innerlich entspannter und sehe optimistischer in die Zukunft. Meine vor 22 J. schwerst traumatisierte Tochter L.41J. hat deutlich wenigenr Spannungszustände und Aggressionzustände, seit 2,5 Monaten ist es zu keinen Zerstörungen von Dingen mehr gekommen. Es ist nun öfter ein Lächeln bei ihr zu sehen. Das ist für mich eine ungeheure Erleichterung, zumal wir auch zusammen wohnen. Ich bin Sananda sehr dankbar und bewundere seine starke Kraft. Danke, danke Gerda«

»Lieber Sananda !
Seid ich in deiner Behandlung bin erlebe ich Hilfe und Heilung. Zuerst berichte ich Dir über meine Wade . Es war das linke Bein, es ließ sich nur schwer beugen, weil die Wade schmerzte und fest war.Wie bei einer Durchblutungsstörung. Am Abend Deiner Behandlung fühlte ich eine angenehme Kühle vom Knie abwärts über die Wade.
Es war wie ein abstreifen und es ist alles gut.Das Bein kann ich ohne Schmerzen wieder beugen.
Danke Sananda !
Lieber Sananda !
Mein Herz tat mir oft weh und ich fühlte mich Eingeengt .Der Arzt sagte es sei der Anfang einer Verkalkung und ich habe eine Aortenklappensklerose deswegen muss das Herz mehr arbeiten .
Auch hatte ich Bluthochdruck und musste Tabletten nehmen,das ging schon einpaar Jahre so .
Doch jetzt gibt es Dich Sananda durch die Behandlung von Dir gab es sofortige Hilfe und Heilung.
Ich nehme seid dem 15.11.2018 keine Tabletten mehr.Der Blutdruck ist normal.Mir geht es gut.
An Krankheiten will ich nicht mehr denken ! Ich vertraue Dir und Gottvater und gebe mich ganz in Eure Hände!
Dank sei Dir Sananda und Danke Gottvater ! DANKE!
Liebe Grüsse aus Krs. MInden- Lübecke Christa.«

»Lieber Sananda
Mit nun fast 50 Jahren hat es mich erwischt – wie fast jede Frau. Ich bin mittendrin in diesem verrückten Abänderungsprozess aber es quält mich nicht mehr!!! Nach wochenlangen ständigen, teilweise peinlichen, Schweissausbrüchen und nächtlichen Schweissbädern, die mich fast wahnsinnig machten und nicht durchschlafen liessen, hat Gott mich befreit – durch dich. Medikamente habe ich sowieso abgelehnt. Kommt gar nicht in Frage, mich mit

diesem Mist vollzustopfen. Gott hat meinen Hilferuf gehört. Ich kann nur jeder Frau raten, sich damit an dich und an Gott zu wenden – nur bitte nicht Hormone nehmen!!! Ich wurde von dieser Folter befreit und wünsche dies allen deinen Klientinnen, die in dieser Phase stecken. Ich kann Gott und dir nicht genug danken. In tiefster Verbundenheit, Christine Schär, Aarberg«

»Lieber Sananda,
ich hatte aus verschiedenen Gründen deine Hilfe gesucht: Meine Tochter Alina (7 J.) entwickelte ständig neue Macken (andauerndes Augenkneifen, merkwürdiges Augenrollen, rythmisches Schniefen und Summlaute).
Ich hatte vor allem einen Schutz vor den Bestrahlungen und nach einer Möglichkeit gesucht, nicht jeden Monat wegen der Besetzungen wieder bei einer Heilerin vorsprechen zu müssen. Diese hatte auch behauptet,wir wären nicht besetzt.
Alinas Augenrollen und -kneifen ist weg. Die anderen Symptome von Alinas Besetzungen lassen langsam nach, aber es kommen ja ständig neue und so hätte ich allein für Deine Ablösungsgebete das Doppelte und Dreifache gezahlt.
Allein bei meinen täglich längeren S-Bahnfahrten springt ständig irgendetwas mich an (ich kann sie nicht sehen, aber spüren und riechen).
Eine für mich beeindruckende Begebenheit diesbezüglich erlebte ich auf einem Flug nach Kreta (wahrscheinlich durch die Besendung deiner Energie ausgelöst). Einem Mann wurde erst schwindlig und dann bewusstlos. Seine Frau rief nach Hilfe und ich hatte im gleichen Augenblick so ein starkes Gänsehautfeeling, wie ich es noch nie erlebt hatte. Gleichzeit wurde ich sehr emotional und musste mich anstrengen, das Heulen zu unterdrücken. Ab da an wurde ich eine ganze Weile lang angegriffen und war nur noch am Ablösen.
Kurz nach Behandlungsbeginn hatte ich einen Traum, in dem ich auf einer grünen Wiese stand und um mich herum lauter weißer Papierfetzen lagen. Beim Aufwachen wusste ich tief in mir, dass das aufgelöste Seelenverträge waren.
Lieber Sananda, Deine Energie und Deine Aufklärung haben mich mutiger und stärker gemacht. Ich schaffe es dadurch immer mehr in meinem ausgeprägt atheistischen Umfeld zu meiner veränderten Weltansicht zu stehen. Für mich bedeutete der Kontakt zu dir vor allem auch einen wichtigen

Schritt in meiner spirituellen Entwicklung.
Ganz lieben Dank und herzliche Grüße!
Antje (47) und Alina (7), Berliner Raum«

»Lieber Sananda, wen ich nur an dich denke, mir kommen Freude trennen, ich fülle erste mal in meinem Leben Geborgenheit !!! Wie istdass kann ich mich leider nicht so richtig ausdrücken, aber sehr, sehr schön! Ich habe lange so wie dich »gesucht » Gott hat mich zu dir geführt, und dafür bin ich unendlich dankbar!
Ich habe Reumathoide Arthritis, habe auch sorge um meine beiden Töchter.... dank Dir fülle mich 100% sicher dass wird alles gut!
Ich habe beide Bücher gelesen, alle Videos gesehen, hör Bücher auch; es ist nie genug! Einen Tag habe ich wie Mitleid mit dir gehabt (was du alles »muss » und mit machst), dann habe so fest angefangen zu weinen wie du werdest bei mir: es war sehr schön, bin ich überzeugt du warst bei mir ...! Beim ersten mal habe ich habe nicht so oft um 21:30 an dich gedacht(ich weiß es nich warum), aber jetzt wenn i um 21:30 an dich denke unglaublich was mir passiert, probiere ich das zu erzählen: ZUERST wie STARKE WIND und muss ich mich richtig schüttle (schwer zu erklären), dan wie Wehre in trans ganze Körper und, Kopf richtig schüttelt UNGLAUBLICH lieber Sananda was das PASSIERT! Beim ich werde probieren mit Kamera das zu aufnehmen, da ich bin eigentlich »»alleine » muss ich selber probieren!
Ich habe einen Mann (100 % Repto), und ich hatte auch sehr schwereres Leben (ex Mann hat sogar geschossen auf mich) ich habe Große Schutz Engel , dass weiß ich 100% und alle meine Licht Engels un Gott haben auf mich und meinen beide Tochter aufgepasst! Lieber Sananda ich bin Gott unendlich dankbar dass er mich durch »Zufall« zu dir geführt hat! Ich wünsche dir und deiner liebe Familie Gottes Segen, und dir fiel Kraft alles zu ertragen! Ich liebe dich von ganzem Herzen, und tausend mal DANKE! DANKE !DANKE!!! Erste mal war 6.8.2018 Und Zeiten mal jetzt 12.12.2018 Übrigens jetzt bin ich schon zweitens mal in Behandlung, habe große Familie; so wie ich bin und auch unendlich vertrauen an dich habe werde mich wieder drittes- vierten Mal melden für Behandlung.(ich mache das für meine Familie), und auch erste mal denke ich auch an mich,so bin ich!

Es freut mich sehr das ich von dir email (einmal) bekommen, Geduld ist nicht meine Stärke, aber ich weiß es das du dich meldest!
Ich weiß es auch dass DU viel Arbeit hast! Gott schütze dich lieber Sananda J.D Aus der Schweiz (und ex Jugoslawien)«

»Lieber Sananda,
jedes Jahr zur Adventszeit möchte ich Menschen, die mir in diesem Jahr in entscheidenden Moment zur Seite gestanden haben oder Impulsgeber auf meinem Wachtumsweg waren, Danke sagen und Sie waren einer davon. Gerne möchte Ihnen ein kurzes Feedback schreiben, was sich bei mir seit Ihrer Fernheilung (Mai–August) zurückblickend 4 Monate später getan hat. Mit Ihrer ausführlichen Mail öffneten Sie mir für viele Bereiche des Lebens die Augen. Bei mir selbst spürte ich v.a. das der vor der Behandlung ständig vorherrschende Energiemangel und Antriebslosigkeitpassé waren.
Die Wochen/Monate nach der Behandlung ist es ganz anders- ich sprühe vor Energie und neuen Ideen und bin viel bewusster und fokussierter als ich es vorher war. Mit der wachsenden Energie begann ich auch alte unaufgearbeitete belastende Themen in meinem Leben nach und nach aufzulösen und arbeite nach wie vor an mir weiter. Ihre Gebete versuche ich in den Alltag zu integrieren und bin jedes Mal erstaunt über die gute Wirkung. So habe ich es mir z.B. auch angewohnt vor der Arbeit eine »Reinigung« und »Aufbau eines Schutzschildes» zum Schutz gegen die negativen Energien, denen ich tagtäglich in der Arbeit konfrontiert werde, durchzuführen, mit dem Ergebnis dass ich mich seitdem viel standhafter, befreiter und sicherer fühle.
Herzlichen Dank für alles! Schön, dass es Sie gibt!
Ich wünsche Ihnen und Ihrer Familie eine schöne Weihnachtszeit und viel Kraft für Ihre große Mission.
Herzliche Grüße Katharina«

»Lieber Sananda
Ich (Anna, 41, Liechtenstein) bin sehr froh, dass es Dich gibt. Ich habe Dir zum zweiten Mal einen Auftrag erteilt, weil ich mir ohne Deinen Schutz sehr verloren vorkomme in dieser Welt. Dieses Mal waren meine Eltern

und meine 3 Kinder im Packet. Das Verhältnis zu meinen Eltern ist liebevoller geworden, ich kann sie besser verstehen und ihren weichen Kern sehen. Die Energie, welche Du uns allen während einem ganzen Jahr sendest, tut uns allen so gut. Immer wieder haben wir, meine Kinder und ich, dadurch neue Kraft über Nacht. Das war vorher nicht so, der Alltag hat uns immer sehr ausgelaugt. Ich verstehe nun auch meine jüngste Tochter besser, sie ist von den Plejaden als einzige. Wir anderen alle Santiner. Sie braucht oft viel Geduld. Aber die Fortschritte sind da – durch Deine Unterstützung kann sie sich immer mehr von Streitereien fernhalten. Deine Gebete sind Gold. Sie bereingen sofort alle Störfelder und das Leben kann wieder positiv weitergehen. Verzweiflung kommt nur noch selten vor. Dein Licht ist der wichtigste Halt in meinem Leben. Täglich lese ich Deine Beiträge unter Aktuelles. Danke Sananda! Du bist der Beste!«

»Lieber Sananda,
Wow, das war letzte Nacht wieder eine große Überraschung für mich.
Genau 2 Monate nach dem Abschlußmail wurde ich, für mich unerwartet, über mehrere Stunden hindurch von höheren Lichtwesen behandelt.
Zuerst be- oder erleuchtete mich eine große Seele von innen heraus für eine sehr lange Zeit, es war eine immense Kraft und Glückseeligkeit, die mich von innen her komplett überstrahlte. Ich fragte mich, ob sich so wohl anfühlt, eine hohe Indigoseele zu haben.
An meinem Gleichgewichtssinn im linken Ohr wurde auch gearbeitet. Es sah aus, als ob 2 transparente geometrische Ebenen gegeneinander verschoben werden. Ich habe nie etwas Derartiges gesehen oder mir je vorgestellt und dennoch konnte ich es beobachten. Die erste Besserung an meinem linken Ohr spürte ich bereits vor 5 Monaten bei der Beauftragung oder Bezahlung. Ich hatte in der Vergangenheit ab und zu Lagerungsschwindel und eine immer wieder aufflammende chronische Entzündung im Innenohr. Gegen Ende der Behandlung konnte ich Dich, Sananda, erkennen und habe mich innerlich bei Dir bedankt. Nachdem ich wieder eingeschlafen war, wachte ich später in einem Klartraum auf, weil ich so stark mit Energie durchflutet wurde, dass in mir alles gewackelt hat und es mich innerlich durchgeschüttelt hat. Ich habe es geschehen lassen und willkommen geheißen, obwohl ich nicht wusste, wie weit sich das entwickeln würde. Mit dem Abflauen der Durchflutung bin ich dann wieder aufgewacht.

Was ich hier schreibe, liest sich so einfach und wie selbstverständlich, ist aber dennoch so unfassbar und sprachlos machend, was ich hier so persönlich bei den Behandlungen erleben durfte.
Ich möchte mich bei Dir für Dein wahrhaftiges, präzises und zuverlässiges Wirken herzlich bedanken. Mögest Du zufrieden sein, und möge Dir nur Gutes widerfahren. Liebe Grüße von Herbert, 59, aus dem Burgenland, Österreich.«

»Lieber Sananda, eine erstaunliche Geschichte ist passiert, die keiner glauben will. Letzte Woche wurde bei meiner 80-jährigen Mutter eine schwere Herzinsuffizienz diagnostiziert. Die Ärzte machten meiner Mutter klar, sie sei schwer Herz krank und in einigen Tagen würde eine Angiographie gemacht. Das Ergebnis der Untersuchung soll die Entscheidung bringen, zwischen Stents einsetzen oder Bypass-OP! 2 Tage vor dieser Angio habe ich dir lieber Sananda einen Behandlungsauftrag erteilt. Meine Mutter weiß aber nichts davon. Gestern war dann diese Untersuchung – mittags rief mich meine Schwester an, die auch Ärztin in diesem Spital ist: Sie können sich das nicht erklären, aber bei unserer Mutter ist das Herz in bester Ordnung!! Die Ärzte konnten keine Herzinsuffizienz mehr feststellen! Ziemlich doof und ratlos dürften die Ärzte geschaut haben,weil sie keine Erklärung dazu haben! Mir ist es sonnenklar, dass du lieber Sananda, als Kanal Gottes, diese schnelle Heilung bewirkt hast. Bei Gelegenheit werde ich es meiner Mutter mitteilen.Ich danke dir von ganzem Herzen dafür! DANKE!
Fortsetzung folgt... Edith 48,NÖ«

»Heute endlich mein »Bericht«, ich hatte vor der Behandlung oft Blasenentzündungen, jetzt keine mehr, ich hatte oft kalte Hände und Füße, jetzt nicht mehr, ich war sehr kalt vom Gefühl her, jetzt bin ich viel mitfühlender geworden, ich gebe jetzt gern von Herzen und es kommt viel zu mir zurück, ich hatte viele Jahre einen finanziellen Mangel, jetzt beginnt »es» wieder zu fließen, ich hatte viele Ängste, jetzt gehen sie nach und nach, uuuuuuuund JETZT ziehe ich in eine »eigene« Wohnung, was ich mir schon eine Weile gewünscht hatte, wo jedoch die Angst im Hintergrund war, ob ich es alleine schaffe, finanziel, ich weiß jetzt, dass ich es hinbekomme. Ich habe ein inneres Glücksgefühl, dass ich nicht beschreiben kann, es passiert im Moment so viel schönes, als ob »ALLES» nur darauf gewartet hat, dass ich mich endlich entscheide, mutig bin, und das bin ich jetzt! Ich habe eine schöne Wohnung gefunden, diese Woche erst und ziehe noch im Dezember mit meinen beiden Katzen, die ich aus dem Tierheim geholt hatte dort ein. Danke für Deine WUNDERBARE göttliche Energie, die Gebete, die sooooo kraftfoll sind, in Liebe Marina, 60, Sachsen«

»Lieber sananda. Ganz herzlichen Dank für deine Behandlung! Ich bin jetzt Vegetarierin geworden, weil ich dank dir darauf aufmerksam wurde, daß die Tiere unsere Brüder und Schwestern sind..... Wir sind so falsch aufgewachsen, daß Fleisch wichtig wäre und so n Quatsch!! Alle sollten es wissen...... Meine Tochter Luna ist 13, und sein 1 Jahr schon, will sie kein Fleisch mehr essen! Sie sagt, sie ißt ihre Freunde nicht! Seit deiner Behandlung will sie jetzt vegan leben!..... Ich hatte immer Depressionen, jetzt geht es mir viel besser... Mein Kopf ist richtig befreit..... Und ich denk hauptsächlich an Lösungen.... Ich bin sehr glücklich, daß ich auf deine Seite bei Youtube gestoßen bin..... Ich wußte sofort daß du mir helfen kannst!.!
Ich hab es gespürt....... Danke danke danke..... Ich versuche noch viel disziplinierter zu werden, bei den Gebeten.. Sigrid aus Nordrhein-Westfalen«

»Lieber Sananda,
Es ist bekannt wenn die ersten grauen Haare auftauchen, geht es rasant weiter mit grauen Haaren. Aber die Haare werden dünner schwerer kämmbar und folglich kommt es zu Haar- Ausfall. Nun bemerkte ich, dass es immer weniger graue Haare sind. War mir nicht sicher.. ist es Wunschdenken? Nein die Haare werden kräftiger und mehr und mehr die Ursprungsfarbe, geschmeidiger und weicher.
Beim Kämmen merkt man es besonders gut, kein Haarausfall mehr. Es sind nur noch vereinzelde graue haare zu sehen. Und diese werden auch noch verschwinden.
Ich habe auch seit zwei Wochen keine Verstopfung mehr.
Ich bin dankbar, dass ich noch eine Verlängerung von 12 Monate erhalte. Es gibt mir Sicherheit und ein sehr gutes Gefühl, ich bin fröhlicher, die

Leute mit denen ich Kontakt habe sind sehr nett, der Rest meidet mich. So bekomme ich langsam aber sicher ein Gefühl für Menschen die es ehrlich meinen und auch gut tun.
Vielen herzlichen Dank Sananda. Gabriela, 57 Jahre aus Bauma CH«

»Ich bin Gerda,77J. aus dem Raum Hamburg.Meine Blasenschwäche hat sich sehr gebessert, kein so häufiges Aufstehen des Nachts mehr und keine Probleme tagsüber. Den Aussagen von Feunden nach sehe ich viel gesünder und in mir ruhender aus als noch vor einigen Monaten. In der Tat fühle ich mich innerlich entspannter und sehe optimistischer in die Zukunft. Meine vor 22 J. schwerst traumatisierte Tochter L.41J. hat deutlich wenigenr Spannungszustände und Aggressionzustände, seit 2,5 Monaten ist es zu keinen Zerstörungen von Dingen mehr gekommen. Es ist nun öfter ein Lächeln bei ihr zu sehen. Das ist für mich eine ungeheure Erleichterung, zumal wir auch zusammen wohnen. Ich bin Sananda sehr dankbar und bewundere seine starke Kraft. Danke, danke Gerda«

»Lieber Sananda !
Seid ich in deiner Behandlung bin erlebe ich Hilfe und Heilung. Zuerst berichte ich Dir über meine Wade . Es war das linke Bein, es ließ sich nur schwer beugen, weil die Wade schmerzte und fest war.Wie bei einer Durchblutungsstörung. Am Abend Deiner Behandlung fühlte ich eine angenehme Kühle vom Knie abwärts über die Wade.
Es war wie ein abstreifen und es ist alles gut.Das Bein kann ich ohne Schmerzen wieder beugen.
Danke Sananda !
Lieber Sananda !
Mein Herz tat mir oft weh und ich fühlte mich Eingeengt .Der Arzt sagte es sei der Anfang einer Verkalkung und ich habe eine Aortenklappensklerose deswegen muss das Herz mehr arbeiten .
Auch hatte ich Bluthochdruck und musste Tabletten nehmen,das ging schon einpaar Jahre so .
Doch jetzt gibt es Dich Sananda durch die Behandlung von Dir gab es sofortige Hilfe und Heilung.

Ich nehme seid dem 15.11.2018 keine Tabletten mehr.Der Blutdruck ist normal.Mir geht es gut.
An Krankheiten will ich nicht mehr denken ! Ich vertraue Dir und Gottvater und gebe mich ganz in Eure Hände!
Dank sei Dir Sananda und Danke Gottvater ! DANKE!
Liebe Grüsse aus Krs. MInden- Lübecke Christa.«

»Lieber Sananda
Mit nun fast 50 Jahren hat es mich erwischt – wie fast jede Frau. Ich bin mittendrin in diesem verrückten Abänderungsprozess aber es quält mich nicht mehr!!! Nach wochenlangen ständigen, teilweise peinlichen, Schweissausbrüchen und nächtlichen Schweissbädern, die mich fast wahnsinnig machten und nicht durchschlafen liessen, hat Gott mich befreit – durch dich. Medikamente habe ich sowieso abgelehnt. Kommt gar nicht in Frage, mich mit diesem Mist vollzustopfen. Gott hat meinen Hilferuf gehört. Ich kann nur jeder Frau raten, sich damit an dich und an Gott zu wenden – nur bitte nicht Hormone nehmen!!! Ich wurde von dieser Folter befreit und wünsche dies allen deinen Klientinnen, die in dieser Phase stecken. Ich kann Gott und dir nicht genug danken. In tiefster Verbundenheit, Christine Schär, Aarberg«

»Lieber Sananda,
ich hatte aus verschiedenen Gründen deine Hilfe gesucht: Meine Tochter Alina (7 J.) entwickelte ständig neue Macken (andauerndes Augenkneifen, merkwürdiges Augenrollen, rythmisches Schniefen und Summlaute).
Ich hatte vor allem einen Schutz vor den Bestrahlungen und nach einer Möglichkeit gesucht, nicht jeden Monat wegen der Besetzungen wieder bei einer Heilerin vorsprechen zu müssen. Diese hatte auch behauptet,wir wären nicht besetzt.
Alinas Augenrollen und -kneifen ist weg. Die anderen Symptome von Alinas Besetzungen lassen langsam nach, aber es kommen ja ständig neue und so hätte ich allein für Deine Ablösungsgebete das Doppelte und Dreifache gezahlt. Allein bei meinen täglich längeren S-Bahnfahrten springt ständig irgendetwas mich an (ich kann sie nicht sehen, aber spüren und riechen).
Eine für mich beeindruckende Begebenheit diesbezüglich erlebte ich auf

einem Flug nach Kreta (wahrscheinlich durch die Besendung deiner Energie ausgelöst). Einem Mann wurde erst schwindlig und dann bewusstlos. Seine Frau rief nach Hilfe und ich hatte im gleichen Augenblick so ein starkes Gänsehautfeeling, wie ich es noch nie erlebt hatte. Gleichzeit wurde ich sehr emotional und musste mich anstrengen, das Heulen zu unterdrücken. Ab da an wurde ich eine ganze Weile lang angegriffen und war nur noch am Ablösen.
Kurz nach Behandlungsbeginn hatte ich einen Traum, in dem ich auf einer grünen Wiese stand und um mich herum lauter weißer Papierfetzen lagen. Beim Aufwachen wusste ich tief in mir, dass das aufgelöste Seelenverträge waren.
Lieber Sananda, Deine Energie und Deine Aufklärung haben mich mutiger und stärker gemacht. Ich schaffe es dadurch immer mehr in meinem ausgeprägt atheistischen Umfeld zu meiner veränderten Weltansicht zu stehen. Für mich bedeutete der Kontakt zu dir vor allem auch einen wichtigen Schritt in meiner spirituellen Entwicklung.
Ganz lieben Dank und herzliche Grüße!
Antje (47) und Alina (7), Berliner Raum«

»Lieber Sananda, daß ist noch kein Feedback, sondern einmal eine Mitteilung daß ich das Jahr 2018 ohne Dich nicht geschafft hätte.
Ich hatte Prozesse und Verhandlungen mit meinen Nachbarn, welche mir übel (Servitut wegnehmen usw.) mitgespielt haben und noch teilweise tun. Durch die Kraft und Energie die Du mir geschickt hast, habe ich das alles geschafft und werde noch alles schaffen.. Danke und bin dabei auch gesund geblieben. Ich hatte keinen Selbstwert, jetzt habe ich Selbstwert und kann mich dementsprechend artikulieren und zur Wehr setzen. Meine über dreißig Jahre langen Herz-Rückenbeschwerden sind trotz Belastung weg. Nochwas, von meiner Tochter kann ich nicht so viel noch sagen, außer , daß sie irgendwann mal gesagt hat, Mama ich glaube ich bin neben mir gegangen. Das ist eine Aussage!!!!!!!!!!!!!!!!!!!!!!!!!!!!!!!!!!!
Sie kämpft noch, aber ich glaube , vielleicht hat sie leichte autistische Züge? Aber ihre Wutanfälle sind weg. Ich bleibe dran – jeden Tag (danke für Deine Verfügungen) Ich möchte Dir nochmals danke sagen und Dir und Deiner Familie ein schönes Fest und viel Erfolg für das kommende Jahr wünschen.
Christine aus Graz«

»Lieber Sananda, wen ich nur an dich denke, mir kommen Freude trennen, ich fülle erste mal in meinem Leben Geborgenheit !!! Wie istdass kann ich mich leider nicht so richtig ausdrücken, aber sehr, sehr schön! Ich habe lange so wie dich »gesucht » Gott hat mich zu dir geführt, und dafür bin ich unendlich dankbar!
Ich habe Reumathoide Arthritis, habe auch sorge um meine beiden Töchter.... dank Dir fülle mich 100% sicher dass wird alles gut!
Ich habe beide Bücher gelesen, alle Videos gesehen, hör Bücher auch; es ist nie genug! Einen Tag habe ich wie Mitleid mit dir gehabt (was du alles »muss » und mit machst), dann habe so fest angefangen zu weinen wie du werdest bei mir: es war sehr schön, bin ich überzeugt du warst bei mir ...! Beim ersten mal habe ich habe nicht so oft um 21:30 an dich gedacht(ich weiß es nich warum), aber jetzt wenn i um 21:30 an dich denke unglaublich was mir passiert, probiere ich das zu erzählen: ZUERST wie STARKE WIND und muss ich mich richtig schüttle (schwer zu erklären), dan wie Wehre in trans ganze Körper und, Kopf richtig schüttelt UNGLAUBLICH lieber Sananda was das PASSIERT! Beim ich werde probieren mit Kamera das zu aufnehmen, da ich bin eigentlich »»alleine » muss ich selber probieren!
Ich habe einen Mann (100% Repto), und ich hatte auch sehr schwereres Leben (ex Mann hat sogar geschossen auf mich) ich habe Große Schutz Engel , dass weiß ich 100% und alle meine Licht Engels un Gott haben auf mich und meinen beide Tochter aufgepasst! Lieber Sananda ich bin Gott unendlich dankbar dass er mich durch » Zufall » zu dir geführt hat! Ich wünsche dir und deiner liebe Familie Gottes Segen, und dir fiel Kraft alles zu ertragen! Ich liebe dich von ganzem Herzen, und tausend mal DANKE! DANKE !DANKE!!! Erste mal war 6.8.2018 Und Zeiten mal jetzt 12.12.2018 Übrigens jetzt bin ich schon zweitens mal in Behandlung, habe große Familie; so wie ich bin und auch unendlich vertrauen an dich habe werde mich wieder drittes- vierten Mal melden für Behandlung.(ich mache das für meine Familie), und auch erste mal denke ich auch an mich,so bin ich!
Es freut mich sehr das ich von dir email (einmal) be kommen, Geduld ist nicht meine Stärke, aber ich weiß es das du dich meldest!
Ich weiß es auch dass DU viel Arbeit hast! Gott schütze dich lieber Sananda J.D Aus der Schweiz (und ex Jugoslawien)«

»Lieber Sananda,
jedes Jahr zur Adventszeit möchte ich Menschen, die mir in diesem Jahr in entscheidenden Moment zur Seite gestanden haben oder Impulsgeber auf meinem Wachtumsweg waren, Danke sagen und Sie waren einer davon. Gerne möchte Ihnen ein kurzes Feedback schreiben, was sich bei mir seit Ihrer Fernheilung (Mai–August) zurückblickend 4 Monate später getan hat. Mit Ihrer ausführlichen Mail öffneten Sie mir für viele Bereiche des Lebens die Augen. Bei mir selbst spürte ich v.a. das der vor der Behandlung ständig vorherrschende Energiemangel und Antriebslosigkeitpassé waren.
Die Wochen/Monate nach der Behandlung ist es ganz anders- ich sprühe vor Energie und neuen Ideen und bin viel bewusster und fokussierter als ich es vorher war. Mit der wachsenden Energie begann ich auch alte unaufgearbeitete belastende Themen in meinem Leben nach und nach aufzulösen und arbeite nach wie vor an mir weiter. Ihre Gebete versuche ich in den Alltag zu integrieren und bin jedes Mal erstaunt über die gute Wirkung. So habe ich es mir z.B. auch angewohnt vor der Arbeit eine »Reinigung» und »Aufbau eines Schutzschildes» zum Schutz gegen die negativen Energien, denen ich tagtäglich in der Arbeit konfrontiert werde, durchzuführen, mit dem Ergebnis dass ich mich seitdem viel standhafter, befreiter und sicherer fühle.
Herzlichen Dank für alles! Schön, dass es Sie gibt!
Ich wünsche Ihnen und Ihrer Familie eine schöne Weihnachtszeit und viel Kraft für Ihre große Mission.
Herzliche Grüße Katharina«

»Lieber Sananda
Ich (Anna, 41, Liechtenstein) bin sehr froh, dass es Dich gibt. Ich habe Dir zum zweiten Mal einen Auftrag erteilt, weil ich mir ohne Deinen Schutz sehr verloren vorkomme in dieser Welt. Dieses Mal waren meine Eltern und meine 3 Kinder im Packet. Das Verhältnis zu meinen Eltern ist liebevoller geworden, ich kann sie besser verstehen und ihren weichen Kern sehen. Die Energie, welche Du uns allen während einem ganzen Jahr sendest, tut uns allen so gut. Immer wieder haben wir, meine Kinder und ich, dadurch neue Kraft über Nacht. Das war vorher nicht so, der Alltag hat uns immer sehr ausgelaugt. Ich verstehe nun auch meine jüngste Tochter besser, sie ist von den Plejaden als einzige. Wir anderen alle Santiner. Sie braucht

oft viel Geduld. Aber die Fortschritte sind da – durch Deine Unterstützung kann sie sich immer mehr von Streitereien fernhalten. Deine Gebete sind Gold. Sie bereingen sofort alle Störfelder und das Leben kann wieder positiv weitergehen. Verzweiflung kommt nur noch selten vor. Dein Licht ist der wichtigste Halt in meinem Leben. Täglich lese ich Deine Beiträge unter Aktuelles. Danke Sananda! Du bist der Beste!«

»Lieber Sananda,
Wow, das war letzte Nacht wieder eine große Überraschung für mich.
Genau 2 Monate nach dem Abschlußmail wurde ich, für mich unerwartet, über mehrere Stunden hindurch von höheren Lichtwesen behandelt.
Zuerst be- oder erleuchtete mich eine große Seele von innen heraus für eine sehr lange Zeit, es war eine immense Kraft und Glückseeligkeit, die mich von innen her komplett überstrahlte. Ich fragte mich, ob sich so wohl anfühlt, eine hohe Indigoseele zu haben.
An meinem Gleichgewichtssinn im linken Ohr wurde auch gearbeitet. Es sah aus, als ob 2 transparente geometrische Ebenen gegeneinander verschoben werden. Ich habe nie etwas Derartiges gesehen oder mir je vorgestellt und dennoch konnte ich es beobachten. Die erste Besserung an meinem linken Ohr spürte ich bereits vor 5 Monaten bei der Beauftragung oder Bezahlung. Ich hatte in der Vergangenheit ab und zu Lagerungsschwindel und eine immer wieder aufflammende chronische Entzündung im Innenohr. Gegen Ende der Behandlung konnte ich Dich, Sananda, erkennen und habe mich innerlich bei Dir bedankt. Nachdem ich wieder eingeschlafen war, wachte ich später in einem Klartraum auf, weil ich so stark mit Energie durchflutet wurde, dass in mir alles gewackelt hat und es mich innerlich durchgeschüttelt hat. Ich habe es geschehen lassen und willkommen geheißen, obwohl ich nicht wusste, wie weit sich das entwickeln würde. Mit dem Abflauen der Durchflutung bin ich dann wieder aufgewacht.
Was ich hier schreibe, liest sich so einfach und wie selbstverständlich, ist aber dennoch so unfassbar und sprachlos machend, was ich hier so persönlich bei den Behandlungen erleben durfte.
Ich möchte mich bei Dir für Dein wahrhaftiges, präzises und zuverlässiges Wirken herzlich bedanken. Mögest Du zufrieden sein, und möge Dir nur Gutes widerfahren. Liebe Grüße von Herbert, 59, aus dem Burgenland, Österreich.«

»Hallo Sananda.
Ich heisse Jana,36Jahre alt& komme aus der Schweiz.Seit deiner Behandlung haben wir endlich einen Weg gefunden um uns vor Fremdenergien zu schützen.Mein Sohn litt seit er 3 Jahre alt ist unter emotionalen Ausbrüchen& manchmal war er traurig ohne Grund.Ich konnteoft nicht klar denken,war oft müde und ohne Energie.Mein Freundhatteseit 5Jahren ein unerklärliches plötzliches Beinzucken.
Meine Tochter war oft distanziert von mir.
In den 3 Monaten Heilbehandlung gingen die Beschwerden zurück.Es ist eine schöne Harmonie in unserer Familie entstanden und wir sind nichtmehr durch Fremdenergien gesteuert.
Vielen Dank dafür ! Gerne möchten wir dich bei einem öffentlichen Auftritt live erleben. Du hast uns sehr geholfen.«

»Elke, 53, Raum Heidelberg/Karlsruher unangenehmer Körpergeruch. 21.10.18 linke Fußgelenkschwellung rückläufig,gesamte körperliche Beweglichkeit besser,Schwitzen und Ausdünstungsgeruch werden weniger und besser. 27.10.18 um 12 Uhr Verschmelzung mit meinem höheren Selbst findet statt, verspüre Codaktivierung durch dich. 04.11.18 –7.50 Uhr Seelenverbindung mit dir spürbar. Es lösen sich Blockierungen auf Seelen und Herzebene.Geburtstrauma löst sich (mein linker Arm wude mir bei Geburt ausgerengt und seit dem eingeschränkt in der Bewegung/ Arm verkürzt und Schulterblatt schiefstellung) Im linken Arm werden Schmerzengelöst auch unter dem Schulterblatt. Die ganze linke Körperhälfte wird ganz warm durchflutet mit Energie. Ein schwereGefühl löst sich aus dem Körper. Danach ist die Beweglichkeit ganzkörperlich besser, kann besser vom Sofa aufstehen und gehen. Füße sind bweglicher und Taubheitsgefühle in den Beinen läßt nach.05.11.18 beginne 1Wassertablette auf halb zu reduzieren.Blutzuckerwerte weden besser. 23.11.18 Blutkontrolle beim Arzt/ Alle Werte sind besser geworden!!!! Danke für dein so Sein!!!!!«

»LIEBER SANANDA MÖCHE MICH BEI DIR BEDANKEN ;FÜR DIESE 4 WOCHEN ;DER HEILUNG ;MEIN HERZ VORHOFLIMMERN HAT SICH SEHR VERÄNDERT ;BIN SCHON SO GLÜCKLICH ;UM-

ARME DICH IN TIEFER DANKBARKEIT ; ICH SEGNE DICH ;DEINE HEILUNGEN DEN LEBEN ;DEINE ERFOLGE ICH DANKE GOTT DAFÜR DAS ER MICH ZU DIR GESCHICKT HAT MEINE FERSEN BEIN ZERTÜMMERUNG ;DIE SCHMERZEN SIND FAST WEG ; ICH HABE VOLLES VERTRAUEN IN GOTT ZU DIR; DU GÖTTLICHE LIEBEVOLLE KRAFT DER HEIUNG VIELEN DANK ;DANKE DANKE DANKE ; AUCH ICH SEHE DICH BEI DER MEDIDATION SPÜRE DINE HEILUNG ;EIN WUNDERVOLLES GEFÜHL ; WÜNSCHE DIR UND DEINER FAMILIE LIEBE UND FRIEDEN ;UND EINE GESEGNETE ZEIT LG CÄCILIA HERZBERGER-HOSNER ÖSSTERREICH«

»Lieber Sananda ganz recht herzlichen Dank für dein neues Video. Es ist so aufklärend. EIN MUSS FÜR JEDEN ERWACHTEN.DANKE!!! Ich warbessesen und kann genau bestätigen was du sagst ist wah. Ich stand ausserhalb meines Körpers und musste zusehen wie dieser auf der Erde rumkrabbelte. Wie ich die verrücktesten Sachen machte. Das ich jetzt nicht tot bin, habe ich nur dir zu verdanken. Denn ich lebe gerne.
Bestimmt nach der 1.und 2. Behandlung. Welche durch mein danaliges mangelndes Bewusstsein zur führten das ich nochmals so daneben wurde.AB Bestätigung der 3.Behandlungen am 25.9.18 war ich wieder total normal. Das ich das buchen konnte verdanke ich dem Gebet gegen das Ego. Nr.45. vorher lass ich auf deiner Seite und konnte dann wieder beten und buchen. Denn meine Seele war zeitweise nicht in meinem Körper. Am25.9.18 hast du Sie zurückgeholt. Danke welch Gnade. Versuche meine Baustellen in den Griff zu bekommen. Und danke für jedes einzelne Gebet. SANANDA ES KANN NUR EINEN HEILER GEBEN UND ZWAR DICH !!! MEIN DANK IST UNENDLICH!!! Deiner Familie (Tiere)und dir das Beste fürs neue Jahr. Heike aus Köln 37.Jahre. Danke danke danke danke danke für alles. Du tuSt soooo Viel und opferSt dich«

»Lieber Sananda, ich habe gestern Abend zwischen 21.30 Uhr und 21.32 Uhr eine wunderbare fast unglaubliche Erfahrung gemacht. Ich bin derzeit Klient bei Dir und verbinde mich Abends um 21.30 Uhr mit Dir Sananda und denke dabei an mein Problem. So auch gestern Abend: Mir ging es

schon den ganzen Tag total schlecht – alle Knochen taten mir weh, total kaputt, Bauchkrämpfe alle paar min und Kopfkino und Gedankenkarussell ohne Ende – furchtbar –. In diesem Zustand habe ich mich um 21.30 Uhr mit Dir verbunden: Es hat sich angefühlt als würde aus meinen Schläfen etwas herausgezogen – ich wurde ganz ruhig und klar und alles hörte auf – die Bilder im Kopf, die Gedanken im Kopf, die Bauchkrämpfe, die Schmerzen mindestens zu 90% alles weg und alles in diesen in 2 Minuten. Ich kann jetzt noch nicht richtig fassen, dass das wirklich passiert ist. Ich konnte ganz normal schlafen und heute morgen wieder zur Arbeit gehen.
ES IST ALLES MÖGLICH EINFACH ALLES !!
Gott ist da und durch Dich lieber Sananda ist Gott mir viel näher.
Lieber Sananda, ich danke Dir aus tiefster Seele für Dein Wirken!
Elisabeth (58) BL Brandenburg«

»Hallo Sananda, wir möchten uns bei Dir aus tiefstem Herzen für die erste Behandlung durch Dich bedanken. Es ging hierbei nicht unbedingt um Erkrankungen, sondern eher darum, in welchem seelischen Zustand einige in unserer Familie sind. Da nur wenige in mein Vorhaben eingeweiht waren und ich auch im nachhinein nicht alle damit konfrontieren werde, kann ich daher auch nur für meine engsten Lieben & mich sprechen. Alles ist viel harmonischer geworden. Danke auch fürdie Hilfe bei R. mit seiner Behinderung & nach der schweren OP. Ich selber habe sofort den Behandlungsbeginn wahrgenommen. Was wichtig ist, sind die Gebete & Verfügungen von Dir, die Du zur Verfügungstellst.. Auch dafür nochmals DANKE ! Ich möchte noch etwas zum jüngsten Interview sagen: Das beste was Du je gemacht hast. Sehr professionelll, authentisch, klar, ehrlich & verständlich locker.
Zum Zeitpunkt der Aufnahme waren Deine »Akkus« 100 % ! Ich wünsche Dir, das Du Dich immer so gut fühlen mögest. Wir werden uns wieder mit Dir verbinden, um mit Deiner Hilfe zukünftige schwierige Zeiten zu durchstehen. DANKE, DANKE, DANKE !
Olaf (57) Erzgebirge / Sachsen«

»Lieber Sananda,
Dein Beitrag heute (5.1.2019) hat mich sehr getröstet und ich danke Dir von Herzen dafür.
Ich scheine nämlich auch zu denen zu gehören, die immer wieder von Neuem vor schwierige, leidvolle Situationen gestellt werden, und ich wundere mich manchmal, wie mein Herz trotzdem noch gut funktioniert.
Aber, nachdem ich Deinen Beitrag heute gelesen habe und ich auch weiss, dass ich stark bin, werde ich mir in Zukunft immer wieder Deine Zeilen in Erinnerung rufen: je schwieriger die Lebensprüfungen, destonäher bei Gott.
In Dankbarkeit und Liebe, Silvia, 78 j. Schweiz«

»Lieber Sananda es ist mir ein wichtiges Anliegen sonst würde ich nicht über das FeedbackFormular schreiben , da ich das Gefühl habe meine Leserbriefe kommen nicht durch . Dir sei der größte Dank deiner ganzen Arbeit. Und jetzt wirst du schon wieder Attackiert ,denn jemand stoppt den Zähler von dem neuen Video . Heute morgen waren es 4011 Zählungen und jetzt sind es wieder 3560 so rum. Und deine Arbeit ist soo wichtig. Jeder soll das erfahren dürfen. Ich war besessen wie schon erwähnt hatte und es gab auch trotzdem noch Hilfe durch dich .
Ich sprach sogar Arabisch in der Zeit. Sananda es gibt so viel Menschen die diese Aufklärung brauchen. Nur du kannst sie Retten . Mich hast du vor dem zufrühen Tot bewahrt. Sananda mein größter Dank sei Gott und Dir für alle Zeit. Du bist das Geschenk des Himmels. Ich liebe Dich dafür.
ALL DEINE LIEBE STEHT DIR IN DEN AUGEN GESCHRIEBEN.DU BIST SO EIN SCHÖNES WESEN. UND DIE GRÖSSTE HILFE FÜR DIE MENSCHHEIT.
DANKE Heike aus Köln 37 Jahre.«

»Lieber Sananda,
zum Ende meines Erstauftrages im September 2018 haben sich bei mir v.a. meine ungeklärten Emotionen (Wut, Zorn, Ungeduld, Unnachgiebigkeit, Hartherzigkeit) geklärt und sich dann in Form von 2stark eiternden Zahnfleischabszessen und einem hochgradig entzündetenZahnfleisch auf der

Körperebene gezeigt. Mein Zahnarzt gab einem meiner stark betroffenen Zähne eine »Überlebenswahrscheinlichkeit» < 5%. Ich habe Dir dann einen Wiederholungsauftrag erteilt und noch konsequenter und entschlossener Deine Empfehlungen zur inneren Läuterung und Entgiftung auf Körperebene (konsequent vegane Ernährung, weitestgehend Weglassen des Getreides, nur noch vereinzelt Brot ohne Hefe; Einnahme/Anwendung von kolloidalem silber und MMS-Tropfen) umgesetzt. Nach weiteren 3 Monaten hat sich mein Zahnfleisch wieder stabilisiert, die Entzündung ist rückläufig, mein Zahn hat sich auch erholt und bleibt erhalten und ich bleibe weiterhin auf diesem guten Weg.
Ganz herzlichen Dank und mit den allerbesten Wünschen an Dich und Deine Lieben In Liebe, Christine (42 Jahre) aus Aichwald/BaWü«

»Lieber Sananda. Ich möchte Dir von ganzem Herzen danken. Meine Lungenbeschwerden (Atemnot) sind schon seit dem ersten Behandlungsauftrag etwas besser geworden, nach dem zweiten noch besser. Ich bin zwar nicht so feinfühlig, wie andere Klienten berichten, dass sie Dich in der Nacht wahrnehmen. Aber dank der Anbindung an Deine Energie und die Gnade Gottes durfte ich zum Santiner aufsteigen, was mir natürlich mehr bedeutet als alles Materielle. Damit kommen nun auch die stärkeren Angriffe aber dank Deiner zwei Bücher weiss ich Bescheid und kann damit umgehen. Ich werde weiter die Gebete und Verfügungen machen. Freue mich jetzt schon auf Dein neues Buch, auch wenn Dir die Dunkelheit Steine in den Weg legt, können sie Dir zum Glück nichts anhaben. Und danke für Dein neustes Interview. Ich habe wohl lückenlos alle schon geschaut. Danke, dass Du uns, die aufgewacht sind und Dich um Deine hohe Energie bitten, beistehst. Remo, 35, Raum Zürich«

»Hallo lieber Sananda, ich freue mich sehr über die seit bestimmt 2,5 Jahren durgeschlafene Nacht meines Sohnes (6) mit Down-Syndrom. Vorher war er nur unruhig, wollte mitten in der Nacht aufstehen und war nicht mehr zum Schlafen zu bewegen. Es war eine harte Prüfung! Seit ich bei dir unter Aktuelles den Feedback Eintrag einer Klientin gelesen hatte, die sich abends um 21:30 mit dir 2 Min. geistig verband, tat ich das ebenfalls (wieder). Danke für die Erinnerung! Dabei dachte ich an die Schlafprobleme meines Sohnes. Ich tat es jetzt das 3. Mal intensiv. Ebenso bin ich jetzt schon den 4. Tag ohne Kaffee. Fleisch, Wurst und Milch schon seit einem Jahr nicht mehr. Das war leicht. Ich mache täglich mehrere Male die Ablösungen und Gebete. Aber seit ich mich abends nochmal verbunden habe, wurde es noch besser. Ich bin so glücklich über diese störfreie Nacht für meinen Sohn und allen in der Familie! ! Herzlichen Dank! Du und deine Familie und Tiere seid gesegnet! Daniela, 39 aus Baden Württemberg«

»Lieber Sananda
Seit meiner Kindheit litt ich unter panischer, unerklärlicher Angst vor Gewittern! Ich bekam Herzrasen, wurde wie starr und völlig gelähmt vor Schreck. Sass nur da und hörte ein Pfeiffen in den Ohren oder ging nachts unter die Bettdecke, schwitzte dann und bekam Mühe mit dem Atmen. An Schlaf war nicht zu denken. Schon das kleinste Grollen in der Ferne war zuviel! Oft wurde ich auch verspottet oder man war böse auf mich, wenn ich mit Licht schlafen wollte.
Nun habe ich letzten Sommer (2018) gemerkt, dass die Angst weg ist! Es ist ein Wunder! Ich kann sogar wieder schlafen! Falls das Gewitter dann sehr nah ist und es nur noch kracht, bete ich zu Gott und zu dir, Sananda, und bleibe dann schön ruhig!Ich danke dir von Herzen! Es ist eine grosse Erleichterung! Auch nochmals Danke für deine Gebete!
Besonders Nr. 17 ist ein Segen! (Ich hatte schon das Gefühl, dass ich Sachen am Lichtkreis abprallen sah.) Ich danke Gott dafür, dass es dich gibt!!!
Liebe Grüsse Jasmin, 33, Raum Bern«

»Lieber Sananda, vor 2 Jahren war ich mit Morphium und anderen Medikamenten noch vollgepumpt. Keiner konnte genau sagen was ich habe.
Da ich immer auf der Suche nach dem Sinn des Lebens war, habe ich dich über Internet gefunden und mir wurde sofort klar, das ich von Gott zu dir geschickt wurde. Nach meinen ersten Auftrag im Jahr 2017 veränderte sich nach kurzer Zeit mein ganzes Leben zum positiven.
Zuerst warf ich alle Medikamente weg, trat von der Kirche aus und hörte auf Fleisch zu essen. Mein Wunsch ist Vegan zu leben, leider schaffe ich

das noch nicht ganz, aber ich arbeite weiter an mir. Im März letzten Jahres war ich das letzte mal beim Arzt. Da ich wissen wollte was mein Arzt zu meiner Gesundheit sagt, ging ich letzte Woche zum Arzt. Der erkannte mich fast nicht wieder, da ich seit meinen 1 Auftrag im Jahr 2017 53 kg abgenommen habe. Meine Blutuntersuchung ergab, das ich vollkommen Gesund bin und genauso fühle ich mich.
Leider habe ich es noch nicht geschafft vom Rauchen aufzuhören und mein Ego wirft mich gelegentlich auch noch aus der Bahn. Es ist mir Bewusst das ich noch einiges zu reinigen habe und ändern muss. Gott segne dich und deine Familie, Danke.
Christa 49 Österr.«

»Lieber Sanada, Ich hatte dich beauftragt, weli ich in einer schwierigen Lage war. .Ich lebte in Frankreich. Musste da aber weg weil mein Mann verstorben war. Wir lebten sehr einsam. Ich hatte kein Geld.
Nach deinem 1 Auftrag, kam genau nach Behandlungsende, dass Geld der Versicherung und ein Geschäft konnte getätigt werden.. Dann betete ich jeden Tag zu Gott, Dir und Erzengel Michael, dass doch mein Haus verkauft würde, und zwar an ein junges Paar mit vielen Tieren, da wir sehr einsam und speziell lebten.Viele Leute kamen aber keiner wollte das Haus. Auch dass ich in Deutschland eine Wohnung finden würde.
Alles sehr schwierig, da ich alleine und noch in FR war. Genau nach deiner Pdf, vom 2 Auftrag, fand ich eine Wohnung in D. Und dann dein Wunder. Nach meinem 3 Auftrag, genau am Ende, verkaufte ich das Haus an ein junges Paar, mit vielen Tieren. Es sind deine Wunder die da geschehen sind, das weiss ich. Auch bin ich jetzt Vegetarierin, bzw fast vegan. Ich habe zu Gott zurückgefunden . Ich habe noch eine Menge Baustellen, gesundheitlicher Natur und bin ganz zuversichtlich, das die auch noch angegangen werden. In ewiger Liebe Sylvie, 55, Kirchzarten, 100-fach Danke«

»Lieber Sananda,
ich versuche mich kurz zu halten, obwohl ich viel mehr berichten könnte als hier Platz findet.
Kurzum: Du bist und warst unsere Rettung! Vor 2 Monaten tratest Du in

unser Leben und ein jahrelanger Kampf ergibt endlich Sinn und darf enden. Seit Jahren z.B täglich ungerechtfertigte gelbe Briefe und Rechtsstreitigkeiten – nun leerer Briefkasten.
Mein Partner und ich waren psychisch krank (Burnout, Erschöpfungssyndrom) – nun füllen sich täglich die leeren Akkus und ich nehme keine Tabletten mehr!
Über Nacht begradigte sich meine Nasenscheidewand, keine Migräne mehr, wir werden täglich bewusster und klarer im Kopf. Tiefer Schlaf, Tage voller Inspiration und Tatendrang. Ganzheitlicher geht nicht mehr. Das ist so SO wundervoll und viel mehr als ich fähig bin in Worte zu fassen. Sehr intensiv war die Traumaverarbeitung aus der Kindheit.
Intensiv, kurz und effizient. Das kann keine Psychotherpie der Welt.
Ich danke Dir bereits jetzt von tiefstem Herzen. Das Allerschönste ist das Erwachen. Damit habe ich zuvor nicht gerechnet.
In Liebe, Sandra, 37, bei Fulda.«

»Lieber Sananda, die Sehkraft meines Mannes hat sich stark verbessert, der Augendruck bleibt weiter stabil, er muss fast keine Augendruck senkende Tropfen mehr nehmen. Unsere Partnerschaft hat sich wieder stabilisiert, es ist wie ein kleines Wunder. Es hat eigentlich schon angefangen, seit ich deine Videos angeschaut habe. Es überträgt sich dadurch starke positive Energie auf mich. Mein Leben hat sich sehr zum Positiven verändert, und weiß endlich, wie ich mich schützen kann mit den Gebeten.Endlich wird es auch mehr akzeptiert, dass ich mich vegetarisch ernähre. Man sagte mir mal, dass sich bei mir sehr viele Seelen aufhalten, jetz weiß ich, wie ich sie mit den Gebeten ins Licht schicken kann und es hängt sich nicht mehr so viel an. Hatte bis jetzt massive Ängste in mir, die haben sich durch die Behandlung stark gebessert.Bin unendlich dankbar dafür , die ganze Welt braucht dich, denn wir brauchen einander alle auf dem Weg in unsere » wirkliche Heimat». In Verbundenheit Daniela aus Deutschland«

»Lieber Sananda Jesus
Ich habe nun schon die 3. Behandlung bei Dir, ich weiss, dass ich ein schwerer Fall bin, aber nicht hoffnungslos, denn es hat sich eigentlich jetzt

mehr gegen Ende dieses Behandlungszeitraumes hin Umwälzendes bei mir getan.
Du schriebst mir, dass ich meine Seele verloren habe, sie aber wieder bekommen kann, sobald ich ein unabhängiges, eigenverantwortliches Leben führen würde.
Mir wurde klar, dass ich in meiner langjährigen Beziehung total gefangen war, mein Leben total zugunsten des Lebens meines Freundes vernachlässigt hatte und aus diesem Gefängnis heraus musste, wenn ich nicht untergehen wollte. Ich habe mein Leben vollständig reformiert, mich aus dieser Beziehung gelöst, habe mich von allem getrennt, was nicht mehr zu meinem neuen Leben passt, z.B. habe ich alle meine Pelze hergegeben, alles was mit jagdlichen Dingen zu tun hat (mein Freund ist Jäger, ich war zwar nicht aktiv, ging aber zu Jagden mit) aus meinem Leben endgültig und für immer verbannt, bin Vegetarierin geworden, trinke keinen Kaffee mehr Seither wie gesagt ist alle Schwere von mir abgefallen, meine Kreuzschmerzen (d. Bandscheibenvorfall v. 2012) sind fast gänzlich verschwunden, ich fühle mich befreit von diesen alten Energien, führe seither ein eigenständiges Leben und meine alten Freunde sind wieder in mein Leben getreten. Ich habe wieder Freude an meinem Leben, in dem ich jetzt alles wieder machen kann was mir Spass macht und ich werde mich nie mehr wieder so vereinnahmen lassen.
Deine Superenergien haben mir geholfen, so stark zu werden um diese Schritte setzen zu können und dafür bin ich dir ewig dankbar, lieber Sananda Jesus Ja, der Name passt zu 100% zu Dir, ich bin innerlich überzeugt, dass in dir der Jesus steckt, dessen Mission es ist, die Menschen die sich retten lassen wollen zu retten und sie in die endgültige Freiheit zu führen und in dieses Gefolge werde ich mich einfügen. Ich weiss nicht, wann meine Seele wieder zu mir zurückwill, mein Herz aber steht weit offen dafür und vielleicht kommt sie wieder mit d. nächsten Auftrag, den ich dir Mitte Februar erteile, so du mir helfen darfst. Sananda Jesus, du bist mein Lebensretter, mein Leuchtturm und wirst unendlich v. mir geliebt.
In Liebe Katharina«

»Lieber Sananda, kurzum, es war die beste Entscheidung über meinen Schatten zu springen und Dich zu beauftragen. Innerhalb von gut 2 Monaten verstehen sich meine Kinder wieder, mein Sohn raucht weniger und

seine seltsame Charakteränderung ist verschwunden . Die Narbe meiner Tochter heilt nach einem Jahr endlich ab. Mein Mann traut sich endlich Gefühle uns gegenüber zu zeigen! Ein Wunder! Meine mitunter seit der Kindheit bestehenden chronischen Krankheiten bessern sich. Weniger Blutzuckerspitzen und dadurch weniger Panik! Meine Schuppenflechte heilt nach 16 Jahren ab und die katastrophal starke Menstrution ist seit zwei Zyklen deutlich weniger stark ! DANKE!!
Meine Akkus laden sich wieder auf. Ich bin so glücklich! Die Lichen Ruber Erkrankung im Mundraum ist fast weg. Ich kann es kaum glauben.
Ebenso die Kiefergelenkbeschwerden! Mein, bedingt durch Morbus Basedow, hervorstehendes Auge geht ganz langsam zurück. Hab mich immer dafür geschämt. Ich konnte von jetzt auf gleich einer Person in meinem persönlichen Umfeld vergeben, nach 11 Jahren! Deine Gebete/ Verf. schützen unglaublich vor fast täglichen Angriffen! Ich habe keine Existenzangst mehr! In Liebe, Susanne, 47, Raum München«

»Nachtrag zu meinen Feedbacks 2017:Nach deiner Behandlung und Befreiung von den Besetzungen Sommer 2017 bin ich , innerhalb einiger Monaten schlanker geworden und habe ohne grosses Zutun einige Kilos verloren .Im September 2018 waren es 8kg.Seit Januar 2019 inzwischen 11 kg.Jetzt verstehe ich dass Besetzungen einiges wiegen ,weil sie sich an dich dran hängen.
Ich fühle und spüre dass ich nichts mehr mittragen muss! Danke Danke Danke Diese ist von der Umwelt nicht unbemerkt geblieben.
Sei lieb gegrüsst und hoffe Dich auf ein Sanandatreffen zu begegnen.Dies ist mein Wunsch.
Jeanette (57) Tübingen«

»Lieber Sananda ,
Die dritte Behandlung durch dich läuft seit Anfang August letzten Jahres .
Mein Mann raucht nicht mehr ! Als er neulich einen Infekt hatte war er beim Arzt um sich abhören zu lassen . Dieser staunte und meinte , dass es sich trotz diese Infektes sehr gut anhört ! Ganz anders als das was er von ihm sonst kennt ! Mein Mann hat die Diagnose COPD . Er braucht sehr viel

weniger Medikamente !
Mein älterer Sohn hat sich wieder für eine Beziehung öffnen können ! Das teilte er uns an Neujahr mit ! Meinem jüngeren Sohn geht es prima! Alles läuft ! Ihm wurde zwar die Lehrstelle gekündigt aber er hat sofort wieder eine Arbeit bekommen und ist jetzt viel zufriedener ! (ob das wohl etwas mit der Verfügung Verbannung zu tun hat)
Mir geht es auch blendend ! Ich fühle mich kraftvoll – fit und so beschützt lieber Sananda ! Die Heilenergien durchfluten mich und rühren mich sehr oft zu Tränen ! Vielen Dank für alles ! Ich halte Dich wie immer auf dem laufenden !
In ewiger Liebe Deine Daniella Santinerin / 50 Jahre jung aus dem Raum Höxter«

»Lieber Sananda!
Bisher sind schon wundervolle Veränderungen passiert und die positiven Erlebnisse sind kaum zu stoppen! Deine Power ist der Wahnsinn! Du hast mir den Zugang zu meinem höheren Selbst freigemacht und geöffnet!
Du lässt deine Power durch meinen ganzen (Energie) Körper fließen, wie ein Wasserfall im Amazonas :D Meine chronischen Nackenbeschwerden (vmtl. Besetzung) sind weg!!! Meine chronischen Ischiasschmerzen sind weg!!! Und da kommt nach Behandlungsende ganz sicher noch ein weiteres positives Feedback!´Mein Hund (15 Jahre alt) springt wie ein junges Küken durch den Tag und kriegt sich kaum noch ein vor Freude und Heiterkeit!!! Du bist der Wahnsinn! DANKE! DANKE! DANKE! Absender: Vorname: Lisa, 34«

»Lieber Sananda,
das Wichtigste, seit ich bei Dir in bioenergeticher Behandlung bin (derzeit aktuell: Wiederholungsauftrag, laufend seit 03.08.18): die innere Gewissheit und damit der innere Frieden, in Dir das geistige Bindeglied zum ersehnte Original wieder-gefunden zu haben:
eine durch und durch vertrauenswürdige Verbindung zum Echten, zur Wahrheit, zur Quelle, zum Ursprung, die Chance auf Heimkehr nach Hause zu meinem/r SchöpferIn ... unser aller Vater/Mutter-Gott !!!

Deine Aussagen in TV-Interviews, Büchern und Aktuelles werden mir mehr und mehr zum wesentlichen Leitfaden in meinem Leben. Deine Gebete, Verfügungen und Affirmationen werden mehr und mehr zum täglichen Halt in meinem Leben.
Wenngleich ich wohl noch so einiges an Läuterung bedarf, – 2018 war für mich voller teilweise extrem anspruchsvoller Herausforderungen in jeder Hinsicht; allerdings: die am 29.10.18 von Dir erhaltene Information (Abschlussmail), dass ich seit der ersten Behandlung vom Plejadier zum Santiner avanciert bin, hat mich tief drinnen wissen lassen, dass am richtigen Weg bin und dass ich glücklicherweise zu jenen Klienten zähle, denen es, wie Du jüngst in »Aktuelles« berichtet hast, beim Wiederholungsauftrag gelingt, die durch Dich und göttliche Gnade erhaltene update-Seele zu halten und mehr und mehr mit dem Mut und der Zuversicht ausgestattet bin – trotz noch vorhandener teilweise kniffeliger Baustellen in verschiedenen Bereichen meines Lebens – , dass den Quantensprung zum Indigo Santiner noch in dieser Inkarnation schaffen kann, was gibt es für ein schöneres Berufungs-ziel als diese Aufgabe für dieses gegenwärtige Leben ...
Danke Dir von Herzen, lieber Sananda, Danke Dir dafür, dass Du das Original der Aktion »Licht ins Dunkel« wieder mit wohl grösstmöglichem Engagement unaufhaltsam auf die Welt bringst zum Wohle der wohlwollenden Menschen, der Pflanzen und der Tiere und unserer lieben Mutter Erde !!!
in Liebe petRA, 55, aus Graz
P.S.: Die peinlich schmerzhaften Rückenleiden, die ich bei Auftrag 02 ansprach, haben sich weitgehend gelegt und bessern sich täglich ...«

»Sergej, 35 Jahre, aus Berlin, Lieber Sananda, es ist unglaublich!
Habe durch deine Behandlung die Kraft gehabt bei meinen niederträchtigen und üblen Chefs zu kündigen. Mich getraut mich zu wiedersetzen! Seit dem ich aus dem Vertrag bin, kann ich mich vor neuen Angeboten nicht retten!!! Das ist mir noch nie im Leben passiert!!! Danke! Plötzlich bin ich in meiner Kraft und die Menschensehen es! Das war vorher noch nie so!!!!!!!!!
Über die Behandlungen (3 an der Zahl) hinweg bin ich so gewachsen! Ich bin dabei meine Aufgabe zu finden und verstehe dass ich nun mehr denn je spirituell weiter wachsen muss und will! Danke, ich kann nicht ausdrücken wie wichtig du für mich und meinen Weg bist. Danke Gott das wir dich haben! Du bist der Leuchtturm im Dunkel. Danke. Dein Sergej.«

»Lieber Geistheiler Sananda endschuldige bitte aber da ich mich im Moment so intensiv mit Deinen Themen beschäftige . Da es für mich der einzigste Weg ist schreibe ich dir erneut.
Ich wusste das Du das Schreiben wirst das Du alles von einem siehst.
Wenn Du das möchtest. Es sind Wunder Gottes die bei einer Behandlung passieren. Du hattest an mir gearbeitet, ich konnte dich sehen.
Da zitterte mein ganzer Körper ich war so am beben.
Weil du etwas großes aus meinem Körper genommen hattest. In diesem Moment hast du meine Hand gehalten. So fühlte es sich an.
An einem Abend hast du an mir gearbeitet. Da war das Gefühl als ob ich auf Feuer liegen würde. Aber nicht unangenehm. Sehr warm. Danke das wenn ich dich rufe das deine Hilfe immer da ist. Ich habe Respekt vor Dir. Und schäme mich über manch einen Gedanken der während der Behandlung hoch kam. Mir ist klar das Du auch Gedanken lesen kannst.
Du bist ein Wunder. Und Einmalig auf dieser Welt. Ich dürfte so viel erleben dank dir.
Ich fühle deine Anwesenheit wenn ich nach dir Rufe. Denn ich hatte wieder innere Prozesse der ganz tiefen Heilung. Danke das es dich gibt. Du bist was Heiliges und sehr Wertvolles von Gott.
Ich hoffe das durfte ich dir schreiben. Ich bitte dich weiterhin um deine Hilfe und sofort wird der Bauch warm. Und es hat mich schon aus der grössten Gefahr geholt. Danke Sananda ich weiss wer du in Wirklichkeit bist. Gott ich danke dir.
Heike aus Köln.«

»Hallo
Meine Mutter hatte Jahre lang probleme mit Ihrem Knie und Rücken.
Immer wiederkehrende Schmerzen und Entzündungen. Sie konnte nie langeam Stück laufen. Während deiner ersten Behandlung hat sich das alles normalisiert, sie konnte nach 2 Wochen ungefähr wieder arbeiten gehen. Davor war sie krank geschrieben und sie hat an eine Operation gedacht an Ihrem Knie.
Weil es ständig Probleme gab damit. Als wir zusammen am Essenstisch saßen sagte sie: mir gehts supern die schmerzen sind weg und alles ist gut. Sie war sehr glücklich und strahle als sie das sagte. (Sie wusste nichts von der Behandlung) . Bei mir persönlich ist diese sehr niedergechlagene Phase,

wo echt nichts mehr ging, komplett verschwunden jetzt. Ich rieche wieder vollkommen. Also habe vollen Geruchssinn wieder und fühle so viel mehr farbe und viel mehr Momentum.. Davor war alles gefühlt nur ein längeres, graues dahinsichen. Ich dank dir dafür ^^ Ich möchte dir noch sagen das ich mich während deiner ersten Behandlung, am Nachmittag, hinlegen musste. Mir wurde übel und sehr schwindelig. Ich legte mich gerade auf den Rücken, als aufeinmal ein Prieseln durch meine komplette rechte Körperhälfte fuhr.
Es ging von meinem rechten Fuß langsam aufwärts, bis zum Kopf. ich spürte es auch in meinem Mund und Wange, wie nur die rechte seite prieselte. Es hörte dann von unten an wieder auf. Es fühlte sich genauso an wie wenn dein Bein einschläft und dann wieder durchblutet wird. Nur an meiner kompletten rechten Körperhälfte.Das dauerte etwa 5 Minuten. Musste aber eine Stunde liegen bleiben und hab mich danach noch übergeben.
Ich habe keine Ahnung was das war aber ich fand es irgendwie super weil ich wusste es wird sich ja jetzt nun was verändern ^^.
Aufjedenfall bin ich dankbar für deine Behandlung.
Ich wurde ja geführt, hatte morgens beim aufstehen nur (Geistheiler Sananda) im Kopf, und davor natürlich 1–2 Interviews unbewusst geschaut. Ich danke dir. Ich bin froh das es so jemanden wie dich gibt. Liebe Grüße Chris / 19 Jahre.«

»Lieber Sananda, ich habe über viele Jahrzehnte einen Fieberblasenvirus gehabt und immer wenn ich verkühlt , fiebrig, geschwächt oder gestresst war, waren die Fieberblasen da.
Sie sind weg, seid Deiner Behandlung. Mein Rheuma ist weg. Meine Wirbelsäulenschmerzen zwischen den Schulterblättern sind weg. Meine Tochter hat nach der 1.Behandlung 3 Monate später einmal gesagt (sie weiß nichts von der Behandlung) ich glaube, ich bin neben mir hergegangen. Ich habe so viel Energie durch Deine Verfügungen und Besendungen, daß ich alle Anfeindungen (Nachbarn) bravourös bewältige. Meine gesamte Familie (Schwester, Bruder Schwager) sind netter geworden, obwohl ich glaube, ich werde sie später mal von Dir behandeln lassen.Ich binauch sensitiver geworden, und sehe vieles in meinem Umfeld in einem ganz anderen Licht. Danke Christine«

»Lieber Sananda,
meine Familie und ich sind schon bereits zweimal von dir behandelt worden und ich habe einige Veränderungen an mir und meiner Familie gemerkt. Früher hatte ich wenig Selbstvertrauen, ließ mir vielesgefallen, wehrte mich selten und versuchte es den Anderen recht zu machen. Schon während dem ersten Auftrag bemerkte ich eine Veränderung an mir – ich wurde mutiger, mehr selbstsicher, feinfühliger und mehr ausgeglichener, was sich nun nach dem zweiten Auftrag nochmals verbesserte! Ich bin dir auch sehr dankbar für die Gebete, die du unszur Verfügung stellst. Wenn ich sie mache fühle ich mich sicherer, energiegeladener und motivierter. Ich erziele auch mit Leichtigkeit viele Erfolge in der Schule. Außerdem seit ich weiß was mein Krafttier ist fühle ich mich noch mehr mit ihm verbunden. In meiner Familie hatsich auch viel verbessert! Meine Eltern haben viel Erfolg in der Arbeit und meine Schwestern sind auch viel selbstsicher geworden, da wir alle drei unter einen Minderwertigkeitskomplex litten.
Sananda ich danke dir vom ganzen Herzen für deine Arbeit. Gott schütze dich! Antonia, 18, aus Kärnten.«

»Lieber Sananda! Es ist eine Tatsache: Deine Kräfte wirken! Sie wirken in unglaublicher Intensität!! Durch Deine Behandlungen haben sich für die ganze Familie Türe und Tore geöffnet – und das auf verschiedenen Ebenen. So hat mir meine Mutter, die seit einer Brustkrebsoperation an starken Narbenschmerzen litt, wenige Tage nach Behandlungsbeginn mitgeteilt, dass sie schmerzfrei geworden sei. Auch mein 90-jähriger Vater fühlt sich seither körperlich beweglicher, mental wacher und seelisch gelassener. Oder mein Lebenspartner: Nach jahrelanger Gefühllosigkeit sind zu seinem grossen Erstaunen seine Zehen aus ihrer Taubheit erwacht. Meinem Sohn wie meiner Tochter läuft es im Studium des Weiteren besser denn je. Ihnen wurden, was beide nicht für möglich hielten, vor Abschluss Ihrer Ausbildung Stellen angeboten – und das in der heutigen Zeit! Ich könnte noch weitere grossartige Veränderungen erwähnen. So bin ich Vegetarierin geworden und habe zu mir selbst gefunden. Lieber Sananda, wir danken Dir aufrichtig. Es ist unbeschreiblich befreiend, sich mit der göttlichen Quelle verbunden zu erleben!
Ganz herzlich grüsst Christine, 55, aus dem Kanton Zürich«

»Lieber Sananda, im August 2018 hat meine Behandlungsreise bei dir begonnen. Mit Abschicken des Auftrags hat sich wie auf Knopfdruck mein Bewußtsein enorm erhöht. Viele Erkenntnisse durfte ich seitdem sammeln, und auch diese, daß ich mich 10 Jahre lang in der dunklen esoterischen Szene verlaufen hatte. Das ist nun vorbei und ich befinde mich auf dem Jesus-Weg. Folgende weitere Heilungen sind dann geschehen. Auflösung meiner Versagensängste, der Satz: Das kann ich nicht! War tief seit meiner Kindheit in mir eingeprägt, ist jetzt aufgelöst. Meine Traurigkeit hat sich in Fröhlichkeit und Glücklichsein verwandelt. Ich kann nach ca.20 Jahren Schlafprobleme endlich wieder wunderbar Einschlafen, was für ein Geschenk! Keine nächtlichen astralen Besuche mehr, mein Schlafzimmerschrank hat aufgehört zu knacken. Keine unerklärliche blaue Flecken am Körper mehr, häufige Schweißausbrüche sind weg, meine Haare sind voller geworden (die Kopfhaut ist jetzt blickdicht) das freut mich natürlichsehr. Alkohol habe ich aus meinem Leben entfernt. Meine Fragen die ich an Gott stelle werden mir sehr oft in Träumen beantwortet, das ist alles so großartig Sananda. Mein Sohn, der mit im Paket war wurde in den ersten Tagen der Besendung sofort von seinen Depressionen befreit.
Dadurch hat er sein Leben nun wieder auf die Reihe bekommen. Wir sagen dir von Herzen Danke, Danke, Danke . Ich liebe deine Gebete und Verfügungen, sie sind der Beste Schutz den man nur haben kann. Ein Gottes Geschenk! In Liebe und Dankbarkeit Gabriele, 55 , Rene 33, aus Hamburg«

»Lieber Sananda, habe über eine gute Seele zu dir gefunden.Du tust mirso gut.Danke Danke Danke!!!
Fühle mich so frei und erkenne Sachen die ich vorher nicht einordnen konnte. Mir ginge es viele Jahre nicht so gut.Depression, Schuldgefühle, es allen Recht zu machen, Kraftlosigkeit, Zuckersucht. Durch deine Kraft und Liebe habe ich wieder Freude am Leben und nimm mir Zeit für mich und Dinge die mir nach meinem Herzen wichtig sind.
In meinem Auftrag mit 10 Personen den ich Ende September hat sich so vieles getan.Vorallem bei meiner Schwägerin die schwer besetzt war. Ihr geht's so gut, ruft mich wieder an und erzählt mir das sie wieder Sachen macht die sie viele Jahre nicht mehr gemacht hat. Sie lebt wieder und möchte sogar wieder arbeiten. Danke Danke Danke! Bei meinem Bruder sind die Knieschmerzen weg. Das Verhältnis zu meiner Tochter ist viel bes-

ser geworden. Die Menschen die mir nicht gut tun, bleiben weg. Lieber Sandanda, Danke Danke Danke! Gott schütze dich. L.G Roswitha 50 J. aus dem Raum München.«

»Lieber Sananda, ich möchte dir von ganzen Herzen für deine Hilfe, deine Kraft und deine enorme Heilenergie danken. Seit 3 Monaten spreche ich nun 2x täglich deine Gebete.Sie gehören schon zu meinem täglichen Tagesablauf. Besonders bei den Ablösungen, aber auch bei allen anderen,spüre ich wie eine innere schwere Last und Blockade von mir abfällt und eine tiefe Ruhe, Selbstliebe und Gottesliebe mein ganzes Sein erfüllt. Ich spüre wie ich im täglichen Leben selbstsicherer ausgeglichener und von einer inneren Liebe erfüllt,viel liebevoller mit mir und mit meinen Mitmenschen umgehe.Besonders glücklich bin ich über die wunderbare positive Veränderung meines 15 jährigen Sohnes. Seine depressive und selbstzerstörerischen Gedanken lösen sich immer mehr auf. Er ist nun viel lebendiger, fröhlicher und positiver. Auch bei meinem Mann geschah ein »Wunder»: Er stand kurz vor einer Nierensteinentfernung – als sich der Stein plötzlich über Nacht auflöste – was sich die Ärzte nicht erklären konnten.Ich bin dir, Sandanda, von Herzen dankbar dass ich durch deine grosse Hilfe .mein inneres Selbst, meine Selbst- und die allumfassende Gottesliebe wieder erfahren durfte.
Monika – 53 – Österreich«

»Lieber Sananda,
hier ein kurzer Bericht mit den besten Wünschen für dich und deine Familie.
Feedback zur Besendung nach 6 Monaten
Für mich ist die Energie super. Nach diesen insg. 7 Monaten-Besendung komme ich und mein Mann in einen gesunden (bis jetzt keine Erkältung oder sonstiges) Zustand, ich fühle mich viel stärker in der Energie, die verstärkt auch in die unteren Chakren fliesst und somit einen aufgeladenen Zustand erzeugt. Weniger Müdigkeit, ich wache früher auf, obwohl ich spät ins Bett gehe, das Einschlafen und Aufwachen geht irgendwie schneller. Mein Mann hat geschafft, die Medikamente bis auf Diabetes wegzulassen.

Vom Zucker wegzukommen ist bis jetzt die grösste Herausforderung für mich und meinen Mann. Ich denke, dass wir sonst auf dem richtigen Weg sind, dank deiner Hilfe.
Lieber Sananda, ich danke dir vom ganzen Herzen. Deine universelle Energie tut mir enorm gut. Auch mental kann ich meinen Zustand viel besser halten. Nur bei Stress drehe ich noch hoch, das muss ich besser in den Griff bekommen, um ruhig und in der Mitte zu bleiben. Marcela, Süddeutschland, 65«

»Lieber Sananda
Obwohl es viel zu berichten gibt,versuche ich Dir ein kurzes Feedback der Dankbarkeit zu schreiben.
Mit 23 Mt. am 25.Dez.2004,fiel meinem Sohn eine schwere Marmorplatte auf die Stirne. Die ärztliche Untersuchung ergab: Schädelbruch am Hinterkopf. Keine Hirnerschütterung. Ansonsten.alles O.k. Vordem, war er ein fröhliches Kind. Das er zunehmend quengeliger,aggressiver wurde, schrieb ich der »Trotzphase» zu. Mit 3 Jahren begann er mich zu bespucken.Wenn er gewaltige Wutausbrüche hatte, schlug er sich den Kopf blutig am Boden. Es gab auch, immer wieder Phasen, wo er friedlich war. Plötzlich aber, schlug er mit Stecken nach mir, bedrohte mich mit dem Messer.Dabei hatte er oft einen merkwürdigen Gesichtsausdruck. Mit Mühe konnte ich ihm Grenzen setzen. Jedoch, wieder Phasen, wo es gut ging! Ab dem 2. Kindergarten bekam er Mühe mit den Lehrer(innen.) Er hatte keine Freunde.
Sehr bleiches Gesicht.Starke Augenringe. Selbstmordgedanken. Ich suchte Hilfe, bei unzähligen Therapieformen. Die Aerzte rieten zu Ritalin. Mein Mann und ich weigerten uns. Ich las alle Bücher von »Jesper juul.» Machte div. Kurse. Unter Anderem: Gordon Training, um andere Umgangsformen zu lernen. gab zeitweise Linderung. Stand aber immer wieder zwischen 2 Fronten, weil mein Mann diese Begleitform lange nicht akzeptieren konnte. Leidensdruck vom Sohn,wurde wieder schlimmer.Er lernte nicht für die Schule. Schlief sehr schlecht. Wurde von der Schule »Herabgestuft:» Vater + Sohn= Explosion!
Ich war sehr verzweifelt. Selbstmordgedanken. Sept. 2018 finde ich Dich im Internet. Mache heimlich das 1. Packet. Die Familie weiss nichts davon. Nach der Erstverschlimmerung, deutliche Besserung beim Sohn. Das 2. Packet,bringt die ersten Wochen starke Verschlimmerungen.

Heute habe ich einen Sohn, der lernt, viel fröhlicher sein Kann, besser schläft und Freunde hat.
ich habe einen normalen Teenager! Ganz herzlichen Dank an Dich Sananda! Ich sehe, Du hast eine wertvolle Aufgabe für diese Welt! Ich bin froh, dass es Dich gibt und wünsche Dir und Deiner Familie alles Liebe,Schutz und Kraft! Uebrigens, Sogar mein Mann hat jetzt,einen viel besseren Umgang zu seinem Sohn. Dies zu sehen, macht mich sehr glücklich.
Liebe Grüsse
Brigitte 59, Weiach«

»Lieber Sanada,
heute muss ich Dir mal wieder berichten. Ich habe schon mehrere Aufträge an Dich gegeben. Insgesamt 4; 2x war ich auch dabei, die anderen für meine Kinder und 1x für eine Freundin und deren Freundin. Ich hatte Dich zuletzt Ende Juni 2018 für meine Kinder beauftragt: Meine 3 Kinder, 4 Enkelkinder und ich sind alle Santiner, was mich sehr freut. Mein ältester Sohn hat sich seit langer Zeit komplett von mir abgewendet, und vor einiger Zeit kam es auch zwischen meinem jüngsten Sohn und mir zu Auseinandersetzungen. Dazu kommt, dass sich auch meine drei Kinder miteinander nicht verstehen.
Inzwischen ist es so, dass ich über meine Schwiegertochter (die nicht mit behandelt wurde, wieder ab und zu ein Treffen mit meinem ältesten Enkel - 10) arrangieren kann; sein Vater darf leider (noch) nichts davon wissen. Immer, wenn er meinen Namen hört bekommt er Wutanfälle. Vor einer guten Woche kam mein jüngster Sohn wieder zu mir ; heute kam er erneut, und was nicht abgesprochen war, am Nachmittag kam meine Tochter mit ihren drei Kindern und Hund dazu.
Zu meiner größten Freude waren mein Sohn und meine Tochter heute sehr nett miteinander (wegen einer Geldangelegenheit, die schon länger zurückliegt, waren sie sehr distanziert).
Meine beiden Kinder 27 und 34 haben Kniffel miteinander gespielt, sie haben gespielt wie kleine Kinder, einfach voller Freude.Es war so eine schöne, ich würde sagen, göttliche Energie im Raum. So fühlt sich ein WUNDER an.
Was ich aber überhaupt mitteilen möchte, dass ich immer wieder darum gebetet habe, dass Versöhnung stattfindet. Deine Verfügungen, lieber Sa-

nanda mache ich meist täglich. Sie sind sehr wertvoll und wirksam. Bevor ich anfing Dir heute zu schreiben, habe ich mich schon energetisch mit Dir und unserem Schöpfer von allem was ist, verbunden und mich bedankt. Da strömte wieder diese wundervolle Enegie zu mir, dass ich vor lauter Freude und Dankbarkeit weinen musste.
Und ich bin ganz sicher, es werden noch weitere Wunder geschehen. Ich glaube ganz fest daran, ich weiss ja, dass Du JESUS CHRISTUS bist lieber Sananda, das habe ich Dir ja schon einmal geschrieben.
Ganz viel Liebe für Dich und Deine liebe Familie, seid gesegnet und beschützt von unserem allmächtigen liebenden Gott.
Renate 65, aus Niedersachen , 22.01.2019«

»Lieber Sananda,
seit meinem Auftrag an Dich wurden meine Monats-Regelschmerzen immer weniger und weniger und jetzt habe ich überhaupt keine mehr. Früher benötigte ich mein ganzes Leben pro Monat 1–2 Schmerztabletten, um diese Tage zu überstehen.
Vielen Dank A. aus Österreich«

»Lieber Sananda,
Ich wollte mich noch mal ganz herzlich bei Dir bedanken. Und zwar ist folgendes tolles passiert.
Ich habe bei Deinem Gebeten auch immer meinen 16 - jährigen Sohn mit einbezogen und habe mir nichts weiter bei gedacht. Er war nicht in Deinem Behandlungsauftrag enthalten. Auf einmal ist der Junge kaum noch wiederzuerkennen. Er ist jetzt Klassenbester, schreibt fast nur noch einsen und zweien. Er hat sich so stark verbessert, dass die Lehrer sogar eine Ausnahmeregelung mit der Hochstufung eines Kurses bei ihm gemacht haben. Damit er sein Fachabitur machen kann. Er ist auch viel freundlicher geworden. Davor war ein mittelprächtiger lustloser Schüler, teilweise hat er die Schule sogar verweigert und rebelliert aber nicht geschwänzt.
Desweiteren neige ich manchmal abends vor allem im Winter und zur Zeit sehr stark unter unerklärlichen Panikattacken, das habe ich seit ich klein bin. Mir ist aufgefallen, dass das innerhalb von fünf Minuten weggegangen ist

wo ich dein Video geschaut habe um mich davon abzulenken.
Du hast wirklich immense magische Kräfte.
Claudia, Berlin, 43 Jahre«

»Hallo lieber Sananda, ich bin derzeit in einem Wiederholungsauftrages. Vor ca. 1 Woche habe ich Schmerzen an einem toten, wurzelbehandeltem Zahn bekommen. Bei einem ganzheitlichen Zahnarzt wurde der Zahn kinesiologisch als Störfeld identifiziert.
Gestern wurde der Zahn in einer 1,5 Stündigen OP entfernt, er ist mehrfach auseinandergebrochen und konnte nur in kleinsten Teilchen entfernt werden. Der Kieferknochen ist bereits leicht angegriffen. Nach der OP gab mir der Zahnarzt starke Schmerzmittel mit und meinte es würde min. 5Tage schmerzen. Während der OP habe ich dich um Hilfe gebeten, als immer wieder ein Stück vom Zahn abgebrochen ist. Am Abend im Bett habe ich dich um Hilfe beim Heilungsprozess gebeten. Ich bin heute Früh ohne Schmerzen aufgewacht, konnte den ganzen Tag normal essen. Ein befreundeter Heilpraktiker meinte es sei ein Wunder, ja das ist es wahrlich. Vielen, vielen Dank lieber Sananda. Seit Behandlungsbeginn bist du mir 4x glasklar im Traum erschienen. Weitere Heilungserfolge werde ich später in einem separatem Feedback mitteilen. Noch mal herzlichsten Dank für deine Hilfe.
Liebe Grüße, Uli (49) aus dem Allgäu«

»Nun mutiere ich auch noch zum Tierfinder! Eine Klientin aus Südtirol vermisste Ihren Kater Niki seit 7 Tagen. Ich konnte dann medial aus der Ferne den Bereich auf einen Umkreis von 500 Meter um einen Ort auf einer Karte herum, die mir zugemailt wurde, eingrenzen, wo der Kater gefangen war! Auch wenn ich wusste, dass er noch lebte, und wieder zurück kommen würde. Das alles wurde mir geistig mitgeteilt. Hier ein kurzer Auszug aus einem langen Dankesmail der Klientin:
»Lieber Sananda! So, jetzt habe ich Zeit und kann dir kurz bestätigen, daß Niki tatsächlich die letzten 7 Tage gefangen war, laut deiner Aussage: in einem Gebäude auf einem Bauernhof im Umkreis von 500m - und das war exakt auf den Punkt, der Bauernhof ist sogar nur 100m entfernt ..... Barbara 0.«

»Lieber Sananda , Danke das Du mir so schnell geholfen hast, obwohl Du ja Deinen Geburtstag gefeiert hast.
Ich hatte wirklich schlimme Nackenschmerzen und konnte kaum noch Essen und Trinken .Geich am nächsten Tag nach der Auftragserteilung wurde es viel besser und bessert sich stetig weiter. Ich mußte weinen , als ich gelesen habe, dass Du ja gefeiert hast und mir trotzdem geholfen hast.
ALLES LIEBE NACHTRAGLICH ZUM GEBURTSTAG,
Anke aus Berlin«

»Lieber Sananda! Gerne berichte ich Dir, dass ich im letzten Jahr für meinen Freundeskreis einen Behandlungsauftrag hab machen lassen – nur wussten sie es nicht! Mit grosser Freude darf ich nun erzählen, dass ein paar genau in der Zwischenzeit ein Kind geboren haben. Sie berichteten kurz nach der natürlichen Geburt, dass es die unkomplizierteste und schnellste war, wo alle im Spital nur so gekuckt und gestaunt haben! Baby quieklebendig und gesund auf der Welt, die Mama auch – einfach unbeschreiblich!!! DANKE, ich hab sooooo Freude!!!
Jeanne, 33, Raum Bern«

»Lieber Sananda,
Schon seit ich denken kann, war ich chronisch krank. Allergien, Hautprobleme, Darmbeschwerden und auch psychische Beschwerden. Im frühen Jugendalter traten soziale Probleme, Sucht und Depressionen auf. Als ich mir im Februar 2018 die Frage »Wer bin ich?« gestellt habe, bin ich wieder auf ein Video von dir gestoßen (kannte dich schon) und habe entschieden dich zu beauftragen. Die Darmbeschwerden wurden im April stärker. Der Stress, die Ängste und die Sucht wurden in dem Zeitraum ebenfalls stärker. Jedoch traten dann im Laufe des Jahres immer mehr Erkenntnisse auf, wodurch die psychischen Probleme verschwanden und die körperlichen schwächer wurden. Gestern hat etwas in mir Klick gemacht, wodurch ich fast eine Stunde am lachen war.
Seitdem bekomme ich das grinsen kaum noch weg. Meine Perspektive hat sich komplett verändert, wodurch ich dich zb ganz anders verstehe als früher. Mein Bruder ist viel ruhiger geworden und hat während der Behand-

lung kaum noch Fleisch gegessen (Jetzt wenig). Er ist nicht mehr wütend ,nachtragend und zeigt mehr Herz. Der Prozess bei mir ist noch im Gang aber ich bin dir sehr dankbar, dass der Großteil gelöst wurde!
Danke! Gabriel, Deutschland«

»Achtung: Ich habe ja Ende September 2018 berichtet, dass meine 81 jährige Schwiegermutter unglücklich bei der Hausarbeit stürzte, und sich einen Trümmerbruch!! im Schienbein und im Knie zuzog! Jeder der sich ein wenig auskennt weiss, dass sowas tödlich enden kann in dem Alter! Da Sie keine Internet-Kenntnisse hat, sagte Sie zu mir, ich solle es mit meinen Worten schreiben, wie es Ihr erging! »Ich besuchte Sie mehrmals im Krankenhaus, und behandelte Sie mehrmals vor Ort, und auch aus der Ferne. Sie überstand die mehrstündige Operation sehr gut.
Die Ärzte wollten sie dann nach 2 Wochen nochmals operieren, da das Knie keine Schmiermasse mehr habe, und es zum totalen Zerfall des Knies kommen könnte! Ich schaffte es, Schwiegermutter davon zu überzeugen, es nicht zuzulassen, sagte Ihr, es werde alles wieder gut, Sie würde sicher wieder laufen können! Dann wollten sie Sie in ein Pflegeheim stecken, was ich mit Hilfe meiner Partnerin und meiner Tochter verhinderte. Wir wollten Sie bei sich zu Hause selbst pflegen, weil das psychisch besser ist für den Heilungsverlauf. Daraufhin fuhren meine Tochter, meine Partnerin und ich abwechselnd 3 Monate 180 Kilometer hin und her, mehrmals in der Woche. Dann bekam Sie einen Rollstuhl.
Die Ärzte sagten Ihr, Sie werde nie mehr laufen können! Ich habe Sie dann psychisch wieder aufgebaut, sagte Ihr, das sei Quatsch, Sie solle darauf nicht hören, Sie werde ganz sicher wieder laufen können. Ich stellte den Krankenhausarzt dann zur Rede. Dieser bestätigte mir nochmals, dass Sie nie mehr wird laufen können! Ich sagte ihm, dass ich das verhindern werde, woraufhin er lachte. Zu Weihnachten bekam Sie einen neuen Rollstuhl, meine Partnerin meinte, man müsse Ihr doch einen elektrischen Rollstuhl kaufen, worauf ich meinte, sie solle das vergessen, Oma wird bald wieder laufen können! Ich gab Oma den Ratschlag sich Krücken zu besorgen, was Sie dann machte. Alle hatten Angst, Sie könnte stürzen. Ich sagte, Sie sollen keine Angst haben, alles würde gut werden. Ihre Zeit sei noch nicht gekommen! Wir probierten das Laufen an Krücken einige Male zusammen. Heute hat Sie keinen Rollstuhl mehr zuhause, läuft überall hin mit den Krücken,

und ab und zu schon ohne! Sie wird in ein paar Monaten wieder ganz normal laufen können! So wird es sein! Diese Aussage hier tätige ich vor Gott! Es entspricht der reinen Wahrheit! Sananda!«

»Lieber Sananda
Seit ich dich im Internet entdeckt habe (hatte auch gleich eine Resonanz zu dir) hat sich mein Leben um 180 Grad gewendet. Im Aug.17 habe ich den 1.Auftrag gegeben. Ich hatte seit ca.20 Jahren immer wiederkehrende Ausschläge an meinen Händen mit starkem jucken durchs kratzen aufgeplatzte Wunden, durch Wasser angeschwollene Hände usw... Hat mir auch sehr stark auf die Psyche geschlagen. Konnte teilweise tagelang nichts mit meinen Händen angreifen. Nachdem 1. Auftrag hatte ich ein paar Tage Erstverschlimmerungen und dann heilte es nach 5–6 Wochen komplett ab. Im April 18 (2.Auftrag) brach es in abgeschwächter Form nochmal aus (konnte aber trotzdem Arbeiten gehen und machte mich psychisch nicht mehr fertig). Anfang Okt. 18 machte ich den 3. Auftrag da meine Tochter 21J. sich eine drogeninduzierte (»nur Cannabis») Psychose einfing. Sie landete 3 Wochen in der Psychiatrie wo sie sie vollpumpten mit Medikamenten (war eine harte Zeit für die ganze Fam.). Wir haben sie gegen das Anraten der Ärzte und Personal rausgeholt und die Medikamente ausgeschlichen. Jetzt geht es ihr wieder gut und sie bekommt ein Baby – ein Geschenk Gottes. Danke, Danke, Danke!!! Was mich betrifft meine Hände sind seit Nov. 18 komplett abgeheilt. Ich persönlich spüre Tag für Tag, dass ich innerlich stärker werde und der Glaube und das Wissen an das göttliche mich reifen und wachsen läßt das ich kräftiger, beständiger und bewußter bin. Ich fühle mich im Fluss des Lebens und das mit Worten nicht wirklich zu beschreiben ist. Ich glaube auch dass ich meinen Seelenpartner kennengelernt habe an meinem 49. Geburtstag.Danke Danke, Danke!!! Ich wünsche mir dass meine Herzensenergie noch viele Herzen berühren darf..... Lieber Sananda, Gott und die geistige Welt möge dich und deine Lieben behüten, beschützen und begleiten und dir immer beistehen bei deiner Berufung die dir gegeben wurde hier auf Mutter Erde. Von ganzem Herzen danke Sananda das es dich gibt!!!
In ewiger Liebe und Dankbarkeit. Karoline 49J.aus Vorarlberg«

»Lieber Sananda,
seit ca. 7 Wochen sind wir in Behandlung bei dir. Vielen Dank, dass wir dafür die Möglichkeit bekommen haben.
Was mir jetzt ganz klar aufgefallen ist letztes Wochenende, ist, dass ich gar keine Reiseangst, Flugangst und klaustrophobischen Angstattacken mehr habe. So konnte ich meinen 50. ohne tagelang outknocked zu sein,eine kleine Flugreise zu Freunden machen, und es war tatsächlich NUR Freude!!!!!
Ich freu mich sooo darüber! 1000 Dank!
Und dir von Herzen auch nachträglich alle guten Wünsche zu deinem Geburtstag!!
Alles Liebe und Gute, Claudia, 50, aus dem Raum München«

»Lieber Sananda, vielen lieben Dank für Deine Arbeit und das Du uns soviel geholfen hast.
Die Gebete sind sehr gut und haben uns auch sehr geholfen und helfen uns auch weiter. Von Anfangan, ab Behandlungsbeginn gab es zwischen mir und meiner Tochter weniger Streit, fast keinen, sehr selten.Wir verstehen uns immer besser. Ich bin viel ruhiger geworden und kann dadurch besser denken. Im November habe ich mir eine kleine liebe , total süße Hündin geholt, vom Tierschutz. Sie ist so lieb. Ich bete auch für sie. Und auch sonst tun sich viele Gute Dinge seit der Behandlung. Nachbarn stören mich nicht mehr so, Freund und Kind ruhger und ich selbst. Lösungen tun sich auf bei verschiedenen Sachen und ich habe nicht mehr so viel Angst .
Vielen Lieben Dank für alles. Für die ganzen Texte und Gebete auch, damit man selbst weiter beten kann. Ich bin so froh, das ich nicht mehr gzögert habe wegen dem Behandlungsgeld und es dann einfach endlich in Auftrag gegeben habe uns zu behandeln ließ und es hat sichrichtig doole gelohnt! Ich bin so froh und glücklich das ich sofort Veränderungen gespürt und bemerkt habe . Ich werde weiter beten und alles wird gut.
Caro , 35 Jahre aus Bremen«

»Lieber Sananda! Ich hatte Schmerzen in der Hand und im unteren Rücken, die sind langsam abgeklungen und nun ganz weg. Mein größtes Problem war aber meine Partnerschaft, in der ich mich gequält hatte.

Nach einer großen Enttäuschung hatte ich auch Angst etwas neues zu beginnen. Kurz nach Behandlungsbeginn traf ich einen Mann zu dem ich mich sofort stark hingezogen fühlte. Ich habe mich erst nicht getraut mich wirklich darauf einzulassen. Dann hatte ich ein Erlebnis das mich überwältigt hat. Als ich mit diesem Mann zusammen war erschien mir ein ganz klares Bild bei geschlossenen Augen. Ich hatte sofort Gänsehaut und wußte das ist eine Botschaft. Die hat mir so sehr geholfen weil ich seitdem wieder weiß daß ich vertrauen kann und Zweifel zur Seite lege. Ich bin seitdem sehr glücklich mit diesem Mann. Ich danke dir von ganzem Herzen für dieses Schlüsselerlebnis! In Liebe Absender:
Vorname: Brigitte«

»Lieber Sananda, ich liebe dich! Nochmals alles alles Gute zum Geburtstag nachträglich. Wahnsinn, beim Sehen des Dreiteilerfilms über Bruno Gröning erkenne ich in den darin sprechenden geheilten Klienten etliche Seelen wieder, welche sich in deinen geheilten Klienten zum Zeitpunkt deiner Sananda Treffen befunden haben. Das ist krass. Du sagtest ja auch auf dem Treffen im Oktober 2016, dass wir Seelen, die sich bereits kennen alle hier in dieser Inkarnation nochmals treffen.
Ich bin unendlich froh und dankbar dafür bei diesem Aufstiegsprozess dabei sein zu dürfen und meinen Liebesdienst beitragen zu dürfen.
Sananda, Bruno, Jesus, ich werde dich immer lieben! In unendlicher Liebe, Dankbarkeit und Demut Karim, 28, Hessen.«

»LIEBSTER SANANDA,
ich freue mich das es deiner Schwiegermutter wieder besser geht und sie wieder laufen kann!Der Tumor am Auge unseres 11jährigen Hundes hat sich vollkommen aufgelöst!(Habe ein Vorher/Nachher Bild gemacht als Beweis für Ungläubige). Eines unserer Meerschweinchen hatte Epilepsie und hat schon seid dem ersten Auftrag (July2018) keinen Anfall mehr gehabt! Ebenso meine seid je her unerträglichen Schamgefühle sind seid dem ersten Auftrag weg ! Mein Vater(unwissend behandelt) hat mich mit 35Jahren das erste mal richtig in den Arm genommen. Ich stehe zu 100 Prozent zu DIR UND EMPFEHLE DICH ZU 110 PROZENT AN ALLE HILFE-

SUCHENDEN WEITER!!! Deine Gebete sind sehr wirkungsvoll! Wie in den anderen Feedbacks bereits erwähnt ist es mit Geld nicht zu ermessen was durch Dich geschieht!!!
DANKE! DANKE, LIEBER GOTT und DANKE; LIEBER SANANDA
In unendlicher Nächstenliebe zu Dir, Gott ,den Tieren und beseelten Menschen sowie unerschütterlichem Glauben daran das eines Tages alles gut wird
Sandra Müller aus Baden Württemberg, ich bin 35 Jahre alt«

»Hallo Sananda, vor Deiner Behandlung hatte ich an meinem linken Backenzahn immer wieder eitrige Entzündungen. Hin und wieder musste ich Antibiotika nehmen. An dem Backenzahn wurde 2011 eine Wurzelrestriktion durchgeführt, aufgrund einer eitrigen Entzündung an der Wurzel. Währen deiner Behandlung zuckte es im Zahn und seit dem hatte ich auch keine Beschwerden mehr. Diese Woche hatte ich den Zahn röntgen lassen und es war kein Entzündungsherd mehr zu sehen. Bei den vorherigen sah man deutlich den Entzündungsherd. Ich danke Dir nochmals herzlich für Deine damaligen Besendungen. Trotzdem werde ich bei Dir einen Wiederholungsauftrag in den kommenden Monaten starten.
Viele herzliche Grüße und Gottes Segen und Schutz der galaktischen Förderration für Deine Familie, Jens W., 43 Karlsruhe/Keltern«

»02.02.2019
Lieber Sananda, ich war vom 15.08 – 15.11.2018 zum viertenmal in Deiner Fernbehandlung. Alle meine Beschwerden bestehen schon seit Jahrzenten. Im Fokus steht meine enorme Schlafstörung (kann stundenlang nicht einschlafen, schlafe am Stück nicht länger als 1 1/2 Std. und habe dann häufig dazwischen lange Unterbrüche). Vor den Heilungen schlief ich pro Nacht max. 3 Stunden in mehreren Abschnitten. Dieser Zustand hat sich von Heilung zu Heilung verbessert. Heute schlafe ich häufig bereits 6 Std. pro Nacht aber auch mit vielen (zum Teil stundenlangen) Unterbrechungen, also ein grosser Fortschritt. Letzte Nacht schlief ich mit einigen Unterbrüchen erstmals 7 1/2 Stunden, ein absoluter Rekord in den letzten 30 Jahren. Ich habe ein tiefes Vertrauen in Deine Heilkräfte. Du bist der einzige, der

mir bei meinen Schlafstörungen und grossen Ängsten bis jetzt helfen konnte. Vielen, vielen Dank. In tiefer Verbundenheit grüsse ich Dich herzlich. Gerhard , 76 J, Basel«

»Lieber Sananda, im November 2015 wandte ich mich erstmals an dich, mit folgenden Diagnosen: chronische paranoide Schizophrenie (damals seit 4 Jahren), Schilddrüsenunterfunktion, drei »tote» Backenzähne, ca. -7 Dioptrien Kurzsichtigkeit, ständige Müdigkeit und Antriebslosigkeit. 10 kg Übergewicht. Lt. Schulmedizin also 4mal die Diagnose unheilbar, woraus die Ärzte auch keinen Hehl machten. Ich konnte damals in meinem Teilzeitjob nur das Nötigste schaffen, mein restliches Leben verbrachte ich auf der Couch. Heute nach mehreren Behandlungsaufträgen geht es mir besser, als jemals zu vor. Meine Schilddrüsenunterfunktion ist ärztlich bestätigt nicht mehr vorhanden, momentan trage ich eine -3,5 Dioptrien-Brille, habe Idealgewicht, Vegetarierin war ich schon vorher, jetzt (fast) vegan, ich lebe ohne jeglichen Medikamente, zweieinhalb Backenzähne sind bisher von den Toten auferstanden, und vor einigen Wochen sagte mir eine Stimme im Traum, dass ich in 21 Tagen endgültig von der Schizophrenie geheilt sein werde. Genau 21 Tage nach diesem Traum war ein Ereignis, dass mir zeigte, dass ich nun keine Angst mehr habe, alleine zu reisen. Das letzte Überbleibsel meiner Erkrankung ist gegangen. Elisabeth«

»Lieber Sananda,
ich habe vom ersten moment an,als ich auf deine Seite kam,noch vor der Behandlung, deine Energie gespürt.Ich habe seit über 40Jahren Bauchschmerzen, die sich vor allem in den letzten drei jahren extrem verschlimmert haben.Niemand konnte mir sagen was es ist. Ich hatte mit dem Leben so gut wie abgeschlossen.
Während deiner Behandlung kamen immer wieder unerträgliche schmerzen,aber auch ganz tolle Tage ohne Beschwerden,und mittlerweile nach deiner Behandlung geht es mir von Tag zu Tag besser.
Aber vor allem die Lebenslust ist wieder da.
Dich lieber Sananda hat Gott gerade im richtigen moment geschickt.
Vielen lieben Dank. Luigia aus Schaffhausen«

»Lieber Sananda!
Heribert 65 Jahre jung Steiermark. Dich kennenlernen zu dürfen, ist in meiner Inkarnation absolut das größte. Habe dich sofort verstanden!.
2017 TV-Auftritte, Archiv, Bücher. DANKE für deine GROSSARTIGE Arbeit, unterstütze deine LEISTUNG von Herzen gerne. GUT TUN!. ENDLICH durch Sananda die WAHRHEIT zu erfahren.
Hatte im Jahr 2000 Burnaut, 2008 hat mich Gott in meiner Verzweiflung abgeholt, mir ein wunderschönes neues Leben geschenkt – Erleuchtung!.
Hätte nicht im geringsten erahnen können, durch dich psychisch und physisch soo einen wunderschönen Lebensabschnitt erleben und in FÜLLE leben zu dürfen. ALLES geschieht in LIEBE und FREUDE!. Habe Verjüngung erhalten im ganzen Körper, höre besser, Sehkraft besser, Haare dichter usw. Energie wie noch NIE. Durch deine Behandlung, als wäre etwas unfassbares, vorher unbekanntes wunderschönes geschehen, das ich es in Worten schwer fassen kann. Es IST geschehen, vollbracht. Ebenso für meine Tochter Tanja Markus und Enkelkinder. (genaueres im März) Freue mich auf dein nächstes Buch. Wenn es in meinen Seelenplan vorgesehen ist, darf ich bei einen Sanandatreffen dabei sein.«

»Lieber Sananda, ich möchte heute berichten über Deine akute Hilfe für mich. Du hast geschrieben, dass man dich rufen kann wenn man Deine Hilfe benötigt. Gestern Abend (03.02.2019) hatte ich starke, unangenehme und schmerzhafte Blähungen die ca. 2 Std schon anhielten (vertrage keinen Weizen). Ich habe Dich gerufen, so wie Du es beschreibst und innerhalb von Sekunden waren die Blähungen weg. Es war so eine großartige Erleichterung für mich. Es ist so ein gutes Gefühl für mich, dass Du immer für mich/uns da bist. Es war zum Glück kein Notfall, aber Deine Hilfe kam sofort. Danke, dass Du da bist.
Mit Deiner Behandlung war es genauso wie Du es in Deinen Büchern und Auftritten beschreibst. Jeder soll Deine Auftritte sich anschauen und Deine Bücher lesen, dann ist er sicher und geschützt. In der schweren Zeit ist das sehr wichtig.
Viele herzliche Grüße und Gottes Segen und Schutz für Dich und Deine Familie, Brigitte (46) aus dem Raum Hannover«

»Lieber Sananda, kurz nachdem ich den Auftrag abgeschickt hatte, erschienst du mir im Traum und beseitigtest ein krakenartiges Wesen mit grossem Kopf, das sich an meinem Hinterkopf und meinem Nacken so festgekrallt hatte, dass ich glaubte, es sei ein Teil von mir. Du hast an dem Wesen gezogen, das mich nicht loslassen wollte. Ich schrie im Traum: »Sananda, bitte hilf mir, bitte hilf mir.« Du hast dann fester daran gezogen und ich spuerte, dass das Wesen dir gehorchen musste.
Sobald mich das Wesen loslies, bist du mit ihm verschwunden und ich spuerte wie sich eine wahnsinnig starke, wunderschoene Energie von meinem Hinterkopf, ueber meinen Nacken bis zu meinem Becken ausbreitete. Ich bin mir sicher, dass dieses Wesen meine Gedanken manipuliert hat, denn seit dem Erlebnis sind meine Gedanken klar, stark und ich mache mich selber nicht mehr nieder.
Meine beiden Kinder wollten von einem Tag auf den anderen kein Fleisch mehr essen und wir leben nun vegetarisch. DANKE!
Martha, derzeit lebend in Kalifornien.«

»Lieber Sananda
Gestern habe ich dein Abschlussmail zu meinem Fragenpaket bekommen. Ich weiss nicht, ob man dir schon mal gesagt hat, dass wenn man schon nur den Betreff deines Mails liest (Mail selbst noch ungeöffnet), bereits einen unglaublichen Energieschub bekommt. Ich hatte das Gefühl gleich zu platzen vor Freude. Den Rest des Tages schwebte ich auf Wolke 7.
Ich hatte gestern – vielleicht sehr naiv von mir – Erzengel Michael gebeten, dir eine dicke (geistige) Umarmung zu geben. Ich weiss halt nicht, ob das möglich ist. Ich hab's mal gewagt, ihn zu bitten und selbst habe ich dir auch eine Umarmung geschickt. Ich hoffe, es ist angekommen. Tausend Dank, dass du dir die Zeit für meine Fragen genommen hast. Die Antworten waren sehr hilfreich. Tausend Dank, dass du so viel Liebe verstreust, tausend Dank, dass du immer da bist für uns, tausend Dank für deine unermüdlichen Ermunterungen und Ermahnungen.
Ohne dich wäre ich nicht, wo ich heute bin. Ich wäre noch die besetzte und todunglückliche kleine Trauergestalt. Ohne deine ständigen Hinweise, wie sehr Gott uns liebt, würde ich es heute noch nicht glauben, dass man mich überhaupt lieben kann. Noch nie in meinem Leben habe ich mich so geliebt, gewollt und gebraucht gefühlt. Das ist eine komplett neue Erfahrung

für mich und dies will ich selbst auch hinaustragen in mein Umfeld und in meiner Herzenergie immer stärker werden.
In tiefster Verbundenheit, Christine, 50, Aarberg«

»Lieber Meister Sananda,
wir danken Dir sehr, daß Du unseren jungen Hund Marcellus gerettet hast. Ich weiß genau, daß Du die Kraft warst, die diese Hundeseele zurückgebracht hat.
Am 20.1.19 nahm er einen Giftköder mit einem schweren Nervengift auf, welches starke epileptische Anfälle verursachte. Die Ärzte in der Tierklinik sagten, es könnten schwere Schäden des Zentralnervensystems die Folge sein – wenn er überhaupt überlebt.
Am Sonntag abend baten wir Geistheiler Sananda um Nothilfe. Um 21:58 Uhr antwortete er uns mit dem Wort »OK». Wir hofften und glaubten an ein Wunder!
Als wir zwei Tage später, am Dienstag, unseren noch sehr schwachen, aber lebenden Hund aus der Klinik abholten, nahmen wir wahr, daß das Gebäude von Sanandas lichtvoller Ausstrahlung umgeben war. Nach dieser Erfolgsmeldung schrieb er uns:
»ich habe die ganze nacht an ihn gedacht und gott und meine lichtbrüder gebeten ihn zu retten mit mir zusammen. ich bin so glücklich!! er wird wieder ganz gesund werden!»
Sananda hatte recht, er IST wieder zu 100% gesund! Wir überweisen freiwillig weitere 500 Euro für den Tierliebhaber Geistheiler Sananda und danken ihm herzlich für sein Hiersein auf dieser Erde!
Johanna«

»Hallo lieber Sananda! In meinem 3. Behandlungsauftrag wurde meine Tochter mitbehandelt. Sie hat sich sehr stark positiv verändert seit dem! Kommt in der Schule besser mit den Drangsalierungen klar bzw. lässt sich nicht mehr so ärgern und wehrt sich, die Noten sind viel besser geworden, erledigt plötzlich das meiste selbst, ist selbstsicherer und aufgeschlossener usw. Ich bin so dankbar dafür! Es war vorher schwierig, mit ihr umzugehen, jetzt ist alles viel leichter! Bei mir selbst stelle ich fest, dass ich ca. seit Anf.

Dezember auf einmal mehr Energie habe und die Gleichgewichtsstörungen besser sind! Die schlechten Phasen sind kürzer und seltener und die guten Phasen länger und öfter!! Es ist schon ein auf und ab, aber ich fühle, dass irgendetwas sich ganz langsam verändert. Ich weiß, es ist ein Regenerationsprozess, der lange dauern kann bei MS und ich bin so froh, dass ich z.B. wieder selbständig zum Getränkemarkt fahren kann und die Kästen danach im Keller verstauen kann! Auch habe ich angefangen, jeden Tag auf dem Crosstrainer zu trainieren, ich habe einfach mehr Auftrieb, das ist ein Segen und ich danke dir und unserem Schöpfer unendlich dafür!
In Liebe Manu, 47, aus Bayern«

»Lieber Sananda,
Vielen Dank für deine Abschlussmail, die ich gestern mit meiner Schwester erhalten habe.
Mir geht es seit deiner Behandlung weiterhin sehr gut. Die »Besucher» in der Nacht bleiben weg. Alles ist leichter und angenehmer geworden. Auch privat und beruflich ist es freundlicher dank deiner liebevollen Lichtarbeit. Deine Hinweise nehme ich mir zu Herzen und bleibe in der Liebe.
In liebevoller Verbundenheit Kerstin aus Cottbus«

»Lieber Sananda,
auch ich habe Dich um akute Hilfe gebeten. Ich habe seit ca. 3 Wochen akute Probleme mit der Halswirbelsäule, mit Ausstrahlung in den rechten Arm. Es war schwierig, mich überhaupt zu bewegen, nachts zu schlafen eine Qual, auch mit Schmerzmitteln.
Der Arzt erklärte, daß zuerst noch ein Orthopäde das alles begutachten müsse und ich erst dann ggf. zur Kernspint überwiesen werden würde. In dieser Situation bat ich Dich abends um Hilfe. Ich konnte Dich sofort spüren, Du warst wirklich da !!! Ich weiß nicht, wie ich das in Worte fassen soll.
Am nächsten Morgen, also innerhalb weniger Stunden, war eine so deutliche Besserung eingetreten. Die Schmerzen haben erheblich nachgelassen und ich kann mich wieder viel besser bewegen. Meine Tochter war sprachlos und kann das alles bezeugen. Ich brauche keine Schmerzmittel mehr.
Ja, ich begreife immer mehr, mir wird immer mehr bewußt, daß Deine Hei-

lung was ganz anderes ist als das, was Ärzte tun. Vielen vielen Dank dafür. Karola, 57, aus dem Raum Frankfurt.«

»Lieber Sananda
Ich habe dich - nachdem ich den Leserbrief einer deiner Klientinnen gelesen hatte (sie hat dich wegen Bauchschmerzen angerufen) auch um Hilfe gebeten, da ich Schmerzen in meinen Beinen habe. Ich spürte deine Energie sofort . Vielen Dank Ich rief dich ein paar mal wegen meiner Schmerzen in den Beinen u plötzlich hatte ich einen Energiestau in meinen Beinen.
Als ich dich daher wieder um Hilfe rief wegen des Energiestaues, ließen die starken Schmerzen nach u ich musste weinen. Ich Danke dir von ganzem Herzen.
Ich grüble nun schon 2,5 Jahre warum ich diese Schmerzen ohne Befund habe. Darf ich dich bitte weiterhin bei Schmerzen anrufen, auch wenn ich dir dann nicht beschreiben kann warum o wo genau diese auftreten?
Danke dir für alles was du für mich schon alles getan hast.
In Liebe Rafaela 46 aus Kärnten«

»Lieber Sananda,
ich bekomme derzeit Physiotherapie wegen der Arthrose in meiner rechten Hüfte. Gestern bei der Behandlung habe ich dich hinzugerufen und die Hüfte fühlte sich danach viel beweglicher an. Heute mittag habe ich dich nochmals gerufen, da ich seit heute morgen starke Schmerzen hatte und ich kaum laufen konnte. 2 Stunden später waren die Schmerzen fast weg und ich konnte wieder laufen und meine Arbeit weiter machen. Gerade fällt mir auf, dass ich viel aufrechter stehe.
Da scheint was in Bewegung zu kommen. Mir ist klar, dass der Heilungsprozess dauern wird und ich geduldig sein muss und weiter ins Vertrauen gehen muss, was wenn die Schmerzen so stark sind manchmal eine Herausforderung ist. Ich will aber keine Schmerzmittel nehmen und ich will mein Hüftgelenk behalten. Ich habe ein »vorher-Röntgenbild« und ich werde ein weiteres machen lassen mit der geheilten Hüfte. Ich danke dir für deine wunderbare Arbeit.
Viele Grüße, Birgit, 51 aus Münster«

»Lieber Sananda, ich bin grad eingehüllt in deiner heilenden, liebenden Energie und bei mir kullern die Tränen der Freude und der Dankbarkeit. Ich hab dich heute um 12 Uhr 3 x angerufen und um Hilfe gebeten für Sunny, meine Hündin. Sie braucht meine Rund-um-Betreuung, da sie alt, schwach und verwirrt ist und kaum noch gehen und stehen und vor allem nicht mehr alleine aufstehen kann. Jedes Mal, wenn ich sie für eine kurze Besorgung alleine lassen muss, graut es mir vor Heimkommen. Sie versucht immer in meiner Abwesenheit alleine aufzustehen, was voll daneben geht und dann liegt sie total verrenkt und mit verdrehten Beinen neben ihrem Bettchen, immer voll im Pipi, was sie in der Anstrengung natürlich los gelassen hat. Mir hat es jedes Mal das Herz zerrissen. So habe ich dich heute gebeten, sie zu beschützen und ihr einen tiefen, entspannten Schlaf zu schenken so lange ich weg bin. Bitte verzeih mir, dass ich kurz nicht an ein Wunder geglaubt habe. Aber das Wunder ist geschehen. Ich bin grad heim gekommen und sie liegt völlig entspannt auf ihrem Bettchen auf der Seite und schläft tief und fest. Sie hat mich dann gehört und die Augen aufgemacht, aber sie liegt immer noch ruhig da, ohne zu werkeln wie sonst. Wir haben grad den Himmel auf Erden und ich bin sprachlos.
Ich umarme dich in tiefster Dankbarkeit und werde dich sicher noch öfter um deine liebevolle Unterstützung bitten, solange Sunny noch lebt. Ich verneige mich in ewiger Demut und Liebe, du bist so gütig und du hast so ein unendlich großes Herz. Anna, 56 Bad Staffelstein«

»Lieber Sananda, im letzten Jahr 2018 hat sich beim Pferd »Fantastic Dunit« meiner Feundin Jennifer eine Beinlahmheit eingestellt, sodass ihr Pferd trotz mehrfacher tierärztlicher Behandlungen nicht mehr taktklar und beschwerdefrei laufen konnte. Von Oktober 2018 bis Januar 2019 hast Du das Pferd dann bioenergetisch behandelt und – es läuft seither wieder taktklar und sauber und kann auch wieder schonend geritten werden. Natürlich haben wir auch Deinen Rat befolgt und unsere Stallanlage so umgebaut, dass unsere beiden Pferde nun einen grösseren Auslauf und auch mehr Pferdekontakt zueinander haben auch in der Zeit , wenn wir Menschen nicht im Stall sind . Unsere Pferde geniessen ihr erweitertes »zu Hause» in vollen Zügen.
Wir sind Dir, lieber Sananda, für Dein wundrbares Wirken und Deine Empfehlung zutiefst dankbar – sie hat uns dazu ermutigt, mit unseren Stallbe-

sitzern zu sprechen und die Stallerweiterung mit ihnen im Einvernehmen in die Tat umzusetzen zum Wohle unserer Pferde und zu unserer Freude.
DANKE ! DANKE ! DANKE !
Herzlichst, Christine (42 J.) und Jennifer (34 J.) sowie Fantastic Dunit und Aquarella aus Schorndorf/Baden Württemberg«

»Lieber Sananda,
ich möchte Dir von ganzem Herzen danken für die wunderbare und positive Energie die wir alle verspüren durften und alles was Du für uns getan hast. Da die meisten (8 von 10) bis heute nichts von der Behandlung wissen, kann ich nur mitteilen, dass sich familiäre Spannungen abgebaut und harmonisiert haben und alle Beteiligten gefühlt in Aufbruchstimmung und auf einem guten Weg sind. Ein Indiz ist sicher, dass plötzlich der Fleischkonsum aufgehört, bzw. sich stark reduziert hat.
Eine Freundin, die ebenfalls nichts weiß von Ihrer Behandlung, hatte zum Zeitpunkt der Beauftragung Brustkrebs im fortgeschrittenen Stadium und es drohe ihr eine Amputation. Aus vielen Gründen hatte ich ihr geraten nichts zu überstürzen und sich erst umfassend kundig zu machen. Der Beginn Deiner Behandlung fiel in diese Zeit und ich bekam nach ein paar Wochen von ihr die Nachricht dass es »keinen Befund!» mehr gäbe. Ich bin ganz sicher dass diese Spontanheilung durch Deine Behandlung ausgelöst und möglich wurde und ich möchte mich insbesondere dafür nochmals ganz besonders herzlich bei dir bedanken! Absender: Vorname: Jeanette«

»Hallo lieber Sananda,
Unser über 5 jähriges Meerschweinchen Melissa, seit April 2018 in wiederholter Mitbehandlung, hatte ein trübes Auge. Wir haben gerade bemerkt, dass das Auge nun glasklar ist! Beide Augen sind vollkommen klar! Außerdem sieht sie nun um ca 2 Jahre jünger aus, so als hätte sich die Kopfform irgendwie verändert und da sind keine grauen Haare mehr auf ihrem Rücken. Das ist wirklich so toll, ein weiteres fantastisches Wunder!
Wir danken dir aus tiefstem Herzen!
Anna, Lea,Sami aus Wien«

»Lieber Sananda,
ich bin derzeit in Deiner wundervollen Behandlungsenergie. Diese Energie ist absolut mächtig und einzigartig! Es ist sehr deutlich spürbar, wenn Deine Besendungen stattfinden – mit einer immensen Kraft! Es haben sich wenige Wochen nach meiner Überweisung an Dich, wieder Klienten bei mir angemeldet – nach einigen Monaten kompletter Stagnation! Ich bin überglücklich und danke Dir und Gott aus tiefstem Herzen! Voller Liebe und Dankbarkeit – E. Hedwig (53) aus Bayern«

»Lieber Sananda
Nach sehr langer Zeit, Erstbehandlung Nov. 2015 und Wiederhohlungssauftrag Okt. 2017 schreibe ich nun endlich mein Feedback.Aber es lohnt sich.Mein Leben glich einer gefühlten Hölle.
Extreme Müdigkeit, ständig neue Herausforderungen.Da ich schon immer anders war und auch handelte, war ich sehr sehr einsam.Ich fühlte mich total überfordert ,alleingelassen und hatte ständig Angst es nicht zu schaffen. Meine Tochter erkrankte an einer chr. unheilbaren Speiseröhrenerkrankung, hatte wahnsinnige Kopfschmerzen und Schwindel,Sehr starke Magenkrämpfe und Erbrechen.Sie hatte ständig einen Klos im Hals als wenn man erstickt. Es ging ihr sehr schlecht.Zudem ist sie mir psychisch abgesagt. War nicht mehr wieder zu erkennen .Traurig, total in sich gekehrt und fiel jeden Morgen in eine Starre, war nicht mehr ansprechbar oft über Stunden und hatte böse Augen.Das zog sich über Monate hin.Sie konnte nicht zur Schule.Da begann der nächste Horrortrip.Jugendamt, Ordnungsamt Polizei, Psychologe.ect.pp.Alle meine Freunde und Familie waren gegen mein Gefühl dass da andere Mächte am Werk sind.Jeder wollte das sie in die Psychatrie geht nur ich nicht und so bin ich bei dir gelandet.
Unser Familienleben glich einem Kriegsschauplatz.Nur Streit, Verzweiflung ,Verletzungen bei soviel Baustellen und Meinungsverschiedenheiten. Faktum kann ich heute sagen, diese Hölle war ein Geschenk. Sananda.. du bist ein Geschenk .Es geschah nicht von heute auf morgen, es war wirklich ein Prozess aber ohne die Hilfe von Sananda möchte ich nicht wissen, was mit uns geschehen wäre.
Meine Tochter ist körperlich gesund und sehr glücklich und macht ihren Schulabschluss.Unser Familienleben(5) ist viel harmonischer.Alle sind zur Ruhe gekommen und gehen bewußter miteinander um.Das gleiche konn-

te ich feststellen bei einer anderen Familie, die ich ohne ihr Wissen mit in den Auftrag reingenommen hatte. Ein geistig und körerlich behindertes Kind hat enorme Fortschritte gemacht.Vorher sehr steif am ganzen Körper und geistig sehr abwesend strampelt jetzt wie wild, bewegt Arme und Beine dreht sich und nimmt geistig alles wahr,freut sich,beobachtet alles und strahlt ständig, Seine epileptischen Anfälle sind viel weniger geworden. Meine Angst ist komplett verschwunden, hab totales Vetrauen und bin die Ruhe selbst.Aus Dunkelheit wurde Licht .Danke,danke danke von Herzen Heike 48J aus Deutschland«

»Lieber Sananda,
am Anfang Dezember 2019, stellte ich einen Wiederholungsauftrag, für die Besendung auf 12 Monate.
Als 2. Person gab ich meinen Neffen, Stefan P. an, der 29 Jahre alt ist.
Am 20.9.2018, hatte er sich beim Armwrestling, den Oberarm im unteren Bereich total gebrochen, wobei die Heilung, nach einer OP sehr schleppend verlief. Er hatte ständig Schmerzen und seine Beweglichkeit seines rechten Armes war sehr eingeschränkt.
Er musste sein Fitnesstraining und sein Studium pausieren.
Der Gesundheitszustandes des Armes meines Neffen, war bis vor deiner Behandlung sehr kritisch. Erst kurz nach deiner Behandlung trat leichte Besserung ein.
Als ich beim 80. ten Geburtstag meiner Mutter am 3. Februar 2019, in meiner alten Heimat (ehem. DDR) Land Brandenburg, mit meinen Neffen sprach, teilte er mir zur allergrößten Freude mit, dass bei den Röntgenuntersuchungen festgestellt wurde, dass sein Arm wieder völlig verheilt ist. Er studiert wieder und betätigt sich wieder sportlich mit dem Fitnesstraining.
Auch meine linke Hüfte ist etwas stabiler geworden und mein Glauben an meiner Heilung wächst dadurch immens.
Ich werde wieder nach dem abnehmenden Mond, ab 19. Februar mit dem Heilfasten, beginnen.
Lieber Sananda, Danke für Alles und ich freue mich auch so sehr, wie andere Klienten über ihre Erfolgserlebnisse berichten, denn wir sind Brüder und Schwestern.
Es ist auch so wunderschön zu wissen, dass du lieber Sananda somit vielen Menschen und Tieren das Leben gerettet hast und es weiterhin noch tust.

Mich freut es auch, dass man seinem Heilungsprozess selbst aktiv mitwirken kann (mit den tollen Gebeten, Ernährung, Fasten etc.).
Als du als Jesus und später als Bruno Gröning auf der Erde weiltest, hat man dir Steine in den Weg gelegt, wie es leider das reptioloide Ungeziefer heute noch tut, dich zu schaden. Aber es wird ihnen nicht gelingen, den schon allein durch die guten Gedanken vieler dankbarer Klienten und anderen gottverbundenen Menschen an dir lieber Sananda, sollst du noch zusätzlich gestärkt sein.
Gottes Segen und alles Liebe, auch an deinen Tieren und deiner Familie, dein Bruder Frank A. 54 Jahre, aus Detmold«

»Lieber Sananda, gleich zu Beginn Deiner Behandlung kam ich in der Klinik endlich zu den richtigen Ärzten wegen meines offenen linken Beines nach einem schweren Sturz, Varizien-Aufplatzens, NYHA III, Marcumar, der Körper voll gespeichertem Wasser. Ende Sept.18 war das Bein fachgerecht behandelt und geheilt, ich 9 kg leichter. Nun beschloss ich, kein Fleisch mehr zu essen. Am 10.01.2019 zeigten sich in der Arztpraxis folgende Werte: GOT=32, GGT=32, GPT=21. Jahrelang waren diese Werte stark erhöht., auch weil ich 1983 bei einer Herz-OPHCV-Viren abbekommen hatte. Die Viruslast wurde im Rahmen meines obigen Aufenthaltes erneut am 13.06.2018 ermittelt: 1880490 IU/ml !
Nun sollte ich die teure Therapie machen, erbat mir Bedenkzeit., war froh über DEINE WUNDERVOLLEN BESENDUNGEN und begann dann mit DEINEM KRAFTVOLLEN GEBET NR.13 intensiv zu arbeiten. Eine erneute Viruslast-Bestimmung am 19.11.2018 ambulant in der Klinik ergab nun: 47131 IU/ml ! Was für eine Erleichterung! Es wird keine Therapie gemacht. Die 3 Filme über Bruno Gröning machten mir Zusammenhänge klar und brachten viel Verständnis. DANKE in großer Wertschätzung für DICH und DEINE Familie G.-Maria,76, Nord-Deutschland«

»Lieber Sananda
Und nachträglich noch eine freudige Nachricht: Meine Finger verwandeln sich im Winter nicht weiter zu weissen, empfindungslosen »Leichenfingern« (Raynaud-Syndrom).

Seit zehn Jahren hat mich an kühlen Tagen die sogenannte »Weissfinger-krankheit« regelmässig auf Spaziergängen, beim Einkaufen oder beim Wäscheaufhängen heimgesucht. Doch diesen Winter – auch bei minus 12 Grad - zeigen sich meine Finger selbst ohne Handschuhe wunderbar warm und durchblutet. Ich bin überglücklich: Danke! Danke auch für dieses Geschenk!
Christine (55) aus dem Kanton Zürich«

»Lieber Sananda, ich möchte mich herzlichst für deine Behandlungen & Beiträge bedanken! Seitdem hat sich meine Lebensweise & -Umfeld sehr stark zum Positiven entwickelt: ich wurde Vegetarier & feinfühliger, sehe Leute (ihr Verhalten) aus anderen Blickwinkel, beginne mich selbst zu akzeptieren & bin nicht mehr depressiv. Ich habe aufgehört mir selbst für negativen Situationen & Vorkommnisse die Schuld zu geben & durch Dich gelernt, dass es Angriffe der dunklen Wesen sind.
Meine gesamte Lebenseinstellung hat sich dadurch verändert. Ich habe mittlerweile auch Liebe, Stolz & Selbstwertschätzung entwickelt.
Seitdem Wiederholungsauftrag habe ich auch ausgezeichnete Erfolge im Studium. Ich freue mich auch immer wieder, wenn du neue Beiträge mit uns teilst & verfolge sie mit großem Interesse. Das tägliche Lesen deiner Gebete verleiht mir das Gefühl von Schutz & Kraft. Sie helfen mir sehr, meine Emotionen/Gefühle aufzuarbeiten & lösen mich von meinem aggressiven Verhalten. Ich Danke Dir dafür! Ich schätze es sehr zu Dir gefunden zu haben & mein Leben mit 22 Jahren so sehr zum Positiven verändern zu können!
Ich wünsche Dir & Familie alles viel Liebe! Liebe Grüße ausÖsterreich,
Constance«

»Lieber Sananda, heute ein weiteres kleines Zwischenfeedback bzgl. meines Wiederholungsauftrages. Habe mich heute, nachdem ich eine höchst unerfreuliche Email gelesen habe, beim Aufstehen derart »verdreht», dass ich praktisch bewegungsunfähig war vor Schmerzen (Kannte das bisher nicht, bin 32 und eigentlich fit). Nach ca. einer halben Stunde absurder Verrenkungen auf der Suche nach einer schmerzfreien Position, habe ich gedanklich deinen Namen 3 mal gerufen und um Hilfe gebeten. Ich konnte sofort etwas spüren, wie Strom der fließt, es dauerte dann ca. eine weitere halbe Stunde bis ich mich wieder besser bewegen konnte, jetzt nur noch ein kleines Zwicken. Ich danke dir so sehr!!! Außerdem folgende positive Entwicklungen (u.a. Dank deiner Verfügung 48) negative Menschen verschwinden aus meinem privaten und beruflichen Umfeld (mehrere Kolleginnen haben gekündigt, neue Positive sind gekommen – unfassbar!) endlich scheinen auch die Gelder wieder zu fließen, Verhandlungen laufen positiv, es gibt plötzlich Rückzahlungen! Der Stillstand ist weg, alles bewegt sich wieder, turbulent anmutend, weiß ich – es fließt nun alles im göttlichen Einklang – Dank deiner Hilfe. Ich danke dir von ganzem Herzen, Karoline 32. J. aus Norddeutschland«

»Sananda! Ganz kurz, die Wunder gehen weiter! Mein Tinitus, den ich seit acht Jahren hatte und der immer lauter und lästiger wurde ist über Nacht weg! Einfach weg! Es ist wahnsinn! Ich war mit meiner Familie vor vier Tagen auf dem Land und abends las ich ein Buch und plötzlich merkte ich das es nicht mehr fiepte im Ohr, alles war weg!
Es waren schon mehrere Töne. Vorher konnte ich schlecht schlafen dadurch, jetzt schlafe ich fest durch. Du kannst dir nicht vorstellen was das für eine Erleichterung ist. Danke! Danke! Danke! Es hatte sich angefühlt als wäre da eine fette Blockade im Ohr, eine fette Besetzung eben. Ich hatte auch oft komplette Hörausfälle auf dem Ohr, fast alle zwei Tage, alles weg!!!!! Hab auch vorhin einen Traumjob angeboten bekommen und einen kleinen Hund gefunden den wir aufnehmen wollen...
Ich glaub das alles nicht. Du hast uns unendlich viel Glück geschenkt Sananda! Unendlich viel Wissen und Weisheit! Wisse das! Wir lieben dich und sind mit vollem Herzen bei dir! Du bist einfach der stärkste den wir haben! DANKE!«

»Grüß Gott lieber Sananda!
Ich möchte nicht nur meine Erlebnisse bei einer Anrufung an Dich schildern sondern mich auch gleich für die prompte Wirksamkeit ganz herzlich bedanken!

Gestern nacht wurde ich wieder einmal wach und von irgendwoher wurden mir negative Bilder, Gedanken geschickt, die mich nicht mehr einschalfen liessen. Sehr hartnäckig. In meiner Not erinnerte ich mich an Deine Hilfestellung, Dich dreimal anzurufen. Dies tat ich gedanklich und SOFORT bei der ersten Anrufung spürte ich eine warme, ruhige »Welle» die von den Füßen bis an den Kopf ging. Dies wiederholte sich dann noch bei den anderen zwei Anrufungen.
Bei der dritten Anrufung war spürbar alles Negative an Gedanken und Gefühlen weg (darum hatte ich im Anschluss der Anrufungen gebeten) und ich konnte wieder ruhig weiterschlafen.
Diese Erfahrung war unglaublich und ich danke Dir für Dein Tempo wirklich sehr! ;-)))
Alles Liebe für Dich und Deine Lieben, Segen und Schutz! andrea, 50, Bayern«

»Lieber Sananda, seit meinem 24ten Lebensjahr litt ich unter heftigster Migräne, da ging dann 3 Tage lang gar nichts mehr. Wenn diese Migräne anfing, hatte ich stets das Gefühl, dass ich nicht mehr ich selber bin, also irgend etwas fremdes auf mich einwirkte. Auch hatte ich eine Skoliose. Ich hatte extreme Schmerzen im linken Flügelbereich und in der Hüfte. Nach der ersten Behandlung wurde es besser, doch wie du erwähnt hast, hatte ich zwischendurch noch heftigere Schmerzen, aber ich hatte stets Vertrauen und wusste, dass es besser werden würde. Die Skoliose hat sich fas ganz aufgelöst.
Gestern hatte ich gespürt, wie sich langsam Kopfschmerzen einschleichen wollten. Ich habe mir gesagt, ich möchte das nicht mehr und habe deine Gebete gesprochen, welche ich Morgens und Abends mit wenigen Ausnahmen täglich Spreche, welche sehr effektiv und kraftvoll sind. Meine Lebenssituation hat sich stark gebessert. Durch deine Kraft konnte ich allen Mut zusammen nehmen und bin in einen anderen Wohnort gezogen, wo ich nun ganz andere Energien spüre und mir freundliche Menschen begegnen. Auch die Situation mit meinen Eltern hat sich sehr gebessert und bei meinem dementen + (besetzten) Vater, kann ich eine deutliche Besserung wahrnehmen. Meiner Mutter geht es auch besser und sie hat auch wieder mehr Lebensfreude. Meine Katze hatte nervöse Zuckungen, welche auch verschwunden sind. Meine Depressionen sind gewichen und meine

Lebensfreude ist zurückgekehrt. Ich bin wieder mehr motiviert und meine ständige Müdigkeit ist auch besser geworden. Ich möchte alle Klienten ermuntern, durchzuhalten, demütig zu sein, wissen, dass eine Heilung früher oder später eintreten wird und dir Sananda, voll und von ganzem Herzen zu vertrauen.
Deine wundervollen und heilsamen Heilungen sind wahrlich ein Wunder und ich danke dir von ganzem Herzen. Auch du und deine Familie integriere ich täglich in meine (deine) Gebete, dass es auch dir in allen Bereichen besser gehen möge.
Hab Dank für dein da sein für die Menschheit, welche zu dir findet und dich wertschätzt.
Ich wünsche dir alles Liebe und nur das Beste.
Herzlichst, Nicole, 59 Jahre, aus der Schweiz«

»Lieber Sananda,
der Anlass meiner Antwort ist ein aktueller: Seit Dez. 2018 war bei uns die Internetleitung massiv gestört – kein Techniker konnte dieses Problem lösen. Wir konnten kaum telefonieren und surfen. Am 07.02. schickte ich dir telepathisch 3x (wie empfohlen) den Gedanken: Bitte schalte unser Internet frei! Nachdem der Techniker am 08.02. noch 11000 Fehler pro Minute festgestellt hatte (diese Info musste wohl noch sein) und nichts an der Leitung machte, war plötzlich die Leitung frei – und blieb so bis jetzt! Für uns ein Wunder!
Das erste, was sich gleich im Juli 2018 änderte (wenige Tage nach Beginn deiner zweiten Behandlung), war: Ein chronischer Schmerz infolge einer Dickdarmausstülpung unklarer Genese (ich lasse mich so wenig wie möglich vom Arzt untersuchen, nur Ultraschall wurde gemacht) änderte sich etwas, und nach ein paar Tagen waren die Schmerzen weg!
Das blieb so bis jetzt! Was mir auch noch auffiel: Ein Knoten an meiner rechten Brust war nicht mehr zu tasten! Er war weg! Dann fiel mir auf, dass das Kopfweh (infolge E-Smog) verschwand! Mein Mann ist viel mehr in seiner Kraft. Ich danke dir herzlich für Alles!
Maria, 71 Jahre, Baden-Württemberg.«

»Lieber Sananda, ich versuche mich kurz zu halten, obwohl ich viel mehr berichten könnte als hier Platz findet. Kurzum: Du bist und warst unsere Rettung! Vor 2 Monaten tratest Du in unser Leben und ein jahrelanger Kampf ergibt endlich Sinn und darf enden. Seit Jahren z.B täglich ungerechtfertigte gelbe Briefe und Rechtsstreitigkeiten – nun leerer Briefkasten. Mein Partner und ich waren psychisch krank (Burnout, Erschöpfungssyndrom) – nun füllen sich täglich die leeren Akkus und ich nehme keine Tabletten mehr! Über Nacht begradigte sich meine Nasenscheidewand, keine Migräne mehr, wir werden täglich bewusster und klarer im Kopf. Tiefer Schlaf, Tage voller Inspiration und Tatendrang. Ganzheitlicher geht nicht mehr. Das ist so SO wundervoll und viel mehr als ich fähig bin in Worte zu fassen. Sehr intensiv war die Traumaverarbeitung aus der Kindheit. Intensiv, kurz und effizient. Das kann keine Psychotherpie der Welt. Ich danke Dir bereits jetzt von tiefstem Herzen. Das Allerschönste ist das Erwachen. Damit habe ich zuvor nicht gerechnet.
In Liebe, Sandra, 37, bei Fulda.«

»Lieber Sananda! Habe heute dein Abschlussmail bekommen (Wiederholungsauftr.)
Hier moechte ich kurz mitteilen, was sich verbessert hat inzwischen:
In den Tagen nach Auftragserteilung hatte ich zwischendurch Schmerzen in der Kieferhoele, an Zaehnen und Ohr auf der rechten Seite, zum Teil kurz sehr heftige Schmerzen so fuer 2 Tage. Ich hatte das Gefuehl, als ob mir Etwas herausgezogen wurde (hatte u.a. Polypen) – diese Schmerzen sind jetzt weg. Die Dauerschmerzen im linken Arm meines Partners sind weniger geworden sagt er und auch seine Kreuzschmerzen sind fast verschwunden. Der Zustand der Leber meiner Mutter hat sich verbessert und auch ihr Allgemeinzustand. Meiner Schwiegermutter geht es auch viel besser nach ihrer Knie-OP und auch ihr Allgemeinzustand hat sich sehr verbessert.
Es herrscht auch wieder mehr Harmonie in den Familien..
Finanziell geht es uns momentan gut und unsere Konten sind in letzter Zeit im Plus! Ich habe momentan eine Fixanstellung, die ich gut mit meiner Familie vereinbaren kann, so wie ich es mir gewuenscht habe...
Die meisten in meinem Paket wissen nichts von ihrer Behandlung...
Danke danke danke lieber Sananda, dass es dich gibt !!!
Regina 45 Jahre, Tirol«

»Hallo, lieber Geistheiler Sananda,
erstmal vielen lieben Dank für deine Arbeit und dein Sein, ich durftedich Ende 2017 finden in einer für mich sehr schweren Zeit. Da ich schon lange auf der Suche bin und schon bei verschiedenen Menschen etwas ausprobiert habe und viele es nur wegen dem Geld machen war ich erst etwas skeptisch, Nov. 2017 gab ich gleich ein Familienpacket in Auftrag, und ich merkte schnell deine Energie, 3 Wochen war es wie Hitzewallungen. Meine vielfälltigen Ängste mit denen ich schon lange kämpfe wurden schnell besser und leichtigkeit und freier Kopf stellten sich dann ein, Monate später hatte ich extremes Nasenbluten li. hatteich seit 2Jahren ständig, nix half und dann war es weg, juhuu im Sommer stellte sich meine Periode ein ohne jegliches Problem. Von meiner Fam. wissen nur 2 von der Behandlung und ich merke meine Fam. ist harmonischer und die Ehe meiner Schwester wieder viel besser, da stand es schon schlecht, und alle viel entspannter. Meine Freundin ist ruhiger und die Ängste weniger und vorallen ihre starke Wut ist weg.
Ich habe aufgehört Fleisch zu Essen und endlich ergiebt vieles einen Sinn, ich bin schon lange auf der Suche nach richtigen Informationen über diese Welt, endlich komme ich dank dir damit weiter. Mein Weltbild wurde erst aus den Angeln gehoben aber das ist gut so, vielen lieben Dank für alles, es läuft gerade ein Wiederholungsauftrag, da werde ich später was schreiben.
Danke, Danke, Danike.
Anita 49 Niederbayern«

»Hallo Sananda, ich möchte dir nur sagen, gib nicht auf. Deine Gebete helfen, wo die human Medizin versagte. Ich war so verzweifelt, schwach und jahrelang ohne Kraft und todmüde, zu nichts mehr fähig, dazuplagten mich Ängste, TodesÄngste, die ich mir nicht erklären konnte und wo keine Medizin der Ärzte half. Je länger ich deine Gebete spreche, desto besser geht es mir. Mittlerweile habe ich auch schon wieder Lust shoppen zugehen, was jahrelang für mich nur eine Strapaze und Qual war. Danke. Danke an dich und die jenseitige Welt, die dich leitet und uns durch dich Linderung bringt.
Liebe Grüsse Monika«

»Lieber Sananda, ich schreibe dir hier mein Feedback zu deiner bioenergetischen Behandlung. Im Juli 2017 hatte ich dir erstmals einen Auftrag gegeben. Dezember 2018 folgte der zweite Auftrag. Und gestern habe ich deine Abschlussmail zu der dritten Behandlung bekommen. Mein Leben hat sich durch deine Behandlung grundlegend geändert. Bevor ichzu dir gefunden hatte, suchte ich den Sinn in Studium (Lehramt und Philosophie) danach Ausbildung (Heilpraktik) alles erfolglos. Ich eckte überall an, war unzufrieden mit meinen Mitmenschen, Gesellschaft aber vor allem mit mir selbst. Während der ersten Behandlung las ich deine Bücher, die ich in kürzester Zeit verschlang und alles endlich Sinn ergab. DANKE für diese wertvollen Informationen. Du hast mich zu dem Beruf (Bestatter) geführt, den ich seither verfolge und anstrebe.
In meinem Kopf ist seither der Drang ein eigenes Bestattungsunternehmen zu gründen. Um das auf diesem Repto-Planeten zu bewerkstelligen, entschied ich mich für ein BWL Studium um mir den nötigen Umgang, die eine Selbstständigkeit heutzutage verlangt, anzueignen. Dieser Weg ist zwar schwer und mühsam, aber ich laufe diesen gern, denn ich erkenne immer wieder das es mein Weg ist. Danke das du ihn mir gezeigt hast Sananda, Danke! Während des Studiums habe ich deine Energie bitter nötig, deshalb folgte der 2. Auftrag noch vor Beginn des Studiums und im November 2018 erteilte ich dir nochmals einen Auftrag. Meine Klausuren für dieses Semester habe ich Gott sei Dank alle erfolgreich geschafft, das wäre ohne deine Unterstützung nicht der Fall gewesen. Ich habe mich deshalb jeden Abend um 21:30 mit dir verbunden und um deine Hilfe gebetet, weil es so aussichtlos erschien diese umfangreiche Menge an Lernstoff zu bewältigen. Die Hilfe kam sofort. ich ruhte während der Vorbereitungszeit nahezu in mir und alle Sorgen waren wie weg. Zusätzlich zu dem Erfolg sind meine Schmerzen im rechten Handgelenk, die ich seit knappen 3 Jahren habe, fast vollständig verschwunden. Unter Stress war es immer besonders schlimm das nur die kleinste Bewegung schmerzte manchmal auch, wenn ich gar nichts tat. Nun kann ich die Hand endlich wieder vollständig belasten und einen Handstand machen! Die Drangsale haben auch auffallend zugenommen. Ob es nun unfaire Benotungen von dunklen Dozenten an der Uni sind. Oder der eigene Mitbewohner, stinkendes essen, Nachts laute Musik vom Mitbewohner oder Nachbarn egal. I Ich versuche meinen Inneren Frieden trotz alldem zu behalten und mich nicht aufzuregen. Ich weiß das ist nichts im Gegensatz zudem was du täglich ertragen musst Sananda. Danke Sananda für dein sein und wirken hier auf der Erde, in ewiger Verbundenheit Steffen (26), Kiel.«

»Hallo, lieber Geistheiler Sananda,
erstmal vielen lieben Dank für deine Arbeit und dein Sein, ich durfte dich Ende 2017 finden in einer für mich sehr schweren Zeit. Da ich schon lange auf der Suche bin und schon bei verschiedenen Menschen etwas ausprobiert habe und viele es nur wegen dem Geld machen war ich erst etwas skeptisch, Nov. 2017 gab ich gleich ein Familienpacket in Auftrag, und ich merkte schnell deine Energie, 3 Wochen war es wie Hitzewallungen. Meine vielfälltigen Ängste mit denen ich schon lange kämpfe wurden schnell besser und leichtigkeit und freier Kopf stellten sich dann ein, Monate später hatte ich extremes Nasenbluten li. hatte ich seit 2Jahren ständig, nix half und dann war es weg, juhuu im Sommer stellte sich meine Periode ein ohne jegliches Problem. Von meiner Fam. wissen nur 2 von der Behandlung und ich merke meine Fam. ist harmonischer und die Ehe meiner Schwester wieder viel besser, da stand es schon schlecht, und alle viel entspannter. Meine Freundin ist ruhiger und die Ängste weniger und vorallen ihre starke Wut ist weg. Ich habe aufgehört Fleisch zu Essen und endlich ergiebt vieles einen Sinn, ich bin schon lange auf der Suche nach richtigen Informationen über diese Welt, endlich komme ich dank dir damit weiter. Mein Weltbild wurde erst aus den Angeln gehoben aber das ist gut so, vielen lieben Dank für alles, es läuft gerade ein Wiederholungsauftrag, da werde ich später was schreiben. Danke, Danke, Danike.
Anita 49 Niederbayern«

»Lieber Sananda,
vor ca. 2 3/4 Jahren wurde ich von dir behandelt. Heute möchte ich Dir ein Langzeit-Feedback, schreiben.
Kurz nach Deiner damaligen Behandlung wurde bei mir vom Arzt Diabetes II festgestellt. Ich hatte hohe Blutzuckerwerte (über 400 mg/dl).
Das war zunächst wie ein Schock. Ich musste Insulin spritzen, Tabletten nehmen usw. Der Arzt wollte den Diabetes »einstellen». In dieser Zeit habe ich mein erstes Feedback an Dich geschrieben. Ich sah Deine Behandlung positiv, konnte mich aber nicht wirklich ganz freuen. In der Folgezeit habe ich gelernt, ohne Insulin, ohne Tabletten, nur mit einer gesünderen Lebensweise dem Diabetes-Gespenst seinen Schrecken zu nehmen. Meine Blutzuckerwerte sind auf jeden Fall wieder ganz normal (unter 100 mg/dl).
Darüber hinaus möchte ich noch sagen, dass ich im Laufe der Zeit mehr

Selbstbewusstsein entwickelt und viel weniger Ängste wie früher habe und meist eine gute Herzensverbindung zu Gott spüre.
Dich schätze ich sehr und bin Dir dankbar für Dein Wirken auf dieser Erde. Eine Behandlung von Dir ist wirklich ein Geschenk, eine große Bereicherung im Leben und ich werde es jedem, der dafür offen, ist empfehlen.
Rudolf, 66, Deutschland«

»Lieber Sananda
Für alles was Du für mich und alle Menschen machst, die Deine Hilfe benötigen und in Anspruch genommen haben, möchte ich mich ganz, ganz herzlich bedanken. Du rettest uns alle und öffnest uns die Augen was wirklich hier auf dieser Welt passiert. Ich hatte eine Viruserkrankung, die zu Gewebe Wucherungen geführt hatte und hätte zum Zeitpunkt meines Auftrages an Dich im Oktober operiert werden sollen.
Schon eine Woche später war mein Gewebebefund normal und ich musste »Gott und Dir sei Dank» nicht operiert werden. Bei meiner Nachkontrolle ende Januar war ich nun auch Virenfrei. Ich bin Dir so dankbar, dass Du mich behandelt hast und mir auch so vieles durch Dich bewusst geworden ist. In unendlicher Dankbarkeit und Liebe,
Claudia 48 J. aus der Schweiz«

»Hallo lieber Sananda,
ich wollte dir nun nach meiner Behandlung, die Ende Januar 2019 endete, gerne berichten, was passiert ist. Die Schuppen auf meiner Kopfhaut, unter denen ich mehrere Jahre gelitten habe, sind verschwunden. Der damit einhergehende Haarausfall ist auch gestoppt.
Auch die Warzen in meinem Genitalbereich sind verschwunden, obwohl ich dieses Problem in meiner E-Mail an dich gar nicht erwähnt hatte. Das hat mich wirklich überrascht! Aber was noch viel wichtiger ist als die physische Heilung meines Körpers sind die spirituellen Erkenntnisse, dich ich gewonnen habe. Auf die kann ich hier aber aus privaten Gründen leider nicht eingehen. Ich danke dir von ganzem Herzen mein Freund! Liebe Grüße Marek aus Deutschland«

»Lieber Sananda, ein gesegnetes Danke ,für alles mein Leben hat sich sehr verändert ,mein vorhofflimmer ist sehr enspannt und teils weg, mein Ganzes Leben hat sich zum Glücklichem gewendet .Ich bin dir aus tiefsten Herzen ,dankbar ich fühle mich geborgen an deiner Seite , ich fühle mein bewustsein ,will aufsteigen mit meiner seele ,in tiefen inneren fühle ich die Göttliche Liebe und Heilung ,noch mals Tausend Dank,Cäcilia«

»Hallo lieber Sananda,
das war das Beste, was ich je getan habe, nämlich dir einen Auftrag zu erteilen – und das auch noch aus der Ferne, einfach wunderbar!
Die Beziehung zu meinem Partner hat sich nach deiner Behandlung total verändert. Sie ist friedlicher, harmonischer und liebevoller geworden.
Mein Mann, der nichts von der Behandlung weiß, hatte bereits einige reptiloide Züge angenommen (durch Besetzungen!). Dank dir weiß ich nun, dass er doch noch eine Seele hat. Leider sind meine Familie und mein ganzer Bekanntenkreis noch am Schlafen. Aber durch dich, dein Aktuelles, die vielen Feedbacks und Leserbriefe weiß ich, dass ich nicht alleine und auf dem richtigen Weg bin.
Ich bin der geistigen Welt unendlich dankbar, dass sie mich zu dir geführt hat. Danke für deinen Mut zur Wahrheit und danke für deine Hilfe für alle beseelten Wesen.
In Liebe und Dankbarkeit.
Ursula, 64, vom Bodensee«

»Lieber Sananda !Herzlichen Dank für deine Behandlung. Habe sofort nach Bezahlung deine starke Energie gespürt, es war in dieser Nacht 2x und es war ein unglaubliches unbeschreibliches Gefühl das durch meinen Körper fuhr. Danach in den nächsten Tagen kam es so wie du beschrieben hast zu Erstverschlimmerungen und dann wieder zu Besserungen sowohl körperlich als auch geistig seelischer Natur. Mein jahreandauernder vasomotorischer Schnupfen der mir zuletzt auch den Schlaf raubte verschwand langsam und ein Ekzem das ich seit meiner Kindheit hatte war auch weg. Die Erstverschlimmerungen seelischer Art trafen mich ganz plötzlich nach ca 1 Monat, ich war richtig verzweifelt da sich mir sehr nahe stehende Personen plötzlich abwandten und mich beschimpften.Ich habe durch dich nun endlich verstanden warum ich bisher ein so hartes Leben mit so vielen negativen Erlebnissen hatte und dass ich nicht schuld daran bin,wo ich eigentlich ein friedliebender Mensch bin und niemanden angreife..Bin froh dass ich nun so viel erfahren habe und nicht alleine bin mit meinen Drangsalen. Alleine zu wissen dass es dich gibt und dass es Hilfe gibt macht mich glücklich Herzlichen Dank V.G. Maria 51 J. aus Öste«

»Lieber Sananda, ich danke Dir von ganzem Herzen und in tiefer Liebe. Ich bin zur Zeit im 3. Auftrag.
Werde seit April 2018 behandelt. Am 21.02.2019 erfuhr ich die größte Läuterung in meinem Leben.
Der Schleier für meine ganzen beruflichen, familiären, gesundheitlichen und finanziellen Probleme wurde entfernt. Durch ein dramatisches Trauma-Erlebnis mit 12 Jahren ausgelöst, bin ich seitdem in die falsche Richtung gelaufen. Von Kindheit an gemobbt, drangsaliert und immer bekämpft, habe ich nie den Mut verloren. Aber ich hätte es nie ohne deine Behandlung allein geschafft, hier herauszukommen. Seit April 2018 hast du mein Bewusstsein angehoben, mich geschubbst, an mir zu arbeiten. Meine gesundheitlichen Probleme(ständige Rückenschmerzen) sind fast weg. Meine finanziellen Probleme sind auf dem Weg der Besserung. Ich war noch nie so klar in meinen Gedanken. Ich werde täglich stärker. Ich bin dir unendlich dankbar für dein Wirken. Meiner Tochter(seelischer und körperlicher Zusammenbruch im Jahr 2018) geht es zunehmend besser. Du bist ein ganz großer Segen für die Menschheit. Deine Behandlung ist das größte Gottegeschenk für mich. Vielen lieben Dank. Sonja 59J , Raum Berlin«

»Lieber Sananda,
ich habe im Zuge eines 6 Paketes von dir auch den Partner meiner Tochter ohne seinem Wissen behandeln lassen.
Er hatte Stimmbandpapillome verursacht durch Viren,welche im KH immer wieder abgeschabt wurden ,aber immer wieder nachgewachsen sind.
Im KH wussten man bald selber nicht mehr ,wie es weitergehen sollte,da die Stimmbänder schon extrem dünn waren.

Er hatte auch Blutbefunde wie ein schwer kranker Mann,obwohl er noch nicht einmal 30 Jahre alt ist.
Nach deiner Behandlung und der Blutkontrolle im KH nach ca.1/2 Jahr, erhielt er einen Anruf seiner Tante (sie ist Ärtzin).Sie war komplett aus dem Häuschen weil die Blutwerte so schön sind!!
Auch die Papillome sind nicht mehr nachgewachsen seitdem. sie konnte es nicht glauben.
Ich bin absolut überzeugt davon,dass er das deiner Hilfe zu verdanken hat.
In unendlicher Dankbarkeit,
Elisabeth ,52, aus NÖ«

»Hallo lieber Sananda
Ich will mich nun nach meiner Behandlung melden,die am 14.02.2019 endete. Ich hatte auf der rechten Gesichtshälfte Kieferschmerzen.Konnte auf der Seite nicht mehr essen.Vier Tage nach deiner Behandlung ist das Kiefergelenk fest an seinem Platz in seiner Verankerung.Ich habe keine Schmerzen mehr.Kann alles essen.Für mich ein Wunder, eine solche Erleichterung. Auch hatte ich Beinschmerzen angegeben. Zwei Tage später bekam ich Schmerzen auf der rechten und linken Seite von der Hüfte abwärts bis zu den Füßen. Das hielt drei Tage an.In dieser Zeit war ich auch sehr müde. Dann waren die Schmerzen weg. Seither bin ich schmerzfrei in den Beinen.Von ganzem Herzen Danke Danke Danke für deine Hilfe.In Liebe Gerda 59 Raum Baden Baden.«

»Lieber Sananda.wir sind bereits zum 3. mal Klienten und durften ein Update erhalten vom Plejadier zum Santiner.Es hat sich seit meiner Kindheit eine schwere Darmstörung mit chron.Darmentzündungen,Durchfällen und chron Schmerzen u. Nahrungsmittelunverträglichkeit entwickelt einhergehend mit chron. depressiven Phasen.Ich konnte mit 35 jahren nicht mal mehr arbeiten gehen , weil mein Körper ausgelaugt und müde war, und innerlich immer unter Angst und Hochspannung stand..Nach der 3. Behandlung kann ich heute mit unendlicher Dankbarkeit sagen,das es mir noch nie so gut ging ,ich mich körperlich gesund fühle,keine chron. Schmerzen und Durchfälle mehr habe.Ich bin innerlich stärker,ruhiger und bewusster ge-

worden. Mein Mann ist nach 30 Jahren Viehhandel aus dem elterlichen Betrieb ausgestiegen und hat sich konsequent entschieden,kein Fleisch mehr zu essen.
Er hat nach 20 Jahren schweren Rückenschmerzen (sollte versteift werden) keine Schmerzen mehr, die Wirbelsäule hat sich laut Ärzte begradigt (konnten es nicht glauben.)
Unser 15 jähriger Sohn (damals V.a. Asperger Autismus und Entwicklungsstörung). kann endlich Gefühle zeigen und ist emotional stabil. Herzliche Grüße Marc und Nadine«

»Lieber Sananda, Deine IMMENS starke Energie – welche ich vor meiner Behandlung durch Dich – über den Bildschirm meines PCs wahrgenommen habe – hat mich ohne zu überlegen – SOFORT überzeugt!!! Schon während der Überweisung des Behandlungshonorars, spürte ich ein tiefes Glücksgefühl in mir! Großer beruflicher Erfolg in meiner Praxis, stellte sich ca. 2 Wochen nach Beginn der Behandlung ein. Auch mein Haarausfall wurde bereits nach ca. 1 Woche geheilt. Danke Gott!
Sämtliche störenden und krankhaften Hautveränderungen – wie z.B. Warzen – verschwanden nach und nach KOMPLETT! Ich bin so von Herzen dankbar dafür! Und nun – am Ende Deiner Behandlung – stellte ich bei einer Kleideranprobe vor dem Spiegel fest, dass sich meine sehr starken Krampfadern absolut gebessert haben! Danke! Danke! Danke! Auch meine Lebensfreude ist endlich wieder zurück! Mein Mann litt ca. 6 Monate an stärksten Ekzemen am ganzen Körper. Der Arzt wollte ihn in eine Klinik einweisen, was mein Mann jedoch ablehnte. Innerhalb von 4 Tagen war die Hautkrankheit komplett geheilt, der Arzt sprach von einem WUNDER! In unbeschreiblicher Dankbarkeit und Liebe, E.Hedwig, 53, Deutschland/ Bayern«

»Hallo Sananda, mein 2.Auftrag war im Mai 2018, hab meine Kinder, ein Enkel, eine Freundin, meine Haustiere mit behandeln lassen,ohne ihr Wissen. Zu meinen Kindern hat sich das Verhältnis sehr viel verändert wir verstehen uns wieder gut und können miteinander reden, was vorher nicht mehr war. Ich hatte vorher immer viel Herzrasen das weg, auch mein Handexem ist verschwunden. Unser Kaninchen Cinderella hat vom Tierheim immer Durchfall der war nach einer Woche weg. Vielen lieben dank für deine Hilfe und Energie. Irene z. 59.aus München«

»Grüsse dich Geistheiler Sananda,
Ich bin so froh und dankbar dass ich zu dir geführt wurde. Jetzt endlich möchte ich dir ein ausgiebiges feedback senden.
Obwohl ich das früher machen hätte sollen und ich mir deshalb etwas Vorwürf mache, mach ich es jetzt endlich:)
Ich spüre jeden Tag eure Anwesenheit und Unterstützung, ich liebe euch und danke euch für alles was ihr für uns getan habt.
Ich kann nicht in Worte fassen wie dankbar und froh ich bin dass ihr mir geholfen habt und dass ich es mit meiner Familie und Freunden erleben darf.
Meine Mutter hat sogar in ihrer Pension Arbeit gefunden und hat sogar ein Hobby.
Meine Eltern sind top fit und sehr gut in form und sie haben sich sehr zum Positiven verändert.
Meine Tante war jahrelang Single, auf einmal fand sie einen Partner.
Meine Kousine und ihr Mann hörten auf einmal auf zu rauchen:)
Mein Freund der jahrelang keine Arbeit fand hat auf einmal einen Job.
Situationen die mich früher fertig gemacht haben sind jetzt nicht mehr so unverständlich für mich.
Ich habe meinen Weg erkannt und bin dir so dankbar dass du deine Geschichte mit uns geteilt hast.
Deine Bücher habe ich beide gelesen, das zweite hat mir besonders gut gefallen und hat mich dann noch mehr geholfen dich und uns Lichtwesen zu verstehen.
Es ist so schön das hier mit euch allen erleben zu dürfen, danke, danke, danke.
Sananda du bist ein toller und sehr engagierter und ehrlicher Mensch, du hast mir enorm geholfen und ich danke dir sehr dafür .
Ich danke Gott dem Allmächtigen, dem Schöpfer des Lichts und der Liebe, allen Lichtwesen, Sternenwesen, Geistführern, Ahnen und dir Oliver Michael Brecht, Geistheiler Sananda für alles Wundervolle was ihr in diesem Hier und Jetzt tut.
So schön euch hier zu haben, danke.

Gott segne dich und deine Familie und alle Behandelten.
Amen, Haleluja.
Danke, danke, danke
Danke für deine Antwort auf mein letztes Mail. Die Aussicht meine Dualseele in diesem Leben zu treffen gibt mir Hoffnung. Danke auch dafür«

»Lieber Sananda, ich danke Dir vom ganzen Herzen für all das was Du mich, meine Familie und all anderen Menschen und Tieren getan hast und tust.
Wir waren schon in deiner Behandlung als mein Mann auf die Intensivstation kam und im Koma lag. Die Ärzte konnten sein Überleben nicht garantieren. Ich habe Dich angeschrieben, Sananda, und hatte ein schlechtes Gewissen, Dich zusätzlich gestört zu haben. Danke Dir für deine unendliche Liebe, mein Mann hat es überlebt und seine Heilung schreitet voran! Die ganzen Familienbeziehungen haben sich drastisch verbessert. Vor deiner Behandlung stand ich innerlich vor einer Trennung, jetzt sind wir eine zusammengeschlossene, harmonische Familie! Auch die weiteren Familienmitglieder, zu denen fast seit 20 Jahren kein Kontakt mehr bestand, haben sich gemeldet, geholfen und uns besucht. Das ist wunderbar in so einer Harmonie und der gegenseitigen Unterstützung zuleben.
Wir sind zum Teil Selbstversorger und leben sozial isoliert, abgelegen in einem Wald. Mein Berufsleben sah aussichtslos aus und das ändert sich jetzt zum Positiven.
Meine Knie- und Schultergelenkschmerzen sind von alleine verschwunden. Ich verspüre mehr Kraft und bin angstfreier. Es ist für mich ein unendlicher Segen und Gnade von Dir behandelt zu werden. Du hast unser Leben und unsere Seelen gerettet und hast in alle Ewigkeit Dir ein treues Herz in mir gefunden. In tiefster Liebe, deine Galiya, 43 Jahre alt aus Monein, Pyrenäen Atlantik, Frankreich.«

»Lieber Sananda!
Seit Jahren gehört Deine Aktuelles Neu-Seite zu meinem Alltag! Ich bin so unendlich froh und dankbar, dass ich Dich finden durfte und auch über Deine Homepage immer wieder zu neuen Erkenntnissen kommen darf! Vorhin

las ich vom Tumor Deiner Tochter. Ich bin so froh und erleichtert, dass es ihr wieder gut geht – wahrlich ein Wunder hast Du da vollbracht! Ich stelle mir grad das Gesicht vom Arzt vor!.. Ich umarme sie herzlich von der Ferne und wünsche ihr von Herzen alles Gute und beste Gesundheit!
Ich weiss, Du hast sehr viele Mails zum lesen und arbeitest rund um die Uhr. Darum möchte ich auch nur ganz kurz noch von einem fast lustigen Zwischenfall letzte Nacht berichten. Ich befinde mich nun schon zum 3. Mal in Deiner Behandlung und Deine Gebete sind schon lange ein fester Bestandteil in meinem Alltag – wie Zähneputzen quasi!
Nun gestern Nacht wollte ich mich zum Schlafen ins Bett legen und wurde von einem überaus unmöglich lautem Gegröle und Lärm von meinen betrunkenen Nachbarn im Garten draussen gestört! Ich hab dann Deine Verfügung Verbannung (Nr. 48) aus meinem Notizbuch rausgeholt und gebetet. Bereits nach den ersten 5 Sätzen wurde es draussen mucksmäuschen still – ich musste fast lachen! Die ganze Nacht über ist es dann angenehm ruhig geblieben. DANKE SANANDA!
Es grüsst Dich herzlich Deine Jeanne (34 Jahre)»

»Lieber Sananda ,
tief berührt und voller Freude las ich gerade in Aktuelles von deinen Wunder vollen Heilerfolgen ! Ich freue mich so so sehr ! Immer wieder aufs neue ! Was für ein Segen für Deine Tochter ! Was für ein Segen für uns alle ! Ich schrieb Dir am Montag von meiner Schwiegermutter die mit Verdacht auf einen Schlaganfall (was sich nicht bestätigte)es ist eine altersbedingte Durchblutungsstörung im Gehirn wurde uns gesagt und demenzielle Entwicklung und einer Lungenentzündung ins Krankenhaus kam . Sie konnte nicht sprechen , nicht schreiben und wir hatten alle Sorge dass sie das Krankenhaus überhaupt wieder verlässt .
Wir waren total geschockt zumal wir am Sonntag noch zusammen waren und alles okay war . Die Lungenentzündung war schon am Dienstag weg ! Heute , 3 Tage später konnte sie schon wieder ihren Namen schreiben !
Das Sprachvermögen ist komplett wieder da ! Und anfängliche Versuche zu laufen gelingen schon gut ! Wir sind unendlich dankbar !
Ich werde Dir weiterhin berichten wie sich alles entwickelt ! Leider können wir Dir keinen größeren Betrag mit einmal als Spende zukommen lassen , aber dafür viele kleinere Sananda ! In Liebe Torsten und Daniella«

»Lieber Sananda
Seit 12. Dez. 2018, läuft nun Dein 2. Auftrag. Längst habe ich Deine beiden Bücher buchstäblich verschlungen. Es hat mir die Sicht geöffnet,für so viel, was ich vorher nicht gewusst habe, was da alles abläuft auf diesem Planeten. Ich bin schockiert! Nun begreife ich immer mehr, warum Du dermassen verfolgt wirst. Du bist eine ernste Gefahr für die Dunkelheit! Ich möchte mich ganz herzlich bedanken.
für Deine Schutzgebete. Sie sind ein grosser Segen! Ich bin innerlich gefestigter geworden. Mein Glaube an das Göttliche ist noch viel mehr gewachsen. Ende Januar, dieses Jahres, sagte mir mein Mann, er habe keine Lähmungserscheinungen mehr im Fuss. Mit 20 Jahren, begann bei ihm Morbus Bechterew. Er hat stets dagegen angekämpft. Sich viel bewegt und sich nie aufgegeben! Aber die Lähmungserscheinungen im Fuss, waren allgegenwärtig. Mein Mann ist 64.Die Lähmungserscheinungen sind weg!!! Er spürt seinen Fuss wieder!!!Dafür möchte ich mich ganz herzlich bedanken!! Leider kann ich meinem Mann nicht sagen, dass ich Dir einen Auftrag gab. er würde dagegen reden. es nicht verstehen.So ist dies mein Geheimnis! In seinem Geschäft, musste er einem Bekannten künden. Dieser wiederum veranlasste, dass die anderen Arbeiter, einer nach dem anderen, jetzt ebenfalls gehen werden. Ein Intrigenspiel! Kurz fiel unsere Familie in Panik! Seltsam,noch nie haben wir so viele interessante Bewerbungsschreiben erhalten, wie jetzt!
Ich bin sicher,auch unser 16 jähriger Sohn,wird noch eine gute Lehrstelle bekommen,als Landmaschinenmechaniker.
Vielleicht hast Du einmal die Muse,Dir den Song von Tina Turner anzuhören:
Sarvesham Svastir Bhavatu (Peace Mantra) Ich liebe diesen Song sehr!
Mit diesem Song,drücke ich meine tiefe Dankbarkeit für Dich aus.
Ich wünsche Dir und Deiner Familie alles Liebe und ganz viel Kraft und göttlichen Schutz!!!!
In Liebe Brigitte 59 Weiach«

»Lieber Sananda, vielen Dank für die kostengünstige und höchst effektive bioenergetische Behandlung.
Mein beim Auftrag angegebener Wunsch war es von meiner langjähriger Cannabissucht frei zu werden, was auch nach 4Tagen des Auftagbeginnes

durch die stark spürbaren Lichtzusendung Ihrer Seits passiert ist.Außerdem sind noch einige weitere Wunderheilungen geschehen,die ich nicht bei meinem Auftrag aufgelistet hatte.1.Ein Bandscheibenvorfall der mich seit ca 9 Monaten gequält hatte.2.Eine schmerzhafte Energieblockade am linken Schulterblatt ca seit 8–9 Jahren.3.Rhytmusstörung beim Urinablassen(ungesunde Prostata?)4.Magen Darm Probleme.Keine Bauchschmerzen(Krampfmagen),keine Blähungen mehr.
Die 21:30 Meditationen habe ich sehr genossen und bedanke mich recht herzlich für die wirkungsvollen Gebete.DANKE,DANKE,DANKE.
Möge die göttliche Mutter Sie und Ihre Familie zur allen Zeiten,in allen Welten beschützen und segnen!
Mit freundlichsten Grüßen, Mesut 39 Münsterland.«

»Lieber Sananda,
im Februar 2019 hatte mein Pferd eine Kolik-Operation, bei welcher ihm ein Meter Darm entfernt wurde. Nach der Operation befand sich mein Pferd in einer lebensbedrohlichen Situation, denn der Darm fing trotz umfangreicher Medikation und tierärztlicher Bemühungen nicht an zu arbeiten.
Ich erhielt die Nachricht, wenn der Darm bis zum nächsten Tag nicht anfinge zu arbeiten, müsste er eingeschläfert werden.
Aufgrund dieser Situation bat ich Dich um eine Nothilfe für ihn. Die Antwort war ok, was ich zwar nicht definieren konnte, aber positiv auffasste.
Am Abend dieses Tages besuchte mein Mann ihn nochmals in der Klinik – er wusste nichts von meiner Kontaktaufnahme mit Dir. Mein Mann berichtete mir etwas irritiert, dass eine » Art von Energiefluss» vom Pferd zu ihm stattfand, die im gesamten Körper meines Mannes vibrierte.
Er schilderte es wie eine Herzensenergie, welche die Information trug, dass meinem Pferd geholfen würde. Die irritierte Reaktion meines Mannes betrachte ich als ein Indiz für die Wirksamkeit Deiner Heilenergien.
Am Abend des nächsten Tages trat wieder ein Darmstillstand ein und ich bat Dich nochmals um Unterstützung. Teil 2 meines Feedbacks:
Seither zeigte der Darm eine konstante leichte Tätigkeit nach all dentäglichen Magensonden, Darmeinläufen und Infusionen, die mein Pferd so tapfer über sichergehen liess.
Dank Dir und Gottes Hilfe ist mein Pferd nun nach über zwei Wochen Klinikaufenthalt wieder im Stall. Das Tierärzte-Team sagte noch, dasssie nicht

geglaubt hätten, dass er dies überleben würde.
Es sei wirklich sehr knapp gewesen.
Von ganzem Herzen tausend Dank für Deine Hilfe.
Mit herzlichen Grüßen
Silvia, 60 Jahre, aus Bayern.«

»Lieber Sananda! Ich danke Gott, dass ich dich im Netz gefunden habe. Seit d Behandlung hat sich bei uns sehr viel Positives getan. Das Verhältnis zu unserer Jüngsten Tochter ist viel besser geworden. Wirr haben aus Überzeugung unsere Ernährung umgestellt – d. heißt meine Frau ist schon seit Jahren fleischlos. Wir sind innerlich ruhiger, gelassener u glücklicher u zufriedener. Danke dass es dich gibt. Wünschen dir u deiner Familie viel Kraft u unendliche Gottesenergie uSchutz durch d geistige Welt. Liebe Grüße Georg u Eva«

»Lieber Sananda!
Jetzt kann ich Dir voller Dankbarkeit von einem Wunder berichten! Mein Freund Hubertus 50 Tirol lag seit 3 Wochen mit schwerster Grippe knietief im Bett! Er hatte so ein böses Virus, dass sich als Komplikation eine Sepsis entwickelt hat u. er schließlich auf der Intensivstation gelandet ist! Es ging ihm sehr sehr schlecht, die Sepsis hat mehrere Organe angegriffen, Herz, Lunge, Niere. In meiner verzweifelten Situation habe ich Dich um Hilfe gebeten: Sofort nach Deinen Besendungen ist eine deutliche Besserung eingetreten u. die schwere Krise war überwunden. Dann ging es eine Woche auf u. ab so wie Du es bei Heilungsprozessen immer beschreibst. Nach dieser Woche hat sich sein Zustand sehr schnell gebessert, es geht ihm so gut, dass er jetzt sogar schon wieder stundenweise arbeitet:, obwohl sein Körper durch die schwere Erkrankung extrem geschwächt war. Er wird wieder ganz gesund werden lieber Sananda, eine Sepsis ist lebensbedrohlich, Deine beste Medizin der Welt hat ihn gerettet! Du bist sofort zur Stelle wenn jemand wirklich in Not ist!
Ich danke Dir aus tiefsten Herzen für deine unermessliche Liebe für uns Menschen, ab dem Zeitpunkt wo ich Dich um Hilfe gebeten habe, bin ich ganz ins Vertrauen gegangen u. war mir ganz sicher, dass er wieder gesund

werden wird!Deine Hilfe ist unbezahlbar u. unglaublich wertvoll lieber Sananda, jeder der das nicht erkennt ist richtig dumm!!
DANKE DANKE DANKE! Herzliche Grüße von Maria aus Tirol«

»Lieber Sananda, mein Papa (mitbehandelt – weiß davon nichts) hat einen dibetischen Fuß . 1 Zehe wurde vor 3 Jahren bereits entfernt.
Seit ca. einem halben Jahr wieder eine große offene Wunde die nicht geheilt ist. Ärzte haben MRT , geröntgt und wollten schon etwas wieder weg schneiden. Dann habe ich dir einen Hilferuf geschickt , bitte meinem Papa zu helfen. Nach der 2. MRT vor ca 3 Wochen sagten die Ärzte es wäre besser . Gestern rief mich meine Mama an und sagte dass der Fuß fast ganz zugeheilt ist. Sie wissen nicht warum .. meine Mama weiß auch nichts von Behandlung. Außerdem sind die Schulterschmerzen meiner Mama ebenfalls verschwunden . Ich danke dir von ganzem Herzen !
Es gibt noch viele weitere Dinge , aber das waren die wichtigsten.
Meinen 3. Auftrag werde ich sofort nach Abschluss des 2. Auftrages wiederholen . Danke das es dich gibt. Anja, 47, Saarland«

»Lieber Sananda, hier nun der 2.Teil meines Feedbacks. Besonders energetisch hat sich enormes durch Deine Besendung getan. Alles Bedrückte, melancholische in und um uns hat sich zusehends erhellt und jetzt herrscht Harmonie, Fröhlichkeit, Zuversicht und noch liebevollere Zuwendung als je zuvor, selbst mit unseren Verwandten. So harmonische Familienfeiern hatten wir selten. Als wären alle wieder aufgewacht und dann liebevoll aufeinander zugegangen. Auch unsere Partnerschafen haben sich wieder mehr harmonisiert. Danke Dir tausendmal dafür. Vom Körperlichen kann ich berichten, dass wieder alte Verletzungen spürbar wurden um dann gänzlich zu verschwinden. An der im September durchgeführten Daumen-OP durfte ich in 2 Nächten Deine Heilenergien spüren, von da an war ich schmerzfrei und alles heilte wunderbar. So erging es auch meinem Mann mit seinem gebrochenen Zeigefinger. Wir können nicht genug danken. Dank auch für alle Deine Gebete und Verfügungen. Diese sind fest in unseren Tagesablauf integriert, ebenso der tägliche Besuch Deiner Seite. Sei liebevoll gegrüßt von Barbara, 67, aus Bayern.«

»Hallo lieber Sananda. Ich bin unendlich dankbar das ich zu Dir geführt wurde. Ich habe Dank deiner Behandlung und deinen Büchern viele Erkenntnisse erlangen können. Ich bin dankbar für meine MS,da ich jetzt weiß warum ICH sie mir gegeben habe. Ich bin jetzt ein anderer Mensch. Die Angst die ich vorher hatte ist weg und ich fühle mich trotz dieser Welt frei. Die Verletzung am Bein bei unsere Betty ist weg und sie springt wieder wie ein junges Reh. Das Familienleben ist durch deinen Schutz viel harmonischer und mein negativer Aspekt (niedere Triebe) der seid langen an mir haftete wurde transformiert.
Ich bin jetzt feinfühlig. Ich bin »Papa« (Gott) und Dir unendlich dankbar das ich nicht in der Lage bin es in Worte zu fassen. Ich ewiger Liebe und Dankbarkeit. Steve 33 aus Lochau«

»Lieber Sananda,
ich habe dir aus einem anderen Grund einen Aufrag erteilt aber ich muss dir unbedingt über meine Begeisterung berichten. Das ist unsere 3. Behandlung und ich bin im tiefsten Vertrauen zu dir. Ich hatte 10 Jahre schwere Depressionen, die nach der 1. Behandlung schnell und sehr deutlich besser geworden sind. Heute steigert sich mein Selbstbewusstsein (Selbstwertgefühl) und das ist für mich, wie ein neues Leben. Meine Sensation heute ist, dass sich mein Aussehen (Gesicht) so stark verbessert hat, dass, wenn ich mich im Spiegel sehe, mich einfach nur freue. Mein eingefallenes Gesicht, meine dunklen Ränder unter den Augen, meine schweren Augenlider und vor allen Dingen meine traurigen Augen sind verschwunden. Ich bin 48 Jahre und dachte nicht, dass sich eine Verjüngungskur durch deine Behandlung erleben darf. Dass mich mein Aussehen belastet hat, war mir schon klar aber dass dadurch meine Lebensfreude, nach draußen zu gehen, sich so sehr verändert hat und ich alles wieder so genießen kann, war mir nicht klar. Wenn ich könnte, würde ich dich ganz feste drücken. Du bist ein Schatz für uns Menschen. DANKE! Constanze,48 aus Süddeutschland«

»Lieber Sananda,
meine 3monatige Behandlung ist nun abgeschlossen und ich kann wunderbare Ergebnisse mitteilen. Ich möchte aber zuvor noch erwähnen, dass

ich sofort eine Folgebehandlung angemeldet und bezahlt habe, denn wenn mal einmal in den Genuss deiner unglaublichen Arbeit gekommen ist und sich eine weitere Gelegenheit bietet, dann muss man zugreifen. Vor meiner 1.Behandlung hatte ich mir viele Klientenvideos angesehen, die mich vollkommen überzeugt hatten.
Jetzt kann ich berichten, dass ich keine Mitteilung über krankhafte Beschwerden gesandt hatte. Ich hatte alles offen gelassen, denn das Universum weiss was am wichtigsten ist für eine Veränderung. So jetzt kommt meine Freude zum Ausdruck: meine Narbe im Gesicht verschwindet Tag für Tag immer mehr, meine Krampfadern ziehen sich teilweise unter Schmerzen regelrecht sichtbar zurück. Das schönste Geschenk ist in meinem Gesicht und auf dem Kopf sichtbar. Es hat ein toller Verjüngungsprozess stattgefunden in der Haut und die grauen Haare werden wieder dunkelbraun. Das Haar sieht aus wie gefärbt. Ich bin total überwältigt von dieser Schönheitskur aus der Ferne. Ich bin 63 Jahre alt und wirke jetzt wie 50 Jahre alt. Natürlich habe ich immer auf mich geachtet, aber dieses Geschenk ist super Klasse! Danke lieber Sananda, herzliche Grüße aus dem hohen Norden Deutschlands, in Liebe deine Gudrun«

»Lieber Sananda, nach 5 Monaten im 1. WH-Auftrag: Mein Mann und ich durften zum Santiner aufsteigen, damit habe ich meinen Geburtsstatus zurück – ich bin Dir so dankbar und nehme jede Herausforderung dankend an. Mein Mann war vor Deinen Behandlungen der passivste Mensch den Du Dir vorstellen kannst, depressiv, ging nicht raus. Mit Behandlung kam Öffnung, ist viel unterwegs, steht für sich ein – jetzt hat er Singen(!) und Tanzen(!) für sich entdeckt und schon mehrmals gesagt: »Das Leben ist so schön!» Ich bewundere ihn Tag für Tag. Wir sind auch sehr harmonisch. Unsere Entwicklung läuft parallel, obwohl ich ihm vieles nicht erzählen kann. Ich (Besserung EBV/Schwerbehinderung) habe immer mehr Ausdauer, Kraft und Lebensfreude (seit Wochen Tage/Stunden, an denen mein Rachen kaum geschwollen ist)! Seit dem WH-Auftrag auch genug Luft und Energie, um täglich Reinigungen für 11 Leute (meine Pakete) zu machen, die das alle nicht wissen. Das herausforderndste und gleichzeitig schönste: Altes darf ich loslassen, und mich spirituell weiterentwickeln. Ich fühle mich immer leichter. Gehe nun meinen Weg! Es sind sehr schöne (ich sage nicht »einfache»!), auch beruflich......befreiende Entwicklungen. Mein

Krafttier unterstützt mich enorm, kam sogar symbolisch aus Stoff zu mir. Interessant finde ich, dass ich dermaßen entspannt bin, dass ich mir seit dem WH-Auftrag täglich den Wecker stellen muss für die Verbindung mit Dir – habe ich beim ersten Auftrag nicht gebraucht! Aber so klappt das auch! Danke, danke, danke, ich verneige mich vor Dir Sananda! Liebe Grüße, Deine Susanne (38), NRW«

»Lieber Sananda, danke für deine stetige Hilfe. Meine Schilddrüsenwerte haben sich gebessert, habe meine Medikamentendosis stark verringern können. Für mich ist das ein kleinen Wunder, denn es ist bei einer Hashimoto Thyreoditis sehr selten. Überhaupt hat sich generell alles in meinem Leben gebessert, man merkt immer mehr Erfolge ein Jahr nach der Behandlung. Ernähre mich seitdem auch bewusster. Irgendwie spüre ich plötzlich Frieden in mir. Es ist schön, so einen Schutzengel zu haben. Deine Gedanken nehme ich oft sehr stark war.
In Dankbarkeit Daniela«

»Lieber Sananda, es ist uns ein tiefes Bedürfnis, dir für deine Hilfe und Heilenergien zu danken!!!Wie wir dir schon berichteten, hatten wir in den letzten 7 Wochen eine große Herausforderung in der Herde, in welcher das Pferd unserer Tochter lebt. Durch eine ausgebrochene Seuche: Equine Herpesvirus 1 (EHV-1) – Infektion mit neurologischen Symptomen, war die ganze Herde lebensbedrohlich gefährdet. Wie heftig und traurig es begann, möchten wir hier nicht wiederholen. Einer der Tierärzte gab vor versammelter Mannschaft zu, dass sie als Ärzte in medizinischer Hinsicht diesem sich ständig mutierenden Virus ohnmächtig gegenüber stehen, dass sie nicht wirklich helfen, sondern ausschließlich Symptombekämpfung betreiben können. Wir sind so dankbar, dass wir dich im Geiste rufen durften und deine und die Präsenz von unzähligen Lichtwesen deutlich spürten, was uns viel Kraft und Zuversicht gab. Auch deine so wirkungsvollen Rituale halfen mit dazu bei, dass Wunder geschehen durften. Das Pferd unserer Tochter war die ganze Zeit in deinem Schutz (in unserem 1. Wiederholungsauftrag integriert) und blieb die ganze Zeit von allem gesundheitlichem und bewegungseinschränkendem Übel verschont. Seit unserem Schreiben an dich ist

kein Tier mehr gestorben, alle damals noch kranken Tiere wurden wieder gesund und kein Pferd ist heute weiterhin Ausscheider!
Gestern Abend durften die Quarantänepferde zum ersten Mal wieder auf das Winterpaddock und auf einen Teil der Sommerkoppeln – was für eine Freude! Seit heute Morgen sind alle Tiere der Herde wieder zusammen draußen und könne sich frei bewegen. Wir sind dir so dankbar, lieber Sananda und danken auch Gott, dem Allmächtigen, unserem Schöpfer für die große Gnade! Ganz herzliche Grüße Silvia (60) und Bernard (64) aus München p.s. Bilder der Quarantänepferde von gestern Abend, bei ihrem ersten freien Auslauf seit bis zu 7 Wochen. Was für Freudensprünge! Auch sie werden dir ewig dankbar sein!«

»Lieber Sananda,
es sind »erst» drei Wochen vergangen, nachdem du die Behandlung angefangen hast. Ich hoffe, ich verärgere dich nicht damit, dass ich jetzt schon schreibe... aber ich habe ein großes Verlangen, dir meine unendliche Dankbarkeit auszusprechen! Mein Mann und ich standen kurz vor der Scheidung... ich habe ihn quasi dazu gezwungen, mir das Geld für die Behandlung zu geben. Direkt am nächsten Tag, nachdem ich das Geld überwiesen habe, hat er über Herzrhythmusstörungen geklagt, hohen Blutdruck,– im ging's furchtbar. Zwei Tage später hat er sich furchtbar übergeben müssen! Hat dann sarkastisch gefragt: »Gibt dein Sananda sich grade solche Mühe, oder was passiert mit mir?!» ich muss noch anmerken, dass er ein Schulmediziner ist, ein Psychiater... seitdem, seit 2,5 Wochen herrscht bei uns eine totale Harmonie! Mein Mann ist nicht mehr genervt von seinen Patienten (die wahrscheinlich alle!!! hochbesetzt sind...), sagt, dass er nicht mehr so ausgesaugt wird und wir können oft über spirituelle Dinge reden... vorher waren es nur Gespräche über Autos und Mopeds. Er hat fast jeden zweiten Tag Wutanfälle gehabt, mich schlimm beleidigt! Es herrschte oft Krieg bei uns! Ich habe ihn mit Sachen beschmissen, geschlagen, einfach furchtbar! Er hat fast jeden Abend vor dem Fernseher verbracht! Jetzt schaltet er ihn gar nicht mehr an! Nach einer Woche, nachdem behandlungsanfang kam er nach Hause und meinte, er könne kein Fleisch mehr essen (ich bin Vegetarierin geworden sofort, nachdem ich deine Videos angeschaut habe!!!)... er hat sich davor fast nur von Bratwürsten und leberkäse ernährt... es ist ein Wunder! Ich kann es kaum glauben!!! Neulich war er beim Bäcker, wo er

immer süße Sachen holt und hat sich total aufgeregt, dass sie so eine Sch... verkaufen.
Es wäre ja nur Mehl mit fett und Zucker! Ich kann das alles kaum glauben... Ich habe seit dem behandlungsbeginn permanente Kopfschmerzen (vorher hatte ich quasi nie Kopfschmerzen). Und heute habe ich hohes Fieber bekommen und hatte das Gefühl, meine Augen würden rausfallen. Habe dann hektisch deine Gebete rausgeholt... und bei der Verfügung über den Erhalt der shamballa-Energie hatte ich plötzlich überall Gänsehaut und es ging ein Strom durch mich durch (ich habe es schon mehrmals vorher angewendet und spürte nichts), mir kamen die Tränen und ein Gefühl der endlosen Liebe!!! Direkt danach hatte ich ein starkes Verlangen, dir zu schreiben und mich zu bedanken! Die Kopfschmerzen waren fast weg und eine Stunde später habe ich Fieber gemessen-war weg...
Es ist erst der Anfang, das weiß ich!! Aber es passiert schon so viel und ich freue mich unwahrscheinlich auf die nächsten Tage, Wochen, Monate! Und ich bin dir so unendlich dankbar!!! Du hast OFFENSICHTLICH eine unglaubliche Kraft in dir! Ich danke der göttlichen Kraft, dass sie mich zu dir geführt hat!!!
Die Nachricht ist jetzt ziemlich lang geworden... es sprudelte aus mir raus! Du musst selbstverständlich nichts drauf antworten! Ich danke dir!!! Vera, aus Frankfurt.«

»Lieber Sananda.
Ich bin Monika aus München bin 73 Jahre .War immer fleißig und sehr sportlich und sehr sozial eingestellt habe vielen geholfen. Jetzt zu meiner Krankheitsgeschichte.
Vor 6 Jahren bekam ich hohen Augendruck 42. Wurde mehrmals Geläsert,dann 1.O.P. die 2 O.P. war dann Glaukom Patient. Nach der O.P. konnte ich nichts mehr sehen. SCHOCK...... wollte aus den Leben gehen.Es folgte eine fürchterliche Zeit.Ich hatte schlimme Augenschmerzen .musste jeden Tag 2 Schmerztabletten nehmen.Heute weiß man ich vertrage keine Konservierungsmittel diese haben meine Hornhaut gestippt.Das heißt Schmerzen und nichts mehr sehen. Durch den Schock bekam ich Sjögren. Ich habe keine Tränenflüßigkeit sehr wenig Speichel .
Mein ganzer Körper war entzündet und die Nervenende am ganzen Körper tun weh. Meine Zehen und Fersen sind taub und kleine teile vom Körper.

Fürchterlich. Mein Gehirn hat auch sehr stark gelitten.
Ich habe 4 Sommer zuhause im dunkel gelebt.Helligkeit tut meinen Auge weh.Ich habe einen Engel von Mann zuhause der musste dann alles machen.Danke danke. Ich hatte nur noch meine Hörbücher.
Ich ging von einen Arzt zum anderen furchtbar. Natürlich war ich auch bei Heilpraktiker Heilern u.s.w. Mein Sehen war nach 4 Jahren etwas besser geworden ich konnte die Leute wieder erkennen.
Dann hörten wir von Sananda und haben uns beide bei ihm angemeldet. Mein Mann hatte mit seinen Rücken 4. und 5.Wirbel Probleme und konnte sich nicht mehr bücken und ich konnte nichts sehen.
Dem Rücken meines Mannes geht es gut Sananda DANKE Du bist ein Segen Gottes gut das es Dich gibt Ja Sananda dann kamst du in unser Leben. Ich habe dir vom 1. Tag an vertraut und an dich geglaubt Ich merkte mein Sehen wurde immer besser meine Nerven schmerzen wurden besser und besser.
Psychisch wurde es immer besser. Mein Gehirn wurde von Woche zu Woche besser.Ich konnte mir nämlich schlecht etwas merken. Ich habe immer gesagt heute hat sich wieder 1 Türe aufgemacht .
Ich komme jetzt wieder im Leben an .Ich kann schon eine halbe Stunde ohne Schmerzen lesen. Super. Sananda ich sage hundert mal DANKE DANKE . Gott segne dich und deine Familie .Und ich weiß was noch nicht ist es ist im kommen.Wann immer ich Zeit habe lese ich deine wunderbaren Artikel die mich immer wieder stärken.
Alles Liebe Monika und Reinhold«

»Lieber Sananda!
Heribert 65 Jahre Steiermark. Tausendfachen DANK für deine 2 Behandlungen. War bis zum heutigen Tag meine größte, schönste Erfahrung. Zweimalige Spende für deine immense Leistung gerne vollbracht! Meine Weltanschauung ist eine andere geworden. Danke für Gebete, Verfügungen usw. Nr. 48 täglich angesagt. 13 Geschwister, davon 4 verstorben. 80 % BÖSE, davon mehrere Reptos. Angriffe in Gruppen werden stärker. In dieser Zeit hätten sie eine Bibliothek auslesen können. Wollte ihnen helfen, sie können mich nicht verstehen. Ihr Verhalten stimmt in deine Bücher absolut 1:1 überein. Nur durch Abgrenzung kann ich mich schützen. Dafür wurden mir Mitmenschen mit Herz und Liebe zugeführt. Für meine schwierigste

Zeit bin ich amdankbarsten. Meine Verjüngung durch deine Behandlung ist nicht zu übersehen. Blutwerte wie noch nie, höre besser, Sehkraft besser,Energie wie noch nie usw. Vor ALLEM in Gottvertrauen, Gelassenheit, innerliche Ruhe, Freude, Liebe-in Wahrhaftigkeit zu LEBEN!.
Phänomenal, schwer es in Worte zu fassen. Hätte noch viel zu schreiben, auch von meiner lieben Tochter und Enkelkinder. Denke, vielleicht bei einen Sananda-Treffen teilnehmen zu dürfen. Freue mich mit DIR, deiner lieben Fam. euren Tieren durch deine GROSSE Hilfe für die Menschheit zu deinem ERFOLG.
Umarme DICH in DANKBARKEIT und LIEBE.
In Liebe, Heribert, Tanja, Lisa, Jasmin, Markus aus der Steiermark«

»Ich möchte gerne erzählen was mit meinem 14 Monaten alten Hund passiert ist , er hatte eine Vergiftung und musste am Darm und Magen operiert werden , kaum überstanden und nur eine Woche zu Hause , kippt er eines Tages um und wieder zum Tierarzt, Untersuchungen und man stellte eine Borrilose fest , ich war sehr verzweifelt denn er konnte nicht mehr laufen und war sehr schlimm dran , in meiner Verzweiflung habe ich mich an Sananda gewandt.
Er schrieb mir ich soll vertrauen. Ich hatte sehr grosse Angst.
Und wie das Schicksal es wollte , ging es meinem Hund nach 3 Tagen besser und heute ist er wieder zu Hause.
Zwar noch sehr schwach , aber ich vertraue.
Der Arzt meinte das wäre ein Wunder.
Ich danke Sananda ganz herzlich für die Hilfe. Absender: Vorname: Carola«

»Lieber Sananda, vielen Dank für deine E-Mail. Es ist mir eine Ehre dich persönl. kennenlernen zu dürfen u. die Wahrheit in die Welt hinauszuschreien, nachdem ich bei 1000 von Heilern & Schamanen war, nicht wg. Heilung, sondern um die Welt u. mich zu verstehen. Habe üble Erfahrungen mit Medien gemacht (Blasenbildungen auf Haut, Kältezustände). 1. Behandlung: Rückenschmerzen weg (Dauer ca. 10 J.), Rosazea im Gesicht nach 2. Beh. weg (Dauer ca. 15 J.), Körper-, Fußschmerzen weg, Depressionen, Gefühl mich selbst verletzen zu müssen weg, Selbstvertrauen wächst ste-

tig, Minderwertigkeitskomplexe, Ohnmachtsgefühl, Gefühl nichts tun zu können, tiefste Trauer u. Seelenzerrissenheit weg, Gottvertrauen ist wieder da. 2. Beh.: nach/während der Einnahme von Ayahuasca: unkontrollierte Grimassen, wildes Schulterzucken, TODESANGST vor mir u. allem nach Überweisung des Geldes bereits alles weg, Gefühl unter Strom zu stehen, nicht mehr gehen/laufen zu können, nicht mehr da zu sein, Gefühl, dass der Teufel meine Seele gestohlen hat, war weg (hat aber gedauert mit wachsendem Vertrauen) + vielen Erkenntnissen u. Szenen aus früheren Leben. Habe Narben aus früheren Leben wg. Verletzungen früherer Inkarn. Sie wurden anfangs mehr u. verschwinden immer mehr. Hatte auch vor dir Fotos zu schicken, wenn sie ganz weg sind, ein absolutes Wunder! Es waren zahlreiche sehr kleine Schnittwunden an der rechten Körperhälfte, an den Fingergelenken, am Arm, am Oberschenkel u. vor allem am Knie. Hinzu kamen starke körperl. Reinigungsprozesse mit einem Erleuchtungserlebnis. Ich legte mich zu Bett u. wusste, ich würde jetzt sterben. Nachdem ich keine Kraft mehr hatte mich zu wehren, kam 1 inneres Licht wie ein Streichholz, welches angezündet wurde in mir u. breitete sich aus. Das Licht war immer mal in den folgenden Nächten da. Große Motten u. Spinnen tauchten auf.
Du hast mich vollständig geheilt, jeden Tag habe ich neue Erkenntnisse, jeden Tag wachse ich nun durch deine Behandlung:)
In ewiger Liebe, Sabrina«

»Lieber Sananda
Befreiung Besetzung/Besessenheit die Rücken/Nacken Schmerzen,Wutanfälle und Aggressionen meiner Tochter Laura wurden sehr schlimm ab Nov.2016.
Sie war da unter Druck,schulisch bedingt.
Vorfälle:
1. Laura konnte nicht mehr lernen für die Prüfungen, bekam Anfälle, indem sie schreite, weinte, alles um sich warf, aggressiv wurde...starke Schmerzen. Danach sehr schwach und es half nichts mehr.
2. Abends, als sie ins Bett gehen sollte, bekam sie starke stechende Schmerzen im Kreuz, sodass sie nicht liegen oder sitzen konnte.Meine Hilfsangebote machte sie wütend, aggressiv, vor allem wenn ich betete. sie weinte, schreite, brüllte..stampfte rum. Sie riss sich die Kleider vom Körper, legte sich auf den Boden und wälzte sich weinend und schreiend, ich will ster-

ben, zu mir hau ab, niemand hilft mir....inkl suiziddrohung.
ca 2h lang oder länger.. ich schwitzte,zitterte vor Angst. sie griff mich an wenn ich nahe kam. sie hatte ein anderes Gesicht andere Augen..sie war nicht mehr zu erkennen. Diesen Anfall hatte sie sehr oft bis zum Auftrag bei Sananda im Mail 2017.
3. Morgens, Schwindel,schwach. konnte nicht aufstehen oder Arme heben. ich musste sie anziehen. 4. Lauras Beine fingen an zu zappeln, total 3–4 h lang ohne Pause, Notfall hatte keinen Rat.
5. Schwindel,Schwächeanfall, Atemnot.. ein komisches Grinsen im Gesicht.. sobald wir im Notfall waren, ging alles weg. Total 2 Monate Spitalaufenthalt. dort biss sie einer Schwester in den Finger, als sie einen Anfall hatte. Es wurde alles nur auf die Psyche geschoben und sie wollten sie in die Psychiatrie einweisen.Ich nahm sie dann nach Hause.
6. nach dem Klassenlager abends im Bett, rief sie mich, erkannte mich aber nicht und schrie nach ihrer Mutter obwohl ich da war, sie umarmen wollte. sie schrie hau ab ich will meine Mami du bist nicht meine Mutter. sie bekam Herzschmerzen..
2 Monate später (Mai2017) , endlich Sananda gefunden!! sie hatte noch 3 extreme Anfälle, nach der Auftragsbestätigung, danach nie wieder!
Morgens hatte sie anfangs noch Mühe,die Schmerzen wurden besser, die Besetzungen, die sie komplett einnahmen sind weg!
Meine feedbacks:Keine Aggressionen, Depressionen mehr. weniger Schmerzen Nach 2Auftrag,eine wohnung gefunden und Lohnerhöhung erhalten (ungeplant). Geklauter Schlüssel wurde zurückgebracht!!Immer wieder finanzielle Lösungen. etc...
Danke Sananda!!!«

»Lieber Sananda,
Im Erstauftrag ab 06/18 direkt nach Beginn der Behandlung hat sich folgendes ereignet:
– Enorme Harmonisierung meines Emotionalkörpers. Die emotionen Wut und Zorn, welchen ich über viele Jahre »schutzlos» ausgeliefert war mit äusserst zerstörerischen Auswirkungen auf mich und meine Mitmenschen, sind »verschwunden». Ich kann diese Emotionen nicht mehr »mobilisieren».
1. Wiederholungsauftrag im Anschluss an Erstauftrag:

– umfassende, heilsame Entgiftung v.a. meines Darmes, der Schleimhäute und des Zahnfleisches- ich leide seit vielen Jahren unter schwerster Parodontose. Ein vom Zahnarzt »zum Tode verurteilter» Backenzahn, der beinahe aufgrund schwerster , chronischer Entzündung gezogen werden sollte, ist geheilt und ich habe ihn heute noch
– Enorme Intensivierung und Verbesserung meiner Sinneswahrnehmungen v.a. des Geschmacksempfindens
2. Wiederholungsauftrag:
– Weiteres Voranschreiten der Heilung meines Zahnfleisches mit kontinuierlichem Rückgang der einst grossflächigen, schwersten Entzündungen. Stabilisierung weiterer Zahnwurzeln.
In tiefer Dankbarkeit und Liebe,
Christine (43 Jahre) aus Aichwald/Baden Württemberg«

»Lieber Sananda, ich habe mich nun zweimal von Dir behandeln lassen können und bin dafür unendlich dankbar. Ich habe mich hauptsächlich, wegen einer starken Entzündung an den Schneidezähnen, sowie an dem Knochen von Dir behandeln lassen. Es wurden Wurzelbehandlungen gemacht, bei dem einen Zahn sogar zum zweiten Mal, sowie eine Wurzelspitzenresektion. Dennoch heilte es nicht und die Entzündung hatten meinen Knochen schon massiv angegriffen. Ich wusste nicht mehr weiter. Ich entschied mich, Dich zu beauftragen. Habe vorher viele Interviews gesehen und wusste ihm Herzen, dass Du die Wahrheit sagst. Ich überwies an einem Abend das Geld und spürte Mittags am darauffolgenden Tag ein kribbeln an dieser Stelle und wusste dass es nun heilt. Die Schmerzen gingen weg. Im Juli 2018 beauftragte ich Dich noch einmal, weil ich wieder Schmerzen verspürte. Kurz nach dem ich den Auftrag erteilt habe, wurde es wieder besser. Gestern hatte ich nun einen Termin beim Zahnarzt, da mich innerlich etwas antreibte hinzugehen, damit ich damit abschließen kann. Ich hatte große Angst davor und erinnerte mich immer an die Dinge die sich so verbessert haben Auf den Röntgenbildern war nun deutlich zu erkennen,dass der Knochen an den Schneidezähnen vollständig ausgeheilt ist. Der Zahnarzt sagte es ist perfekt.Die Dankbarkeit für deine Arbeit lässt sich nicht in Worte fassen.Du bist eine so große Bereicherung!!Meine nie enden wollenden Blasenentzündungen bleiben nun aus.Deine Fähigkeiten wurden ebenfalls ganz deutlich,als ich Dir schrieb,dass bei mir ständig Unterwä-

sche verschwindet und ich ratlos war,da es so unerklärlich war. Auf deine Antwort, dass es Graue sind und ich die Diemensionstore schließen muss und ich dies so machte,verschwand bisher nichts mehr. Des Weiteren habe ich Familienmitglieder mit behandeln lassen,ohne ihr Wissen. Bei meiner Mutter,waren die Depressionen weg.Mein Freund hatte seitdem nur noch sehr sehr selten Migräne, im Gegensatz zu vorher.Mein Opa kam vom Internisten und sagte,dass alles viel stabiler und besser sei,obwohl er nichts verändert hatte.
Sananda Du bist ein Geschenk!Vielen vielen Dank!Ich wünsche Dir und deiner Familie nur das Beste! In großer Dankbarkeit.Julia M., 24 Jahre. Leider scheint die Anmeldung für das Sananda Treffen vorbei zu sein, falls es nicht so ist, würde ich sehr gern teilnehmen.«

»Lieber Sananda, ich möchte über folgendes berichten: ich habe seit 30 Jahren gesundheitliche Problem: Rückenschmerzen, Taubheit im Gesicht,Bandscheibenvorfall mit tauben Daumen, starke Akne seit meinem 15 Lebensjahr und einen Reizdarm. All diese Beschwerden haben sich verstärkt und sind dann wieder leichter geworden. Kamen dann noch heftiger zurück einige male. Ich bin derzeit im 5 Auftrag. Auch heftige Streitigkeiten in meiner Ehe wurden viel stärker und beruflich wurde es auch noch unerträglicher. Ich möchte den Menschen sagen, dass sie durchhalten müssen, vertrauen haben müssen und niemals die Hoffnung aufgeben dürfen, egal wie schlimm es noch kommt. Das ist meine Botschaft. Nach einem Verdacht auf Schlaganfall bei meiner Mutter habe ich dich per Mail mit einem Foto um Hilfe gebeten, nach 3 Stunden ging es ihr um Welten besser. Eine Bekannte von mir hat dir einen Auftrag erteilt und ihre seit Jahren depressive Schwägerin mitbehandeln lassen (sie konnte seit 15 Jahren nicht mehr arbeiten). Nach zwei Monaten ging sie wieder aus dem Haus, sie hat jetzt nach Jahren wieder eine Arbeitsstelle angenommen.
Liebe Grüße Uli aus dem Allgäu«

»Lieber Sananda,
nachdem es in 2016 beim Aufstehen am Morgen mehrfach hintereinander mächtig in meinem linken Fuß »gekracht» hat, ahnte ich sofort, dass das be-

stimmt ein schwieriger Fall für einen Arzt sein dürfte. Ganz kurz nach Beginn Deiner Behandlung Anfang 2019 verpürte ich einedeutliche Verbesserung und bin sofort dem Impuls gefolgt, täglich in meiner Mittagspause mind. 30 Min. zu laufen – bis heute – strahlend wie ein Honigkuchenpferd! Es haben sich auch Verbesserungen an Körperstellen eingestellt, welche ich gar nicht angeprrochen / »auf dem Plan» hatte.
Ich spreche von einer Komplettanierung oder auch »Rundumerneuerung».
Beispiele:
– Abschwellung meiner Schilddrüse (bereits Biopsie / Knoten)
– Abschwellung / Abnahme des Druckschmerzes am Schienbein (nach einem Radunfall)
– Zahnoberflächen meiner unteren Schneidezähne »wurden wie von Zauberhand aufgefüllt und haben sich sichtbar geglättet». Alle Zähen wurde auch weißer.
– durch Dich wurde mein gesamter Oberkörper, Hals-, Nacken- und Schulterbereich zurecht gerückt.
Inssgesamt fühle ich mich erleichtert, beseelt und von einem riesigen Glcüksgefühl durchströmt.
In unendlicher Liebe, Deine Andrea (52 J. alt, Norddtl.)«

»Lieber Sananda -Meine Gattin Margareta braucht schon seit der ersten Behandlung, nachts nicht mehr in Deckung gehen, weil ich wegen der Alpträume, die mich schon seit meiner Kindheit begleitet haben um mich geschlagen habe, jetzt schlafe ich auch besser durch.
– Mein Zahnarzt hat mir mindestens 5-mal (wenn ich mich nicht verzählt habe) Karies diagnostiziert, er sagte immer nur hier Karies und da Karies, ein Loch hat er behandelt, die anderen sollten dann nach und nach folgen.
Ca. 8 Wochen später – irgendwie konnte ich aus Zeitgründen nicht eher
– ging ich zur diesjährigen Voruntersuchung, das war auch während Deiner Behandlung, sagte der Zahnarzt, zu meiner Überraschung: »Es sei alles in Ordnung, es braucht nichts gemacht werden.» Ich habe es fast nicht glauben können und habe vorsichtshalber nochmal nachgefragt: »Es ist wirklich nichts?» Es ist alles in Ordnung hat mir der Zahnarztnochmal bestätigt.
Es folgt noch eine Seite Michael, 59, aus Schleswig-Holstein«

»Ich habe gerade die 3. Behandlungsphase hinter mir. Am 22.7.2017 habe ich dein damals neuestes Video gesehen und dich sofort beauftragt, auch für meine Mutter und Sunny – meine Hündin. Erst bemerkte ich gar nichts Ungewöhnliches. Doch plötzlich wurde mir bewusst, dass es mir gut ging, ja richtig gut. Ich hatte unerschöpfliche Energie und Kraft, immer für jede Herausforderung eine Lösung, ich spürte plötzlich Geborgenheit in mir und eine Welle der Liebe umgab mich immer wieder.
Ich verspürte zum ersten Mal in meinem Leben Glücksmomente und Lebensfreude, nach Jahrzehnten der Dunkelheit. Meine extremen Erschöpfungszustände waren wie weggeblasen, keine Depressionen, Angstzustände, Panikattacken mehr und plötzlich stellte ich fest, dass ich abgenommen hatte, insgesamt 22 kg bis zum Februar 2018. Ebenso die tonnenschwere Last auf meinen Schultern, die brettharten Verspannungen in meinem Rücken waren aufgelöst. Keine Physio- oder Psychotherapie hat mir je geholfen. Um meine Muskeln wieder aufzubauen fing ich ein Zirkeltraining an, dass mir so viel Spaß machte und hatte trotz der Pflegesituation noch die Energie dafür. In meinem ganzen Leben hatte ich nie Kraft genug, um Sport zu machen. Ich bin auf dem Weg zum Veganer, rauche nicht mehr und ich brauche keinen Fernseher mehr. Mein heuschnupfenbedingtes Asthma ist weg u meine Nesselsucht – ich konnte alle Medikamente dafür absetzen. Hatte keine Wechseljahrbeschwerden. Deine Aufklärungen und Infos schockten mich zwar zum Teil sehr, aber endlich machte alles einen Sinn. Mit dem durch dich erworbenen Wissen, kann ich jetzt vollkommen ohne Angst aus dem System aussteigen. Eine vollkommene neue Lebensqualität. Außerdem durfte ich durch dich einen Bewusstseinssprung zum Santiner erleben, ein unbeschreibliches Glücksgefühl und ich erfuhr, dass mein Erzeuger ein Repto war. Auch diese Erkenntnis hat schlagartig viele Fragen beantwortet u eine Welle der Vergebung zwischen meiner Mutter u mir ausgelöst, sie war durch ihn schwer traumatisiert worden. Meine Mutter wurde ruhiger, friedvoller, sie hatte keine Angst mehr vor dem Sterben u sie hatte plötzlich ein zauberhaftes Lächeln in ihrem Gesicht. Sunny hat seit 2015 unter einem schweren Röcheln gelitten und kein Tierarzt konnte ihr helfen. Dieses Röcheln war plötzlich komplett weg und auch Wucherungen und Alterswarzen sind komplett verschwunden, keine OP notwendig.
Absender: Vorname: Anna«

»Lieber Sananda
Nach deiner Behandlung hat sich mein Leben positiv verändert. Ich streite mich nicht mehr mit meiner Frau und unsere Liebe ist gewachsen.Ich kann wieder Träumen und erinnere mich auch an sie. Ich trinke absolut keinen Alkohol mehr(vorher tägl.). Ich spürte wie du meine Leber oder Darm astral behandelt hast. Ich habe 3–4Kg abgenommen und habe nicht mehr zugenommen. Die schmerzen in meinem rechten Knie sind nun nach ca. 2Jahren verschwunden. Kurzum ich fühle mich wie neugeboren!
Und vor allem habe ich den Glauben an Gott wieder erlangt wie nie zuvor. Ein Lichtwesen hat sich mir gezeigt (während eines Fotos), was mich sehr glücklich machte. Ich habe gelernt mit der Geistigen Welt Kontakt zu pflegen und mich führen lassen; auch ein Klang im Kopf nehme ich bei bestimmten Situationen wahr. Negative geistige Angriffe kann ich nun erkennen und mich gegen Sie,dank deinen Verfügungen, schützen. Es ist sogar schon passiert,dass ich Ereignisse kommen sah.
Auch beruflich läuft es gut und meine Berufskollegen sind nun sehr freundlich zu mir. Ich möchte dir nochmals ganz herzlich danken auch im Namen meiner Frau. Liebe Grüsse Hansjörg AG/Schweiz«

»Hallo Lieber Sananda ,in meiner ersten Behandlung cosine 42 Jahre ohne ihres wissen mitverhandelt ,cosine hatte 14 Jahre keine Haare am Körper auch eine Glatze ,kurz nach Behandlung sind Haare gewachsen.
Ein Wunder Mein Hund damals 7jahre schwere athritis konnte kaum laufen nur unter schmerzen ,nach ca 3 Wochen konnte sie laufen springen ohne schmerzen und Medikamente:) so glücklich, Videos vorhanden vorher/nachher .das ist über 2 Jahre her. Jetzt um mich ich starke Depressionen verursacht durch Nachbarn,Arbeitskolleg.Direkt nach Auftrag hat sich mein Leben komplett positive so sehr verändert , sofort Umzug(Ortswechsel ,neue Arbeit .Extremer Hautausschlag offene Wunden verursacht vermutlich Stress und Ärger siehe vorher/nachher Bilder .alles weg haut ist verheilt kein Jucken mehr ein Wunder .2.widerholungsauftrag bald 1 Monat her mit Partner zusammen Gezogen mit seiner Familie extreme Probleme gehabt als wären alle Reptilien, das wurde sofort besser das Verhältnis zu seinen Kindern Familie .gebete Ablösungen sind Pflicht in meinem Leben geworden, im ist es nicht aufgefallen mir schon,er hatte starke Bein schmerzen,das ist seid dem Weg Auch Existenzängste weg läuft alles so

gut .seid den neuen Verfügungen sind meine Kopfschmerzen , Bestrahlung sofort bei mir verschwunden das tut so gut vielen Dank dafür auch sehe ich frischer und jünger aus auch das ist so schön ,fühlt sich alles so gut an Lieber Sananda in deiner Energie zu sein vielen vielen Dank Fatma öztürk 43 Jahre alt ps:danke das ich beim Sananda treffen dabei sein darf ich will das am liebsten der ganzen Welt erzählen,wie einzigartig deine Kräfte und ,Energien sind .bye Absender: Vorname: Fatma«

Lieber Sananda,ich habe wegen Kraftsport über Jahre hinweg meinem Körper Anabole Steroide zugefügt um mein Muskelwachstum zu Steigern,seit ungefähr einem Jahr oder schon länger nehme ich keine solle Substanzen mehr zu mir.Ab da an ging nicht mehr viel beim Sport,hatte kaum noch antrieb dazu,hatte auch sehr viel abgebaut und Kraft Einbrüche in der Zeit. Jetzt,zwei Monate nach einer Behandlung von dir hatt sich nun wohl alles wieder normalisiert mit meinen Hormonen,ich habe jetzt wieder eine deutlich starke Testosteron Produktion.Meine Freude am Sport ist jetzt wieder da,es macht mir wieder richtig Spaß und ich freue mich darüber das alles wieder gut ist jetzt.Ich mache den Sport gerne für mich und es ist mir auch wichtig.Lieber Sananda danke für deine Hilfe Danke Danke Danke!
Fabian,32, aus dem Raum Berlin«

»Lieber Sananida,
bitte verzeihe mir, wenn meine Mail Dir die Zeit und die Energie kostet. Ich habe es lange nicht gewagt, Dir zu schreiben, aber heute morgen habe ich beschlossen, meine Erfahrung mit der Welt offen zu teilen und zu wagen.
ich habe meinen Auftrag am 14 November 2018 gegeben. Das war mein zweiter Auftrag. Der Hauptgrund des Augtrags war eine Bewusseinserhöhung, parallel hatten wir unzählige Probleme. Wir sind eine kleine Selbstversorger Familie, leben abgeschieden in einem Wald, hatten sehr grosse finanziellen Schwierigkeiten, keine Unterstützung vom Staat, nicht mal eine Krankenversicherung. Sowohl sozial als auch finaziell sehr blockiert. Mit der Familie meines Mannes gab es keine Kontakte zum Teil seit 20 Jahren. Schon seit der ersten Woche habe ich immer wieder ein sehr wohliges wärmendes Gefühl am Rücken erlebt. Eine der grössten Herausforderung pas-

sierte Ende Januar als mein Mann auf die Intensivstation gekommen ist. Er hatte eine schwere Sepsis und Gangrän durch eine äussereVerletzung, die sich binnen der wenigen Stunden rasch entwickelt hat.
Er lag im Koma sechs Tage lang und Ärzte konnten mir sein Überleben nicht sichern. Da ich ganz alleine war und niemanden an meine Seite hatte, habe ich Dich, lieber Sananda, angeschrieben und Dich extra um deine Unterstützung gebeten. Als ich deine Antwort gelesen habe, Du hast geschrieben:»Habe Vertrauen», ist in mir etwas grundlegenden passiert. Ich hatte keine Angst mehr. Seit dem habe ich keine Angst mehr. Stattdessen hatte ich ein tiefes Vertrauen, dass alles gut sein wird. Ich fühlte mich friedvoll. Obwohl die Situation im Aussen fast zum Verzweifeln war, ohne jegliche Krankenversicherung, ohne Führerschein, ohne jegliche Unterstützung und mit einem dreijährigen Kind alleine im Wald ohne Brennholz mitten im Winter.
Binnen der kürzesten Zeit änderte sich alles: das Brennholz war da, Leute waren da, die mir viel geholfen haben, die täglichen Fahrten zum Krankenhaus zu machen, das Kind in den Kindergarten hin und zurückzufahren, die Familie hat sich gemeldet, geholfen in jeder Hinsicht, finanziell unterstützt und besucht. Eine Sozialbeamtin hat mit der Krankenversicherung geholfen. Auf der Intensivstation habe ich nach Dir gerufen und gebetet. Ich spürte ganz klar deine Präsenz und war und bin Dir sehr dankbar dafür!
Mein Mann ist viel früher aus dem Krankenhaus rausgekommen als es vonden Ärzten für möglich gehalten wurde. Und seine Heilung schreitet voran. Vor der Behandlung stand ich innerlich vor einer Trennung mit meinem Mann. Jetzt sind wir eine harmonische zusammengeschlossene Familie.
Danke Dir, Sananda, Du hast nicht nur das Lebens meines Mannes gerettet, sondern auch unsere Ehe.
Jetzt sind wir nicht mehr eine kleine Familie, sondern sind mit anderen Familienmitgliedern gut verbunden.
Unser soziales Umfeld hat sich auch verändert. Wir sind nicht mehr soisoliert wie früher, es sind neue Freundschaften entstanden.
Meine langjährigen Schulter- und Kniegelenkschmerzen sind von alleineweggegangen!
Jetzt mache ich mein Führerschein. Die schweren Blockaden, die in mirviel Angst beim Autofahren ausgelöst hatten, sind weg.
Und zuletzt hat sich mein Arbeitsleben zum positiven verändert. Ich bin selbstsicher geworden und habe eine Unterstützung für eine kurzzeitige Ausbildung.

Ich habe durch diese Erfahrung was ganz wichtiges gelernt:
Unerschütterlich an Gott zu glauben und zu VERTRAUEN! Und das ist dieallerwichtigste Erkenntnis, die ich jemals gemacht habe und ich danke Dir, Sananda, dass Du mich dahin begleitet hast!!!!! Und das ist für mich sensationell!!!!
In tiefster Liebe, in aller Ewigkeit, deine Galiya
Galiya, Wohnhaft in Frankreich, Pyrenäen Atlantik«

»Lieber Sananda, danke für Deine liebevolle Behandlung und auch für die vielen Gebete und Verfügungen, die mir sehr viel Kraft und Hilfe geben. Deine Bücher habe ich mit grossem Interesse gelesen, danke für Deine Offenheit, gleichzeitig verstehe ich mein Leben auch besser. Nun aber zu den Heilungen : das Verhältnis zwischen unserer Tochter und ihrer Großmutter hat sich wieder normalisiert, es ist sogar harmonischer und respektvoller geworden. Mein Mann absolvierte seit 2 Jahren ein tägliches Gehtraining,damit sich eine neue Vene bilden kann,da sich diese aber nicht einstellte, riet man ihm zu einer OP. Beim Vorgespräch mit anschließender Untersuchung, stellte man fest, daß sich bereits eine neue Vene bildete (dieses geschah in der ersten Zeit Deiner Behandlung) ich war unheimlich dankbar. Mein Mann trank auch gerne in Mengen Coca Cola (35 Jahre), dieses hat er von heut auf morgen eingestellt. Der Bandscheibenvorfall, bei dem mein rechtes Bein ziemlich betroffen war, hat sich schon seit Kontaktaufnahme v. 6.11.18 wesentlich gebessert, kleine Beeinträchtigungen die ab und zu noch eintreten, werden sich irgendwann auch noch verflüchtigen, das weiß ich. Ich Danke Gott und Dir für a«

»Lieber Sananda, danke, dass ich an deinem Sananda-Treffen teilnehmen darf. Meine Behandlungserfolge: 10 jährige Depression mit 8 jähriger Einnahme hoch dosierter Medikamente weg. Verlustängste, Angst vor schlimmen Krankheiten, Selbstmitleid, Traurigkeit weg. Im Laufe der Zeit haben mein Selbstvertrauen, meine Selbstsicherheit, mein Selbstwertgefühl stetig zugenommen. Ich erkenne neue Seiten an mir, bin lustig und redselig geworden, bin Motivation für viele. Mein größter Fan bin ich selber!:) Die Beziehung zu meinem Mann ist tiefer denn je, da ich endlich ins Vertrauen

gekommen bin. Jetzt können wir endlich unsere Liebe, unser Glück, unsere Freude, dass wir uns haben,leben.
Natürlich ist Ralf auch wesentlich ruhiger und gelassener geworden. Das 20 Jahre tägliche Schwitzen nachts ist viel besser. Ich habe so sehr geschwitzt, dass ich mich 4–6 mal nachts umziehen musste, einschließlich Kissen und Bettlaken. Somit war an einen tiefen Schlaf nicht mehr zu denken. Jetzt endlich kann ich schlafen. Meine traurigen Augen, die schweren Lider, die dunklen Ränder darunter, die blass/graue Haut und das eingefallene Gesicht sind verschwunden.
Constanze, 48, aus Süddeutschland. Danke Sananda!«

»Lieber Geistheiler Sananda,
Das wir zu dir geführt wurden ist eines der besten dinge die mir jemals passiert sind.
Meine Familie, Freunde und ich können unseren danke nicht in worte fassen. Ich habe in diesem letzten Jahr so viel erkannt an alten Mustern die ich aufgelöst habe und noch auflöse. In meiner Familie sind sehr viele veränderungen passiert und passieren noch, wir sind ja noch in der behandlung:)
Ich habe so starke, Weisse und vollkommene Energie und Heilung noch nie erlebtund kann dir nur sagen das es wundervoll ist das du da bist Sananda und dieses mit uns teilst.
Es ist einfach unglaublich zu spüren wie du im ganzen Körper arbeitest vor allem im Kopf und in der Wirbelsäule. und es ist einfach unbeschreiblich das zu erleben und zu spüren.
Ich habe sehr viel traumata aus meiner Kindheit die ich jetzt mit 40 endlich auflösen darf und es tut so gut das endlich zu erkennen und zu wissen das Gott immer da ist und natürlich alles sieht.
Es gibt vieles an dem ich noch arbeite, natürlich aber ich weiss ich bin nicht allein und das ist so schön.
Danke Sananda, Danke allmächtiger Schöpfer der Liebe und des Lichts, Danke Lichtwesen und Schutzgeister, Danke Libe Ahnen Absender:
Vorname: DEJVID«

»Lieber Sananda, ich möchte dir berichten welche positive Veränderungen nach unserer 1. Behandlung bei mir u meinem Sohn passiert sind,sowie durch deine Videos u Bücher.Ich hatte in allen Bereichen meines Lebens Mangel u Blockaden u nach Gebeten bei Gott wurde ich zu dir geführt. Danach begannen die positive Veränderungen,erst durch deine Videos u 1.Buch,was mir erst später bewusst wurde u dann durch deine 1.Behandlung am 11.09.2018.Folgende positive Veränderungen: Umzug in einem besseren Umgebungs- u Wohnverhältnis (vorher negatives Umfeld u krankmachende Wohnsituation), Nach Herzinfarkt (die Kraft 2 mal in 3 W. umzuziehen), Verstärkte Paranormale Wahrnehmung, Wesen gesehen u wahrgenommen (vorher weniger), Viel mehr Energie (vorher Burnout u Depressionen, bei mir stärker), Keine Rückenschmerzen mehr (vorher über Jahre Rückenprobleme, Skoliose, Hohlkreuz, Ischias), Keine Essstörungen mehr (vorher seit Kindheit Magersucht/Bulimie), Keine Süchte mehr (vorher Alkohol,Kaffee,Zucker,Konsum,Fleisch), Falten im Hals 70% weniger, es geht meinem Sohn viel besser in der Schule (vorher schlimmes Mobbing), leben jetzt beide Vegan,das Geld fließt besser (vorher Blockade) In ewiger Liebe, Sofia 41, Nähe Freiburg«

»Lieber Sananda, unsere 11jährige Hündin ist befreit von ihrem Tumor am Auge und fit sie hat keine Schmerzen mehr. Der Tumor hat sich vollständig zurückgebildet. Eines unserer Meerschweinchen hatte Epilepsie ,hat aber seid dem ersten Auftrag keinen epileptischen Anfall mehr gehabt bis zum heutigen Tag! Meine seid je her unerträglichen Schamgefühle sind verschwunden. Ich lebe nun strikt vegan. Auch ist mein Vater Vegetarier geworden und seine Blutwerte haben sich verbessert.Er hat mich seid 35 Jahren das erste mal so richtig liebevoll in den Arm genommen und Mitgefühl gezeigt. Die Beziehung zu meinen Eltern(beide unwissend behandelt) hat sich verbessert und das alles habe ich Dir zu verdanken. DANKE!!!Wie bereits erwähnt ist es mit Geld nicht zu ermessen was durch deine Behandlungen geschieht.
Voller Dankbarkeit und Nächstenliebe
Sandra,35Jahre alt, aus Baden Württemberg«

»Lieber Sananda
Hatte seit ca. 20 Jahren immer wiederkehrende starke Ausschläge hauptsächlich an den Händen. Die nach der ersten Behandlung komplett verschwunden sind und später,in nicht mehr so ausgeprägter Form wieder gekommen sind und mittlerweile abgeklungen ist....Habe auch Fotos.
Würde gerne meine Tochter Corina und meine Freundin Barbara mit der ich auch gerne vorsprechen würde, mitbringen.
Herzlichen dank und alles Liebe
Karoline«

»Nach etlichen Achterbahnfahrten und Odysseen innerhalb der letzten 16 Jahren, kam uns göttliche Hilfe entgegen. Sananda trat in unser Leben und durch seine Behandlungen (bereits der zweite Auftrag) und durch seine nicht-mehr-missenden Gebete kann ich mich auf geistiger Ebene nun täglich reinigen und schützen vor Angriffen aus der geistigen Welt. Zudem habe ich gelernt, den richtigen und guten Menschen zu vertrauen und mich ihnen gegenüber zu öffnen und erfahre dadurch langersehnte Emotionen auf jeglichen fühlbaren Ebenen.
Ich habe durch die tägliche Sananda-»Verfügungen« eine Stütze in meinem Leben und ziehe daraus Kraft und Energie. Ich entwickle auch langsam eine Art Lebensfreude, respektive Dankbarkeit für mein Leben.
Denn von Freude kann ich eigentlich nicht sprechen, wenn man das Leid auf dieser Welt konstant spürt. Aber die Dankbarkeit für mein Dasein als Birgit. Und dafür bin ich Sananda aus tiefstem Herzen dankbar. Auch für seinen unermüdlichen Einsatz für das Wohl der Tiere.
Birgit, 46 aus dem Raum Zürich«

»Habe dich sofort verstanden, ab 2017. Hatte täglich denke bis 25x angenehmes Kribbeln von der linken Schulter bis zum Unterarm. Burnaut Jahr 2000 und 2008, gerade noch überlebt! Hätte nicht im geringsten erahnen können, (unfassbar) durch deine 2 Behandlungen soo einen wunderschönen Lebensabschnitt, in Fülle, Liebe, Freude erleben zu dürfen. Innerer Reichtum, nach meinem Gefühl-Erleuchtung. Meine Verjüngung ist nicht zu übersehen: Energie wie noch nie, Sehkraft besser, höre besser, Haare

dichter, Blutwerte ausgezeichnet wie noch nie. (Phänomenal) Gelassenheit, reine Gedanken, Gottvertrauen, Ängste weg, Wahrhaftigkeit, Freundeskreis komplett verändert usw. DANKE für Verfügungen, Gebete, Archiv. 2 malige Spende-Wertschätzung-GUT TUN. Deine Info. stimmen 1:1 mit der Realität absolut überein!.
Meiner Tochter ihr Partner rätselt was mit ihr geschehen ist? Er weis von ihrer Beh nichts. Halswirbelschmerzen weg, Ängste weg, Liebe neu erblüht usw. DANKE, hast uns das Tor ins Paradies geöffnet und uns ein neues Leben geschenkt. Aus eigener Erfahrung empfehle ich NUR Sananda.
Ich danke Gott und dir lieber Sananda. Gruß Heribert«

»Seit der Behandlung im August 2016 sind meine Depressionen verschwunden und ich habe sehr viel Lebensfreunde. Ich habe füher oft nachgedacht mich umzubringen. Ich habe Menschen in mein Leben gezogen, die mir schaden wollten. Diese Gedanken und Leute sind verschwunden. Auch habe ich meine Wut viel besser im Griff. Letztens ist auch noch herausgekommen das ich sexuell genötigt wurde in meiner Jugend. Die Wahrheit kommt immer mehr an das Licht. Durch meine Entscheidung nach Australien zu gehen habe ich auch Sananda kennengelernt. Ich hätte seine Hilfe nie in Anspruch genommen, wenn ich in meinem alten Umfeld geblieben wäre, würde ich heute nicht mehr leben. Dank dir hab ich auch viel mehr Selbstbewusstsein den Weg von Jesus der Wahrheit zu gehen. Danke lieber Sananda. Gott ist immer bei mir und beschützt mich. Absender: Vorname: Patrick«

»Lieber Sananda,
meine 1. Behandlung hatte ich im Herbst 2017, meine 2. im Sommer 2018. Seitdem konnte ich viele Heilungen an meinem Körper beobachten. Meine starken Angstanfälle (Zittern, Schwitzen, Herzrasen) und meine depressiven Phasen sind seit der 1. Behandlung komplett verschwunden. Meine Menstruationsbeschwerden in Form von starken Krämpfen und hohem Blutverlust sind geheilt. Meine Naseninnenwand war seit Jahren wund und blutig, alles wieder i.O. Meine Halsform hat sich verändert, er ist schmaler und nicht mehr so dick. Die Wirbelsäule im Nacken (BWS/HWS) hat sich

etwas begradigt, ich hatte hier einen dicken Buckel. Ich bin weniger Anfällig geworden für andere Krankheiten(Erkältungen). Mein Allgemeinzustand hat sich zum positiven entwickelt.
Ich fühle mich glücklicher und bin in der Lage Liebe zu fühlen und zu geben. Ich lese jetzt viel, vor den Behandlungen habe ich ein Buch nicht einmal angeschaut. Mein Wunder in dieser Zeit ist mein Kater Lenni, der jetzt als Eddy wieder zu uns in die Familie zurück gefunden hat. Danke Gott für dieses Geschenk. Danke auch Dir lieber Sananda für Deine Hilfe u. Verfügungen, die super helfen. Liebe Grüße Silke,46 aus dem Schlaubetal«

»Wenn man jahrelang alles Mögliche zur Gesundung der unverschuldeten Krankheiten seines Kindes (5) tat und dabei feststellt, dass dieser Engel trotz bester Lebensbedingungen ständig leidet, dann sucht man weiter & weiter und über die vielen Erkenntnisse auf diesem Weg gelangt man zum richtigen Zeitpunkt zu der Wahrheit, die man sich nie hätte vorstellen können. Die Existenz der astralen Welt.
Wir Eltern wurden Zeuge, wie innerhalb von 3 Monaten, besonders nach der Behandlung, unser Kind zu dem werden konnte, was es sich selber wünscht. Frei von Angstzuständen gegenüber anderen Menschen, gut gelaunt von früh bis abends, frei von Drangsalierungen gegen sich selbst und zwischen sich und seinen Eltern und nicht erklärbare Verhaltensweisen, ausgeschlafen & wohlgelaunt, verständnisvoll, weise und trotzdem Kind geblieben. Wir als Familie sind am Ziel angekommen und sind alle dabei gewachsen in eine neue Lebensqualität. Und das Kind war ständig ohne unser Zutun mit Dir Sananda in Kontakt. Du warst sein Wunschbegleiter in vielen Situationen.
Wir danken Dir Sananda von früh bis abends, bei jedem Gebet dafür, dass Du zu uns gekommen bist und kämpfen nun an Deiner Seite für eine besser Welt. Absender: Vorname: Carsten«

»Lieber Sananda
Du hast letztes Jahr mit mir gearbeitet, hast mir gesagt ich bin Santiner, hast mir meine Besetzungen entfernt, die ich ja deutlich durch Träume und andere Belästigungen wahrnehmen konnte und hast mich von meiner Ener-

gielosigkeit geheilt. Vorher! Konnte ich keine zwei Stunden wach sein, dann musste ich mich hinlegen und erst wieder zwei Stunden schlafen. Ich war nicht fähig, mich auf den Beinen zu halten, so müde und energielos fühlte ich mich. Als wäre die gesamte Energie aus mir heraus gesaugt worden, lebens- und arbeitsunfähig.
Ärzte konnten mir nicht helfen, ausser mich mit Eiseninfusionen und Vitamin-D Spritzen aufzupäppeln.
An einem Behandlungstag habe ich dich so stark wahrgenommen und nach Beendigung deiner energetischen Arbeit ging es mir nach ca. 14 Tagen Woche für Woche immer besser, bis hin zu meinem alten, energiegeladenen Naturell.
Die Menschen sagten mir, deine Augen leben wieder, anscheinend war ich wirklich eine wandelnde, besetzte Hülle.
Herzlichen Dank für Alles! Sidonia (49) aus Zürich«

»Lieber Sananda, ich danke Dir vom ganzen Herzen für all das was Du für meine Familie und all anderen Menschen und Tieren getan hast und tust. Wir waren schon in deiner Behandlung als mein Mann auf die Intensivstation kam und im Koma lag. Die Ärzte konnten sein Überleben nicht garantieren. Ich hatte eine schwere Blutvergiftung und eine ebenso schwere Nekrose. Ich habe Dich angeschrieben, und hatte ein schlechtes Gewissen, Dich zusätzlich gestört zu haben. Danke Dir für deine unendliche Liebe, mein Mann hat es überlebt und seine Heilung schreitet voran! Die ganzen Familienbeziehungen haben sich drastisch verbessert. Vor deiner Behandlung stand ich innerlich vor einer Trennung, jetzt sind wir eine zusammengeschlossene, harmonische Familie! Auch die weiteren Familienmitglieder, zu denen fast seit 20 Jahren kein Kontakt mehr bestand, haben sich sofort und unerwartet gemeldet, uns in jeder Hinsicht geholfen und besucht. Es war als ob gar keine lange Trennung zwischen uns gewesen wäre. Wir sind zum Teil Selbstversorger und leben sozial isoliert, ich war alleine und hatte weder Brennholz, kein Führerschein, kein Geld, keine KV. Als ich deine Nachricht gelesen habe, hatte ich das Vertrauen Ich wusste dass alles i. O. sein wird. viele Leute haben mir geholfen und es immer noch tun, wir haben rückwirkend eine 100% KV bekommen. Wir sind zum Teil Selbstversorger und leben sozial isoliert. Mein Berufsleben sah aussichtslos aus und das ändert sich jetzt zum Positiven.

Die schweren Erschöpfungszustände sich weg, habe meht Kraft und bin selbstbewusster und angstfreier geworden. Danke Dir, lieber Sananda, das Leben meines Mannes sowohl auch meine Ehe sind gerettet. Jetzt sind wir nicht mehr eine kleine Familie, sondern sind mit anderen Familienmitgliedern gut verbunden.Unser soziales Umfeld hat sich auch verändert. Wir sind nicht mehr so isoliert wie früher, es sind neue Freundschaften entstanden. Meine langjährigen Schulter- und Kniegelenkschmerzen sind vonalleine weggegangen! Jetzt mache ich mein Führerschein. Die schweren Blockaden, die in mir viel Angst beim Autofahren ausgelöst hatten, sind weg. Die allerwichtigste Erkenntnis, die ich gewonnen habe, ist ein unerschütliches Vertrauen an Gott zu haben! Danke Dir, dass Du mich dahin begleitet hast!
In tiefster Liebe, deine Galiya
Raum Pau, atlantische Pyrenäen, Frankreich«

»Hallo Sananda ich schreibe Dir heute nach Abschluss meiner Behandlung. Ich habe Dich um Hilfe für mein Haus und meine Umgebung gebeten ,bekommen habe ich viel mehr.Mein Haus stinkt nicht mehr faulig und modrig Blumen gedeihen ohne Mehraufwand.Die Angst und Magenschmerzen sind weg.Alles fühlt sich leichter an die Leute sind etwas ruhiger.Mir geht es gut mache wieder mehr Sport.Schlafe viel besser und bin voller Tatendrang.Tausendfachen Dank.Was die die Angriffe im Verkehr betrifft immer schon heftig gewesen.Sind noch schlimmer geworden ,aber ich weiß ja wieso.Viele Dank nochmal Dir und Deiner Familie alles gut . Absender:
Vorname: Anne«

»Lieber Sananda! Meine erste Behandlung war ab Februar 2018. Zu meiner übergroßen Freude habe ich plötzlich die Sonne vertragen und bekam keine Sonnenallergie mehr, unter der ich ca. 40 Jahre litt. Auch bekam meine Haut eine sehr schöne Bräunung und die Sonnenbestrahlung hat mich nicht mehr geschwächt. Meine Lebensenergie hat zugenommen und viele Bekannte meinten, daß ich so verändert wirke. Nach meinem Wiederholungsauftrag bin ich nun eine Santiner-Seele, worüber ich unbeschreiblich glücklich bin. Ich bin sicher, daß vieles noch am Heilen ist. Wenn es mir nicht so gut geht (mein Mann ist vor 27 Monaten heimgegangen), schaue

ich mir Deine Videos an und fühle, daß Deine Energie mir hilft.
Von meiner Schwester kann ich berichten, daß ihre Migräneattacken in größeren Abständen und nicht mehr so heftig auftreten, auch sind bei ihr plötzlich Warzen verschwunden.
Vielen herzlichen Dank, lieber Sananda! Christine, 64 Jahre, aus Bayern«

»Hello Sananda,
Elizabeth 36 aus Dortmund, gebürtig Kenia.
ich danke Dir vielmals für dein unvergleichbare Heilende Energie und Wirkungsvolle Gebete und Affirmationen. Es ist nur eine Woche her, aber ich spüre ein Größe Wandel. Ich habe gleich am Anfang gemerkt, dass wir miteinander telepathisch Kommunizieren könnten und es war unglaublich beruhigend für mich. Die Affirmationen wirken bei mir sofort spürbar, hatte in der Letzen Zeit erhöhte Attacken wieder aber durch deine Energie fühle ich mich gestärkt und machtvoll. Ich war schon bei viele Heilern, habe unterschiedliche Energien gespürt, die nicht vergleichbar sind mit Deiner Energie. Ich hatte plötzlich wieder Kontakt mit meiner Freundin und meine Schwester die Seit längere Zeit nicht von gehört habe, Ich kann klarer die Menschen unterscheiden, die es mit mir gut meint, Mein Sohn (12) ist ruhiger geworden und denkt öfter nach. Ich bin sehr gespannt über die großartigen Sachen was uns noch zukommt.
Ich danke Dir ganz herzlich Sananda,
Viel Segen und Liebe wünsche ich Dir auch.«

»Claudia, 50 aus Niedersachsen:
Die Beschwerden waren schlimmste Alpträume und alle paar Minuten Erwachen aus dem Schlaf, Besetztheit mit Gleichgewichtsstörungen und Rauschen im Kopf, bei Triggerauslöser Ärger und der Trigger wurde den ganzen, lieben, langen Tag lang ausgelöst.
Geistheiler Sananda ging mit mir zusammen auf Astralreisen, um meine Seele oder Seelenanteil aus einem schwarzmagischen Gefängnis zu holen! Ich war die meiste Zeit wach dabei. Das war grandios. Spektakulär. Ich will nicht daran denken, was ohne ihn aus mir geworden wäre.«

»Christina, 38 Jahre als aus NRW
Lieber Sananda, meine Probleme lagen im menschlichen Bereich, der vorwiegend meine eigene Familie betraf. Ich habe überhaupt nicht viel Liebe für andere verspürt, schon gar nicht für meine eigenen drei Kinder oder meinen Partner. Irgendwie habe ich sie sogar gehasst und dafür hab ich mich wiederum gehasst. Im wahren Sinne ein Teufelskreis. Es ist ganz anders geworden, vor ein paar Tagen habe ich im Zimmer meiner Tochter (3 Jahre) gesessen. Sie wolle sich nicht anziehen, ich schaffte es nicht sofort auszurasten und sie zu mir zu holen, ohne zu schreien. Sie stand vor mir und hat mich dann in den Arm genommen und gesagt: Mama ich liebe dich! Sie gab mir einen Kuss!
Ich habe das erwidert und musste weinen, auch jetzt laufen mir die Tränen runter, weil ich das vorher nicht für möglich gehalten hätte. Allein für das möchte ich dir so sehr danken. Ich schick dir meine ganze Liebe die ich habe und bin einfach nur froh, dass es dich gibt und Gott mich zu dir geführt hat.
Ich rauche nicht mehr, betrinke mich nicht mehr sinnlos und esse kein Fleisch mehr! Danke vielmals!!! Die größte Veränderung kam nach drei Monaten und es geht weiter. Gott sei Dank ...«

»Lieber Sananda,
dieses Feedback ist von meiner Mutter Carmen Walther für die ich am 12.01.19 einen Wiederholungsauftrag (und Vater Gerhard Walther-Erstauftrag) erteilt habe. Seit ungefähr 15 Jahren leidet sie an chronischer Bronchitis und hat mit Hilfe eines Cortisonsprays mindestens 2x mal täglich inhalieren müssen. Heute ist es ihr ein Bedürfnis dir mitteilen zu können, dass sie seit ca. 3 Wochen dieses Spray nicht mehr benötigt.
Bei einer kürzlichen Kontrolluntersuchung teilte ihr der Arzt mit, dass die ständig entzündeten Bronchien, frei sind, was diesen sehr verwunderte. Es ist unfassbar.
Wir danken dir ganz herzlich.
Alles Liebe und Gute für dich, deine Familie und Tiere.
Janine und Carmen aus Thüringen«

»Lieber Sananda,
zuerst einmal möchten wir uns ganz herzlich für deine Energie und Liebe bedanken. Im Behandlungszeitraum habe ich u. einige, die im Paket integriert waren, Veränderungen wahrgenommen, eine Person, die an chronischen Darmbeschwerden litt erging es plötzlich besser, diese Person weiß nicht von diesem Auftrag. Bei mir, meiner Mutter, meinem Mann und meiner Schwester habe ich starke seelische u. energetische Veränderungen wahrgenommen. Alles war viel klarer und heller. Deine Gebete, Ablösungen usw. sind regelmäßig in Gebrauch und manche einfach schon so in den Alltag eingeflossen. Die Sicht auf ALLES hat sich verändert. Als ich ein kleines Mädchen war habe ich einiges sehen können und bin immer gegen den Strom geschwommen, doch seit ca. 14 Jahren habe ich mich selbst verändert, in meinen Augen ziemlich armseelisch, ich war dabei vom Weg abzukommen, habe mir nichts mehr zugetraut.
Aber seit deiner Behandlung fühle ich mich wieder wie ich selbst. Ich bin ich. Es ist kaum in Worte zu fassen wie stark ich durch deine Behandlung wieder geworden bin und habe erkannt wer ich eigentlich bin und dafür möchte ich dir lieber Sananda u. unseren Schöpfer u. Mutter Erde danken. Seit dem Tag d. Behandlung passierten merkwürdige Dinge, überall haben wir Martinshörner gehört und Blaulicht gesehen, wurden von schwarzen Autos verfolgt, die im nächsten Augenblick im Nichts verschwanden, eckel-erregende Gerüche, andere Autofahrer die fast in unser Auto gefahren sind u. wie aus Geisterhand davon abgehalten wurden. Auf der anderen Seite kamen mir Infos zu und alles was ich mir vorgen. habe u. wollte gelang, mir wurden genaue Daten u. Dinge mitgeteilt, die genauso eintrafen. Positiv denken u. alles wird gut u. so kommen wie es kommen soll.
Vertrauen in den Schöpfer. Aber das dunkle ist im Moment sehr penetrant u. versucht die ganze Zeit uns vom Weg abzuhalten, deswegen werde ich noch einen Folgeauftrag machen um nochmals für ein ganzes Jahr Schutz von dir zu bekommen. Ich kann deine Behandlung nur weiter empfehlen. Sie ist jeden cent wert. Wer weiß wie anstrengend es sein kann energetisch zu heilen und Kraft zu geben, sollte wissen das dein Honorar wirklich nur als Symbol gesehen werden kann. Ich habe einiges erkannt, aber wir sollten strak bleiben u. niemals vergessen wer wir sind u. welche Kräfte wir selbst in uns tragen. Danke Sabrina 38 aus Cork Irland«

»Hallo Sananda,
Meine Familie und ich haben vor ca 7 Monaten einen Wiederholungsauftrag bei dir gemacht und meinen Großvater mitbehandeln lassen. Er ist 93 Jahre und verlor durch einen stark ausgeprägten grauen Star, auf dem linken Augen sein Augenlicht. Auf dem rechten Auge sieht er schon seit Jahren nichts mehr, dies war dann die Folge dass er ganz erblindete. Die Ärze sagten uns dass sie nichts mehr tun können, da sich im Auge zu viel Flüssigkeit angesammelt hatte und deshalb der Eingriff zu riskant sei. Meine Mutter liesen nicht locker und machten Wärend deiner Behandlung eine weitere Visite. Plötzlich stellte sich raus, dass das Auge trocken war und nach so langer Zeit, sahen sich die Ärzte darüber hinaus die komplizierte Operation durchzuführen. Plötzlich ging alles sehr schnell und er bekam schon die darauffolgende Woche einen Termin. Der Eingriff verlief gut. Nach einer weiteren Woche hat sich das Auge sehr gut erholt und die Ärzte waren überascht wie schnell der Heilungsprozess verlief. Jetzt kann er endlich wieder sehen. Du hast ihn neue Lebensqualität geschenkt.Wir sind dir so sehr dankbar, dass er trotz seines alters Heilung erfahren darf.LG Miri, 24, Italien.«

»Lieber Sananda, meinen zutiefst empfundenen Dank für all dein mutiges Wirken für Wahrheit und Heilung. Durch Deine Behandlung ist mein Leben in allen Bereichen wieder ins Fließen gekommen. Ich empfinde mich ge- und bestärkt in meiner Wahrnehmung von der Welt/den Menschen sowie in meiner Lebensvision. Mit Gott fühle ich mich vertrauensvoller verbunden. Auch nehme ich feinstofflich wieder mehr wahr und kann die befreiende und stärkende Wirkung Deiner so wertvollen Gebete und Rituale immer deutlicher fühlen. Schon als Kind erlebte Angst vor Fremdenergien und Besetzung haben sich gelöst Dank der von Dir geschenkten Werkzeuge für Ablösung und Schutz. Meine energetischen Behandlungen, die ich manchmal für Menschen gebe sind damit auch kraftvoller geworden. Mein Wunsch unterstützend und heilsam wirken zu können hat sich in Form einer Nebentätigkeit realisiert, die mich auch noch in die finanzielle und räumliche Unabhängigkeit führt. Durch Dein heilsames Wirken ist meine Kreativität als Künstlerin zurückgekehrt. Ich arbeite nun an einer Studie zum Thema »Erwachen« und es erfüllt mich mit Lebendigkeit und Freude wieder schöpferisch tätig zu sein und Menschen damit zu berühren.

Körperlich hatte ich vor Behandlungsbeginn seit ca. 2 Jahren zunehmend fast täglich starke Kopf- und Augenhölenschmerzen. Nach einer Erstverschlimmerung zu Behandlungsbeginn, nahmen diese nach dem ersten Annahmegebet sofort ab. Seitdem tauchten Sie nur noch sehr selten und in ganz abgeschwächter Form auf, ich vertraue auf die vollständige Heilung und bin sehr dankbar für diese große Erleichterung. Eine Stelle im Gesicht, weißer Hautkrebs laut Hautarzt, die ich schon seit über 2 Jahren hatte und immer größer wurde ist auch fast ausgeheilt. Nach einem Fahrradsturz vor 3 Jahren hatte ich starke Hüft- und Beinschmerzen beim Gehen. Trotz vieler Behandlungen Physiotherapie und Osteopathie keine nachhaltige Besserung. Dank Deiner Heilkraft wird es nun zusehens leichter, meistens bin ich schmerzfrei sogar nach längeren Spaziergängen oder Joggen. Auch der seit ca. 9 Monaten auffallende Haarausfall hat sich normalisiert. Dies sind alles so wunderbare Geschenke, für die ich Dir aus tiefstem Herzen Danke, lieber Sananda. Ich und mein Partner werde deinen wertvollen Impulsen dankbar folgen. Schutz und Segen für Dich und Deine Lieben. Herzvolle Grüße aus dem Norden Deutschlands von Silke«

»Hallo lieber Sananda,
auch die zweite Behandlung hat körperlich wie geistig enorme Heilung gebracht.Ich habe kein Sodbrennen mehr es ist gänzlich weg, was mich über viele Jahre gequält hat und die Schulmedizin mir nicht mehrhelfen konnte. Meine Rückenschmerzen die alle 4–5 Monate in Verbindung mit starken Koliken auftraten und letztlich Gallensteine waren und die ohne eine OP uas meinem Körper ausgeschieden habe. Die starken Süchte sind schon nach der ersten Behandlung im Okt.2017 komplett verschwunden. Ich muss dies hier nochmal erwähnen, da es doch sehr meine Lebensqualität einkeschränkt hatte und ich glaubte ich bekomme das nie in den Griff. Deshalb auch nochmal die 2. Behandlung zur Festigung so sagte es mir meine innere Stimme. Mein Bewusstsein hat sich erweitert, ich hinterfrage mehr, ich hole mir meine Informationen über die FREIEN Medien, lese viel mehr als vorher. Ich habe meine Ernährung seit ende 2017auf vegetarisch umgestellt und mein körperliches Wohlbefinden hat sich sehr zum Positiven entwickelt. Es geht seitdem eine wärme durch meinen Körper das ist wunderbar. Vielen lieben DANK Sananda! Gesegnet seist du, deine Familie und eure Tiere! Thorsten,50,Müllrose,BB«

»Hallo lieber Sananda
Als erstes möchte ich mich aus tiefstem Herzen bei dir bedanken für alles was du für uns machst. Nun sind schon fast drei Monate um seit dem meine Familie und ich bei dir in Behandlung sind. Ich habe im Dezember 2018 von einem sehr guten Freund von dir erfahren. Ich war so glücklich dass mein Freund mir von dir erzählte . Auf Anhieb hatte ich dass Gefühl dass ich auf dich mein ganzes Leben gewartet habe. Die letzten knappen zwei Jahre meines Lebens waren sehr anstrengend und seit dem wir bei dir in Behandlung sind habe ich meine innere Ruhe wiedergefunden die mir geraubt wurde. Mein Leben hat wieder Faben bekommen und ist nicht mehr schwarz weiß. Vor drei Wochen habe ich ein Termin beim Augenarzt mit meiner Tochter Amelia (7 Jahre) zur Kontrolle gehabt. Sie hat vor etwas über zwei Jahren sich im Kindergarten eine Verletzung am Auge zugezogen und man stelle beim Augenarzt auch fest dass nicht nur das betroffene Auge verletzt ist ‚sie hat auch eine Sehschwäche. Auf einem Auge +0.75 und auf dem anderem Auge +1.75 . Nun beim letzten Augenarzt Termin untersucht sie die Ärztin dreimal und konnte es sich nicht erklären dass die Sehschwäche komplett verschwunden ist und Amelia keine Brille mehr brauch. Sie (die Ärztin) brauchte auch sehr lange um festzustellen wo die Verletzung war und konnte sich auch dies nicht wirklich erklären dass in so einem Zeitraum die Narbe am Augapfel so gut wie verschwunden ist.:) Das leben meiner Familie und meins hat eine neuen Qualität bekommen und ich möchte mich nochmal aus tiefstem Herzen bedanken für das was du für uns Menschen machst. DANKE DANKE DANKE lieber Sananda
Liebe Grüße, Jakub K. und Familie«

»Lieber Sananda, danke, dass du mir gestern früh geholfen hast. Als ich früh aufwachte, hätte ich plötzlich starke Herzschmerzen. Die letzten Tage waren stressig und ich hatte gleich unausgeschlafen aufzustehen. Ich legte meine Hand auf die schmerzende Stelle und rief nach dir. Ich sagte drei mal »Hier Ursula, ich rufe Geistheiler Sananda.» Und »Bitte heile meine Herzschmerzen.» Deine Hilfe kam sofort. Herzlichen Dank dafür. Ein Segen, dass du da bist.
Weiterhin diese Kraft und den Mut und die Liebe, die du ausstrahlst und allzeit Gottes Segen wünscht dir und deiner Familie und deinen geliebten Tieren. Ursula, 70, Thüringen«

»Lieber Sananda, heute war ich beim Sananda-Treffen in Überlingen mit dabei und habe dich zum ersten Mal persönlich erleben dürfen. Es war ein zwar sehr anstrengender, aber auch interessanter und bewegender Tag. Hab nochmals ganz herzlichen Dank!!!
Seit mehreren Monaten habe ich starke Schmerzen und Probleme mit meinem rechten Schultergelenk (berufsbedingt).
Am späten Nachmittag spürte ich eine deutliche Leichtigkeit in meinem Gelenk, und bis zum Abend war die Schulter fast komplett schmerzfrei beweglich !! Ich bin sicher, dass dies ein weiteres Beispiel für eine Spontanheilung in deiner unmittelbaren Nähe ist. Und für mich ein weiterer »Beweis» dafür, dass ich auf dem richtigen Weg bin. Lieber Sananda, du bist ein Segen und ein Geschenk für DIE Menschen, die Dir vertrauen und an Dich glauben! Danke für diesen Tag, der für Dich unendlich anstrengend gewesen sein musste!
Bärbel, Bodensee«

»Lieber Sananda,
Deine Engergiebesendung an unsere Familie endete am 10. März. Ich schreibe erst jetzt, da auch die Wochen danach noch, – ebenfalls wie die Behandlungszeit selbst –, sehr intensiv waren bzw sind (Träume, oft sehr heftig; Gesundheit; Aha-Erlebnisse,...) Ja, es geht so richtig ab, aber alles ist wunderbar, und ich danke Dir von Herzen!!!
Es ist wie das beginnende Aufwachen nach einem viel zu langen Schlaf. Gesundheitlich hat sich einiges getan:
Meine seit meiner Kindheit andauernden Nebenhöhlenbeschwerden sind kaum noch spürbar, und ich muß nur noch ganz selten Schleimlöser nehmen (zuvor so ziemlich täglich!)
Sowohl meine Menstruation (zuvor heftig mit Krämpfen) und, als auch die Verdauung (zuvor häufig Durchfall) haben sich harmonisiert, und es fühlt sich alles wunderbar an!
Allgemein ist die Sensibilität größer geworden, was dem Körper gut tut, und was nicht.
Unser Familienleben erleb ich zur Zeit als so beglückend und wunderbar, dass ich ganz oft laut DANKE schreien könnte! Es freut mich so sehr, dass wir alle 5 Santiner sind. In der Vergangenheit gab es schon einige Kräfte, die uns auseinander bringen wollten! Doch wir sind zusammen geblie-

ben!!!Unsere Tochter hat in dieser Zeit einen ganz wunderbaren Freund kennengelernt, den wir alle in unser Herz geschlossen haben.
Während und seit Deiner Besendung geschehen manchmal regelrechte Glücksduschen, innerlich und äußerlich. Es ist wie ein Heimkommen und ein Wiederentdecken der eigenen Kräfte, an die man gar nicht mehr geglaubt hat. Auch, wenn es manchmal weh tut, wenn man Dinge erkennt, die man vorher nicht wahrhaben wollte.
Ich kann nur Danke sagen! DANKE, DANKE, DANKE!!!
Auch für die tollen Gebete und Verfügungen!
Sie wirken!!!!!
Alle lieben und guten Gedanken, und alles Liebe und Gute für Dich und Deine Familie
Claudia, 50, Raum München«

»Lieber Sananda! Ich möchte mich bedanken für dein Wirken, die Energien und die vielen Hilfen die du zur Verfügung stellst. Danke! Wiederholungsauftrag Dezember '18. Bei deiner Behandlung zu Spüren wie das Herz weit wird,alles zu Schwingen beginnt und sich in Liebe vereint – ein einzigartiges Wohlgefühl. Da habe ich erkannt, dass du mich zu meinem VaterMutterGott führst – zurück nach Hause und es bestärkt mich mit deinen Gebeten und Interviews. Das wohl Wichtigste Ergebnis deiner Behandlung. Die Begleiterscheinungen empfinde ich als äußerst angenehm: Meine Zehennägel einst zerfressen vom Pilz, die Fußsohlen ebenso betroffen, sind seit des Erstauftrages Sommer '17 im Heilungsprozess und mit Wiederholungsauftrag alle Zehennägel ausgewachsen. Nach 55 Jahren! Sehr juckender Hautausschlag vor 6 Jahren vom Gesäß ausgehend, auf die Rückseite der Oberschenkel ausbreitend, befindet sich im Abheilen. Langjährige Eiter Tasche im linken Oberkiefer hat sich aufgelöst. Meine Beiträge: Seit Sommer '17, Ablösungen, Gebete, Reinigungen und Verfügungen ständig lesend. Die Ernährung -Tiereiweißfrei, Rohköstlich, Biologisch. Läuternd leben.
Vielen lieben Dank Sananda.
In Liebe August. 69 Weinviertel»

»Lieber Sananda!
Nach meinem 2. Auftrag möchte ich dir nun mitteilen welche gesundheitlichen Erfolge sich eingestellt haben. ich hatte imJahre 2000 eine Zahnregulierung und eine darauffolgende Kieferoperation. im Zuge dessen mussten die meisten Zäne überkront werden.
Zahnfleischbluten stand auf der Tagesordnung. Egal was ich unternahm, nichts hat geholfen. Seit vielen Jahren hatte ich Hühneraugen.Ich darf dir mit Freude mitteilen: das Zahnfleischbluten ist verschwunden. Beim Zahnarzt fragte man mich ,was ich anders mache, dass mein Zahnfleisch so schön ist. Ich sagte, dass ich bei dir in Behandlung bin.Die Hühneraugen sind weg. Meine Tochter hatte jahrelang durch einnahme der Pille in jungen Jahren keine Monatsblutung. Die Regel hat wieder eingesetzt.
Mein Kater Carlos hatte von einem seiner vielen Revierkämpfen eine ca. 3 cm lange offene Wunde im Brustbereich. Ich habe dich im Geiste angerufen und um Hilfe gebeten. Einen Tag Später war diese Wunde geschlossen. Schön ist es auch , dass alle in meiner Familie vom Pläader zum Santiner aufgestiegen sind. Ich werde für mich meinen Weg weitergehen und Menschen und Tiere weiter unterstützen. Ich danke dir aus der Tiefe meines Herzens, dass du uns göttlichen Menschen den Weg zeigst. Bitte mach so weiter. Ich habe durch dich den Weg zu Gott gefunden. Mein Herz ruft dein Herz. Ich durfte schon viele Male spüren, wie sich das anfühlt. Es ist wunderschön. Ich danke Gottvater. Ich danke dir Sananda. Ich glaube an Gott und die Liebe.
Denn die göttliche Liebe ist die stärkste Kraft die es gibt. Friede über alle Grenzen
Barbara 55 Österreich«

»Lieber Sananda, ich war in Gedanken 4.5.19 ganzen Tag mit Dir, und war traurig das ich nicht dabei war! Am 19.10.2019 möchte ich sehr gerne dabei sein, nur das ich Dich einmal sehen können, wenn ich Glück habe auch umarme! Danke von ganzen Herzen , dass Du dich für uns Menschen Opferst, und hilfst in jedem Hinsicht! Ich habe berichtet über Deinen Erfolg, beim mir und meiner Familie! Ich habe unendliche Vertrauen an Dich! Und ich weiß es das durch Dich und Gott wird alles gut, Danke Dir dass Du mit uns lebst, Gott schütze dich und deine Familie. Danke das Du so HART kämpfst und NIE aufgibst, Danke Gott und Alle Göttlicher Engel, Univer-

sum, Schöpfer...das Dir helfen! Danke! Danke! Danke! Meine leben hat Sinn bekommen, jetzt habe ich Halt nämlich Dich und Deinen Gebeten, fülle mich geborgen und stark! Rheuma ist viel besser, Bruder hat schon lange Gott sei dank keinen Kemothrapie usw.....! Wiederhole mich ich komme sehr, sehr gerne am 19.10.2019 wenn Gott dass will! Ich liebe Dich, und wünsche dass Du alle kämpfe gewinnst!! Und ich hoffe das es Dich in Ruhe lassen, alle böse (un)„Menschen »!
Viel Glück und Gottessegen von Herzen!
J. Dobler 59 (im juni 60) aus CH und ex Jugoslawien«

»Liebster Sananda,ich hatte das große Glück am verg. Samstag und habe persönlich deine Wahrhaftigkeit,Nächstenliebe,Geduld und mächtige Energie gespürt!Du bist aubsolut authentisch! Ich bestätige hiermit das beim zweiten Auftrag die Überweisung zurück kam ohne erkennbare Fehler. Auch beim3.aktuellen Wiederholungsauftrag,der jedoch über meine liebste Freundinn ihr Konto abgewickelt wurde,kam die Überweisung zurück und wir mussten dann beide zur Volksbank an den Schalter um eine Sofortüberweisung zu machen.Die Frau am Schalter konnte genau wie wir keinen Fehler,Zahlendreher oder ähnliches finden.Ich danke nochmals aus tiefsten Herzen für deine Worte und die Worte der teilnehmenden Klienten, sie haben mir die Zukunftsängste genommen!Es war mit einer der schönsten Tage in meinem Leben!!!Auch danke ich nochmals für die Heilung meines 11jährigen Hundes,derTumor ist verschwunden,die Heilung der Epilepsie unseres Meerschweinchens und das meine Schamgefühle die mich begleiteten verschwunden sind und sich mein schlechtes Selbstwertgefühl verwandelt hat in ein gutes und ich jetzt sogar fähig bin vor einer Kamera zu sprechen.Aus tiefster Nächstenliebe Sandra M.,35 aus Schwäbisch Hall«

»Lieber Sananda,
ich durfte am 04.05.2019 am »kleinen Sananda-Treffen» in Überlingen teilnehmen und litt bereits ein paar Tage zuvor an einer sehr schmerzhaften Zahnfleischentzündung mit Eiterbildung. Da ich seit 20 Jahren an sehr schwerer und fortgeschrittener Parodontose leide und heftige Zahnfleischschmerzen schon »gewohnt» bin und mir die »Schulzahnmedizin»

schon lange nicht mehr helfen kann, habe ich diesen Zahnfleischabszess am 04.05.2019 einfach »ertragen», ich muss mich halt noch gedulden, habe ich mir gesagt. Als ich dann am Sonntag, den 05.05.2019 in der Früh wie gewohnt meine umfangreichen Zahnspülungen zur Abszessbehandlung wie gewohnt starten wollte, musste ich zu meinem Erstaunen und meiner Begeisterung feststellen, dass der Abszess am Zahnfleich weg war- einfach »weg» ! Und die Schmerzen auch- komplett weg ! Ich habe am Sananda-Treffen Dein unglaublich intensives Energiefeld spüren dürfen und Deine immense, göttliche Heilenergie am eigenen Leib erfahren dürfen.
1000000x DANKE !!!
Gott schütze Dich und Deine Lieben und wo ich Dir im Gegenzug helfen kann, werde ich dies tun !
In tiefer Dankbarkeit und Liebe,
Christine E., 43 Jahre aus Aichwald/Deutschland«

»Hallo Sananda,
Ich kann mich nicht oft genug bei Dir bedanken. Und muss im nachhinein zurückblickend sogar darüber schmunzeln. Denn ich weiss das dies nur durch Deine und Gottes Hilfe geschah. Vor knapp 2 Wochen lag mein Vater laut den Ärzten im Sterben. Er hätte nur noch Stunden!! Er war vollgepumt mit Morphin und sonstigen Zeugs. Und als ich dich und Gott um Hilfe bat ging es ihm Schritt für Schritt besser. Die Heilung hält weiterhin an. Es geht ihm von Tag zu Tag immer besser und besser! Er ist auch von dem Morphin mittlerweile runter. Morgen wird mein Vater nach Hause entlassen! Ich bin so Glücklich Sananda und mein Glaube und Vertrauen an Gott und an Dich wachsen ins unermässliche. Mein Herz spüre ich von Tag zu Tag immer mehr. Es öffnet sich vor Glück und Freude! Vor allem wenn ich an dich denke.
Gerne möchte ich am 19.10.2019 beim nächsten großen Sananda-Treffen mit dabei sein. Möchte in Begleitung meinen geistig behinderten Bruder und meine fast 78 jährige Mutter mitbringen. Schon allein die Vorstellung daran erfüllt mich mit Freude und Glück.
Ich tiefster Liebe und Dankbarkeit
Marianna (40) aus NR«

»Lieber Sananda,
entschuldige mich bitte, das ist meine dritte Mail seit dem Treffen am 4.Mai in Überlingen.
Seit diesem Treffen begleitet mich ständig ein sanftes und inneres Glücksgefühl, ich fühle mich einfach glücklich, auch wenn es keinen Grund gibt im Aussen dafür. Es ist so als ob Du eine Sonne in mir zumLeuchten gebracht hast!
Ich bin so unendlich dankbar und glücklich Dich getroffen zu haben!!!!! Danke Gott!!!!! Danke Dir!!! Danke Dir für deine unendliche Liebe, Wärme, Stärke und das Licht, was du austrahlst. Danke, Danke, Danke!!!!! Du bist mein Vorbild!!!!!!!!!!!!!!!!!
Jetzt mit Abstand von mehreren Tagen kann ich ehrlich sagen, dass ich in meinem Leben noch nie so glücklich war wie an diesem Tag! Ich habeauch neue Freunde gefunden! Danke!!!
Mein Mann hat mir eine SMS geschickt, als ich beim Treffen war, unsere Kücken sind geschlüpft, 13 Stück, alle gesund, flink und pipsfroh! Vor deiner Behandlung waren die meisten entweder sofort gestorben oder nicht geschlüpft. Danke von unseren zwei Hühnermamas an Dich!!! Diese Woche war ich beim Augenarzt, meine Werte haben sich berbessert. Statt -1,50 auf beiden Augen habe ich jetzt nur -0,50 auf einem Auge und -1,0 auf dem anderen! Und der grösste Wert der deutlich gestiegen ist, ist meine Lebensfreude!DANKE!!!!!!
in tiefster Liebe und unendlicher Dankbarkeit,
deine Galiya, 43 Jahre alt, aus dem Raum Pau, atlantische Pyrenäen, Frankreich«

»Lieber Geistheiler Sananda!
Habe Dich 2 Mal beauftragt zu Fernbehandlungen: 2015 und 2017. Nach der 1. Fernbehandlung war ich mir noch nicht so sicher, ob sich wirklich etwas Nachhaltiges verändert/verbessert hatte in meinem Leben und meiner sogenannten »Krankheit» (Depression), die mich seit meiner Kindheit plagte. Nach der 2. Fernbehandlung allerdings ist eine wesentliche Veränderung/Verbesserung aufgetreten! Es sind nur noch einige kleine Rückstände (nervöses Hautleiden, gelegentliches Stechen und Jucken auf der Haut an verschiedenen Stelen meines Körpers) vor- handen, die aber immer weniger auftreten! Möchte mich hiermit nochmals bedanken bei Dir und

für all das, was Du in Deinen beiden Büchern geschrieben hattest, sowie für Deine regelmäßigen Infos auf Deiner Aktuell Neuen Seite Deiner Homepage. Die Depressionen, die früher immer wieder nach eher Manischen Phasen auftraten, sind bisher nicht mehr aufgetreten! .....Gerne würde ich Dir noch mehr aus meinen Studien und Tätigkeiten als Medium, Meditierenden (Yoga) und UFO-Forscher (Aliens etc.) mitteilen. Doch beende ich jetzt dieses Mail, da Du vorgeschagen hattest, sich möglichst kurz zu fassen.
Es sendet Dir Freundliche Grüße,
Eugen,77jährig, Österreich«

»Lieber Sananda
Es ist der helle Wahnsinn und ich bin dir so unglaublich dankbar. Mein Hilferuf für mein Katerchen Whisky erreichte dich am Freitag Vormittag und am Samstag Vormittag war er bereits wieder über dem Berg. Er ist wieder ganz der Alte. Ich könnte schreien vor Glück. Das Wasser in der Lunge scheint weg zu sein, man hört kein Blubbern und Rasseln mehr, seine Atmung ist normal, er frisst, schnurrt und schmust wieder. Deine Antwortmail war so erbauend, dass meine Zuversicht sich sofort verstärkte. Dazu kommt, dass ich am Freitag Abend das neue Video angeschaut habe und das war unsagbar ermutigend. Mein Vertrauen in Gott und dich hat sich so richtig verfestigt. Danke auch an alle Beteiligte. Ich freue mich schon auf die anderen 2 Videos. Sananda, es tut so gut zu wissen, dass es jemanden wie dich gibt der uns so liebt und an den man sich wenden kann, der ALLES dafür tut, so viele wie möglich aus diese Hölle zu befreien. Ich bin gespannt, was während der Behandlungszeit noch so alles passiert.
Tausen Dank und dicke Umarmung, Christine, 50, Aarberg«

»Liebster Sananda, ich traf meine Pflegemutter, 78 Jahre nach längerer Zeit wieder, die nichts von Deinem Auftrag wusste. Sie war unglücklich über ihr Übergewicht mit ständigem Jo-Jo-Effekt, das praktisch ihr ganzes Leben begleitete. Innerhalb eines Jahres hat sie 26 kg abgenommen! Und will noch 10 kg schaffen. Zuvor wurde sie wegen eines Tumors an der Niere operiert. Eine medikamentöse Behandlung wie Chemo war nicht nötig

und ihre Werte sind wunderbar! Auch ihre Ängste sind verflogen! Sie muss beim Laufen nicht mehr schnaufen, keine Atemnot mehr. Sie sagte, sie sei ein neuer Mensch. Ich erzählte ihr von Dir und schenkte ihr das 1. Buch von Dir. Sie will es lesen. Sie lebt in einem Seniorenwohnheim und kümmert sich liebevoll um die Mitbewohner, denen es nicht gut geht und / oder dement sind. Sie hat erkannt, dass diese Aufgabe sie sehr erfüllt. Sie ist viel ruhiger und ausgeglichener geworden. Es tut uns beiden so gut, wenn wir uns treffen oder wenn wir uns Nachrichten schicken. Es gab früher auch mehrere Konflikte zwischen uns, die sich aufgelöst haben. Die Beziehung ist sehr harmonisch geworden. Danke für Deine Liebe!
Christine (49, Weinstraße)«

»Grüß Gott lieber Sananda,
ich schreibe wieder einmal ein kurzes Feedback über Dein heilvolles Wirken an mir und meinem Partner:
– seit dem ersten Tag des Erstauftrages im September 2017 bin ich Vegetarierin (Mein Partner ein halbes Jahr später).
– schmerzhaftes Hühnerauge weg
– starke Hornhaut an den Füßen weg
– innerhalb eines Jahres habe ich 25 Kilogramm abgenommen
– Cellulite an den Beinen weg (war sehr ausgeprägt)
– Verdauungsprobleme / Magenschmerzen weg
– Umzug in eine Wohlfühlwohnung mit Alpenblick
– Harmonie in der Partnerschaft
Seit Ende Januar 2019 sind wir in einem Wiederholungsauftrag bei Dir in Behandlung und wir durften dank Deiner Mithilfe zum Santiner aufsteigen. Ich habe über Deine Mitteilung vor Freude geweint. Es geht aufwärts, Du bist mein Fels in der Brandung, mein Leuchtturm in der Nacht, durch Deine Bücher hast Du mir die Augen geöffnet und ich habe die Angst verloren, denn mit Deinen Vollmachten, Verfügungen, Gebete kann ich mich schützen.
Alles Liebe
Silke (52) aus dem Allgäu«

»Lieber Sananda,
ganz zuerst unseren herzlichen Dank für Deine Bemühungen und für Deinen ausführlichen Bericht. Wir sind sehr beeindruckt davon und von den bisherigen Ergebnissen Deiner Behandlung.
Nun zu unseren ersten Erfahrungen Als Erstes hatte ich ungewöhnlich intensive Träume. Und ich fühlte mich plötzlich so entspannt. Nicht mehr so gestresst.
Zum Zeitpunkt als wir Dich beauftragt hatten, musste mein Mann wegen einer Lungenentzündung ins Krankenhaus. Dort hat man einen Pleuraerguss (Wasseransammlung im linken Brustbereich) festgestellt.
Dieses Problem kannten wir aber schon. Die Krankenhaus-Ärzte hatten neben anderen unnötigen Maßnahmen, eine Punktion vorgeschlagen. Was mein Mann aber alles abgelehnt hat. Nach dem Krankenhausaufenthalt hat sein Kardiologe festgestellt, dass der Pleuraerguss um mehr als die Hälfte zurückgegangen war. Ich habe bemerkt, dass mein Mann sich sehr schnell von der Lungenentzündung erholt hat und nachts nicht mehr so schwer geatmet hat. Er hat auch ein viel lockereres Verhalten an den Tag gelegt. Er war wie ausgewechselt. (z. B. wollte er mir plötzlich in der Küche beim Kochen helfen, was noch nie der Fall war. Smile...
Bedingt durch die Dialyse (seit 10 Jahren), fiel ihm auch das Laufen schon schwer und er schleppte sich mehr oder weniger immer so dahin.
Das hat sich geändert. Er hat jetzt wesentlich mehr Energie und ist auch geistig wieder viel beweglicher. Außerdem hat er mir bestätigt, dass er wesentlich weniger bis gar nicht mehr unter seinem furchtbaren Juckreiz leidet. Weshalb er manche Nacht vier bis fünf mal aufgestanden ist und ich dementsprechend auch aus dem Schlaf gerissen wurde. Also, bisher, kann sich das Ergebnis schon sehen lassen.
Ich persönlich bin ja nicht schwer krank, aber mein Problem ist seit einiger Zeit eine Polyneuropathie, die mir zeitweise Nachts den Schlaf geraubt hat. Diese ist wesentlich geringer geworden. Ich kann zwar nicht sagen, dass sie ganz weg ist, aber deutlich besser. Ich bin mir sicher, dass wenn wir uns an alle Ratschläge halten unsere Situation noch besser wird.
Durch Deinen Bericht ist uns klar geworden, wie und wie viel wir noch an uns arbeiten müssen. Noch niemand hat uns in dieser Weise so vorwärts gebracht, wie Du und dafür danken wir Dir von Herzen.
Wir sind überaus glücklich, Dich gefunden zu haben.
Herzlichste Grüße
Erika und Michael«

»Lieber Sananda,
ich möchte dir hiermit eine Rückmeldung nach nur einen Monat vonbeginn an meines Auftrages schreiben:
Es hat sich so unglaublich viel verändert. Kurze Krankheitsgeschichte von mir: Hatte mit 15 Jahren eine Tromphose bekommen, natürlich endekten dies die Ärzte nicht bzw sagten dafür sei ich zu jung.
Die endete jedoch im Krankenhaus auf der Intensivstation.
Jetzt muss ich »nur noch» mein lebenslang die netten Strümpfe tragen.
Habe vor gut 4 Jahren das erste mal eine Panikattacke bekommen, die immer schlimmer wurde, kein Arzt konnte mir helfen (habe hierfür auch in meine Privattasche gegriffen) ausser ich nehme Antideprisiva. Dies ich jedoch NIE wollte und auch NIE tat.
Es war heftig, egal wo oder was ich gemacht habe, ich verlor viel gewicht (hatte aber immer schon sehr wenig), konnte nichts mehr unternehmen und dachte so will ich wirklich nicht mehr...
Ich bekam es durch eine »Familienaufstellung» in den griff aber was blieb oder neu kam waren unglaubliche ängste, angst einen Herzinfarkt zu bekommen, angst vorm schlafen gehen usw.
Plötzliches in den Keller rauschen meines Kreislaufes, Hals schnürt sich zu, vergesse zu schnaufen, also lauter »schräge» Sachen.
In der ersten Nacht, wo mein Geld von meinem Konto abgebucht wurde träumte ich von dir: die Heilung beginnt!
Jetzt geht es mir JEDEN Tag blendend, ich fühl mich stark, gesund, gut gelaunt, endlich angekommen, ich habe von all dem was ich hatte NICHTS mehr, wirklich nichts.
Mein Hund Aragon hat keine Durchfälle und Kotz Attacken mehr, seit wir uns Vegetarisch ernähren. DANKE!
Ich könnte noch sooo unendlich viel schreiben aber ich will dir einfach Danken von ganzen Herzen lieber Sananda, mit diesem Lied:
youtu.be/ZsoFW08CrYo
Ich hoffe das du dies so aufnimmst wie ich es meine.
Ich glaub ganz fest an dich und bin dir unendlich dankbar für alles und hab hier noch ein Lied für dich
youtu.be/epQst7GrRDo
In Liebe Bettina, 28 aus Österreich«

»Liebster Sananda
Am Muttertag haben wir unsere beiden Mütter mit einem feinen pflanzlichen Menü verwöhnt. Meine Eltern waren etwas früher da und so hat meine Mutter das schöne Foto, welches wir am Samstag in Überlingen gemeinsam mit dir, liebster Sananda, machen durften und welches jetzt in unserer Küche hängt, bestaunt und gefragt, wer denn dieser nette Mann ist. Ich habe ihr erklärt wer du bist und was du machst und ihr offenbart, dass sie nun schon zum zweiten Mal ohne ihr Wissen in einem Behandlungspaket mit eingeschlossen ist. Sie hat sich spontan dafür bedankt und war ganz berührt. Auch mein Vater hat sich sehr interessiert gezeigt. Als dann die Mutter von Birgit auch noch eintraf, war das Thema vorerst erledigt.
Später beim Essen hat meine Mutter im Gespräch mit Birgit's Mutter erwähnt, dass sie keine gute Schläferin ist und daher in der Nacht, wenn sie nach ein paar Stunden aufwacht, mit ihrem E-Book-Reader viel liest.
Ich habe dann da eingehackt und gesagt, dass ich schon die Hoffnung habe, dass sich dies durch die bioenergetische Behandlung verbessert. Sie hat dann überlegt und erwidert, dass sie eigentlich schon feststellen kann, dass es deutlich besser geworden ist und sie vor allem heute viel besser damit umgehen kann. Sie hat mich im weiteren informiert, dass sie jedoch ganz klar sagen kann, dass sie sich seit ein paar Monaten wirklich ausgesprochen gut in ihrer Haut fühlt und viel mehr in ihrer Mitte ruht. Mein Vater hat dies sofort bestätigt und mit mehreren Beispielen untermauert, denn er war sich von früher eher gewohnt, dass sich meine Mutter viele Sorgen machte und selbst Druck auferlegte und auch öfters mit Stimmungsschwankungen zu kämpfen hatte. Ihr Eheleben und auch die Beziehung zu uns ist deutlich harmonischer geworden.
Ich habe mich seit dem ersten Auftrag immer wieder mal nach ihrem Wohlergehen erkundigt, habe aber nur immer eine Standardantwort erhalten. Sie musste wohl erst wissen, dass an ihr gearbeitet wurde, um das so klar erkennen und formulieren zu können. Liebster Sananda, mein lieber Freund und Helfer, mein Leuchtfeuer und mein Held, mein Fels und meine Hoffnung.
Vielen herzlichen Dank für dein Sein!
Alles Liebe, Pascal, 48, aus dem Raum Zürich.«

»Hallo Sananda,
seit Deiner Behandlung hat sich meine Haut verjüngert. Im Vergleich zu Gleichalterigen ist meine Haut rein und glatt. Die Verjüngerung bemerkt man auch bei den sportlichen Tätigkeiten (Karate). Allgemein werde ich viel jünger eingeschätzt. In jedem Lebensbereich hat ich einiges zum positiven verändert.
Ich habe nun den Wiederholungsauftrag gestartet und freue mich auf die sehr positiven Veränderungen. Ich habe vollstes Vertrauen in Dir.
Viele herzliche Grüßen und Gottes Segen sowie Schutz der galaktischen Förderration über alles beseelten Menschen und Tiere.
Jens ,43 Jahre, Karlsruhe/Keltern«

»Lieber Sananda,
mit großer Dankbarkeit für dich und die geistige Welt, möchte ich dir mit Freude mitteilen, dass meine Arthrose speziell in den Fingergelenken und vor allem meine großen Beschwerden an den Kniegelenken sich enorm verbessert haben! Mit großer Erleichterung kann schon jetzt ich meine täglichen Aufgaben erledigen und wage in absehbarer Zeit sogar wieder auf meinen geliebten Bergen zu wandern.
Außerdem hat sich mit diesem Wiederholungsauftrag von Dez bis März 19 meine zähen Verschleimungen der Nase weiterhin verbessert, mein Schlaf wird entspannter.
Danke von Herzen für deine immense und unermüdliche Aufklärungsarbeit, dass du trotz deines harten Lebens für uns dieser Fels in der Brandung bist!
Viel Kraft und Gesundheit für dich und deine Familie wünscht dir Maria (57) und Klemens (53) aus Steyr«

»Lieber Sananda,
am 24.3. habe ich eingezahlt und schon am Tag der Einzahlung fühlte ich mich auf einmal in unendlicher Liebe und Wohlgefühl.
Aber erst später am 10.4. kapierte ich intuitiv, dass ich etwas falsch machte und dann deshalb das Aktivierungs-Mail erneut las und bemerkte dass ich die Aktivierung überlas.
Schon durch das Lesen deiner Verfügungen, konnte ich Tage später bereits

viel Liebe in mir wachsen spüren. Auch ist mein Immunsystem nun intakt, obwohl rundherum Kollegen krank sind.
Zuvor trank ich ein Glas Bier und ich hatte sofort Halsweh, oder ein Glas Wein und ich hatte wieder sofort Halsweh.......jetzt ist da spürbar etwas was mich schützt, leider die Gewohnheit ein alkoholisches Getränk zur Entspannung zu trinken hat noch nicht aufgehört.
Ich habe das Gefühl du legst dich wie eine Schutzhand um mich und vermeidest dass ich mir selbst schade.
So ernähre ich mich seit Wochen vegetarisch und verspüre kein Verlangen mehr nach Fleisch, es graust mir sogar davor.
Auch Zigaretten rauch ich nur noch ein oder zwei Züge dann leg ich sie weg und sie schmecken mir nicht.
Auch meine seit 10 Jahren gesprungene Hornhaut am Fuß ist verschwunden, dabei hast du mich noch gar nicht behandelt.
Aber mir fällt auf dass sich aktuell eine schwere Müdigkeit auf mich legt, will mir die etwa etwas sagen?
Nun, ich bin täglich neugierig was es wieder Neues an Veränderung an mir gibt.
Ich lese öfters deine Aktuell-Beiträge und unterstütze dich wo ich dich unterstützen kann.
Ich liebe dich sehr für deinen Dienst an mir, und bin unendlich dankbar auf dich getroffen zu sein, du eröffnest mir und bestärkst meinen Glauben an eine andere Identität die ich habe für dieses Leben. Denn auch ich werde ständig angegriffen und fragte mich ständig warum, obwohl ich nur Gutes wollte und will. In Liebe Dorothea«

»Lieber Sananda, kann dir einen großen Heilerfolg meiner Mutter mitteilen. Sie sah aus wie eine Aussetzige, hatte ein Hautproblem an Armen und Beinen. Kein Arzt konnte helfen. Habe alles mit Fotos dokumentiert. Ein pustulöser Ausschlag quälte meine Mutter über Jahre, vor allem nachts. Auch ich hatte das gleiche Problem, aber nur am linken Arm. Alles weg, wie weggeblasen. Das Beste dabei ist aber, dass ich dir davon nichts geschrieben habe, sondern dir wegen meines disharmonischen Privatlebens geschrieben habe (immer wieder kaputt gehende Beziehungen, Scheidung etc.) da mich diese Situation besonders belastet. Wer hat nicht gerne einen Lebenspartner an seiner Seite? Bis jetzt ist dieser Part der Behandlung noch offen. Aber dafür tut sich einiges in meinem Freundeskreis. Leute die mich schief angesehen haben sind jetzt herzlich zu mir. Dafür wiederum zeigt sich die beste Freundin als Feindin. Ich habe ein anderes Bewusstsein bekommen. So als ob ein Schleier von meinen Augen genommen wurde. Ich danke dir von ganzem Herzen für deine großartige Arbeit bzw. Hilfe. Das was du zusammengebracht hast betreffend meiner Mutter hat kein Arzt vorher geschafft. Ein liches Danke aus Graz, Alexandra«

»Claudia M.
Ich habe nie auf die Zahlen geguckt. Ich war nur so in Not, weil man mit mir richtig schlimme Sachen angestellt hatte. Mir blieb garkeine Wahl, weil ich keine Nacht mehr Ruhe hatte. Die Seite von Sananda fiel mir immer wieden entgegen. Ich hatte Angst, außer dem Terror im Haus auch noch finanziell hereingelegt zu werden.
Aber sofort als ich den Auftrag gegeben hatte um 3 Uhr nachts war plötzlich Frieden. Ich hatte dann noch bemerkt, wie mein Genick abgetastet wurde und später im Schlaf wurde ich abgescannt und mir wurde einiges gezeigt. Ich war perplex. Man weiß garnicht was man schreiben soll, um die Dankbarkeit auszudrücken.
Vielleicht jemanden anderem sagen, der das hier liest weil er Hilfe braucht, dem zu sagen, dass Sananda wirklich hilft! Und kein Abzocker ist!«

»Lieber Sananda, vielen,herzlichen Dank für deine Heilenergie,Durch deine Behandlung,gibt es bei uns viele positive Veränderungen!Meine Kindern haben jetzt wieder einen liebevollen Umgang mit mir und auch untereinander! Mein Sohn ist jetzt Vegetarier.Wir haben jetzt alle eine stabile Gesundheit!
Meine Ängste spurlos verschwunden! Ich habe dadurch eine unglaubliche nie gehabte Lebensqualität!Ebenso sind meine Magen und Zahnschmerzen völlig verschwunden! Die vorher ständigen Kopf- und Rückenschmerzen habe ich kaum noch!
Mein Lebenspartner ist jetzt auch Vegetarier! Seine ständigen Gelenkschmerzen sind deutlich weniger geworden und er braucht keine Blutdruckmedikamente mehr!

Unser Bewusstsein hat sich stark erweitert und positiv verändert.
Vielen Dank für die Schutzgebete!
Tausend Dank für Alles, lieber Sananda!
Wir wünschen Dir viel Gesundheit,Glück und Erfolg!
Herzliche Grüße von Brit aus Franken«

»Lieber Sananda,
ganz herzlichen Glückwunsch zum Jubiläum! Unter den gegeben Bedingungen ist das wirklich ein riesen Erfolg! – Danke das Du (noch immer) da bist! Wenn ich zurück denke in was fur einer geistigen Dunkelheit ich ohne Dich noch immer leben wurde...
durch Deine Arbeit habe ich soviel Wissen und Heilung und Bewusstwerdung erhalten. Tatsachen wie das es die Dunkelheit gibt und wie sie sich zeigt und wirkt. Wie man das Unterscheidungsvermögen ausbildet, eine ganz neue Sichtweise auf die Realitat, wer ich eigenlich bin! Und durch die informativen Querverweise in Deinen Büchern habe ich sehr profitiert Auch auf bewusst.tv bin ich erst durch Dich aufmerksam geworden, und die Links mit hilfreichen Hinweisen stellst Du in Aktuelles bereit von denen ich auch immer lernen konnte. Einen Link fand ich besonders gut: die Musikvideos von: »two steps from hell»
Ganz lieben Dank und Dank auch an das »Team«
lich Sonja«

»Lieber Sananda, mein Bruder und ich sind derzeit noch in Behandlung bei dir . Ich habe dich am Donnerstag aus Verzweiflung angeschrieben um meinem Bruder der sich gestern operieren lassen musste ,beizustehen. Es ist alles gut gegangen. Ich habe immer deine Anwesenheit gespürt. Du hast auch mir geholfen. Ich habe sonst Panik.
Dieses mal war ich entspannter und gelassener. Da mein Bruder Epileptiker ist und nicht alle Medikamente verträgt, benutze ich dein Gebet »Segnung und Reinigung von Gegenständen« umTabletten die er jetzt zusätzlich braucht zu reinigen .
Es funktioniert. Habe damit auch das Antibiotika das er wegen Borreliose nehmen musste, gereinigt. Er hatte keine Nebenwirkungen. Danke von

ganzem Herzen für deine schnelle Hilfe und dass Du immer für uns da bist wenn wir in Not sind, für uns Zeit nimmst ,trotz deiner vielen Arbeit und deiner immensen Anfeindungen denen du jeden Tag ausgesetzt bist.
Viele liebe Grüße Sylvia aus Baden-Württemberg«

»Lieber Sananda, vielen Dank für Deine Behandlung. Mein ganzes Leben lang habe mir nichts so sehr gewünscht wie geistige Freiheit, meinen »Seelenfrieden» und Gelassenheit. Ich war oft frustriert angesichts der vielen Blockaden und Schwierigkeiten. Mein Leben hat sich angefühlt wie der sprichwörtliche Kampf gegen Windmühlenflügel. Es hat mir meine Kraft ausgesaugt und ich war total erschöpft. Dann bekam ich einen Link zu Videos von Dir – eine Offenbarung – wonach ich auch Deine Bücher gelesen habe. Das gab mir Auftrieb. Der Heilauftrag an Dich war das Beste, was ich überhaupt tun konnte. Jetzt fühle ich mich so, wie ich es mir immer gewünscht habe. Meine Freunde haben mich als sehr strahlend und energiegeladen beschrieben. Ich fühle das nicht nur selbst, auch andere können es deutlich sehen. Meine Sinne sind sehr viel wacher, ich bin konzentrierter und die Dinge gehen leicht von der Hand. Ich bin mit Gott und der Welt im Frieden – ein fantastisches Gefühl! Kurz nach dem Heilauftrag habe ich mir Deine Gebete und Verfügungen heruntergeladen. Es ist schön für mich, selbst etwas tun zu können. Tausend Dank. Du bist großartig. Möge Gott Dich beschützen.
Andrea, 52 aus dem Raum Berlin«

»Hallo Sananda,
Ich möchte mich im Namen meiner ganzen Familie und vom tiefsten Herzen bei dir bedanken. Du begleitetst mich jetzt seit über einem Jahr und hast so vieles in meinem Leben verändert ich hatte keinen antrieb mehr habe keinen Sinn gesehen in dieser Welt voller Negativen Energien. Ich hatte immer das Gefühl das mir etwas fehlt.
Und dann kannst Du und hast mir Hoffnung gegeben Sananda und dafür bin ich dir über alles dankbar. Mein Leben hat sich sehr verändert, denn ich habe erkannt was richtig ist und was gut ist und wichtig.
Ich habe von einem Tag auf den anderen mit dem Rauchen aufgehört so wie

mit dem Trinken und dem Kiffen.
Ich bin Vegetarier und jetzt im Zeitraum deiner Behandlung Veganer geworden. Aber das wichtigste ist du hast mir die Tür zu unserm Vater geöffnet. Ich lerne tag für Tag mehr zu vertrauen und keine Angst mehr zu haben, denn uns kann nichts passieren. Bei meiner Familie hat sich auch einiges getan der Umgang ist deutlich harmonischer geworden. Ich danke dir Sananda für alles Gott segne dich
In ewiger Liebe Eddie 19, Raum Hamburg«

»Lieber Sananda,
ich kann Dir gar nicht genug danken. Noch vor der Erstbeauftragung im November 2018 war ich voller Angst, Ungewissheit, Trauer , ohne Urvertrauen und fühlte mich völlig allein gelassen in dieser Welt.
2017 wurde ich bei der Suche im Internet auf deine Seite geführt.
Dummerweise hatte ich noch Zweifel. Allerdings waren diese im September 2018 mir inzwischen egal und so beschloss ich, Dich zu beauftragen. Kurz darauf (Ende September) hatten mein Mann, ich und unsere jüngste Tochter einen Autounfall mit Totalschaden. Beim Aufprall von hinten wusste ich, ich sollte gehindert werden, Dich zu beauftragen. Das tat ich nach weiteren Ablenkungen durch die Dunkelheit im November 2018. Seitdem wächst mein Selbstbewusstsein, meine generalisierte Angststörung ist weg und ich spüre meine kosmische Existenz. Außerdem rauche ich nicht mehr und kam von meiner Kaffeesucht weg. Durch dich habe ich gelernt, nicht einzig auf meine gesundheitlichen Probleme zu schauen. Nein, es geht mir fast nur noch um die Bewusstseinerhöhung. Wir sind im 1. Wiederholungsauftrag. Ich danke dir und der geistigen Welt. In Liebe, Demut, Dankbarkeit und Urvertrauen. Susanne, 47 J., Raum München«

»Lieber Sananda,
hier kommt mein 2. Feedback. Meine jahrelangen Probleme an der Achillessehne sind jetzt weg.
Es hat ca.1/2 Jahr gedauert. Meine Kopfschmerzen und Nackenschmerzen sind nahezu weg und werden immer seltener (früher wöchentlich1x-jetzt alle2–3 Monate es wird immer wenigeroft). Meine extrem empfinlichen

Zänhe (auf süßes) weren nach der 2. Behandlung sofort weg.
Die nächtlichen energetischen Angriffe (im Brustbereich und am Kopf) sind seit der 1. Behandlung weg.
Meine Tochter hatte extreme Blockaden, die sich in schulischen Leistungen auswirkten (vorallem Mathe – wir haben sie vor Jahren deshalb wegen Lehrermobbing von der Schule hier am Ort nehmen müssen).
Sie hat jetzt eine schnellere Auffassungsgabe – ihr Selbstwert ist dadurch gestiegen und sie redet mehr mit mir, wenn sie etwas beschäftigt. (der Wolfsabschuss in D ist auch für sie sehr schlimm – und wir sind dabei eine Lösung zu finden uns dagegen zu wehren) Sie ist fast nicht mehr krank- wenn doch – nur 1 Tag ausruhen und dann ist es wieder gut....
Mein Mann hat die Diagnose Hashimoto (seit Jahrzehnten)- seit deiner Behandlung nimmt er von sich aus keine Schilddrüsen Hormone mehr! (er weiß nichts von der Behandlung!) Er hat sein Blut untersuchen (gr. Blutbild) lassen- alles ok! keine Tabletten mehr!
Wahnsinn!
Meine Mutter ist dank deiner Behandlung fitter und vorallem offener und sieht jetzt immer klarer was hier läuft . Sie ist aus ihrem Schlaf erwacht.
Unser aller Verhältnis zueinander hat sich sehr gebessert wir gehen alle respektvoller miteinender um.
Ich spüre jetzt meine göttliche Anbindung (Energie) immer mehr und stärker und es fühlt sich so an, als wäre eine Armee an Lichtwesen hinter mir, die mich unterstützen. Ich hatte immer das Gefühl allein zu sein und von niemendem richtig verstanden zu werden...es gibt keine Worte dafür, was das für mich bedeutet... Die Kraft deiner Verfügungen kann ich deutlich spüren und auch die Energie, die du um 23:00 aussendest.
Danke für alles, was du und deine Familie dafür auf dich nimmst.
Ingrid, 44 Reutlingen«

»Lieber Sananda, unsere 2. Behandlung liegt nun einige Zeit zurück und ich möchte dir nun ein Feedback schreiben. Wir alle bedanken uns aus tiefstem Herzen bei Dir. Es wissen nicht alle von deiner Behandlung. Es hat sich seit Beginn der 2. Behandlung im August 2018 folgendes bei uns verändert. Der Sohn meiner Partnerin hat nach langer Suche eine für Ihn passende Arbeitsstelle gefunden, die über viele Jahre andauernden Menstruationsprobleme und Beschwerden meiner Lebensgefährtin sind nun gänzlich ver-

schwunden, ein oder mehrere Wirbel welche sich an meiner Wirbelsäule regelmäßig verschoben und starke Schmerzen verursachten bleiben seit der 2. Behandlung an Ort und Stelle. Ich habe einen sehr viel angenehmeren Arbeitsplatz gefunden, auch ist mein Verlangen nach niederer Sexualität fast komplett verschwunden. Meine Partnerin und ich führen nun eine viel entspanntere und befreitere Beziehung ohne diesen Druck bzw. des Verlangens nach sexueller Befriedigung. Die Augen öffnen sich für so viel wichtigeres. Wir sind sehr dankbar dafür. Auch wachsen wir ständig weiter im Bewusstsein und an Erkenntnissen, die Aha Momente erleben wir immer noch. Auch sind wir viel Feinfühliger geworden. Auch durften wir in eine neue Wohnung umziehen mit ganz tollen und lieben Vermietern.
Nun haben wir sogar einen Balkon. Auch sind wir nun alle drei Santiner.
Bei einer Mitbehandelten Freundin hat sich der allgemeine Gesundheitszustand stark verbessert, Ihre Schmerzen durch die Arthrose sind kaum noch spürbar. Sie hat nun auch endlich im hohen Alter einen Partner gefunden welcher Sie finanziell und emotional nicht mehr ausnutzt. Ganz im Gegenteil, er trägt Sie auf Händen.
Wir alle möchten uns nochmals herzlichst bei Dir bedanken, es ist ein solcher Segen, daß du lieber Sananda für uns da bist uns hilfst und beiseite steht. Wir deine Klienten werden durch dich immer mehr und immer lichtvoller und stehen dir zur Seite. Danke Sananda, Danke.
Dein/e Dennis (24), Marion (47) und Armin (39) aus Ravensburg«

»Lieber Sananda,
anfang Februar 2019 haben wir einen Wiederholungsauftrag für die Familie in Auftrag gegeben, dieses Mal haben wir meinen Onkel dazu genommen. Er hatte eine schwere COPD, sogar das Telefonieren fiel ihm schwer. Anfang Mai hat meine Mutter mit ihm gesprochen und er sagte es gehe ihm gut, er könne wieder Fahrrad fahren und er brauche nur bei Bedarf ein leichtes Cortisonspray. Er weiß nichts von der Behandlung.
Mein Bruder sagte mir diese Woche, er möchte die Tage wandern gehen, er könne das nun wieder, da es seinem Knie wieder gut geht. Meine Mutter stellt eine Verbesserung ihrer Sehfähigkeit fest. Ich hatte in der Vergangenheit abends bei Dämmerung Beklemmungsgefühle, diese waren sehr unangenehm. Als wir vor zwei Wochen in Österreich durch einen längeren Tunnel fuhren merkte ich dass sich das leichter anfühlt, als ich das von frü-

her kenne, in Ordnung eben und dabei wurde mir bewusst dass auch diese abendlichen Beklemmungen weg sind, schon länger, ich hatte es gar nicht bemerkt. Herzlichen Dank Sananda Marion 50 Raum Stuttgart«

»Lieber Sananda,
ich befinde mich seit 06/2018 fortlaufend in Deiner Heilbehandlung.
Seither hat sich meine seit über 20 Jahren bestehende, schwerste, chronische Zahnfleischentzündung nach anfänglicher »Erstverschlimmerung» mittlerweile so stark gebessert, wie noch nie zuvor mit irgendeiner anderen Behandlung .
Gleichzeitg haben sich meine Emotionen stetig mehr und mehr harmonisiert. Wo vor Deiner Heilbehandlung noch Wut, Zorn, Aggression, Ungeduld, Unfrieden, Komtrolle, Dominanz und Rachegefühle bei mir dominierten -v.a. im Umgang mit meinem Seelendual – werde ich jetzt zunehmend erfüllt von innerem Frieden, Dankbarkeit, Demut, Geduld, echtem Verstehen, MItgefühl, Bestimmtheit, Integrität,Ruhe und Klarheit.
Ich komme auch zunehmend ins »Handeln», erhebe meine Stimme, wo mir oder einem anderen Unrecht oder Unwahrheit widerfährt, durchbreche das Schweigen anstelle Unrecht oder Unwahrheit hinzunehmen und zu erdulden aus falsch verstandenem » Harmoniebedürfnis».
Mein Handeln wird mir mehr und mehr zu einer »Herzensangelegenheit», anstelle einer »Pflichterfüllung». Das fühlt sich unsagbar schön an.
1000000x DANKE für ALLES !!!!!!!
Herzlichst,
Christine, 43 Jahre aus Aichwald«

»Lieber Sananda,
Ich habe Dich 2 mal um Hilfe gerufen, das 2. mal mit Foto, für die Wiederauffindung der Enkelin meiner Schwester Stephanie G. , 17 J., seit 2 Wochen abgängig und bei Dir in Behandlung seit dem 13. Mai 2019, ohne ihr Wissen. Danke danke danke! Stephanie ist wieder zu Hause!!! Ich habe ganz fest daran geglaubt und Dir und der geistigen Welt vertraut!
In Liebe und Dankbarkeit
Norma A. (Südtirol)«

»Hallo lieber Sanander,
wie ich damals auf deine Internetseite kam,weiss ich heute noch nicht, es war einfach unglaublich im nachhinein, weil ich nicht auf der Suche war, das unglaubliche setzte sich dann weiter fort, das mein damaliger Mann nichts von dem heimlichen Auftrag an dich mitbekam, denn er ist ein Narzisst.
Ich habe ihn nicht mitbehandeln lassen sondern meinen Sohn. Dir habe ich zu verdanken,das ich die Kraft und Energie bekam, mich von meinem Mann endlich zu trennen, was ich vorher einfach nicht schaffen konnte ohne deine Hilfe.
Mein Sohn hat Arbeit gefunden die zu ihm passt und die sozialen Kontakte sind viel besser geworden.Danke...das war mir so wichtig. Ich habe seit dem Auftrag an dich keine Schmerzen mehr in meinen Schultern, was zeitweise so schlimm war, das ich meine Arme kaum hochheben konnte. Jahrelange Rückenschmerzen sind so selten, das ich es kaum erwähnen brauche. Du bist ein sehr wertvoller Mensch, weil ich schätzte nicht nur was du für mich getan hast und immer noch tust durch deine aktuelle unbezahlbare Webseite sondern das du dich mit so viel Kraft und unendlicher Liebe so für Tiere einsetzt, macht dich für immer zu einem ganz wertvollem Menschen.
Colette 52 Sachsen«

»Lieber Sananda!
Es ist höchste Zeit dir wieder zu berichten!
Meine kleine Tochter schlief immer sehr unruhig und hatte oft in der Nacht geschrien. Jetzt schläft sie ruhig und durch. Sie hatte viele Wimmerl am Körper die z.B. unter der Achsel oder auf den Füßen störten. Sie sind alle weg! In letzter Zeit rief ich dich öftersgeistig und bat für meine Tochter um Hilfe, bei Verbrennungen, Abschürfungen und Schmerzen im Fuß. Jedes Mal spürte ich deine Anwesenheit und meine Tochter schlief innerhalb weniger Minuten ein.
Danach war immer alles gut! Danke dafür! Meine Verdauung funktioniert-perfekt. Menstruationsbeschwerden gibt es nicht mehr. Ich wurde 2017 nachdem ich dich finden durfte, von jetzt auf gleich Vegetarierin.
Meine Schwiegermutter mischte sich ständig in alles ein. Sie hat sichganz zurückgezogen. Wir haben unserem Sohn ein extra Jahr in der Schule gegönnt. Dadurch bekam er eine sehr liebe Lehrerin und jetzt geht er wieder

gerne in die Schule. Lieber Sananda, ich bin dir unendlich dankbar! Mögen viele Menschen zu dir finden und dein wahresWesen erkennen. Ich liebe dich und danke Gott für diese Gnade!
DANKE!DANKE! DANKE!«

»Lieber Sananda,
ich möchte mich hiermit von ganzem Herzen bei DIR und GOTT bedanken! Du bist ein Wunder! Ich hatte im März 2017 die erste Behandlung. Es hat sich in dieser Zeit sehr viel zum positiven in allen Bereichen von meinem Leben gewendet. Es gibt so viele Dinge die ich nicht alle erwähnen kann, sonst wird es zu lange. Z.Bsp. haben sich vor ca. 1 Jahr die karmischen Verstrickungen in der Liebe gelöst!
Der schmerzliche Liebeskummer (den ich Jahre lang hatte, 10 Jahre) ist komplett verschwunden! Konnte mich von toxischen Dreiecks-Beziehungen lösen, bin im Moment alleine und war noch nie so stark wie jetzt, weil ich weiß, dass alles zu seiner Zeit kommt!
Außerdem habe ich mich in meinem Beruf Selbständig gemacht! Wenn mir das jemand vor 2 Jahren erzählt hätte, ich hätte es nicht geglaubt!!!
Und bin dabei noch sehr ERFOLGREICH! Es ist unglaublich schön was plötzlich alles möglich ist! Ich habe so viel MEHR an Selbstwert und Selbstvertrauen!! Und habe ein unerschütterliches Vertrauen in mein Leben, in die LIEBE und GOTT! Die Heilung ist noch nicht vorbei, sie geschieht Tag für Tag!! Und dafür bin ich zu tiefst dankbar! DANKE!!
Viele herzliche Grüße und in Liebe
Sabine 38 Bodensee«

Lieber Sananda,
in tiefster Dankbarkeit und Verbundenheit möchte ich dir heute ein Feedback schreiben. Auf meiner Suche nach Heilung und Bewusstwerdung habe ich schon viel ausprobiert (u. a. auch verschiedenste Besuche bei Heilern). Was ich allerdings während und nach deiner Heilarbeit erfahren habe, ist mit nichts zu vergleichen. Die Kraft und Energie, die von dir ausgeht, ist unfassbar! So habe ich unmittelbar nach meiner Zahlung gespürt, dass ich an dein Energiefeld» angeschlossen» war. Vor deiner Behandlung habe ich

mich sehr energielos, bedrückt, freud – und hoffnungslos gefühlt. All diese negativen Gefühle sind während deiner Heilarbeit Stück für Stück gewichen und statt dessen zogen wieder Freude, Hoffnung und tiefes Vertrauen in Gott in mein Leben ein.
Auch Gefühle wie Neid, Missgunst, Eifersucht und Eitelkeit haben sich in Dankbarkeit, Mitgefühl und dem Wissen, dass meine innere Schönheit wichtiger ist, als die äußere, verwandelt.
So kann ich sagen, dass für mich die größte Wandlung in meinem Bewusstsein und auch im Bewusstsein meiner Familie (die im Behandlungspaket dabei war) stattgefunden hat.«

»Lieber Sananda, seitdem Du vor fast 1,5 Jahren angefangen hast mich zu behandeln, habe ich keine Grippe mehr gehabt. Die Jahre zuvor hatte ich mindestens einmal im Jahr, im Frühjahr oder/und Herbst zur Grippezeit eine Grippe, mit zunehmender Verschlimmerung.
Es war so dass ich die letzten 2–3 Jahre eine so starke Grippe hatte, (die Viren schlagen wohl immer aggressiver zu) dass ich 3–4 Tage nichts essen konnte, nicht mal eine Gemüsebrühe habe ich runtergekriegt. Hinterher brauchte ich wenigstens noch 7 Tage bis ich einigermaßen wieder auf dem Damm war.
Bei mir im Umfeld, das letzte Jahr und auch in diesem, reihum sind Leute in meinem näheren Umfeld wegen Grippe auf der Arbeit ausgefallen, ständig flogen die Viren nur so durch die Gegend, weil ja auch einige mit einer schlimmen Erkältung zur Arbeit kommen, dennoch konnten die Grippeviren mir nichts anhaben. Ich brauchte ja keinen einzigen Tag wegen Krankheit fehlen, das hatte ich noch in keinem einzigen Arbeitsjahr, soweit ich zurückdenken kann. Mir ist auf jeden Fall klar, daß das Deine Energie ist die mich aufrecht hält und dafür bin ich Dir dankbar wie ich es nicht beschreiben kann. Ich wünsch Dir Sananda das Du noch viele Menschen behandeln und heilen darfst, ich bin froh und glücklich dass wir uns gefunden haben. Gott möge Dich für alle Zeiten beschützen.
In Inniger Verbundenheit und bis bald,
Michael, 60 aus Schleswig-Holstein«

Lieber Sananda!
Ich bin zu Dir gekommen, da eine hellsichtige Bekannte von mir, die ich um Rat wegen meines jüngsten Sohnes gefragt habe, mir den Tipp gegeben hat mit Dir Kontakt aufzunehmen. Ich habe einen Familien auftrag erteilt. In der ersten Nacht ist eine kleine störende Hautveränderung am Dekollte abgefallen, dass hat mich sehr gefreut.
Dann spürte ich einige Wochen lang immer wieder starke Energien vor allem im Unterleib und den Beinen. Ich habe gleich nach Behandlungsbeginn sehr starke Mentruationsblutungen gehabt, wie eine starkt Reinigung. Immer wieder hatte ich das Gefühl dass eine starke Kraft in meiner Gebärmutter arbeitet.In unserem Leben hat sich vieles langsam verbessert und verbessert sich noch immer. Mein 9 jähriger hochsensitiver Sohn konnte es bislang noch in keiner Schule und nicht unter vielen Menschen aushalten. Wir bekamen dadurch Probleme mit dem Jugendamt. Das war für mich extrem schlimm und beldastend. Während der Behandlungsdauer haben uns sämtliche Behörden in Ruhe gelassen.
Weiters sind wir umgezogen aus Land in ein feines Haus. Vorher haben wir mit der uns nicht wohlgesonnen Verwandten im Haus gewohnt. Ich bin sehr dankbar für die Unterstützung.
Mein 11 Jähriger Sohn hat das Schreiben abgelehnt. Aber seit der Behandlung hat er einen sehr guten Schulerfolg und schreibt sehr gut.
Außerdem hat sich seine Wirbelsäule aufgerichtet.Ich Danke von ganzem Herzen und kann es wahrscheinlich gar nicht erfassen, was Du alles machst!
Alles Liebe Elisabeth 48 Niederösterreich»

»Hallo Sananda,
ich schreibe dir nochmals ein Feedback, denn das hier war im September 2018 mein 2. Auftrag an dich und bin wiederum begeistert, denn erstens war mir aufgefallen, dass mein Hühnerauge verschwand, das 2017 noch schlimm war. Schon am ersten Behandlungstag spürte ich im Oberkörper eine starke Energie die sehr wohltuend war. Danach verlief eigentlich alles gut. Ebenso träume ich nachts nicht mehr schlecht sondern immer gut und schlafe insgesamt besser dank deiner Photonen Energie.
Ebenso spüre ich bei deinen Verfügungen immer eine sehr starke Energie in meinem Kopf beginnend bis hin zu den Beinen. Jedesmal wenn ich Ablösungen mache, spüre ich dies sehr sehr stark, und zwar so, dass ich je-

desmal zucken muss aber es ist super wohltuend. Letztens habe ich diese Verfügungen in Gedanken nach einer stressigen Autofahrt gemacht und siehe da danach fühlte ich mich wieder ganz leicht und entspannt. Es ist der Wahnsinn was du für uns da geleistet hast bin dir einfach von Herzen dankbar. Ich bin dir und Gott sehr sehr dankbar, dass ich geheilt wurde in diesem Leben Ps: Habe eine kleine Spende hinterlassen da sich dies so gehört Absender: Vorname: Marco«

»Sananda ich grüsse dich!
Gleich nach meinem Auftrag an Dich, hat sich der schmerzende Druck der mir meinen Brustkorb zuschnürte, und mir grosse Atmung Schwierigkeiten machte, sehr stark verschlimmert. Da ich deine Bücher gelesen hatte, wusste ich ja von Verschlimmbesserung und mit Freuden Begrüsste ich diese. Interessant war ja, dass ich bei meinem Auftrag überhaupt nicht über meine »Wehwehchen» geschrieben habe. Da nach dann passierte äusserlich so einiges. Wurde fast von einem Auto überfahren nach der Einzahlung an dich, die Frau lachte nur hämisch, auch hier halfenmir deine Bücher, dieses zu verstehen. Dann zeigte sich dein Passwort erst nach ZIG Versuchen und der Drucker war nicht willig deine Verfügungen usw. auszudrucken (hatte noch nie Probleme damit). Zu guter letzt schnitt ich mir eine Scheibe vom kleinen Finger ab und landete auf der Notfall Station.
JEDOCH während all dem dies geschah, verbesserte sich schon so viel körperliches. Die Schmerzen im Brustkorb sind immer weniger geworden und ich kann jetzt viel leichter Atmen. Der Juckreiz in meinen Ohren ist weniger geworden. Mein linkes Knie (50 Jahre Schmerzen), welches laut ÄRZTEN nicht heilbar wäre, HEILT !!! Ich spürte richtig stark, wie Knochen, Bänder Sehnen usw. wieder an die richtige Stelle gebracht werden.
Spaziergänge werden immer länger und länger. (Fühlt sich wirklich an, wie ein neues Leben) Auch mit meinen Zähnen passiert so einiges, ich spüre das. Alte Geschichten, melden sich überall und ich FREUE mich darüber, da ich weiss, ICH WERDE GEHELT!
Danke, danke, danke lieber Sananda von ganzem Herzen! Auch dafür, dass du diesen schwierigen Weg WIEDER auf dich genommen hast. Auch danke ich dir ganz herzlich für dein tolles Abschlussmail. SO viele Lebenshilfen! Ich denke diese ernst zu nehmen und sich zu bemühen diese im täglichen Leben »Umzusetzen» ist das Geschenk an dich von uns Hilfe suchenden,

oder!? Lieber Sananda, in lieber Verbindung verabschiede ich mich für heute.Ich werde mich für das Sananda Treffen im Oktober anmelden und wenn es klappt freue ich mich sehr dich und deine Tochter persönlich kennen zu lernen.
Liebe Grüsse und alles GUTE für Dich und deine LIEBEN.
Ruth aus Bern, Mittwoch 29. Mai 2019
u.a. Ich werde etwas später noch ein Klienten Feedback schreiben. Sananda immer wenn du in deinen Büchern von deinem HUND BRUNO erzählst, zaubert mir das ein Lächeln auf mein Gesicht…«

»Lieber Sananda,
vielen Dank für deine tolle Arbeit. Ich hatte ein Anzahl vieler kleine Beschwerden, wie Schmerzen in den Beinen, Hüften, Nacken und im Herzbereich, außerdem ein knistern im rechten Ohr. Diese sind jetzt verschwunden, außerdem schmerzt mein Hallux Valguss nicht mehr. Ich bin kraftvoller und nehme meine Umgebung irgendwie wirklicher wahr, fühle mich glücklich. .An den Personen , die nichts von der Behandlung wissen, habe ich auch viele Veränderungen festgestellt: Meine geistig eingeschränkte Tochter (20)ist viel selbstständiger geworden, in vielerlei Hinsicht, betr. ihrer Pflege und ihres Berufes.
Mein an Depressionen erkrankter Sohn(17) , geht auf einmal mehr raus, an die Luft, hat allein ein Vorstellunggespräch gewuppt und freut sich im nächsten Jahr auf seine Ausbildung zum Gärtner. Meine erwachsenen Töchter(35/33) sind zufriedener und glücklicher geworden, wo sonst Unstimmigkeiten waren, ist jetzt Verständnis und Liebe füreinander. Meine kleine Enkeltochter(3) ist sonst oft gestürzt, war oft verschnupft. Auch bei ist auffällig, dass sie coordinierter läuft und auch viel weniger hinfällt. Ich danke dir sehr dafür, in Liebe Sigrid(52) aus Oldenburg«

»Lieber Sananda, geliebter Bruder!
Ich bin unendlich dankbar und glücklich, dass es Dich gibt! Gott hat meine Gebete nach Wahrheit gehört und mich zu Dir geschickt. Seit meinem letzten Feedback haben sich die gesundheitlichen und energetischen Probleme weiter verbessert. Deine Gebete sind so kraftvoll und bewirken Wunder!

Die Familienharmonie ist weiter besser geworden, meine Zahnfleischprobleme sind weg, meine Haare wachsen schneller nach und werden dichter und die grauen Haare verschwinden mit der Zeit. Meine Essgewohnheiten haben sich radikal verändert, zumal ich überhaupt keine Milch, keine Weizenprodukte, keinen Alkoholoder Fisch bzw. Fleisch mehr vertrage. Selbst Leitungswasser wird zum Problem! Ich brauche auch nicht mehr so viel zu essen. Kleine Portionen reichen völlig, obwohl ich körperlich viel mit unsererHündin draußen unterwegs bin. – Neulich im nahegelegenen Einkaufszentrum war sprichwörtlich dicke Luft, schreiende kleine Kinder und Babys, gestresste, abwesend wirkende Menschen. Dann habe ich das Lichtschwertgebet in Gedanken gesprochen....und es war schlagartig ruhig! Einfach unglaublich! – Auch astrale Angriffe bevorzugt nachts haben fast aufgehört.... ..Also , die astralen Angriffe haben fast aufgehört. Ich muss allerdings Deine Gebete auch regelmäßig sprechen, weil wir hier ganz schön unter Beschuss stehen! Auch wenn ich noch so müde bin. –
Die Martinshörner, Krankenwagen, ADAC-Autos, Abschleppwagen, Hubschrauber begleiten mich draußen immer noch, aber nicht In der Intensität wie Du es leider erleben musst. –
Das Schönste an Deiner Behandlung und an Deiner unglaublichen Kraft ist immer wieder das Gefühl des Zuhause- Angekommen – Seins und dieses tiefe Berührtsein von Deiner Liebes Kraft und Stille. Endlich habe ich meinen Bruder gefunden und dafür bin ich so dankbar. Ich bin nicht mehr so alleine.
Ich liebe Dich und Deine Familie von ganzem Herzen.
Seid gesegnet und liebevoll gedrückt. Ihr seid immer in meinem Herzen!
Von Claudia, 53 Jahre, Region Hannover«

»Lieber Sananda, Knie Op (Revision) am 10.5.2019, nach 7 Tagen keine Schmerzmittel mehr gebraucht. Nach 20 Tagen vollkommen zugeheilt, neue Narbe ganz schmal,viel schöner verheilt und viel schmaler als die alte. Vor der Behandlung starke Zahnschmerzen, Dein Video angeschaut, Schmerz weg. Nach der Anfrage/Rückmail von Dir: seitdem konnte ich schrittweise auf gute Ernährung umsteigen, jetzt frei von Fleisch, Fisch, Kaffee. Herzliche Grüße und vielen Dank. Martina, 51 Jahre, Mittelfranken«

»Lieber Sananda,
ich mache fleißig das 38Gebet (saubere Luft), da wir eine Gießerei im Ort hatten, die grauenhaften Gestank absonderte, so dass man öfter kein Fenster öffnen konnte, die äußeren Fensterbretter mit schwarzen Krümeln übersät waren, man erschöpft war und kaum atmen konnte. Innerhalb von 20 Tagen wurde es schon besser. Heute ist es seit fast 9 Jahren das erste Mal, dass ich rein süchtig nach der Luft hier bin. Irgendetwas hat sich verändert. Es ist als wenn man neue Lebenskraft einatmet. Ich werde weiter beobachten. Ich habe bewußt die Vergangenheitsform gewählt.Vielen Dank für Deine lebensrettende Arbeit, Du verstehst mich schon.
Liebe Grüße sendet Martina, 51 Jahre, aus Mittelfranken«

»Lieber Sananda!
Herzlichen Dank für Deine bioenergetische Behandlung, ich erkenne erst jetzt, unter was ich alles litt, weil die Beschwerden weniger und weniger werden und sich langsam auflösen. Dieser Prozeß hält immer noch an! Danke!
Meinen linken Fuß konnte ich bereits nach der ersten Behandlung belasten, er war wieder tragfähig, voher hatte ich das Gefühl, dass er wegrutscht. Auch mein Kopf war nach der ersten Behandlung frei, es quälten mich keine Gedanken mehr und es trat wieder Ruhe ein. Am Morgen nach Deiner ersten Behandlung musste ich keine unewußten Rituale mehr durchführen wie Kaffee trinken, Schokolade und Süßigkeiten mehr essen.
Dies hält bis heute an und ist für mich ein großes Geschenk! Meine über 6 Monate andauernde Übelkeit hat sich aufgelöst, nachdem ich das Gefühl hatte, dass mir ein würfelförmiges Implantat aus der Magengegend und eine große dicke Schlange aus dem Bauchraum entfernt wurde. Jetzt verliere ich langsam an Gewicht , vorher, hatte ich das Gefühl, dass ich platzen muss !
Meine diagnostizierte Skolliose ist verschwunden und auch die Schmerzen in der Lenden- und Halswirbelsäule. Die nächtlichen Waden und Beinkrämpfe haben stark nachgelassen Die Hornhaut auf den Füßen, der ich vorher keine Beachtung geschenkt habe, beginnt sich aufzulösen und eine verschuppte Stelle im Gesicht ist nicht mehr vorhanden. Meine Blutwerte sind hervorragend geworden und wenn ich noch etwas abnehme werde ich nicht mehr unter Diabetes Typ 2 leiden! Mein Sodbrennen ist weg und auch

meine Krampfadern ziehen sich immer mehr zurück, Das größte Geschenk ist jedoch wieder meine innere Klarheit und Ruhe und dass ich meiner geliebten Gartenarbeit nachgehen kann ohne Schmerzen und Muskelkater. Es zieht noch etwas in den Gelenken des linken Fußes doch nur wenn ich diesen wirklich überlastet habe. Ich kann die Garten Arbeit von zwei Tagen an einem Tag erledigen! Mein Partner, der mitbehandelt wurde hat sich in seinem Wesen und Charakter sehr zum positiven verändert. Es herrscht wieder sehr viel Frieden und Harmonie in der Familie! Herzlichen Dank auch für Deine kraftvollen Gebete, die ich täglich anwende und sehr zu schätzen weiß! Danke, Danke, Danke!
Mit Liebe, Achtung und Respekt für Deine unfassbare Hilfe!
Christa, 59, Finkenstein«

»Hallo lieber Sananda,
Ich hatte als Kind Morbus Perthes eine Durchblutungsstörung im linken-Hüftkopf.
Jetzt ist die Bewegung meiner Hüften um einiges bessergeworden und schmerzfreier, das nach heftigster schmerzvoller Erstverschlimmerung. Nach jeder Erstverschlimmerung, extrem stechender Schmerz wurde es immer besser und besser. Ich werde immer hellsichtiger, nach längerem Betrachten verschiedenster Gegenstände, Bäume und Menschen erscheinen die Auren.
Ich bin frei von jeglichen Süchten und fühle mich in meiner Haut viel wohler, was in der Vergangenheit nicht der Fall war (soziale Ängste, Scham, Einschüchterung, mich Selbst kleingemacht usw.)
Meine Schwester (Alleinerziehend) hat zwei Jahre verzweifelt nach einer Wohnung gesucht und seit der Behandlung bei Dir, Sananda, hat Sie ihre Traumwohnung bekommen.
Von Menschen in unserem Umkreis bekommen wir Feedbacks seit deiner Behandlung, dass wir alle so richtig strahlen Wir danken Dir von ganzen Herzen, Sananda, und wünschen Dir und Deiner Familie alles erdenklich Gute und Schöne. Dardan, 26, aus Baden Württemberg«

»Lieber Sananda,
wir danken Dir ganz herzlich für alles was Du für uns getan hast!!!
Wir sind noch im Reinigungs- und Gesundungsprozess mittendrin, aber es gibt schon erstaunliche Neuerungen in unserem Leben:
Sofort nach Behandlungsbeginn sind wir alle (mein Mann, ich und unsere 4 Kinder) Vegetarier geworden – ein jahrelanger innerer Wunsch meinerseits, den wir nun endlich praktisch leben!!!
Mein Mann versuchte erfolglos seit Jahren betriebsintern seinen Arbeitsplatz zu wechseln. Sofort nach Behandlungsbeginn bekam er die Zusage!
Jahrelange Streitereien von/mit meiner Mutter haben sich fast vollständig gelegt und ich »erkenne» ihre Augen seit Jahren wieder!
Wir haben auch wieder vorsichtig Kontakt zu meinem Schwager aufgenommen (nach 10 Jahren) – das Treffen mit ihm war zwar kurz, aber sehr schön! Ich selbst hatte am linken Arm eine schwere Sehnenscheidenentzündung durch Überlastung (Baby umhertragen) – alles ist wieder geheilt!
Unser Baby hatte extrem trockene und schuppige Haut im Gesicht und an den Händchen, wo er sich immer gekratzt hat – das ist nun alles wie weggeblasen! Näheres bald – DANKE, lieber Sananda!!!
Andrea, 38 J,Thüringen«

»Lieber Sananda,
schon beim Abschicken der Bestätigungsmail spürte ich eine starke Wärme auf meinem Herzchackra und ich empfand Leichtigkeit, Dankbarkeit und Lebensfreude, wie schon lange nicht mehr. Ich bin so glücklich, mein Herz wieder wahrnehmen zu können, es war so verschlossen.
Du bist ein unschätzbarer Segen für diese Menschheit und ein wahrhafter Heiler! Licht und Liebe Constanze (52 Jahre), Deutschland«

»Lieber Sananda,
zuerst möchte ich mich entschuldigen, denn bei meinem ersten Feedback hatte ich den Falschen Behandlungszeitraum angegeben. Damals war ich noch von meinen Medikamenten benebelt, aber seitdem mein Vater im Altersheim ist, habe ich die Angst verloren und die Medikamente abgesetzt und deine Behandlung und deine Gebete beginnen zu wirken.

Ich bin viel freier geworden in meinem Denken, esse kein Fleisch mehr und versuche ganz vegan zu essen. Ja körperlich hat sich auch eine Besserung eingestellt, ich hatte oft Blut im Stuhl und jetzt nicht mehr.Meine Sehkraft ist besser geworden und auch mein Gehör, obwohl ich dies gar nicht im Behandlungsfehlerauftrag angegeben hatte.Dank dir glaube ich, dass ich meine Weg gefunden habe, mich für den Frieden stark zu machen.
Ich möchte mich nochmals recht herzlich für deine Behandlung an mir bedanken und vielleicht gibst du mir die Möglichkeit, dass ich dich Oktober am Bodensee treffe.
Robert aus Weiden i.d. Oberpfalz«

»Geliebter Sananda, du bist wahrlich Jesus Christus...
Ich danke Dir aus tiefster Seele und von ganzem Herzen dafür das du meinen Kater Tommi gerettet und geheilt hast! Ich liebe Dich und ich DANKE dir! DANKESCHÖN!
(Ihm wurde ein Antibiotika verabreicht ..wo die Nebenwirkungen, nichts mehr essen, spuken und Durchfall und bei vielen zum Tod führten...Ich wusste das nicht und vertraute Dummerweiße der Tierärztin was mir sehr Leid tut! Ihm ging es sehr schlecht und es wurde gefährlich da er 6 Tage lang nix gegessen hatte, Spukte und Durchfall hatte......DU BIST WAHRLICH DER MESSIAS! Ich liebe dich und ich danke dir, ich kann es nicht oft genug sagen danke!
Wir sind aktuell in deiner Behandlung vielen Dank dafür!
Ich wünsche Dir und deiner Familie und deinen Tieren Gottes Segen undalles Liebe und Gute!
Deine Andrea in tiefster Demut und Dankbarkeit!
DANKE lieber Gott! DANKE!
Und die Beziehung zu meinem Sohn Luca ist auch schon besser geworden!
DANKESCHÖÖÖÖÖN! Absender: Vorname: Andrea, 31«

»Lieber Sananda! Ich danke Dir noch einmal für Deine Behandlung. Meine Gelenkschmerzen (ich hatte seit ca. 20 Jahren Borreliose) sind jetzt völlig weg. Ich fühlte mich schon während der Behandlung ruhiger und gelassener, weniger gereizt, auch bin ich weniger müde, früher war ich oft schon in

der Früh fix und fertig. Meine Pilzerkrankung, welche ich 1 1/2 Jahre hatte ist ebenfalls weg. Ich trinke jeden Tag 3 Liter (haupts. Wasser und ungesüßten Tee), esse viel Salat und Gemüse,esse fast keinen Zucker mehr. Vielen Dank für Deine kraftvollen Gebete, welche ich jeden Tag mache, besonders das Nr.13 hat mir sehr geholfen.
Fleisch esse ich schon lange keines mehr.Früher habe ich bei Einladungen doch öfters Fleisch gegessen. Jetzt habe ich die Kraft, einfach zu sagen, dass ich eben kein Fleisch mehr esse, und aus! Dabei bleibe ich jetzt.
Bei meinem Freund, welcher mitbehandelt wurde sind folgende positive Veränderungen aufgetreten: Er hatte immer schon Verdauungsprobleme. Nun isst er nur mehr glutenfrei, keine Mehlspeisen, Schokolade usw...
Er hat ca. 7 kg abgenommen und fühlt sich super. Ich bin glücklich, dass ich Dich finden durfte und danke Dir aus ganzem Herzen,
Eva,53 aus Niederösterreich«

»lieber Sananda
Aktuell läuft der erste Wiederholungsauftrag. Ich bin seit fast 40 Jahren Diabetiker Typ1 (Insulin spritzen). Ich möchte dir gerne von den Veränderungen berichten. In den letzten Monaten haben sich die Blutzuckerwerte stabilisiert, die sehr hohen Werte sind wesentlich weniger geworden. Letzte Woche hatte ich meinen halbjährlichen Kontrolltermin beim Augenarzt, wegen eventueller diabetischer Folgeschäden.
Nach der Untersuchung zeigte mir der Augenarzt den Daumen nach oben, mit den Worten, es ist besser als vor einem halben Jahr. Die Einblutungen in den Augen haben sich zurückgebildet.Ich bin mir sicher es ist erst der Anfang. Weitere Veränderungen werde ich dir gerne mitteilen. Ich danke dir und Gott von ganzem Herzen.Gott beschütze dich und die deinen. Liebe Grüße und eine herzliche Umarmung.
Alexander,51,Vorarlberg.«

»Lieber Sananda,
es ist so ein Segen, dass ich am 4. Mai in Überlingen dabei sein, dich erleben und dir begegnen durfte! DANKE!!! Deine Zusage bewirkte bei mir bereits im Vorfeld enorme v.a. emotionale & gedankliche Heilungsprozes-

se. Während des Treffens spürte ich deine Energie stark in meinem Herzchakra arbeiten. Im Innersten berührt hat mich der Blick in deine unglaublich tiefen, liebevollen, allsehenden und allwissenden Augen!
Seitdem kommen mir zahlreiche Erkenntnisse. So war das Interview, in dem ich mich nicht frei ausdrücken und denken konnte, auch eine Prüfung, mich WIRKLICH selbst zu lieben. Im Nachhinein zeigte sich mir mein Ego, durch das hindurchgehend ich nun tiefe Demut empfinde.
Für mich mitgenommen habe ich auch, meiner Wahrnehmung immer vertrauen zu können und meine Wahrheit bedingungslos auszusprechen. Du bist ein Gottesgeschenk und der REINSTE Spiegel, in dem wir uns alle nur selbst erkennen können. DANKE für ALLES!!! Auch war es so schön, wie du die Schwingung beim Verabschieden noch einmal angehoben und uns alle in reinstes Licht gehüllt hast! In unendlicher Dankbarkeit, Demut und Liebe, deine Anne, 33, Fulda«

»Lieber Sananda,
ich bin Norma (56 J.) aus Südtirol und habe die große Gnade erhalten, zusammen mit meiner ganzen Familie und einigen Freunden und deren Familien, seit dem 2.01. dieses Jahres bei DIR in Behandlung und in DEINEM Schutz zu sein.
Ich muss Dir unbedingt sagen, dass meine Zahnprobleme weg sind. Mir wurde mit 15 Jahren leider von einem nicht gerade professionellen Zahnarzt ein gesunder Stockzahn entfernt. Seitdem trage ich ein Zahnprothese, links. Vor zirka 4 Jahren wurde diese Prothese mit einer neuen ausgetauscht. Diese hat aber nie funktioniert, wurde wieder gewechselt, aber nichts half. Ich habe X tausende Euro ausgegeben.
So habe ich in diesen Jahren nicht mehr auf der linken Seite kauen können und außerdem vor allem am Abend im Bett, hatte ich pochende Schmerzen. Seit einigen Wochen lieber Sananda hat sich im Mund alles beruhigt, ich kann normal kauen und von Schmerzen keine Spur. Danke! Danke! Meine Krampfadern an den Beinen ziehen sich langsam zurück, Alkohol ist kein Thema mehr bei mir. Bei meiner Familie hat sich alles ins Positive verändert! Vertraue und glaube immerzu, es hilft es heilt die göttliche Kraft. In Liebe Norma«

»Lieber Sananda,
ich danke Dir vom tiefsten Herzen für deine so unglaublich wertvolle Arbeit!!! Ich litt seit Jahren an starker PMS und Migräne. Mir konnte niemand helfen! Mein erster Auftrag an dich fand im Dezember 2018 statt. Die Heilung setzte bei mir ganz sanft ein und ist stetig!! Die PMS - Symptome wurde immer weniger und leichter. Die Migräne ist auch um sooooo viel besser geworden. Und die Ängste, die ich oft als Stein auf der Brust körperlich spürte sind komptell weg. Ich bin dir soooo dankbar für die Heilung!! Im Moment befinde ich mich bei dir im Folgeauftrag, da ich schwanger bin und mich in deiner Energie sehr wohl und geschützt fühle. Ich danke Dir, dass ich dich immer rufen kann, wenn es mir schlecht geht!! Ich spüre deine Anwesenheit durch angenehme Wärme.
Lieber Sananda vielen Dank für das was du auf dich nimmst, um uns zu helfen!!! Das kann man nicht in Worte fassen was du für die Menschheit tust. Ich wünsche Dir und deiner Familie von ganzem Herzen alles Gute und ganz viel Kraft!! Ich Danke Gott dass es DICH gibt!!
Inna 34 aus Bayern«

»Hallo Menschen die ihr hören möchtet,
Ich bin sehr beeindruckt von der Behandlung von Sananda die ihr in Auftrag geben könnt. Seit dort hat sich einiges geklärt wie eine gesunde vegane Ernährung . Eine streitfreie Partnerschaft. Mitgefühl mit Tieren die manche leider noch essen. Ich habe dies auch gemacht. Traurig aber wahr. Es öffnet den Blick fürs wesentliche. Manches wird erst schlimmer das stimmt wie meine Depression. Aber auch beeindruckend die Energie beim Auftrag erteilen. Ich bin tausend mal Dankbar für dies und möchten euch inspirieren dies zu tun. Hört auf euer Herz. Es ist nie zu spät. Es ist höchste Zeit Aufzuwachen. Ich werde übrigens dafür nicht bezahlt um dies zu schreiben noch folge ich einem Guru. Ich folge meinem inneren Herzen. Dafür bürge ich mit meinem Namen Frank H. aus Freiburg. Meine Rückenschmerzen sind übrigens weg. Danke. Wenn ich ungesunde Nahrung zu mir nehme bekomme ich Magenschmerzen. Darum nur noch Bio Obst und Gemüse und am besten frisch und selbst gemacht unsere Medizin Hey an alle die noch schüchtern sind ihr könnt nur Gewinnen. Euer und die Herzen anderer.«

»Lieber Sananda,
ich muss dir jetzt persönlich schreiben und dir eine Zwischeninfo geben. Da ich weiß dass du nicht viel Zeit hast halte ich mich kurz. Ich spüre deine Kräfte und diese helfen mir sooo unwahrscheinlich. Ich komme immer mehr in meine Mitte und fühle mich teilweise wie ausgewechselt. Wie ein anderer Mensch – so glücklich wie selten in meinem Leben zuvor.
Deine Gebete sind so wirksam und es hilft einfach zu 97% immer wenn es mir schlecht geht. Meine Mutter ist Tablettenfrei, sie hat sie 15 Jahre nehmen müssen – Antidepressiva, die Ärzte sagten sie muss sie ein Leben lang nehmen!!! Dein Buch ist eine Erleuchtung für mein Bewusstsein. Du bist ein Wahnsinn!! Deine Kräfte sind unglaublich. Ich bin so begeistert dass ich nicht wirklich die richtigen Worte dafür finde.
Sananda, einfach nur danke für dich!!!
Ich drück dich in Gedanken.
Von Herzen Liebe Grüße <3
Deine Cornelia«

»Hallo lieber Sananda,
gestern habe ich für über eine Stunde zum ersten Mal die göttliche Energie die durch dich fliesst in meinem Körper gespürt.
Es war unglaublich und so wunderschön. Es gibt nichts vergleichbares. Ich brauchte auch nicht meditieren, es ging einfach los als ich auf dem Sofa sass.
Eine ganz starke Heilenergie.
Werde dich so viel ich kann weiterempfehlen und noch mehr Familienmitglieder bei dir anmelden.
Demnächst schreibe ich auch noch ein richtiges Feedback an deine entsprechende Email-Adresse.
Liebe Grüsse Dittmar«

»Liebster Sananda, bin so energiegeladen wie noch nie!
Und spüre deine Energien noch stärker als beim Erstauftrag sogar!
Mache Ablösungen und Gebete konsequent. Es hilft immer! Auch bei seltenen nächtlichen Attacken! Mit den Gebeten geht jeder Übergriff vorüber.

Man muss nur dran bleiben! Bin entscheidungs- und umsetzungsfähiger geworden. Es fühlt sich an, als hätte ich ein neues stärkes Selbstbewusstsein oder Bewusstsein überhaupt erhalten. Schon beim Entschluss, den Wiederholungsauftrag zu erteilen!
Ich äußere meine Ansichten und verteidige meine Stellung ohne Angst und Sorge vor Zurückweisungen, wie das bis vor kurzem aber noch der Fall war. Weiters kann ich mich jetzt sehr leicht abgrenzen von den Depressionen und Psychosen meines Partners. Ich schaffe es, räumliche Grenzen zu ziehen sowie auch energetische!
Mein Schlaf hat sich revolutioniert! Ich konnte noch nie durchschlafen, jetzt dafür 6,7 oder gar 8 Stunden am Stück. Habe eine Minitätigkeit gesucht und gefunden, die mir unheimlich Spaß macht und bekomme von meiner Arbeitgeberin sogar anerkennungsweise ein Viertel mehr Lohn dafür als ursprünglich vereinbart!! Weiters Feedback folgt bald. Herzensgruß, Iris, 44, Wien«

»Lieber Sananda, ich möchte mich für Deinen großartigen Verfügungen bedanken. Ich bin eine ganz normale Santinerin, also nicht hellsichtig oder feinfühlig, und arbeite in einer großen Bibliothek. Seit geraumer Zeit litt ich unter starken Beschwerden (wackelndes Bild, Druck im Kopf).
Kürzlich bin ich auf den Gedanken gekommen, dass es vielleicht gar nicht an der vielen dunklen Energie der bösen und besetzten Menschen liegt, sondern an der Massenbestrahlung durch WLAN, da in diesem mächtigen Gebäude wahrscheinlich viele Wellenverstärker eingesetzt werden.
Deshalb habe ich gestern statt der gewöhnlichen Ablösungen mal die Verfügung gegen Bestrahlung ausprobiert. Zum Glück kann ich fast alle Sprüche auswendig, da ich sie regelmäßig spreche oder denke, um sie nicht wieder zu vergessen, manche täglich, manche nur alle sechs Tage.
Bei besagter Verfügung dachte ich, dass sie nur für zu Hause gültig ist, aber schon nach einigen Minuten ging es mir deutlich besser. Ich habe die Verfügung natürlich sofort mehrmals wiederholt und konnte plötzlich wieder gut arbeiten – ein Wunder! Und heute hat es wieder so prima geklappt.
Lieber Sananda, Deine Sprüche sind wahre Zaubersprüche!
Tausend Dank!«

»Namaste Sananda!
Ich habe heute morgen, nach gut 22 Monaten, jetzt einen Wiederholungsauftrag gegeben.
Es ist unglaublich was für eine Energie heute morgen nach der Überweisungsbestätigung durch mich gefahren ist! Es ist jetzt gut 10 h her, und ich fühle momentan eine Leichtigkeit und auch ein Gefühl im Körper das es am arbeiten ist. Ich liess es leider zu sehr schleifen die letzten 6 Monate und bekam promt die Rechnung, doch durch Einsicht und Willen sagte ich am Sonntag stopp, Nun fühle ich mich grad wieder wie eine Feder, was da wohl alles wieder an mir hing? Ich kann nur tausendfach danke sagen! Montag darf ich auch schon wieder arbeiten gehen, mir wurde angerufen und zack...
Mögen alle beseelten Menschen sich beschützt und geborgen fühlen in der Liebe der Urquelle!
Mögest du und deine Familie und Tiere stehts all die Untestützung bekommen die ihr braucht!
In tiefer, dankbarer Liebe!!!
Stefan,36, Luzern«

»Lieber Sananda,
das hier ist eine kleine Erweiterung zu meiner vorherigen Mitteilung : was sich bei mir im Körperlichen Bereich ereignete ist, die Fieberblasen, die in meiner Kindheit im 4 Monatstakt bis unter mein Auge, ausbrachen und im Erwachsenem Alter alle 3–4 Wochen ausbrachen sind seit 6 Monaten nicht mehr ausgebrochen.
Ich konnte, weiss nicht wie mir geschah, ein Zahn ohne Spritze, machen lassen(ich bin hochkarätig empfindlich im ganzen Zahnbereich und fühle mich nach jedem Zahnarztbesuch traumatisiert) ich hab im Sekundentakt dein Name gedacht, das war wie ein Wunder.
Nun habe ich mehr Platz für meinen herzlichen Dank an dich und dass ich von Herzen froh bin dich zu kennen und in Gedanken dich anrufen zu dürfen. Wenn einen Freund dann einen so wie Du.
Alles Liebe. Denise«

»Lieber Sananda! Ich hatte dich vor zwei Tagen um Hilfe gebeten, weil unser Hund, den wir neu in unser Leben aufgenommen haben, ein sehr untypisches Verhalten an den Tag legte. Er war lethargisch, lag nur herum und hatte kein wirkliches Interesse an seiner Außenwelt. Erfahrene Hundebesitzer meinten, dass mit diesem Tier etwas nicht stimmen würde und ich es dem Züchter zurückgeben solle. Seit heute haben wir einen ausgewechselten Hund. Er folgt uns auf Schritt und Tritt, ist fidel und wach. Ich danke dir von Herzen für deine große Güte und dein großes Herz, Sananda.
In tiefer Verbundenheit, Irina aus dem Kreis Reutlingen«

»Lieber Sananda,
ich befinde mich im Wiederholungsauftrag bei Dir und kann weitere, wunderbare Veränderungen an mir feststellen:
1. Meine seit über 20 Jahren bestehende Parodontose – schulzahnärztlich NICHT heilbar – heilt immer mehr und mehr. Mein Zahnfleisch »zeigt» mir quasi über bestimmte, fein abgestufte Empfindungen, welche Nahrungsmittel mein Körper vertragen kann und welche nicht. Es passt punktgenau zu den Ernährungsempfehlungen in Deinem 2. Buch !
2. Ich werde immer friedlicher und friedliebender mit mir und meiner Umgebung. Die frühere, extreme, emotionale Unausgeglichenheit ist nahezu komplett transformiert in »wache, handelnde Friedfertigkeit». 3. Ich habe in den letzten Wochen mehrmals zu Gott um Regen für die Natur und Tiere gebetet – und es hat bei uns JEDESMAL spätestens 1 Tag nach meinem Gebet wunderschön geregnet.
Deine Manifestationsenergie wirkt – genauso wie Deine Verfügungen – bis zu mir nach Hause durch !!! Vor 06/18 hat das bei mir im letzten Sommer nicht funktioniert. Da ist bei uns alles zur Steppe vertrocknet ! 10000000x DANKE für ALLES, lieber Sananda !!!!!
In Liebe und tiefer Dankbarkeit,
Christine (43 Jahre) aus Aichwald/Deutschland«

»Lieber Sananda! mit einigen schwierichkeiten ist es mir gelungen mit Dir Kontakt aufzunehmen. Ich musste unseren Antrag einige male wiederholen den es passierten imma und imma wieder Fehler ! habe es dann doch ge-

schafft einen Auftrag abzugeben ! ich danke Dir von ganzen Herzen das Du meine Familie in Behandlung genommen hast und das Du dich unseren Problemen angenommen hast!
Seit ich Deine Gebete bekommen habe , bette ich so oft es geht 2mal am Tag! Deine Energie und die Gebete(und mein Hund Barak) geben mir sehr viel Kraft ! ich bin sehr viel ruhiger geworden und regen mich nicht mehr über jede kleinigkeit mehr so auf. (bin frührer wegen jeder kleinigkeit aus der haut gefahren). mir gehts es jeden Tag besser und ich merke immer mehr was wirklich wichtig ist . es geht mir auch Gesundheitlich sehr gut (hatte 2018 einen kleinen schlaganfall)!
Meiner Fau geht es auch wieder super(hatte Brustkrebs)! Ich danke Gott jeden Tag das er mich zu Dir geführt hat und wir Deine Energie spühren dürfen! Ich hoffe wir treffen Dich einmal und ich wir können uns persönlich bei Dir bedanken! ich werde alles dafür tun das ich auf Gottes und deinem Weg bleibe! Vielen Herzlichen Dank! Dein Markus!«

»Lieber Sananda,
Danke! Aus tiefstem Herzen Danke!
Egal wie schwer der Weg noch werden wird, und das wird er mit Sicherheit, und auch wenn ich mir im Moment überhaupt noch nicht vorstellen kann, wie man dieseses weltliche Leben überhaupt nur einen weiteren Tag leben soll, nichts kann schlimmer sein, als all das, was man vor deiner Behandlung gelebt hat.
Du berührst mein Herz so tief, und mein Leben hat mit der Auftragserteilung an dich am 14.05.2019, begonnen, mit deiner überwältigenden göttlichen Liebe und einem Energieschub und sehr viel Schmerz und Ohnmachtsgefühlen über all diese Lügen. Ich fühle mich nicht mehr einsam und das, bis auf eine sehr wertvolle Ausnahme in meinem Leben vor ca 28 Jahren, zum ersten mal !
Nichts stimmt mehr, alles fühlt sich anders an, aus hell wird dunkel und umgekehrt, Ahnungen bestätigen sich, alles ergibt langsam, aber immer klarer einen Sinn.
Ich kann mit Worten nicht wirklich ausdrücken, was du für mich und für diese Welt hier bist, ich kann Gott nur jeden Tag dafür danken, das du da bist und das ich den Weg zu dir finden durfte !
Danke Sananda stefanie 51 berlin«

»Lieber Sananda
Ich bin z.Z. bei Dir in Behandlung und hatte früher schon einige Behandlungen von Dir. Spezielle herausragende Behandlungsergebnisse konnte ich nicht feststellen, aber über die Dauer der Behandlungen hinweg hat sich mein Gesundheitszustand laufend verbessert. Ich hatte vor ca. 8 Jahren zwei Herzinfarkte und mein Herz wurde dadurch schwer beschädigt. Diesen Umständen entsprechend geht es mir heute aber recht gut, und ich fühle mich recht wohl. Auch die Aerzte sind über meinen guten Gesundheitszustand erstaunt. Ich weiss, dass ich es Dir zu verdanken habe.
Gerne bleibe ich in Deiner Energie und werde mich immer wieder zu weiteren Heilbehandlungen an Dich wenden. Ich umarme Dich und grüsse Dich herzlich.
Gerhard, 77J, Basel«

»Lieber Sananda,
ich schreibe zu der Behandlung von meiner Mutter und ihrem Partner (beide OHNE deren Wissen!!!):
Meine Mutter hat nun keinen grünen Star mehr, wurde heute festgestellt, und mein Stiefvater, der schlimme Wassereinlagerungen in den Augen hatte, hat die auch nicht mehr, es musste nur was kleines harmloses gelasert werden!!! Die Augen meiner Mutter sind perfekt sagt der Arzt!! War ein anderer Arzt als vorher und er meinte, der 1. Arzt hat sich wohl vertan mit den Messungen.Leider kann ich meiner Mutter nichts von der Behandlung sagen, denn sie glaubt nicht daran. Aber sie hat ausserdem beschlossen, nur noch 1 Mahlzeit am Tag zu essen, und will eine Therapie machen um ihre Kindheitstraumata zu bearbeiten.
Zu mir (bin auch in Behandlung): hatte noch nie so ein gutes Verhältnis mit meiner Mutter, wie seit den Behandlungen durch dich, war vorher teilweise sehr schwer zwischen uns. Ausserdem wohne ich das 1. mal seit 15 Jahren in einer Wohnung die leise ist und wo die Nachbarn mich nicht stören. Dafür ist sie etwas ausserhalb, aber das ist okay. Werd weiter berichten! Danke Danke Danke Sananda, Gottes größten Segen für immer für dich und deine Lieben!! Johanna, 37, NRW«

»Das Feedback des Tages das ich soeben las, hat mich bewogen, Dir , lieber Sananda jetzt schon mitzuteilen, dass die feuchte Makula im rechten Auge trocken wurde, nach 13 Monaten Behandlung mit Spritzen ins Auge! Der Augenarzt riet mir, es mit Vorsicht zu geniessen, weil der Abstand zur letzten Injektion erst 3 Wochen sei. Aber meine Devise lautet: Wen Gott heil, den heilt er vollkommen. Er macht keine halbe Sache. Das Licht in Deinen Augen (Foto) hat mich sehr tief berührt. Ein weiteres Zeichen Deiner Echtheit. Mir fehlen einfach die Worte, um das auszudrücken, was ich in meinem Innersten empfinde. Danke, dass wir Aufwachenden an Deinem Heilstrom angeschlossen sein dürfen.
Eine liebevolle Umarmung Dir, und Deiner Familie. Drücke auch deine Tiere von mir!!!
Hildi aus dem Baselbiet.«

»Lieber Geistheiler Sananda, Vielen Dank für Deine Hilfe. Bin im 2.Auftrag und bete täglich und es geschehen wundervolle Dinge. Mein Sohn absolvierte sehr erfolgreich seine Ausbildung und die Aufnahme in eine Elite UNI . In der Familie ist Ruhe eingekehrt und finanzielle Angelegenheiten bessern sich nach und nach. Gesundheitliche Probleme (Haare wachsen, nervöser Schnupfen verschwindet, Ekzeme bessern sich, depressive Stimmung verschwindet,...) lösen sich und ganz nebenbei gedeihen auch meine Pflanzen zu meiner Verwunderung. Ein Pflaumenbaum trägt Früchte nach 11 Jahren, eine Hecke und mehrere Büsche blühen plötzlich. Danke für Deine Hilfe, Gebete und Schutz sowie für alle Wunder....V.G.Maria aus Österreich«

»Wir Indigos, und auch einige positive Sternensaaten, sind auf dem Jesusweg! Werden verspottet, bekämpft, verhöhnt und als böse Lügner und Gotteslästerer dargestellt!» Zitat Sananda!
Genau so ist es, habe eine 12-jährige berufliche mobbing Geschichte (bin Grundschullehrerin) und eine 50- jährige familiäre (mich ständig entwurzelnde) Biographie hinter mir. Inzwischen ist das alles für mich schon Normalität Psychopathen, Sadisten und Kinderquäler werden vom System gestützt!! Liebe, Achtung und Respekt zu Kindern (und unter uns Erwach-

senen) sind nicht gewollt! Was bin ich froh Sananda kennengelernt zu haben!! Seine Erklärungen um das »Böse» zu verstehen sind EINMALIG und lebensrettend. Was man von ihm lernt? GOTT und der LIEBE zu vertrauen! Auf wenn es nicht immer leicht ist!
Elke aus Nordbayern/Oberpfalz«

»Lieber Sananda,
ich, Christine Maria, 64, Klagenfurt/Viktring, Kärnten, Österreich, danke dir von ganzem Herzen für deine bioenergetische Behandlung ab April 2019 sowie Zusendung der heilenden und kraftvollen Energien von dir Sananda, dem Universum und meinem Schöpfer.
Nach anfänglich starken Verschlimmerungen meines Allgemeinbefindens spürte ich nach ca. 2 Monaten eine starke Müdigkeit und oft warme Energieströme durch meinen Körper fließen. Mein Befinden besserte sich von Woche zu Woche, das heißt, meine Schwermut, ein ungutes Gefühl in der Magengegend und auch das Gefühl einen Felsen im Magen zu haben, verbunden mit depressiven Stimmungsschwankungen und Existenzangst haben sich sehr stark gebessert und sind kaum mehr wahrnehmbar.
Lieber Sananda durch deine Behandlung und Zusendung der heilenden und kraftvollen Energien habe ich mein körperliches, geistiges und seelisches Wohlbefinden beinahe gänzlich wieder erlangt. Außerdem wurde ich von meinen drei Freundinnen mehrfach über mein jugendliches Aussehen und meine positive Ausstrahlung angesprochen – ich fühle mich wirklich gut und gesund.
Ich hoffe, dich einmal persönlich bei einem Sananda Treffen kennen lernen zu dürfen.
Für jetzt und immer in Liebe und Vertrauen Christine Maria«

»Lieber Sananda,
ich danke dir von ganzen Herzen für deine Heilung. Bin momentan in der vierten Behandlung (2016–2019) und habe unglaubliche Veränderungen an mir erleben dürfen.
Bin seit gut 2 Jahren Nichtraucher, esse kein Fleisch mehr, meine Wut-Agressionsanfälle sind einfach nicht mehr vorhanden,meine Geldsorgen gibt

es auch nicht mehr. Durch einen Fahrradunfall vor ca 15 Jahren hatte ich immer Schmerzen an der linken Hüfte; dank deiner Heilung sind sie verschwunden; herzlichen DANK.
Ich fühle mich in der MItte und kann endlich wieder Liebe geben;dass ist eigentlich das schönste was ich erleben darf.
Ich könnte Dir noch soviele kleine Wunder aufschreiben:-)
Auf jeden Fall danke ich Gott und der Geistigen Welt, dass sie mich zu Dir geführt haben.
Lieber Sananda ich segne dich von ganzen Herzen und bin dir unendlich dankbar.
Gruss aus der Zentralschweiz Chrigu 42«

»Lieber Sananda, ich möchte mich herzlich für die Heilung meines Enkelsohnes Alexander bedanken, der mit mir im Behandlungspaket ist. Er hatte abends heftige Schmerzen und sagt, Du warst bei ihm in der Nacht, legtest Deine Hand auf die schmerzende Stelle und da war der Schmerz weg. Jetzt ist er gesund. Liebe Grüße aus Mittelfranken. Martina, 51«

»Lieber Sananda
Es ist unglaublich. Gestern habe ich dich notfallmässig wegen meinem Katerchen Whisky angeschrieben, der wegen seiner kranken Niere und starken Wassereinlagerungen in der Lunge am Ersticken war. Er röchelte und hechelte nur noch. Es schmerzte heftig, ihn so leiden sehen zu müssen. Ich entschied mich dann, anstatt schon wieder in den Notfall zu fahren, mich an dich zu wenden (bin momentan sowieso in einem Paket). DAS ERHOFFTE WUNDER IST EINGETRETEN! Als ich gestern Abend von der Arbeit heim kam, war er putzmunter, trabte freudigen Schrittes in die Küche für sein Essen, strich mir um die Beine und schnurrte. Er ist wohlauf!!! Ich werde ganz entgegen der weltlichen Logik nun keine Medikamente mehr geben (er verweigert diese sowieso). Danke Sananda, danke Gott!!! Mein Vertrauen in Gott und in dich ist nun noch unerschütterlicher als es gestern schon war. Repto-Medizin war gestern, Gott und Sananda sind heute und für immer und ewig!!!
In tiefster Dankbarkeit, Christine, 50, Aarberg«

»Lieber Sananda,
ich wollte Dir ein paar Worte der Wertschätzung über Deine Behandlung zukommen lassen. Bei einen meiner Brüder, welchen ich in den 10er Paket mit aufgenommen habe, haben sich sichtbare gesundheitliche, geistige und spirituelle Veränderungen eingestellt.
Nach ca. 3 Monate ab Auftragsstellung, hat sein Hautausschlag auf seinen Fuß aufgehört zu jucken und ist ziemlich schön verheilt. Das ist ihn in den letzten 3 Jahre nicht gelungen. Seine Beziehung ging auch in der Zeit auseinander. Seine geistige und spirituelle Entwicklung begann merklich nach ca. 8 Monaten. Er teilte mir mit, dass sich sein Bewusstsein geöffnet hätte und denkt, dass er spirituell veranlagt sei. Seit er »spirituell unterwegs« ist, merke er Veränderungen in seinen Leben, wie z.B., dass er mit Leuten ins Gespräch komme ohne sich groß dafür anstrengen zu müssen. Ihn ist bewusst geworden, dass er keine Selbstliebe für sich hatte.
Auch seine Krankheiten beruhen auf der Ebene. Er hat einfach nicht auf seinen Körper gehört. Er denkt mittlerweile, dass viel in seinen Leben möglich sei, wenn er sich dafür gezielt einsetzt. Er ist dabei seine Ernährung umzustellen, soweit ich gehört habe, auch in die Richtung vegetarisch. Zugetragen wurde mir, dass er auch Gewicht abgegeben hätte. Er möchte sich noch viel tiefer mit »spirituellen Konzepten» befassen. Er sieht da schon viele Möglichkeiten. Bei einem anderen Bruder wurde der Baustopp aufgehoben. Meine Mutter hat einen Pflegeantrag gestellt, welcher genehmigt wurde. Sie hat ein privates Pflegeunternehmen mit engagiertem und unterstützendem Pflegepersonal ausfündig gemacht. Alle 3 wussten von der Behandlung nichts. Ich bedanke mich bei Dir, lieber Sananda, bei der geistigen Welt und beim Schöpfer für all diese wunderbare Veränderungen.
Liebe Grüße Sabine, Deutschland«

»Lieber Sananda,
Nach Deiner 3. Behandlung sind bei mir folgende Heilungen geschehen:
– die Schmerzen in der linken Schulter sind weg, meinen Arm kann ich wieder richtig bewegen (vorher konnte ich mich kaum noch anziehen)
– ein völlig maroder Zahn ist über Nacht geheilt, (spürte abends ein Kribbeln, ein angenehmes Gefühl, den nächsten morgen war der Schmerz weg und der Zahnzwischenraum ist wieder enger)
– eine chronisch vereiterte Tonsille heilte innerhalb von wenigen Stunden

und hat seitdem wieder Normalgröße, der Rachenraum fühlt sich wieder freier an
– die Kiefer- und Stirnhöhlen sind laut Aussage des Zahnarztes nach einem Röntgenbild wieder gut belüftet, sie fühlen sich für mich viel »leichter» an,
– ich bekomme wieder viel besser Luft durch die Nase
– die Schmerzen in der Lunge, im Bereichs des Sternums, bei Anstrengung, (z.B.Treppensteigen) spüre ich nur noch ganz selten und ganz leicht, vorher mußte ich stehen bleiben,(krümmte mich, so tat das weh), alles weg!!!! Danke
– mein li Unterschenkel war immer etwas dicker (verklebtes Gewebe nach einer Venen-OP vor 10Jahren) eines Abends juckte es ganz fürchterlich, innerlich brannte es wie Feuer, den nächsten Morgen war dort alles voller brauner und blauer Flecken (es sah aus, wie der Abdruck einer Hand) nach 3 Tagen war die bei Berührung schmerzende Erhebung ganz weg, mein Unterschenkel ist schlanker, fühlt sich leicht an und sieht wieder schön aus, ich freu mich richtig
– diese Flecken hatte ich zuvor auch am Rücken mit den gleichen Symptome ,fühle das auch dort »altes krankes Fleisch »verbrannt» wurde,(die Ärztin fand auch keine Erklärung dafür, Blutwerte waren alle Ok) ein seit 20J. regelmäßig auftretender Herpes an dieser Stelle, kam nie wieder
– die Nasenbluten, welche regelmäßig auftraten,wurden immer weniger und sind seit ca. 3 Monaten ganz weg, Kurzum mein ganzer Körper regeneriert sich. Und mein Bewußtsein wird immer klarer. Jeder körperlichen Heilung von Dir, lieber Sananda, geht eine geistige Heilung voraus. Das konnte ich mit Deiner Hilfe bei der 1. und 2. Behandlung besonders fühlen. Danke, lieber Sananda, ich kann die heilende Liebe fühlen, die uns Menschen durch Dich von Gott gesendet wird. Danke
Uta aus Berlin«

»Lieber Sananda, der letzte Befreiungsschlag aus meiner unglückbringenden Beziehung ist mir endlich gelungen! Dank dir und deiner Gebete hat sich jene Stärke in mir entfaltet, die mich zu den nötigen Entscheidungen befähigt hat! Ich bin unendlich glücklich und endlich in meiner Kraft und in vollem Vertrauen in Gott und mein höheres Selbst und natürlich in dich Sananda, meinen Retter!! Die Gebete begleiten mich durch den Tag und retten mich in manch verfahrener Situation. Ich kann einiges bereits auswendig, was mir in letzter Zeit bestimmt ein- vielleicht zweimal das Leben gerettet hat, da ich massivst von meinem völlig irre gewordenen nunmehr Expartner bedroht, beraubt und genötigt wurde. Im Zuge dessen, erhielt ich Einblick, was für Wesen sich seiner bemächtigt hatten und ich konnte mich nur grauenerfüllt abwenden! Diese Wesen sind absolut böse und gnadenlos und ohne eine Spur von Mitleid, denen gegenüber, derer sie sich bemächtigen! Aber das ist nun endgültig vorbei. Meine karmischen Verstrickungen wurden offenbar endlich aufgelöst. Wahnsinnig befreiend für mich, kann ich nur sagen!! Mein vollster Dank gilt dir, Sananda, der du absolut die Wahrheit verkündest!! Iris, 44, Wien«

»Lieber Sananda
Mein Vater, 80 Jahre, Vorarlberg, konnte gestern nach einer Woche wieder aus dem Krankenhaus entlassen werden, da die Ärzte nach gründlichen Untersuchungen nichts mehr finden konnten, was das Blut im Urin verursacht hatte. Irgendwie wie ein Wunder, wir sind alle sehr dankbar. Ich hatte sofort einen Behandlungsauftrag bei Dir für meine Eltern abgeschlossen, als mein Vater letzte Woche ins Krankenhaus kam. Auch meine Mutter (77) hat dadurch alles gut überstanden. Herzlichen Dank, dass ich Dich um Hilfe bitten durfte. Mit lieben Grüssen aus Liechtenstein, Anna-Maria«

»Elisabeth, 67 Jahre, aus Niederösterreich
LLieber Sananda,
es tut mir leid, dass mein Feedback so lange auf sich warten ließ. Es ist ein andauernder Prozess vom der ersten Stunde der Einzahlung bis heute eingetreten und noch lange nicht abgeschlossen, wenn überhaupt jemals. Vor ein paar Tagen hatte ich eine Schilddrüsenuntersuchung, wo vor 1,5 Jahren heiße und kalte Knoten festgestellt wurden und eine Unterfunktion, die ich schon lange Jahre habe.Die Ärztin sagte, dass alles in Ordnung ist und sich das Gewebe vollständig regeneriert hat. Eine leichte Unterfunktion ist noch vorhanden und die Medikamente wurden reduziert. Ich habe schon im Dezember die Medikamente abgesetzt-.Danke, danke, danke lieber Sananda. Ein Fersensporn, der mich 2 Jahre quälte, hat sich schon im Februar verabschiedet. Es gibt immer wieder Erstverschlimmerungen bevor es besser

wird. Mein Stuhl ist jetzt wohlgeformt. Meine Füße fühlen sich wie Babyfusserl an. Habe viele Ängste gehabt, die sich schon gebessert haben. Immer wenn ich dich rufe, sei es, dass mich eine böse Besetzung quält oder ich in Panik gerate, bist du sofort zur Stelle, wenn ich dich rufe..«

»Liebster Sananda,
du bist wohl der wichtigste Mensch in meinem Leben, ohne dich hätte ich die beiden letzten Jahre nicht überlebt! Durch deine Behandlungen und die unbezahlbare Kraft deiner Gebete als Selbsthilfe, durch deine immerwährende Aufklärung und Ermutigung habe ich den Weg zurück zu Gott gefunden und begriffen, dass das mein einziges Lebensziel ist hier Erden.
Ich weiß jetzt wer ich bin und was mein Auftrag hier ist dank deiner Hilfe. Tief habe ich geschlafen und fast haben SIE mich gebrochen, doch dann wurde ich zu dir geführt, du wunderbares Lichtwesen und Bote Gottes – als Jesus habe ich dich schon als Kind verehrt, als Sananda und Bruno Gröning hastdu mich jetzt aufgefangen und auf den richtige Weg gebracht – meine Dankbarkeit geht ins Unermessliche!! Der geistige Aufwachprozess, den du angestoßen hast ist von größter Bedeutung für mein (Über)Leben und erst dadurch kann die göttliche Ordnung wieder hergestellt werden in meinem ganzen Sein. Durch Bruno G. wurde mir bewußt was Gottvertrauen und Glaube ist und dass es mir daran noch mangelte. Alles fügt sich jetzt zusammen und die Heilung setzt auf allen Ebenen ein!! In tiefster Verehrung deine Michaela (48, Wien) DANKE!!«

»Lieber Sananda, ein Jahr deiner Energie-Besendung ist vorbei.
Dich, lieber Sananda, hier zu wissen, gibt mir Sicherheit, Stärke und Mut selbst mehr und mehr in das Bewusstsein der eigenen Schöpferkraft immer tiefer einzutauchen. Die Monate brachten uns körperliche Stärke (mein Mann und ich hatte den letzten Winter nicht mal eine Erkältung).
Ich kann meinen mentalen Zustand im positiven Zustand halten und bei Abdriften in negative Gedanken sofort mit deinen Texten Maßnahmen ergreifen, um diese ins Positive zu wenden. Das Energiepotential hat sich bei uns beiden total erhöht, wir können den ganzen Tag durcharbeiten oder sonst aktiv sein, ohne zwischendurch in Müdigkeit zu verfallen. Dies war

früher lange, lange Zeit undenkbar, konkret seit meinem 19. Lebensjahr, jetzt bin ich 65. Ich fühle mehr das Leben in mir. Ich danke Gott und dir, lieber Sananda, dass wir die Unterstützung und Gnade erfahren. Ich bin so dankbar, dass wir hier auf der Erde mithelfen dürfen. Danke dir, dass du für uns da bist. Es ist für mich enorm wichtig und hilft mir ungemein. Danke für deine Texte und deine unermüdliche Arbeit. Von ganzem Herzen Liebe und Licht für dich und deine Familie! Marcela, Bayern«

»Lieber Sananda, Juni 2000 bekam ich Diagnose ALS. Bin bettlägerig, kaum bewegungsfähig und habe Computer mit Augensteuerung. Januar 2019 schwere Bronchitis. Beim Videoschauen auf youtube erscheint Videovorschlag mit Sananda.Bei Wiederauftauchen am nächsten Tag Interview mit Sananda angeschaut, danach schlagartige Besserung!
Auftrag für Familie und mich im März erteilt.Immer wieder Behandlung am Kopf gespürt, Brustbereich, Nägel, Ohr wurde behandelt. Einmal Befreiung meines Körpers von mehreren dunklen Gestalten.Alle hattn Erstverschlimmerung wie Husten, Durchfall, Schnupfen oder Schwäche.Jeder ist jetzt vitaler, befreiter.Harmonie viel besser, Finanzen bessern sich stetig. Mein Vater hat unerklärliche Nullwerte bei zuvor sehr erhöhten Prostatawerten im Blut, dank deiner Behandlung! Die Hinführung zu Dir war das Wichtigste in meinem ganzen Leben! Du hast unser Leben hier entscheident verändert! Ich vertraue dir und weis, daß meine langjährige Erkrankung Zeit zum Heilen braucht! Danke Danke Danke für ALLES!!!
Karin, 51 aus Oberbayern«

»Lieber Sananda, Mein Mann glaubt nicht , so habe ich einen Wiederholungsauftrag gemacht ohne sein Wissen. Er hatte wiedereinmal so starke Rückenschmerzen. Letztes Jahr hatte er 6 Monate Massagen erhalten, damit die Geschwulst und Verhärtung wieder gut waren. Dieses mal hatte ich Sananda gerufen und um Heilung gebeten und für die Gnade von Gott. Beim ersten mal spürte er eine starke Verbesserung. Doch beim dritten Tag war er schmerzfrei und wieder beweglich. Vielen herzlichen Dank Sananda. Dies ohne wissen des Patienten Unser Hund hatte im Bauch eine Geschwulst gut greifbar und es ging in gar nicht gut. Ich habe einen Wiederholungsauftrag gemacht. Und die Geschwulst war weg, zuerst war ich verwirrt, habe ich mir das jetzt nur eingebildet diese Geschwulst? So schnell ist ein Geschwür verschwunden. Doch der Hund war auch so schnell wieder fit und spielte und tobte wie ein Junger Hund.Ja Wunder sind für uns noch ungewöhnlich, es ist einfach nur Toll wenn so etwas einem wieder fahren darf. Vielen Vielen Dank Sanande. Kuster aus Bauma«

»Lieber Sananda! Vor ein paar Tagen musste ich dich um Hilfe rufen.Ich hatte üble Zahnschmerzen,nach deinem Hilferuf waren die Schmerzen nach ca.15 Min.weg.Auch für meinen Hund.Sie hat sich teilweise blutig gebissen wegen den Flöhen und auch der Hund meiner Freundin das Gleiche.Wir haben dich unabhängig voneinander gerufen.Am nächsten Tag waren die roten Bissstellen und Schwellungen bei beiden Hunden weg und die Haut war wieder glatt.Die Hunde sind auch ruhiger geworden und beissen sich weniger.Dafür danke ich dir von ganzen Herzen! Wir lieben Dich!
Cordula,48 aus Ostxriesland«

»Lieber Sananda,
Ich möchte dich hier informieren über schon eingetretene, positive Ergebnisse in meiner Behandlung. Zuerst einmal meine plagende Kopfschmerzen sowie kräftige Migränen haben schon von Behandlungsbeginn an deutlich nachgelassen, dann nach folgenden Tagen sind sie praktisch weg. Es lief ungefähr so ab: schon an den ersten Tagen habe ich seltsame Empfindungen im Kopf gespürt, so wie eine Impulse. So etwas hatte ich nie in meinem Leben früher gespürt und da wusste ich, dass etwas schon im Laufe war! Kurz danach sind die Kopfschmerzen gewichen! Das ist aber nicht alles was die Kopfschmerzen betrifft. Ich anwende nämlich kabelloses Internet und vor der Behandlung konnte ich praktisch keine große Dateien aus dem Internet herunterladen. Ich war so elektro-empfindlich, dass ich einfach nicht in der Nähe des Empfängers während Herunterladens sein konnte – ich musste buchstäblich in ein anderes Zimmer weglaufen, andernfalls kriegte ich sofort Kopfschmerzen. Seit der Behandlungsbeginn kann ich meine Internetverbindung ohne jegliche Probleme anwenden, ich spüre schlichtweg nichts negatives mehr! Wenn es um die anderen Beschwerden geht, da

muss ich vor allem sagen, dass die obsessive Gedanken sind sofort nach dem Behandlungsbeginn verschwunden.
Sie kamen zwar kürzlich für ein paar Tage zurück, aber waren nicht so heftig und ging schnell wieder weg. Außerdem, die nächtliche Angriffe von dämonischen Wesenheiten (gespürte von mir als sehr kräftige und unangenehme kalte Wellen durch den ganzen Körper), die mir ab und zu zustießen, sind auch gewichen. Was die anderen Mitbehandelten in meinem Paket betrifft, kann ich noch nicht viel konkretes mitteilen (für die anderen die Behandlung war und ist total-geheim), aber eines muss ich bekennen, und zwar die Verhältnisse zwischen meinen Eltern haben sich merkbar verbessert.
Es bleiben, natürlich, nach wie vor verschiedene Probleme, aber man darf nicht vergessen – das waren nur 7 Wochen seit Behandlungsbeginn. Für mich persönlich alles was schon geschehen ist, ist wie ein riesiger Wunder! Kurz gesagt, ich bin sehr positiv eingerichtet und würde dir gerne über zukünftige Ergebnisse wieder mal schreiben. Ich möchte dir von ganzem Herzen danken, lieber Sananda! Danke!
Herzliche Grüsse, Tomasz. Tomasz, Polen«

N.: »Hallo lieber Sananda, mein Name ist N. und ich habe schon mal bei dir eine Behandlung machen lassen. Vielen Dank dafür. Es tut mir leid, wenn ich dir hier schreibe, aber ich weiß nicht, wie ich sonst meine Frage stellen kann. Mit dem üblichen Formular habe ich keine Antwort bekommen. Ich möchte sehr gerne eine Partnerrückführung machen lassen, weiß ich aber nicht, ob du das auch machst. Das konnte ich nicht von den von dir angebotenen Dienstleistungen entnehmen. Ich würde mich auf eine Antwort freuen und entschuldige, dass ich hier schreibe. Liebe Grüße, N.«

Meine Antwort:
»Das ist schwarze Magie, das mache ich nicht, das kommt auf einen zurück!! da musst du dir einen der vielen dunklen Abzocker im Internet suchen, die dir dann 1000, oder 2000 Euro aus der Tasche ziehen! gruss«

N.: »Vielen Dank für die Antwort! Ich habe kein Interesse an schwarze Magie und möchte niemanden schaden! Liebe Grüße, N.«

Meine Antwort:
»wahre liebe ist unzerstörbar, was nicht zu dir zurückkommt, gehört nicht zu dir!!«

N.: »Ja, das ist so .. Aber was ist mit Blockaden von früheren Leben? Und Karma? Es soll etwas von früheren Leben sein...wurde mir so gesagt. Die Trennung kam von mir aus und ich bereue es. Ich hätte gerne etwas mit ihm geklärt. Und du bist der Beste, den ich kenne und habe gehofft, du kannst mir helfen. Und außerdem, mein Ex Partner hätte Gefühle für mich... Zumindest wurde mir so gesagt.«

Meine Antwort:
»Schreib ihm einen Brief und erklär ihm alles, bitte ihn um ein Treffen!«

N.: »Vielen Dank!!! Keiner hätte mir diese Antwort einfach so kostenlos gegeben... Das zeigt mir wieder, dass du ein echter Heiler bist und wirklich den Menschen helfen willst. Wegen dem Brief muss etwas Mut sammeln... Vielen herzlichen Dank!! Liebe Grüße, N.«

»lieber sananda, hier schreibt dir susanne, 57 J., aus NRW. ich hatte in deinem film 2018 in überlingen meinen heilungsbericht, in dem es um massive finanzielle schwierigkeiten ging, abgegeben. seitdem dachte ich immer wieder ich müsste einen 2ten auftrag geben. es ging aber nicht! ich blieb zuversichtlich und hatte mich immer wieder mit dir verbunden. nun kommt der ganz große durchbruch, vieles wird deutlich besser, hauptsächlich finanziell, aber auch in beruflicher hinsicht tut sich was. ich fühle mich jetzt besser, es kommt lebensfreude zurück. hier im haus war es schwierig, alles ist gut geworden. ein kleiner hund namens bruno wohnt jetzt hier oben bei mir auf dem flur und er passt auf uns alle auf. drogen, hass, neid, missgunst, leichengeruchvomkochen, angriffe von bösartigen nachbarn, es gehört der vergangenheit an! frieden und harmonie kehrten hier im haus ein. meinem sohn max den du auch behandelt hattest, geht es deutlich besser, sowohl gesundheitlich als auch beruflich – finanziell. es ist auch so, daß ich jetzt ein besseres verhältnis zu ihm bekomme. ich gebe diesen heilungsbericht nach so langer zeit ab, weil ich menschen damit mut machen möchte durchzuhalten auch wenn es richt hart wurde!! ich habe es damals im film gesagt

und ich möchte mich da wiederholen, du bist eben der beste in der branche. es wirkt, glaube und vertraue, es hilft und heilt die göttliche kraft!
bei manchen dauert es eben ein bischen länger, und ich war auch ein besonders harter fall, wie du es gerne so ausdrückst. alle, von dir behandelten, sollten durchhalten und weiterhin auf das ganz große gute vertrauen, es kommt auf jeden fall. danke für deine behandlung, auch für die in überlingen auf der terrasse, als der ring um mein herz gesprengt wurde. ich freue mich für deinen erfolg und danke dafür, daß du immer weitermachst und all deine energie den menschen schenkst. danke für all die wichtigen informationen, filme, aufklärung und für all die heilungen, die du den menschen zukommen lässt – weltweit. danke daß wir dich haben dürfen, ich gehöre zu den von dir gehandelten menschen, sie sich durch nix beirren lassen, ich bin auch unkaputtbar geworden, genauso wie du. natürlich nehmen die schwingungen zu, denen mann standhalten muss, mit anbindung an dich ist das zu schaffen. mit viel liebe für dich, deine familie und könig alsan ~ deine susanne«

»Liebster Sananda,
derzeit befinde ich mich und mein Mann bei dir in Behandlung (Wiederholungsauftrag). Ich gehe jeden Tag auf deine Seite um aktuelles zu lesen. Im Okt./Nov. 2018 war ich in einer dreiwöchigen Kur/Schmerzklinik, weil mein ganzer Körper wahnsinnig weh tat. Arme, Hände, beide Schultergelenke, Rücken, Beine, Fußgelenke alles. Nachts im Bett konnte ich mich nur schreiend umdrehen. Die Ärzte sagten, es wäre Rheuma in den Gelenken und Muskeln. Ich nahm Schmerztabletten, so wurde ich in der Klinik eingestellt. Da ich Tabletten ablehne, gab ich Dir im Januar 2019 einen Wiederholungsauftrag. Noch im Januar 2019 konnte ich meine Schultergelenke wieder bewegen, mir kamen die Tränen vor Freude. Die Schmerzen sind noch nicht vollständig weg, aber ich brauche keine Schmerztabletten mehr. Die Heilung geht langsam voran, ich merke aber, dass es jeden Tag besser wird. Ich bin so dankbar, dass ich Dich gefunden habe und wir zur gleichen Zeit auf der Erde leben. Was für ein großes Glück. Du bist ein göttliches Geschenk für uns alle! Ich bedanke mich für die wunderbaren, kraftvollen Gebete, die ich jeden Tag mache. In tiefer Liebe und eine feste Umarmung Doris, 64, aus Frankfurt/M.«

»Lieber Sananda Gott Vater hat mich vor 2 Jahren zu dir geführt
Hatte 7 Jahre Schwerste Erschöpfung mit Panikataken und Depressionen konnte ha absolut nichts mehr tun.Hatte eine Ärzteodisee Reha Heilpraktiker Spezialisten aufgesucht aber auser Medikamente und sehr teure Behandlungen und Entäuschung ist nichts passiert.
Habe dann selber sehr rasch die Chemie abgesetzt. Nach deiner ersten Behandlung die ich sehr intensiv spürte war so schön ging es nach zwei Monaten steil bergauf. Konnte dann wieder besser schlafen die Energie war da und die Attacken verschwanden. Hatte in diesen zwei Jahren noch zwei lange Heilprozesse. Musste in alle Themen schauen. Das Bewusstsein hat sich bei mir so enorm entwickelt dank dir. Auch bei meinem Sohn und mittlerweile auch bei meinem Ehemann. Mein Sohn hatte eine unglückliche Partnerschaft die Partnerin hat sich sofort verabschiedet und er ist jetzt sehr und glücklich.Meine 30jährige Ehe wird immer harmonischer. war nach zwei Monaten Vegetarier jetzt 99%Vegan.
Meine Chronischen Schmerzen im Halswirbel durch eine Überstreckung bei einer Stimmbandpolyp Op seit elf Jahren verbessert sich. Meine Magenbeschwerden nach einer Zwechfellop sind fast zur Gänze verschwunden
Ich danke dir vom ganzen Herzen für deine Liebe und Arbeit für meine Familie und mich.
In Liebe und Demut Andrea Salzburg.«

»Lieber Sananda!
Ich habe im Herbst 2018 meinen zweiten Auftrag an dich gestellt. Früher, vor meiner ersten Behandlung (März 2017), war mein Leben geprägt von Leid in Form von Depression, ausgeprägter jahrzehnte langer Sucht (vordergründig Alkohol in Unmengen!), Angst, Frust, innere Leere, war krumm vor Schmerz u.v.m.. Ich war geblendet , blind, blockiert in jeglicher Hinsicht, hatte auch die Verbindung zu den lieben Tieren verloren!
Heute leide ich nicht mit mir, ich leide mit anderen und das Leid ist jetzt um mich, da wo es tatsächlich stattfindet, in der 3D Welt. Heute bin ich glücklich, führe ein erfülltes und schmerzfreies Leben! Heute brauche ich keine Suchtmittel mehr um mir ein glückliches Leben zu illusionieren oder um etwas auszuhalten!
Ich erlebe eigentlich eine totale Dualität. Umso unerträglicher diese Welt mit ihren Monstermenschen wird, umso intensiver, schöner und Gott- näher

werden die positiven Erlebnisse die ich habe! Alles was an Belastung dazu kommt, wird parallel durch wachsende Stärke ausgeglichen! Jetzt langsam wird mir das Ausmaß bewusst, was da noch auf uns Menschen zukommt und ich bin heil froh und dankbar, dass du uns mit deinem Sein darauf vorbereitest!
Heute kann ich mich verlassen auf die Führung, vertrauen, fühle mich so sehr behütet und geborgen und sicher, denn ich weiss jetzt, dass ich es bin! Zudem wurde mir von oben ein kleiner großer Job ermöglicht, der mich auslastet und wunderschön sein kann (mit alten kranken Menschen).
»Right time, right place» (zur rechtenZeit am rechten Ort), so wurde mir das mitgeteilt:)
Ich danke dir Sananda, so sehr!!
Anna, 39, aus Wien«

»Lieber Sananda, meine Tochter und ich befinden uns gerade in der 3.Behandlung. Der Anlass dafür waren die starke Magen-Darmkrämpfe bei meiner Tochter.Nach dem Behandlungsbeginn verschwanden die Schmerzen bei ihr. Nach einigen Wochen der Behandlung bekam sie für einen Tag extreme Krämpfe im Magen, dann im Bauch und dann für 1 Tag einen starken Schwindel. Dann verschwand alles bis heute. Ihre Sehstärke hat sich auf dem einen Auge um 1dpt Wert verbessert. Die Optikerin fragte wie sie das geschafft hat.
Bei mir habe ich festgestellt, dass diese Behandlung sehr in die Tiefe geht, ganz anders als bei den1. beiden Behandlungen. Ich kämpfe jeden Tag mit meinen eigenen inneren Dämonen. Ich merke wie schlecht ich über Menschen denke obwohl ich dies nicht möchte. Immer wieder bekomme ich Gedanken, in dem ich mich in einer Arroganz über andere stelle. Ich bitte jeden Abend darum, dass Du mir zur Seite stehst, den Kampf selbst nehme ich auf . Aber mit Dir Sananda, Gott und der lichten Welt schaffe ich das. Der Kampf ist noch nicht vorbei aber ich habe erkannt um was es geht und das ist der 1. Schritt in die richtige Richtung.
Ganz liebe Grüße
Silke,46 aus dem schönen Schlaubetal«

»Lieber Sananda, vor 3 Tagen hatte ich super heftige Kopfschmerzen, auf der linken Seite, Ohr, Kiefer, alles mit drinn. So etwas hatte ich noch nie. Konnte nicht schlafen und am nächsten Tag wieder.
Habe von Akkupressur über Heilzahlen, alles probiert. Nichts. Schmerzmittel nehme ich nie, war aber kurz davor.! Dann am nächsten Abend kam es wieder und am Tag darauf wieder, da dachte ich an die Ablöungen und an dich. Ich machte alle Ablösungen nochmal direkt, und um 21.30h verband ich mich mit dir und visualisierte dich, wie du deine Hände auf meinen Kopf legst und mir deine Jesusheilenergie sendest und spürte richtig wie die angenehme, kühle hellblaue Energie in meine Kopfhälfte fließt und danach machte ich noch einen gedanklichen Spaziergang mit dir im kühlen Wald.
Nur ein paar Minuten und schon war alles weg. Ich war total erleichtert und glücklich und es kam bis jetzt nicht wieder. Mal wieder ein Sananda-Wunder. Ich bin so happy, dass ich dich gefunden habe und sende dir all meine Liebe und Werschätzung, die ich nur aufbringen kann.
In ewiger Liebe, Sylvie 56, Kirchzarten.«

»Lieber Sananda,
seit meinem Behandlungsbeginn bei Dir 06/18 hat sich wieder viel Wunderbares ereignet:
– ich habe ein »Seelenupdate« erfahren dürfen. Ich kann jetzt Sanftmut, Empathie, Geduld und Liebe empfinden und in die Welt ausstrahlen. Unsagbar schön ist das !
– was ich mit Hilfe Deiner Verfügungen »verfüge», manifestiert sich im Aussen fast unmittelbar danach. Das geht bis zur Auflösung von Chemtrails und vieles andere.
– meine unwissend mitbehandelte Mutter, welche bisher fast keinen Zugang zur geistigen Welt hatte, kann sich immer weiter dafür öffnen und sich »mittragen» lassen. Es ist so, als ob sie seit Behandlungsbeginn nicht mehr »altert» bzw sich immer mehr »verjüngt» mit ihren nunmehr 79 Jahren.
– meine unwissend mitbehandelte Freundin kann sich mittlerweile für die geistigen Ursachen von Erkrankungen öffnen, das war zuvor nahezu unmöglich.
– unsere 10-jährige Hündin hat keinerlei stinkende Ausdünstungen mehr

und ist voller Energie.Die Umstellung auf vegane Ernährung ging problemlos. Auch sie »altert» irgendwie nicht mehr.
Wir danken Dir und Deiner Familie aus tiefstem Herzen, lieber Sananda !!!
In tiefster Liebe ,
Christine 43 Jahre aus Aichwald/Deutschland«

»Lieber Sananda!
Meine Augen funkeln wieder wie Sternchen!
Man sagt die Augen sind das Tor in die Seele.
Mein Ausdruck war stumpf und glanzlos viele Jahre.
Schau was nach deiner Behandlung passiert ist!
Ich werde auf meine verändere Ausstrahlung angesprochen und jeden Tag im Spiegel sehe ich meine Augen leuchten und denke mir nur »Wow», was ist da alles passiert !!!!
Aber die Angriffe im Außen sind eine übelste Oberkatastrophe! Jeden Tag ist Schutz angesagt!
Siehe Bilder:
– ein älteres Bild mit Mütze und
– im Vergleich zwei aktuelle Bilder (1. im Auto mit weißem Oberteil und das 2. mit Lederjacke).
Herzliches Dankeschön! Du hast mir mein Funkeln zurückgegeben und noch viel mehr darüber hinaus!
Und gestern habe ich von meiner Mutter erfahren, dass du ihr nachts erschienen bist im September 2018. Im November 2018 hatte ich dich dann endlich gefunden! Du hattest dich wohl vorher »angekündigt» ;-)!
Liebst, Deine Lisa«

»Lieber Sananda mich überkommt eine große Dankbarkeit und Freude; ENDLICH IST DEIN 3.Buch fertig!!! Ich habe deine Bücher mehrmals verschlungen , da ich dabei ganz heftige emotional Heilungen hatte. Ich bin derzeit in der 5 BEHANDLUNG und bin schon Klient seid 2016. Deine Energien sind seid dem so massiv gestiegen das es mich um 21.30uhr von dem Sofa abhebt. Lieber Sananda meine Dankbarkeit kennt keine Grenzen. Du führst mich sicher durch die enorm schwere Zeit. Ich

habe so viele Heilungen erlebt das habe ich ja in den Feedbacks geschrieben. Und ohne dich wäre ich heute nicht mehr am Leben.
Im Moment finden sehr viele Menschen zu mir denen ich von dir und meiner Geschichte berichtet habe. Einer davon hat heute eine Anfrage gestellt bei dir. Eine andere Frau schaut noch die Videos zu Ende und meldet sich dann bei dir. Sie ist dabei nur am weinen vor Glück . Ich bin überzeugt das diese Menschen von dir gerufen werden. ES IST DIE GNADE GOTTES DIE WIR ERLEBEN DURCH DICH. Auch hast du mich zu Klientenvon dir geführt. Was ich dir ewig Danken werde denn ich war sehr alleine. Und wir unterstützen uns jetzt gegenseitig mit Gebeten . Wir sind 5 Klienten von dir. Und das tut sooo gut .Menschen zu haben mit denen man sich austauschen kann. Und die einen verstehen. Was durch dich geschieht im Moment ist nicht in Worte zu fassen. Ich bin so glücklich und endlich Gesund und Tabletten frei. Ich habe den blanken Horror erlebt. Auch gehen im Moment Türen für eine neue Arbeit auf von denen ich keine Ahnung hatte. Endlich hat der Horror ein Ende. Die Dunkelwesen schaffe ich jetzt gut zu transformieren mit Hilfe deiner Gebete. Manche muss ich verbannen und wiederholt kommen ganz viele verstorbene Tiere zu mir. Ich sehe das mit offenen Augen. Ich bin seid meiner Geburt hellsichtig.
Auch in meiner Familie hast Du viel bewirkt wir halten fest zusammen den wir sind 4Santiner und in dieser schlimmen Zeit ist schön . Die Angriffe im Aussen laufen weiter sehr stark aber ich bin auch stärker geworden durch dich.
Alle sind wir froh Dich zuhaben. DU BIST EIN JUWEL DER GEISTIGEN WELT. UNSCHÄTZBAR WERTVOLL!!! Dir und deiner wundervollen Familie und
Tiere alles erdenklich Gute. Heike aus Köln 38 Jahre.«

ENDE

Band II
von Geistheiler SANANDA
Geistheiler Sananda
Schockierende Enthüllungen
Die unglaubliche Wahrheit über Indigo-Menschen
Band II
Indigo Spirit Verlag
Jetzt bestellen!
www.geistheiler-sananda.net